정사
삼국지

정사 삼국지

배송지 주까지 완역한 결정판

위지 1

진수 찬 | 배송지 주
김영문 옮김

글항아리

일러두기

1. 이 번역본의 저본은 『흠정사고전서회요欽定四庫全書薈要』 본 『삼국지三國志』다. 이 판본은 역대 『삼국지 배송지주三國志裴松之注』 여러 판각본을 청淸나라 건륭乾隆 45년(1780), 관官에서 교감하고 건륭제의 열람을 위해 정식으로 출간하여 자금성紫禁城 이조당摛藻堂에 소장한 선본善本이다.
2. 위의 저본에는 각 권이 끝날 때마다 비교적 상세한 교감이 붙어 있어서 각 『삼국지』 판본의 상이한 글자를 비교해볼 수 있다. 이 번역본에서는 이를 참고함과 동시에 중화민국 25년(1936) 노필盧弼이 역대 『삼국지』 주석을 집대성한 『삼국지집해三國志集解』의 교감과 주석을 참고하여 원문의 정확성을 확보하고자 했다. 원문은 이 번역본의 각 권 뒤에 해당 부분을 수록했다.
3. 진수陳壽의 『삼국지』 번역문 사이에 「배송지 주注」가 들어가야 할 부분에는 "○" 부호를 붙이고 각 단락 아래에 역시 "○" 부호를 붙여서 주注 전체 문장을 번역하여 수록했다. 한 단락에 「배송지 주」가 여러 대목 붙은 경우에는 차례에 따라 ○1), ○2), ○3) 등으로 구별했다.
4. 이 책 권45 「등장종양전鄧張宗楊傳」 말미에 실린 양희楊戲의 「계한보신찬季漢輔臣贊」에는 『삼국지』 저자 진수의 주소注疏가 달려 있다. 이 주소는 「배송지 주」와 구별해야 하므로 해당 주소 부분에 "▽" 부호를 붙이고 그 단락 아래에 역시 "▽" 부호를 붙여서 주소 전체 문장을 번역하여 수록했다.
5. 배송지가 교감이나 비평을 위해 자신의 견해를 밝힌 대목은 별도의 단락으로 구별하고 전체 문장을 고딕체로 처리했다.
6. 『삼국지』 원문의 각 권에는 열전의 주인공과 연관된 인물의 생애를 부기附記한 경우가 있다. 이 책의 저본인 『흠정사고전서회요』 본에서는 각 권 맨 앞에 열전의 주인공을 큰 글자로 기재하고 그 아래에 부기한 인물의 성명을 작은 글자로 기재했다. 이 번역본에서는 부기한 인물의 성명을 "[ ]"로 묶어서 구별할 수 있게 했다.
7. 진수의 『삼국지』는 본래 「위서魏書」 「촉서蜀書」 「오서吳書」라는 이름으로 편집되어 유통되었다. 그런데 『구당서』 「경적지」에서는 『삼국지』의 「위서」가 남북조시대 북위北魏의 역사서 『위서魏書』와 혼동되자, 이를 구별하기 위해 「위서」 「촉서」 「오서」를 『위국지魏國志』 『촉국지蜀國志』 『오국지吳國志』로 호칭했다. 이 때문에 북송 함평咸平 6년(1003) 국자감에서 이 세 부

의 삼국 역사를 합쳐 판각하면서 『삼국지』라는 통일 명칭을 사용했고, 아울러 송대의 '구주본衢州本'과 '건양본建陽本'의 판심에도 『삼국지』의 '지志'라는 명칭에 부합하게 「위지魏志」「촉지蜀志」「오지吳志」라는 명칭을 사용했다. 이 같은 사례는 청나라 건륭 연간의 『사고전서회요』 본에도 이어졌다. 『사고전서회요』 본의 총목록을 보면 「위서」「촉서」「오서」로 표기했지만 각 권의 제목과 판심에는 모두 「위지」「촉지」「오지」로 표기했다. 이 번역본에서도 이 관례에 따라 「위서」「촉서」「오서」를 모두 「위지」「촉지」「오지」로 표기한다.

8. 『삼국지』에 나오는 지명과 인명은 모두 처음 출현할 때 우리말 한자 발음과 한자를 병기하고 두 번째부터는 우리말 한자음만 표기했다. 다만 지명은 처음 출현할 때 한자 발음 이외에도 현대 지명을 한자로 병기했다. 그러나 한자는 다르지만 우리말 발음이 같은 지명, 예컨대 양주楊州, 양주梁州, 양주凉州 등은 출현할 때마다 한자를 병기하여 혼동을 피했다. 더러 동명이인의 사례도 이와 같이 처리했다.
9. 『삼국지』에 나오는 관직 명칭에는 대부분 별도로 각주를 달지 않고 이 번역본 마지막 권에 삼국 관직의 종류와 품계를 대략 설명하여 종합적으로 알아볼 수 있게 했다.
10. 「배송지 주」에 인용되었지만 지금은 전해오지 않는 서적은 각 사서史書의 「예문지藝文志」「경적지經籍志」 등과 각종 자료를 종합하여 각주를 달고 책의 규모와 내용을 짐작할 수 있게 했으며, 아울러 이 번역본 마지막 권에도 한꺼번에 모아서 정리해두었다.
11. 이 번역본의 저본 이외에 참고한 책은 다음과 같다.

陳乃乾 點校, 『點校本二十四史 三國志』(全5卷), 中華書局, 1959

蘇淵雷 主編, 『三國志今注今譯』(全5卷), 湖南師範大學出版社, 1991

張舜徽 主編, 『三國志辭典』, 山東教育出版社, 1992

曹文柱等 主編, 『白話三國志』(全6卷), 中央民族學院出版社, 1994

杜經國 譯, 『文白對照三國志』, 中州古籍出版社, 1995

方北辰 注譯, 『三國志注譯』(全3卷), 陝西人民出版社, 1995

許嘉璐 主編, 『二十四史全譯 三國志』(全2卷), 漢語大詞典出版社, 2004

梁滿倉, 吳樹平等 注譯, 『新譯三國志』(全6卷), 三民書局, 2013

김원중 옮김, 『정사 삼국지』(전4권), 휴머니스트, 2018

진기환 옮김, 『정사 삼국지』(전6권), 명문당, 2019

나관중 지음, 송도진 옮김, 『정사 비교 고증 완역판 삼국지』(전6권), 글항아리, 2019

今鷹眞·井波律子 等譯, 『正史 三國志』(1~8), 筑摩書房, 2020

옮긴이 머리말

1.

중국의 삼국을 통일한 왕조는 사마씨司馬氏의 진晉나라다. 그 진나라 저작랑著作郎을 지낸 진수陳壽가 정사正史 『삼국지』를 쓴 것이 280~285년 무렵이다. 이후 진수의 『삼국지』는 『사기史記』 『한서漢書』 『동관한기東觀漢記』(후대에는 『후한서後漢書』)와 함께 '전4사前四史'로 불리며 지식인의 필독서가 되었다. 그러나 진수의 『삼국지』는 필법이 지나치게 간결하고 근엄하여 삼국 역사의 진실한 면모와 다양한 자료를 빠뜨렸다는 지적을 받기 시작했다. 또 진수는 당시 진나라 관리였으므로 진나라에서 기피하는 관점이나 내용은 소홀하게 다루거나 아예 다루지 않았다는 비판도 제기되었다. 이에 진수가 『삼국지』를 쓰고 약 140년 정도 지나서 남조 송宋나라 문제文帝가 중서시랑中書侍郎 배송지裴松之에게 삼국의 서로 다른 기록을 채집하여 진수의 『삼국지』에 상세한 주석을 달라고 명을 내렸다.

배송지는 어명을 받고 당시의 각종 기록을 종합하여 429년 무렵에 『삼국지』 원본에 맞먹는 분량의 방대한 주석을 완성했다. 이것이 유명한 『삼국지』 「배송지 주」다. 역대로 학자들은 배송지가 인용한 서적이 무려 230여 종에 이르고, 그중에는 지금 전해오지 않는 서적이 다수임을 입증했다. 또 최근에 연구자들은 치밀한 집계를 통해 『삼국지』 원문의 글자 수가 36만여 자, 「배송지 주」가 32만여 자에 달하는 것으로 밝혀냈다. 『수서隋書』 「경적지經籍志」의 정사 항목에 이미 진수가 짓고, 배송지가 주를 단 『삼국지』 65권이 기록되어 있으므로, 이로써 「배송지 주」는 일찍부터 진수의 원문과 함께 읽혔음을 알 수 있다.

2.

이후 1003년 북송 국자감에서 「배송지 주」를 포함한 정사 『삼국지』를 처음 판각한 이래로, 『삼국지』 원문과 「배송지 주」는 흔히 '진지배주陳志裴注'로 불리며 떼려야 뗄 수 없는 하나의 통합된 독서물로 자리 잡게 되었다. 따라서 역대로 『삼국지』 독자들은 「배송지 주」를 뺀 진수의 원문만 읽은 것이 아니라 「배송지 주」까지 포함한 '진지배주' 전체를 읽어왔다. 쉽게 말해서 『삼국지』 원본이나 「배송지 주」에 대한 각자의 호오나 개별 비평은 있었을지언정 둘을 분리하여 읽는 경우는 거의 없었다고 해도 과언이 아니다. 이는 송대 이후 정사 『삼국지』의 각종 판본이 전해진 우리나라나 일본의 경우도 마찬가지다. 송대 이후 출간한 『삼국지』 판본은 모두 진수의 『삼국지』 원본과 「배송지 주」를 함께 편집하여 유통했기 때문이다.

안타깝게도 지금 우리의 독서계에는 「배송지 주」를 빼고 진수의 『삼국지』 원문만 번역한 판본이 2종 나와 있다. 소설 『삼국지연의』 번역이 만연한 현실 상황에서 진수의 원문을 번역한 것만으로도 정사 『삼국지』의 가치를 인정한 훌륭한 업적임을 부인할 수 없지만, 「배송지 주」가 빠진 번역은 결국 정사 『삼국지』의 면모와 가치를 절반밖에 제공할 수 없는 한계를 지니게 된다. 「배송지 주」에 포함된 풍부한 사료의 내용과 가치를 아는 분들은 『삼국지』 원문만 옮긴 기존 번역에 짙은 아쉬움을 표시하며 하루빨리 「배송지 주」까지 포함한 정사 『삼국지』 완역본이 나오기를 학수고대한다고 언급하곤 했다.

3.

이미 역대 학자들이 지적한 바와 같이 진수의 『삼국지』 원문은 간결하고 근엄한 필치와 춘추필법에 가까운 엄격한 사관史觀을 선보였지만, 진수가 처한 정치·사회적 상황 탓에 당시 권력자의 눈치를 보느라 응당 기록해야 할 역사 사실을 빠뜨린 경우가 많았다. 진수는 진나라에서 벼슬했기에, 한漢→위魏→진晉으로 이어지는 계보를 정통으로 간주했고, 이 계보와 연관된 역사를 다룸에 있어서 위·진에 관한 긍정적인 사료를 많이 인용하고 부정적인 사료는 종종 도외시하곤 했다.

조조가 중풍에 걸린 척 쓰러져서 자신의 숙부를 속인 행동이라든지, 낮잠을 제때 깨우지 않았다고 자신의 애첩을 죽인 일 등, 그의 간교함과 포악함을 드러내는 내용은 진수의 원문에 기록되지 않았으므로 「배송지 주」를 통해서만 사실을 확인할 수 있다. 또 진수는 위나라 고귀향공高貴鄉公 조모曹髦가 당시 실권자 사마소司馬昭의 전횡에 맞서 일으킨 비장한 거병의 진상을 밝히지 않고 "5월 기축일己丑日(초7일) 고귀향공이 세상을 떠나니 향년 20세였다"라고만 기록한 후 태후의 입을 빌려 고귀향공이 대역무도한 패륜을 저질렀다고 언급했다. 고귀향공의 거병 진상도 「배송지 주」를 통해서만 알 수 있는데, 이 진상을 「배송지 주」에 기록하지 않았다면 고귀향공을 시해한 가충賈充과 성제成濟의 만행은 영원히 역사의 뒤안길에 묻혀 사라졌을지도 모를 일이다. 이런 사례는 진수가 위·진 정통론을 고수하느라 일정 정도 역사의 진실에 눈감은 결과라고밖에 할 수 없다.

또 우리 고대사에 관한 기록인 「위지魏志·동이전東夷傳」에도 배송지가 여러 대목에 자세한 주를 달아서 진수 『삼국지』 원문의 누락 부분을 보충했다. 그중에서도 부여夫餘의 동명東明 전설은 우리에게 고구려의 동명성왕東明聖王 주몽朱蒙 신화가 그것에서 연원했음을 밝혀주고 있으며, 동옥저東沃沮의 민며느리 풍속도 「배송지 주」에 처음 기록된 역사적 사실임을 알려주고 있다.

이 몇 가지 사례만 보더라도 『삼국지』 원문의 부족한 점을 「배송지 주」가 보완하고 있으므로, 「배송지 주」를 제외하면 당시 역사적 진실에 다가서기 어려움이 분명하다.

4.

중국의 삼국을 둘러싼 정통성 시비도 「배송지 주」를 통해서 다양한 입장을 접할 수 있다. 지금까지 널리 유포된 견해에 따르면, 진수의 정사 『삼국지』는 한나라에서 위나라, 진나라로 이어진 역사를 정통으로 보았고, 나관중의 소설 『삼국지연의』는 한나라 유씨劉氏에서 촉한 유비로 이어지는 역사를 정통으로 보아왔다고 인정한다. 그리고 조위曹魏 정통론이 촉한 정통론으로 바뀌게 된 계기는 여진족 금나라에게 밀려 강남으로 쫓겨간 송나라 학자들이 국가의 기강을 세우기 위해 중화와 오랑캐를 분별한 환경이 그 배경으로 작용했다고 분석하곤 한다.

하지만 삼국 정통론과 연관된 여러 입장은 남송 시기보다 훨씬 이전부터 존재했다고 봐야 한다. 그중에서 위나라는 형식상 한나라로부터 선양을 받았으므로 당연히 위나라가 정통이라는 인식이 강했다. 촉한의 유비는 자신이 한나라의 종실이고, 국호도 한漢을 그대로 계승했기에 더욱 명확한 정통의식을 갖고 있었다. 강남의 오나라도 시대의 변화와 강남 민심의 지향에 근거하여 나름의 정통의식을 갖고 있었으며, 특히 손견이 후한의 도성인 낙양성 남쪽 견관정甄官井에서 한나라의 전국새傳國璽를 얻은 이후에는 자신들만의 정통의식을 더욱 강화한 것으로 보인다.

「배송지 주」에는 조조를 폄하하고 오나라를 존중한 『조만전曹瞞傳』과 촉한 정통론을 분명하게 주장한 동진東晉 습착치習鑿齒의 『한진춘추漢晉春秋』를 자주 인용하고 있다. 소설 『삼국지연의』를 완성한 명나라 나관중은 「배송지 주」

에 인용된 각국의 다양한 기록 중에서 촉한 정통론을 갖고 와서, 몽골족 원나라에서 한족 명나라로 넘어가는 시대 상황과 민심의 흐름에 부응한 듯하다.

5.

또 흔히 「배송지 주」를 비판하는 사람들은 『삼국지』에 주석을 붙이는 과정에서 배송지가 엄격한 원칙 없이 민간 자료를 잡다하게 모으기만 했다고 지적하곤 한다. 이 역시 사실이 아니다. 배송지는 「배송지 주」 전체에 걸쳐 "신 송지는 이렇게 생각합니다臣松之以爲" "신 송지가 살펴본 바는 이렇습니다臣松之案" 등의 단락을 따로 두어 진수의 원문 및 각종 인용 자료의 부정확성과 불합리성을 교감하여 바로잡았다. 배송지 자신도 "역사서에 기록된 말은 이미 윤색을 많이 했기 때문에 앞서 서술한 기록에 사실이 아닌 것이 있습니다. 게다가 후세의 작자들이 또 제 마음대로 고치는지라 사실에서 벗어남이 갈수록 더 심해지지 않겠습니까?"(『삼국지』 「무제기」)라고 하며 손성孫盛의 『위진춘추魏晉春秋』 기록을 비판했다. 사관으로서 배송지가 견지한 이런 관점은 역대 유명한 사관인 사마천司馬遷, 반고班固, 진수 등의 엄격함과 다르지 않다. 이런 비판적 입장에다 배송지는 다양한 사료를 객관적으로 수록하여 역사의 진상을 여러 각도에서 조망할 수 있게 했다. 진수가 쓴 『삼국지』 원문의 간결하면서도 다소 편협한 한계를 뛰어넘어 삼국 역사의 다양성과 생동성을 확인할 수 있게 한 공로는 전적으로 「배송지 주」에 의해 이룩되었다 해도 지나친 말이 아니다.

6.

나는 얼마 전 현전 '소설 삼국지' 최초의 텍스트인 『삼국지평화三國志平話』를 번역하는 과정에서 나관중의 『삼국지연의』와 다른 디테일을 확인하고 과연 정사 『삼국지』에는 그것이 본래 어떤 양상으로 기록되어 있는지 그 원전을 탐색하곤 했다. 본격적으로 『삼국지평화』와 『삼국지연의』, 『삼국지』 「배송지 주」의 내용을 비교하여 읽으면서 나는 중국 삼국 역사의 진상을 새롭게 인식하는 즐거움을 누렸다. 『삼국지평화』는 『삼국지연의』의 10분의 1에 불과하므로 완역 기간이 그렇게 길지 않았다. 오히려 나는 『삼국지평화』 번역 기간에 『삼국지』 「배송지 주」 읽기에 흠뻑 빠져 있었다.

애초에 완역에 착수할 마음은 전혀 없었다. 왜냐하면 진수의 『삼국지』 원문만 해도 36만여 자이고, 「배송지 주」도 32만여 자에 달하므로 거의 70만 자에 가까운 한문 고문古文을 완역해내려면 거의 모든 일을 전폐하고 장기간 번역에만 매달려야 하기 때문이다. 그러나 나는 생계를 위해 다른 일을 하면서도 「배송지 주」 읽기에서 헤어나지 못했다. 초등학교 때 『삼국지연의』를 처음 읽을 때와 비슷한 독서 홀릭 상태에 빠진 셈이었다. 물론 주관적인 느낌이지만 「배송지 주」는 내게 '소설보다 재미있는 정사'로 인식되었고, 그 재미가 나의 마음을 통째로 사로잡았다. 그러던 2020년 어느 가을날 나는 산책길에서 투명한 햇살 아래 흩날리는 낙엽을 물끄러미 바라보다가 『삼국지』 원문과 「배송지 주」 전체를 완역해야겠다고 마음먹었다. 왜 그런 결심을 하게 되었냐고 묻는다면 나는 그것이 그때 '투명한 햇살 아래 흩날리던 낙엽 때문'이라고 대답하겠다.

몇 군데 출판사에 『삼국지』 「배송지 주」 완역에 참여할 의사가 있는지 타진했고, 그중에서 나의 『동주열국지』(전6권) 번역본을 품위 있게 출간해준 글항아리 강성민 대표가 가장 적극적으로 그리고 가장 좋은 조건으로 참여 의사를 밝혔다. 강 대표에게 깊은 감사의 마음을 전한다. 아울러 이 책 출간에 성의를 다해준 글항아리 편집진 및 이 책 출간에 기여한 모든 분의 노고에도 따뜻한 마음의 정을 드린다.

2025년 10월
청청재에서
옮긴이 김영문

『삼국지 주』를 진상하는 표문

上三國志注表

신 송지가 아뢰옵니다. 신은 듣건대 지혜가 두루 온전하면 만사의 이치가 저절로 따라오게 되고, 감식력이 심원하면 사물을 비춰봄에 빠뜨림이 없다고 합니다. 하지만 본성을 다 발휘하여 미묘한 이치를 끝까지 탐구해도 그 심오함은 알 수 없으므로 그 나머지가 깃든 것에 이르면 반드시 거친 자취와 접하게 됩니다. 이러한 까닭에 모든 것을 갖춘 역량으로도 오히려 비근한 말을 살피기 좋아한다고 했고[1] 덕을 두텁게 쌓으려면 옛 성현의 행적을 많이 아는 것에 달려 있다고 했습니다.[2] 엎드려 생각하옵건대 폐하께서는 도道에 있어서 심오한 깊이를 갖췄고 신령함에 있어서는 미묘한 사물을 뛰어넘으시어 발산하는 빛은 날마다 새롭고 찬란한 무늬는 더욱 성대합니다. 옛 경전에 관통하시어 그 현묘한 이치를 즐거워 하시면서도 오히려 후대로 내려와 근래의 역사에 감회를 느끼시고 그 흥망성쇠의 이치를 널리 살피십니다. 이는 장차 이전의 자취를 총괄하여 후세에 교훈을 남기려는 일입니다.

---

1 『예기禮記』「중용中庸」: "순舜 임금은 묻기를 좋아하고 비근한 말을 살피기 좋아했다舜好問而好察邇言."

2 『주역周易』「대축괘大畜卦 · 상전象傳」: "군자는 이전 성현들의 말과 행적을 많이 알아 자신의 덕을 쌓는다君子多識前言往行, 以畜其德."

신이 앞서 조서를 받고 보니 삼국의 서로 다른 기록을 채록하여 진수의 『삼국지』에 주를 달라는 어명이었습니다.[3] 진수의 책은 역사를 저울질하여 서술한 내용이 참으로 볼 만하고 사건 기록도 대부분 자세하고 정확합니다. 진실로 유람할 만한 동산이고 근세에 이룬 아름다운 역사책입니다. 그러나 그의 단점은 간략함에 있으니, 때때로 탈락하고 빠진 것이 있습니다. 신은 성지를 받들고 자세히 조사하여 모든 기록을 두루 갖추는 데 힘썼습니다. 위로는 옛 견문을 수집하고 곁으로는 유실된 사적을 주워 모았습니다. 살펴보건대 삼국은 비록 역사는 길지 않지만 그 사적이 한漢나라와 진晉나라에 연결되어 있어서 앞뒤로 언급되는 내용이 100년을 드나듭니다. 이에 주석의 기록도 번잡하여 매번 서로 어긋나는 점이 많습니다. 진수가 싣지 않은 사실 중에서 마땅히 보존하고 기록해야 할 것이 있으면 모두 채집하여 빠진 역사를 보충했습니다. 더러 한 가지 사건을 말하면서도 그 문장이 서로 어긋나고 복잡한 점이 있다든가 혹은 사건 기록이 본래 달라서 그 의문점을 판단할 수 없는 경우도 있는데 이 모든 사례를 베껴넣어 상이한 견문을 빠짐없이 갖추도록 했습니다. 만약 오류가 분명하고 말이 이치에 닿지 않으면 잘못된 기록에 따라 교정을 가하여 그 망령됨을 증명했습니다. 당시 시사의 타당성 여부 및 진수의 작은 실수에 대해서도 저의 어리석은 견해로 꽤 논변을 한 곳도 있습니다. 스스로 이 책을 편찬한 지 이미 1년이 되었고 이제 필사와 교정이 비로소 끝나서 삼가 책궤에 봉하여 폐하께 올립니다.

신이 몰래 생각하옵건대 그림 그리기는 여러 색깔로 고운 무늬를 이루고, 벌꿀 따기는 여러 곳에서 채집하여 좋은 맛을 내는 듯합니다. 이 때문에 하얀 비단에 무늬가 생기고 벌꿀의 단맛이 본질을 뛰어넘는 것입니다. 신은 우둔하고 부족한 사람이라 진실로 이 두 가지 사례에 비해 부끄럽습니다. 비록 스스

3 남조 송宋나라 문제文帝가 배송지에게 진수陳壽의 『삼국지三國志』에 상세한 주석을 달라고 명령했다.

로 있는 힘을 다해 과도한 꾸밈과 단절하려 했으나 회남왕처럼 민첩한 글솜씨(회남왕淮南王은 한 고조 유방劉邦의 손자로 한 경제景帝에서 무제武帝에 이르는 시기 회남의 제후왕이었다. 학문을 좋아하고 문장력이 뛰어나 한 무제가 그에게 『이소전離騷傳』을 지어 올리라고 명하자 "아침에 조서를 받고 점심 무렵에 완성하여 바쳤다旦受詔, 日食時上"고 한다.(『한서漢書』 권44 「회남왕전淮南王傳」))도 발휘하지 못했고, 또 거칠지만 빛나는 문장도 짓지 못했습니다. 시간을 지체하고도 이룬 것이 없고 단지 필묵만 더럽혔으니 성지에 보답하기에는 부족하고 제 허물만 조금 막았을 뿐입니다. 부끄럽고 두려운 마음이 깊어서 마치 깊은 연못이나 계곡으로 떨어지는 듯합니다. 삼가 표문을 받들고 소식을 알려드리자니 수시로 식은땀이 흘러내립니다. 신 송지는 황공한 마음으로 머리를 거듭 조아리며 죽을죄를 무릅쓰고 삼가 아룁니다.

원가元嘉 6년(429) 7월 24일

중서시랑 서향후 신 배송지가 올립니다.

차례

『정사 삼국지』 전8권 구성

제1권

卷一 魏志一 武帝紀
卷二 魏志二 文帝紀
卷三 魏志三 明帝紀
卷四 魏志四 三少帝紀
卷五 魏志五 后妃傳

제2권

卷六 魏志六 董二袁劉傳
卷七 魏志七 呂布張邈臧洪傳
卷八 魏志八 二公孫陶四張傳
卷九 魏志九 諸夏侯曹傳
卷十 魏志十 荀彧荀攸賈詡傳
卷十一 魏志十一 袁張涼國田王邴管傳
卷十二 魏志十二 崔毛徐何邢鮑司馬傳

제3권

卷十三 魏志十三 鍾繇華歆王朗傳
卷十四 魏志十四 程郭董劉蔣劉傳
卷十五 魏志十五 劉司馬梁張溫賈傳
卷十六 魏志十六 任蘇杜鄭倉傳
卷十七 魏志十七 張樂于張徐傳
卷十八 魏志十八 二李臧文呂許典二龐閻傳
卷十九 魏志十九 任城陳蕭王傳
卷二十 魏志二十 武文世王公傳
卷二十一 魏志二十一 王衛二劉傅傳

제4권

卷二十二 魏志二十二 桓二陳徐衛盧傳
卷二十三 魏志二十三 和常楊杜趙裴傳
卷二十四 魏志二十四 韓崔高孫王傳
卷二十五 魏志二十五 辛毗楊阜高堂隆傳
卷二十六 魏志二十六 滿田牽郭傳
卷二十七 魏志二十七 徐胡二王傳
卷二十八 魏志二十八 王毌丘諸葛鄧鍾傳
卷二十九 魏志二十九 方技傳
卷三十 魏志三十 烏丸鮮卑東夷傳

제5권

卷三十一 蜀志一 劉二牧傳
卷三十二 蜀志二 先主傳
卷三十三 蜀志三 後主傳
卷三十四 蜀志四 二主妃子傳
卷三十五 蜀志五 諸葛亮傳
卷三十六 蜀志六 關張馬黃趙傳
卷三十七 蜀志七 龐統法正傳
卷三十八 蜀志八 許麋孫簡伊秦傳
卷三十九 蜀志九 董劉馬陳董呂傳
卷四十 蜀志十 劉彭廖李劉魏楊傳
卷四十一 蜀志十一 霍王向張楊費傳
卷四十二 蜀志十二 杜周杜許孟來尹李譙郤傳
卷四十三 蜀志十三 黃李呂馬王張傳
卷四十四 蜀志十四 蔣琬費禕姜維傳
卷四十五 蜀志十五 鄧張宗楊傳

제6권

卷四十六 吳志一 孫破虜討逆傳
卷四十七 吳志二 吳主傳
卷四十八 吳志三 三嗣主傳
卷四十九 吳志四 劉繇太史慈士燮傳
卷五十 吳志五 妃嬪傳
卷五十一 吳志六 宗室傳
卷五十二 吳志七 張顧諸葛步傳
卷五十三 吳志八 張嚴程闞薛傳
卷五十四 吳志九 周瑜魯肅呂蒙傳

제7권

卷五十五 吳志十 程黃韓蔣周陳董甘凌徐潘丁傳
卷五十六 吳志十一 朱治朱然呂範朱桓傳
卷五十七 吳志十二 虞陸張駱陸吾朱傳
卷五十八 吳志十三 陸遜傳
卷五十九 吳志十四 吳主五子傳
卷六十 吳志十五 賀全呂周鍾離傳
卷六十一 吳志十六 潘濬陸凱傳
卷六十二 吳志十七 是儀胡綜傳
卷六十三 吳志十八 吳範劉惇趙達傳
卷六十四 吳志十九 諸葛滕二孫濮陽傳
卷六十五 吳志二十 王樓賀韋華傳

제8권

『정사 삼국지 사전』

권1 위지魏志 1

무제기 武帝紀

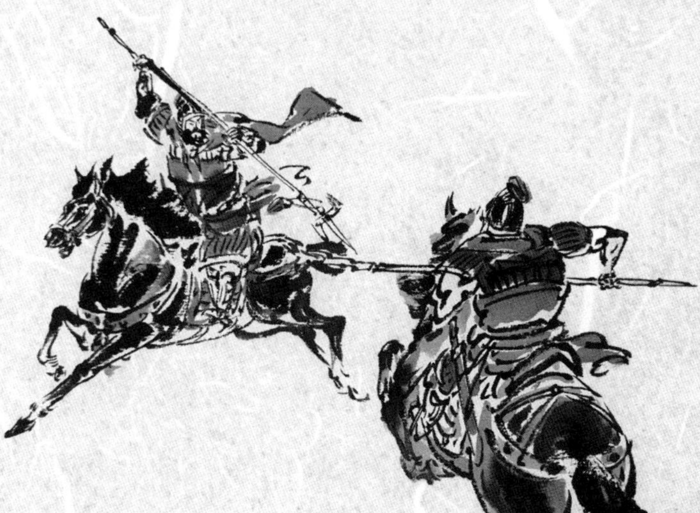

태조太祖 무황제武皇帝 조조曹操

태조太祖 무황제武皇帝[1]는 패국沛國 초현譙縣(安徽 亳州) 사람이다. 성姓이 조曹, 휘諱가 조操, 자字가 맹덕孟德이고 한漢나라 상국相國 조참曹參[2]의 후손이다.○

○『조만전曹瞞傳』[3]: "태조의 일명은 길리吉利이고, 어릴 때 이름[小字]은 아만阿瞞이다." 왕침王沈의 『위서魏書』[4]: "그의 선조는 황제黃帝에서 나왔다. 고양高

---

1 태조太祖 무황제武皇帝: 중국 삼국시대 위魏나라 태조로 추증된 조조曹操다. 어릴 때 이름은 아만阿瞞, 일명 길리吉利, 자字는 맹덕孟德이다. 한 헌제 때 승상의 지위에 올랐으며 위왕魏王에 봉해졌다. 그의 아들 조비曹丕가 황제가 되어 자신의 부친 조조를 태조 무황제로 추존했다. 태조는 묘호廟號, 무황제는 시호이고, 능호陵號는 고릉高陵이다. 여기에서는 원본에 따라 태조로 번역한다.

2 조참曹參: 자가 경백敬伯이고 한 고조高祖 유방劉邦과 동향인 패현沛縣 사람이다. 한 고조의 장수로 한나라 건국에 큰 공을 세워 평양후平陽侯에 봉해졌고, 소하蕭何 사후 한나라 두 번째 승상에 올랐다.

3 『조만전曹瞞傳』: 중국 삼국시대 오吳나라 사람이 지은 책으로 알려져 있다. 조조曹操의 어릴 때 이름이 아만阿瞞이었으므로 『조만전曹瞞傳』이란 이름을 붙였다. 대체로 조조를 폄하하는 내용이 많다. 지금 원서는 전해오지 않고 각종 고서에 인용된 단편 문장만 남아 있다.

4 왕침王沈의 『위서魏書』: 왕침은 자가 처도處道로 진晉나라 대신 겸 사학자다. 벼슬은 어사대부御史大夫, 상서령尙書令에 올랐다. 순의荀顗, 완적阮籍 등과 『위서魏書』를 편찬했지만 지금은 전해오지 않는다. 진수陳壽가 『삼국지三國志』를 쓸 때 이 책을 많이 참고했다.

陽의 시대에 육종陸終의 아들 이름이 안安이었는데 이 사람이 조씨 성의 시조가 되었다. 주周나라 무왕武王이 은殷나라에 승리하고 선대의 후손을 살려둘 때 조협曹俠을 주邾(山東 曲阜 동남 南陬村) 땅에 봉했다. 춘추시대 회맹에 참여했고, 전국시대에 이르러 초楚나라에 멸망당했다. 자손들이 나뉘어 떠돌다가 어떤 일파가 패沛(江蘇 沛縣) 땅에서 가문을 일으켰다. 한漢나라 고조高祖가 일어날 때 조참은 공을 세워 평양후平陽侯(山東 鄒城 서쪽 平陽寺鎮)에 봉해졌으며, 대대로 봉작과 봉토를 세습했다. 봉작이 끊어졌다가 다시 이어지면서 지금도 적손이 용성容城(河北 容城 북쪽 城子村) 땅에서 나라를 잇고 있다."

한나라 환제桓帝 때 조등曹騰은 중상시中常侍 대장추大長秋가 되어 비정후費亭侯(河南 永城)에 봉해졌다.○

○ 사마표司馬彪의 『속한서續漢書』5: "조등의 부친 조절曹節은 자가 원위元偉로 평소에 어질고 후덕하게 행동하여 칭송을 받았다. 당시 이웃 사람 중에 돼지를 잃어버린 사람이 있었다. 그의 돼지가 조절의 돼지와 비슷하자 그는 조절의 문 앞으로 가서 자신의 돼지라고 주장했지만 조절은 그와 다투지 않았다. 나중에 잃어버린 돼지가 스스로 집으로 돌아오자 돼지 주인은 매우 부끄러워했다. 그는 자신의 것이라 주장하며 가져간 돼지를 돌려보내면서 조절에게 사죄했고 조절은 웃으며 받았다. 이때부터 고을에서는 그를 고귀하게

5 사마표司馬彪의 『속한서續漢書』: 사마표는 진晉나라 황족으로 자가 소통紹統이며, 사마의司馬懿의 동생인 사마진司馬進의 손자다. 그는 광무제光武帝에서 헌제獻帝까지의 200년 역사를 『속한서』라는 기전체 역사책으로 정리했다. 지금 전체 책은 전해오지 않는다. 그러나 남조 양梁나라 때, 유소劉昭가 범엽范曄의 『후한서後漢書』에 「지志」가 없음을 알고 『속한서』의 「율력지律曆志」「예의지禮儀志」「제사지祭祀志」「천문지天文志」「오행지五行志」「군국지郡國志」「백관지百官志」「여복지輿服志」를 『후한서』에 보충해 넣었다.

여기며 칭송했다. 맏아들은 백흥伯興, 그다음 아들은 중흥仲興, 그다음 아들은 숙흥叔興이었다. 조등은 자가 계흥季興이고 어려서 황문종관黃門從官에 임명되었다. 영녕永寧[6] 원년(120)에 등태후鄧太后가 황문령黃門令에게 조서를 내려 황문종관 중에서 나이가 어리고 온순하고 신중한 자를 뽑아 황태자를 모시고 글을 읽게 했다. 조등이 선발 자격에 맞았다. 태자는 조등을 특별히 친애親愛하며 음식과 포상을 다른 사람들과 다르게 했다. 순제順帝가 즉위하자 조등은 소황문小黃門이 되었다가 여러 번 승진하여 중상시 대장추에 이르렀다. 그는 궁궐에서 30여 년 벼슬하며 네 황제를 섬겼지만 잘못을 저지른 적이 없었다. 현명하고 유능한 인재를 추천하기 좋아했고 [잘못 추천했다고] 한 번도 비방당하지 않았다. 그가 추천한 진류陳留(河南 開封 동남)의 우방虞放, 변소邊韶, 남양南陽(河南 南陽)의 연고延固, 장온張溫, 홍농弘農(河南 靈寶 동북)의 장환張奐, 영천潁川(河南 禹州)의 당계전堂谿典 등과 같은 사람은 모두 지위가 공경公卿에 이르렀지만 조등은 자신의 장점을 자랑하지 않았다. 촉군蜀郡(四川 成都) 태수太守가 계리計吏(각 고을의 회계 담당 관리) 편에 조등에게 공경의 뜻을 표하려 했다. 익주益州 자사刺史 충고种暠[7]가 함곡관函谷關(河南 靈寶 函谷關鎮)에서 그 편지를 수색해내어 그곳 태수에게 바치고 아울러 조등이 내신內臣으로 외부의 수령과 교분을 맺으려 하는데 이는 해서는 안 될 일이므로 관직을 파면하고 죄를 다스려달라고 상주했다. 황제가 말했다. '편지는 밖에서 왔고, 조등은 편지를 보내지 않았으니 그의 죄가 아니다.' 이에 충고의 상주를 깔아뭉갰다. 조등은 개의치 않고 늘 충고를 칭찬하며 그가 고관대작에 종사할 수 있는 인물이라고 여겼다. 충고가 나중에 사도司徒가 되어 사람들에게 말했다. '오늘 내가 공公이 된 것은 바로 조 상시常侍의 은덕이

6 영녕永寧: 후한 안제安帝의 연호로 120~121년에 사용되었다.
7 당시 충고种暠는 조정 내직인 시어사侍御史였고, 얼마 지나지 않아 익주 자사로 나갔다.

다.' 조등의 일 처리가 모두 이와 같았다. 환제가 즉위하자 조등은 선제先帝의 옛 신하였고 충효가 현저하게 드러났으므로 비정후에 봉하고 특진特進 벼슬을 더해줬다. 태화太和[8] 3년(229) 조등을 추존하여 고황제高皇帝라 불렀다."

조등의 양자 조숭曹嵩이 봉작을 세습했고, 관직이 태위에 이르렀지만 출생의 시말을 자세히 알 수 없다.○ 조숭이 태조를 낳았다.

○『속한서』: "조숭은 자가 거고巨高다. 성질이 돈후하고 신중했으며 평소에 충효를 다했다. 사례교위司隷校尉 일을 하다가 영제靈帝에 의해 대사농大司農과 대홍려大鴻臚로 발탁되었고 최열崔烈[9]을 대신하여 태위가 되었다. 황초黃初[10] 원년(220)에 조숭을 추존하여 태황제太皇帝라 불렀다." 오나라 사람이 지은 『조만전』 및 곽반郭頒의 『세어世語』[11]: "조숭은 하후씨夏侯氏의 아들이고 하후돈夏侯惇의 숙부다. 태조太祖(曹操)는 하후돈과 사촌 형제 사이다."

태조는 어려서부터 기지에 넘쳤고 권모술수가 있었다. 의협심을 가지고 구속 없이 행동하며 생업에는 종사하지 않았기 때문에 사람들이 기이하게 여기지 않았다.○

---

8 태화太和: 위 명제明帝의 연호로 227~233년에 사용되었다.

9 최열崔烈: 후한 말기의 대신이다. 한 영제靈帝가 매관매직할 때 유주幽州의 명사였던 최열은 500만 전을 주고 사도司徒 벼슬을 샀다. 이후 태위太尉, 성문교위城門校尉 등을 역임했다. 그의 아들 최균崔鈞(崔均)이 동탁董卓 토벌에 참여한 죄에 연루되어 동탁에 의해 옥에 갇혔다가 동탁이 주살된 뒤 석방되었다. 이각李傕과 곽사郭汜가 장안성을 공격할 때 성을 수비하다가 전사했다.(『후한서』 권52 「최인열전崔駰列傳」)

10 황초黃初: 중국 삼국시대 위魏 문제 조비曹丕의 연호로 220~226년에 사용되었다.

11 곽반郭頒의 『세어世語』: 곽반은 서진 사학자로 자가 장공長公이다. 영사令史, 양양령襄陽令 등을 역임했다. 『세어』는 곽반이 지은 『위진세어魏晉世語』다. 위진시대 명인들의 일화를 모은 책이지만 지금은 전해오지 않는다.

○『조만전』: "태조는 어려서 매 날리기 놀이와 개 달리기 놀이를 좋아해서 방탕하게 놀며 절제하지 못했다. 그의 숙부가 조숭에게 자주 그 일을 말하자 태조가 귀찮게 여겼다. 얼마 뒤 길에서 숙부를 만나자 거짓으로 입이 돌아간 것처럼 연기를 했다. 숙부가 이상하게 여기고 까닭을 묻자 태조가 말했다. '창졸지간에 심한 중풍에 걸렸습니다.' 숙부가 조숭에게 알리자 조숭이 경악하며 태조를 불렀지만 태조의 입 모양은 옛날과 똑같았다. 조숭이 물었다. '숙부가 말하기를 네가 중풍에 걸렸다고 하던데 벌써 나았느냐?' 태조가 말했다. '애초에 중풍에 걸리지 않았는데 숙부님께 사랑을 잃어서 중상모략을 당한 듯합니다.' 이에 조숭은 숙부를 의심했다. 이후로 숙부가 일러바쳐도 조숭은 마침내 그의 말을 더 이상 믿지 않았고 그리하여 태조는 더욱 방자한 마음을 품었다."

오직 양梁(河南 商丘)의 교현橋玄과 남양의 하옹何顒만이 태조를 기이하게 여겼다. 교현이 태조에게 말했다. "천하가 장차 어지러워질 때 세상의 운명을 좌지우지할 뛰어난 인재가 아니면 구제할 수 없네. 세상을 안정시킬 수 있는 사람은 아마 자네일 걸세!"○

○『위서』: "태위 교현은 사람을 잘 알아보는 것으로 세상에 유명했다. 태조를 보고 기이하게 여기며 이렇게 말했다. '내가 천하 명사를 많이 봤는데 자네와 같은 사람은 아직 없었네. 자신을 진중하게 잘 유지하게. 나는 늙었네, 내 처자식을 부탁하네.' 이로부터 명성이 더욱 커졌다."『속한서』: "교현은 자가 공조公祖로 엄정하고 현명한 성품에 재주와 방략도 갖췄으며 인물 품평에 뛰어났다." 장번張璠의『한기漢紀』12: "교현은 조정 내외 관직을 두루 거치며 강한 결단력으로 명성을 얻었다. 그러나 아랫사람에게는 겸손하게 대하며 왕

작王爵의 지위로 사사롭게 친하려 하지 않았다. 광화光和13 연간에 태위가 되었으며 오랜 병으로 파직되었다가 태중대부太中大에 임명되었다. 세상을 떠날 때 집안이 가난하고 생업도 거의 없어서 관을 안치할 빈소도 설치하지 못했다. 당대에 이로써 명신으로 일컬어졌다." 『세어』: "교현이 태조에게 말했다. '자네는 아직 유명하지 못하니, 허자장許子將(許劭)과 사귀어보게.' 태조가 자장을 방문하자 자장이 그를 받아들였고 이로부터 이름이 널리 알려졌다." 손성孫盛의 『이동잡어異同雜語』14: "태조가 일찍이 중상시中常侍 장양張讓의 집에 몰래 들어갔는데 장양이 알아챘다. 이에 뜰에서 손 창手戟을 휘두르며 담장을 넘어 탈출했다. 무예가 절륜하여 아무도 그를 해칠 수 없었다. 많은 책을 두루 읽었고 특히 병법을 좋아해서 여러 사람의 병법을 베껴 모아 『접요接要』라는 이름을 붙였으며, 또 손무孫武의 『병법』 13편十三篇에 주를 달았는데 모두 세상에 전해온다. 일찍이 허자장許子將에게 물었다. '나는 어떤 사람이오?' 자장이 대답하지 않았다. 태조가 한사코 계속 묻자 자장이 말했다. '그대는 치세의 유능한 신하〔能臣〕요, 난세의 간교한 영웅〔奸雄〕이오.' 태조가 크게 웃었다."

나이 스물에 효렴孝廉15으로 천거되어 낭郎이 되었으며 낙양북부위洛陽北部

12 장번張璠의 『한기漢紀』: '장번'은 위진시대 사학자로 진晉 건국 후 우부虞溥, 곽반 등과 영사令史에 임명되었다. 『한기』는 장번이 편찬한 『후한기後漢紀』 30권으로 지금은 전해오지 않는다.

13 광화光和: 후한 영제의 세 번째 연호로 178~183년에 사용되었다.

14 손성孫盛의 『이동잡어異同雜語』: '손성'은 동진東晉 사학자 겸 관리로 자가 안국安國이다. 장사長史 태수, 비서감秘書監, 급사중給事中 등을 역임했고 오창현후吳昌縣侯에 봉해졌다. 문장과 학문에 뛰어나 『위씨춘추魏氏春秋』 20권, 『진양추晉陽秋』 32권, 『이동잡어』 『이동기異同記』 『이동평異同評』 등을 편찬했으나 모두 전해오지 않는다.

15 효렴孝廉: 한나라 관리 선발 제도 중 찰거察擧의 한 방식이다. 찰거는 크게 두 가지 방식으로 시행되었다. 첫째는 정기 추천으로 보통 매년 한 차례 연말에 '상계上計' 즉 지방에서 중앙으로 연례 보고를 할 때, 이에 수반하여 효렴孝廉과 무재茂才(秀才임. 동한 때 광무제 유수劉秀의 이름을 피휘하여 茂才라고 함) 같은 구체적인 과목으로 시험을 보는 것이다. 둘째는 비정기 특별 추천이다. 이는 황제가 실

尉에 임명되었다가 돈구頓丘(河南 淸豐 서남) 현령으로 승진했다.○1) 그리고 불러서 의랑議郎에 임명했다.○2)

○1) 『조만전』: "태조는 처음 북부위 관서에 들어가서 사방의 대문을 잘 수리하고 오색 몽둥이를 만들어 현縣의 대문 좌우에 각각 10여 자루씩 비치해두고 금령禁令을 어기는 자가 있으면 권문세가의 인물도 피하지 않고 모두 몽둥이로 때려 죽였다. 이후 몇 달 뒤 영제가 총애하는 소황문 건석蹇碩의 숙부가 밤에 출행했다가 바로 죽임을 당했다. 도성의 권문세가는 발길을 움츠렸고, 감히 법을 어기는 자가 아무도 없었다. 황제 측근의 총신들은 모두 그를 미워했지만 해칠 수 없어서 함께 그를 칭찬하며 추천했고, 이 때문에 그를 승진시켜 돈구령으로 삼았다."

○2) 『위서』: "태조는 사촌 매부 은강후㶏彊侯(河南 西華 서쪽) 송기宋奇가 주살되자 그 일에 연좌되어 면직되었다. 나중에 옛 학문에 밝았기 때문에 다시 불러들여 의랑에 임명했다. 이보다 앞서 대장군 두무竇武와 태부 진번陳蕃이 환관들을 모살하려다가 오히려 해를 입자 태조는 상소문을 올려 이렇게 말했다. '진무 등이 정직했지만 해를 입었습니다. 간사한 자들이 조정에 가득하여 선한 사람들의 언행이 가로막히고 있습니다.' 그 말이 매우 간절했지만 영제는 채택할 수 없었다. 이후 조서로 삼부三府에 칙명을 내려 주현州縣의 정치에 실효를 내지 못하는 자들은 전부 보고하고 유언비어를 날

제 수요에 따라 수시로 조서를 내려 과목과 인선을 지정하는 방법이다. 구체적인 과목으로는 현량방정賢良方正과 현량문학賢良文學 등이 있었다. 양한 시대의 찰거는 효렴이 가장 많았기 때문에 사람들은 흔히 '거효렴擧孝廉'이란 말로 찰거제를 대신하곤 했다. 찰거 효렴의 기준은 네 가지였다. 첫째, 덕행이 고매하고 뜻과 지조가 맑고 깨끗할 것. 둘째, 학문에 통달하고 행실이 바르며 경서에 익숙할 것. 셋째, 법령을 밝게 알아 옥사 판단에 뛰어날 것. 넷째, 두뇌가 명석하고 재간이 출중할 것. 찰거제로 천거된 효렴은 보통 먼저 중앙에서 낭관郎官에 임명하여 업무 견습과 초보 훈련을 시키면서 실제 능력을 살핀 후 실제 관직에 임명했다.(장치즈 외 지음, 김영문 옮김, 『중국역사 15강』, 너머북스, 2018, 280~282쪽)

조하는 자들은 파면하라고 했다. 삼공三公이 사악한 자들의 말에 귀를 기울이자 모든 사람이 세속 흐름에 영합하며 등용되기를 바라 뇌물을 마구 뿌렸다. 강자들은 〔백성의〕 원망을 야기해도 보고되지 않았고, 약자들은 도의道義를 지켜도 대부분 모함을 당했다. 태조는 이런 상황을 싫어했다. 이해에 재난이 발생하자 〔황제는〕 정치의 득실에 대해 두루 자문을 구했다. 이 때문에 〔태조는〕 다시 상소문을 올려 절실하게 간諫하며 '삼공이 보고한 내용은 오로지 황실 귀족들의 의도를 피하려는 것'이라고 말했다. 상소문이 올라가자 천자가 깨닫고 삼부에 보여주며 그들을 질책했으며, 유언비어에 의해 징벌을 받은 사람들을 모두 의랑에 임명했다. 이후 정치 교화가 나날이 어지러워졌고 권문세가의 교활한 횡포가 나날이 심해져서 많은 사람이 피해를 당했다. 태조는 바로잡을 수 없음을 알고 마침내 더 이상 간언을 올리지 않았다."

광화 말년에 황건적이 봉기하자 기도위騎都尉로 임명되어 영천 지역 황건적을 토벌했다. 그리고 승진하여 제남상濟南相(山東 濟南)이 되었는데, 제남국에는 10여 현縣이 포함되어 있었다. 고을의 고위 관리 대부분은 황실 귀족에게 아부하며 뇌물을 마구 뿌렸고, 이에 [태조가] 아뢰어 열에 여덟은 파면했다. 규정 밖의 지나친 제사를 금하자 간악한 패거리가 도주하여 군郡의 경계 안이 엄숙해졌다.○1) 오래 지나 소환되어 동군東郡(河南 濮陽 서남) 태수에 임명되었으나 취임하지 않고 병을 핑계로 고향으로 돌아갔다.○2)

○1) 『위서』: "고을의 고위 관리들은 탐욕스럽게 뇌물을 받고, 권세가에 의지해 살면서 대대로 서로 보고하지 않았다. 태조가 오면 모두 파면된다는 소문을 듣고는 대소 관리가 공포에 떨었고 간악한 패거리는 도주하여 다른 군에 숨었다. 정치 교화가 크게 행해지자 온 군郡이 깨끗하고 태평해졌다. 처

음에 성양城陽(山東 莒縣) 경왕景王 유장劉章16이 한나라에 공을 세웠기 때문에 그 제후국에 사당을 세워줬다. 그러자 청주靑州(山東 臨淄 북쪽 일대)의 여러 군이 돌아가며 서로 모방했고, 제남에서는 더욱 심해서 사당을 세운 곳이 600여 곳에 이르렀다. 장사꾼들도 더러 2000석石 관리의 수레와 관복과 수행 의장대를 빌려 음악을 연주했다. 사치가 나날이 심해지면서 백성은 이 때문에 빈궁해졌으나 대대로 고을의 고위 관리들은 감히 금하는 자가 없었다. 태조는 그곳에 도착하여 사당을 모두 헐고 관리와 백성이 과도한 제사를 지내지 말도록 금지했다. 태조가 정권을 잡고 나서 마침내 간악한 귀신에 대한 제사를 금지하자 세상에 유행하던 지나친 제사가 이로부터 마침내 근절되었다."

○2) 『위서』: "이에 권력을 가진 신하들이 조정을 오로지하고 황실 귀족들이 제 마음대로 횡포를 부렸다. 태조는 도를 어기면서까지 저들에게 용납되는 행동을 할 수 없었다. 자주 저들의 뜻을 거스르다가 집안에 재앙이 미칠까 두려워서 마침내 궁궐 숙위宿衛에 머물기를 청했다. 그런데도 의랑에 임명되자 늘 병이 있다고 핑계를 대다가 문득 고향으로 돌아가겠다고 말했다. 성 밖에 집을 짓고 봄과 여름에는 책을 읽고 가을과 겨울에는 사냥을 하며 스스로 즐겼다."

얼마 지나지 않아 기주冀州(河北 臨漳 서남) 자사 왕분王芬, 남양의 허유許攸, 패국沛國의 주정周旌 등이 호걸들과 연합하여 영제를 폐위하고 합비후合肥侯(安徽 合肥)를 황제로 세우려 모의하면서 태조에게 알렸지만 태조는 거절했다. 왕분 등은 결국 실패했다.○

16 유장劉章: 한 고조 유방의 서장자庶長子 제齊 도혜왕悼惠王 유비劉肥의 둘째 아들이다. 여태후 집정기에 주허후朱虛侯에 봉해졌고, 여태후 사후 진평陳平, 주발周勃 등과 여씨 세력을 진압하는 과정에서 공을 세워 성양왕城陽王에 봉해졌으며, 시호는 경왕景王이다.(『사기』 권52 「제도혜왕세가齊悼惠王世家」)

○ 사마표司馬彪의 『구주춘추九州春秋』[17]: "이에 진번陳蕃의 아들 진일陳逸과 술사術士인 평원平原(山東 平原 서남)의 양해襄楷가 왕분이 만든 자리에 함께 모였다. 양해가 말했다. '천문이 환관에게 불리하니 황문黃門과 상시常侍가 정말로 멸문지화를 당할 것입니다.' 진일이 기뻐했다. 왕분이 말했다. '만약 그렇다면 나 왕분이 〔환관들을〕 제거하고 싶소.' 그리하여 허유 등과 공모했다. 영제가 북쪽으로 가서 하간河間(河北 獻縣 동남)의 고택을 순시하려고 하자 왕분 등이 이를 기회로 난을 일으키려 했다. 그들은 상소문을 올려 흑산적黑山賊[18]이 군현을 공격하여 약탈하므로 군사를 일으킬 수 있게 해달라고 청했다. 그때 마침 북방에 붉은 기운이 나타나 동서로 퍼지며 하늘을 가득 덮었다. 태사가 아뢰었다. '틀림없이 음모가 있으니 북쪽으로 가서는 안 됩니다.' 이에 황제가 순행을 그만뒀다. 왕분에게 칙명을 내려 군사를 해산하라 하고 얼마 지나지 않아 그를 불렀다. 왕분은 겁을 먹고 자살했다." 『위서』에 태조가 왕분의 제의를 거절한 말이 실려 있다. "대저 임금을 폐출하고 다시 세우는 일은 천하에서 지극히 불길한 일입니다. 고인 중에서 성패를 저울질하고 경중을 따져 그 일을 실행한 사람은 이윤伊尹[19]과 곽광霍光[20]입니다. 이윤은

---

17 『구주춘추九州春秋』: 사마표가 지은 역사책이다. 후한 말기 중국 전역의 군벌 할거 혼란 상황을 서술했으나 지금은 전해오지 않는다.

18 흑산적黑山賊: 후한 말기 황건적이 진압된 후 하북에서 장우각張牛角과 장연張燕을 중심으로 세력을 떨친 농민군이다. 기주冀州 흑산黑山에서 봉기했기 때문에 흔히 흑산적이라 부른다. 원소와 조조에게 진압되었다.

19 이윤伊尹: 성姓은 기己, 씨氏는 이伊, 이름은 지摯이고, 상나라 탕왕이 그를 윤尹(재상)이라는 벼슬이 임명했으므로 후세에 흔히 이윤伊尹으로 부르게 되었다. 상나라 탕왕을 도와 하夏나라 걸왕桀王을 정벌한 건국공신이다. 본래 공상空桑에서 태어나 유신씨有莘氏의 요리사로 일하면서 현명한 자질을 드러냈다. 탕왕이 그를 초빙하려고 유신씨의 딸을 왕비로 삼자, 이윤은 왕비를 수행하는 노예의 신분으로 탕왕 곁으로 왔다고 한다. 탕왕, 외병外丙, 중임仲壬, 태갑太甲, 옥정沃丁에 이르기까지 다섯 임금을 보좌하여 은나라를 반석 위에 올려놓았다. 탕왕의 손자 태갑太甲이 무도하자 동궁桐宮으로 추방했고, 3년 뒤 태갑이 자신의 행위를 철저하게 반성하자 다시 보위에 올려 현명한 군주가 되게 했다.

지극한 충성심을 품고, 재상의 권세에 의지하고, 관리의 윗자리에 있었기 때문에 나아감과 물러남, 폐위와 옹립에 관한 일을 계책에 따라 처리하여 그 일을 이룰 수 있었습니다. 곽광에 이르러서는 선황제가 나라를 부탁한 임무를 받았고, 그 자신이 종실 인척이라는 지위에 기댔습니다. 또 안으로는 정권을 잡은 태후의 무게에 따랐고, 밖으로는 여러 경卿이 함께 참여하고자 하는 기세가 있었습니다. 창읍왕昌邑王(山東 巨野 남쪽)은 즉위한 기간이 일천했고 아직 총애한 귀족도 없었습니다. 조정에는 직간하는 신하도 부족해서 폐위 논의가 황제 측근에서 나왔습니다. 이 때문에 계책 실행이 원圓을 따라 돌듯 원만하게 진행됐고, 일을 이루는 것이 썩은 나무를 꺾듯 쉬웠습니다. 지금 여러분은 지난날의 용이함만 보고 지금의 어려움은 보지 못하고 있습니다. 여러분 스스로 생각하기에 많은 군사를 모으고 무리를 짓는 일이 칠국七國[21]과 비교하여 과연 어떻습니까? 합비후의 고귀함이 오吳·초楚의 제후왕과 비교하여 과연 누가 더 낫습니까? 그런데도 비상한 일을 조작하며 반드시 이기기를 바라는데 이 또한 위태로운 일이 아니겠습니까?"

금성金城(甘肅 蘭州 동쪽)의 변장邊章과 한수韓遂가 자사와 군수를 죽이고 반란을 일으켜 군사 10여만을 모으자 천하가 소란스러워졌다. [조정에서] 태조를 불러 전군교위典軍校尉로 삼았다. 마침 영제가 붕어崩御하고 태자가 즉위하

20 곽광霍光: 한 무제 때 대장군과 대사마를 역임했으며 무제가 세상을 떠날 때 어린 후사 소제昭帝를 부탁한 고명대신이다. 소제가 후사 없이 일찍 죽자 곽광은 창읍왕昌邑王 유하劉賀를 보위에 올렸다. 그러나 유하가 음란하고 무도하자 27일 만에 폐위하고 무제의 증손자 선제宣帝 유병이劉病已를 옹립했다. 이를 이윤이 태갑을 축출한 고사와 비견하여 흔히 이곽伊郭이라 일컫는다.

21 칠국七國: 전한 경제景帝 때 오초칠국의 난吳楚七國之亂에 참가한 일곱 나라다. 당시에 중앙 조정이 어사대부 조조晁錯의 '삭번책削藩策'에 의지하여 지방 제후의 봉토를 폐지하거나 줄이자 이에 대항하여 지방의 유력 제후국 일곱 나라가 연합하여 반란을 일으켰다. 오왕吳王 유비劉濞, 초왕楚王 유무劉戊, 조왕趙王 유수劉遂, 제남왕齊南王 유벽광劉辟光, 치천왕淄川王 유현劉賢, 교서왕膠西王 류앙劉卬, 교동왕膠東王 유웅거劉雄渠가 이 반란에 참가한 일곱 제후왕이다.

자 태후가 조정 일을 처리했다. 대장군 하진何進과 원소袁紹가 환관들을 모살謀殺하려 했으나 태후가 듣지 않았다. 이에 하진이 동탁董卓을 불러 태후를 위협하려 했다.○1) 동탁이 아직 도착하지도 않았는데 하진은 피살되었다. 동탁이 도착한 후 황제[少帝 劉辯]를 폐출하여 홍농왕弘農王으로 삼고 헌제獻帝를 옹립하자 도성이 크게 어지러워졌다. 동탁은 표문表文을 올려 태조를 효기교위驍騎校尉로 삼게 하고 대사를 계획하려 했다. 태조는 성명을 바꾸고 샛길을 통해 동쪽으로 돌아가려 했다.○2)

○1) 『위서』: "태조가 이 일을 듣고 비웃으며 말했다. '거세한 환관은 예나 지금이나 있는 게 당연하지만 세상의 주인이 그들에게 권력과 총애를 주어 일이 이 지경에까지 이르지 말게 했어야 했다. 그 죄를 다스릴 바엔 원흉을 주살해야 하고, 그 일은 옥졸 하나로 충분할 텐데 어찌 분분히 외부의 장수까지 불러들일 필요가 있겠는가? 환관을 모두 죽이려면 일이 틀림없이 탄로 날 것이니 나는 그들의 실패를 예견한다.'"

○2) 『위서』: "태조는 동탁이 끝에 가서 틀림없이 파멸할 것이라 여기고 마침내 관직을 받지 않고 도망쳐 귀향했다. 몇몇 기마병을 따라 친구인 성고成皐(河南 榮陽 汜水 서북) 땅 여백사呂伯奢에게 들렀다. 여백사는 부재중이었는데, 그의 아들들이 빈객과 함께 태조를 죽이고 말과 물건을 뺏으려 하자 태조가 손칼로 몇 명을 격살했다." 『세어』: "태조가 여백사에게 들렀다. 백사는 출타 중이었고 다섯 아들이 모두 집에 있다가 주객의 예를 갖췄다. 태조는 스스로 동탁의 명령을 어겼기 때문에 그들이 자신을 도모하려 한다 의심하고 손칼로 밤에 여덟 명을 죽이고 떠났다." 손성의 『잡기雜記』22: "태조는 식기食器 소리를 듣고 자신을 도모하려 한다 여기고 마침내 밤에

22 『잡기雜記』: 동진 사학자 손성이 지은 책이지만 지금은 전해오지 않는다.

그들을 죽였다. 이윽고 슬퍼하며 말했다. '차라리 내가 남을 배신할지언정 남이 나를 배신하도록 하지 않겠다!' 그러고는 마침내 그곳을 떠났다."

관문을 나서 중모中牟(河南 中牟)를 지날 때 정장亭長에게 의심을 받고 잡혀서 현縣까지 갔다. 그 고을의 어떤 사람이 몰래 태조를 알아보고 [정장에게] 풀어달라고 요청했다.○1) 동탁은 마침내 태후[何太后] 및 홍농왕을 죽였다. 태조는 진류에 도착하여 집안의 재산을 풀어 의병을 모집하고 장차 동탁을 죽이려 했다. 겨울 12월에 기오己吾(河南 寧陵 서남)에서 처음으로 군사를 일으켰다.○2) 이해가 중평中平[23] 6년(189)이다.

○1) 『세어』: "중모에서는 〔태조를〕 도망 죄수로 의심하고 현에 구속했다. 당시에 그곳 아전들은 이미 동탁의 서신을 받았으나 오직 공조功曹만 마음속으로 태조임을 알았다. 그는 세상이 바야흐로 어지러워지는 때에 천하의 영웅호걸을 구속해서는 안 된다 여기고 현령에게 아뢰어 석방되게 했다."

○2) 『세어』: "진류 땅 효렴孝廉 위자衛玆가 자기 집 재산으로 태조를 도와 군사를 일으키게 했는데 군사가 모두 5000명이었다."

한 헌제 초평初平 원년(190) 봄 정월에 후장군後將軍 원술袁術, 기주冀州 목牧 한복韓馥,○1) 예주豫州(安徽 亳州 일대) 자사 공주孔伷,○2) 연주兗州(河北 南皮 동북) 자사 유대劉岱,○3) 하남河南(河南 洛陽 동북) 태수 왕광王匡,○4) 발해渤海河南 南皮 동북 태수 원소袁紹, 진류 태수 장막張邈, 동군東郡 태수 교모橋瑁,○5) 산양山陽(山東 巨野 남쪽) 태수 원유袁遺,○6) 제북濟北(山東 濟南 長淸 서남) 상相 포신鮑信○7)도 모두 동시에 군사를 일으켰는데 각각 군사 수만을 거느리고 원소를 맹주로 추

23 중평中平: 후한 영제靈帝의 네 번째 연호로 184~189년에 사용되었다.

대했다. 태조는 분무장군奮武將軍 직을 수행했다.

○1) 『영웅기英雄記』[24]: "한복은 자가 문절文節이고 영천 사람으로 어사중승御史中丞이 되었다. 동탁이 그를 천거하여 기주목으로 삼았다. 당시에 기주는 백성이 많고 군량도 풍족했다. 원소가 발해에 자리 잡자 한복은 그가 군사를 일으킬까 두려워 몇 부대의 군사를 보내 그를 따르며 지키게 하면서 그가 동요하지 못하게 했다. 동군 태수 교모가 도성의 삼공이 보낸 것처럼 격문을 위조하여 주州와 군郡에 보내 동탁의 죄악을 진술했다. '〔동탁에게〕 핍박을 당하면서도 자구책이 없소. 의병을 일으켜 나라의 환란을 풀어주길 바라오.' 한복은 격문을 받고 종사관들을 불러 물었다. '지금 원씨를 도와야 하오? 아니면 동탁을 도와야 하오?' 치중종사治中從事 유자혜劉子惠가 말했다. '지금은 군사를 일으켜 나라를 위해야 하는데 어찌 원소나 동탁을 입에 담습니까?' 한복은 자신의 말이 잘못되었음을 알고 부끄러운 안색을 보였다. 유자혜가 다시 말했다. '군사행동이란 흉한 일이므로 앞장서서는 안 됩니다. 지금은 다른 주를 주시하다가 군사를 일으키는 자가 있으면 나중에 화답해야 합니다. 기주는 다른 주에 비해 힘이 약하지 않고 다른 주에서 세운 공도 기주보다 나은 곳이 아직 없습니다.' 한복은 그렇게 여기고 바로 서신을 써서 원소에게 보내 동탁의 죄악을 이야기하고 원소의 거병 요구에 따랐다."

○2) 『영웅기』: "공주는 자가 공서公緖이고 진류 사람이다." 장번의 『한기』에 정태鄭泰가 동탁에 대해 이야기하며 남긴 기록이 실려 있다. "공공서孔公緖는 맑고 고아한 담론〔淸談高論〕에 능해서 마른 나무에 생기를 불어넣기도 하

---

24 『영웅기英雄記』: 『한말영웅기漢末英雄記』 또는 『영웅교쟁기英雄交爭記』라고도 한다. 삼국 위나라 왕찬王粲이 지었다. 한나라 말기와 위나라 시기 유명 인물들의 행적을 기록한 책이지만 지금은 전해오지 않는다.

고 산 나무를 말려 죽이기도 한다."

○3) 유대는 유요劉繇의 형이다. 관련 사실이 「오지吳志」25에 보인다.

○4) 『영웅기』: "왕광은 자가 공절公節이고 태산泰山(山東 泰安 동쪽) 사람이다. 재산을 가볍게 여기며 베풀기를 좋아하여 의협으로 명성을 날렸다. 대장군 하진何進 저택의 진부사進符使로 초빙되어 왕광은 서주徐州(江蘇 郯城 북쪽)에서 강노 궁사 500명을 출발시켜 서쪽으로 도성을 향해 갔다. 마침 하진이 실패하여 왕광은 고을로 되돌아갔다. 집안을 일으키는 도중 하내河內(河南省 黃河 이북 일대) 태수에 임명되었다." 사승謝承의 『후한서後漢書』26: "왕광은 어려서 채옹蔡邕27과 친했다. 그해에 동탁 군에 패배하여 태산으로 도주했다. 강하고 용감한 군사를 모집하여 수천 명이 되자 장막과 연합군을 편성하려 했다. 왕광은 먼저 집금오執金吾 호모반胡母班을 죽였다. 호모반의 친척이 분노를 이기지 못하고 태조와 세력을 합쳐 함께 왕광을 죽였다."

○5) 『영웅기』: "교모는 자가 원위元偉이고 교현橋玄의 집안 조카다. 먼저 연주 자사가 되어 위엄과 은혜를 잘 베풀었다."

○6) "원유는 자가 백업伯業이고 원소의 사촌 형이다. 하간의 장초張超가 태위 주준朱儁에게 원유를 추천하며 이렇게 칭찬했다. "세상에 으뜸가는 덕망과 시대를 다스릴 만한 역량을 지녔다. 충성스럽고 미덥고 명석하고 정직한

---

25 「오지吳志」: 진수陳壽의 『삼국지』「오지」를 가리킨다.

26 사승謝承의 『후한서後漢書』: 사승은 손권의 첫째 부인이었으나 일찍 죽은 사부인謝夫人의 아우다. 오관낭중五官朗中, 장사동부도위長沙東部都尉, 무릉武陵 태수 등을 역임했다. 박학다식하고 문장에 뛰어나 『후한서』를 지었다. 범엽范曄의 『후한서』나 화교華嶠의 『후한서』와는 다른 책이다. 후한 역사를 기술한 기전체 역사서로 모두 130권이었던 것으로 알려져 있다. 지금은 전해오지 않는다.

27 채옹蔡邕: 후한 말기의 문학가, 서예가, 고관으로, 효행으로 이름이 알려졌으며, 박학다식하여 문장, 술법, 천문, 음악에도 뛰어났다. 동탁董卓 집권 시에 시어사, 상서, 시중, 좌중랑장 등을 역임하고 고양향후高陽鄕侯에 봉해졌다. 동탁 피살 후 재상 왕윤王允에 의해 하옥되었다가 옥중에서 사망했다. 후한 말기를 대표하는 부 작가로 「금부琴賦」「필부筆賦」「술행부述行賦」「청의부靑衣賦」「단선부團扇賦」 등 다양한 작품을 남겼다.

품성은 진실로 하늘이 내린 것이다. 옛 전적典籍을 두루 섭렵하고 제자백가 학설을 종합했다. 높은 곳에 올라서는 시를 지을 수 있고, 만물을 보고는 이름을 안다. 오늘날 이런 이를 구하려 해도 짝할 사람이 없을 정도로 우뚝하게 빼어나다." 이런 사실이 장초의 문집에 실려 있다. 『영웅기』: "원소가 뒤에 원유를 등용하여 양주揚州(安徽 壽縣 일대) 자사로 삼았는데 원술에게 패배했다. 태조가 칭찬하기를 '나이가 들어서도 배움에 부지런히 힘쓸 수 있는 사람은 오직 나와 원백업 뿐이다'라고 했다. 이 말은 문제文帝의 『전론典論』28에 실려 있다."

○7) 포신의 사적은 그의 아들 열전인 「포훈전鮑勳傳」에 보인다.

2월, 동탁은 반군이 일어났다는 소식을 듣고 천자를 옮겨 장안長安(陝西 西安 서북)에 도읍했다. 동탁은 낙양에 주둔하고 마침내 궁궐을 불태웠다. 이때 원소는 하내에 주둔했고, 장막, 유대, 교모, 원유는 산조酸棗(河南 延津 서남)에 주둔했고, 원술은 남양에 주둔했고, 공주는 영천에 주둔했고, 한복은 업鄴(河北 臨漳 일대)에 주둔했다. 동탁의 군사가 강성하자 원소 등은 누구도 감히 앞서 나아가지 못했다. 태조가 말했다. "의병을 일으킨 건 포악한 반란군을 주살하기 위해서이고, 대군이 이미 모였는데 여러분은 무엇 때문에 주저하십니까? 가령 동탁이 효산崤山(河南 서북부 소재) 동쪽 군사들이 일어났다는 소식을 듣고 왕실의 무게에 의지한 채 낙양과 장안의 험지에 근거하여 동쪽으로 천하에 군림한다면 그가 비록 무도한 짓을 행한다 해도 오히려 우환거리가 되기에 충분할 터인데, 그는 지금 궁궐을 불태우고 천자를 협박하여 도읍까지 옮겼습니

28 『전론典論』: 위 문제 조비가 태자 시절에 지었다. 문장과 학문 등 다양한 분야에 관한 비평서다. 『수서』「경적지」, 『구당서』「경적지」, 『신당서』「예문지」에는 모두 5권이라고 기록되어 있으며, 당나라 여향呂向은 『문선文選』「오신주五臣注」에서 20편이라고 기록했다. 지금은 「자서自敍」「논문論文」「논방술論方術」 3편만 남아 있다.

다. 해내가 진동하지만 사람들이 귀의할 바를 모르니 이는 하늘이 동탁을 멸망시키려는 때입니다. 한 번의 전투로 천하가 안정될 것이니 이 기회를 놓쳐서는 안 됩니다." 마침내 군사를 이끌고 서쪽으로 가서 장차 성고에 의지하려 했다. 장막은 장수 위자로 하여금 군사를 나눠 태조를 수행하게 했다. 형양滎陽(河南 滎陽) 변수汴水(河南 滎陽 서남 索河)에 이르러 동탁의 장수 서영徐榮을 만나 전투를 벌였지만 전세가 불리했고 죽거나 부상당한 병졸이 매우 많았다. 태조도 흘러가는 화살에 맞았고, 타던 말도 부상을 입었다. 사촌 아우 조홍曹洪이 말을 태조에게 주어 밤을 틈타 도주할 수 있었다. 서영은 태조가 거느린 군사가 적은 것을 보고 온종일 전투에 힘을 쏟았지만 산조酸棗를 쉽게 공략할 수 없다 여기고 군사를 이끌고 돌아갔다.

태조가 산조에 도착하니 여러 진영의 병사 10여만이 날마다 술을 가져다 성대한 연회를 열며 진격할 생각을 하지 않았다. 태조는 그들을 꾸짖고 나서 모의하며 말했다. "여러분 제 계획을 들어주십시오. 발해의 장수로 하여금 하내의 군사들을 이끌고 맹진孟津(河南 洛陽市 孟津區)으로 다가가게 하십시오. 또 산조의 장수들은 성고를 지키며 오창敖倉(河南 滎陽 동북 敖山)에 의지한 채 환원轘轅과 태곡太谷[29]을 막아 그 험지를 완전히 제압하십시오. 그리고 원술 장군으로 하여금 남양의 군사들을 인솔하고 단丹(河南 淅川 서쪽)과 석析(河南 西峽 동북)에 주둔한 뒤 무관武關(陝西 丹鳳 동남의 관문)으로 들어가 삼보三輔[30] 땅을 떨게 하십시오. 모두 보루를 높이 쌓고 해자를 깊이 파서 적과 싸우지 말고, 위장 군사로 허장성세를 더하여 천하의 형세를 과시한 후 대의에 따르는

---

29 환원轘轅과 태곡太谷: 모두 지금의 허난성河南省 옌스시偃師市 동남쪽에 있는 옛 관문이다.

30 삼보三輔: 한 무제에서 후한 말기까지 장안長安 주위 경기 지역을 다스리기 위해 설치한 행정구역이다. 경조윤京兆尹, 좌풍익左馮翊, 우부풍右扶風으로 나눠 다스렸으므로 도성을 보좌하는 세 지역이라는 의미로 '삼보'라고 불렀다.

군사로 역적을 주살하면 승패를 정할 수 있습니다. 지금 대의로 군사를 동원하고도 의심을 품은 채 진격하지 않으면서 천하의 여망을 배반하고 있으니 저는 남몰래 여러분 때문에 부끄러움을 느낍니다." 그러나 장막 등은 그의 의견을 채택할 수 없었다.

태조는 군사가 적어 하후돈 등과 양주揚州로 가서 군사를 모집했다. 자사 진온陳溫과 단양丹陽(安徽 宣城 일대) 태수 주흔周昕이 군사 4000여 명을 주었다. 용항龍亢(安徽 懷遠 서북)으로 돌아오자 배반한 병졸이 많았다.○ 질銍(安徽 濉溪 서남)과 건평建平(河南 夏邑 서남)에 이르러 다시 군사를 모집하여 1000여 명을 얻고 하내로 들어가 주둔했다.

○ 『위서』: "병졸들이 모반하여 밤에 태조의 장막에 불을 질렀다. 태조가 손에 칼을 들고 수십 명을 죽이자 나머지는 모두 흩어졌고 이에 군영을 탈출할 수 있었다. 배반하지 않은 자가 500여 명이었다."

유대와 교모가 서로 미워하여 유대가 교모를 죽이고 왕굉王肱을 동군 태수에 임명했다.

원소와 한복이 유주幽州(北京市 일대) 목牧 유우劉虞를 황제로 옹립하자고 모의했으나 태조가 거절했다.○1) 원소는 또 일찍이 옥새 한 매를 얻었는데, 태조와 함께 있는 좌중에서 그것을 들어 태조의 팔 쪽으로 놓았다. 태조는 이로부터 원소를 비웃으며 미워했다.○2)

○1) 『위서』에 태조가 원소에게 대답한 말이 실려 있다. "동탁의 죄는 사해에 드러나 있습니다. 우리가 대군을 규합하고 의병을 일으키자 원근에서 호응하

지 않는 사람이 없습니다. 이는 대의로 움직였기 때문입니다. 지금 어린 임금은 미약하여 간신에게 제압당했습니다. 아직 창읍왕처럼 멸망할 조짐은 없지만 어느 날 임금을 바꾸면 천하의 그 누가 편안하게 받아들이겠습니까? 여러분은 북쪽을 바라보고 유우를 임금으로 섬기십시오. 저 자신은 서쪽을 향해 동탁을 토벌하겠습니다."

○2) 『위서』: "태조가 크게 웃으면서 말했다. '나는 당신의 말에 따르지 않겠습니다.' 원소는 다시 사람을 시켜 태조를 설득하게 했다. '지금 원 공은 세력이 크고 군사도 강하며 두 아들도 이미 장성했습니다. 천하의 영웅들 중에서 누가 이보다 더 뛰어나겠습니까?' 태조는 응하지 않았다. 이로부터 더욱 원소를 정직하지 않게 여기고 주살하려 했다."

2년(191) 봄, 원소와 한복이 마침내 유우를 황제로 옹립했지만 유우는 끝까지 감히 맡으려 하지 않았다.

여름 4월, 동탁이 장안으로 돌아갔다.

가을 7월, 원소가 한복을 위협하고 기주를 탈취했다.

흑산적 우독于毒, 백요白繞, 휴고眭固○ 등 10여만 명이 위군魏郡(河北 臨漳 서남), 동군을 침략했지만 왕굉은 방어할 수 없었다. 태조가 군사를 이끌고 동군으로 들어가 복양濮陽(河南 濮陽)에서 백요를 공격하여 격파했다. 이 때문에 원소는 표문을 올려 태조를 동군 태수로 삼게 했는데, 그 치소는 동무양東武陽(山東 莘縣 인근)이었다.

○ ['眭'의] 발음은 '신수반申隨反' 즉 '수'다.31

3년(192) 봄, 태조가 돈구에 주둔하자 우독 등이 동무양을 공격했다. 태조는 이에 군사를 이끌고 서쪽으로 진격하여 산으로 들어가 우독 등의 본진을 공격했다.○1) 우독은 소문을 듣고 무양을 버리고 회군했다. 태조는 휴고를 공격하고 다시 내황內黃(河南 湯陰 동쪽)에서 흉노 어부라於夫羅를 공격하여 모두 대파했다.○2)

○1) 『위서』: "여러 장수는 모두 돌아가 자구책을 마련해야 한다고 여겼다. 그러자 태조가 말했다. '손빈孫臏은 조趙나라를 구원하려고 위魏나라를 공격했고,[32] 경엄耿弇은 서안西安(山東 臨淄 서북)으로 가려 하면서 임치臨菑(山東 臨淄 북쪽)를 공격했소.[33] 도적들로 하여금 내가 서쪽으로 간다는 소문을 듣게 하면 본진으로 회군할 것이니 무양의 포위는 저절로 풀리게 되오. 회군하지 않으면 내가 저들의 본진을 격파할 수 있으므로 도적들은 무양을 함락할 수 없게 될 것이 확실하오.' 태조는 마침내 서쪽으로 갔다."

○2) 『위서』: "어부라라는 자는 남선우南單于의 아들이다. 중평 연간에 흉노 군

31 이 주석에 따르면 '眭'가 사람의 성姓으로 쓰일 때는 '수'로 읽어야 하지만, '眭'의 우리 한자음에는 '수'라는 발음이 없으므로 관례대로 '휴'로 읽는다. 이 경우를 『강희자전康熙字典』에 따르면 '쉬'로 읽거나 '계'로 읽어야 한다.

32 손빈孫臏은…공격했고: '손빈孫臏'은 전국시대 제나라 사람이었으나 자신의 동문 방연龐涓에게 의탁하기 위해 위魏나라로 갔다가 방연의 모함으로 다리를 잘리는 형벌을 당하고 다시 제나라로 탈출하여 군사軍師에 임명되었다. 당시 위나라 혜왕惠王이 방연을 앞세워 조趙나라를 공격하자 조나라는 제나라에 구원을 요청했고 제나라 대장 전기田忌는 바로 조나라로 진격하려 했다. 그러나 손빈은 대군이 조나라로 떠나 방비가 소홀한 위나라를 직접 공격하는 것이 더 낫다고 건의하여 위나라를 대파했다.(『사기』 권65 「손자오기열전孫子吳起列傳」)

33 경엄耿弇은…공격했소: '경엄耿弇'은 병법에 밝은 후한 개국공신으로 운대28장雲臺二十八將 중 네 번째 지위의 인물이다. 건국 과정에서 광무제를 도와 46군을 평정하고 300여 성을 함락했다. 호치후好畤侯에 봉해졌으며 사후 시호는 민후愍侯다. 그는 제齊 땅을 공략하는 과정에서 장람張藍이 정예병으로 혼자 지키는 서안이 오히려 견고하다 생각하고, 장보張步의 연합군이 지키는 임치를 공격하여 한나절 만에 함락했다.(범엽, 『후한서』 권19 「경엄열전耿弇列傳」)

사를 징발할 때 어부라가 군사를 인솔하고 한나라를 도왔다. 마침 본국에서 반란이 일어나 남선우가 피살되자 어부라는 마침내 군사를 거느리고 중원 땅에 남았다. 천하가 혼란한 틈에 서하西河의 백파적白波賊34과 연합하여 태원太原(山西 太原)과 하내를 깨뜨리고 여러 군郡을 약탈하며 도적이 되었다."

여름 4월, 사도司徒 왕윤王允이 여포呂布와 함께 동탁을 죽였다. 동탁의 장수 이각李傕과 곽사郭汜 등이 왕윤을 죽이고 여포를 공격했다. 여포가 패배하여 동쪽 무관으로 탈출했다. 이각 등은 조정을 제 마음대로 주물렀다.

청주靑州(山東 臨淄 북쪽)의 황건적 군사 백만이 연주로 침입하여 임성상任城相(山東 微山 서북) 정수鄭遂를 죽이고 길을 돌아 동평東平(山東 東平 동남)으로 들어갔다. 유대가 공격하려 하자 포신이 간언을 올렸다. "지금 황건적은 군사가 백만이라 백성은 모두 공포에 떨고 있고, 병졸들도 싸울 마음이 없으니 대적할 수 없습니다. 도적의 패거리가 서로 몰려다니는 모양을 살펴보건대 군대에 군수품이 없어서 오직 약탈로 물자를 조달하고 있습니다. 지금 군사들의 힘을 비축하고 우선 튼튼히 지키는 편이 더 낫습니다. 저들이 싸우려 해도 싸울 수 없고, 공격하려 해도 공격할 수 없으면 그 세력이 틀림없이 분산될 것입니다. 그 후에 정예병을 뽑아 요새에 의지하여 적을 공격하면 격파할 수 있을 것입니다." 유대는 이 계책에 따르지 않고 끝내 황건적과 싸우다가 과연 피살되었다.○1) 이에 포신은 고을 관리 만잠萬潛 등과 동군으로 가서 태조를 맞아와 연

34 백파적白波賊: 후한 말기 영제靈帝 때 활동한 황건적의 일파다. 황건적 곽태郭太 등이 서하西河 백파곡白波谷(山西 襄汾 永固鎭)에서 봉기했기 때문에 백파적으로 불렸다. 곽태 사후 활약한 양봉楊奉, 한섬韓暹 등도 백파적 출신이다.

주목을 겸임하게[35] 했다. 마침내 군사를 진격시켜 수장壽張(山東 東平 서남) 동쪽에서 황건적을 공격했다. 포신은 힘을 다해 싸우다 죽었고, [군사들은] 가까스로 적을 격파했다.○2) 포상금을 걸고 포신의 시신을 구하려 했으나 구할 수 없자 군사들이 포신의 모습처럼 나무를 깎아 제사 지내며 통곡했다. 황건적을 추격하여 제북까지 이르자 항복을 청해왔다. 겨울에 항복한 병졸 30여만 명과 남녀 인구 100여만 명을 받아들이고 그 정예병을 수습하여 청주병青州兵이라 불렀다.

○1) 『세어』: "유대가 죽자 진궁陳宮이 태조에게 말했다. '연주에 지금 주인이 없고 왕명도 끊겼습니다. 이 진궁이 연주로 가서 그들에게 유세할 것을 청합니다. 명부明府께서도 조만간 가서 연주목兗州牧으로 고을을 다스리며 그곳을 바탕으로 천하를 거둬들이십시오. 이것이 바로 패왕霸王의 대업입니다.' 진궁은 연주의 별가別駕와 치중治中에게 유세했다. '지금 천하는 분열되었고 연주에는 주인이 없소. 동군 태수 조공은 세상을 다스릴 만한 뛰어난 인재요. 그분을 맞아들여 연주목으로 삼으면 틀림없이 백성을 편안하게 하실 것이오.' 포신 등도 그렇다고 말했다."

○2) 『위서』: "태조는 보병과 기병 1000여 명을 거느리고 전장을 살펴보러 갔다가 마침내 적의 군영 앞에 당도했다. 전투는 불리하여 전사자가 수백 명이나 되었으므로 군사를 이끌고 돌아왔다. 적은 얼마 지나지 않아 전진해왔다. 황건적은 도적이 된 지 오래라 자주 승리했고 군사들도 정예병이었다. 태조의 옛 군사들은 수가 적었고 새 군사들은 훈련을 받지 못해서 전체 군사들이 모두 두려워했다. 태조는 갑옷을 입고 투구를 쓴 채 친히 장졸들을

35 겸임하게: 원문은 '영領'이다. 중국 한나라 이후 품계가 높은 관리가 낮은 직급의 업무를 겸임하는 것을 가리킨다. 녹錄이라고도 한다. 이와 반대로 품계가 낮은 관리가 높은 직급의 업무를 잠시 겸임하는 것은 수守라고 한다.

순시했고 상벌을 분명하게 시행하자 군사들이 다시 분발했다. 기회를 틈타 토벌하자 황건적이 조금 물러났다. 이에 황건적이 태조에게 격문을 보내 이렇게 말했다. '지난날 제남에서 신단神壇을 파괴했으니 그 도道가 중황태을中黃太乙(태평도 최고의 신)을 믿는 것과 같다. 흡사 도를 아는 듯했지만 지금은 다시 헷갈리게 행동하는구나. 한나라의 운수는 이미 다했으니 황가黃家를 세워야 한다. 하늘의 대운大運은 그대의 재능과 힘으로 보존할 수 있는 것이 아니다.' 태조는 격문을 보고 그들을 꾸짖으며 여러 차례 투항할 길을 열어주었다. 그러나 결국 기병奇兵을 매복하여 밤낮으로 전투를 벌였고 전투할 때마다 적을 사로잡자 적이 후퇴했다."

원술은 원소와 틈이 벌어지자 공손찬公孫瓚에게 구원을 요청했다. 공손찬은 유비劉備를 고당高唐(山東 禹城 서남)에 주둔하게 하고, 선경單經을 평원에 주둔하게 하고, 도겸陶謙을 발간發干(山東 莘縣 河店鎭 馬橋村)에 주둔하게 하여 원소를 핍박했다. 태조는 원소와 대회전을 벌여 모두 격파했다.

4년(193) 봄, [태조가] 견성鄄城(山東 鄄城)에 주둔했다. 형주목荊州牧(湖北 襄樊 漢水 남쪽 襄陽城) 유표劉表가 원술의 군량 보급로를 끊자 원술이 군사를 이끌고 진류로 들어와 봉구封丘(河南 封丘)에 주둔했다. 흑산적 잔당 및 어부라 등이 그를 도왔다. 원술이 장수 유상劉詳을 시켜 광정匡亭(河南 長垣 서남)에 주둔하게 했다. 태조가 유상을 공격하자 원술이 구원에 나서 전투가 벌어졌고 태조가 원술을 대파했다. 원술이 후퇴하여 봉구를 보호하자 태조가 마침내 그곳을 포위했다. 아직 다 포위하지 못했을 때 원술이 양읍襄邑(河南 睢縣 서쪽)으로 달아났다. 태수太壽(미상)까지 추격하여 거수渠水(河南 蔡河)를 터뜨려 성을 물에 잠기게 했다. 원술이 영릉寧陵(河南 寧陵)으로 달아나자 또 다시 추격했고 또 구강九江(安徽 壽縣)으로 달아났다. 여름에 태조가 정도定陶(山東 河澤

定陶區)로 회군했다.

하비下邳(江蘇 睢寧 서북)의 궐선闕宣이 수천 민중을 모아 스스로 천자라 칭했다. 서주의 도겸陶謙도 그와 함께 군사를 일으켜 태산군泰山郡의 화현華縣(山東 費縣 동쪽)과 비현費縣(山東 費縣 서북)을 탈취하고 임성을 공략했다. 가을에 태조가 도겸을 정벌하고 10여 성을 함락하자 도겸은 성을 고수하며 감히 밖으로 나오지 못했다.

이해에 손책孫策이 원술이 시키는 일을 받아들여 장강을 건넜고 마침내 수년간 강동江東을 점유했다.

흥평興平[36] 원년(194) 봄, 태조는 서주에서 돌아왔다. 당초에 태조의 부친 조숭曹嵩은 관직에서 떠난 후 초현으로 돌아갔다. 동탁의 난리 때 낭야琅邪(山東 膠南 서남)로 피란했다가 도겸에게 살해되었다. 이 때문에 태조는 복수를 위한 동쪽 정벌에 뜻을 두었다.○

○『세어』: "조숭은 태산군 화현에 있었다. 태조는 태산 태수 응소應劭로 하여금 집안 식구를 연주로 보내달라고 요청했다. 응소의 군사가 아직 도착하지 않았을 때 도겸이 몰래 기병 수천을 보내 조숭을 사로잡았다. 조숭의 집에서는 응소가 자신들을 맞이하러 오는 줄 알고 대비를 하지 않았다. 도겸의 군사가 당도하여 문 안에서 태조의 아우 조덕曹德을 죽였다. 조숭은 겁이 나서 뒤 담장을 뚫고 먼저 그의 첩을 내보내려 했다. 첩의 몸이 뚱뚱해서 제때에 나갈 수 없었다. 숭은 측간으로 도주했다가 첩과 함께 살해당했고 온 집안사

36 흥평興平: 후한 헌제의 두 번째 연호로 194~195년에 사용되었다.

람이 모두 죽었다. 응소는 겁이 나서 관직을 버리고 원소에게 갔다. 그 뒤 태조가 기주를 평정했을 때 응소는 이미 죽었다." 위요韋曜의 『오서吳書』37: "태조는 부친 조숭을 맞아오기 위해 치중輜重 100여 대를 보냈다. 도겸은 도위都尉 장개張闓를 보내 기병 200명을 거느리고 호송하게 했다. 장개는 태산군 화현과 비현 사이에서 조숭을 죽인 후 재물을 빼앗고 바로 회남淮南(安徽 壽縣)으로 달아났다. 태조는 도겸에게 모든 죄를 돌렸기 때문에 그를 정벌했다."

여름, 순욱荀彧과 정욱程昱을 시켜 견성을 지키게 하고 다시 도겸 정벌에 나서 다섯 성을 함락하고 마침내 땅을 공략하여 동해에 이르렀다. 회군하는 길에 담郯(山東 郯城縣 북쪽) 땅을 지날 때 도겸의 장수 조표曹豹가 유비劉備와 함께 담 땅 동쪽에 주둔하고 태조를 위협했다. 태조는 그들을 격파하고 마침내 양분襄賁(山東 蒼山 남쪽)을 공격하여 함락했다. 지나가는 곳마다 많은 사람을 잔학하게 살육했다.○

○ 손성이 말했다. "대저 죄인을 정벌하고 백성을 위로하는 것은 옛날의 좋은 법도이지만 도겸에게 죄를 묻는다는 연유로 그의 속민屬民과 부하를 해친 것은 지나친 일이다.

마침 장막과 진궁이 태조를 배반하고 여포를 맞아들이자 군현이 모두 호응했다. 순욱과 정욱은 견성을 보위하며 범范(山東 梁山 서북)과 동아東阿(山東 陽

37 위요韋曜의 『오서吳書』: 위요는 삼국 오나라 사학자 겸 중신이다. 본명이 위소韋昭, 자가 홍사弘嗣다. 태자중서자太子中庶子, 태사령太史令, 시중侍中, 영좌국사令左國史 등을 역임하고 고릉정후高陵亭侯에 봉해졌다. 그가 편찬에 참여한 『오서』는 이후 진수 『삼국지』 「오서」의 바탕이 되었다. 이 밖에도 『한서음의漢書音義』 『국어주國語注』 등을 지었다.

谷 동북) 두 현을 굳게 지켰고, 태조는 바로 군사를 이끌고 돌아왔다. 여포가 도착하여 견성을 공격했으나 함락할 수 없어서 서쪽 복양에 주둔했다. 태조가 말했다. "여포가 하루아침에 한 고을을 얻었지만 능히 동평에 의지하여 항보亢父(山東 濟寧 남쪽)와 태산의 길을 끊고 험지에 편승해 나를 위협하지 못하니 나는 그의 무능함을 알겠다." 마침내 진군하여 그를 공격했다. 여포는 출병하여 전투를 벌이며 먼저 기마병으로 청주병青州兵을 침범했다. 청주병은 달아났고 태조의 진영은 어지러워졌다. [태조는] 말을 치달려 불길을 돌파하며 탈출하다가 말에서 떨어졌고 왼쪽 손바닥이 불에 탔다. 사마司馬 누이樓異가 태조를 부축하여 말에 태운 채 마침내 인도하여 밖으로 나왔다.○

○ 원위袁暐의 『헌제춘추獻帝春秋』38: "태조가 복양을 포위하자 복양의 대성大姓인 전씨田氏가 반간계를 썼으므로 태조는 성으로 들어갈 수 있었다. 〔태조는〕 동문을 불태워 후퇴할 뜻이 없음을 보였다. 전투가 벌어지자 〔태조의〕 군사가 패배했다. 여포의 기병이 태조를 잡았으나 〔그가 태조인지〕 알지 못하고 물었다. '조조는 어디 있느냐?' 태조가 말했다. '누런 말을 탄 자가 조조입니다.' 여포의 기병은 태조를 풀어주고 누런 말을 탄 자를 뒤쫓았다. 동문의 불길이 여전히 세찼으나 태조는 불길을 돌파하고 탈출했다.

아직 군영에 도착하지 않았을 때 장수들은 태조를 만나지 못해 모두 두려워했다. 태조는 이에 자력으로 군사를 위로하고 군중의 병졸들을 시켜 공성 도구를 만들도록 재촉했고, 나아가 다시 공격을 퍼부으며 여포와 서로 100여 일을 대치했다. 이때 메뚜기 떼가 발생하여 백성이 크게 굶주렸다. 여포의 양

38 원위袁暐의 『헌제춘추獻帝春秋』: 원위는 원엽袁曄이라도 하며 자가 사광思光이고 삼국시대 오나라 사학자다. 『헌제춘추』는 한나라 마지막 황제인 헌제 때의 사적을 기록한 기전체 역사책으로 모두 10권으로 알려져 있지만 지금은 전해오지 않는다.

식도 모두 떨어지자 각각 군사를 이끌고 떠났다.

가을 9월, 태조가 견성으로 회군했다. 여포는 승씨乘氏(山東 巨野 서남)로 갔다가 그곳 현민縣民 이진李進에게 패배하고 동쪽으로 가서 산양에 주둔했다. 이에 원소가 사자를 보내 태조에게 유세하고 연합군을 편성하려고 했다. 태조는 새로 연주를 잃었고 군량이 고갈되어 장차 허락하려 했다. 정욱이 태조를 제지하자 태조가 그의 의견에 따랐다.

겨울 10월, 태조가 동아로 갔다.

이해에 곡식 1곡斛[39]이 50여만 전에 달했고, 사람들이 서로 잡아먹었다. 이에 새로 모집한 관리와 군사들을 내보냈다. 도겸이 죽자 유비가 그의 자리를 대신했다.

2년(195) 봄, [태조가] 정도를 습격했다. 제음濟陰(山東 定陶 서북) 태수 오자吳資가 남성南城(山東 平邑 남쪽)을 보위했으므로, 함락하지 못했다. 마침 여포가 도착하자 또 그를 격파했다. 여름에 여포의 장수 설란薛蘭과 이봉李封이 거야鉅野(山東 鉅野 남쪽)에 주둔하자 태조가 그들을 공격했다. 여포가 설란을 구원했으나 설란은 패배했고 여포도 도주했다. 마침내 설란 등을 베어 죽였다. 여포는 다시 동민東緡(山東 金鄕)으로부터 진궁과 함께 1만여 군사를 거느리고 싸우러 왔다. 이때 태조는 군사가 적어서 병졸을 매복하고 기병奇兵을 풀어 공격하여 적을 대파했다.° 여포가 밤에 도주하자 태조가 다시 공격하여 정도를 함락하고 병사를 나누어 여러 현縣을 평정했다. 여포가 동쪽으로 유비가 있는

39 곡斛: 도량형의 단위다. 당나라 이전에는 1곡斛이 10두斗였으나 송나라 이후로는 5두斗로 바뀌었다.

곳으로 달아나자 장막은 여포를 따르며 자신의 아우 장초張超로 하여금 집안 부하들을 거느리고 옹구雍丘(河南 杞縣)를 보위하게 했다.

○『위서』: "이에 병사들이 모두 보리를 수확하러 나가자 자리를 지킨 병사가 1000명이 안 되어 군영의 수비가 튼튼하지 못했다. 태조는 성안의 여인들로 하여금 성가퀴를 지키게 하고 모든 군사를 동원해 적에게 맞섰다. 군사가 주둔한 서쪽에 큰 제방이 있었고, 그 남쪽 나무숲이 어둑하고 깊었다. 여포는 복병이 있을까 의심하며 부하들과 서로 이야기를 주고받았다. '조조는 속임수를 많이 쓰니 매복에 빠지지 말아야 한다.' 그리고 군사를 이끌고 그곳에서 남쪽 10여 리 되는 곳에 주둔했다. 이튿날 다시 적이 다가오자 태조는 제방 안쪽에 병사들을 숨기고 절반은 제방 밖으로 나오게 했다. 여포는 더 앞으로 나아가 경무장 병사들을 시켜 싸움을 돋우게 했다. 이윽고 맞붙어 전투가 벌어지자 복병들이 모두 제방 위로 올라와 보병과 기병이 함께 진격하여 적을 대파했다. 고거鼓車를 포획하고 적을 추격하여 그들의 군영에까지 이르렀다가 돌아왔다."

가을 8월, 옹구를 포위했다.

겨울 10월, 천자가 태조를 연주목에 임명했다.

12월, 옹구가 무너지자 장초는 자살했다. 장막의 삼족을 멸하자 장막은 원술에게 가서 구원을 청했지만 그들에게 살해되었다. 연주가 평정되자 마침내 [태조는] 동쪽으로 진陳 땅을 공략했다.

이해에 장안이 어지러워지자 천자는 동쪽으로 옮겨가다가 조양曹陽(河南 靈

寶 동북)에서 패배했고, 다시 황하를 건너 안읍安邑(山西 夏縣 북쪽)으로 갔다.

건안建安 원년(196) 봄 정월, 태조의 군사가 무평武平(河南 鹿邑 서북)으로 다가가니 원술이 임명한 진상陳相 원사袁嗣가 항복했다.

태조가 장차 천자를 맞아들이려 하자 장수들이 더러 의혹을 품었지만 순욱과 정욱은 그 일을 권했다. 이에 조홍을 파견하여 병사들을 거느리고 서쪽으로 나가 천자를 맞아들이게 했다. 그러나 위장군衛將軍 동승董承과 원술의 장수 장노萇奴가 험준한 지형에서 항거하는지라 조홍은 나아갈 수 없었다.

여남汝南(河南 平輿 북쪽)과 영천潁川(河南 禹州)의 황건적 하의何儀, 유벽劉辟, 황소黃邵, 하만何曼 등이 각각 군사 수만을 거느리고 처음에는 원술에게 호응하다가 다시 손견에게 붙었다.

2월, 태조가 진군하여 그들을 격파하고 유벽과 황소 등을 베어 죽이자 하의 및 그들 무리가 모두 항복했다. 천자는 태조를 건덕장군建德將軍에 임명했다.

여름 6월, [천자는 태조를] 진동장군鎭東將軍으로 옮기고 비정후에 봉했다.

가을 7월, 양봉楊奉과 한섬韓暹이 천자를 모시고 낙양洛陽(河南 洛陽)으로 돌아왔다.○ 양봉은 따로 양梁 땅에 주둔했다.

○『헌제춘추』: "천자는 당초에 낙양에 도착하여 성 서쪽 고故 중상시 조충趙忠의 집에 묵으며 장양張楊을 시켜 궁궐을 수리하게 하고 전각 이름을 양안전

楊安殿이라 했다. 8월에 황제가 거처를 그곳으로 옮겼다."

태조가 마침내 낙양에 이르러 도성을 호위하자 한섬은 도주했다. 천자는 태조에게 가절월假節鉞[40]과 녹상서사錄尙書事[41]를 맡겼다.○ 낙양이 파괴되자 동소董昭 등은 태조에게 허許 땅에 도읍을 정하라고 권했다.

○ 『헌제기獻帝紀』[42]: "또 사례교위司隷校尉도 겸직하게 했다."

9월, 어가가 환원으로 나가 동쪽으로 향했다. 태조를 대장군으로 삼고 무평후武平侯에 봉했다. 천자가 서쪽 장안으로 천도한 이후부터 조정이 날마다 혼란에 빠졌지만, 이때에 이르러 종묘사직과 제도가 비로소 바로 서게 되었다.○ 천자가 동쪽으로 가자 양봉이 양梁 땅에서 천자를 공격하려 했으나 미치지 못했다.

○ 장번의 『한기』: "당초에 천자는 조양에서 패배하자 황하에 배를 띄우고 동쪽으로 내려가려 했다. 시중 태사령太史令 왕립王立이 아뢰었다. '지난해 봄부터 태백성太白星이 견우성과 북두성 사이에서 진성鎭星을 침범하여 천진天津을

---

40 가절월假節鉞: 가황월假黃鉞이라고도 한다. 평시나 전시를 막론하고 황제가 하사한 부절과 부월鈇鉞에 포함된 권한을 이용하여, 가절假節, 지절持節, 사지절使持節의 권한을 갖고 있는 절장節將까지 처단할 수 있다. 가절假節은 황제가 하사한 부절을 지니고, 평시에는 사람을 처형할 수 없지만 전시에는 군령을 어긴 사람을 죽일 수 있다. 지절持節은 평시에는 벼슬 없는 평민을 처단할 수 있고, 전시에는 품계 2000석 이하의 관리까지 처형할 수 있다. 사지절使持節은 황제가 하사한 부절을 지니고 평시나 전시를 막론하고 품계 2000석 이하의 관리를 처형할 수 있다.

41 녹상서사錄尙書事: 나라의 행정 업무를 관장하는 상서대尙書臺의 일을 총괄하는 관직이다.

42 『헌제기獻帝紀』: 후한 헌제의 사적을 기록한 역사책이다. 『수서隋書』 「경적지經籍志」에는 『한영헌이제기漢靈獻二帝紀』로 기록되어 있다. 『수서隋書』에는 유방劉芳이 지었다 했고, 『구당서舊唐書』와 『신당서新唐書』에는 유애劉艾가 지었다고 했다. 지금 전해오지 않는다. 유애는 후한 말기 한나라 종실로 종정宗正을 지냈다.

지났습니다. 형혹성熒惑星[43]이 또 역행하여 북하北河를 지키고 있으니 그곳을 범해서는 안 됩니다.' 이 때문에 천자는 마침내 북쪽으로 황하를 건너지 않고 장차 지관軹關(河南 濟源 동쪽 軹城鎭)에서 동쪽으로 나가려 했다. 왕립이 또 종정宗正 유애劉艾에게 말했다. '앞서 태백성이 천관天關을 지키다가 형혹성과 만났습니다. 이는 금金과 화火가 교차하며 만나는 것이니 혁명의 형상입니다. 한나라의 운명은 끝날 것이고, 진晉과 위魏가 반드시 흥할 것입니다.' 왕립은 이후 황제에게 자주 이렇게 말했다. '천명에는 거취가 있고 오행五行도 각각 늘 번성하지는 않습니다. 화火를 대신하는 것은 토土이니 한나라를 계승하는 것은 위나라이고 천하를 안정시키는 것은 조씨 성일 것입니다. 오로지 조씨에게 통치를 위임해야 합니다.' 조공曹公은 그 말을 듣고 사자를 보내 왕립에게 말했다. '공이 조정에 충성하는 바는 알겠지만 천도는 심원하니 여러 말 하지 않았으면 좋겠소.'"

겨울 10월, 조공曹公이 양봉을 정벌하자 양봉은 남쪽으로 원술에게 달아났고 마침내 [조공은] 그의 양 땅 주둔지를 공격하여 함락했다. 이때 원소를 태위로 삼자 원소는 반열이 조공의 아래임을 수치로 여기고 벼슬을 받으려 하지 않았다. 조공은 이에 한사코 사양하며 대장군 직을 원소에게 양보했다. 천자는 조공을 사공司空에 임명하고 거기장군車騎將軍 직을 수행하게 했다. 이해에 조지棗祗와 한호韓浩 등의 의견을 채택하여 처음으로 둔전屯田을 설치했다.○

○『위서』: "흉년과 난리를 만난 이래로 모든 곳에 양식이 부족했다. 많은 군대가 함께 일어났지만 한 해를 마칠 계획조차 없었다. 배고프면 도적이 되어

---

43 형혹성熒惑星: 화성火星을 가리킨다. 화성은 붉은 빛이 일정하지 않고, 운행 노선도 동에서 서로 가기도 하고, 서에서 동으로 가기도 하기 때문에 형혹熒惑이란 이름이 붙었다. 전쟁, 질병, 혼란 등을 상징한다.

약탈했고, 배부르면 남은 양식을 버렸다. 조직이 와해되어 떠돌았으므로, 적이 없는데도 스스로 무너지는 자가 헤아릴 수 없을 정도였다. 원소는 하북에 있었는데 그의 군사들은 고개를 쳐들고 오디를 따먹었다. 원술은 장강과 회수 유역에 있었는데 부들과 달팽이를 채취하여 공급했다. 백성이 서로 잡아먹었기 때문에 고을이 쓸쓸하고 적막했다. 조공이 말했다. '대저 나라를 안정시키는 방법은 군대를 강하게 하고 식량을 충분히 공급하는 데 있다. 진秦나라 사람들은 농사를 다그쳐서 천하를 겸병했고, 효무제孝武帝는 둔전을 설치하여 서역을 평정했는데 이것은 앞 시대의 좋은 제도다.' 이해에 백성을 모집하고 허도許都(河南 許昌) 아래에서 둔전을 경작하게 하여 곡식 100만 곡斛을 수확했다. 이에 주州와 군郡에서 이 사례에 따라 전관田官을 두자 곳곳에 곡식이 가득 쌓였다. 사방을 정벌할 때도 군량을 운반하는 노고가 없어져 마침내 도적 떼를 두루 섬멸하고 천하를 평정할 수 있었다."

여포가 유비를 기습하여 하비를 탈취했다. 유비가 [조공에게] 도망쳐왔다. 정욱이 조공에게 말했다. "유비를 살펴보니 영웅의 재능이 있고 사람들의 마음을 쉽게 얻습니다. 끝내 다른 사람의 아래에 있지 않을 것이니 일찌감치 도모하는 것이 좋겠습니다." 조공이 말했다. "바야흐로 지금은 영웅을 거둬야 하는 때인데 한 사람을 죽여 천하 사람들의 마음을 잃게 되므로 그렇게 할 수 없소."

장제張濟가 관중에서 남양으로 달아났다. 장제가 죽자 조카 장수張繡가 그의 군사를 이끌었다.

2년(197) 봄 정월, 조공이 완宛(河南 南陽) 땅으로 갔다. 장수가 조공에게 투항했다가 이윽고 후회하며 다시 배반했다. 조공이 그와 싸웠으나 패배하고 흘러가는 화살에 맞았다. 맏아들 조앙曹昂과 동생의 아들 조안민曹安民이 살해당했다.○1) 이에 조공이 병사들을 이끌고 무음舞陰(河南 泌陽 서북)으로 회군하자 장수가 기병을 이끌고 습격해왔고, 조공이 그를 격파했다. 장수는 양穰(河南 鄧州) 땅으로 달아나 유표와 연합했다. 조공이 휘하 장수들에게 말했다. "나는 장수 등의 항복을 받았지만 바로 그들의 인질을 잡아놓지 않는 실수를 해서 일이 이 지경에 이르렀소. 나는 내가 패배한 까닭을 알았소. 경들은 이를 잘 살펴서 지금 이후로는 다시 패배하지 말길 바라오." 그러고는 마침내 허도로 돌아갔다.○2) 원술이 회남에서 황제를 칭하려고 사람을 보내 여포에게 알렸다. 여포는 사자를 잡아두고 그 문서를 조정에 올렸다. 원술은 분노하여 여포를 공격하다가 여포에게 패배했다.

○1) 『위서』: "조공이 타던 말은 이름이 절영絶影이었는데 흘러가는 화살에 맞아 뺨과 말굽에 부상을 입었고 아울러 조공의 오른팔에도 화살이 맞았다." 『세어』: "조앙은 말을 탈 수 없어서 조공에게 말을 바쳤다. 이 때문에 조공은 죽음을 면했지만 조앙은 살해당했다."

○2) 『세어』: "옛 제도에 따르면 삼공이 군사를 이끌고 조현朝見하러 들어올 때는 〔궁궐 시위병이〕 모두 창을 잡고 목 앞에 교차한 뒤에 앞으로 나아가게 했다. 당초에 조공이 장수를 토벌하려고 천자를 뵈러 들어갈 때 비로소 이 제도를 회복했다. 조공은 이로부터 더 이상 황제를 조현하지 않았다."

가을 9월, 원술이 진陳 땅을 침략하자 조공이 동쪽으로 그를 정벌하러 갔다. 원술은 조공이 직접 온다는 소식을 듣고 군대를 버리고 도주하면서 자신의 장수 교유橋蕤, 이풍李豐, 양강梁綱, 악취樂就를 남겨뒀다. 조공이 당도하여 교유 등을 격파하고 모두 베어 죽였다. 원술은 도주하여 회수를 건넜다. 조공은 허도로 귀환했다.

조공이 무음에서 돌아오자 남양과 장릉章陵(湖北 棗陽 남쪽) 등 여러 현이 다시 배반하고 장수 편이 되었다. 조공은 조홍을 보내 공격했으나 전세가 불리하여 돌아와 섭葉(河南 葉縣 남쪽) 땅에 주둔했고, 자주 장수와 유표에게 침략당했다.

겨울 11월에 조공이 직접 남쪽으로 정벌에 나서 완宛 땅에 이르렀다.○ 유표의 장수 등제鄧濟가 호양湖陽(河南 唐河 남쪽 湖陽鎭)에 의지하여 항거하자 조공이 그곳을 공격하여 함락하고 등제를 사로잡았다. 또 무음을 공격하여 함락했다.

○『위서』: "육수淯水(河南 白河)에 이르러 그동안 죽은 장졸을 제사 지냈다. 슬피 흐느끼며 눈물을 흘리니 군사들이 모두 그 애통함에 감동했다.

3년(198) 봄 정월, 조공이 허도로 돌아와 처음으로 군사좨주軍師祭酒라는 관직을 설치했다.

3월, 조공이 양 땅에서 장수를 포위했다.

여름 5월, 유표가 군대를 파견해서 장수를 구원하고 조공의 군대 배후를 끊었다.○ 조공이 장차 군사를 이끌고 돌아가려 하자 장수의 군대가 추격해왔다. 조공의 군대는 전진할 수 없어서 군영을 서로 연결하는 방법으로 조금씩 앞으로 나아갔다. 조공이 순욱에게 편지를 보내 말했다. "적이 아군을 추격해와서 하루에 몇 리밖에 갈 수 없지만 내가 계책을 마련했으니 안중安衆(河南 鄧州 동북)에 도착하면 장수를 반드시 격파할 수 있을 것이오." 안중에 도착하자 장수와 유표가 군사를 합쳐 험지를 지켰다. 조공의 군대는 앞뒤로 적의 공격을 받았다. 이에 조공이 밤에 험지를 파서 땅굴을 만들고 치중을 모두 지나가게 한 뒤 기병奇兵을 매복했다. 마침 날이 밝자 적군은 조공이 도망갔다고 말하고 전군을 동원해 추격해왔다. 이에 기병奇兵을 풀고 보병과 기마병으로 협공하여 대파했다.

○ 『헌제춘추』: "원소를 배반한 병졸이 조공에게 와서 말했다. '전풍田豐이 원소로 하여금 일찌감치 허도를 습격하라고 했습니다. 만약 천자를 끼고 제후들에게 명령을 내리면 사해를 지휘하며 평정할 수 있다고 말입니다.' 조공이 이에 장수에 대한 포위를 풀었다."

가을 7월, 조공이 허도로 귀환했다. 순욱이 조공에게 물었다. "앞서 계책으로 적을 반드시 격파할 수 있다고 하셨는데 무슨 까닭입니까?" 공이 대답했다. "도적 떼가 아군의 회군을 막고 아군과 사지死地에서 전투를 벌이려 했으므로 내가 승리할 줄 알았소."

여포가 다시 원술을 위해 고순高順을 시켜 유비를 공격하자 조공은 하후돈을 파견하여 유비를 구원했지만 불리했다. 유비는 고순에게 패배했다.

9월, 조공이 동쪽으로 나가 여포를 정벌했다.

겨울 10월, [조공은] 팽성彭城(江蘇 徐州)을 도륙하고 팽성상彭城相 후해侯諧를 사로잡았다. 진격하여 하비에 이르자 여포 스스로 기병을 거느리고 반격해왔지만 대파하고 여포의 맹장 성렴成廉을 사로잡았다. 여포를 추격하여 성 아래까지 이르자 여포가 두려워하며 항복하려 했다. 그러자 진궁이 여포의 계획을 저지하고 원술에게 구원을 요청하고 여포에게 성을 나가 싸우라고 권했다. 싸워서 또 패배하자 바로 돌아가 성을 굳게 지켰고, 성을 공격했으나 함락하지 못했다. 이때 조공은 연속된 전투에 병졸이 지치자 회군하려 하면서 순유荀攸와 곽가郭嘉의 계책을 써서 마침내 사수泗水(山東 泗河)와 기수沂水(山東 沂河)의 제방을 터뜨려 성안으로 물을 끌어들였다. 한 달이 넘자 여포의 장수 송헌宋憲과 위속魏續 등이 진궁을 사로잡고 온 성을 들어 항복했다. 여포와 진궁을 사로잡아 모두 죽였다. 태산太山의 장패臧霸, 손관孫觀, 오돈吳敦, 윤례尹禮, 창희昌豨가 각각 군사를 모았다. [앞서] 여포가 유비를 격파하자 장패 등이 모두 여포를 따랐다. 여포가 패배할 때 장패 등은 사로잡혔는데, 조공은 후하게 접대하고 마침내 바다에 붙은 청주와 서주를 분할하여 그들에게 맡기고 낭야, 동해, 북해를 나눠 성양城陽(山東 莒縣), 이성利城(山東 博興 동쪽), 창려昌慮(山東 滕州 동남)군으로 삼았다.

당초에 조공은 연주목이 되어 동평의 필심畢諶을 별가別駕로 임명했다. 장막이 배반하여 필심의 모친, 아우, 처자식을 겁박했다. 조공은 필심에게 사죄하고 보내주며 말했다. "경의 노모가 저들에게 있으니 그곳으로 가야 하오." 필심은 머리를 조아리며 두 마음을 먹지 않겠다고 했다. 조공은 가상하게 여기며 그를 위해 눈물을 흘렸다. 이윽고 그곳을 나가서 마침내 장막에게로 도망쳐 귀의했다. 여포를 격파했을 때 필심을 사로잡았다. 사람들이 필심을 위해 걱정하자 조공이 말했다. "대저 자기 어버이에게 효도하는 자가 어찌 임금에게 충성하지 않겠는가? 이는 내가 구하는 사람이다." 이에 그를 노상魯相으로 삼았다.°

○『위서』: "원소는 오래 전부터 고 태위 양표楊彪, 대장추 양소梁紹, 소부少府 공융孔融과 사이가 좋지 못하여 조공을 시켜 다른 죄로 그들을 주살하려 했

다. 조공이 말했다. '지금은 천하가 흙덩이나 기왓장처럼 부서져 영웅호걸이 모두 봉기했습니다. 임금을 보좌하는 재상들은 저마다 원망을 품고 각각 자신만을 위하는 마음을 갖고 있으니 지금은 상하가 서로 의심하는 때입니다. 비록 의심 없이 대해도 오히려 믿지 않을까 두렵습니다. 만약 이 사람들을 제거하려 한다면 어느 누가 위태롭지 않겠습니까? 또 포의의 신분에서 몸을 일으켰는데 먼지 더미 사이에서 용속한 사람들에게 능욕을 당한다면 원통함을 이길 수 있겠습니까? 한 고조는 옹치雍齒와 맺은 원한을 용서하여 뭇 여론을 안정시켰습니다.[44] 이를 어찌 잊을 수 있겠습니까?' 원소는 조공이 겉으로는 공론에 의탁하려 하면서도 속으로는 기실 자신과 다른 마음을 먹고 있다 여기고 깊이 원망했다."

신 송지가 살펴본 바는 이렇습니다. 양표도 위 무제武帝에 의해 곤경에 빠져 거의 죽을 지경에까지 이르렀고, 공융은 끝내 주살을 면치 못했습니다. 이 어찌 소위 먼저 말을 했다면 뒤에 그 말을 따라 행해야 한다는 사례가 아니겠습니까? 아는 것은 어렵지 않고 관건은 행함에 있다는 말을 과연 믿을 만합니다.

4년(199) 봄 2월, 조공이 돌아오는 길에 창읍에 이르렀다. 장양張楊의 장수 양추楊醜가 장양을 죽였고, 휴고가 또 양추를 죽인 후 그의 군사를 이끌고 원소에게 귀의하고 사견射犬(河南 博愛 동쪽)에 주둔했다.

---

44 한 고조는…안정시켰습니다: '옹치雍齒'는 한나라 개국공신의 한 사람이다. 본래 한 고조 유방의 고향 친구로 함께 반진反秦 의군을 일으켰으나 얼마 뒤 유방을 배신했고, 나중에 다시 한나라 진영으로 귀의하여 유방의 미움을 받았다. 유방이 천하 통일 후 논공행상에 대한 공신들의 불만이 팽배해지자 장량의 건의에 따라 옹치를 가장 먼저 십방후什方侯에 봉하여 공신들의 불만을 무마했다. 당시 공을 세운 장수들은 황제가 가장 미워하는 옹치도 제후에 봉해졌으니 자신들은 아무 걱정 없이 응분의 보상을 받을 것이라 여겼다고 한다.(『사기』 권8 「고조본기高祖本紀」, 권18 「고조공신후자연표高祖功臣侯者年表」)

여름 4월, 조공은 군사를 전진시켜 황하에 임하여 사환史渙과 조인曹仁을 시켜 황하를 건너 휴고를 공격하게 했다. 휴고는 장양의 전임 장사長史 설홍薛洪과 하내 태수 무상繆尙으로 하여금 그곳에 남아 지키게 하고, 자신은 군사를 거느리고 북쪽으로 가서 원소의 구원군을 맞이하려 하다가 사환, 조인과 견성犬城(射犬)에서 만났다. 교전이 벌어져 적을 격파하고 휴고를 베어 죽였다. 조공은 마침내 황하를 건너 사견을 포위했다. 조홍과 무상이 군사를 이끌고 항복하자 그들을 열후列侯에 봉하고 오창으로 회군했다. 위종魏種을 하내 태수로 삼고 하북 일을 맡겼다.

당초에 조공은 위종을 효렴에 천거했다. 연주가 배반하자 조공이 말했다. "오직 위종만이 나를 버리지 않을 것이다." 위종이 도주했다는 소식을 듣고 조공은 분노하며 말했다. "위종이 남쪽 월越 땅으로 도주하지 않고 북쪽 호胡 땅으로 도주했으니 네놈을 가만두지 않겠다." 이윽고 사견을 함락하고 위종을 생포한 후 조공이 말했다. "오직 재능만 보겠다." 그러고는 그의 포박을 풀어주고 등용했다.

이때 원소는 이미 공손찬을 병합하고 네 주州[45]의 땅을 겸유하여 군사가 10여만에 이르렀다. 장차 진군하여 허도를 공격하려 하자 조공의 장수들이 [원소를] 대적할 수 없다고 여겼다. 조공이 말했다. "나는 원소라는 위인을 잘 알고 있소. 뜻은 크지만 지혜는 모자라고, 안색은 엄숙하지만 간담은 작고, 남을 시기하며 이기기 좋아하지만 위엄은 부족하고, 군사는 많지만 부대를 나눔이 불분명하고, 장수가 오만해도 명령을 통일해서 내리지 못하오. 토지가 넓고 식량도 풍부하지만 딱 나를 봉양하기에 족할 뿐이오."

45 네 주州: 청주靑州, 기주冀州, 유주幽州, 병주幷州다.

가을 8월, 조공이 여양黎陽(河南 浚縣 동북)으로 진군하여 장패 등으로 하여금 청주로 들어가 제齊(山東 臨淄 북쪽), 북해北海(山東 昌樂 동남), 동안東安(山東 沂水 동북)을 격파하게 하고, 우금于禁을 남겨 황하 가에 주둔하게 했다.

9월, 조공이 허도로 귀환하면서 군사를 나눠 관도官渡(河南 中牟 동북)를 지키게 했다.

겨울 11월, 장수가 군사를 이끌고 항복하자 그를 열후에 봉했다.

12월, 조공이 관도에 주둔했다.

원술이 진陳에서 패배한 이후 조금씩 곤경에 빠지자 원담袁譚이 청주에서 사람을 파견하여 그를 맞이했다. 원술은 하비에서 북쪽으로 통과하려 했으나 조공이 유비와 주령朱靈을 보내 그를 노렸다. 그때 마침 원술이 병사했다. 정욱과 곽가는 조공이 유비를 파견했다는 소식을 듣고 조공에게 말했다. "유비를 놓아줘서는 안 됩니다." 조공이 후회하고 추격했으나 미칠 수 없었다. 유비는 동쪽으로 가기 전에 몰래 동승 등과 반란을 꾀했고, 하비에 이르러서는 마침내 서주 자사 차주車冑를 죽이고 거병하여 패沛 땅에 주둔했다. [조공이] 유대와 왕충王忠을 보내 공격했으나 이기지 못했다.○ 여강廬江(安徽 廬江 서남) 태수 유훈劉勳이 군사를 이끌고 항복하자 그를 열후에 봉했다.

○『헌제춘추』: "유비가 유대 등에게 말했다. '네놈들 100명이 와도 나를 어쩌지 못할 것이다. 조공이 직접 온다면 어떻게 될지 알 수 없다.'" 『위무고사魏武故事』46: "유대는 자가 공산公山이고 패국沛國 사람이다. 사공장사司空長史로

정벌에 종군하여 공을 세우고 열후에 봉해졌다." 『위략魏略』47: "왕충은 부풍扶風(陝西 興平 남쪽) 사람으로 젊어서 정장亭長이 되었다. 삼보 땅이 어지러워지자 왕충은 굶주림 끝에 사람을 잡아먹었고 무리를 따라 남쪽 무관으로 향했다. 마침 누자백婁子伯이 형주를 위해 그를 파견하여 북방의 손님들을 영접하려 했다. 왕충은 가고 싶지 않아서 동료들을 이끌고 누자백에 반역하여 그를 공격했다. 그는 누자백의 군사를 빼앗고 병졸 1000여 명을 모아 조공에게 귀의했다. 〔조공은〕 왕충을 중랑장中郞將에 임명하고 정벌을 따르게 했다. 오관장五官將 조비曹丕는 왕충이 일찍이 사람 고기를 먹었다는 사실을 알고 그가 어가를 따라 출행할 때 배우를 시켜 무덤 사이에서 해골을 꺼내 그의 말안장에 묶어두고 즐거워하며 웃었다."

5년(200) 봄 정월, 동승 등의 모의가 새어나가 모두 주살되었다. 조공이 장차 동쪽에서 유비를 정벌하려 하자 장수들이 모두 말했다. "공과 천하를 다툴 자는 원소입니다. 지금 바야흐로 원소가 다가오는데 그를 버리고 동쪽으로 갈 때 원소가 우리 뒤를 노리면 어떻게 합니까?" 조공이 말했다. "대저 유비는 인걸이오. 지금 격파하지 않으면 반드시 후환이 될 것이오.° 원소가 비록 큰 뜻을 품고 있으나 사태를 살핌이 늦으니 틀림없이 움직이지 않을 것이오." 곽가도 조공에게 권하자 마침내 동쪽으로 나가 유비를 쳐서 격파하고 그의 장수 하후박夏侯博을 사로잡았다. 유비는 도주하여 원소에게 갔고 조공은 그의 처자를 사로잡았다. 유비의 장수 관우關羽가 하비에 주둔하자 다시 나아가 공격하니 관우가 항복했다. 창희가 유비를 위해 배반하자 다시 쳐서 격파했다. 조공은

---

46 『위무고사魏武故事』: 지은이 미상으로 삼국 위나라 조조와 관련된 사적을 기록한 책이다. 지금은 전해오지 않는다.

47 『위략魏略』: 삼국 위나라 어환魚豢이 편찬한 기전체 위나라 역사책이다. 전체 책은 지금은 전해오지 않지만, 이 정사 『삼국지』「배송지 주」에 많이 인용되어 있다.

관도로 돌아갔고 원소는 끝내 출전하지 못했다.

○ 손성의 『위씨춘추魏氏春秋』48: "장수들에게 대답했다. '유비는 인걸이라, 장차 과인에게 우환을 남길 것이오.'"

신 송지가 살펴본 바는 이렇습니다. 역사서에 기록된 말은 이미 윤색을 많이 했기 때문에 이전에 서술한 기록에 사실이 아닌 것이 있습니다. 게다가 후세의 작자들이 또 제 마음대로 고치는지라 사실에서 벗어남이 갈수록 더 심해지지 않겠습니까? 무릇 손성은 책을 쓰면서 자주 『좌전左傳』을 이용하여 옛 문장을 고쳤는데49 이와 같은 사례가 한둘이 아닙니다. 슬픕니다! 후세의 학자가 장차 어떻게 믿을 수 있겠습니까? 게다가 위 무제는 바야흐로 천하에 뜻을 두고 마음을 가다듬고 있는데 부차夫差가 죽음에 임하여 내뱉은 말을 인용했으니 더욱더 같은 종류의 말이 아닙니다.

2월 원소가 곽도郭圖, 순우경淳于瓊, 안량顔良을 파견하여 백마白馬(河南 滑縣)에서 동군 태수 유연劉延을 공격했다. 원소는 군사를 이끌고 여양黎陽(河南 浚縣 동쪽)으로 가서 황하를 건너려 했다.

여름 4월, 조공이 북쪽으로 가서 유연을 구원했다. 순유가 조공에게 말했다. "지금 군사가 적어 대적하지 못하니 저들의 세력을 나누는 것이 좋겠습니다. 공께서 연진延津(河南 延津 서북)으로 가서 병사들을 도하시켜 적의 뒤를 노리면 원소는 틀림없이 서쪽으로 와서 대응할 것입니다. 그런 후에 가벼운 군사로 백마를 습격하여 저들이 방비하지 않는 곳을 공격하면 안량도 사로잡을 수 있을 것입니다." 조공이 그의 계책에 따랐다. 원소는 조공의 병사들이 황하

---

48 『위씨춘추魏氏春秋』: 동진 사학자 손성이 편찬한 위나라 편년체 역사책으로 모두 20권으로 알려져 있지만 지금은 전해오지 않는다.

49 예를 들어 바로 위에서 손성이 인용한 "장차 과인에게 우환을 남길 것이오"라는 구절의 원문은 "將生憂寡人"인데, 본래 『좌전左傳』 애공哀公 20년에 나오는 "구천은 과인을 살려두고 괴롭게 만들려는 것이오勾踐將生憂寡人"라는 구절의 본뜻을 일정 정도 왜곡한 것이다.

를 건넌다는 소식을 듣고 바로 군사를 나눠 서쪽으로 가서 대응했다. 이에 조공은 군사를 이끌고 이틀 거리를 하루에 주파하며 백마로 달려갔다. [백마까지] 10여 리도 채 남지 않았을 때 안량이 깜짝 놀라 맞서 싸우러 나왔다. 조공은 장료와 관우로 하여금 앞에서 치고 올라가게 하여 적을 격파하고 안량을 베어 죽였다. 마침내 백마의 포위를 풀고 백성을 옮겨 황하 물길을 따라 서쪽으로 가게 했다. 이에 원소는 황하를 건너 조공의 군사를 추격하여 연진의 남쪽에 당도했다. 조공은 병사들을 제어하여 남쪽 산비탈 아래에 군영을 설치하고 사람을 시켜 보루에 올라가 적진을 탐망하게 했다. 그 사람이 말했다. "기병이 500~600명 정도입니다." 조금 있다가 다시 아뢰었다. "기병이 좀더 많아졌고 보병은 이루 다 헤아릴 수 없을 정도입니다." 조공이 말했다. "더 이상 보고하지 말라." 이에 기병에게 안장을 내리고 말을 풀어놓게 했다. 이때 백마의 군수품 수레가 길을 잡아 출발했다. 장수들은 적의 기병이 많으므로 백마 군영으로 다시 돌아가 지키는 편이 낫다고 여겼다. 순유가 말했다. "이것은 적에게 미끼를 던지는 방법인데 어찌 이곳을 떠날 수 있겠소!" 원소의 기병 장수 문추文醜와 유비는 기병 5000~6000명을 거느리고 앞뒤로 달려왔다. 장수들이 다시 아뢰었다. "말에 올라야 합니다." 조공이 말했다. "아직 아니오." 잠시 후 달려온 기병이 조금씩 많아졌고 더러는 대열을 나눠 군수품 수레로 달려갔다. 조공이 말했다. "됐소!" 이에 모두 말 위로 뛰어올랐다. 이때 기병이 600명도 되지 않았지만 마침내 병사를 풀어 공격하여 적을 대파하고 문추를 베어 죽였다. 안량과 문추는 모두 원소의 명장들인데 다시 전투에 나섰다가 모두 사로잡히자 원소의 군대가 대경실색했다. 조공은 관도로 회군했다. 원소는 진군하여 양무陽武(河南 原陽 동남)를 수호했고, 관우는 도망쳐서 유비에게 돌아갔다.

8월, 원소가 군영을 연결해 조금씩 전진했고 모래언덕에 의지해 주둔했는데 동서 길이가 수십 리에 달했다. 조공도 군영을 나눠 대치했지만 전투가 벌어지자 전세가 불리했다.○1) 이때 조공의 병사는 1만도 되지 않았고 부상자도 열에 두셋은 되었다.○2)

○1) 습착치習鑿齒의 『한진춘추漢晉春秋』50: "허유許攸가 원소에게 유세하며 말했다. '공께서는 조조와 서로 공격을 주고받지 말고 서둘러 군사를 나눠 이곳에서 대치하고 곧장 다른 길로 달려가서 천자를 맞아오면 일이 바로 이루어집니다.' 원소는 그의 말에 따르지 않고 말했다. '나는 먼저 조조를 포위하여 사로잡을 것이오.' 그러자 허유가 화를 냈다."

○2) 신 송지가 살펴본 바는 이렇습니다. 위무제가 처음 거병했을 때 이미 군사가 5000명이었고, 그 후로 백전백승하는 가운데 패배한 전투는 열에 두셋에 불과했습니다. 그러나 황건적을 격파하고 항복한 병졸 30여만을 받아들였으며 그 나머지 병탄한 병졸도 이루 다 기록할 수 없습니다. 비록 원정에서 손상을 입기는 했지만 이처럼 병력이 적지는 않았을 것입니다. 대저 군영을 설치하고 서로 지키는 싸움은 결전에서 예봉을 꺾는 싸움과는 다릅니다. 「무제본기武帝本紀」에는 이렇게 기록되어 있습니다. "원소의 군사는 10여만에 이르렀고 주둔한 군영의 동서 길이는 수십 리에 달했다." 위 태조가 비록 임기응변에 능란하고 책략도 불세출의 수법을 자랑하지만 어찌 수천의 군사로 오랫동안 원소에 대항할 수 있겠습니까? 이치에 맞게 말해서 저는 그렇게 할 수 없다고 생각합니다. 원소가 수십 리에 걸쳐 군영을 설치했다면 조공도 군영을 나눠 그와 대등하게 맞설 수 있어야 합니다. 이것이 조공의 병력이 그렇게 적어서는 안 되는 첫째 이유입니다. 원소가 만약 조공의 열 배에 달하는 군사를 보유했다면 이치상 당연히 모든 병력을 동원하여 조공의 수비진을 포위하고 출입을 끊었을 것입니다. 그러나 조공은 서황徐晃 등을 시켜 저들의 군수품 운

---

50 습착치習鑿齒의 『한진춘추漢晉春秋』: 습착치는 동진시대 사학자 겸 문학가로 자가 언위彦威다. 현학玄學, 불학佛學, 사학에 통달했다. 그가 지은 『한진춘추』는 후한에서 서진西晉 멸망까지 281년의 역사를 편년체로 기록한 역사책으로 모두 54권으로 알려져 있다. 촉한을 정통으로 삼고 위나라를 배척하며 진晉나라가 한나라의 정통을 이었다는 입장을 견지하고 있다. 지금은 전해오지 않는다.

송 수레를 공격하게 했고, 조공도 스스로 출전하여 순우분 등을 공격하면서 깃발을 휘날리며 왕래했는데도 가로막는 군대가 없었습니다. 원소가 힘으로 조공을 제압할 수 없었음이 분명합니다. 이것이 조공의 병력이 그렇게 적어서는 안 되는 둘째 이유입니다. 여러 책에서는 모두 조공이 원소의 군사 8만을 묻어서 죽였다 하고 혹은 7만이라고도 합니다. 대저 8만 명이 흩어져 달아나면 8000명으로는 포박할 수 없습니다. 그러나 원소의 대군은 모두 손을 묶인 채 살육당했는데 어떤 힘으로 그들을 제압할 수 있었습니까? 이것이 조공의 병력이 그렇게 적어서는 안 되는 셋째 이유입니다. 기록자와 서술자들은 소수의 숫자로 기이함을 드러내려고 하지만 이것은 진실한 기록이 아닙니다. 「종요열전鍾繇列傳」을 살펴보면 다음 기록이 있습니다. "조공과 원소가 서로 대치할 때 종요가 사례교위 직을 수행하며 말 2000필을 보내 조공의 병력을 보충했다." 「무제본기」 및 『세어』에서는 모두 조공이 이때 기병 600여 필만 보유했다고 했습니다. 그럼 종요가 보낸 말은 어디 있단 말입니까?

원소는 다시 전진하여 관도로 다가가 토산을 쌓고 땅굴을 파기 시작했다. 조공도 안에서 작전을 지휘하며 서로 대응했다. 원소가 조공의 군영 안으로 화살을 쏘자 화살이 비 오듯 쏟아져서 다니는 사람들이 모두 머리 위에 방패를 썼고 군사들도 크게 두려워했다. 이때 조공은 식량이 부족해서 순욱에게 편지를 보내 허도로 귀환하는 일을 논의했다. 순욱은 다음과 같이 생각한다고 했다. "원소는 모든 군사를 관도에 모아서 공과 승패를 결정하려 합니다. 공은 지극히 약한 형세로 지극히 강한 형세에 맞서고 있습니다. 만약 제압할 수 없으면 반드시 승세를 타게 될 것이니 지금이 천하대세를 결정할 중요한 시기입니다. 또 원소는 보통 영웅일 뿐이어서 사람을 모을 수는 있지만 적절하게 쓸 수는 없습니다. 대저 공은 신령하고 씩씩하고 현명하고 뛰어난 자질로 대도에 순응함으로써 하늘을 돕고 있으니 어디를 향하든 일을 이루지 못하겠습니까?" 조공이 그의 말에 따랐다.

손책이 조공과 원소가 서로 대치하고 있다는 소식을 듣고 허도 습격을 모의했으나 출발하기도 전에 자객에게 살해되었다.

여남의 항복한 도적 유벽劉辟 등이 조공을 배반하고 원소에게 호응하며 허도를 공략하여 빼앗으려 했다. 원소는 유비에게 유벽을 돕게 했으나 조공은 조인을 시켜 유비를 격파했다. 유비는 도주했고 조공은 마침내 유벽의 본진을 깨뜨렸다.

원소의 군량 운송 수레 수천 대가 이르자 조공은 순유의 계책을 써서 서황과 사환을 보내 요격했다. 그들을 대파하고 수레를 모두 불태웠다. 조공은 원소와 수개월 동안 맞서며 연이은 전투에서 적장을 베어 죽였지만 군사는 적고 군량은 고갈되어 병졸들이 지쳐 쓰러졌다. 이때 조공이 군량 운반자에게 말했다. "15일 만에 너를 위해 원소를 격파해서 더 이상 너를 수고롭게 하지 않겠다."

겨울 12월, 원소는 수레를 파견하여 곡식을 운반했는데 순우경 등 다섯 사람에게 군사 1만여 명을 거느리고 호송하게 했고, 원소의 군영 북쪽 40리에서 숙영하게 했다. 원소의 모사 허유는 재물을 탐해서 원소가 그를 만족시킬 수 없었다. 그가 조공에게 도망쳐와서 순우경 등을 공격하라고 유세했다. 좌우 사람들이 의심했으나 순유와 가후는 조공에게 그 일을 권했다. 이에 조공은 조홍을 남겨 수비하게 하고 스스로 보병과 기병 5000명을 거느리고 밤길을 가서 마침 날이 밝을 무렵 도착했다. 순우경 등은 조공의 병력이 적은 것을 멀리서 바라보고 군문 밖으로 나왔다. 조공이 급하게 공격하자 순우경은 후퇴하여 군영을 지켰고 조공은 마침내 군영을 공격했다. 원소는 기병을 파견하여 순우경을 구원하려 했다. 조공 좌우의 어떤 사람이 말했다. "적의 기병이 조금 더 다가오면 군사를 나눠서 막게 해주십시오." 조공이 화를 내며 말했다. "적이 등 뒤에까지 붙으면 그때 아뢰거라!" 그러자 병졸들이 모두 결사전을 벌여 순우경 등을 대파하고 깡그리 베어 죽였다.○

○『조만전』: "조공은 순유가 온다는 말을 듣고 맨발로 뛰어나가 맞이했고, 손바닥을 비비면서 웃으며 말했다. '자경子卿이 멀리서 왔으니 내 일은 이루어졌소!' 순유는 들어와서 앉아 조공에게 말했다. '원씨의 군대가 강성한데 어떻게 대처하시렵니까? 지금 군량은 얼마나 있습니까?' 조공이 말했다. '아직 1년은 버틸 수 있소.' 순유가 말했다. '그렇지 않습니다. 다시 말씀해보십시오!' 다시 말했다. '반년은 지탱할 수 있소.' 순유가 말했다. '족하께서는 원씨를 격파하고 싶지 않습니까? 어찌 사실대로 말씀하지 않으십니까?' 조공이 말했다. '방금 한 말은 농담이오. 기실 한 달 정도 버틸 수 있소. 어찌하면 좋소?' 순유가 말했다. '공은 외로운 군대로 홀로 원소를 지키고 있는데 밖으로는 구원병도 없고 식량은 이미 떨어졌으니 매우 위급한 시기입니다. 지금 원씨의 무거운 군수품 수레 1만여 승이 고시故市(河南 滎陽 동북)와 오소烏巢(河南 延津 경내)에 있지만 주둔군이 엄격하게 방비하지 않습니다. 지금 가벼운 군사로 그곳을 습격하십시오. 예기치 못하게 다가가 쌓아놓은 식량을 불태우면 사흘도 지나지 않아 원씨는 스스로 무너질 것입니다.' 조공은 매우 기뻐하며 바로 정예 보병과 기병을 뽑아 모두 원소군의 깃발을 들게 했다. 그리고 입에 막대기를 물게 하고 말 주둥이는 동여맨 채 밤중에 샛길로 나가 군사들에게 땔나무를 안게 했다. 지나는 길에 묻는 자가 있으면 이렇게 말하게 했다. '원공이 조조가 후군을 약탈할까 두려워 군사를 파견하여 방비를 더욱 단단히 하려는 것이오.' 이 말을 들은 사람은 진실로 그렇게 여기며 모두들 태연자약했다. 이윽고 목적지에 당도하여 적의 군영을 포위하고 크게 불을 지르자 군영이 놀라 혼란에 빠졌다. 적의 군영을 대파하고 양식과 보

화를 모두 불태웠으며, 독장督將 휴원진眭元進, 기독騎督 한거자韓莒子, 여위황呂威璜, 조예趙睿의 목을 베었다. 또 장수 순우중간淳于仲簡의 코를 베고 아직 죽이지는 않았으며, 병졸 1000여 명을 죽이고 모두 코를 베었다. 또 소와 말도 입술과 혀를 베어 원소의 군사들에게 보였다. 원소의 장졸들은 모두 두려움에 떨었다. 이때 밤중에 어떤 군사가 순우중간을 잡아 조공의 휘하로 끌고 왔다. 조공이 말했다. '어찌하여 이런 지경이 되었는가?' 중간이 말했다. '승패는 하늘에 달렸는데 어찌 그런 질문을 하는가?' 조공이 죽일 생각이 없자 허유가 말했다. '내일 아침에 거울을 보면 더욱 자신을 해친 사람을 잊지 못할 것입니다.' 이에 그를 죽였다."

원소는 당초에 조공이 순우경을 공격한다는 소식을 듣고 맏아들 원담에게 말했다. "저들이 순우경 등을 공격하러 가면 나는 저들의 군영을 쳐서 함락하겠다. 그럼 저들은 진실로 돌아올 곳조차 없게 될 것이다." 그리하여 장합張郃과 고람高覽을 시켜 조홍을 공격하게 했다. 그러나 장합 등은 순우경이 패배했다는 소식을 듣고 마침내 투항해왔다. 원소의 군대는 크게 무너졌고 원소 및 원담은 군사를 버리고 도주하여 황하를 건넜다. 추격했으나 미치지 못하여 치중, 도서, 보물을 모두 거두어들이고 군사들을 포로로 잡았다.○1) 조공은 원소의 서신을 수습하는 과정에서 허도 및 군중의 사람들과 왕래한 내통 서신을 찾아냈으나 모두 불태우게 했다.○2) 기주의 여러 군郡도 성읍을 들어 투항해오는 고을이 많았다.

○1) 『헌제기거주獻帝起居注』[51]: "조공이 아뢰었다. '대장군 업후鄴侯 원소는 전에

51 『헌제기거주獻帝起居注』: 『한헌제기거주漢獻帝起居注』라고도 한다. 지은이 미상이며 모두 5권으로 알려져 있으나 지금은 전해오지 않는다.

기주목 한복과 고 대사마 유우를 황제로 옹립하려고 금 도장을 새기고 고 임현任縣 현장縣長[52] 필유畢瑜를 시켜 유우를 만나보게 하면서 천명이 귀의할 운수를 이야기하게 했습니다.' 또 원소는 신에게 보낸 편지에서 이렇게 말했습니다. '견성에 도읍할 수 있으며, 마땅히 따로 옹립해야 할 사람이 있소.' 그러고는 마음대로 금은 도장을 새기자 효렴과 계리計吏가 모두 원소를 만나러 달려갔다. 원소의 사촌 아우 제음 태수 원서袁敍는 원소에게 편지를 보내 이렇게 말했다. '지금 해내가 무너져 혼란에 빠졌는데 하늘의 뜻은 실로 우리 원씨 가문에 있습니다. 신령도 호응하여 조짐을 보여주고 있으니 [천명도] 응당 형님에게 있을 것입니다. 남쪽 형[南兄: 袁術]과 신[袁敍]은 형님께서 즉위하시도록 하고 싶습니다. 남쪽 형이 말하기를 나이로도 북쪽 형[北兄: 袁紹]이 많고 벼슬로도 북쪽 형이 높다고 했습니다. 바로 옥새를 보내드리려 했지만 마침 조조에게 길이 끊겼습니다.' 원소의 종족은 대대로 나라의 막중한 은혜를 입었는데도 흉악무도함이 이 지경에 이르렀다. 근래에 문득 병마의 고삐를 틀어쥐고 원소와 관도에서 싸웠다. 성스러운 조정의 위엄에 힘입어 원소의 대장 순우경 등 여덟 명의 목을 베고 마침내 저들을 대파했다. 원소와 그의 아들 원담은 몸을 가볍게 하여 도주했다. 무릇 장졸 7만여 명을 참수했고 군수품과 재물 수억만 금을 노획했다."

○2) 『위씨춘추』: "조공이 말했다. '원소의 강한 군대와 마주하여 나도 스스로를 보호할 수 없을 지경이었는데 하물며 보통 사람들이야!'"

앞서 환제桓帝 때 하늘의 초楚나라와 송宋나라 분야에 황성黃星이 나타났다. 요동遼東(遼寧 遼河 동쪽)의 은규殷馗○는 천문에 뛰어났는데 이렇게 말했다.

---

52 현장縣長: 진秦·한漢 시대에 가구가 1만 호戶 이상의 현에는 영令을 임명했고, 1만 호 이하의 현에는 장長을 임명했다.

"50년이 지나면 반드시 진인眞人이 양梁과 패沛 사이에서 일어날 것이고 그 예봉을 감당할 수 없을 것이다." 지금에 이르러 무릇 50년이 지났고 조공이 원소를 격파하자 천하에 대적할 자가 아무도 없었다.

○ 馗(규)는 옛날 규逵 자다. 『삼창三蒼』[53]을 보라.

6년(201) 여름 4월, 조공이 황하 가에서 병력을 과시하고 원소의 창정군倉亭軍을 쳐서 깨뜨렸다. 원소는 돌아와 다시 흩어진 병졸을 수습하고 그를 배반한 여러 군현을 평정했다.

9월, 조공이 허도로 귀환했다. 원소를 아직 완전히 격파하지 못한 때에 유비를 시켜 여남을 공략하게 했는데 여남의 도적 공도共都 등이 유비에게 호응했다. 채양을 파견하여 공도를 쳤지만 전세가 불리하여 공도에게 오히려 패배했다. 조공은 남쪽으로 유비를 정벌했다. 유비는 조공이 직접 온다는 소식을 듣고 유표에게 달아났고 공도 등도 모두 흩어졌다.

7년(202) 봄 정월, 조공이 초현에 주둔하고 명령을 내렸다. "나는 의병을 일으켜 천하를 위해 포악한 반란자들을 제거했다. 지금 고향 땅 백성은 죽은 자가 많아 거의 사라질 지경이다. 나라 안을 온종일 돌아다녀도 아는 사람을 만날 수 없다. 이 때문에 나는 슬프고 가슴 아프다. 의병을 일으킨 이래 장졸들 중에 대가 끊어져 후손이 없는 자는 그 친척을 찾아 후손을 이어줬고, 토지를

53 『삼창三蒼』: 『삼창三倉』이라고도 쓴다. 진秦나라 이사李斯의 『창힐蒼頡』, 조고趙高의 『원력爰曆』, 호무경胡毋敬의 『박학博學』을 합칭하는 용어다. 모두 소전小篆을 기본 자형으로 하여 한자를 풀이한 책이다. 지금은 전해오지 않는다. 혹은 이사의 『창힐』, 전한 양웅揚雄의 『훈찬訓纂』, 후한 가방賈魴의 『방희滂喜』를 합칭하기도 한다.

마련해줬으며, 관에서 경작을 위한 소도 보급했고, 학교와 교사도 두어 사람들을 교육했다. 산 사람을 위해 사당도 세워주고 그들의 선조를 제사 지내게 했으니 혼백이 신령하다면 내가 백 년 후에라도 무슨 여한이 있겠는가?" 마침내 준의浚儀(河南 開封)로 가서 수양거睢陽渠를 만들고 사자를 파견하여 태뢰太牢[54]로 교현橋玄을 제사 지내게 했다.◦ 그리고 관도로 진군했다.

◦「포상령褒賞令」에 조공이 올린 제문이 기록되어 있다. "고 태위 교현 공은 밝은 덕을 널리 펼치셨고, 드넓은 사랑과 포용력을 보이셨습니다. 나라도 공의 밝은 가르침을 기념하고, 선비도 공의 훌륭한 계책을 생각합니다. 공의 영혼과 신체는 어두운 황천으로 돌아가서, 아득하게 사라졌습니다. 나는 어린 시절 공의 당실堂室로 올라갔는데, 특히 완고하고 비루한 이 몸이 대군자에게 받아들여졌습니다. 영예가 늘어나고 명망이 보태진 것은 모두가 공의 장려와 도움 때문이었습니다. 공자 자신이 안연顔淵보다 못하다고 말한 것과 같고,[55] 이생李生이 가복賈復을 두텁게 칭찬한 것과 같습니다.[56] 선비는 자신의 지기知己를 위해 죽나니, 공을 그리워하며 잊지 못합니다. 또 공과 조용히 맹세한 말을 받들려 합니다. '내가 죽은 후 자네가 내 무덤을 지나갈 때, 술 한 말과 닭 한 마리로 제사를 올려주지 않는다면 자네 수레가 3보步를 지나는 동안 복통이 일어나도 원망하지 말게나.' 비록 임시로 던진 우스갯말이지만 가까운 친척 같은 돈독한 사이가 아니라면 어떻게 기꺼이 이런 말씀을 하셨

---

54 태뢰太牢: 제왕이 사직에 제사 지낼 때 마련하는 가장 융숭한 제물이다. 소, 양, 돼지 희생을 모두 사용한다. 공경하는 사람에게 제사를 지낼 때도 태뢰를 올리기도 한다.

55 공자…같고: 『논어』「공야장公冶長」: "공자가 자공에게 말했다. '너와 안회는 누가 더 나으냐?' 자공이 대답했다. '제가 어찌 감히 안회를 쳐다볼 수 있겠습니까? 안회는 하나를 들으면 열을 알지만, 저는 하나를 들으면 둘을 압니다.' 공자가 말했다. '안회만 못하지. 나와 너는 안회만 못하다.' 子謂子貢曰, '汝與回也, 孰愈?' 對曰, '賜也, 何敢望回? 回也, 聞一以知十, 賜也, 聞一以知二.' 子曰, '弗如也, 吾與汝弗如也.'"

56 이생李生이…같습니다: 『후한서』 권17「풍잠가열전馮岑賈列傳」에 따르면 이생李生은 가복賈復에게 『상서尙書』를 가르친 스승으로 늘 가복을 칭찬하며 장차 장상將相이 될 재목이라고 했다.

겠습니까? 영혼이 분노하여 나를 아프게 할 수 있다고 여긴 건 아니지만, 옛 일을 돌아보니 생각이 슬퍼집니다. 어명을 받들고 동쪽으로 정벌에 나서 이 마을에 주둔했습니다. 북쪽으로 공이 살던 땅을 바라보니 마음은 바로 공의 분묘로 달려갑니다. 이제 보잘것없는 제사를 올리나니, 공이시여 흠향하시옵소서!"

원소는 자신의 군대가 패배한 이후 병이 나서 피를 토하다가 여름 5월에 죽었다. 어린 아들 원상袁尙이 대를 이어 작위를 세습했고, 맏아들 원담은 스스로 거기장군이라 부르며 여양에 주둔했다.

가을 9월, 조공이 그를 정벌하러 나서서 연이어 전투를 벌였다. 원담과 원상은 여러 번 패퇴했지만 자신들의 세력을 굳게 지켰다.

8년(203) 봄 3월, 저들의 성곽을 공격하자 성을 나와 응전했다. 쳐서 대파하자 원담과 원상이 밤에 도주했다.

여름 4월, 업鄴으로 진군했다가 5월에 허도로 돌아오며 가신賈信을 남겨 여양에 주둔하게 했다.

기유일己酉日(5월 25일)에 조공이 명령을 내렸다. "『사마법司馬法』[57]에 '장군은 후퇴하면 사형이다將軍死綏'[01)]라는 규정이 있다. 이 때문에 조괄趙括의 모친이

57 『사마법司馬法』: 『사마병법司馬兵法』 또는 『사마양저병법司馬穰苴兵法』이라고도 한다. 춘추시대 제나라 장수 사마양저司馬穰苴가 지은 병법서로 알려져 있다. 그러나 지금 전해오는 『사마법』에는 이 구절이 없다.

조괄이 패배해도 연좌하지 말아달라고 애걸했다.[58] 이것은 옛날의 장수가 밖에서 패배하면 그 집안사람들은 안에서 죄를 받는다는 뜻이다. 장수에게 명령을 내려 정벌을 보낸 이후부터 전공을 세운 자에게만 상을 주고 죄를 지은 자에게는 벌을 주지 않는 것은 나라의 법도가 아니다. 장수에게 명령을 내려 출정하게 한 후, 패배한 자에겐 벌을 주고, 이익을 잃은 자는 관직을 파면하라."[○2)]

○1) 『위서』에 말하기를 "'綏수'는 '물러나다〔却〕'의 뜻이다. 앞으로 한 자〔尺〕를 나아갈 수 있어도 뒤로는 한 치〔寸〕도 물러나서는 안 된다"라고 했다.

○2) 『위서』에 「경신령庚申令」이 실려 있다. "일을 시시콜콜 따지는 자들 중에는 더러 군관에게 비록 공적과 능력이 있다 하더라도, 그 덕행은 군국郡國의 관직을 감당하기에 부족하다고 하는데 이는 소위 '길을 함께 갈 수는 있지만 권력을 함께할 수는 없다'는 격이다. 관중管仲[59]은 이렇게 말했다. '현명한 자가 자신의 능력으로 밥을 먹으면 윗사람이 존귀해지고, 투사가 자신의 공적으로 밥을 먹으면 병졸이 죽음을 가볍게 여긴다. 이 두 가지 법도를 나라에 설치하면 천하가 다스려진다.' 능력이 없는 사람이나 싸우지 않는 병사가 함께 녹봉과 포상을 받고, 그들이 공을 세우고 나라를 흥성하게 할 수 있다는 말은 아직까지 들어보지 못했다. 이 때문에 현명한 임금은 공이 없는 신하에게 관직을 주지 않고, 싸우지 않은 병사에게 상을 주지

---

58 조괄趙括의 모친이…애걸했다: 조괄趙括은 전국시대 조나라 명장 조사趙奢의 아들로 진秦나라의 반간계에 의해 염파廉頗가 쫓겨난 뒤, 부친의 지위를 이어 조나라 군사를 거느렸으나 자신의 병법 실력을 과신하고 오만하게 군사를 부리다가 진秦나라에게 대패했다. 조사의 모친은 아들의 오만함을 알고 조왕에게 아들을 장수로 임명하지 말라고 요청했으나 조왕이 말을 듣지 않자 그럼 조사가 패배하더라도 가족을 연좌하여 죽이지 말라고 부탁했다.(『사기』 권81 「염파인상여열전廉頗藺相如列傳」)

59 관중管仲: 이름은 이오夷吾이고 자字가 '중仲'이다. 춘추시대 제齊 환공桓公의 재상이다. 제 환공을 보좌하여 춘추시대 첫 번째 패자霸者가 되게 했다. 본래 공자 규糾의 사부로 소백小白(桓公)을 죽이려 하다가 실패하여 사형당할 위기에 처했으나 친구 포숙아鮑叔牙의 추천을 받아 제 환공에게 등용되었다. 그와 포숙아의 격의없는 사귐은 '관포지교管鮑之交'라는 고사성어로 유명하다.

않는다. 평화롭게 다스려지는 시대에는 덕행을 베푸는 사람을 숭상하고, 사건이 많은 시대에는 공적과 능력을 가진 사람에게 상을 준다. 일을 시시콜콜 따지는 사람의 말은 마치 작은 대롱으로 호랑이를 살피는 것과 같다."

가을 7월에 조공이 명령을 내렸다. "천하에 동란이 발생한 이래 15년이 흘렀다. 이에 후생자後生者들이 인仁·의義·예禮·양讓의 기풍을 보지 못하게 되어 나는 매우 슬프게 생각한다. 이제 명령을 내리노라. 군국에 각각 문학을 닦을 수 있도록 현縣의 호구가 500호를 채우면 학교를 관장하는 관직을 두고, 그 고을의 준재를 뽑아 교육하라. 이렇게 하면 아마도 선현들의 올바른 도道가 폐지되지 않아 천하 교화에 도움이 될 수 있을 것이다."

8월, 조공이 유표를 정벌하러 나서서 서평西平(河南 西平 서쪽)에 주둔했다. 조공이 업鄴을 떠나 남쪽으로 가자 원담과 원상이 기주를 놓고 다투다가 원담이 원상에게 패배한 후 도주하여 평원을 지켰다. 원상의 공격이 다급하자 원담은 신비辛毗를 파견하여 항복하겠다고 하면서 구원을 요청했다. 장수들이 모두 의심했지만 순유는 조공에게 허락하라고 권했다.° 이에 조공이 군사를 이끌고 귀환했다.

° 『위서』: "조공이 말했다. '내가 여포를 공격할 때 유표는 우리를 약탈하지 않았고, 관도 전투 때도 원소를 구원하지 않았소. 이는 자신을 지킴에 만족하는 도적이란 뜻이니 뒷날 다시 도모해도 되오. 원담과 원상은 교활하므로 응당 저들의 혼란에 편승하여 공격해야 하오. 원담이 속임수를 쓰며 끝내 속수무책으로 당하지는 않겠지만 만약 내가 원상을 격파하여 그의 땅을 거둬들이면 이익이 저절로 늘어날 것이오.' 이에 원담의 요청을 허락했다."

겨울 10월, 조공이 여양으로 가서 아들 조정曹整을 위해 원담과 혼약을 맺었다.○1) 원상은 조공이 북쪽으로 갔다는 말을 듣고 바로 평원의 포위를 풀고 업鄴으로 돌아갔다. 동평의 여광呂曠과 여상呂翔이 원상을 배반하고 양평陽平(山東 莘縣)에 주둔한 후 군사를 이끌고 투항하자 이들을 열후列侯에 봉했다.○2)

○1) 신 송지가 살펴본 바는 이렇습니다. 원소가 죽고 이때에 이르러 꼭 다섯 달이 지났을 뿐입니다. 원담은 비록 자기 백부의 양자60로 들어가서 원소를 위해 3년 복상을 하지 않아도 되지만 삼년상 기간 안에 혼례를 치른 것은 패륜 행위라 해야 합니다. 위 무제가 어쩌면 임시방편으로 그와 언약만 했을 수 있습니다. 지금 혼인이라는 말을 썼지만 꼭 이해에 혼례를 올리지 않았을 수도 있는 것입니다.

○2) 『위서』: "원담에 대한 포위가 풀리자 그는 몰래 장군 인수를 여광에게 빌려줬다. 여광은 인수를 받아 다시 조공에게 보냈다. 조공이 말했다. '나는 본래 원담이 꼼수를 갖고 있음을 알았다. 그는 나로 하여금 원상을 공격하게 하고 그 틈을 타서 백성을 침략하여 군사를 모으려는 계략이다. 내가 원상을 격파하면 자신은 강해져서 나의 피로함에 편승하려는 것이다. 그러나 원상을 격파하고 내가 강해지면 어찌 나의 피로함에 편승할 수 있겠는가?'"

9년(204) 봄 정월, 조공이 하수를 건너 기수를 막고 그 물을 백구白溝로 끌어들여 식량 보급로(물길)를 개통했다.

2월, 원상이 다시 원담을 공격하고 소유蘇由와 심배審配를 남겨 업鄴을 지켰다. 조공이 진군하여 원수洹水(河南 북부 安陽河)에 이르자 소유가 항복했다. 이

60 백부의 양자: 원담은 원기袁基의 양자로 들어가 후사를 이었다. 원기는 원소의 형으로 일찍 죽어 아들이 없었다.

읔고 목적지에 이르러 업을 공격하며 토산을 쌓고 땅굴을 팠다. 무안武安(河北 武安 서남) 현장 윤해尹楷가 모성毛城(河北 武安 서쪽)에 주둔하여 상당上黨(山西 長治 북쪽)의 식량 보급로를 개통했다.

여름 4월, 조홍을 남겨 업鄴을 공격하게 하고 조공 자신은 군사를 거느리고 윤해를 쳐서 격파하고 돌아왔다. 원상의 장수 저곡沮鵠이 한단邯鄲(河北 邯鄲)을 지켰지만○ 또 공격하여 함락했다.

○ [‘沮’의] 발음은 ‘菹(저)’다. 하북 사이에는 지금도 이 성씨가 있다. 저곡은 저수沮授의 아들이다.

역양易陽(河北 永年 서북) 현령 한범韓范과 섭현涉縣(河北 涉縣) 현장 양기梁岐가 온 현縣을 들어 투항해오자 그에게 관내후關內侯 관작을 하사했다.

5월, 토산과 땅굴을 허물고 성을 둘러 참호를 팠다. 장수漳水(河北 漳河)의 제방을 터서 물을 성안으로 끌어들였다. 성안에서 굶어 죽은 자가 과반이었다.

가을 7월, 원상이 돌아와 업鄴을 구원하려 했다. 조공의 장수들이 모두 이렇게 생각했다. “이번에 돌아온 군사는 군사들이 스스로 전투를 하려 하니 피하는 것이 더 낫겠습니다.” 조공이 말했다. “원상이 큰길을 따라 오면 피해야겠지만 서산西山의 산길을 따라 오면 이번에 포로가 될 뿐이다.” 원상은 과연 서산의 산길을 따라 와서 부수滏水(河北 磁縣 滏陽河)에 임하여 군영을 설치했다.○

○ 『조만전』: “정탐병 몇 부대를 파견하여 앞뒤로 살피게 하니 모두 말했다. ‘틀림없이 서쪽 길을 따라 왔고 이미 한단邯鄲(河北 邯鄲)에 있습니다.’ 조공은 크

게 기뻐하며 장수들을 모아놓고 말했다. '나는 이미 기주冀州를 얻었다. 제군들은 아는가?' 모두 말했다. '모릅니다.' 조공이 말했다. '제군들은 오래지 않아 보게 될 것이다.'"

밤에 [원상이] 군사를 보내 업鄴 포위망을 침범하자, 조공이 그를 격파하여 내쫓았고 마침내 저들의 군영을 포위했다. 아직 맞붙어 싸우지도 않았는데 원상이 두려워하며 고 예주 자사 음기陰夔 및 진림陳琳을 보내 투항하겠다고 간청했지만 조공은 허락하지 않고 포위망을 더욱 급하게 좁혔다. 원상은 밤에 달아나서 기산祁山(河南 安陽 북쪽)을 지켰고 또 추격하여 공격했다. 원상의 장수 마연馬延과 장호張顗 등이 진陣으로 다가와 항복하자 적군이 크게 무너졌고, 원상은 중산中山(河北 定州)으로 도주했다. 적의 군수품 수레[輜重]를 모두 노획하고, 원상의 인수와 절월節鉞도 얻었다. 항복한 원상의 병졸들을 시켜 이런 노획물을 집안사람들에게 보여주자 성안의 사기가 무너졌다.

8월, 심배 형의 아들 심영審榮이 밤에 자신이 지키던 성 동문을 열고 조공의 군사들을 맞아들였다. 심배가 맞아 싸웠으나 패배했다. 그를 사로잡아 베어 죽이고 업鄴을 평정했다. 조공은 원소의 분묘로 가서 제사를 올리고 눈물을 흘리며 울었다. 원소의 처妻를 위로하고 그 집안사람과 보물을 돌려줬다. 그리고 각종 비단과 견직물을 하사하고 관용 창고의 식량을 풀어 밥을 먹여줬다.○

○ 손성이 말했다. "옛날 선왕이 상벌을 행할 때는 장차 악을 징벌하고 선을 권장하여 길이길이 거울로 삼고 경계 삼을 원칙을 밝혔다. 원소는 세상의 난리와 위기에 편승하여 마침내 역모의 마음을 품고 위로는 신령한 보위를 입에 담고 아래로는 국가의 기강을 범했다. 사직에 제사를 올리고 분묘를 깨끗이 청소하는 일은 옛날의 제도다. 그러나 역적의 무덤에서 슬픔을 다하고, 탐욕

으로 얼룩진 집에 은전을 더해주었으니 정치의 도가 여기에 이르러 무너졌다. 대저 원한을 숨기고 그 사람과 벗하는 것은 선현들이 치욕으로 여기던 바다. 옛 친구의 죽음에 조의를 표할 때는 대의상 거짓 눈물을 흘리지 말아야 한다. 도道가 어그러지고 우호가 끊겼는데 어찌 곡을 할 필요가 있겠는가? 옛날에 한 고조가 항우項羽의 죽음에 이런 실수를 했고, 위 무제도 이런 거동으로 그 잘못을 따라 했으니 어찌 백 번 생각 끝에 한 번 저지른 실수〔百慮一失〕가 아니겠는가?

당초에 원소와 조공이 함께 군사를 일으켰을 때 원소가 조공에게 물었다. "만약 이번 일이 이루어지지 못하면 방향을 어느 곳으로 하여 근거지를 두시겠소?" 조공이 말했다. "족하의 생각은 어떠하시오?" 원소가 말했다. "나는 남쪽으로 황하에 기대, 북쪽으로 연燕과 대代를 가로막고, 융戎과 적狄의 무리를 병탄하여 남쪽을 바라보고 천하를 다툴 것이오. 그럼 거의 대사를 이룰 수 있겠지요?" 조공이 말했다. "나는 천하의 지자智者와 역사力士를 임명하고 도道로써 그들을 제어할 것이니 할 수 없는 일이 없을 것이오."○

○ 『부자傅子』61에서 말했다. "태조가 또 말했다. '탕왕湯王과 무왕武王이 왕업을 이룰 때 어찌 같은 땅으로 했겠소? 만약 험지를 자본으로 삼는다면 임기응변할 수 없을 것이오.'"

9월, 또 조공이 명령을 내렸다. "하북은 원씨의 재난에 얽혔다. 명령을 내리

61 『부자傅子』: 위진 시대의 문인 부현傅玄의 저작이다. 부현은 자가 휴혁休奕이다. 『진서晉書』 권47 「부현전傅玄傳」에 따르면 부현은 이 책에서 경국經國에 관한 다양한 학파와 역사 이야기를 뽑아 득실을 논술했다고 한다. 모두 140편이었다고 하나 전체 책은 당唐·송宋을 거치며 사라지기 시작하여 명明·청淸 시대에는 모두 사라졌다. 현재 각종 집본輯本이 몇 권 전해온다.

노니 올해 세금을 내지 말라." 부강한 자들의 토지 겸병에 중과세하는 법을 시행하자 백성이 기뻐했다.○ 천자는 조공에게 기주목을 겸직하라 했지만 조공은 사양하고 연주로 돌아갔다.

○『위서』에 조공의 명령이 실려 있다. "나라가 있고 가문이 있는 자는 자원이 부족함을 근심하지 말고 고르게 나눠주지 못함을 근심하라. 가난을 근심하지 말고 불안정을 근심하라. 원씨는 기주를 다스리며 부강한 자들이 전횡을 하게 만들어 그들의 천척까지 토지를 겸병하게 했다. 아래 백성은 가난하고 힘이 약해 조세를 대신 내느라 집안 재산을 모두 팔아도 명령에 부응할 수 없었다. 심배의 종족은 심지어 죄인을 감춰주며 주인에게서 도망치게 했다. 〔이렇게 하고서도〕 백성과 친하게 지내고 갑사가 강성하기를 바랐으니 어찌 그것이 가능한 일이겠는가? 이제 토지세를 1묘畝에 네 되〔升〕만 받고, 호戶당 명주 2필匹, 목면木綿 2근斤만 내게 하여, 저들이 마음대로 발호할 수 없게 하라. 군국의 태수와 상相은 서로 분명하게 점검하고 자세히 살펴 부강한 자가 숨기는 것 없게 하고 빈약한 백성이 세금을 거듭 내는 일이 없게 하라."

조공이 업鄴을 포위할 때 원담은 감릉甘陵(河北 淸河 남쪽), 안평安平(河北 冀州), 발해, 하간을 침략하여 탈취했다. 원상은 패배하여 중산으로 돌아갔다. 원담이 원상을 공격하자 원상은 고안故安(河北 易縣 동남)으로 달아났고, 마침내 원담은 원상의 군사를 병합했다. 조공은 원담에게 편지를 보내 약속 위반을 질책하고, 그와 맺은 혼약을 끊고, 그의 딸을 돌아오게 한 후 군사를 진격시켰다. 원담은 두려워하면서도 평원을 함락하고 다시 남피南皮(河北 南皮 동북)로 달아나 그곳을 지켰다.

12월, 조공은 평원으로 입성했고, 주변 여러 현縣을 공략하여 평정했다.

10년(205) 봄 정월, 조공이 원담을 쳐서 격파하고 베어 죽인 후 그 처자식까지 주살했다. 기주가 평정되었다.[o1] 조공이 명령했다. "원씨와 함께 악행을 저지른 자라도 다시 시작할 기회를 주어라!" 그리고 백성에게 사사로운 원수를 갚지 못하게 하고, 사치스러운 장례를 금지하면서 모두 한결같이 법에 따르도록 했다. 이달에 원희袁熙[62]의 대장 초촉焦觸과 장남張南 등이 배반하고 원희와 원상을 공격했다. 원희와 원상은 삼군오환三郡烏丸[63] 부족으로 달아났다. 초촉 등이 현縣을 들어 조공에게 투항하자 그들을 열후에 봉했다. 당초에 원담을 토벌할 때 백성이 얼음을 깨고 물길을 내는 부역이 위험하다고 도망치는 사람이 생기자[o2] 조공이 명령을 내려 도망자들의 투항을 받지 못하게 했다. 얼마 지나지 않아 도망자들 중에서 관아의 문 앞으로 와서 자수하는 사람이 있었다. 조공이 일렀다. "너의 말을 들어주면 명령을 어기게 되고, 너를 죽이면 자수한 사람을 죽이게 된다. 돌아가 깊이 숨어 관리들에게 잡히지 말라." 백성은 눈물을 흘리며 돌아갔지만 나중에 결국 포박되어 왔다.

o1) 『위서』: "조공이 원담을 공격할 때 해 뜰 무렵부터 해가 중천에 이를 때까지도 승부를 결정하지 못했다. 이에 조공이 직접 북채를 잡고 북을 울리자 병졸들이 모두 분발했고, 때에 맞춰 성을 함락했다.

o2) 신 송지가 살펴본 바는 이렇습니다. 원담을 토벌할 때 강과 운하의 물이 얼어붙어 백성으로 하여금 얼음을 깨고 뱃길을 통하게 했는데 백성이 그 부역을 싫어하며 도망친 것입니다.

---

62 원희袁熙: 원소의 둘째 아들이다.

63 삼군오환三郡烏丸: 삼군三郡은 요서遼西, 요동遼東, 우북평右北平 세 군을 가리킨다. 이 세 군에 거주하는 오환 부족을 삼군오환이라고 한다. 오환烏丸은 오환烏桓이라고도 쓴다. 중국 고대 북방 유목민족으로 선비족鮮卑族과 함께 동호東胡 부족의 하나다. 대체로 돌궐, 몽골, 퉁구스와 같은 계통으로 인정한다.

여름 4월, 흑산적 장연張燕이 자신의 군사 10여만을 이끌고 투항하자 그를 열후에 봉했다. 고안의 조독趙犢과 곽노霍奴 등이 유주 자사와 탁군涿郡(河北 涿州市) 태수를 살해했다. 삼군오환이 광평獷平(北京 密雲縣 密雲水庫 동북)에서 선우보鮮于輔를 공격했다.○

○『속한서』「군국지郡國志」: "광평은 현 이름으로 어양군漁陽郡(北京 密雲 서남)에 속한다.

가을 8월, 조공이 정벌에 나서 조독 등을 베어 죽이고 노하潞河(北京 東南 北運河)를 건너 광평을 구원하자 오환이 달아나 변새邊塞 밖으로 나갔다.

9월, 조공이 명령했다. "편벽되게 사사로운 파당을 만드는 것은 옛 성인들이 싫어한 행동이다. 소문을 들으니 기주의 풍속은 아버지와 아들이 나뉘어 살며 서로 헐뜯기도 하고 칭찬하기도 한다고 한다. 이전에 직불의直不疑란 사람은 형이 없었는데도 사람들은 그가 형수와 사통했다고 말했고, 제오백어第五伯魚[64]는 세 번이나 고아 여인을 아내로 맞았는데도 그가 장인을 구타했다고 말했다. 왕봉王鳳은 권력을 전횡했는데도 곡영谷永은 그를 주周나라 충신 신백申伯에 비유했고, 왕상王商은 충성스러운 의견을 냈지만 장광張匡은 그를 사문난적이라고 말했다. 이들은 모두 흰 것을 검다 하며 하늘을 속이고 임금을 기망하는 자다. 나는 지금 풍속을 바로잡으려 하는데 이 네 가지를 제거하지 못하면 수치로 여기겠다."

겨울 10월, 조공이 업鄴으로 귀환했다.

---

64 제오백어第五伯魚: 성이 제오第五, 이름이 윤倫, 자가 백어伯魚다.

당초에 원소는 생질 고간高幹을 병주목幷州牧65에 임명했는데 조공이 업鄴을 함락하자 고간이 항복했고 마침내 그를 자사로 삼았다. 고간은 조공이 오환을 토벌한다는 소식을 듣고 병주를 근거로 바로 반란을 일으켰다. 그는 상당 태수를 잡고 거병하여 호관구壺關口(山西 長治 동남 壺口村)를 수비했다. 조공이 악진樂進과 이전李典을 파견하여 공격하자 고간은 호관성壺關城으로 돌아가 수비했다.

11년(206) 봄 정월, 조공이 고간을 정벌하러 나섰다. 고간이 소식을 듣고 바로 자신의 별장別將을 남겨 성을 지키게 하고 자신은 도주하여 흉노로 들어갔다. 그는 흉노 선우에게 구원을 요청했지만 선우는 받아들이지 않았다. 조공은 호관을 석 달 동안 포위하여 함락했다. 고간은 마침내 형주로 달아났고 상락上洛(陝西 商州) 도위 왕염王琰이 그를 잡아 베어 죽였다.

가을 8월, 조공이 동쪽으로 해적 관승管承을 정벌하기 위해 순우淳于(山東 安丘 동북)에 이르러 악진과 이전을 파견하여 격파하자 관승은 도망쳐 바다 섬으로 들어갔다. 동해군의 양분, 담郯, 척戚(山東 臨沂 서남) 땅을 분할하여 낭야군에 더해주고 창려군昌慮郡(山東 滕州)은 줄였다.○

○『위서』에 10월 을해일乙亥日 조공이 내린 명령이 실려 있다. "대저 세상을 다스리고 백성을 이끌기 위해서는 임금을 세우고 보필할 신하를 둬야 하지만 겉으로만 순종하는 자를 경계해야 한다. 『시경詩經』에 이르기를 '나의 계책을

65 병주幷州: 지금의 허베이성河北省 취양현曲陽縣 서북 일대에서 산시성山西省 핑야오현平遙縣 서남 일대까지 포괄하는 지역이다.

채택하면 거의 큰 후회가 없으리라聽用我謀, 庶無大悔'66라고 했다. 이것은 실로 임금과 신하가 간절하게 서로 원하는 내용이다. 나는 중임을 맡아 매번 중심을 잃을까 두려워했다. 여러 해 동안 좋은 계책을 듣지 못했으니 이 어찌 내가 언로를 여는데 부지런하지 못한 탓이 아니겠는가? 지금 이후로는 여러 고을의 아전[掾], 부속 관리[屬], 치중治中, 별가別駕는 항상 매월 초하루에 각각 나의 실책을 말하라. 내가 장차 그 말을 잘 살피리라."

삼군三郡67 오환이 천하 대란에 편승하여 유주를 깨뜨리고 한나라 백성 도합 10여만 호를 약탈했다. 원소는 저들의 추장을 선우單于로 세워주고, 자기 가문의 자식을 자신의 딸로 삼아 저들에게 아내로 줬다. 요서遼西 선우 답돈蹋頓은 더욱 강성하여 원소에게 후대를 받았고, 이 때문에 원상의 형제가 그곳으로 귀의했으며, 이에 저들은 자주 변새 안으로 들어와 해악을 끼쳤다. 조공은 장차 저들을 정벌하려고 수로를 뚫어 호타하呼沱河에서 물이 고수泒水○1)로 흘러들게 한 후 평로거平虜渠라는 이름을 붙였다. 또 구하구泃河口○2)에서 노하潞河로 물길을 뚫어 천주거泉州渠라는 이름을 붙이고 바다로 통하게 했다.

○1) 泒는 발음이 '고孤'다.

○2) 泃는 발음이 '구句'다.

12년(207) 봄 2월, 조공이 순우에서 업鄴으로 귀환했다. 정유일丁酉日(2월 초5일)에 명령했다. "내가 의병을 일으켜 포악한 반란군을 주살해온 지 지금까지 19년이 흐르는 동안 정벌한 적은 반드시 이겼지만 이것이 어찌 나의 공이겠는

66 『시경』「대아大雅·억抑」에 나오는 구절이다.

67 삼군三郡: 오환족烏丸族이 많이 사는 요서遼西, 요동遼東, 우북평右北平이다.

가? 현명한 사대부의 힘이었다. 천하를 아직 모두 평정하지는 못했지만 나는 현명한 사대부와 함께 천하를 평정하려 한다. 나는 혼자서 그 공로를 누리고 있으니 어찌 마음이 편안하겠는가? 재촉하노니 공로를 확정하여 봉작을 수여하라." 이에 공신 20여 명에게 큰 봉작을 내리고 모두 열후로 삼았으며 그 나머지 사람은 각각 차례에 따라 봉작을 수여했다. 또 국가 대사에 목숨을 바친 사람의 아들에게는 공로의 경중에 따라 각각 봉작에 차등을 두었다.○

○ 『위서』에 조공의 명령이 실려 있다. "옛날 조사趙奢와 두영竇嬰은 장수가 되어 하사 받은 천금을 하루아침에 사람들에게 뿌렸기 때문에 위대한 공로를 이룰 수 있었고 대대로 명성을 전할 수 있었다.68 나는 그들에 관한 글을 읽으며 그 사람 됨됨이를 흠모하지 않은 적이 없다. 나는 여러 장수 및 사대부와 함께 군사 업무에 종사하며 다행히 계책을 아끼지 않는 현인들과 힘을 남기지 않는 무사들에 의지했고, 이 때문에 위험한 동란을 평정하여 큰 상을 받아 식읍 3만 호를 보유할 수 있게 되었다. 두영이 상금을 희사한 대의를 추모하며 이제 거둬들인 세금을 여러 장수와 지방 관리 및 옛날에 진陳과 채蔡 땅을 지킨 사람들에게 나눠주고자 한다. 이는 여러 사람의 노고에 보답하려는 소망이고, 큰 혜택을 나 혼자 누리지 않으려는 뜻이다. 국가 대사에 목숨을 바친 사람의 아들에게도 이제 편의에 따라, 조세로 받은 곡식을 공급하고자 한다. 만약 풍년으로 씀씀이가 넉넉해지고 조세를 모두 받아들이면 장차 사람들에게 그 혜택을 크게 베풀겠다."

[조공이] 장차 북쪽으로 삼군오환을 정벌하려 하자 장수들이 모두 말했다.

68 옛날…있었다: 조사는 전국시대 조나라 장수이고, 두영은 한 무제武帝 때의 장수다. 『사기』 권81 「염파인상여열전廉頗藺相如列傳」과 『한서』 권52 「두영열전竇嬰列傳」에 관련 기록이 나온다.

"원상은 패망한 도적일 뿐입니다. 오랑캐들은 탐욕스러워 친척도 돌아보지 않는데 어찌 원상에게 이용당하겠습니까? 저들 땅으로 깊이 들어가 정벌을 행하면 유비가 틀림없이 유표에게 허도를 습격하자고 말할 것입니다. 만일 변고가 생기면 후회해도 미칠 수 없을 것입니다." 오직 곽가郭嘉만 계책을 세워 유표가 틀림없이 유비에게 임무를 맡기지 않을 것이라고 하며 조공에게 출정을 권했다.

여름 5월, 무종無終에 이르렀다.

가을 7월, 홍수가 나서 바다 곁 도로가 불통되자 전주田疇가 길잡이를 하겠다고 청했고 조공이 그의 말에 따랐다. 군사를 이끌고 노룡새盧龍塞(河北 喜峰口)로 나가자 노룡새 밖 도로도 끊어져 불통이었다. 이에 산을 깎고 골짜기를 메우며 500여 리를 전진했다. 백단白檀(河北 灤平 동북)을 경과하고, 평강平岡69을 거쳐 선비족 앞마당까지 짓밟고 동쪽 유성柳城(遼寧 朝陽 서남)으로 향했다. 아직 200리도 가지 못했을 때 오랑캐들이 바로 알아챘다. 원상, 원희, 답돈, 요서 선우 누반樓班, 우북평右北平(河北 豊潤 동남 일대) 선우 능신저지能臣抵之 등이 수만 기병을 거느리고 조공의 군사에 맞섰다.

8월, [조공이] 백랑산白狼山으로 오르다가 갑자기 오랑캐를 만났는데 군사가 매우 많았다. 조공의 무장 병거는 뒤처져 있었고 갑사들도 많지 않아서 좌우 군사들이 모두 두려워했다. 조공은 높은 곳에 올라 오랑캐 진영이 무질서함을 보고 바로 군사를 풀어 공격했다. 장료를 선봉에 세우자 오랑캐 군사들

---

69 평강平岡: 지금의 네이멍구內蒙古 츠펑시赤峰市 닝청현寧城縣 뎬쯔향甸子鄉 헤이청촌黑城村에 유적이 남아 있다.

이 크게 무너졌고, 답돈 및 휘하 왕들을 베어 죽이자 오랑캐와 한족 20여만 명이 항복했다. 요동 선우 속복환速僕丸 및 요서와 북평의 여러 호족이 그들의 종족을 버리고 원상, 원희와 함께 요동으로 달아났다. 그들 무리는 아직도 기병 수천을 보유하고 있었다. 당초에 요동 태수 공손강公孫康은 땅이 멀다는 사실만 믿고 한나라에 복속하지 않았다. 조공이 오환을 격파하자 어떤 사람이 조공이 결국 요동도 정벌할 것이라고 말하며 원상 형제를 사로잡아야 한다고 했다. 조공이 말했다. "나는 지금 공손강으로 하여금 원상과 원희의 목을 베어 오게 할 것이다. 번거롭게 군사를 움직이지 않아도 된다."

9월, 조공이 군사를 이끌고 유성에서 돌아오자,○ 공손강이 바로 원상, 원희 및 속복환 등의 목을 베어 보내왔다. 장수들 중 어떤 이가 물었다. "공께서 돌아오셨는데도, 공손강이 원상과 원희의 목을 베어 보내온 것은 무슨 까닭입니까?" 조공이 말했다. "저들은 평소에 원상 등을 두려워해서, 내가 급하게 공격할 때는 힘을 합치지만 내가 풀어주면 자신들끼리 서로 해친다. 형세에 따라 그렇게 한 것이다."

○『조만전』: "춥고 가문 때라 200여 리를 가도 더 이상 물이 없었고 군사들도 식량이 부족하여 말 수천 필을 잡아서 식량으로 삼았으며, 땅을 파고 30여 길〔丈〕이나 들어가서야 물을 얻었다. 나중에 귀환해서 조공은 전에 간언을 올린 사람들을 하나하나 심문했다. 아무도 그 까닭을 몰라서 사람들이 모두 두려워했다. 그러나 조공은 그들에게 모두 후한 상을 내리며 말했다. "내가 전에 출정해서 위기에 처했다가 요행으로 벗어났소. 비록 요동을 얻었지만 이는 하늘의 도우심 덕분이니 이를 일상 원칙으로 삼아서는 안 되오. 여러분의 간언은 만전의 계책이었소. 이 때문에 상을 내리니 이후로도 간언을 어렵게 생각하지 마시오."

11월, 역수易水에 이르자, 대군오환代郡烏丸 현임 대리 선우 보부로普富盧와 상군오환上郡烏丸 현임 대리 선우 나루那樓가 휘하 유명 왕들을 거느리고 축하하러 왔다.

13년(208) 봄 정월, 조공이 업鄴으로 귀환하여 현무지玄武池를 만들고 수군을 훈련했다[肄].○ 한나라가 삼공三公 관직을 폐지하고 승상丞相과 어사대부御史大夫 직을 설치했다.

○ 〔'肄'의〕 발음은 '이사반以四反' 즉 '이'다.[70] 『삼창』에는 "'肄'가 연습하다〔習〕의 뜻이다"라고 했다.

여름 6월, 조공을 승상으로 삼았다.○

○ 『헌제기거주』: "태상太常 서구徐璆로 하여금 바로 승상 인수를 수여하게 했다. 어사대부는 어사중승御史中丞을 임명하지 않고 장사長史 한 사람을 두었다." 『선현행장先賢行狀』[71]: 서구는 자가 맹옥孟玉[72]이고 광릉廣陵(江蘇 揚州) 사람이다. "어려서부터 행실이 깨끗했으며, 조정에 들어가서도 늘 안색을 바르게 했다. 임성, 여남, 동해 세 군의 군수를 역임하며 가는 곳마다 교화를

70 『광운廣韻』과 『운회韻會』에는 '肄'의 발음이 '양羊至切' 즉 '이'로 되어 있다.

71 『선현행장先賢行狀』: 후한 말기 명사들의 행적을 기록한 책으로 지은이는 미상이다. 지금은 전해오지 않는다. 한나라 말기와 위나라 시기에 『해내선현행장海內先賢行狀』 『한위선현행장漢魏先賢行狀』 『영천선현행장潁川先賢行狀』 등의 책이 편찬된 것으로 알려져 있으나 여기에 인용한 내용이 어느 책에 나오는지는 알 수 없다.

72 맹옥孟玉: 원문은 맹평孟平이고, 이 책 권23 「화상양두조배전和常楊杜趙裴傳」에는 맹본孟本으로 되어 있지만 『삼국지집해』의 고증에 따라 맹옥으로 고친다.

행했다. 조정으로 초빙되어 돌아오자 원술에게 위협을 당했다. 원술은 황제를 참칭하며 상공 벼슬을 서구에게 주려 했으나 서구는 끝까지 굴복하지 않았다. 원술이 죽은 후 서구는 원술의 옥새를 얻어 한나라 조정에 바치고 위위衛尉와 태상太常에 임명되었다. 조공은 승상이 되자 자신의 자리를 서구에게 양보했다."

가을 7월, 조공이 남쪽으로 유표를 정벌했다.

8월, 유표가 죽자 그의 아들 유종劉琮이 봉작을 이어 양양襄陽(湖北 襄樊)에 주둔했고, 유비는 번樊(湖北 襄陽 樊城口)에 주둔했다.

9월, 조공이 신야新野(河南 新野)에 도착하자 유종이 마침내 항복했고, 유비는 하구夏口(湖北 武漢 黃鵠山 동북)로 도주했다. 조공은 강릉江陵(湖北 荊州 江陵)으로 진군하여 형주의 관리와 백성에게 명령을 내리고 다시 시작할 기회를 주었다. 또 형주를 복종시킨 사람들을 위해 논공행상을 했는데 열후에 봉해진 자가 15명이었다. 유표의 대장 문빙文聘을 강하江夏(湖北 武漢 黃陂 서남) 태수로 삼아 형주 본부 군사를 통솔하게 했고, 형주 명사 한숭韓嵩과 등의鄧義[73] 등을 이끌어와 임용했다.○

○ 위항衛恒의 「사체서세서四體書勢序」[74]: "상곡上谷(北京 懷來 동남) 왕차중王次仲은 예서를 잘 썼는데 처음으로 해서楷書 서법도 만들었다. 영제靈帝가 서예

---

73 등의鄧義: 이 책 권6 「유표전劉表傳」에는 일관되게 등희鄧羲로 기록되어 있지만, 범엽의 『후한서』 권74 「원소유표열전袁紹劉表列傳」에는 등의鄧義로 되어 있다. 글자가 비슷하여 혼동한 듯한데 현재 어느 것이 옳은지는 판단하기가 어려우므로 원본의 글자를 보존해둔다.

74 위항衛恒의 「사체서세서四體書勢序」: 위항은 서진西晉 서예가로 자가 거산巨山이다. 조부 위기衛覬, 부친 위관衛瓘, 질녀 위삭衛鑠도 모두 글씨를 잘 썼다. 황문시랑黃門侍朗을 지냈다. 『사체서세四體書勢』를

를 좋아하자 세상에 서예에 능한 자가 많아졌다. 그러나 사의관師宜官[75]의 서예를 최고로 쳤고, 그도 자신의 재능에 대단한 자부심을 가졌다. 그는 글씨를 다 쓰고 나면 바로 죽간을 깎아내거나 불태웠다. 양곡梁鵠은 이에 서첩 만들기를 도와주며 그에게 술을 먹이고 그가 취하기를 기다려 죽간을 훔쳤다. 양곡은 마침내 서예 공부를 열심히 하여 선부상서選部尙書에 이르렀다. 이때 조공은 낙양령이 되고 싶었으나 양곡은 그를 낙양북부위로 삼았다. 양곡은 뒤에 유표에 귀의했다. 형주가 평정될 때 공개 모집으로 양곡을 찾자 양곡은 두려워서 스스로 몸을 묶고 관서의 문 앞으로 갔다. 조공은 그를 군대의 가사마假司馬로 임명하고 비서 업무를 수행하게 했고 그는 부지런히 글씨를 써서 자신의 역량을 잘 발휘했다. 조공은 〔그의 글씨를〕 장막 속에 걸어놓거나 못을 쳐서 벽에 고정해놓고 감상하며 사의관의 글씨보다 낫다고 했다." 양곡은 자가 맹황孟黃이고 안정安定(甘肅 鎭原 동남) 사람이다. 위나라 궁전의 현판은 모두 양곡의 글씨다. 황보밀皇甫謐의 『일사전逸士傳』[76]: "여남의 왕준王俊은 자가 자문子文이다. 젊어서 범방范滂과 허장許章에게 인정을 받았고 남양의 잠질岑晊과 친했다. 조공이 아직 벼슬을 하지 않을 때 특히 왕준을 아꼈고, 왕준도 세상을 다스릴 만한 인재라고 조공을 칭송했다. 원소와 아우 원술이 모친의 상을 당해 여남으로 돌아가 장례를 치를 때 왕준과 조공이 만났다. 그때 모인 사람이 3만 명이었다. 조공이 밖에서 왕준에게 몰래 이야기했다. '천하가 장차 혼란에 빠질 텐데 이 혼란의 우두머리는 틀

지었지만 지금은 전해오지 않고 그 서문만 남아 있다.

75 사의관師宜官: 후한 말기의 서예가로 특히 팔분체八分體에 뛰어났다. 뒤에 원술의 부장이 되어 산동 거록鉅鹿의 「경구비耿球碑」의 글씨를 썼다.

76 황보밀皇甫謐의 『일사전逸士傳』: 황보밀은 서진의 유명한 의학자 겸 사학자다. 자가 사안士安, 호가 현안선생玄晏先生이다. 침구針灸에 뛰어나 중국 침구의 비조로 일컬어진다. 『침구갑을경鍼灸甲乙經』『역대제왕세기歷代帝王世紀』『일사전逸士傳』『열녀전列女傳』 등의 저서를 남겼다. 이중 『일사전』은 역대 은사들의 일화를 기록한 저서이지만 지금은 전해오지 않고 단편적인 내용만 남아 있다.

림없이 저 두 사람이 될 것이오. 천하를 구제하고 백성을 위해 그 목숨을 보호해주려면 먼저 저 두 사람을 죽이지 않고는 혼란이 금명간 발생할 것이오.' 왕준이 말했다. '그대의 말과 같다면 천하를 구제할 사람은 그대 말고 또 누가 있겠소?' 두 사람은 서로 마주 보며 웃었다. 왕준은 사람됨이 밖은 고요하고 속은 밝아서 주군州郡과 삼부三府의 초청 명령에 응하지 않았다. 조공이 수레를 보내 초빙했으나 오지 않았다. 땅을 피해 무릉에 거주하자 왕준에게 귀의한 사람이 100여 집이나 되었다. 헌제가 허許 땅에 도읍을 정하고 다시 왕준을 상서로 초빙했으나 역시 가지 않았다. 유표가 원소의 강성함을 보고 몰래 원소와 소통하려 하자 왕준이 유표에게 말했다. '조공은 천하의 영웅으로 틀림없이 패도霸道를 일으켜 제齊 환공桓公과 진晉 문공文公의 공적을 이을 사람입니다. 지금 가까운 곳을 버려두고 먼 곳으로 가려는 것은 마치 하루아침에 해결해야 할 급한 일을 위해 멀리 사막 북쪽에서 구원을 바라는 것과 같으니 이 또한 어려운 일이 아니겠습니까?' 유표는 그의 말에 따르지 않았다. 왕준이 64세에 무릉에서 제명에 죽자 조공은 소식을 듣고 매우 슬퍼했다. 형주를 평정할 때 스스로 장강으로 나가, 타향에서 죽은 왕준의 영혼을 맞아들여 강릉에 개장改葬했고, 표문을 올려 선현先賢으로 추존했다."

익주목 유장劉璋이 처음으로 조정의 징세와 부역을 받아들이고 병졸을 보내 조공의 군대를 보충해줬다.

12월, 손권孫權이 유비를 위해 합비를 공격했다. 조공은 강릉으로부터 유비를 정벌하며 파구巴丘(湖南 岳陽 서남)에 이르렀고 장희張憙를 보내 합비를 구원했다. 손권이 장희가 왔다는 소식을 듣고 바로 도주했다. 조공은 적벽赤壁에 이르러 유비와 싸웠으나 불리했다. 이때 큰 역병이 돌았고, 군관과 사병 중에 죽은 사람이 많아 군사를 이끌고 회군했다. 유비는 마침내 형주와 강남 여러 군

郡을 얻었다.○

○『산양공재기山陽公載記』77: "조공은 전선戰船이 유비에게 불태워지자 군사를 이끌고 화용도華容道(湖北 監利市 서남 옛길)에서 걸어서 귀환하다가 진흙탕을 만났다. 도로는 불통이었고 하늘에서는 또 심한 바람이 불었다. 하나같이 지친 군사들을 시켜 풀더미를 지고 와 진흙탕을 메우게 하여 기병騎兵이 겨우 통과할 수 있었다. 지친 군사들은 사람과 말에 짓밟혀 진흙탕에 빠졌고 이렇게 죽은 사람이 매우 많았다. 군사들이 탈출하자 조공은 매우 기뻐했다. 장수들이 묻자 조공이 말했다. '유비는 나의 적수다. 다만 계책을 마련함이 조금 늦었다. 일찍 불을 질렀다면 우리는 모두 죽었을 것이다.' 얼마 지나지 않아 유비가 또 불을 질렀으나 미치지 못했다." 손성이 기록의 상이점을 비평했다. "「오지吳志」78를 살펴보면 유비가 먼저 조공의 군사를 격파한 뒤에 손권이 합비를 공격했다고 되어 있다. 그러나 이 기록에서는 손권이 먼저 합비를 공격한 후에 적벽대전이 있었다고 한다. 두 가지 기록이 상이하지만 「오지」가 옳다."

14년(209) 봄 3월, 조공의 군대가 초현譙縣으로 가서 가벼운 배를 만들어 수군을 조련했다.

가을 7월, [조공의 군대가] 와수渦水(淮河 支流 渦河)에서 회수淮水(淮河)로 진입하여 비수肥水(安徽 合肥 남쪽 肥河)로 나와 합비에 주둔했다.

---

77 『산양공재기山陽公載記』: 산양공山陽公은 위 문제 조비가 황제 등극 후 한 헌제에게 내린 작위다. 서진 악자樂資는 한 헌제가 산양공으로 강등된 이후의 일을 기록하여 『산양공재기』 10권을 지었다. 지금은 전해오지 않는다. 악자는 서진 사학자로 저작랑을 지냈다. 『춘추후전春秋後傳』 『산양공재기』, 「구주기九州記」 등 저작을 남겼으나 지금은 전해오지 않는다.

78 『오지吳志』: 이 책 『삼국지』의 「오지吳志」다.

신미일辛未日(8월 24일) 명령했다. "얼마 전부터 군대가 자주 정벌을 나가서 더러 역병을 만나 군관과 사졸이 죽어서 돌아오지 못했다. 집안의 부인들은 남편을 잃었고, 백성은 뿔뿔이 흩어져 떠돌고 있다. 어진 사람이라면 어찌 이런 상황을 즐기랴? 부득이한 일이었다. 이제 명령을 내리노라. 죽은 사람의 집에 기본 생업이 없어서 스스로 살아갈 수 없는 자에게는 현의 관리들이 식량 공급을 끊지 말고, 지방 관리들은 계속해서 구휼하고 위로하여 나의 뜻에 부합하라." 양주 군현郡縣의 관리들이 작피芍陂(安徽 壽縣 남쪽 저수시설)에 둔전을 개설했다.

12월, 조공의 군대가 초현으로 회군했다.

15년(210) 봄, 명령을 내렸다. "자고로 천명을 받았거나 나라를 중흥시킨 군주라면 어찌 일찍이 현인군자를 얻어 그들과 함께 천하를 다스리지 않았던가? 현인을 얻을 때는 일찍이 백성이 사는 골목으로 나가지 않고 어찌 요행수로 만날 수 있었던가? 윗자리에 있는 사람들이 그런 사람을 찾지 않았을 뿐이다. 지금 천하가 아직 안정되지 않았으니 그야말로 특히 현인을 구해야 할 다급한 시기다. 맹공작孟公綽은 조씨趙氏와 위씨魏氏의 가신이 되기에는 충분했지만 등滕나라와 설薛나라의 대부는 될 수 없었다.[79] 반드시 청렴한 선비라야만 등용할 수 있다면 제 환공이 어떻게 세상을 쟁패할 수 있었겠는가?[80] 지금 천하에

79 『논어』「헌문憲問」: "子曰, '孟公綽爲趙魏老則優, 不可以爲藤薛大夫.'" '맹공작'은 춘추시대 노魯나라 대부다. '조씨'와 '위씨'는 춘추시대 진晉나라에서 가장 세력이 강한 가문이다. '등나라'와 '설나라'는 춘추시대의 가장 약소국이다. 맹공작이 유능하기는 했어도 사사로운 가문의 가신家臣 노릇 하기에 충분했을 뿐 작은 나라의 대부 직조차 감당할 수 없었다는 뜻이다. 인재의 능력을 잘 파악하여 적재적소에 임용해야 함을 가리킨다.

80 『예기』「예기禮器」: "관중은 제기에 화려한 조각을 하고, 면관冕冠의 끈을 천자처럼 붉게 장식하고,

도 거친 옷을 입고 옥을 품은 채 위수渭水(陝西 渭河)가에서 낚시하는 사람이 없겠는가?[81] 또 형수와 사통하고 뇌물을 받았다는 말을 들으며 위무지魏無知 같은 지기를 만나지 못한 인재가 없겠는가?[82] 그대들은 나를 도와 누추한 곳에 사는 인재를 밝게 드러내라! 오직 재능으로만 천거하면 내가 그런 사람을 받아들여 등용하리라."

겨울, 동작대銅雀臺를 지었다.○

○ 『위무고사』에 조공이 12월 기해일己亥日에 내린 명령이 실려 있다. "내가 처음 효렴으로 천거될 때는 나이도 어렸고 나 자신이 본래 바위굴에 은거한 저명한 인사가 아니었기에 해내 사람들에게 평범하고 어리석은 자로 보일까봐 두려웠다. 이에 군수 한 자리라도 얻어서 정치 교화를 잘 펼쳐 명예를 세운 뒤

기둥머리에 산을 새기고, 대들보 위 작은 기둥에 마름 무늬를 새겼다管仲鏤簋朱紘, 山節藻梲." 관중이 이처럼 사치하고 참람했지만 제 환공이 그의 능력만 보고 국정을 계속 맡겨 천하를 경륜한 일을 가리킨다.

81 『사기』 권32 「제태공세가齊太公世家」: "여상(강태공)은 물고기 낚시를 드리우고 주나라 서백이 알아주기를 바랐으며, 서백은 위수 북쪽에서 그를 만나 함께 수레를 타고 돌아와 스승으로 모셨다呂尙以魚釣奸周西伯, 西伯遇於渭之陽, 載與俱歸, 立爲師."

82 『사기』 권56 「진승상세가陳丞相世家」: "강후 주발과 관영 등이 모두 진평을 참소했다. '진평은 비록 잘생긴 장부로 모습이 관옥冠玉과 같지만 그 마음은 반드시 그렇지 않습니다. 신이 소문을 들으니 진평陳平은 집에 있을 때 형수와 사통했다고 합니다. 또 위나라를 섬기다가 받아들여지지 않자 도망쳐 초나라로 귀의했고, 초나라에 귀의했다가 마음에 들지 않자 다시 도망쳐 한나라로 귀의했습니다. 그런데도 오늘 대왕께서는 그를 높은 관직에 임명하여 호군으로 삼았습니다. 신이 듣건대 진평은 평소에 장수들의 돈을 받아먹었는데, 돈을 많이 준 자는 좋은 직책을 얻었고, 돈을 적게 준 자는 나쁜 직책을 얻었다고 합니다. 진평은 자주 마음을 바꾸는 난신亂臣이니 대왕께서 자세히 살펴 주시길 바랍니다.'絳侯·灌嬰等咸讒陳平曰, '平雖美丈夫, 如冠玉耳, 其中未必有也. 臣聞平居家時, 盜其嫂. 事魏不容, 亡歸楚, 歸楚不中, 又亡歸漢. 今日大王尊官之, 令護軍. 臣聞平受諸將金, 金多者得善處, 金少者得惡處. 平反覆亂臣也, 願王察之.'" 그러자 유방劉邦이 진평을 추천한 위무지魏無知에게 해명을 요구했다. 위무지가 말했다. "초나라와 한나라가 서로 대치하고 있는 상황에서 신은 기이한 계책을 내는 선비를 추천하면서 그의 계책이 진실로 국가를 세울 만한지 아닌지만 따졌을 뿐입니다. 형수와 사통하고 뇌물을 받았는지 어찌 의심할 수 있겠습니까楚漢相距, 臣進奇謀之士, 顧其計誠足以立國家不耳. 盜嫂受金, 何足疑乎?"

세상 선비들이 분명하게 알아주기를 바랐다. 이 때문에 제남에서는 악의 세력을 제거하고 공평하게 인재를 천거하여 환관들의 뜻을 거역했다. 그러다가 부강한 자들에게 미움을 받아 집안에 재앙이 미칠까 두려워 병을 핑계로 귀향했다. 벼슬을 버린 후에도 나이가 아직 어려서 같은 해에 천거된 사람들을 돌아보니 나이가 오십인데도 아직 늙었다고 하지 않기에, 이에 마음속으로 자강을 도모하려고 했다. 이로부터 20년 동안 벼슬을 떠나 있다가 천하가 맑아지면 나와 같은 해에 처음 천거된 사람들과 동등하게 관직생활을 하리라 기대했다. 이 때문에 사시사철 고향으로 돌아가 초현譙縣 동쪽 50리에 정사精舍를 지어 가을과 여름에는 책을 읽고 겨울과 봄에는 사냥을 하며 척박한 땅이라도 얻어 흙탕물 속에 몸을 숨기고 빈객과의 왕래도 끊으려 했다. 그러나 내 뜻대로 할 수 없었다. 나중에 도위로 초빙되었다가 전군교위로 승진하여 마침내 다시 국가를 위해 역적을 토벌하고 공을 세우고자 했다. 또 제후에 봉해져 정서장군이 된 후 나의 묘도墓道에 '한나라 고 정서장군 조후의 묘漢故征西將軍曹侯之墓'라는 글이 새겨지기를 바랐다. 이것이 본래 내가 마음먹은 뜻이다. 그러나 동탁의 난리를 만나 의병을 일으켜야 했다. 그때 군사를 많이 모을 수도 있었으나 항상 스스로 병력을 줄이면서 너무 많이 늘리려 하지 않았다. 그 까닭은 군사가 많아지면 마음도 교만해져서 강적과 다투게 되므로 혹시라도 다시 재앙의 근원이 될 수도 있기 때문이었다. 따라서 변수 전투에서는 병력이 수천뿐이었고 나중에 다시 양주로 가서 군사를 모집했지만 겨우 3000명에 불과했다. 이는 나의 본뜻이 마음을 제한했기 때문이다. 나중에 연주목을 겸직하며 황건적 30만의 항복을 받았다. 또 원술이 구강에서 황제를 참칭하자 그 아랫사람들은 모두 신하를 칭했다. 성문의 이름도 건호문建號門이라 했고 의복도 모두 천자의 의례를 썼으며, 두 부인도 미리 황후가 되기 위해 경쟁했다. 뜻과 계획이 이미 정해지자 사람들 중에는 원술에게 즉시 황제 보위에 올라 그 소식을 널리 천하에 반포해야 한다고 권하는 이들도 생겨났다. 그러나 원술은 '조공이 아직 건재하므로 그렇게 할 수 없다'라고 대답했다. 뒤에 나는 원술을 토벌하여 네 장수를 사로잡고 그 백성과 군사를 얻어 마침내 원술을 궁지에 몰아 격파하고 병이 들어 죽게 만들었다. 원소가 하북에 근거지를 두었을 때는 군대의 기세가 강성해서, 나 스스로의 세력을 헤아려보았을 때 진실로 그의 상대가 되지 않았다. 그러나 나라를 위해 목숨을 던지고, 대의에 몸을 바쳐 내 발자취를 후세에 남길 마음을 먹었다. 다행이 원소를 격파하고 그의 두 아들을 효수했다. 또 유표가 스스로 한나라 종실이라 여기고 간악한 마음을 숨긴 채 일진일퇴의 행보로 세상일을 관망하며 자신의 고을에 근거지를 마련했다. 나는 또 그를 정벌하고 마침내 천하를 평정했다. 나의 몸은 재상이 되었으니 신하의 고귀함이 이미 극에 달했고 소망도 벌써 목표 이상으로 실현되었다. 지금 내가 이런 말을 하면 마치 자존망대하는 것 같지만 사람들에게 모든 것을 이야기하려고 거리낌 없이 말했을 뿐이다. 만약 국가에 내가 없다면 몇 사람이 황제를 칭하고 몇 사람이 왕을 칭할지 알지 못하겠다. 혹자는 나의 세력이 강성하다고 보며 또 내 성격이 천명에 관한 일을 믿지 못한다고 한다. 아마도 그들은 사심을 갖고 비평하면서 내가 불손한 마음을 먹고 있다고 망령되이 추측하여 늘 내 마음을 전전긍긍하게 만든다. 제 환공과 진 문공이 오늘날까지 칭송받는 까닭은 그들의 병력이 강성했지만 능히 주나라 왕실을 받들고 섬겼기 때문이다. 『논어論語』에 이르기를 '천하를 셋으로 나눠 그 둘을 차지하고도 은나라에 복종했으니 주나라의 덕은 지극한 덕이라 말할 수 있다'[83]라고 했다. 대저 큰 나라도 작은 나라를 섬길 수 있어야 한다. 옛날 악의樂毅[84]가 조

---

83 천하를…말할 수 있다: 『논어』「태백」: "三分天下有其二, 以服事殷, 周之德可謂至德矣."

84 악의樂毅: 『사기』 권80 「악의열전樂毅列傳」에 따르면 악의는 본래 전국시대 위魏나라 명장 악양樂羊의 손자다. 현명하고 지략이 뛰어났다. 연燕나라에 사신을 갔다가 연 소왕昭王의 인재 초빙에 응하여 아경亞卿 벼슬을 받았다. 그는 연燕, 조趙, 초楚, 한韓, 위魏 연합군을 이끌고 제齊나라 정벌하여 혁혁한 공을 세워 창국군昌國君에 봉해졌다. 그러나 연 소왕 사후 혜왕惠王의 의심을 받아 조趙나라

趙나라로 도망치자 조왕은 그와 함께 연燕나라를 도모하려 했다. 그러자 악의는 엎드려 눈물을 흘리며 대답했다. '신이 연나라 소왕昭王을 섬긴 것은 지금 대왕을 섬기는 것과 같습니다. 신은 죄를 얻어 타국으로 추방되더라도 죽은 이후에나 섬김을 그칠 것입니다. 신은 조나라 노예도 차마 도모하지 못하겠는데 하물며 연나라 임금이겠습니까?' 진나라 호해胡亥[85]가 몽염蒙恬[86]을 죽이려 하자 몽염은 이렇게 말했다. '우리 선조로부터 지금의 자손에 이르기까지 〔우리 가문은〕 진나라 3세 동안 신의를 쌓았습니다. 지금 신은 군사 30여만을 거느리고 있으므로 그 세력이 진나라를 배반하기에 충분합니다. 그러나 나 자신은 필사의 정신으로 대의를 지켜야 함을 알고, 또 감히 선조의 가르침을 욕되게 하며 선왕을 망각할 수 없습니다.'[87] 나는 매번 이 두 사람의 글을 읽을 때마다 슬프게 눈물을 흘리지 않은 적이 없다. 나의 조부로부터 나에게 이르기까지 모두 임금의 측근으로서 막중한 임무를 맡았으니 임금의 신임을 깊이 받았다고 할 수 있다. 이런 상황이 자환子桓[88] 형제에까지 이르렀으니 이미 3세를 넘은 것이다. 나는 여러분에게 이런 상황을 이야기할 뿐만 아니라 항상 처첩에게도 말해주어 모두 나의 이 뜻을 깊이 알리려 한다. 나는 늘 이렇게 말한다. '진실로 내가 죽은 후 너희가 모두 다른 곳

로 망명하여 망제군望諸君에 봉해졌고 결국 조나라에서 세상을 떠났다. 이 대목은 악의가 조나라에 망명한 이후 조왕趙王과 나눈 대화인 듯한데 정확한 출처는 미상이다.

85 호해胡亥: 진시황 사후 조고趙高에 의해 옹립된 진이세秦二世 황제다. 호해는 사욕을 채우려는 조고의 음모를 알아차리지 못하고 자신의 형인 태자 부소扶蘇와 명장 몽염蒙恬을 죽여 진나라의 몰락을 재촉했다.

86 몽염蒙恬: 전국시대 진秦나라 명장으로 제나라를 격파하고 내사內史에 임명되었다. 진나라가 육국을 통일한 뒤 30만 대군을 이끌고 흉노를 공격하여 승리했다. 만리장성과 구주직도九州直道 건설을 감독하여 완공했다. 진시황 사후에 조고와 이사가 진시황의 조서를 위조하여 태자 부소를 죽이고 호해를 황제로 옹립한 뒤 몽염을 압박하여 자결하게 만들었다.(『사기』 권88 「몽염열전蒙恬列傳」)

87 우리 선조로부터…없습니다: 『사기』 권88 「몽염열전」: "自吾先人及至子孫, 積信於秦三世矣. 今臣將兵三十餘萬, 其勢足以背叛. 然自知必死而守義者, 不敢辱先人之教以忘先王也."

88 자환子桓: 조조의 아들인 조비曹丕의 자字다. 원문은 자식子植이지만 『삼국지집해』의 고증에 따른다.

으로 시집가더라도 내 마음을 잘 전하여 다른 사람들도 모두 알게 하라.' 나의 이 말은 모두 간담에서 우러난 내 생각의 요체다. 그러므로 성실하고 간절하게 마음속 이야기를 하는 까닭은 주공周公이 「금등金縢」[89]에 관한 글로 자신의 마음을 밝힌 것이 다른 사람이 자신을 일을 믿지 못할까 두려워하는 것을 보았기 때문이다. 그러나 내가 편한 대로 지금 관장하고 있는 군사일을 내놓고 그것을 집사執事에게 돌려준 뒤 무평후의 제후국으로 돌아가는 것은 사실 불가능한 일이다. 무슨 이유인가? 진실로 나 자신이 병력에서 떠나면 다른 사람에 의해 참화를 당할까 두렵기 때문이다. 이는 자손을 위한 계책일 뿐 아니라 나 자신이 패하면 국가도 위기에 처하는 일이므로, 헛된 명성만 바라다가 기실 재앙에 빠져드는 일을 할 수 없다. 지난 조정에서 은전을 베풀어 나의 세 아들을 열후로 봉했을 때 굳게 사양하며 봉작을 받지 않다가 지금은 생각을 바꿔 그것을 받으려 하는 것은 다시 영화를 누리려는 것이 아니라 외부에 원군을 둠으로써 모든 일에 만전을 기하려는 뜻이다. 나는 개자추介子推가 진晉나라의 봉작을 회피[90]하고 신포서申包胥가 초나라의 포상을 받지 않은 이야기[91]를 읽다가 책을 던지며 탄식하지 않은 적이 없었

---

89 「금등金縢」: 『상서』「금등金縢」: '금등金縢'의 본뜻은 쇠사슬로 묶은 상자다. 주 무왕武王이 병에 걸리자 그의 아우 주공周公이 무왕 대신 죽게 해달라고 하늘에 빌고 그 축문祝文을 상자에 넣고 쇠사슬로 밀봉했다. 이후 주공이 어린 조카 성왕成王을 내친 후 보위에 오를 것이라는 소문이 돌고 나라에 흉년이 들자 성왕과 대신들이 '금등'을 열어보고 주공의 진심을 확인했다.

90 개자추介子推가…회피하고: 『좌전左傳』 희공僖公 24년, 『사기』 권39 「진세가晉世家」에 대략 다음 기록이 있다. 진晉 문공의 측근 개자추는 진 문공을 위해 헌신했으나 공신 대열에서 누락되었고, 또 그 스스로 관직을 원지 않아, 모친을 모시고 면상산綿上山에 은거했다. 나중에야 이 사실을 깨달은 진 문공은 개자추를 찾았지만 찾지 못하자 면상산에 불을 질렀다. 그러나 개자추는 모친과 함께 나무 등걸을 끌어안고 불에 타 죽었다. 진 문공은 매년 이날 전국에 불을 피우지 못하게 했다. 이것이 한식의 기원이다.

91 신포서申包胥가…이야기를: 춘추시대 초 소왕昭王 때 오자서伍子胥가 오吳나라 군사를 동원하여 초나라를 멸망시키자 오자서의 친구 신포서는 진秦나라 조정에 가서 울면서 구원병을 요청하여 초나라를 다시 일으켜 세웠다. 초 소왕이 복위하여 신포서를 우윤右尹에 임명하는 포상을 내렸으나 그는 벼슬을 받지 않고 은거했다.(『좌전』 정공定公 4~5년)

는데 이로써 나 스스로를 성찰할 수 있었다. 이에 나라의 영령을 받들고 부월에 의지해 정벌을 행했다. 약자를 도와주며 강자를 눌렀고, 작은 힘으로 큰 세력을 억제했다. 내가 의도한 일을 행하여 어긋남이 없었고, 마음속에서 고려한 일은 어찌 하더라도 이루지 못한 적이 없었다. 마침내 천하를 태평하게 하고 임금의 명령을 욕되게 하지 않았다. 이는 하늘이 한나라 황실을 도운 것이지 사람의 힘으로 이룬 일이 아니다. 그러나 이제 봉작은 네 현을 겸유하고 식읍은 3만 호에 이르렀으니 내가 무슨 덕으로 감당할 수 있겠는가? 강호가 아직 안정되지 않아 작위는 양보할 수 없지만 봉토는 사양할 수 있다. 이제 양하陽夏(河南 太康), 자柘(河南 柘城 북쪽), 고苦(河南 鹿邑) 세 현의 식읍 2만 호는 반환하고, 무평의 1만 호만 내 식읍으로 삼겠다. 이로써 비방과 논란을 줄여 나의 책임을 조금이나마 덜어보려 한다."

16년(211) 봄 정월,○ 천자는 조공의 세자 조비曹丕를 오관중랑장五官中郎將으로 삼아 속관을 두고 승상부丞相副에 임명하라고 명령했다. 태원의 상요商曜 등이 대릉大陵(山西 交城 서남)을 근거로 반란을 일으키자 하후연夏侯淵과 서황을 보내 포위하여 격파했다. 장로張魯가 한중漢中(陝西 漢中 동쪽)에 웅거하자 3월에 종요鍾繇를 보내 토벌했다. 조공은 하후연 등에게 하동을 나가 종요와 연합하게 했다.

○ 『위서』: "경진일庚辰日에 천자가 회답했다. '식읍을 5000호만 줄이시오. 사양한 세 현의 식읍 1만5000호는 세 아들에게 분봉하시오. 조식曹植은 평원후로, 조거曹據는 범양후范陽侯(河北 定興 서남)로, 조표曹豹는 요양후饒陽侯(河北 饒陽 동남)로 삼아 각각 식읍 5000호를 내려주시오.'"

이때 관중의 장수들은 종요가 혼자서 기습에 나설까봐 의심했다. 마초馬超

가 마침내 한수韓遂, 양추楊秋, 이감李堪, 성의成宜 등과 반란을 일으켰다. 조인曹仁을 파견하여 토벌하자 마초 등은 동관潼關(陝西 潼關縣 동북)에 주둔했다. 조공이 장수들에게 명령했다. "관서의 군사는 정예병으로 매우 사나우니 성벽을 굳게 지키며 싸우지 말라."

가을 7월, 조공이 서쪽 정벌에 나서○1) 마초 등과 관문을 사이에 두고 주둔했다. 조공은 서둘러 적과 대치한 후 몰래 서황과 주령 등으로 하여금 밤에 포판진蒲阪津(山西 永濟 蒲州鎭 황하 가)을 건너 하서를 점거하고 군영을 설치하게 했다. 조공이 동관에서 북쪽으로 황하를 건너는 도중 아직 다 건너지도 못했을 때 마초가 배를 타고 와서 다급한 전투가 벌어졌다. 교위 정비丁斐가 바로 소와 말을 풀어 적에게 미끼를 던졌다. 적이 어지럽게 소와 말을 취하는 사이에 조공은 도하에 성공하여○2) 황하를 따라 개설한 용도甬道[92]로 남쪽으로 내려갔다.

○1) 『위서』: "논자들은 대부분 다음과 같이 말했다. '관서의 군사들은 강하고 긴 창을 잘 쓰므로 정선한 선봉대가 아니면 감당할 수 없다.' 조공이 장수들에게 말했다. '전투는 나에게 달린 것이지 적에게 달린 것이 아니다. 적이 비록 긴 창을 잘 쓴다 해도 우리를 찌를 수 없게 하면 된다. 제군들은 구경만 하라.'"

○2) 『조만전』: "조공이 황하를 건너려는 도중에 앞 부대가 마침 물을 다 건널 무렵 마초가 급습해왔지만 조공은 오히려 호상胡床에 앉아 일어나지 않았다. 장합 등이 사태가 위급한 것을 보고 함께 조공을 이끌어 배 안으로 들

92 용도甬道: 지붕이 있는 길이다. 길 양쪽 건물이나 누대를 이어서 지붕을 만들거나, 적을 방어하기 위해 길 양쪽으로 수레를 길게 이어놓고 그 위로 나무 장대를 꽂아 지붕을 만들기도 한다.

어갔다. 황하는 물살이 급해서 북쪽으로 도하하려 해도 4~5리를 떠내려 갔다. 마초 등은 말을 타고 추격하며 활을 쏘았고 화살이 비 오듯 쏟아졌다. 장수들은 군대가 패배한 데다 조공의 소재를 알지 못해 모두 두려워했다. 조공이 오는 것을 보자 희비가 교차하여 더러는 눈물을 흘렸다. 조공이 큰소리로 웃으며 말했다. '오늘 좀도둑들에게 거의 곤경을 당할 뻔했다!'"

적이 물러가 위수 입구를 점거하자, 조공은 복병을 많이 숨긴 후 몰래 배에 군사를 싣고 위수로 진입하여 부교浮橋를 설치했다. 그리고 밤에 군사를 나눠 위수 남쪽에 군영을 만들었다. 적이 밤에 군영을 공격하자 복병이 그들을 격파했다. 반초 등도 위수 남쪽에 주둔하고 편지를 보내 황하 서쪽을 갈라 강화를 요청하자고 했지만 조공은 허락하지 않았다.

9월, 조공이 진군하여 위수를 건넜다.○ 마초 등이 여러 번 싸움을 부추겼지만 또 응하지 않았다.

○『조만전』: "이때 조공의 군사가 매번 위수를 건너려 할 때마다 문득 마초의 기병이 부딪쳐와서 군영을 설치할 수 없었고, 또 땅에 모래가 많아 보루를 세울 수 없었다. 누자백이 조공에게 말했다. '지금은 날씨가 추워 모래를 일으켜 성을 쌓고 물을 뿌리면 하룻밤 사이에 완공할 수 있을 겁니다.' 조공이 그 말에 따라 세견細絹 포대를 많이 만들어 물을 운반해왔다. 밤에 군사를 건너게 하여 성을 쌓았고 날이 밝을 무렵 성을 완성했다. 이로부터 조공의 군대가 모두 위수를 건널 수 있었다." 어떤 사람은 때가 9월이라 물이 아직 얼지 않았다고 의심한다.

신 송지가 『위서』를 살펴보니 다음 기록이 있습니다. "조공의 군대가 8월에 동관에 이르렀고 윤달에 북쪽으로 황하를 건넜다." 그런즉 그때가 윤8월이었는데 어떻게 그처럼 심하게 추울 수 있겠습니까?"

[마초 등이] 땅을 할양해주기를 간청하면서 아들을 인질로 보내 맡기겠다고 하자 조공은 가후의 계책을 채택하여 거짓으로 허락했다. 한수가 조공과 만나기를 요청했다. 조공은 한수의 부친과 같은 해에 효렴이 되었고 또 한수와 같은 연배였다. 이에 말머리를 교차하며 긴 시간 이야기를 나눴다. 그러나 군사에 관한 대화는 아니었고 단지 도성에서 있었던 옛 일을 이야기하며 손뼉을 치고 즐겁게 웃었다. 대화가 끝나고 돌아오자 마초 등이 한수에게 물었다. "조공이 무슨 이야기를 했소?" 한수가 대답했다. "아무 이야기도 없었소." 그러자 마초 등이 한수를 의심했다.○

○『위서』: "공이 나중에 또 한수 등과 만나 대화를 나누자 장수들이 말했다. '공께서 도적과 이야기를 나눌 때 경솔하게 마음을 놓아서는 안 됩니다. 앞에 목책木柵을 설치하여 적을 방어하십시오.' 조공이 그렇게 했다. 적장이 조공을 보고 모두 말 위에서 절을 했으며, 진秦 땅과 호胡 땅의 군사들이 앞뒤로 거듭 몰려왔다. 조공이 웃으며 적들에게 말했다. '너희는 조공을 보러 왔느냐? 나 또한 다른 사람과 같다. 눈이 넷 달리고 입이 둘 달린 사람이 아니라 지혜가 좀 많을 뿐이다.' 구경하는 호인胡人들이 앞뒤로 큰 무리를 이루었다. 또 철기군 5000명을 열 겹 진陣으로 벌려 세우자 정채로운 빛이 태양에 찬란하게 반사되어 적들이 더욱 두려워했다."

다른 날 조공은 또 한수에게 편지를 보내면서 글자를 많이 고쳐서 마치 한수가 바꾼 것처럼 보이게 하자 마초 등이 더욱 한수를 의심했다. 조공은 그날 바로 대회전을 벌였는데, 먼저 가벼운 군사들로 싸움을 돋운 뒤 전투가 오래 지속되자 범 같은 기병을 풀어 협공하여 적을 대파하고 성의와 이담 등을 베어 죽였다. 한수와 마초 등은 양주凉州(甘肅 武威 일대)로 달아나고 양추는 안정으로 도망치자 관중이 평정되었다. 장수들 중 어떤 이가 조공에게 물었다. "당초에 적이 동관을 지킬 때 위수 북쪽 길은 방비가 허술했는데 하동에서 풍익馮翊(陝西 西安 동부 일대)을 공격하지 않고 오히려 동관을 수비하다가 날짜를 끈 후에 북쪽으로 황하를 건너간 것은 무슨 까닭입니까?" 조공이 말했다. "적이 동관을 지킬 때 내가 하동으로 들어갔다면 적은 반드시 군사를 이끌고 여러 나루를 지켰을 것이고, 그럼 서하를 건너지 못했을 것이니, 내가 고의로 강한 군사로 이끌고 동관으로 향한 것이오. 그러자 적은 모든 군사를 동원하여 남쪽을 지켰고, 서하의 방비가 텅 비게 되었소. 이 때문에 두 장수가 서하를 완전히 탈취할 수 있었던 것이오. 그래서 나중에 내가 군사를 이끌고 북쪽으로 황하를 건널 때 적이 나와 서하를 다툴 수 없었던 것은 두 장수가 이끄는 부대 때문이었소. 길가에 수레를 길게 연결하고, 나무 울타리를 쳐서 용도甬道를 만든 뒤 남쪽으로 내려간 것은◦ 짐짓 이길 수 없는 듯한 모습을 보여주고 또 일부러 병력이 약한 것처럼 드러낸 것이오. 또 위수를 건너서 보루를 튼튼하게 쌓고 적이 다가와도 밖으로 나가지 않은 것은 그들을 교만하게 만들기 위함이었소. 이 때문에 적은 군영과 보루를 만들지 않고 땅을 할양하라고 요구했소. 나는 적의 말에 따르며 그것을 허락하는 척했소. 이는 적의 뜻에 따르면서 적이 스스로 안주하며 방비를 하지 않게 하는 방법이었소. 이처럼 병졸의 힘을 비축했기 때문에 일단 공격에 나서니 이른바 신속한 우레 소리에 귀를 막을 겨를이 없는 듯했소. 병법의 변화는 진실로 한 가지 방법만 있는 것이 아니오." 처음에 적군 한 부대가 올 때마다 조공은 문득 기쁜 표정을 지었다. 적을 격파한 후 장수들이 그 까닭을 물었다. 조공이 대답했다. "관중은 땅이 넓고 거리가 먼 곳이오. 만약 적이 각각 따로 험한 곳에 의지하고 아군이 그곳으로 정벌하러 가야 한다면 1~2년이 걸리지 않으면 평정할 수 없소. 그런데 지금 적이 모두 이곳으로 모여드는데, 무리는 비록 많지만 각각 서로에게 복종하지 않으며 또 군대를 하나로 통솔하는 장수가 없어서 일거에 소멸시킬 수 있소, 이처럼 공을 세우기가 매우 쉬우므로 내가 기뻐한 것이오."

○ 신 송지가 살펴본 바는 이렇습니다. 한 고조 2년에 초나라와 형양의 경京(河南 滎陽 동남 京襄城村)과 삭索(河南 滎陽 북쪽) 사이에서 교전할 때 황하를 따라 용도를 만들어 오창의 곡식을 취했습니다. 응소는 다음과 같이 말했습니다. "적이 군수품 수레를 탈취할까 두려웠기 때문에 [길 양쪽에] 골목처럼 담장을 쌓았다." 지금 위 무제는 담장을 쌓지 않았지만 수레를 길게 연결하고 나무 울타리를 쳐서 길 양쪽을 방어했습니다.

겨울 10월, 조공의 군대가 장안으로부터 북정에 나서 양추楊秋를 정벌하고 안정을 포위했다. 양추가 가을에 항복하자 그의 작위를 다시 돌려주고 그를 안정에 머무르게 하여 그곳 백성을 위무했다.○

○ 『위략』: "양추는 황초 연간에 토구장군討寇將軍으로 승진했고 다시 조정에서 벼슬을 특별히 높여 임경후臨涇侯(甘肅 鎭原 동쪽)에 봉했으며, 이후 천수를 누리고 죽었다.

12월, 안정에서 회군한 후 하후연을 남겨서 장안에 주둔하게 했다.

17년(212) 봄 정월, 조공이 업鄴으로 귀환했다. 천자가 조공에게 명령했다. "조공이 천자에게 절을 할 때 집례자는 그의 이름을 함부로 부르지 말라. 또 조공은 입조할 때 종종걸음으로 빨리 걷지 않아도 된다. 칼을 차고 신발을 신은 채 대전으로 올라와도 좋다." 이는 소하蕭何의 고사와 똑같이 한 것이다.[93]

---

93 소하蕭何의…것이다: 『사기』 권53 「소상국세가蕭相國世家」: "고조가 말했다. '좋다.' 이에 소하로 하여금 칼을 차고 신발을 신은 채 대전으로 오를 수 있게 했고 조정에 들어올 때도 종종걸음으로 빨리 걷지 않아도 되도록 했다高祖曰: '善.' 於是乃令蕭何賜帶劍履上殿, 入朝不趨."

마초의 잔당 양흥梁興 등이 남전藍田(陝西 西安 藍田)에 주둔하자 하후연으로 하여금 공격하여 평정하게 했다. 하내의 탕음蕩陰(河南 蕩陰 동쪽), 조가朝歌(河南 淇縣), 임려林慮(河南 林州), 동군의 위국衛國(河南 淸豐 남쪽), 돈구, 동무양, 발간, 거록의 영도廮陶(河北 寧晉 서남), 곡주曲周(河北 曲周 동북), 남화南和(河北 南和), 광평廣平의 임성, 조趙의 양국襄國(河北 邢台 서남), 한단, 역양易陽(河北 永年 서북) 땅을 분할하여 위군魏郡에 보탰다.

겨울 10월, 조공이 손권을 정벌했다.

18년(213) 봄 정월, 조공이 유수구濡須口(安徽 無爲 동남)로 진군하여 손권이 장강 서쪽에 설치한 군영을 격파하고 손권의 도독 공손양公孫陽을 사로잡은 후 바로 군사를 이끌고 돌아왔다. 합병된 14주州에 조서를 내려 9주州로 되돌리게 했다.

여름 4월 업鄴에 이르렀다.

5월 병신일丙申日, 천자가 어사대부 치려郗慮[94]로 하여금 지절持節[95]의 권한으로 조공에게 책봉 명령을 내려 위공魏公으로 삼게 했다.○

○『속한서』: "치려는 자가 홍예鴻豫로 산양 고평高平(山東 鄒城 서남) 사람이다. 어려서 정현鄭玄[96]에게서 학업을 닦고 건안 초에 시중侍中이 되었다." 우부虞溥

---

94 치려郗慮: '치郗'를 '극郄'으로 써서는 안 된다. 치씨郗氏는 한나라 치려郗慮의 후손이고, 극씨郄氏는 춘추시대 진晉나라 대부 극곡郤穀의 후손이다. 성씨의 연원도 다르고 발음도 다르다.

95 지절持節: 이 책 권1 「무제기」 건안 원년 '가절월假節鉞' 각주 참조.

96 정현鄭玄: 자字는 강성康成으로 후한 말기의 대학자다. 고문경학을 위주로 금문경학을 융합하여 이후 경학 발전에 큰 영향을 끼쳤다. 마융馬融에게서 학문을 배워 일가를 이뤘다. 거의 벼슬을 하지

의 『강표전江表傳』97: "헌제가 일찍이 치려 및 소부少府 공융을 특별히 만나 공융에게 물었다. '홍예는 어떤 점이 뛰어나오?' 공융이 대답했다. '함께 도道로 나아갈 수는 있으나 권력을 줘서는 안 됩니다.' 치려가 홀笏을 들어올리며 말했다. '공융이 지난날 북해를 다스릴 때 정치는 지리멸렬하고 백성은 흩어졌는데 그의 권력은 어디로 갔단 말입니까?' 마침내 공융과 서로의 장단점을 갖고 논란을 벌이다가 불화에 이르고 말았다. 조공이 편지로 두 사람을 화해시켰다. 치려는 광록훈光祿勳에서 대부로 승진했다."

그 내용은 다음과 같다. 짐[獻帝]은 부덕不德하여 어려서 근심스럽고 흉한 일을 당한 뒤 저 서쪽[長安] 땅에서 당唐·위衛98 땅으로 옮겨왔다. 이 무렵 짐은 마치 제후의 꼭두각시처럼 되어,○1) 종묘에는 제사가 끊기고 사직은 제자리를 잡지도 못했다. 간흉들은 참람僭濫된 행동을 하며 중원을 분열시켜, 온 영토 안의 백성을 짐은 한 사람도 얻을 수 없었다. 이에 곧 우리 고조高祖의 천명이 장차 땅에 떨어질 지경이 되어, 짐은 아침 일찍 일어나고 옷을 입은 채 선잠을 자면서 마음속에 슬픔이 들끓어오름을 금할 수 없었다. 이르노니 "그대의 조부와 부친은 우리 황실의 고굉股肱과 같은 선정先正이었는데,○2) 지금은 그 누가 짐의 처지를 구해줄 수 있겠는가?" 이에 하늘의 충정이 움직였는지 위

않고 재야의 학자로 지내면서 수많은 제자를 길렀다. 거의 모든 유가 경전에 주석을 달았지만 지금까지 완전하게 전해오는 것은 『모시전毛詩箋』과 『예기』 『주례』 『의례』의 주석이다.

97 우부虞溥의 『강표전江表傳』: 우부는 서진西晉의 관리로 파양내사鄱陽內史를 지냈다. 그가 지은 『강표전』은 삼국 위·촉·오의 역사를 기록한 책이다. 강표江表는 강남江南이란 뜻이다. 지금 단편적으로 남아 있는 기록에 따르면 이 책은 제목이 의미하는 것처럼 오나라 역사가 비교적 상세하다. 지금 전체 책은 전해오지 않는다.

98 당唐·위衛: '당唐'은 요堯 임금이 다스리던 땅으로 하동河東 지역을 가리킨다. 춘추시대 진晉나라 남부로 지금의 산시성山西省 서남쪽 지역이다. '위衛'는 춘추시대 위衛 나라 지역으로 흔히 하내河內를 가리킨다. 지금의 허난성河南省 황허 북부에 해당한다. 두 지역에 하남河南을 포함하여 흔히 중원이라 일컫는다.

대하게도 그대 승상을 탄생시켜 우리 황실을 보호하고 환란을 구제해주어 짐은 진실로 승상을 믿고 의지했다. 이제 봉군封君의 전례典禮를 베푸노니 공경스럽게 짐의 명령을 들으라.

○1) 『공양전公羊傳』: "임금이 마치 깃발에 매달린 줄과 같이 되었다君若贅旒然."[99] 하휴何休는 이렇게 설명했다. "'贅(오)'는 '엮어 매다綴'와 같은 뜻이다. '旒(유)'는 '깃발에 매달린 줄〔旂旒〕'이다. '깃발에 매달린 줄'이 비유하는 것은 아랫사람에 의해 조종당하는 것이다."

○2) 『상서』「문후지명文侯之命」: "또한 선정들이亦惟先正" 정현鄭玄은 이렇게 설명했다. "'선정先正'은 '옛 조정의 신하〔先臣〕'다. 지금의 공경대부를 말한다."

지난 날 동탁이 처음 국난을 일으키자 여러 제후들이 자신의 지위를 버리고 왕실의 안녕을 꾀하고자 했다.○ 그대도 곧 군대를 이끌고 나아가 가장 앞장서서 전투를 개시했는데, 이것은 그대가 본 조정에 바친 충성이었다.

○『좌전左傳』: "제후들이 자신의 직무를 버려두고 왕실 정사에 참여했다."[100] 복건服虔이 다음과 같이 설명했다. "제후들이 자신의 정사를 버려두고 중앙의 왕실을 보좌하는 것을 말한다."

그 뒤 황건적이 하늘이 정한 질서를 뒤바꾸고 우리 삼주三州[101]를 침범하여 그 여파가 평민에게까지 미쳤다. 그때도 그대가 또 못된 행적을 제거하고 중원

99 임금이…되었다: 『공양전』 양공襄公 16년에 나온다.

100 제후들이…참여했다: 『좌전』 소공昭公 26년에 나온다. "諸侯釋位, 以間王政."

101 삼주三州: 황건적이 점령한 청주青州, 연주兗州, 동평東平을 가리킨다.

동쪽을 편안하게 했다. 이것이 또 그대의 공이다.

한섬과 양봉이 천자의 명령을 제 마음대로 이용할 때도 다시 토벌을 행하여 어려움을 극복할 수 있었다. 마침내 허도許都로 도읍을 옮기고, 우리 경기京畿를 만들어 관직을 설치하고 제사를 받들게 되니, 옛 문물을 잃지 않아 천지의 귀신이 이에 편안함을 얻었다. 이것이 또 그대의 공이다.

원술이 참람하게도 반역을 일으켜 회남에서 방자하게 행동할 때도 그대의 신령함을 두려워했다. 이에 위대하고 뛰어난 계책을 이용하여 기수蘄水(湖北 蘄河 남쪽)의 싸움에서 교유橋蕤의 목을 베고 그 위세를 남쪽에까지 떨치자 원술은 죽고 그 무리는 궤멸되었다. 이것이 또 그대의 공이다.

다시 군사를 돌려 동쪽으로 정벌을 행하여 여포를 참살하고 수레를 타고 장차 돌아오려 할 때, 장양은 죽임을 당하고 휴고는 죄를 인정하고 장수는 항복했다. 이것이 또 그대의 공이다.

또 원소가 올바른 질서를 어기고 사직을 위태롭게 하면서 수많은 무리에 의지해 군사를 일으켜 안으로 왕실을 업신여겼다. 이때 천자의 군대는 숫자도 적고 힘도 약하여 천하 사람들이 두려움에 떨며 굳건한 믿음을 갖지 못했다. 그러나 그대는 위대한 절개를 유지한 채 정신을 태양까지 꿰뚫으며 무용을 떨치고 신묘한 책략을 운용하면서 관도에서 극형을 행하여[致屆官渡] 더러운 무리를 크게 섬멸했다.○ 이에 우리 국가를 위험한 구렁텅이에서 건져올렸으니 이것이 또한 그대의 공이다.

○『시경』: "하늘의 극형을 목牧 땅의 들에서 행하셨네致天之屆, 于牧之野."102 정

현은 이렇게 설명했다. '屆(계)'는 '극형〔極〕'이다. 『상서』 「홍범鴻範」[102]에도 다음 구절이 있다. "곤鯀[104]은 곧 극형을 당해 죽었다鯀則殛死."

드넓은 황하로 군대를 건너게 하여 사주四州[105]를 평정할 때, 원담과 고간의 목을 모두 효수하자 해적들은 분주히 달아나고 흑산의 도적들은 귀의했으니 이것이 또 그대의 공이다.

오환烏丸의 세 종족이 2세 동안 크게 난리를 일으키자, 원상이 그 기회를 틈타 변방의 북쪽을 핍박하며 웅거하고 있었는데, 말을 묶고 수레를 매달아 험한 산을 넘어 단 한 차례의 정벌로 그들을 멸망시켰으니 이것이 또 그대의 공이다.

유표가 조정을 배반하고 방탕하게 굴며 조공을 바치지 않을 때도 천자의 군대가 길을 잡아 위풍당당하게 앞서서 나아가니 여덟 군郡[106] 100개 성城이 손을 모으고 무릎을 굽혔다. 이것이 또 그대의 공이다.

---

102 「홍범鴻範」: 「홍범洪範」과 같다. 세상을 바로잡는 위대한 법도라는 뜻이다. 『상서』 「주서周書」에 들어 있다. 주周 무왕武王이 은殷나라를 정벌한 후 기자箕子에게 천도天道를 묻자 기자가 「홍범」을 지어 바쳤다고 한다.

103 하늘의…이루셨네: 『시경』 「노송魯頌·비궁閟宮」에 나온다.

104 곤鯀: 하夏나라를 세운 우禹 임금의 부친이다. 중국 상고시대 요堯 임금의 신하로 사악四岳의 추천에 의해 홍수를 다스리는 임무를 맡은 뒤, 제방을 쌓아 홍수를 막으려 하다가 성공하지 못하여 순 임금에 의해 우산羽山에서 처형되었다. 이후 순 임금은 '곤鯀'의 아들 우禹에게 치수治水를 맡겼는데 우禹는 물길을 터서 물을 자연스럽게 흐르게 하는 방법으로 성공을 거뒀고, 이에 우禹는 치수의 공으로 마침내 순 임금에게서 천자의 자리를 선양받아 하나라를 열었다.(『사기』 권1 「오제본기五帝本紀」, 권2 「하본기夏本紀」)

105 사주四州: 청주青州, 기주冀州, 유주幽州, 병주幷州다.

106 여덟 군郡: 이른바 형주팔군荊州八郡으로, 장사長沙, 영릉零陵, 계양桂陽, 남양南陽, 강릉江陵, 무릉武陵, 남군南郡, 장릉章陵을 가리킨다.

마초와 성의가 함께 악을 저지르고 서로 도와주며 황하와 동관에 웅거하여 자신들의 욕망을 만족시키고자 할 때도 위수 남쪽에서 그들을 섬멸하고 수많은 적의 목을 베어 마침내 변방의 성을 안정시키고 오랑캐들을 어루만져 평화롭게 했다. 이것이 또 그대의 공이다.

선비와 정령丁令[107]이 여러 번의 통역을 거쳐서 오고, 거란[箄于]과 말갈[白屋]이 한나라에 관리가 되기를 청하여 자신들의 직분을 맡고자 했다. 이것이 또한 그대의 공이다.

그대에게는 천하를 안정시킨 공이 있을 뿐만 아니라, 거듭 밝은 덕을 펼쳐 해내의 질서를 잡고 풍속을 아름답게 했으며, 근면한 가르침은 널리 시행하고 가혹한 형벌은 신중하게 집행했다. 이에 관리들이 가혹한 정치를 하지 않으니 백성도 사특한 마음을 품지 않았다. 또 황실의 일족을 도탑게 높여주었고 세대가 끊어진 사람들의 대를 이어주었으니 옛날에 덕을 베푼 사람과 앞서 공을 세운 사람들의 업적이 모두 차례대로 이어나가지 않는 것이 없게 되었다. 비록 이윤의 업적이 하늘에 닿고, 주공의 공적이 사해에 빛난다 하더라도 거기에 비하여 조금도 못할 것이 없다.

짐이 듣건대 옛 선왕들은 밝은 덕을 지닌 사람을 모두 열후로 봉해 땅을 하

---

107 정령丁令: 정령丁零, 정령釘靈, 칙륵敕勒, 철륵鐵勒, 적력狄歷으로도 쓰며 높다란 바퀴가 달린 수레를 타고 다녀서 고차高車라 불리기도 했다. 지금 남아 있는 사모예드Samoyeds 족의 선조로 알려져 있고, 본래 바이칼호 근처에서 유목생활을 하다가 서역으로 이주하여 알타이산맥 근처에서 오손烏孫, 강거康居 등과 이웃을 이루기도 했고, 지금의 중국 신장 투루판 분지에서 고차국高車國(487~541)을 건국하기도 했다. 중원으로 진출한 정령족 적료翟遼(威宗)는 오호십육국 시대에 지금의 준현浚縣에서 위魏나라를 세웠는데 이를 역사에서 적위翟魏(388~392)라고 부른다. 적위는 적료의 아들 적쇠翟釗(定鼎帝)에 이르러 서연西燕에게 멸망했다.

사하고 백성을 나눠주면서 장복章服을 높이고 문물제도를 완비케 했으니 그것은 왕실을 보위하고 세상을 다스리는 방법이었다.

주周 성왕成王[108] 시절 관숙管叔과 채숙蔡叔이 반란을 일으켰을 때,[109] 그 난을 징벌한 강태공姜太公의 공을 생각하여, 이에 소강공邵康公[110]을 시켜 강태공에게 신발을 하사했다. 그리하여 동쪽으로는 바다까지, 서쪽으로는 황하까지, 남쪽으로는 목릉穆陵(山東 臨朐 남쪽 穆陵關)까지, 북쪽으로는 무체無棣(山東 無棣 북쪽)까지 이르는 지역에서 오후五侯와 구백九伯[111]을 모두 실제로 정벌할 수 있게 하고, 대대로 태사太師의 벼슬을 누리게 하여 동해 지역을 빛나게 했다.

그리고 양왕襄王 때에 이르러 초나라 사람들이 조공을 바치지 않자 또 진 문공에게 명하여 제후의 수장이 되게 하고,[112] 대로大輅와 융로戎輅,[113] 호위병

---

108 주周 성왕成王: 주 무왕의 아들로 이름은 용俑이다. 주 무왕이 죽고 어린 나이에 천자의 보위에 올랐다. 초기에는 숙부 주공이 섭정으로 정치를 총괄했으나 이후 현명한 자질로 직접 나라를 다스리며 주나라를 성세盛世로 이끌었다.(『사기』 권4 「주본기周本紀」)

109 관숙管叔과…일으켰을 때: 주周 무왕이 죽고 성왕이 어린 나이로 즉위하자 그 숙부인 주공이 섭정이 되어 국정을 총괄했다. 이때 성왕의 또 다른 숙부인 관숙管叔과 채숙蔡叔 등이 상商의 유민을 선동하여 반란을 일으켰다. 관숙은 주공의 친형이고, 채숙은 주공의 친동생이다.

110 소강공邵康公: 주나라 주공의 동생으로 이름은 석奭 시호는 강康이다. 부친 주 무왕을 도와 은나라 정벌에 공을 세워 소召 땅을 봉토로 받았다. 소召는 소邵로 쓰기도 한다. 이후 북연北燕에 봉해져서 연燕나라 시조가 되었다.

111 오후五侯와 구백九伯: 오후는 공公, 후侯, 백伯, 자子, 남男 다섯 작위를, 구백은 중국 전역인 구주九州의 장長을 가리킨다. 따라서 오후와 구백은 천하의 모든 제후를 의미한다.

112 양왕襄王 때에…되게 하고: 주周 양왕襄王 때 진 문공은 성복城濮에서 초楚나라의 반란을 패퇴시키고 제후의 맹주로 봉해졌다.

113 대로大輅와 융로戎輅: '대로'는 천자가 평소에 타는 수레. '융로'는 천자가 군중軍中에서 타는 수레다. 이 두 수레를 하사하는 것은 천자의 권위를 부여한다는 의미다.

과 부월鈇鉞,[114] 거창주秬鬯酒와 궁시弓矢[115]를 하사하여 남양 땅을 크게 개척하고 대대로 제후의 맹주가 되게 했다. 그러므로 주나라가 망하지 않은 것은 무릇 이 두 나라의 공헌에 의지한 바다.

이제 그대는 크고 찬란한 덕을 드러내 짐을 밝게 보호하면서 삼가 천명에 응답하고 위대한 공적을 떨쳐 온 천하에 평화를 이룩했으니 그대를 따르고 복종하지 않는 사람이 없게 되었다綏爰九域, 莫不率俾.○ 그 공은 이윤이나 주공보다 높지만 받은 상賞은 제齊(강태공)나 진晉(진 문공)보다 박하므로 짐은 이를 매우 부끄럽게 여긴다. 짐은 부족한 몸으로 억조창생의 위에 자리하여 정치의 어려움을 오래도록 생각했다. 만약 깊은 물과 얇은 얼음을 건널 때 그대가 건네주지 않는다면 짐은 맡은 임무를 감당할 수 없을 것이다.

○ 『상서』「반경盤庚」: "백성에게 편안함을 제공하라綏爰有衆." '爰(원)'은 '~에〔於〕'의 뜻이다. 그 백성에게 편안함을 제공하는 것이다. 『상서』「군석君奭」: "해 뜨는 곳이면 바다 모퉁이라도 순종하지 않는 곳이 없게 하라海隅出日, 罔不率俾." '率솔'은 '따르다〔循〕', '비俾'는 '부려서 복종시키다〔使〕'의 뜻이다. 사해의 모퉁이라도 해가 떠서 비추는 곳이라면 법도에 따라 부려서 복종시킬 수 없는 사람이 없게 하라는 의미다.

이제 기주의 하동, 하내, 위군, 조국趙國(河北 邯鄲 邢台 일대), 중산, 거록, 안

---

114 호위병[虎賁]과 부월鈇鉞: '호위병[虎賁]'은 본래 천자를 호위하던 주나라 관명이다. 후세에는 용맹한 호위 군사를 가리켰다. '부鈇'는 형을 집행할 때 쓰는 큰 도끼. '월鉞'은 같은 용도의 작은 도끼. 고대에 천자가 대장이나 제후에게 생사여탈권의 상징으로 하사했다.

115 거창주秬鬯酒와 궁시弓矢: '거창秬鬯'은 옻기장과 울금향을 발효하여 제조한 술이다. 제사에서 강신降神할 때 쓰이며 흔히 천자가 공이 큰 제후에게 하사한다. '궁시弓矢'는 천자가 쓰는 붉은 활과 화살, 검은 활과 화살이다. 역시 천자의 권위를 상징한다.

평, 감릉, 평원 등 10개 군을 그대에게 봉하고 그대를 위공魏公으로 삼는다. 또 그대에게 현토玄土[116]를 하사하고 흰 돗자리를 깔아 거북점을 쳐서 큰 제단을 세우도록 하겠다.

옛날 주 왕실에서도 필공畢公과 모공毛公[117]은 조정으로 들어오면 공경公卿으로 천자를 보좌했고, 주공과 소공은 안에서는 사보師保의 소임을 맡다가 조정을 나가서는 이백二伯의 직책을 맡았으니, 내직과 외직을 함께 맡는 것은 그대에게도 진실로 합당한 일이다. 그러므로 승상丞相으로서 기주목의 직책을 예전처럼 겸직하라.

지금 또 그대에게 구석九錫[118]을 더해주노니, 짐의 명령을 공경스럽게 들으라. 그대는 예법과 형벌을 잘 규정하여 백성이 지켜야 할 법도를 만들고 그들로 하여금 자신의 직업에 안주할 수 있게 하여 혹시라도 마음이 다른 곳으로 옮기게 하지 말라. 이런 까닭에 그대에게 대로大輅와 융로戎輅 각 한 대씩과 검은 황소 여덟 마리를 하사한다.

---

116 현토玄土: 중국 고대에 제후를 봉할 때는 그 봉지封地의 방향에 따라 서로 다른 색의 흙을 백모白茅에 싸서 하사했다. 동쪽은 푸른색, 서쪽은 흰색, 남쪽은 붉은색, 북쪽은 검은색을 썼다. 이때 조조의 봉토 위魏나라는 낙양 북쪽에 있었기 때문에 검은 흙[玄土]을 하사했다.

117 필공畢公과 모공毛公: '필공'은 이름이 고高로 주 문왕의 15번째 아들이다. 주 무왕이 은나라를 정복한 후 필畢 땅에 봉했다. '모공'은 주 성왕 때 사공司空 직을 수행하며 모毛 땅에 봉해져서 모공이라 불렸다.

118 구석九錫: 『한시외전韓詩外傳』에 따르면 덕이 있고 공이 큰 제후에게 '구석九錫'을 하사했다고 한다. '석錫'은 '사賜'와 뜻이 같다. 아래에 다시 소개되지만 종합하면 다음과 같다. 일석一錫 거마車馬(큰 수레와 수레를 끄는 말이나 소), 재석再錫 의복衣服(곤룡포와 면류관), 삼석三錫 호분虎賁(용맹한 호위병사 300명), 사석四錫 악기樂器(제후의 음악과 춤), 오석五錫 납폐納陛(비나 이슬을 맞지 않는 계단), 육석六錫 주호朱戶(화려고 붉은 대문 집), 칠석七錫 궁시弓矢(붉은 활과 검은 활 및 그 화살), 팔석八錫 부월鈇鉞(큰 도끼와 작은 도끼), 구석九錫 거창秬鬯(검은 기장과 울금향으로 만든 술)이다.

또 그대는 백성에게 본분을 지키며 농사에 힘쓸 것을 권장하라. 농민들이 날 저물도록 열심히 일을 하면穡人昏作○ 곡식과 옷감이 오래도록 쌓여 있게 되고 이에 대업大業이 흥기興起하게 되리라. 이런 까닭에 그대에게 곤룡포와 면류관을 하사하고 거기에 붉은 신발 한 켤레도 덧붙여준다.

○『상서』「반경」: "농사일은 버려두고 스스로 안주하여, 일하기에는 힘쓰지 않고墮農自安, 不昏作勞." 정현은 이렇게 설명했다. "'昏(혼)'은 '힘쓰다勉'의 뜻이다."

또 그대는 겸양을 숭상하여 백성 사이에서도 그러한 기풍이 흥행하게 하여 어린이와 어른 사이에 예절이 있게 하고 윗사람과 아랫사람이 함께 화합하게 하라. 이런 까닭에 그대에게 헌현軒懸119의 음악과 육일六佾120의 춤을 하사한다.

또 그대는 풍속 교화를 널리 시행하여 사방으로 퍼져나가게 하라. 먼 곳에 사는 사람들까지 고개를 돌리고 귀화하면 화하華夏가 가득 차게 되리라. 이런 까닭에 그대에게 붉은 대문 집을 하사하여 거주하게 한다.

또 그대는 밝은 지혜를 잘 연마하여 황제가 어려워하는 바를 깊이 생각하고 관리를 뽑을 때는 현인을 임명하고 훌륭한 인재들은 반드시 천거하라. 이런 까닭에 그대에게 비를 맞지 않게 장치한 섬돌[納陛]을 하사하여 집으로 오

119 헌현軒懸: 『주례周禮』「춘관春官·소서小胥」: "정악의 악기 다는 위치는 왕은 궁현이고 제후는 헌현이다正樂懸之位, 王宮懸, 諸侯軒懸." 헌현은 3면에 악기를 달던 제도로 제후가 쓴다. 왕은 궁현宮懸을 쓰는데 4면에 모두 악기를 단다.

120 육일六佾: 고대에 천자는 가로 세로 8명이 추는 팔일八佾 춤을, 제후는 가로 세로 6명의 육일六佾 춤을, 대부大夫는 가로 세로 4명의 사일四佾 춤을, 사士는 가로 세로 2명의 이일二佾 춤을 춰야 하고 이를 어겨서는 안 되었다.

르내리게 한다.

또 그대는 나라의 권력을 공평무사하게 유지하며 엄숙한 표정으로 중심을 잡고 올바르게 행동하라. 그러면 티끌 같은 작은 악조차도 물러나지 않는 것이 없을 것이다. 이런 까닭에 그대에게 호랑이 같은 용맹한 무사 300명을 하사한다.

또 그대는 하늘이 내린 법률을 잘 살피고 공경하여 저 죄지은 자들을 분명하게 드러내라君糾虔天刑, 章厥有罪.○ 그리하여 나라의 관문을 침범하고 국기國紀를 어지럽힌 자들은 누구도 주살을 면치 못하게 하라. 이런 까닭에 그대에게 큰 도끼와 작은 도끼를 각각 한 자루씩 하사한다.

○ "하늘이 내린 법률을 잘 살피고 공경하여糾虔天刑"는 『국어國語』에 나온다.[121] 위소韋昭는 다음과 같은 주注를 달았다. "'糾(규)'는 '살피다〔察〕'의 뜻이다. '虔(건)'은 '공경하다〔敬〕'의 뜻이다. '刑(형)'은 '법률〔法〕'의 뜻이다."

또 그대는 용처럼 머리를 높이 들고 호랑이 같은 눈으로 사방을 두루 살펴 역적들을 토벌하고 사해의 적을 꺾으라. 이런 까닭에 그대에게 붉은 활 한 자루와 붉은 화살 100촉, 검은 활 열 자루와 검은 화살 1000촉을 하사한다.

또 그대는 온화하고 공손함을 기틀로 삼고 효도와 우애를 덕德으로 삼아 밝고 미덥고 돈독하고 성실하게 짐朕의 사려에 감사하라. 이런 까닭에 그대에게 거창주秬鬯酒 한 통을 하사하고 거기에 옥 술잔을 덧붙여준다.

---

121 하늘이…공경하여: 『국어』「노어魯語」 하下에 나온다.

위나라에는 승상 아래에 공경公卿과 백관을 설치할지니 이러한 것은 모두 한나라 초기 제후왕들의 제도와 같게 하라. 그대는 가서 이러한 복록을 누리고 짐의 명령에 삼가 복종하라. 그대의 백성을 잘 살펴 구휼하고 여러 사업을 밝게 시행하라. 이로써 그대의 찬란한 덕을 종신토록 유지하면서 우리 고조의 크나큰 천명을 널리 드날리라.○

○ 위의 조서는 후한 상서좌승尙書左丞 반욱潘勖이 지은 글이다. 반욱은 자가 원무元茂이고 진류 중모 사람이다. 『위서』에 조공의 명령문이 기록되어 있다. "대저 구석九錫을 상으로 받고 봉토를 크게 연 사람은 바로 주공周公 그분이다. 한나라와 성이 다른 여덟 제후왕[122]은 고조와 함께 포의布衣로 몸을 일으켜 왕업을 창립했으니 그 공이 지대하다. 내가 어찌 그분들에 비할 수 있겠는가? 앞뒤로 세 번이나 사양했다. 이에 중군사中軍師 왕릉王陵, 수정후樹亭侯 순유荀攸, 전군사前軍師 동무정후東武亭侯 종요鍾繇, 좌군사左軍師, 양무涼茂, 우군사右軍師 모개毛玠, 평로장군平虜將軍 화향후華鄉侯 유훈劉勳, 건무장군建武將軍 청원정후淸苑亭侯 유약劉若, 복파장군伏波將軍 고안후高安侯 하후돈夏侯惇, 양무장군揚武將軍 도정후都亭侯 왕충王忠, 분위장군奮威將軍 낙향후樂鄉侯 유전劉展, 건충장군建忠將軍 창향정후昌鄉亭侯 선우보鮮于輔, 분무장군奮武將軍 안국정후安國亭侯 정욱程昱, 태중대부太中大夫 도향후都鄉侯 가후賈詡, 군사좨주軍師祭酒 천추정후千秋亭侯 동소董昭, 도정후都亭侯 설홍薛洪, 남향정후南鄉亭侯 동몽董蒙, 관내후關內侯 왕찬王粲, 부손傅巽, 좨주祭酒 왕선王選, 원환袁渙, 왕랑王朗, 장승張承, 임번任藩, 두습杜襲, 중호군中護軍 국명정후國明亭

122 성이 다른 여덟 제후왕: 이성팔왕異姓八王을 가리킨다. 초왕楚王 한신韓信, 양왕梁王 팽월彭越, 회남왕淮南王 영포英布, 조왕趙王 장이張耳, 연왕燕王 장도臧荼, 장사왕長沙王 오예吳芮, 연왕燕王 노관盧綰, 한왕韓王 신信이 그들이다.

侯 조홍曹洪, 중령군中領軍 만세정후萬歲亭侯 한호韓浩, 행효기장군行驍騎將軍 안평정후安平亭侯 조인曹仁, 영호군장군領護軍將軍 왕도王圖, 장사長史 만잠萬潛, 사환謝奐, 원패袁霸 등이 내게 포상의 자리로 나아갈 것을 권하면서 말했다. '옛날 삼대三代[123] 이래로 공신에게 봉토를 수여했는데, 명령을 내려 왕실을 중흥하게 하고, 봉작을 높여 천자를 보좌하게 것은 모두 공과 덕을 쌓은 사람을 포상하여 나라의 울타리를 튼튼히 하기 위한 방법이었습니다. 지난날 천하가 붕괴되어 혼란에 빠지자 흉악한 무리가 봉기하여 세상을 뒤엎고 발호했는데 그 험난한 상황은 차마 말로 다 표현할 수 없습니다. 명공께서는 심신을 떨쳐 명령을 내리며 환란에 대처하여 두 원씨의 찬탈 역모를 징벌했고, 도적질로 혼란을 야기한 황건적 무리를 멸망시켰습니다. 반역을 일으킨 역적의 수괴를 참살했고, 거칠고 더러운 패거리를 베어 죽이며 서리와 이슬에 젖어 지낸 지 20여 년이 지났습니다. 문자 기록이 시작된 이래로 이와 같이 공을 세운 사람은 아직 없었습니다. 옛날 주공은 문왕과 무왕의 행적을 계승하고 이미 성취한 대업을 이어받아 아무 근심 없이 문치文治를 이루어 여러 제후를 공경하며, 상엄商奄을 근면하게 만든 것이 2년에 불과했습니다. 강태공은 천하의 삼분의 이를 차지한 형세에 기대고 800 제후의 세력에 의지하여 잠시 깃발과 부월을 잡고 일시에 대군을 지휘했으므로 모든 제후가 봉토를 크게 열고 고을과 나라를 겸유했습니다. 주공의 여덟 아들도 모두 후백侯伯이 되어 흰 황소와 붉은 황소로 천지에 제사를 올렸으며 전장제도와 여러 기물도 왕실 기준에 맞추었으니 찬란한 영광과 성대한 은총이 이와 같이 대단했습니다. 한나라가 일어날 때 좌명공신 장이張耳[124]와 오예吳芮[125]는

---

123 삼대三代: 가장 오래된 중국의 왕조인 하夏, 상商(殷), 주周를 가리킨다.

124 장이張耳: '장이'는 진秦나라 말기 협객으로 조趙나라를 다시 세우는 데 큰 공을 세웠고, 초패왕 항우에 의해 상산왕常山王에 봉해졌다. 나중에는 유방에게 투신하여 한신韓信과 함께 조나라 군사를 격파할 때 큰 공을 세웠고, 한신의 추천으로 조왕에 봉해졌다.

125 오예吳芮: '오예'는 진나라 말기 장강長江과 회수淮水 사이에서 진나라에 대항했다. 항우에 의해 형

그 공이 지극히 미미했는데도 여러 성을 이어서 봉토를 열고 남쪽을 바라보며 왕을 칭했습니다. 이 모든 사례는 밝은 임금과 뛰어난 군주가 위에서 시행하면, 현명한 신하와 신성한 재상이 아래에서 그것을 받은 결과입니다. 이는 삼대의 훌륭한 법전에 기록되어 있고 한나라의 밝은 제도에 드러나 있습니다. 지금 노고를 비교해보면 주공과 강태공의 일이 명공보다 훨씬 쉽고, 공적을 계산해보면 장이와 오예의 사례가 명공보다 훨씬 미미하고, 제도를 따져보면 강태공의 제나라와 주공의 노나라가 훨씬 중후하고, 봉토를 이야기해보면 오예의 장사국長沙國이 훨씬 넓습니다. 그러므로 위나라를 봉토를 받고 구석의 영예가 더해진 것은 옛날의 포상에 비하면 오히려 고귀한 옥을 품고도 거친 갈옷을 입은 경우와 같습니다. 또 제후를 따르는 장수들은 다행이 용과 기린의 몸을 타고 미미한 공로를 세워 자주색 인수와 황금색 인장을 차게 되었습니다. 대체로 백 명이 넘는 이런 장수들도 이번 기회에 이름을 만세에 전할 수 있습니다. 그런데 명공께서 위에서 홀로 포상을 사양하시면 장차 아랫사람들은 스스로 불안한 마음을 품을 것입니다. 위로는 성스러운 천자의 환심을 어기고 아래로는 관리들의 지극한 소망을 저버리면서, 보필해야 할 대업을 망각하고 필부의 사소한 행적을 펼치려 하시니 저 순유 등은 이런 상황을 매우 두렵게 생각합니다.'" 이에 조공은 칙명을 밖으로 공포하고 위군魏郡만 봉토로 받았다. 그러자 순유 등이 다시 아뢰었다. "엎드려 살펴보건대 위나라를 처음 봉토로 내릴 때는 성스러운 천자께서 깊이 생각하시고 신료들과 대책을 상의하신 연후에 책명策命126을 반포했습니다. 그러나 명공께서는 오래 황상의 지시를 어기고 전례 의식에 나아가지 않았습니

산왕衡山王으로 봉해졌다. 나중에 유방에게 투신하여 천하 통일 후 봉작이 장사왕長沙王으로 옮겨졌다.

126 책명策命: 임금이 '책서策書'로 관직과 봉작을 수여하는 것이다. 중국 고대에는 임금의 명령을 대나무로 만든 간책簡策에 써서 반포했으므로 이를 책서라고 한다. 흔히 임금의 명령문을 가리킨다.

다. 지금은 이미 경건하게 황상의 명령을 받들었으므로, 사람들의 여망에 부응해야 함에도 또 포상이 많다고 사양하며 적게 받겠다 하고, 아홉을 사양하며 하나만 받으려 하시는데, 이는 한나라의 포상제도를 시행하지 못하게 하고, 순유 등이 올린 청을 허락하지 않는 처사입니다. 옛날 제나라와 노나라가 보유한 봉토는 동해까지 덮였고, 그 강역의 조세 호구는 400만 호에 달했습니다. 기반이 우뚝하고 산업이 광대하여 공을 세우기 쉬웠기 때문에 황실을 보좌하는 공훈과 천하를 하나로 바로잡는 공적을 이룰 수 있었습니다. 지금 위나라는 명목상 10군郡을 보유하고 있지만 땅은 곡부曲阜(山東 曲阜)보다 작고, 호구를 계산해보면 곡부의 절반에도 미치지 못합니다. 이에 왕실을 보위하기 위해 담장을 세우고 병풍을 둘러치는 힘이 여전히 부족하지 않겠습니까? 또 성상께서는 멸망한 진나라가 누구의 도움도 받지 못했던 그 참화를 살피시고 지난날 나라가 혼란에 빠졌던 그 고난을 경계하시어 충신과 현인을 세워서 왕실의 쇠락을 방지하려 했습니다. 따라서 바라옵건대 명공께서는 황제의 명령을 받드셔야지 혹시라도 거절해서는 안 됩니다." 이에 조공이 어명을 받았다. 『위략』에 조공이 글을 올려 감사의 마음을 표시한 내용이 실려 있다. "신은 선제의 두터운 은혜를 입어 낭서郎署에서 벼슬을 시작했고 천성이 게을러 그 자리에서 벼슬을 마치기를 바랐지 감히 고위직에 올라 현달하기를 바라지 않았습니다. 그때 마침 동탁이 반란을 일으켰기에 대의를 실천하며 환란에 목숨을 바쳐야 했습니다. 이 때문에 감히 떨쳐 일어나 목숨을 내놓고 적의 예봉을 꺾으며 군사를 이끌었습니다. 그러다가 마침내 천재일우의 시운時運 만나 지금까지 국가 대사를 받들었습니다. 두 원씨가 강성하여 황실을 침범하며 모욕할 때는 폐하께서 신과 더불어 한심하게 여기며 함께 우려하셨습니다. 도성을 돌아보니 사나운 적의 침공을 받아, 항상 군신 모두가 호랑이 아가리에 떨어질까 두려워했습니다. 진실로 저 스스로도 황상을 온전하게 지킬 수 있다고는 생각하지 못했습니다. 조종祖宗 신령의 도우심으로 추악한 패거리를 섬멸하며 미약한 신은 그 사이에서 명성을 도둑질했습니다. 폐하께서 은전을 더해주시고 승상으로 임명해주시니 그 봉작과 총애와 녹봉이 풍성하고 크고 넓고 두텁습니다. 평생을 소원해도 실로 바라지 못할 일입니다. 신의 입과 마음으로 밝힌 계책은 다행히 [직무를 통해] 대죄待罪할 수 있을 듯합니다. 열후의 직무를 유지하고 그것을 자손에게 물려주면서 스스로 태평성대에 몸을 의탁하여 영원히 우려와 질책이 없도록 하겠습니다. 뜻밖에도 폐하께서 두터운 정을 베풀어주시고 제후국을 열어 구석九錫까지 갖춰주시며 어리석은 신을 축복해주셨습니다. 봉토는 제나라와 노나라에 비견할 만하고, 의례는 번왕藩王과 동일합니다. 이는 신처럼 공이 없는 자가 누릴 수 있는 은전이 아닙니다. 돌아가려는 마음을 황상께 전달했지만 윤허를 받지 못했고, 지엄한 조서까지 절박하게 당도하니 신의 마음은 위와 아래에서 모두 핍박당하고 있습니다. 스스로 살펴보건대 신은 대신의 반열에 올라 있고 명령을 왕실에서 받았으므로 신의 몸은 제 것이 아니니 어찌 감히 사사롭게 처신할 수 있겠습니까? 신의 어리석은 뜻을 이루려면 장차 은퇴해야 할 것이니 명령을 우선 이행하겠습니다. 지금 봉토를 받드는 건 번속국 숫자를 채우는 것에 불과합니다. 감히 장기 대책은 기약할 수 없으므로 후세에 근심을 남기는 일일 뿐입니다. 이제 신의 부자는 평생토록 몸을 가루로 만들고 목숨을 다 바쳐 두터운 은혜에 보답할 것을 맹세합니다. 천자의 위엄이 눈앞에 있으므로 두려운 마음으로 조칙을 받습니다."

가을 7월, 처음으로 위나라 종묘사직을 세웠다. 천자는 조공의 딸 셋[127]을 귀인貴人으로 맞아들였으나, 아직 어린 막내딸은 위나라 안에서 성장하기를

127 딸 셋: 조조의 장녀 조헌曹憲, 차녀 조절曹節 막내딸 조화曹華를 모두 헌제의 후궁인 귀인貴人으로 삼았다. 이 중 막내딸은 어렸으므로 나이가 찰 때까지 위나라에서 기다리게 했다.

기다리게 했다.○

○『헌제기거주』: "사지절使持節[128] 행태상行太常 대사농大司農 안양정후安陽亭侯(河北 臨漳 서남 鄴縣 근처) 왕읍王邑을 시켜 옥벽玉璧, 비단〔帛〕, 현훈玄纁, 명주〔絹〕 5만 필을 싣고 업鄴으로 가서 귀인을 맞게 했다. 중매자 다섯은 모두 의랑議郎으로 대부大夫의 직무를 수행했으며 부중매자도 한 사람 동행했다."

9월, 금호대金虎臺를 지었다. 수로를 파서 장수漳水 물을 이끌어 백구白溝로 들어가게 하여 황하와 통하게 했다.

겨울 10월, 위군을 동부 서부로 나눠 도위都尉를 두었다.

11월, 위나라에 처음으로 상서, 시중, 육경六卿을 두었다.○

○『위씨춘추』: "순유를 상서령尙書令, 양무를 복야僕射, 모개毛玠, 최염崔琰, 상림常林, 서혁徐奕, 하기何夔를 상서, 왕찬王粲, 두습杜襲, 위기衛覬, 화흡和洽을 시중으로 삼았다."

마초가 한양漢陽(甘肅 甘谷 동남)에서 다시 강족羌族과 호족胡族에 의지하여 해악을 조성했다. 저족氐族 왕 천만千萬이 배반하고 마초에 호응하여 흥국興國(甘肅 秦安 興國鎭)에 주둔하자 하후연을 시켜 토벌하게 했다.

---

128 사지절使持節: 이 책 권1 「무제기」 건안 원년 '가절월假節鉞' 각주 참조.

건안 19년(214) 봄 정월, 조공이 처음으로 적전藉田[129] 친경親耕 행사를 했다. 남안南安(甘肅 隴西縣 동남)의 조구趙衢, 한양의 윤봉尹奉 등이 마초를 토벌하여 그 처자를 효수하자 마초는 한중으로 달아났다. 한수가 금성으로 옮겨 저족 왕 천만의 부족으로 들어가 강족과 호족 1만여 기騎를 거느리고 하후연과 싸웠다. [하후연이] 그와 싸워 대파하자 한수는 서평西平(青海 西寧)으로 달아났다. 하후연과 장수들은 홍국을 공격하여 도륙했다. 조공이 안동군安東郡과 영양군永陽郡[130]을 폐지했다.

안정 태수 관구흥毌丘興이 임지로 가려 하자 조공이 그를 경계하며 말했다. "강족과 호족이 중원과 교류하려면 응당 그들 스스로 사람을 보내와야 한다. 사람을 파견하지 않도록 신중을 기하라. 선인은 얻기 어렵다. [악인들이] 반드시 강족과 호족을 교사하여 망령되이 지나친 요구를 하고 거기에 편승하여 사리사욕을 채울 것이다. 그 요구를 따르지 않으면 이민족의 민심을 잃을 것이고, 따른다 해도 아무 도움이 되지 않는다." 관구흥은 임지에 도착하여 교위校尉 범릉范陵을 강족 속으로 보냈다. 범릉이 과연 강족을 교사하고 스스로 속국도위屬國都尉가 되겠다고 청했다. 조공이 말했다. "내가 그렇게 될 줄 미리 알았다. 내가 성인이어서 미리 안 것이 아니라, 겪은 일이 많았을 뿐이다."○

○『헌제기거주』: "〔황제가〕 행태상사行太常事 대사농 안양정후 왕읍과 종정宗正 유애劉艾로 하여금 모두 지절持節의 권한을 갖고 중매자 다섯과 함께 속백束

129 적전藉田: 옛날 임금이 친히 경작하는 땅을 적전籍田이라 했다. '적籍'은 '적藉'으로도 쓴다. 천자가 농사를 권면하기 위해 봄에 백관을 거느리고 친히 농사짓는 시범을 보이는 행사다.

130 안동군安東郡과 영양군永陽郡: 지금의 중국 서북 간쑤성甘肅省 일대의 지명으로 추정되지만 구체적인 지역이 어디인지는 명확하지 않다. 『삼국지집해』에도 다양한 견해가 소개되어 있다.

帛131과 사마駟馬132를 예물로 갖고 가게 하고, 아울러 급사황문시랑給事黃門侍郞, 액정승掖庭丞, 중상시 둘을 동행하게 하여 위공魏公의 나라에서 두 귀인을 맞아오게 했다. 2월 계해일癸亥日에 또 위공의 종묘에서 두 귀인에게 인수를 수여했다. 갑자일甲子日에 위공의 궁궐 연추문延秋門으로 가서 귀인을 맞아 수레에 오르게 했다. 위나라에서는 낭중령郞中令, 소부少府, 박사博士, 어부승황구령御府乘黃廐令, 승상연속丞相掾屬을 파견하여 귀인을 모시고 가게 했다. 계유일癸酉日癸에 두 귀인이 유창洧倉에 도착하자 〔황제가〕 시중 단장용丹將冗을 파견하여 호위부대〔虎賁〕 앞뒤로 이어진 대열을 따르며 귀인을 마중하게 했다. 을해일乙亥日에 두 귀인이 입궁하자 어사대부, 중이천석장대부中二千石將大夫, 의랑이 궁전에 모였고, 위나라 두 경卿 및 시중, 중랑 두 사람이 한나라 공경公卿과 함께 궁전으로 올라가 잔치를 열었다.

3월, 천자가 위공의 품계를 다른 제후왕의 위에 있게 했다. 또 황금 인새印璽, 붉은색 인끈[赤紱], 원유관遠遊冠으로 바꿔 수여했다.○

○『헌제기거주』: "중랑장 양선楊宣, 정후亭侯 배무裴茂로 하여금 지절持節의 권한을 갖고 조공에게 인새를 수여하게 했다."

가을 7월, 조공이 손권을 정벌했다.○

○『구주춘추』: "참군參軍 부간傅幹이 간언을 올렸다. '천하를 다스리는 큰 도구

---

131 속백束帛: 중국 고대에 초야에 은거한 현인을 초빙할 때, 비단 다섯 필을 하나로 묶어서 예물로 보내던 제도다. 『주역』「비괘賁卦·육오六五」: "초야의 정원에 빛이 나니 비단 묶음이 작으면 인색하다. 마침내 길하리라賁于丘園, 束帛戔戔, 吝, 終吉."

132 사마駟馬: 중국 고대에 말 네 필이 끌던 고급 수레다. 주로 왕이나 제후가 타던 수레인데, 현인을 초빙할 때 쓰기도 했다.

에는 두 가지가 있는데 그것은 문文과 무武입니다. 무를 사용하면 위력을 앞세우게 되고, 문을 사용하면 덕망을 앞세우게 됩니다. 위력과 덕망은 서로를 구제해줄 수 있으니, 그런 후에야 왕도정치가 갖춰집니다. 지난번 천하가 큰 혼란에 빠져 위아래 질서가 사라졌을 때 명공께서는 무를 사용하여 적을 물리치며 열에 아홉을 평정했습니다. 지금 왕명을 받들지 않는 자는 오吳의 손권과 촉蜀의 유비뿐입니다. 오나라에는 큰 강의 험난함이 있고, 촉나라에는 높은 산의 험준함이 있어서, 위력으로 복종시키기는 어렵지만 덕망으로 회유하기는 쉽습니다. 어리석은 신은 잠시 갑사를 눌러두고 병사를 멈춰둔 채, 군대를 쉬게 하고 사졸을 기르면서, 땅을 나눠 봉토를 정해주고 논공행상을 해야 한다고 생각합니다. 이와 같이 하면 조정 안팎의 민심이 공고해지고 공로가 있는 자를 장려할 수 있으며 천하가 나라의 제도를 잘 알게 될 것입니다. 그런 후에 점차 학교를 일으켜 선한 본성으로 인도하고 대의와 절개를 길러주십시오. 공의 신령한 무위武威는 지금 사해에 진동하므로 문치를 닦아 보완하면 온 하늘 아래에 복종하지 않으려는 자들이 없을 것입니다. 지금 10만 군사를 일으켜 장강가에 주둔했습니다. 만약 적이 험준함에 의지해 깊이 숨는다면 병사와 군마가 능력을 발휘할 수 없을 것입니다. 기병奇兵으로 변칙 공격을 할 때도 임기응변의 병법을 쓰지 못하므로 위력이 크게 꺾이게 되어 적을 복종시킬 수 없을 것입니다. 명공께서는 순 임금이 간척干戚[133]이란 춤을 춘 의미를 생각하시어 위력을 온전히 한 채 덕망을 기르고 도道로써 승리하시길 바랍니다.' 조공이 이 말에 따르지 않아 그의 군대가 결국 공

133 간척干戚: 간干은 방패이고, 척戚은 큰 도끼다. 방패와 도끼를 들고 추는 춤을 간척무干戚舞라고 하는데, 이것은 일종의 무무武舞로 정벌이 아니라 교화를 위해 쓴다. 『한비자韓非子』「오두五蠹」: "순 임금 때 유묘 부족이 복종하지 않아서 우禹가 정벌하려 했다. 순 임금이 말했다. '아니 되오. 윗사람의 덕이 도탑지 못한데도 무력을 행사하는 것은 올바른 도가 아니오.' 이에 3년 동안 가르침을 편 후 간척을 들고 춤을 추자 유묘 부족이 복종했다當舜之時, 有苗不服, 禹將伐之. 舜曰, '不可. 上德不厚而行武, 非道也.' 乃修敎三年, 執干戚舞, 有苗乃服."

을 세우지 못했다. 부간은 자가 언재彦才이고 북지北地(寧夏 吳忠 서남) 사람인데, 승상 창조倉曹에 속관으로 있다가 죽었다. 그의 아들 이름은 부현傅玄이다."

당초에 농서隴西(甘肅 일대) 송건宋建이 자칭 하수河首 평한왕平漢王이라고 하며 포한枹罕(甘肅 臨夏 동남)에서 군사를 모아 개원改元하고 백관을 설치하여 30여 년간 군림했다. 하후연을 파견하여 흥국으로부터 토벌해 들어갔다.

겨울 10월, 포한을 도살하고 송건을 베어 죽이자 양주가 평정되었다. 조공이 합비에서 귀환했다.

11월, 한나라 황후 복씨伏氏가 지난날 부친 고 둔기교위屯騎校尉 복완伏完에게 보낸 편지 사건에 연좌되었다. 편지에 이르기를 "황제가 동승董承이 피살된 일로 조공을 원망한다"라고 했다. 그 언사가 매우 추악하여 발각된 후 황후는 폐출되어 죽임을 당했다. 복씨의 형제도 모두 법에 의해 처벌을 받았다.○

○『조만전』: "조공이 화흠華歆을 시켜 군사를 거느리고 입궁하여 황후를 잡게 했다. 황후는 문을 잠그고 벽장 속으로 숨었다. 화흠은 문을 부수고 벽을 뚫어 황후를 끌어냈다. 이때 황제는 어사대부 치려와 함께 앉아 있었다. 황후는 머리를 풀어헤치고 맨발로 그곳을 지나가다가 황제의 손을 잡고 말했다. '저를 다시 살려줄 수 없사옵니까?' 황제가 말했다. '나 자신도 목숨이 언제 끝날지 모르오.' 황제가 치려에게 말했다. '치공, 천하에 어찌 이런 일이 있소?' 마침내 황후를 죽였다. 복완 및 그의 종족 중 사형을 당한 자도 수백 명은 되었다."

12월, 조공이 맹진에 이르렀다. 천자가 조공에게 명령을 내려 의장대에 모두旄頭[134]를 두고 궁전에 종거鍾簴[135]를 설치하라고 했다. 을미일乙未日(20일)에 조공이 명령했다. "행실이 뛰어난 선비라도 꼭 벼슬길에 나아갈 수 있는 것이 아니고, 벼슬길에 나아간 선비라 해도 꼭 행실이 뛰어날 수 없다. 진평이 어찌 행실을 돈독히 했으며, 소진蘇秦[136]이 어찌 신의를 지켰던가? 그러나 진평은 한나라 대업을 확정했고, 소진은 약한 연나라를 구제했다. 이로써 말하건대 선비에게 편벽된 점이 있다 해서 어찌 폐출할 수 있겠는가? 담당 관리[有司]가 이 뜻을 분명하게 생각하면 선비 중에 버려지거나 막힌 사람이 없을 것이며, 관직에서 업무가 황폐해지는 경우는 없을 것이다." 또 말했다. "대저 형벌은 백성의 목숨이다. 그러나 군대에서 감옥을 관장하는 자가 더러 적절한 사람이 아닐 경우가 있는데 그런 사람에게 삼군의 생사를 맡겼으니 나는 매우 두렵다. 법리에 통달한 자를 선발하여 형벌을 관장하게 하라." 이에 이조理曹[137]의 속관을 설치했다.

20년(215) 봄 정월, 천자가 조공의 둘째 딸을 황후로 삼았다. 운중雲中, 정양定襄, 오원五原, 삭방군朔方郡[138]을 폐지하고, 군에 현령 한 명을 두어 백성을 다스리게 했으며 이 네 현을 합하여 신흥군新興郡(山西 忻州)으로 만들었다.

---

134 모두旄頭: 옛날 황제의 의장대 중에서 선두를 담당하던 기마대다.

135 종거鍾簴: 옛날 종묘 제례 악기인 쇠북과 경쇠를 매다는 틀이다. 천자의 권위를 상징한다.

136 소진蘇秦: 전국시대 주나라 낙양 사람으로 유명한 유세가다. 장의張儀의 연횡책連衡策에 맞서 합종책合縱策을 주장하여 진秦나라에 대항하는 육국의 연합전선을 형성하게 했다. 이 공로로 육국 재상의 인수를 차고 각국을 다니며 기세를 떨쳤다. 말년에는 제나라로 가서 연나라를 위해 반간계를 쓰다가 자객에게 암살당했다.(『사기』 권69 「소진열전蘇秦列傳」)

137 이조理曹: 후한 헌제 때 조조가 승상부에 설치한 관서로 사법과 형옥刑獄을 담당했다.

138 운중군雲中郡, 정양군定襄郡, 오원五原郡, 삭방군朔方郡은 한나라 때 변방을 통제하기 위해 지금의 중국 산시성山西省과 산시성陝西省 북부 일대에 설치된 군郡이다. 정확한 위치에 관해서는 논란이 많으나 대체로 동쪽에서부터 정양군, 운중군, 오원군, 삭방군 순서로 자리 잡고 있었던 것으로 보인다.

3월, 조공이 서쪽으로 가서 장로張魯를 정벌하고 진창陳倉(陝西 寶鷄 동쪽)에 이르렀다가 장차 무도武都(甘肅 成縣 서남)로부터 저氐 땅으로 들어가려 했다. 그러자 저인氐人들이 길을 막았다. 먼저 장합과 주령 등을 파견하여 격파했다.

여름 4월, 조공이 진창에서 산관散關(陝西 寶雞 서남의 관문)으로 나가 하지河池(甘肅 徽縣)에 이르렀다. 저왕氐王 두무竇茂가 군사 1만여 명을 이끌고 험지에 의지하여 굴복하지 않았다.

5월, 조공이 그들을 공격하여 죽였다. 서평, 금성의 장수 국연麴演과 장석蔣石 등이 함께 한수의 머리를 베어 조공에게 보내왔다.○

○『전략典略』139: "한수는 자가 문약文約으로 처음에 같은 군郡의 변장邊章과 함께 서주西州에서 명성을 날렸다. 변장은 독군종사督軍從事가 되었고, 한수는 계책을 받들고 도성으로 갔다. 하진이 오래전부터 그의 이름을 들었으므로 특별히 그와 만나보려 했다. 한수는 하진에게 유세하여 환관들을 주살하라고 했지만 하진이 따르지 않자 다시 돌아가겠다고 했다. 마침 양주의 송양宋揚과 북궁옥北宮玉 등이 반란을 일으키고 변장과 한수를 임금으로 천거했다. 얼마 지나지 않아 변장이 병사하자 한수는 송양 등에 의해 공격을 당했다. 어쩔 수 없게 되자 한수는 저들 군사를 막으며 반란을 일으켰고 그 반란은 32년 동안 계속되었지만 이때에 이르러 죽임을 당했다." 유애劉艾의 『영제

139 『전략典略』: 중국 삼국시대 위나라 어환魚豢이 한나라와 위나라 사이의 교류 사실을 기록한 책이다. 『수서』「경적지」에는 89권이 있다고 했고, 『구당서』「경적지」에는 50권이 있다고 했으나 지금은 전해오지 않는다.

기靈帝紀』140: "변장은 일명 변윤邊允이라고도 한다."

가을 7월, 조공이 양평에 이르렀다. 장로는 자신의 아우 장위張衛와 장수 양앙楊昂 등을 시켜 양평관陽平關(陝西 勉縣 서쪽)에 근거지를 두고 산을 가로질러 성을 20여 리 쌓게 했다. 조공이 공격했으나 함락하지 못하여 군사를 이끌고 돌아왔다. 적은 대군이 후퇴하는 것을 보고 수비군을 해산했다. 이에 조공은 비밀리에 해표解慓와 고조高祚 등을 보내 험지를 끼고 야습하여 적을 대파했다. 장수 양임楊任을 베어 죽이고 장위에게 진공하자 장위 등이 밤에 도주했으며 장로도 무너져서 파중巴中(四川 渠縣 동북)으로 달아났다.○ 조공의 군대가 남정南鄭(陝西 漢中 동쪽)으로 들어가 장로 부중府中 창고의 진귀한 보물을 모두 노획했다. 파중과 한중이 모두 항복했다. 한령군漢寧郡(陝西 漢中 일대)을 다시 한중漢中으로 삼았다. 한중의 안양安陽(陝西 城固 동쪽)과 서성(西城: 陝西 安康 서북)을 분할하여 서성군西城郡으로 삼고 태수를 두었다. 또 석錫(陝西 白河 동남)과 상용군上庸郡(陝西 城固 동쪽)을 분할하여 도위都尉를 두었다.

○『위서』: "조공의 군대가 무도산으로부터 산길을 1000리나 행군했다. 험한 산길을 오르내리자 군사들이 피로에 지쳐 괴로워했다. 이에 조조가 음식물을 많이 장만하여 군사들을 크게 위로하자 피로를 잊지 않는 사람이 없었다."

8월, 손권이 합비를 포위하자 장료와 이전이 격파했다.

9월, 파巴(重慶市 일대) 땅의 일곱 오랑캐 왕 박호朴胡141와 종읍후賨邑侯(四川

140 유애劉艾의 『영제기靈帝紀』: 유애가 한나라 말기 영제와 헌제의 사적을 기록한 『한영헌이제기漢靈獻二帝紀』다. 『헌제기獻帝紀』 각주 참조.

141 박호朴胡: 아래 「배송지 주」에서는 '朴'의 발음을 '부浮'라고 했으나 우리말 발음에는 '朴'에 '부'라는

渠縣 동북) 두호杜濩142가 파 땅 오랑캐와 종賨 땅의 온 백성을 들어 귀부해왔다.○1) 이에 파군을 분할하여 박호를 파동巴東(四川 奉節 일대) 태수로, 두호를 파서巴西(四川 閬中 일대) 태수로 삼고 모두 열후에 봉했다. 천자가 조공에게 명령을 내려 황제의 뜻을 받든다 하고 마음대로 직접 제후를 봉하거나 태수와 제후국 상相을 임명할 수 있게 했다.○2)

○1) 손성이 말했다. '朴'의 발음은 '부(浮)'다. '濩'의 발음은 '호戶'다.

○2) 공연孔衍의 『한위춘추漢魏春秋』143: "천자가 조공에게 외부에서 소임을 처리하면서 어떤 사안에 상을 내려야 할 때 더러 신속하게 시행해야 할 경우도 있으므로 황제의 뜻을 받든다 하고 마음대로 직접 제후를 봉하거나 태후와 제후국 상相을 임명할 수 있게 명령을 내렸다. 조서에서 이렇게 말했다. '대저 군대의 큰일은 바로 상벌을 내리는 데 달려 있다. 선을 권하고 악을 징벌하는 일은 때를 늦춰서는 안 된다. 이 때문에 『사마법』에서 말하기를 "상은 날짜를 넘기지 않는다"라고 했다. 이는 백성에게 선행의 장점을 조속히 볼 수 있게 하려는 조치다. 옛날 〔광무제光武帝께서〕 한나라를 중흥할 때 등우鄧禹144를 관중으로 들여보내 황제의 뜻을 받든다 하고 마음대

발음이 없으므로 그냥 '박'으로 읽는다. 당시 파巴 땅의 거수渠帥로 임명된 만족蠻族 일곱 성씨는 나羅, 박朴, 독督, 악鄂, 도度, 공龔이었고, 이 중 박호가 거수의 장長이었다.

142 두호杜濩: 후한 말기 중국 서남쪽에 거주한 종족賨族의 족장으로 조조에게 귀부하여 열후에 봉해지고 파서 태수를 지냈다. 뒤에 유비가 황권에 계책에 따라 군사를 일으켜 두호와 박호를 정벌하고 파서를 점거했다.

143 공연孔衍의 『한위춘추漢魏春秋』: '공연'은 동진東晉 원제元帝 때의 학자로 공자의 22대손이며, 자는 서원舒元이다. 경학에 밝고 문장에 뛰어났다. 태자중서자太子中庶子, 광릉군수廣陵郡守, 광릉군수廣陵郡守 등을 역임했다. 그가 지은 『한위춘추』는 한나라와 위나라의 역사를 기록한 편년체 서적으로 모두 9권이 있었다고 하나 지금은 전해오지 않는다.

144 등우鄧禹: 후한 건국공신으로 광무제를 도와 천하를 평정한 명장이다. 운대28장 중 첫 번째 지위에 오른 인물이다. 어려서부터 광무제 유수와 친분을 쌓고 왕망 정권이 멸망한 후 광무제에게 투신하여 외효隗囂 등 사방의 군벌을 평정했다. 대사도, 우장군, 특진, 태부 등을 역임하고 고밀후高密侯에 봉해졌다. 시호는 원후元侯다.(『후한서』 권16 「등구열전鄧寇列傳」)

로 군 좨주 이문李文을 하동 태수로 직접 임명하게 했고, 내흡來歙[145]도 같은 방법으로 고준高峻을 통로장군通路將軍에 임명했다. 이들의 「본전本傳」을 살펴보면 모두 먼저 조정에 요청하지 않았고 임시로 인장을 새겨서 수여한 것이 분명하다. 이것이 세조世祖 광무제의 신령한 자질인데 사안의 손익에 따라 융통성 있게 대처할 수 있게 했다. 대체로 위력과 은혜를 조속히 드러내고 위대한 공훈을 표창하기 위해 사용한 방법이다. 『춘추春秋』에 담긴 뜻을 살펴봐도 대부가 나라의 경계를 나서면 어명을 자신이 직접 처리하는 사례가 있었다. 이는 진실로 사직을 이롭게 하고 국가를 편안하게 하기 위한 방법이었을 따름이다. 하물며 그대는 이백二伯의 일을 겸임하고 구주九州의 장長이 되어 실제로 오랑캐와 중원을 정벌하고 있다. 이런 때 군대가 국경 밖으로 나가면 일의 득실이 잠깐 사이에 결정되는데 조정의 조서가 올 때까지 상벌 시행을 멈춰 급한 일을 정체시키는 것은 진실로 짐의 생각이 아니다. 지금 이후로 국사를 처리할 때는 공적을 잘 살펴서 은총을 베풀어야 할 사람에게 편의에 따라 인장을 새겨 임시로 봉작을 수여하라. 이 모두는 충의를 실천한 사람에게 포상을 내려 격려하고 의혹을 품지 않게 하려는 조치다.'"

겨울 10월, 처음으로 후侯에서 오대부五大夫에 이르기까지 명목상의 봉호[名號][146]를 설치하고, 옛날 열후, 관내후 6등급과 함께 [이 모든 명목상 봉작을] 전공戰功에 따라 포상으로 수여하게 했다.◦

---

145 내흡來歙: 후한 초기 명장으로 광무제의 천하 평정을 도와 농서의 외효隗囂를 평정하는 데 큰 공을 세웠고, 촉蜀 땅의 공손술公孫述을 평정하는 과정에서 자객에게 살해되었다. 태중대부를 지냈고 사후에 중랑장 벼슬과, 정강후征羌侯 관작을 추증했으며, 절후節侯라는 시호를 내렸다.(『후한서』 권15 「이왕등내열전李王鄧來列傳」)

146 명목상의 봉호[名號]: 실제 봉작이나 관직은 주지 않고 관명官名과 관인官印만 수여하는 포상 방식이다.

○ 『위서』: "명호 후작 18급, 관중關中 후작 17급을 두고 모두 황금 인장에 자주색 인끈을 매게 했다. 또 관외후關外侯 16급을 두고 동銅 인장에 거북 손잡이와 검은 인끈을 매게 했다. 오대부 15급은 동 인장에 고리 손잡이를 달고 역시 검은 인끈을 매게 했다. 이들은 모두 봉작에 따른 조세를 거두지 못하지만 옛날 열후, 관내후 6등과 같은 반열에 선다."

신 송지는 오늘날의 허봉虛封이 대체로 여기에서 비롯되었다고 생각합니다.

11월, 장로가 파중에서 자신의 나머지 군사를 이끌고 항복했다. 장로 및 그의 다섯 아들을 모두 열후에 봉했다. 유비가 유장劉璋을 습격하여 익주를 탈취하고 마침내 파중에 웅거했다. 장합을 파견하여 공격했다.

12월, 조공이 남정에서 귀환하며 하후연을 남겨두고 한중을 지키게 했다.○

○ 이 행군을 시중 왕찬王粲이 5언시로 찬미했다.

종군에는 고락이 있다 하지만,
누구를 따르는지 물어본다네.
따르는 분이 신령하고 씩씩하시니,
어찌 오래 군대를 괴롭히겠나?
상공이 관서를 정벌하실 때,
진노하여 하늘 위엄 떨치셨다네.
한 번 거병에 흉노를 섬멸했고,
두 번 거병에 강족을 복종시켰네.
서쪽에서 변방 도적 거둬들일 때,

빠르기가 물건을 줍는 듯했네.
상을 펼치면 산악보다 훨씬 높았고,
술과 고기는 모래섬보다 훨씬 많았네.
군중에 먹을 것이 넉넉한지라,
인마 모두 살이 쪄 통통했네.
맨발 행군에 수레 얻어 돌아왔으며,
빈손 출병에 자산까지 넉넉해졌네.
영토를 개척한 게 3000리지만,
가고 옴이 나는 듯이 신속했다네.
노래하고 춤추며 업성에 드니,
원하는 것 어김없이 획득했도다.[147]

21년(216) 봄 2월, 조공이 업鄴으로 귀환했다.○

○『위서』: "신미일辛未日에 담당 관리가 태뢰로 귀환 제례를 올리고, 종묘에 공훈 기록 책문을 바쳤다. 갑오일甲午日에 처음 봄 제사[春祠]를 올리며 명령했다. '논자들은 종묘의 전각에 올라갈 때 신발을 벗어야 한다고 여긴다. 나는 어명을 받아 검을 찬 채 신발을 벗지 않고 전각에 올라갈 수 있다. 지금 종묘에 제사를 지내야 하는데 신발을 벗는다면 선조를 높이면서 어명을 무시하는 것이 되고, 부조父祖를 존경하면서 지금 임금은 무시하는 것이 된다. 이 때문에 나는 감히 신발을 벗지 않고 전각으로 오르겠다. 또 제사에 임해 손을 씻을 때 손을 물에 적시는 척하면서 기실 손을 담그지는 않는다. 대저

147 이 시는 왕찬의 「종군시從軍詩」 5수 중에서 첫째 수 전반부다. 송宋나라 곽무천郭茂倩이 편집한 『악부시집樂府詩集』에도 실려 있다.

손을 씻는 것은 몸을 정결히 하여 공경을 표시하는 일인데, 손 씻는 흉내만 내고 손을 물에 담그지 않는 예법이 있다는 사실은 듣지 못했다. 또 '신이 앞에 계신 것처럼 신에게 제사를 올린다'라고 했으므로 나는 직접 물을 받아 손을 씻겠다. 또 강신례降神禮를 마치면 계단을 내려가 장막에 서서 음악 연주가 끝나기를 기다려야 한다. 이렇게 하면 잘못이 없는 듯하지만 열성조 제사는 천천히 시행해야지 빨리 마쳐서는 안 된다. 이 때문에 나는 음악이 끝나고 신을 송별할 때까지 앉아 기다리다가 일어나겠다. 제물을 받아 올릴 때는 그것을 시중에게 줘서 올리게 하는데 이는 신을 공경하는 절차를 진실하게 마치는 것이 아니다. 옛날에는 직접 제물을 올렸으므로 나도 직접 신에게 제물을 올린 후 제육을 안고 돌아가겠다. 중니가 말하기를 '비록 사람들의 예법에서 어긋나더라도 나는 내려가서 절을 하겠다'[148]라고 했는데 이 말은 참으로 진실하다.'"

3월 임인일壬寅日에 조공이 직접 적전籍田 친경 행사를 했다.○

○『위서』: "담당 관리가 아뢰었다. '지금 사시사철 농사를 짓는 틈에 무예를 연습합니다. 한나라는 진나라 제도를 계승하여 세 계절에는 연습을 하지 않고 오직 10월에만 거마車馬를 시험합니다. 군주가 장수長水 남문으로 가서 오영五營[149]의 군사들을 모아놓고 팔진八陣을 설치하고 진퇴 연습을 하는데 이를 '승지乘之'라고 합니다. 지금은 전쟁이 아직 그치지 않아서 군사와 백성이 평소에도 연습을 하므로 지금 이후로는 사시사철 무예 연습을 하지 말고 입추에 길일을 받아 병거와 기마 연습을 하고 그것을 '치병治兵'이라 부르십시오.

148 비록…하겠다: 『논어』「자한子罕」에 나온다. "雖違衆, 吾從下."

149 오영五營: 한나라 때 둔기교위屯騎校尉, 월기교위越騎校尉, 보병교위步兵校尉, 장수교위長水校尉, 사성교위射聲校尉가 거느리던 다섯 부대를 오영이라 했다.

위로는 예법의 명칭에도 맞고 아래로는 한나라 제도를 계승하는 일입니다.' 담당 관리가 아뢴 대로 하라고 허락했다."

여름 5월, 천자가 위공魏公의 봉작을 올려 위왕魏王으로 삼았다.○ 대군오환代郡烏丸 현 대리 선우 보부로普富盧와 그의 제후왕이 입조했다. 천자가 위왕의 딸을 공주로 삼고 탕목읍湯沐邑[150]을 하사했다.

○『헌제전獻帝傳』[151]에 조서가 실려 있다. "옛날부터 제왕은 〔공신의〕 호칭을 서로 다르게 부르고 봉작을 상이하게 수여했지만 원훈元勳을 포상하고, 공덕을 세워주고, 성씨를 빛나게 해주면서 그것을 자손에게까지 이어주는 일에 이르러서는 타성들과 종친들을 어찌 다르게 대우했겠는가? 옛날 우리 성스러운 고조께서는 천명을 받아 대업을 창시하고 기반을 마련하여 우리 화하華夏의 영역을 만들었다. 고금의 제도를 거울삼고 봉작 등급의 차이에 달통하여 산천을 모두 공신에게 봉하고 왕실의 울타리 역할〔藩屛〕을 하게 했다. 또 타성 친척들에게도 영토를 나란히 나눠주고 자신의 나라에서 왕 노릇을 하게 한 것은 천명을 보위하고 만대에까지 후사를 공고히 하는 방법이었다. 이렇게 하여 여러 세대 동안 평화가 이어졌고 군신 간에 아무 일도 일어나지 않았다. 세조 광무제께서 왕실을 중흥할 때 어려움이 있었고, 이런 까닭에 이후 수백 년 동안 타성이 제후왕의 지위에 봉해진 사례는 없었다. 짐은 부덕한 몸으로 대업을 계승했지만 온 땅이 분할되고 간흉들이 독을 퍼뜨리는 시대를 만나 서쪽에서 동쪽으로 떠돌며 고통 속에서 곤욕을 치렀다. 그런

150 탕목읍湯沐邑: 탕湯은 목욕, 목沐은 머리를 감는 일로 일상생활을 비유한다. 황제, 제후, 황후, 공주 등의 일상생활 비용을 마련하기 위해 제공된 봉토다.

151 『헌제전獻帝傳』: 위나라 명제明帝 시기 이전에 저작된 한 헌제의 전기다. 저자는 미상이지만 『삼국지』「배송지 주」에 자주 인용되고 있다.

시절에 짐은 오직 환란에 빠져 선제의 성덕을 부끄럽게 할까 두려웠다. 하늘의 영험함에 힘입어 그대가 정의롭게 몸을 일으켜 신령한 무위武威를 떨치고 고난에서 짐을 지키며 종묘사직을 보호해주었다. 화하의 유민과 기氣를 지닌 만물은 그대의 은혜를 입지 않은 것이 없다. 그대의 근면함은 직稷[152]과 우禹[153]를 뛰어넘었고, 충성은 이윤과 주공에 짝한다. 그러나 겸양으로 공훈을 가리고, 공손으로 행실을 지켰다. 이런 까닭에 지난날 처음 위나라를 개국할 때 그대에게 땅과 집을 하사하면서도 그대가 어명을 어길까 두려웠고, 그대가 한사코 사양할까봐 근심이었다. 이 때문에 짐은 뜻만 품고 의도는 꺾은 채 그대를 다만 상공에 임명하고, 삼가 대의에 따르며 다시 공훈 세우기를 기다리려 했다. 한수와 송건이 남쪽에서 파巴·촉蜀과 결합하자 역적 무리가 힘을 합쳐 사직을 위태롭게 하려 했다. 그때 그대는 다시 장수들에게 명령을 내리고 용과 호랑이처럼 뛰어올라 적의 원흉을 효수하고 그 소굴을 도륙했다. 이윽고 서쪽으로 정벌을 나가 양평陽平에서 전투할 때는 친히 갑옷과 투구를 갖추고 험한 땅으로 깊이 들어가, 해충 같은 도적을 제거하고 흉악한 무리를 섬멸하여 서쪽 변방을 평정하고 깃발을 만 리에 휘날렸다. 명성과 교화를 멀리까지 떨쳐 우리 화하를 편안하게 했다. 요·순의 전성기에는 세 제후(禹, 契, 后稷)가 공을 세웠고, 문왕과 무왕이 일어날 때는 주공 단旦과 소공 석奭이 보좌했으며, 한 고조와 광무제가 대업을 이룰 때도 영웅호걸이 천명을 도왔다. 대저 성스럽고 현명한 임금은 천하 대사를 자신의 임무로 삼고

152 직稷: 성은 희姬, 이름은 기棄다. 『사기』 권4 「주본기」: '직'은 제곡帝嚳의 아들이다. 제곡의 정실부인 강원姜嫄이 거인의 발자국을 밟고 감응이 있어서 아들을 낳았으므로 강원이 불길하게 여겨 아들을 세 차례 버렸다. 그러나 짐승들조차 아들을 보호하자 마침내 거두어 길렀다. 자라면서 농사에 밝고 부지런하여 요堯 임금이 사농司農에 임명했고 태邰 땅에 봉토를 받았으므로 후직后稷이라고 부르게 되었다. 후세에 흔히 농사의 신으로 존중되었으며, 그의 후손이 뒤에 주周나라를 세웠다.

153 우禹: 『사기』 권2 「하본기」: 전욱顓頊의 손자이며, 곤鯀의 아들로 순舜 임금 때 대홍수를 잘 다스려 보위를 선양받아 하夏나라를 열었다. 홍수를 다스릴 때 자신의 집 앞을 세 번이나 지나갔으나 들어가지 않고 치수治水에 진력했다. 사후에는 그의 아들 계啓가 보위를 이었다.

봉토를 내리거나 서옥瑞玉을 하사하여 공신에게 보답했다. 어찌 짐처럼 덕이 부족한 임금이 있겠는가? 짐은 그대에게 의지하여 천하를 구제했는데도 포상의 은전이 풍성하지 못했다. 장차 어떻게 신령에 보답하고 만방의 제후를 위로할 수 있겠는가? 이제 그대의 봉작을 높여 위왕으로 삼고, 사지절使持節 행어사대부行御使大夫 종정宗正 유애劉艾를 시켜 책봉문, 인새印璽, 현토玄土를 받들고 그대의 사직으로 가서 흰 띠풀을 깔고 제사를 올리도록 하겠다.[154] 그리고 금호부金虎符[155] 제1에서 제5까지, 죽사부竹使符[156] 제1에서 제10까지를 내린다. 그대는 왕위를 바르게 하고 승상으로서 기주목은 예전처럼 겸임하라. 위공 인새와 부절과 책봉문은 반환하려 올려라. 삼가 짐의 명령에 복종하여 그대의 백성을 잘 구휼하고 많은 공적을 세워 우리 조종祖宗의 아름다운 명령을 선양하라." 위왕은 글을 올려 세 번 사양했으나 조서를 다시 세 번 내려 허락하지 않았다. 또 손수 쓴 조서에 다음 내용이 있다. "위대한 성군은 공덕을 최고의 미덕으로 삼고, 충성과 화목을 전범典範으로 삼는다. 이 때문에 왕조 창업으로 명성을 드리워 백세토록 추앙하게 하고 도道를 행하고 예의를 제정하여 모두들 이를 힘써 실천함에 효과를 볼 수 있게 했다. 이러한 까닭에 훌륭한 공훈이 끝없이 이어지고, 아름다운 광채가 찬란하게 드러났다. 직稷과 설契[157]은 뛰어난 군주의 총명함에 의지했고, 주공과 소공은 문왕과 무왕의 지혜로 인해 등용되었다. 비록 짐이 백관을 관장하면서 고개

154 흰 띠풀: '백모白茅'. 중국 고대에는 흔히 제수를 진설할 때 백모를 깔거나 제수를 백모로 쌌다.

155 금호부金虎符: 한나라 때 지방 고을의 장수가 차던 부절이다. 범 모양으로 만들었고 제1에서 제5까지 있었다.

156 죽사부竹使符: 한나라 때 사용한 대나무 부절이다. 제1에서 제10까지 열 종류가 있었다. 금호부는 주로 군사 명령에 사용했고, 죽사부는 인재 징발이나 관직 이동에 사용했다. 금호부와 죽사부를 조조에게 하사한 것은 군사권과 인사권을 모두 그에게 맡긴다는 의미다.

157 설契: 『사기』 권3 「은본기殷本紀」: 제곡의 아들로 모친은 간적簡狄이다. 성이 자子로 설契은 설卨로 쓰기도 한다. 간적이 제비가 낳은 알을 먹고 임신하여 설을 낳았다. 순 임금 때 사도司徒에 임명되었고, 그의 후손이 뒤에 상商(殷)나라를 세웠다.

들어 탄식하고 고개 숙여 심사숙고해봐도 그 대응이 어찌 그대와 같은 사람이 있겠는가? 짐이 옛사람의 공을 생각해보니 저처럼 아름답고, 그대의 충성스럽고 근면한 업적을 생각해보니 이처럼 혁혁하다. 이러한 까닭에 매번 새긴 부절과 깎은 서옥瑞玉을 잡고 어명을 담은 책봉문을 펼쳐 오매불망 탄식하지만 이는 선왕의 법도를 지킴에 부덕했음을 스스로 망각한 행동이다. 지금 그대는 짐의 명령을 거듭 어기고 간절하게 사양하고 있는데 이는 짐의 마음에 부합하고 후세에 교훈을 드리울 수 있는 방법이 아니다. 뜻을 누르고 절개를 억제하여 다시는 고사固辭하지 말라." 「사체서세서」: "양곡이 공을 북부위北部尉로 삼았다." 『조만전』: "상서우승尙書右丞 사마건공司馬建公에 의해 천거되었다." 위공은 위왕이 되자 사마건공을 업鄴으로 불러 함께 술을 마시며 즐겼다. 위왕 조조가 사마건공에게 말했다. "내가 오늘 다시 북부위를 할 수 있을까?" 건공이 말했다. "옛날 제가 대왕을 천거했을 때가 딱 북부위를 하기에 적당했을 뿐입니다." 위왕이 크게 웃었다. 사마건공은 이름이 방防이고 사마선왕司馬宣王(司馬懿)의 부친이다.

신 송지가 사마표司馬彪의 「서전序傳」[158]을 살펴보니 건공이 상서우승 벼슬을 하지 않았습니다. 이 때문에 그런 일이 없었던 것으로 의심했습니다. 그러나 왕은王隱의 『진서晉書』[159]에는 이런 기록이 있습니다. "조왕趙王(司馬炎)이 황위를 찬탈하고 조부를 황제로 추존하려 하자, 박사 마평馬平이 경조부군京兆府君(사마방)께서 옛날에 위무제를 북부위로 천거하자 적들이 경계를 침범하지 않았다고 말했다." 이와 같으므로 증거가 있는 일입니다.

---

158 「서전序傳」: 『속한서續漢書』의 「서전」을 가리킨다. 저자는 서진西晉 문인 사마표다. 사마표 개인의 집안 내력, 자신의 생애 및 그가 지은 『속한서』의 취지와 체제 등을 서술했다. 전체 내용은 전해오지 않지만 『삼국지』 「배송지 주」, 『초학기初學記』 『태평어람太平御覽』 등의 책에 일부 내용이 남아 있다.

159 왕은王隱의 『진서晉書』: 왕은은 동진東晉의 학자로 박학다식하고 역사에 밝았다. 저작랑을 지내고 평릉향후平陵鄕侯에 봉해졌다. 부친 왕전王銓을 이어 기전체 진晉나라 역사서인 『진서』를 완성했다. 『진서』는 본래 93권이 있었다고 하나 지금은 온전한 책이 전하지 않는다. 다만 청나라 탕구湯球가 모은 집본 11권이 남아 있다.

가을 7월, 흉노 남선우 호주천呼厨泉이 휘하의 제후왕들을 거느리고 입조했다. 객례客禮로 대우하고 마침내 위나라에 남게 한 후 우현왕右賢王을 보내 그 나라를 감독하게 했다.

8월, 대리시경大理寺卿 종요를 상국으로 삼았다.○

○『위서』: "처음으로 봉상종정관奉常宗正官을 두었다."

겨울 10월, 병력을 잘 가다듬어○ 마침내 손권을 정벌했다.

○『위서』: "위왕이 친히 쇠북을 잡고 진퇴 명령을 내렸다."

11월, 초현譙縣에 이르렀다.

22년(217) 봄 정월, 위왕이 거소居巢(安徽 巢湖 동북)에 주둔했다.

2월, 진군하여 장강 서쪽 학계郝谿(安徽 巢湖 동쪽)에 주둔했다. 손권이 유수구에 성을 쌓고 항거하자 위왕이 마침내 그를 핍박하며 공격했고 손권이 물러났다.

3월, 위왕이 군사를 이끌고 귀환하며 하후돈, 조인, 장료 등을 남겨 거소에 주둔하게 했다.

여름 4월, 천자가 위왕에게 명령을 내려 천자의 깃발을 설치하라고 했고,

출입할 때 경필警蹕[160]을 하라고 했다.

5월, 반궁泮宮[161]을 만들었다.

6월, 군사軍師 화흠을 어사대부로 삼았다.○

○『위서』: "처음 위위관衛尉官을 설치했다. 가을 8월, 다음과 같은 명령을 내렸다. '옛날, 이지伊摯[162]와 부열傅說[163]은 천민 출신이었고, 관중과 제 환공은 서로 적이었지만[164] 모두 등용되어 나라를 흥성하게 했다. 소하, 조참은 현의 관리였고,[165] 한신韓信[166]과 진평陳平[167]은 오명汚名을 쓰고 치욕스럽게 비웃음을 당했지만, 마침내 왕업을 성취하여 그 명성을 천 년의 역사에 드러나게 했다.

---

160 경필警蹕: 임금이 거둥할 때 경호를 위해 사람들의 통행을 금하는 조치다.

161 반궁泮宮: 중국 고대 제후국의 학궁學宮이다.

162 이지伊摯: 이윤伊尹은 성이 기己, 본명이 지摯이고, 윤尹은 재상이라는 뜻이다. 본래 유신씨의 딸이 출가할 때 수행한 노예였다. 이 책 권1「무제기武帝紀」광화 말년 해당 각주 참조.

163 부열傅說: 은나라 고종高宗 무정武丁 때 현신으로 무정을 도와 성세盛世를 이룩했다. 본래 부암傅岩에서 판축 일을 하던 노예였으나 은나라 고종이 꿈에 보고 발탁하여 부성傅姓을 하사했다.(『상서』「열명說命」상)

164 관중과…적이었지만: 춘추시대 제나라 공자 규糾의 사부였던 관중은 제 양공襄公 사후 벌어진 보위 쟁탈전에서 공자 규의 경쟁자였던 공자 소백小白을 죽이려고 활을 쏘았으나 화살이 소백의 혁대 고리에 맞았다. 이 때문에 소백은 회생하여 보위에 올라 제 환공이 되었다. 제 환공은 원수인 관중을 죽이려 했으나 관중의 친구인 포숙아鮑叔牙의 추천으로 관중을 재상으로 등용하여 춘추시대 첫 번째 패자가 되었다.(『사기』권62「관안열전管晏列传」, 권32「제태공세가」)

165 소하와 조참: 두 사람은 모두 한 고조 유방과 동향인 패현의 관리였지만 천하 통일 후 모두 한나라 승상에 올랐다.

166 한신韓信: 전국시대 한韓나라 왕손이었지만 한나라가 멸망한 후 매우 불우하게 지냈다. 표모漂母에게 밥을 빌어먹은 일이나 불량배의 가랑이 사이로 기어 나간 일은 매우 유명하다. 병법에 밝아 항우項羽의 진영에 투신했으나 항우가 중용하지 않자 유방劉邦에게 가서 대장군에 임명되었으며, 이후 한나라 건국에 불후의 공을 세웠다. 제왕齊王, 초왕楚王에 봉해졌다가 무고에 의해 회음후淮陰侯로 강등되었다. 결국 진희陳豨의 반란에 연루되었다는 혐의로 여후呂后에게 체포되어 참수되었고, 그의 가족도 멸문지화를 당했다.(『사기』권92「회음후열전淮陰侯列傳」)

167 진평陳平: 이 책 권1「무제기」건안 15년 해당 각주(82) 참조.

오기吳起168는 탐욕스러운 장수로 아내를 죽여 자신의 신의를 증명했고, 금전을 풀어 관직을 구했으며, 모친이 죽었는데도 집으로 돌아가지 않았다. 그러나 그가 위魏나라에 있을 때 진나라 사람들은 감히 동쪽으로 나가지 못했고, 그가 초나라에 있을 때는 삼진三晉169이 감히 남쪽을 도모하지 못했다. 지금 천하에 뛰어난 덕행을 지니고 민간에 방치된 사람, 또 앞뒤를 돌아보지 않을 정도로 과감하고 용감하여 적을 맞아 역전을 벌일 사람, 또 겉만 화려하고 저속한 관리 중에서 재능이 뛰어나고 자질이 특이하여 더러 장수나 태수직을 감당할 만한 사람, 그리고 오명을 쓰고 비웃음을 당하는 사람 중에서 혹시 불인하고 불효하지만 나라를 다스리거나 군사를 부리는 기술에 뛰어난 사람을 얻을 수 있는가? 각각 아는 사람을 천거하여 빠짐이 없게 하라."

겨울 10월, 천자가 위왕에게 명령을 내려 12줄 면류관(천자의 면류관)을 쓰게 했으며 또 금근거金根車170를 타고 말 여섯 마리로 끌게 했고, 오시부거五時副車171를 갖추게 했다. 그리고 오관중랑장 조비를 위나라 태자로 삼게 했다.

---

168 오기吳起: 본래 위衛나라 사람으로 노魯나라 증자 밑에서 공부하다가 모친의 장례에 참석하지 않아서 파문되었다. 이후 병법을 배워 공의휴公儀休에 의해 노 목공穆公에게 추천되었으나 노 목공이 오기가 제나라 전씨 가문의 딸과 혼인했음을 알고 임명을 꺼리자 오기는 자신의 아내를 죽이고 대장에 임명되었다. 이후 위魏나라로 망명하여 위 문후文侯에게 등용되어 큰 공을 세웠으며, 위 상국 전문田文과 공적을 다투다가 초나라로 달아나 초 도왕悼王의 상국이 되어 부국강병을 위한 개혁 정책을 펼쳤다. 도왕이 죽은 후 개혁에 불만을 품은 초 왕실 종친들에 의해 살해되었다.(『사기』 권65 「손자오기열전」)

169 삼진三晉: 춘추시대 진晉나라를 삼분한 위魏, 조趙, 한韓이다.

170 금근거金根車: 황금색으로 장식한 천자의 수레로 말 여섯 마리가 이끈다.

171 오시부거五時副車: 천자의 수레를 수행하는 부속 의장용 수레다. 오색으로 이루어지며 입거立車와 안거安車로 나뉜다. 청립거青立車, 청안거青安車, 적립거赤立車, 적안거赤安車, 황립거黃立車, 황안거黃安車, 백립거白立車, 백안거白安車, 흑립거黑立車, 흑안거黑安車로 구성된다.

유비가 장비, 마초, 오란吳蘭을 파견하여 하변下辯(甘肅 成縣 서남)에 주둔하자 [위왕이] 조홍을 파견하여 막게 했다.

23년(218) 봄 정월, 한나라 태의령太醫令 길본吉本, 소부少府 경기耿紀, 사직司直 위황韋晃 등이 반란을 일으킨 후 허도를 공격하여 승상장사丞相長史 왕필王必의 군영을 불태웠다.○1) 왕필과 영천의 전농중랑장典農中郎將 엄광嚴匡이 그들을 토벌하여 베어 죽였다.○2) 조홍이 오란을 격파하고 그의 장수 임기任夔 등을 베어 죽였다.

○1) 『위무고사』에 위왕의 명령문이 실려 있다. "겸직 장사長史 왕필은 내가 가시밭길을 헤치며 고생할 때 〔나를 수행한〕 관리다. 충성스럽고 유능하고 매우 근면하며 마음도 쇠나 돌과 같이 단단한 나라의 훌륭한 관리다. 등용에 오랫동안 차질이 생겨 아직 그를 초빙하지 못했다. 이는 기린과 천리마를 버려두고 타지 않는 것이니 이제 어찌 호들갑을 떨며 다른 말을 구하겠는가? 따라서 그를 초빙하여 알맞은 부서에 배치하고, 겸직 장사로 직무를 총괄하던 일은 이전과 같이 유지하게 하라."

○2) 『삼보결록三輔決錄』 주注172: "이때 경조京兆(陝西 西安 북쪽)에 김위金禕란 사람이 있었는데 자는 덕위德禕였다. 자신이 대대로 한나라 신하였다고 여겼으며, 김일제金日磾173가 망하라莽何羅를 토벌할 때부터 〔그의 가문은〕 충성

172 『삼보결록三輔決錄』 주注: 후한 말기 조기趙岐가 도성 인근 삼보三輔 땅의 역사와 인물의 사적을 기록한 책으로 진晉나라 지우摯虞가 주를 달았다. 『수서』 「경적지」에는 모두 7권이 있었다고 기록되어 있다. 원서는 전해오지 않고 청나라 때 편집한 집본이 전한다.

173 김일제金日磾: 본래 흉노 휴저왕休屠王의 태자였다. 휴저왕이 죽은 후 한나라에 포로로 잡혀왔다가 한 무제에게 충성을 바쳤다. 『한서』 권68 「김일제전金日磾傳」에 따르면 망하라莽何羅가 무제를 시해하려는 낌새를 알아채고 그를 사로잡아 무제의 총애를 받았고 무제 임종 때 곽거병霍去病, 상관걸上官桀과 함께 소제少帝를 보호하라는 유명遺命을 받았다고 한다. 투후秺侯에 봉해졌다.

심을 뚜렷하게 드러냈고 명성과 절개를 대대로 이어갔다. 그러다가 한나라의 운명이 장차 옮겨 가려는 형세를 보고 그것을 중흥할 수 있다 여겼다. 이에 개탄하며 울분을 터뜨리고, 마침내 경기, 위황, 길본, 길본의 아들 길막吉邈, 길막의 아우 길목吉穆 등과 모여 모략을 꾸몄다. 경기는 자가 계행季行이고 어려서부터 좋은 명성을 얻어 승상연丞相掾이 되었다. 위왕은 그를 존경하며 기이하게 여기고 시중으로 승진시켜 소부少府에서 일하게 했다. 길막은 자가 문연文然이고, 길목은 자가 사연思然이었다. 이들은 김위에게 비분강개한 김일제의 기풍이 있고 또 그가 왕필과 친하게 지내자 두 사람을 이간시키려 했다. 만약 왕필을 죽일 수 있으면 천자를 끼고 위나라를 공격하여 남쪽으로 유비를 도우려 했다. 이때 관우가 강성했다. 위왕은 업鄴에 있으면서 왕필을 머물게 하고 그를 시켜 군사를 관리하며 허도의 일을 감독하게 했다. 문연 등은 잡인雜人 및 가동家僮 1000여 명을 인솔하고 밤에 문을 불태우며 왕필을 공격했고, 김위는 사람을 시켜 안에서 호응하게 했는데 화살이 왕필의 어깨에 맞았다. 왕필은 공격하는 자가 누구인지 모르고 평소에 김위와 친했기 때문에 김위에게 달아나 몸을 맡기려 했다. 밤에 '덕위!'라고 부르자 김위의 집에서는 그가 왕필인 줄 모르고 문연 등이 왔다고 여겼다. 그래서 대답을 잘못했다. '왕 장사가 이미 죽었소? 경들의 일이 성공했소?' 이에 왕필은 다시 다른 길로 달아났다. 일설에는 왕필이 김위에게 몸을 맡기려 하자 그의 장하독帳下督이 왕필에게 다음과 같이 말했다고 한다. '오늘 같은 일이 발생했는데 지금 도대체 누구 집에 몸을 맡겨야 하는지 아십니까?' 그리고 왕필을 부축하여 남쪽 성城으로 달아났다. 날이 밝아올 무렵에도 왕필은 여전히 건재했고, 문연 등은 무리가 흩어졌기 때문에 모반이 실패했다. 10여 일이 지나서 왕필은 결국 상처가 악화하여 죽었다."『헌제춘추』: "경기와 위황 등을 잡아 참수하려 하자 경기가 위왕의 이름을 부르며 말했다. '나 스스로 생각을 내지 못하고, 결국 조무래

기들 때문에 일을 망쳤으니 한스럽다!" 위황은 머리를 부딪치고 뺨을 치며 죽음에 이르렀다. 『산양공재기』: "위왕은 왕필이 죽었다는 소식을 듣고 몹시 화를 내며 한나라 조정의 백관을 업鄴으로 오게 한 후 그날 불을 끈 사람은 왼쪽에 서게 하고, 불을 끄지 않은 사람은 오른쪽에 서게 했다. 사람들은 불을 끈 사람이 반드시 무죄일 것으로 여기고 모두 왼쪽으로 붙었다. 위왕은 '불을 끄지 않은 사람은 반란을 돕지 않았고, 불을 끈 사람은 기실 도적이다'라고 하며 모두 죽였다."

3월, 장비와 마초가 한중으로 달아났고, 음평陰平(甘肅 文縣 서쪽)**의 저족**氐族 **강단**強端**이 오란을 참수하고 그 머리를 위왕에게 보냈다.**

여름 4월, 대군代郡(山西 陽高 동북)**과 상곡의 오환족**烏丸族 **무신저**無臣氐[174] **등이 반란을 일으키자 언릉후**鄢陵侯(河南 鄢陵 서북) **조창**曹彰**을 파견하여 토벌하고 격파했다.**○

○ 『위서』에 위왕이 내린 명령이 실려 있다. "작년에 하늘이 역병을 내려 백성을 상하게 했고, 대군이 밖에 주둔하자 토지 개간이 줄어들어 나는 이 사태를 매우 걱정했다. 이에 관리와 남녀 백성에게 명령을 내린다. '여자 나이 70세 이상 중에서 남편이나 자식이 없는 사람, 12세 이하 중에서 부모 형제가 없는 아이 및 눈이 보이지 않는 사람, 손으로 일을 할 수 없는 사람, 발로 걸을 수 없는 사람, 그리고 처자나 부형 중에 생업이 없는 사람은 관청 창고의 곡식을 풀어 죽을 때까지 부양하도록 하라. 어린아이는 12세에 이르면 중지하고, 스스로 먹고살 수 없는 빈궁한 자에게는 식구 수에 따라 곡식을 빌려주

---

174 무신저無臣氐: 이 책 권30 「선비전鮮卑傳」에는 '능신저能臣氐'로 기록되어 있다.

라. 반드시 부양인이 있어야 하는 노인 중에서 90세 이상은 다시 노역에 동원하지 말라. 한 가구에 한 사람으로 제한한다.'"

6월, [위왕이] 명령했다. "옛날에 장례를 치를 때는 반드시 척박한 땅에 사자를 묻었다. 지금 서문표西門豹[175] 사당 서쪽 들판을 측량하여 수릉壽陵을 만들라. 높은 곳을 기반으로 해서 땅에 흙을 쌓지도 말고 나무도 심지 말라. 『주례』에 따르면 총인冢人이 임금 능묘의 토지를 관리하고, 모든 제후는 능묘의 좌우 앞쪽에 묻고, 경대부는 뒤에 묻는다고 한다. 한나라 제도에서도 이를 배릉陪陵이라고 한다. 공경대부와 장수들 중에서 공훈이 있는 사람은 수릉에 배장해야 하니, 묘역을 확대하여 이들을 수용할 수 있게 하라."

가을 7월, 병력을 잘 가다듬어 마침내 서쪽으로 유비를 정벌하러 나섰다.

9월, 장안에 이르렀다.

겨울 10월, 완성宛城(河南 南陽)의 수장守將 후음侯音 등이 반란을 일으켜 남양 태수를 사로잡고 관리와 백성을 약탈한 후 완성을 지켰다. 당초에 조인이 관우를 토벌하기 위해 번성樊城(湖北 襄陽 樊城)에 주둔했는데 이달에 조인을 시켜 완성을 포위하게 했다.

24년(219) 봄 정월, 조인이 완성을 도륙하고 후음을 베어 죽였다.° 하후연이 유비와 양평에서 싸우다가 유비에게 살해되었다.

---

175 서문표西門豹: 전국시대 위魏 문후文侯 때 업鄴 땅의 태수로 부임하여 하백河伯에게 처녀를 제물로 바치던 미신을 근절했다.

○『조만전』: "이때 남양 지역이 노역에 고통을 받자 이에 후음이 남양 태수 동리포東里袌[176]를 사로잡고 그곳 관리·백성과 함께 반란을 일으켜 관우와 연합했다. 남양 공조 종자경宗子卿이 후음에게 유세했다. '족하께서 민심에 순응하여 대사를 일으키니 원근 사람들 중에 그 풍모를 우러러보지 않는 이가 없습니다. 그러나 군郡의 장수들을 잡아두는 것은 역모이므로 아무 이익이 없습니다. 어찌하여 풀어주지 않습니까? 저는 족하와 힘을 합치겠습니다. 조공의 군사가 오기를 기다리는 동안 관우의 군사도 도착할 것입니다.' 후음은 그 말에 따라 바로 태수를 석방했다. 종자경은 밤을 틈타 성을 넘어 도망친 후 마침내 태수와 함께 남은 백성을 수습하여 후음을 포위했다. 마침 조인의 군사가 당도하자 함께 후음의 무리를 섬멸했다."

3월, 위왕이 장안에서 사곡으로 나가 군대를 동원하여 요새를 차단하고 한중으로 다가갔다가 마침내 양평에 이르렀다. 유비는 험지에 기대 항거했다.○

○『구주춘추』: "이때 위왕이 귀환하려 하면서 명령을 내려 '계륵鷄肋'이라 했다. 관료들이 무슨 말인지 몰랐다. 주부主簿 양수楊脩가 바로 군장을 꾸리자 사람들이 놀라 물었다. '어떻게 귀환할 줄 아시오?' 양수가 말했다. '대저 계륵은 버리려 하면 아깝고, 먹으려 하면 먹을 게 없소. 그것을 한중에 비견했으니 위왕께서 귀환하시려는 뜻을 알았소.'"

여름 5월, [위왕이] 군사를 이끌고 장안으로 귀환했다.

---

176 동리포東里袌: 동리곤東里衮으로 된 판본도 있다.

가을 7월, 부인 변씨卞氏를 왕후로 삼았다. 우금을 파견하여 조인을 도와 관우를 공격하게 했다.

8월, 한수가 범람하여 우금의 군대로 흘러들어 전군이 물에 잠겼다. 관우가 우금을 사로잡고 마침내 조인을 포위했다. 서황을 시켜 구원하게 했다.

9월, 상국 종요가 서조연西曹掾 위풍魏諷의 반란에 연루되어 파면되었다.○

○『세어』: "위풍은 자가 자경子京이고 패현沛縣 사람이다. 사람들을 유혹하는 재주가 있어서 업도鄴都 사람들이 그에게 기울었다. 이 때문에 종요가 그를 초빙했다. 위왕의 대군이 아직 귀환하기 전에 위풍은 몰래 도당을 모았고 또 장락위위長樂衛尉 진위陳禕와 업도 습격을 모의했다. 아직 습격 날짜가 다가오기도 전에 진위는 두려워서 그 일을 태자에게 알렸고, 태자가 그를 주살했다. 연루되어 죽은 자도 수십 명이나 되었다." 왕창王昶의 「가계家誡」177에는 "제음 사람 위풍"이라고 했는데 여기에서는 패현 사람이라고 했다. 자세한 상황을 모르겠다.

겨울 10월, 위왕의 군대가 낙양으로 귀환했다.○1) 손권이 사신을 파견하여 글을 올리고 관우를 토벌하여 스스로 공을 세우겠다고 했다. 위왕이 낙양에

---

177 왕창王昶의 「가계家誡」: 왕창은 삼국 위나라와 진晉나라 장수로 학문에도 뛰어났다. 자가 문서文舒다. 조조에서 조방曹芳에 이르는 4세 동안 산기시랑散騎侍郎, 양렬장군揚烈將軍, 정남장군征南將軍을 역임했고, 사마의司馬懿가 권력을 잡은 후에도 정남대장군, 표기대장군驃騎大將軍을 지내고 경릉후京陵侯에 봉해졌다. 사후 사도司徒로 추증되었고 시호는 목穆이다. 그가 지은 「가계」는 『삼국지』 권27 「왕창전王昶傳」에 전체 문장이 인용되어 있다. "자신의 몸을 보배로 여기고 행실을 온전히 하여, 부모님을 빛나게 하는 것寶身全行, 以顯父母"이 자식된 도리라고 하면서, 충효와 인의를 근본으로 삼고, 사치 숭상과 패거리 짓기를 경계하자는 내용을 담고 있다.

서 남쪽으로 관우 정벌에 나섰다. 아직 도착하지 않았을 때 서황이 관우를 쳐서 격파하자 관우가 도주했고 조인이 포위에서 풀려났다. 위왕의 군대가 마피摩陂에 주둔했다.○2)

○1) 『조만전』: "위왕이 낙양의 북부위 관아를 수리하여 옛날 규모보다 크게 지으라고 했다.

○2) 『위략』: "손권이 글을 올려 자신을 신하로 칭하며 〔위왕에게〕 천명이 귀착된다고 이야기했다. 위왕이 손권의 글을 밖으로 내보이며 말했다. '이 아이가 나를 화로 위에 올려놓으려 하는구나!' 시중 진군陳群, 상서 환계桓階가 아뢰었다. '한나라는 안제安帝 이후로 정치권력이 왕실에서 떠났고 국통도 여러 번 끊어져 오늘날에는 오직 허울뿐인 이름만 남아 있어, 한 자의 땅과 한 명의 백성이 모두 한나라의 소유가 아닙니다. 국운이 다한 지 이미 오래고, 운수도 끊긴 지 이미 오래인데 이는 오늘날에 갑자기 그렇게 된 것이 아닙니다. 이러한 까닭에 환제와 영제 연간에 도참에 밝은 자는 모두 '한나라의 기운이 다했으니 황가黃家가 일어날 것이다漢行氣盡, 黃家當興'라고 말했습니다. 전하께서 이런 시기에 맞춰 열로 나뉜 천하 가운데서 아홉을 차지고서도 한나라를 섬기니 뭇 백성이 전하를 주목하며 원망하고 탄식합니다. 이런 까닭에 손권이 멀리서 신하를 칭한 것입니다. 이것은 하늘과 사람이 호응하는 일이며 기운이 다른 사람들이 같은 소리를 내는 일입니다. 어리석은 신이 생각하기에 순舜 임금과 우禹 임금이 겸손하여 천하를 선양한 것이 아니며, 은나라와 주나라도 임금을 주살하고 추방하는 일에 인색하지 않았습니다. 그들은 모두 하늘을 두려워하며 천명을 알고 〔이 모든 일을〕 사양하지 않은 것입니다.'" 『위씨춘추』: "하후돈이 위왕에게 말했다. '천하 사람들이 모두 한나라의 운수가 이미 다했고 바야흐로 다른 왕조가 일어난다는 사실을 압니다. 자고이래로 백성의 해악을 제거하고 백성의 마음

을 얻는 사람이 백성의 주인이 되었습니다. 지금 전하께서는 30여 년 동안 군사를 부려 그 공덕이 백성에게 분명하게 드러났으므로 천하 사람들이 귀의하고 있습니다. 이는 하늘의 뜻에 부응하고 민심을 따르는 일인데 다시 무엇을 의심하십니까?' 위왕이 말했다. '〔효도와 우애를〕 정치에 시행하는 것 또한 정치를 하는 것이다.[178] 만약 천명이 나에게 있다면 나는 주 문왕이 되겠다.'" 『조만전』 및 『세어』에서는 모두 환계가 위왕에게 황위를 바로 잡으라 권했다고 했다. 하후돈은 응당 먼저 촉나라를 멸해야 하고, 촉나라가 망하면 오나라도 복종할 것이므로, 두 곳을 평정한 연후에 순 임금과 우 임금의 행적에 따라야 한다고 생각했다. 위왕도 이를 따랐다. 위왕이 세상을 떠나자 하후돈은 앞의 말을 돌아보며 한탄하다가 병이 들어 죽었다. 손성이 이를 비평했다. "하후돈은 한나라 관리가 되는 것을 치욕으로 여기고 위나라 관인을 받겠다고 요청했다. 환계를 하후돈에 비교해보면 의리 있고 솔직하다고 할 수 있다. 그의 전기를 살펴보면 『세어』의 기록이 망령됨을 알 수 있다."

25년(220) 봄 정월, 위왕이 낙양에 당도했다. 손권이 관우를 공격하여 참수하고 그의 머리를 [위왕에게] 전해왔다.

경자일庚子日에 위왕이 낙양에서 세상을 떠났다. 향년 66세였다.[01)] 유언으로 명령했다. "천하가 아직 안정되지 못했으니 옛 장례 제도를 따르지 말고, 장례가 끝나면 바로 상복을 벗어라. 수자리에 주둔한 장졸들은 모두 주둔지를 떠나지 말라. 담당 관리들은 각각 자신의 부속 관리들을 잘 통솔하라. 평상복

178 정치에…것이다: 『논어論語』「위정爲政」에 나오는 말이다. 공자가 『상서』「군진君陳」에 나오는 말을 요약하여 인용했다. "施于有政, 是亦爲政."

으로 염을 하고 금과 옥 등 진귀한 보배를 부장하지 말라." 시호는 무왕武王이라 했고 2월 정묘일丁卯日에 고릉高陵에 안장했다.○2)

○1) 『세어』: "태조가 한중에서 낙양에 이르러 건시전建始殿을 짓기 위해 탁룡사濯龍祠의 나무를 베자 그 나무에서 피가 흘러나왔다." 『조만전』: "위왕이 목수 소월蘇越을 시켜 아름다운 배나무를 옮기려고 땅을 파자 나무뿌리에 상처가 났는데 그곳에서 모두 피가 흘러나왔다. 소월이 상황을 아뢰자 위왕이 몸소 살펴보고 싫어하며 불길하게 여겼다. 돌아와서 마침내 병이 나서 누웠다.

○2) 『위서』: "태조는 해내를 통솔하고 제어하며 추악한 패거리를 제거해온 이래로 그 행군과 용병술을 대체로 손자와 오자의 병법에 의지했다. 상황에 따라 기이한 전술을 써서 적을 속이고 승리를 얻는 방법이 귀신처럼 변화막측했다. 스스로 『병서兵書』 10만여 언言을 지었고 장수들은 정벌을 나갈 때 모두 이 새 『병서』에 근거하여 일을 처리했다. 또 전투에 임하여 직접 군사를 지휘했는데 명령에 따른 자는 승리했고 지시를 어긴 자는 패배했다. 적과 대치할 때도 마음이 편안하여 마치 싸우지 않으려는 사람과 같았다. 그러나 결전이 벌어져 승세를 탈 때는 기세가 충천하여 싸울 때마다 반드시 이겼는데 그의 군대는 요행으로 승리한 적이 없었다. 사람을 잘 알아보고 관찰을 잘해서 거짓 언행으로 현혹하기가 어려웠다. 군대의 행진 대오에서 우금과 악진을 선발했고, 멸망한 포로 속에서 장료와 서황을 발탁했다. 이들은 모두 주군을 보좌하여 공을 세우고 명장의 반열에 올랐다. 그 나머지 미천한 사람들 중에서 발탁하여 목수牧守로 등용한 이는 이루 헤아릴 수 없이 많다. 이러한 까닭에 대업을 개창할 때 문무의 계책을 모두 펼쳤고, 군사를 거느린 30여 년 동안 손에서 책을 놓지 않았다. 낮에는 병법 대책을 강론하고 밤에는 경전의 뜻을 생각했다. 높은 곳에 오르면 반드시 감상을 읊으며 신

시新詩를 지어 관현악기로 연주하게 했는데 이 모든 시가 악장樂章이 되었다. 재주와 힘이 절륜하여 손으로 나는 새를 쏘아 맞혔고, 몸으로 맹수를 사로잡았다. 일찍이 남피에서는 하루에 꿩을 63마리나 잡았다. 궁실을 지을 때도 기구를 잘 만들어 법칙을 만들어내지 않은 적이 없었는데 그때마다 자신의 생각을 다 발휘했다. 본성이 검소해서 화려함을 좋아하지 않았다. 후궁들도 비단에 수놓은 옷을 입지 않았고, 시종들도 두 가지 색깔이 들어간 신발을 신지 않았다. 휘장과 병풍도 망가지면 보수하게 했고 온기를 얻기 위해 까는 자리나 담요도 테두리를 화려하게 장식하지 않았다. 성을 공격하고 읍을 함락하여 아름답고 화려한 물건을 얻으면 모두 공을 세운 사람에게 하사했다. 공훈을 세운 사람에게는 포상을 마땅하게 하며 천금을 아끼지 않았지만 공이 없는 자가 시혜를 바라면 털끝만큼도 나눠주지 않았다. 사방에서 바친 물건은 아랫사람들과 공유했다. 항상 장례 제도와 염습殮襲 부장품 수량을 번거롭게 하면 아무 이익이 없는데도 세속에서는 또 과다함을 추구한다고 여겼다. 이 때문에 죽은 후 입을 의복을 스스로 미리 제정했는데 네 상자에 불과했다." 『부자』: "태조는 딸이 출가할 때 사치가 심함을 근심하여 모두 검은색 장막을 쓰게 하고 수행 하녀도 열 사람을 넘지 못하게 했다." 장화張華의 『박물지博物志』[179]: "한나라 때 안평의 최원崔瑗[180]과 최

179 장화張華의 『박물지博物志』: '장화'는 위진 시대 문학가, 정치가, 장서가로 자가 무선茂先이다. 중서랑, 탁지상서度支尙書, 태상太常, 사공司空 등을 역임하고 무군공武郡公에 봉해졌다. 시부에 능하고 문장에 뛰어나 다양한 저작을 남겼지만 대부분 전해오지 않는다. 그의 저작 『박물지』는 산천, 지리, 금수, 인물, 신화, 고사, 신선, 방술 등에 관한 백과전서로 본래 400권이었으나 진 무제가 장화에게 명령하여 10권으로 줄였다. 원본은 실전되었고 후세 사람의 집본輯本이 전해온다.

180 최원崔瑗: 후한 안제安帝와 순제順帝 때의 서예가 겸 문학가다. 저명한 학자 최인崔駰의 아들이다. 그의 스승 두도杜度의 초서를 더욱 발전시켜 흔히 최두崔杜로 병칭되었다. 『진서晉書』 열전列傳 제6第六 「위항전魏恒傳」에 따르면 초서 이론을 정리한 『초서세草書勢』란 저작도 썼다고 한다. 『문선』 권56에 그가 쓴 「좌우명座右銘」이 실려 있다.

원의 아들 최식崔寔,[181] 홍농의 장지張芝[182]와 장지의 아우 장창張昶[183]이 모두 초서를 잘 썼고, 태조가 그다음이었다. 환담桓譚[184]과 채옹蔡邕은 음악에 뛰어났고, 풍익의 산자도山子道, 왕구진王九眞, 곽개郭凱 등은 바둑을 잘 뒀다. 태조도 그들과 모두 막상막하의 실력을 과시했다. 또 양생술도 좋아했고 약방문도 이해해서 방술方術에 뛰어난 인사를 초빙했다. 여강의 좌자左慈, 초군楚郡(江蘇 徐州)의 화타華佗, 감릉의 감시甘始, 양성陽城(河南 登封 동남)의 극검郤儉이 모두 초빙받아 왔다. 또 〔태조는〕 야생 칡을 한 자〔尺〕까지 먹었고, 독약인 짐주鴆酒도 조금씩 마셨다." 『부자』에 또 관련 기록이 있다 "한나라 말기 왕공들은 대부분 왕공의 전통 복장은 버려두고 헝겊 두건을 쓰는 것이 우아하다고 여겼다. 이런 까닭에 원소와 최균崔鈞[185]의 무리는 비록 장수 신분임에도 모두 비단 두건을 썼다. 위 태조는 천하에 흉년이 들어 자원이 부족하자 옛날 피변皮弁을 모방하여 비단으로 모자〔帢〕를 만들었다. 이는 간편하게 시속을 따르는 뜻에도 부합했고, 색깔로 귀천을 구분하여 지금까지도 시행하고 있다. 그러나 이는 군대의 복장이지 나라의 복장

---

181 최식崔寔: 후한 후기 환제桓帝와 영제靈帝 때의 대신, 서예가다. 저명한 서예가 최원의 아들로 자신도 초서에 뛰어났다. 오원五原 태수, 요동遼東 태수 등을 역임하고 상서尙書에 올랐다. 검약하고 청렴한 처신으로 명성이 높았다. 『정론政論』 『사민월령四民月令』 등의 저작을 남겼다.

182 장지張芝: 자가 백영伯英이어서 흔히 장백영張伯英으로 불린다. 후한 말기 서예가로 초서 중에서도 장초章草를 잘 써서 초성草聖으로 일컬어진다. 최원과 두도의 초서를 변화시켜 금초今草를 완성했다. 후대의 왕희지는 역대 서예가 중 가장 숭배하는 인물로 장지와 종요鍾繇를 꼽았다고 한다. 저작으로 서예 이론서인 『필심론筆心論』 5편이 있었다고 하나 지금은 전해오지 않는다. 『순화각첩淳化閣帖』에 그의 서예 작품 5점이 전해 온다.

183 장창張昶: 자가 문서文舒다. 후한 말기 초성草聖으로 불린 서예가 장지의 아우여서 아성亞聖으로 불리기도 했다. 초서뿐만 아니라 예서와 팔분체에도 뛰어났다. 「서악화산당궐비명西嶽華山堂闕碑銘」이 그의 작품으로 알려져 있다.

184 환담桓譚: 전한 말기에서 후한 초기에 활동한 다재다능한 학자다. 유가 경전에 능통했고, 음악에도 뛰어났다. 장악대부掌樂大夫, 태중대부, 의랑급사중議郞給事中 등을 역임했다. 저작으로 『신론新論』 29편이 있었다고 하나 지금은 그 일부만 전한다. 『예문유취藝文類聚』에 그의 문장 「선부仙賦」 「진시정소陳時政疏」 「억참중상소抑讖重賞疏」 등이 실려 있다.

185 최균崔鈞: 원문은 최표崔豹로 되어 있으나 『삼국지집해』의 고증에 따른다.

은 아니다." 『조만전』: "태조는 사람됨이 방정맞고 위엄과 무게가 없었다. 음악을 좋아하여 배우들을 곁에 두고 항상 대낮부터 저녁까지 즐겼다. 가벼운 생사生絲로 만든 옷을 입었으며, 몸에는 작은 가죽 주머니를 차고 그 속에 수건이나 잡동사니를 넣었다. 때때로 비단 모자(帢帽)를 쓰고 빈객을 만났다. 매번 사람들과 이야기를 나눌 때는 함부로 농담을 하며 아무 거리낌이 없었다. 기쁨에 겨워 크게 웃을 때는 심지어 머리를 식탁에 부딪쳐 안주나 음식이 모두 그의 두건에 어지럽게 묻었다. 경박하기가 이와 같았다. 그러나 법 집행은 매우 각박하여 장수들 중에서 자기보다 뛰어난 계책을 내는 자가 있으면 마음대로 법을 적용해 죽였다. 친구들과 맺은 묵은 원한도 모두 남김없이 갚았다. 사형을 집행할 때는 문득 사형수를 마주하고 눈물을 흘리며 통곡하면서도 끝내 살려주는 법은 없었다. 당초에 원충袁忠이 패국沛國의 상相이 되어 법으로 태조를 다스리려 한 적이 있고, 패국의 환소桓邵도 태조를 경시했다. 연주에 있을 때는 진류의 변양邊讓이 어떤 일을 논의하다가 태조의 기분을 좀 상하게 했다. 태조는 변양을 죽이고 그 가족까지 몰살했다. 원충과 환소가 모두 교주交州로 피란하자 태조는 태수 사섭士燮을 보내 그들의 가족을 모두 죽였다. 환소가 자수하여 뜰 안에서 절을 올리며 사죄하자 태조가 말했다. '무릎을 꿇는다고 죽음에서 벗어날 수 있겠느냐?' 결국 그를 죽였다. 항상 출병하여 보리밭을 지날 때는 '병졸들은 보리를 상하게 하지 말라. 어기는 자는 사형이다'라고 명령을 내렸다. 기병들은 모두 말에서 내려 보리를 옆으로 밀치며 보리의 본래 모습이 유지되게 했다. 이때 태조의 말이 뛰어올라 보리밭 속으로 들어갔다. 태조는 주부主簿에게 죄를 논의하게 했다. 주부는 『춘추』의 뜻으로 대답하며 존귀한 사람에게는 형벌을 가하지 않는다고 했다. 태조가 말했다. '법을 만든 자가 스스로 법을 어기면 어떻게 아랫사람을 다스릴 수 있겠느냐? 그러나 나는 군대의 장수이니 자살은 할 수 없고 스스로 형벌을 시행하겠다.' 그리고 바로 칼을 빼서 머리카락을 잘라 땅에다 던졌다. 또 태조의 애희愛姬가 늘 그의 낮잠을 수행했다. 그녀를 베고 누워서 '잠시 후 나를 깨워라'라고 말했다. 애희는 태조가 달게 자는 것을 보고 바로 깨우지 못했다. 태조는 스스로 잠이 깨어 몽둥이로 그녀를 때려 죽였다. 늘 적을 토벌했는데, 창고의 곡식이 부족하자 몰래 군량 담당자에게 물었다. '어떻게 하면 좋으냐?' 군량 담당자가 말했다. '작은 곡[斛]을 쓰면 넉넉하게 공급할 수 있습니다.' 태조가 말했다. '좋다.' 뒤에 군대 안에서 태조가 군사들을 속인다는 말이 나돌았다. 태조가 군량 담당자에게 말했다. '특별히 자네의 죽음을 빌려 군사들의 불만을 잠재워야겠네. 그렇지 않으면 일을 해결할 수 없어.' 이에 그를 참수하여 머리에 다음과 같은 글을 써붙이고 조리돌림을 했다. '작은 곡을 써서 관官의 곡식을 도둑질했으니 군문軍門에서 참수했다.' 태조의 포악하고 간사함이 모두 이와 같았다."

논평하여 말한다. 한나라 말기에 천하 대란이 발생하자 영웅호걸이 함께 일어났다. 원소는 호시탐탐 사주四州를 노렸는데 그 강성함에 대적할 자가 없었다. 태조는 방책을 짜고 지모智謀를 펼치며 군대로 천하를 정벌했다. 신불해申不害[186]와 상앙商鞅[187]의 법가 통치술을 따오고, 한신韓信[188]과 백기白起[189]의 기발한 계책을 운용했다. 관직은 재능이 있는 자에게 주면서 각각 그들의 능력에 따랐다. 감정을 절제하고 책략에 따라 일을 처리했으며 지난날의 나쁜 행

186 신불해申不害: 전국시대 정鄭나라 사람이었으나 한韓나라가 정나라를 멸한 후 한나라 승상에 등용되었다. 법가 사상을 선도한 사람 중 하나다. 법가 사상을 바탕으로 한나라의 개혁을 추진하여 부국강병을 이뤘다.

187 상앙商鞅: 위나라 사람이어서 위앙衛鞅으로 불리기도 하지만 본래 성은 공손公孫 이름은 앙鞅이다. 위나라에서 등용되지 못하자 진효공秦孝公 때 진秦나라로 가서 좌서장左庶長에 임명되었다. 형명학刑名學에 기반을 둔 법가 사상으로 진나라를 강국으로 만들고 상商 땅에 봉토를 받아 상앙商鞅 또는 상군商君으로 불리게 되었다. 진효공 사후 공자건公子虔의 모함을 받아 거열형에 처해졌다. 저서로 『상군서商君書』가 있다.

동은 염두에 두지 않았다. 마침내 황제의 업무를 총괄하고 대업을 완성할 수 있게 된 것은 오로지 밝은 책략이 가장 뛰어났기 때문이다. 또한 그는 일상을 벗어난 비범한 인물이며 세상을 뛰어넘는 호걸이라 할 수 있다.

---

188 한신韓信: 이 책 권1 「무제기」 건안 22년 해당 각주 참조.

189 백기白起: 전국시대 진秦 소양왕昭襄王 때의 명장이다. 뛰어난 병법 운용으로 초나라와 조나라를 격파하는 등 수많은 전공을 세우고 무안군武安軍에 봉해졌다. 장평대전長平大戰에서는 조趙나라 군사 45만을 살육했다. 조나라 한단邯鄲 공격을 두고 소양왕과 대립하다가 소양왕이 내린 칼로 자결했다.(『사기』 권73 「백기왕전열전白起王翦列傳」)

권2 위지魏志 2

문제기 文帝紀

고조高祖 문황제文皇帝 조비曹丕

문황제文皇帝는 휘諱가 비丕요, 자가 자환子桓이고 무제의 태자다. 중평 4년(187) 겨울 초현譙縣에서 태어났다.○

○『위서』: "문제가 태어날 때 푸르스름한 구름 기운이 서렸는데 그 모양이 둥글어 마치 수레덮개가 위를 덮고 있는 것 같았다. 온종일 사라지지 않자 기氣를 관찰하는 사람이 이것은 지극히 고귀한 사람이 태어났다는 증거이지 신하의 기운은 아니라고 여겼다. 나이 8세에 문장을 지을 수 있었다. 재주가 뛰어나서 고금 경전과 제자백가의 책을 두루 꿰뚫었다. 말타기와 활쏘기를 잘 했고 격검도 좋아했다. 수재秀才에 천거되었으나 나가지 못했다."『헌제기거주』: "건안 13년(208) 사도司徒 조온趙溫에게 초빙되었다. 태조가 표문表文을 올려 말했다. '조온이 신의 자제를 초빙하면서 추천 제도를 사실에 따라 운영하지 않았습니다.'[1] 이에 시중侍中 수광록훈守光祿勳 치려로 하여금 지절持

1 조온이…않았습니다: 조온이 조조의 아들 조비를 초빙하여 겨우 하급 속관 연掾으로 삼았기 때문에 조조가 분노한 것이다. 당시에 조조는 사공司空에다 무평후에 봉해졌기 때문에 규정상 그의 아들은 더 높은 관직에 임명되어야 했다.

節의 권한을 갖고 책문策文을 받들고 가서 조온의 관직을 파면하게 했다."

건안 16년(211) 오관중랑장 겸 부승상이 되었다.

22년(217) 위나라 태자로 책봉되었다.○1) 태조가 붕어하자 그 지위를 이어받아 승상과 위왕이 되었다.○2) 위왕의 왕후를 높여 왕태후라 불렀다. 건안 25년을 개원改元하여 연강延康 원년이라 했다.

○1) 『위략』: "태조가 제때에 태자를 책봉하지 않자 태자가 스스로 의혹을 품었다. 이때 고원려高元呂란 자가 관상을 잘 봤다. 이에 그를 불러 물었다. 그가 대답했다. '고귀함을 말로 표현할 수 없습니다.' 또 물었다. '몇 살까지 살겠소?' 원려가 대답했다. '나이 40세에 이르러 작은 고초가 있겠지만 그 시기를 넘기면 걱정이 없습니다.' 그 뒤 얼마 지나지 않아 왕태자로 책봉되었고 나이 40세에 이르러 세상을 떠났다."

○2) 원굉袁宏의 『한기漢紀』[2]에 한나라 황제의 조서가 기록되어 있다. "위 태자 조비는 들으라. 지난날 하늘은 그대의 뛰어난 부친을 탄생시켜 우리 황실을 돕게 했다. 〔그대의 부친은〕 마침내 간흉들을 제거하고 구주를 안정시켜 위대한 공적이 우주에 빛난다. 짐은 손을 모으고 병풍에 의지하여 나라를 다스린 지 20여 년이 지났다. 하늘은 원로 한 분을 남겨 짐 한 사람을 길게 보호하려 하지 않고 이토록 빨리 그 신령함을 감추게 했으니 애도하는 마음에 슬프기 그지없다. 그대 조비는 혁혁한 선조가 밝은 치적을 펼쳤으니 마땅히 문무 대권을 맡아 지난 전통을 잇고 빛내야 한다. 지금 사지절

---

2 원굉袁宏의 『한기漢紀』: '원굉'은 동진 시대 문학가 겸 사학자로 자가 언백彦伯이며 어릴 때 이름은 호虎다. 기실記室, 동양東陽 태수 등을 역임했다. 당시 출간된 몇 가지 『후한서』에 불만을 품고 『후한기後漢紀』 30권을 지었다. 『한기』는 바로 『후한기』를 가리킨다.

어사대부 화흠을 시켜 책봉 조서를 받들고 가서 그대 조비에게 승상의 인수, 위왕의 옥새를 수여하고 기주목에 임명한다. 지금도 밖에는 도적이 남아 있고 먼 곳의 오랑캐는 복종하지 않고 있다. 휻날리는 깃발과 울리는 북이 아직도 변경에 있으며 방패와 창을 감추지 않고 있다. 지금이 바로 위대한 업적을 선양하고 공훈을 세워 이름을 후세에 남길 시절이다. 어찌 장례 예절이나 강구하며 증삼曾參과 민자건閔子騫[3]의 뜻만 탐구할 수 있겠는가? 짐의 명령에 삼가 복종하고, 걱정과 근심을 억누르고, 가문의 전통을 공경으로 받들고, 수많은 공적을 밝게 드러내서 짐의 뜻에 부응하라. 아아! 힘쓰지 않을 수 있겠는가?"

연강延康 원년(220) 2월○ 임술일壬戌日(16일)에 태중대부 가후賈詡를 태위로 삼고, 어사대부 화흠을 상국으로 삼고, 대리大理 왕랑을 어사대부로 삼았다. 산기상시散騎常侍, 시랑侍郎 직 각 4명을 새로 설치했고, 환관으로서 관리가 된 자는 각 부서의 영令 직을 넘지 못하게 했다. 금책金策[4]을 만들어 조령詔令을 새기고 그것을 석실에 보관하게 했다.

○ 『위서』에 「경술령庚戌令」(初4일 경술일에 내린 명령문)이 실려 있다. "관문과 나루는 상인과 여행객의 통행을 위한 곳이요, 연못과 원림의 물은 화재와 가뭄을 막기 위한 것이지만 그곳에 금지 구역을 설치하여 세금을 무겁게 받는 것은 백성을 편하게 하기 위한 방법이 아니다. 연못과 원림의 금지를 풀고 관문과 나루의 세금을 가볍게 하여 모두 10분의 1 세율을 회복하라." 신해일辛亥日(初5일)에 왕후장상과 그 이하 대장에게 곡식 1만 곡, 비단 1000필, 금과

3 증삼曾參과 민자건閔子騫: 공자의 뛰어난 제자로 모두 효도로 명망이 높았다.

4 금책金策: 국가 대사나 제왕의 조칙·명령을 새긴 금金 간책이다.

은을 각각 등급에 따라 차이를 두어 하사했다. 사자를 파견하여 군국郡國을 순행하면서, 법률을 어기고 가렴주구로 포악한 정치를 하는 자가 있으면 모두 그 죄를 들어 보고하게 했다.

당초, 한 희평熹平[5] 5년(176)에 황룡이 초현에 나타났을 때 광록대부光祿大夫 교현橋玄이 태사령太史令 선양單颺에게 물었다. "이것이 무슨 징조요?" 선양이 대답했다. "이 나라에 이후 왕이 될 사람이 일어날 것이며, 50년이 되지 않아 이런 조짐이 다시 나타날 것이오. 하늘의 일은 형상이 일정하기 때문에 이것이 하늘의 뜻에 부응하는 조짐이오." 내황의 은등殷登이 아무 말 없이 이 말을 기록했다. 이후 45년이 지나서도 은등은 아직 생존해 있었다. 3월에 황룡이 초현에 나타나자 은등이 소문을 듣고 말했다. "선양의 말이 이것을 증명하는구나!"○

○『위서』: "위왕이 은등을 불러보고 말했다. '옛날 성풍成風은 복초구卜楚丘 부친의 점괘 풀이를 듣고 계우季友를 공경하며 섬겼소.[6] 등신鄧晨[7]은 소공少公의 말을 믿고 스스로 광무제에게 투신했소. 은등은 연로해서도 점술을 가슴에 간직하고 천도를 기록했소. 어찌 이런 분이 있겠소?' 이에 은등에게 곡식 300곡을 하사하고 사람을 시켜 귀가를 돕게 했다."

---

5 희평熹平: 후한 영제의 두 번째 연호로 172~178년에 사용되었다.

6 춘추시대 노 환공은 자신의 아들 계우季友가 태어나려 할 때 점술가 복초구卜楚丘의 부친에게 새로 태어날 자식의 미래를 점치게 했다. 그러자 복초구의 부친은 태어날 아이의 이름을 우友로 짓게 되고 장차 노나라 공실을 떠받칠 인재가 될 것이라고 예측했다. 그 소문을 들은 노 장공莊公(환공의 아들)의 첩 성풍成風은 계우를 공경하며 자신의 아들 신申(僖公)을 그에게 부탁했고, 나중에 계우는 신을 노나라 보위에 올렸다.(『좌전』 민공閔公 2년)

7 등신鄧晨: 후한 개국 황제 광무제 유수劉秀의 자형姊兄이다. 광무제를 따라 거병하여 혁혁한 전공을 세웠다. 중산 태수, 여남 태수, 정위경廷尉卿 등 관직을 역임하고 서화후西華侯에 봉해졌다. 그는 완宛 땅 출신 도참가 채소공蔡少公이 유수가 천자가 된다는 예언을 하자 그 말을 믿고 유수를 섬기며 후한 개국공신이 되었다.(범엽, 『후한서』 권15「이왕등래열전李王鄧來列傳」)

기묘일己卯日(초3일)에 전장군前將軍 하후돈을 대장군으로 삼았다. 예맥濊貊 선우와 부여扶餘 선우, 언기焉耆[8] 왕과 우전于闐[9] 왕이 각각 사신을 파견하여 예물을 바쳤다.○

○ 『위서』: "병술일丙戌日(초10일)에 사관의 주청奏請대로 중重·여黎·희羲·화和 관직을 설치하여 하늘의 뜻에 삼가 순종하고, 해, 달, 별자리를 두루 관찰하여 천시天時를 받들라고 명령을 내렸다."

신 송지가 살펴본 바를 말씀 올립니다. 『위서』에 이런 말이 실려 있지만 그 직책에 대해서는 듣지 못했습니다. 「정해령丁亥令」에 관련 기록이 있습니다. "고 상서복야尙書僕射 모개毛玠, 봉상奉常 왕수王脩와 양무涼茂, 낭중령郎中令 원환袁渙, 소부少府 사환謝奐과 만잠萬潛, 중위中尉 서혁徐奕과 국연國淵 등은 모두 조정에서 충직했고, 인의를 실천했지만 일찍 세상을 떠나 자손도 미미하여 측은하고 불쌍하다. 모두 자작子爵과 남작男爵으로 봉하고 낭중郎中으로 추존하라."

여름 4월 정사일丁巳日(12일), 요안현饒安縣(河北 監山 남쪽)에서 전해온 말에 흰 꿩[白雉]이 나타났다고 했다.○1) 경오일庚午日(25일)에 대장군 하후돈이 세상을 떠났다.○2)

○1) 『위서』: "요안현에 조세 면제의 상을 내리고, 발해군渤海郡 100호에 소와 술을 하사하여 사흘 동안 큰 잔치를 열게 했다. 또 태상太常이 태뢰로 종묘에 제사를 올리게 했다."

---

8 언기焉耆: 지금의 중국 신장 투르판 분지 서쪽 옌치焉耆를 중심으로 활동했던 고대 국가다. 위구르어로는 카라샤르Qarasahr라고 한다. 오이烏夷 또는 아기니阿耆尼로도 쓴다.

9 우전于闐: 호탄국Khotan의 음차音借로 알려져 있다. 중국 고대 서역에 있던 고대 국가의 하나다. 도성은 서성西城으로 지금의 신장 타림분지 서남쪽 허톈시和田市 웨터간約特干에 유적지가 남아 있다. 본래 불교 국가였으나 1006년 카라한 왕조에 병탄된 후 점차 이슬람화되었다.

○2) 『위서』: "위왕이 소복을 입고 업鄴 동쪽 성문으로 가서 애도했다." 손성이 말했다. "예법에 따르면 천자는 종묘 문밖에서 동성同姓의 상喪에 곡을 하는데 성문에서 곡을 했으므로 장소가 잘못되었다."

5월 무인일戊寅日(초3일), 천자가 위왕에게 위왕의 조부인 태위太尉를 태왕太王으로, 그의 부인 정씨丁氏를 태왕후太王后로, 위왕의 왕자 조예曹叡를 무덕후武德侯에 봉하라고 명령했다.○1) **이달에 풍익의 산적 정감鄭甘과 왕조王照가 군사를 이끌고 투항해서 모두 열후에 봉했다.**○2)

○1) 『위략』: "시중 정칭鄭稱을 무덕후의 사부로 삼으며 명령했다. '용연검龍淵劍과 태아검太阿劍은 곤오昆吾 땅의 쇠에서 나왔고,[10] 화씨벽和氏璧[11]은 시골 밭에서 나왔다. 숫돌로 갈고 타산他山의 돌[12]로 연마했기 때문에 수많은 성과 바꿀 만한 가치를 지닐 수 있게 되었고, 당세에 유명한 보물이 될 수 있었다. 학문도 인간의 숫돌이다. 정칭은 학문을 돈독하게 닦는 위대한 유학

10 용연검龍淵劍과…나왔고: 『산해경山海經』「중산경中山經」: "또 서쪽으로 200리를 가면 곤오昆吾라는 산이 있다. 그 위에 붉은 동銅이 많이 난다又西二百里曰昆吾之山, 其上多赤铜." 곽박郭璞 주注: "이 산에서 유명한 동銅이 난다. 그 색깔은 불꽃처럼 붉고, 그것으로 칼을 만들어 옥을 자르면 마치 흙을 자르는 것과 같다此山出名銅, 色赤如火. 以之作刃, 切玉如割泥也." 『절월서越絕書』: "춘추시대에 구야자가 자산茨山을 파고 시내를 준설하다가 산속에서 좋은 쇠를 얻어 검劍 3매를 만들었는데, '용연검, 태아검, 공포검'이 그것이다春秋時歐冶子鑿茨山, 泄其溪, 取山中鐵英, 作劍三枚, 曰, '龍淵·泰阿·工布'."

11 화씨벽和氏璧: 춘추시대 초나라 사람 변화卞和가 초산楚山(荊山)에서 아직 가공하지 않은 박옥璞玉을 얻어 천하의 보배임을 알아보고 차례로 초나라 여왕厲王과 무왕武王에게 바쳤으나 두 군주는 변화가 임금을 속인다 여기고 각각 왼쪽 발과 오른쪽 발을 잘랐다. 앉은뱅이가 된 변화는 박옥을 안고 통곡을 하다가 무왕이 죽고 문왕文王이 즉위하자 다시 박옥을 바쳤고, 문왕은 이 박옥을 가공하여 천하의 보옥을 얻었다. 이 때문에 이 보옥을 변화卞和가 바친 박옥璞玉이란 의미로 화박和璞, 또는 변화가 바친 보옥이란 의미로 화씨벽和氏璧이라 부른다.(『한비자』「화씨和氏」)

12 타산他山의 돌: 『시경』「소아·학명鶴鳴」: "다른 산의 평범한 돌이라도 이곳의 옥을 다듬는 숫돌이 될 수 있네它山之石, 可以爲錯." '착錯'은 옥을 갈고 다듬는 숫돌이다. 여기에서 '타산지석他山之石'이라는 성어가 나왔다.

자이므로 경학經學으로 무덕후를 보좌하는 데 힘쓰라. 아침부터 저녁까지 입시하여 그의 뜻을 밝게 빛내도록 하라.'"

○2) 『위서』: "당초에 정감과 왕조 및 노수盧水(河北 동북 青龍河) 오랑캐가 자신들의 부족을 이끌고 와서 항복했다. 위왕이 항복문서를 받아 그것을 조정 신료들에게 보이며 말했다. '이전에 선비족을 토벌해야 한다는 명령이 나에게 내렸을 때 나는 명령에 따르지 않았지만 선비족은 항복했다. 이제 또 나로 하여금 금년 가을에 노수 오랑캐를 토벌하게 하려는 자가 있었는데 나는 그의 말을 듣지 않았지만 오늘 또 저들이 항복했다. 옛날에 위魏 무후武侯는 단 한 번의 계책이 들어맞았다고 득의만만한 표정을 지었지만 이회李悝에게 조롱을 당했다.13 내가 지금 이런 말을 하는 것은 나 자신이 옳다는 것이 아니다. 다만 나는 앉아서 저들의 항복을 받는 것이 군대를 동원하는 것보다 공이 크다고 생각한다.'"

주천酒泉(甘肅 酒泉)의 황화黃華와 장액張掖(甘肅 張掖)의 장진張進 등이 그곳 태수를 잡고 반란을 일으켰다. 금성 태수 소칙蘇則이 장진을 토벌하여 베어 죽이자 황화가 항복했다.○

○ 황화는 나중에 연주 자사가 되었다. 「왕릉전王淩傳」을 보라.

---

13 위魏 무후武侯는…당했다: 전국시대 위魏 무후武侯가 신하들과 국사를 논의했는데 자신이 제의한 계책이 모두 타당하여 좋은 효과를 낼 수 있을 것 같았다. 이에 위 무후는 신하들이 자신의 견해에 미치지 못한다 생각하고는 퇴조하여 기쁜 모습을 보였다. 그러자 이회李悝가 옛날 초 장왕莊王은 이런 경우에 매우 근심하는 모습을 보였다고 간언을 올렸다. 즉 신하가 군주보다 못하면 그 나라는 멸망의 길로 들어서기 때문이라는 것이다. 위 무후는 이회의 간언을 듣고 자신의 잘못을 뉘우쳤다고 한다.(『여씨춘추呂氏春秋』 「시군람恃君覽·교자驕恣」) 『순자荀子』 「요문堯問」에서는 이회가 아니라 오기吳起가 위 무후에게 간언을 올린 것으로 나온다.

6월 신해일辛亥日(초7일)에 동쪽 교외에서 군사 훈련을 했다.○1) 경오일庚午日(26일)에 마침내 남정南征에 나섰다.○2)

○1) 『위서』: "공경대부들이 서로 의례를 펼쳤고, 위왕은 화개華蓋[14]를 타고 징과 북의 박자에 맞춰 행진하는 대열을 사열했다.

○2) 『위략』: "위왕이 출정하려 할 때 탁지중랑장度支中郎將 신평新平(陝西 彬縣) 사람 곽성霍性이 상소문으로 간언을 올렸다. '신은 듣건대 〔성군〕 주 무왕이 〔폭군〕 은 주왕의 정사에 참여한 일에 대해 당시 천하 사람들은 입을 닫고 허물하지 않았으며, 많은 군자도 그 일을 따지려 하지 않았다고 합니다. 지금 대왕께서는 몸으로 천지의 이치를 본받고, 사방의 이목을 널리 열어, 현명한 사람이나 어리석은 사람을 막론하고 모두 권유하고 싶은 일이 있으면 건의하게 했습니다. 엎드려 생각하옵건대 선왕〔先王: 曹操〕께서 세우신 공은 무엇에도 비견할 수 없는데도 오늘날 말 잘하는 사람들은 덕행을 실천했다고 일컫지 않습니다. 이 때문에 성인은 백성의 환심을 얻어야 한다고 했고, 병서兵書에서는 전쟁은 위험한 일이라고 했습니다. 따라서 육국六國이 서로 전쟁에 힘쓰자 강한 진秦나라는 앉아서 예물을 받았고, 빈왕豳王[15]이 오랑캐와 다투지 않자 주나라의 도가 흥성하게 되었습니다. 어리석은 신은 이렇게 말씀드립니다. 본 조정을 중시하여 부드러움을 고수하고 웅크린 호랑이처럼 적의 위세에 항거하면 대업을 이룰 수 있습니다. 그러나 지금 창업의 기반을 닦고 또 다시 군사를 일으켰습니다. 군사행동은 흉기이니 틀림없이 흉악한 소요를 야기하고, 소요가 발생하면 반란을 생각하게 되는데 반

14 화개華蓋: 제왕이나 고관이 타는 호화로운 수레나 거기에 설치한 화려한 일산을 가리킨다.

15 빈왕豳王: 주周나라 왕실의 선조 공류公劉에서 고공단보古公亶父까지 빈豳 땅에 도읍을 정했다. 융적戎狄이 빈 땅을 자주 침략하자 고공단보는 그들과 다투지 않고 기산岐山 남쪽 주周 땅으로 옮겨가서 민심을 얻고 천하 제패의 기반을 닦았다.(『사기』 권4 「주본기」)

란은 늘 뜻하지 않은 계기에서 일어납니다. 신은 이것이 위기이며 계란을 쌓은 것보다 더 위태롭다고 생각합니다. 옛날 하계夏啓는 3년 동안 은인자중했는데,[16] 『주역周易』에도 멀지 않아 선을 회복한다[17]는 말이 있고, 『논어』에도 과오 고치기를 꺼리지 말라[18]는 말이 있습니다. 진실로 대왕께서는 옛일을 헤아리고 지금 일을 살펴서 심모원려로 삼공三公 대신과 함께 이번 출정의 장단점을 따져보시길 바라옵니다. 신은 선왕께서 알아주신 은혜에 깊이 젖어 당초에 정치를 개혁했고 다시 중임을 맡았습니다. 비록 신의 간언이 역린을 거스르는 줄 알고 또 아첨하면 복에 가까이 다가가는 줄 알고 있습니다. 또 신이 아뢰는 간언이 위험하여 제 몸도 지탱하지 못하리란 사실도 절실하게 느끼고 있습니다.' 상소문이 올라가자 위왕(나중의 文帝)이 분노하여 자간刺奸[19]을 보내 조사한 후 결국 그를 죽였다. 이미 일이 끝난 후 후회하고 원상을 회복하려 했으나 미칠 수 없었다."

가을 7월 경진일庚辰日(초6일), 위왕이 명령했다. "헌원軒轅(黃帝)은 명대明臺에서 국사를 논의하도록 제도를 만들었고, 방훈放勳(堯)은 구실衢室[20]에서 국사를 자문하는 제도를 만들었다. 이는 모두 아랫사람에게 널리 의견을 구하는 방법이었다.° 백관과 담당 관리는 다음 일에 힘쓰라. 직무에 충실하며 올바른

---

16 은인자중: 원문은 '은신隱神'이다. 마음이나 정신을 숨기고 은인자중하는 것이다. '하계夏啓'는 하나라 우왕禹王의 아들이다. 우왕이 보위를 백익伯益에게 선양하자 하계는 우왕의 삼년상 동안 은인자중하며 때를 기다렸다. 이후 제후들이 백익을 떠나 하계에게 모이자 하계가 하나라 보위에 올라 부자세습 왕조를 열었다.(『사기』 권2 「하본기夏本紀」) 『죽서기년竹書紀年』에는 하계가 백익을 죽이고 보위를 차지했다고 되어 있다.

17 『주역』 「복괘復卦·초구初九」 '효사爻辭': "멀지 않아 선善을 회복함이니, 후회에는 이르지 않는다不遠復, 无祇悔."

18 『논어』 「학이學而」: "잘못을 저질렀으면 고치기를 꺼리지 말라過則勿憚改."

19 자간刺奸: 한나라 군대에 소속되어 법을 집행하던 관리다.

20 명대明臺는 밝은 누대라는 뜻으로 황제黃帝가 정사를 논의하던 곳이고, 구실衢室은 사거리에 있는 집이라는 뜻으로 요 임금이 민심을 파악하던 장소다.

간언을 남김없이 올려라. 장수는 군법을 엄격하게 펼쳐라. 조정 관리는 나라의 제도를 분명하게 알려라. 목민관은 나라의 정사를 두루 펼쳐라. 백관은 『육경六經』[21]을 잘 고찰하라. 내가 장차 두루 살펴보겠다."

○ 『관자管子』: "황제가 명대에서 국사를 논의하도록 제도를 만든 것은 위로 현인의 의견을 살펴보려는 것이요, 요堯가 구실에서 국사를 자문하는 제도를 마련한 것은 아래로 백성의 의견을 들으려 한 것이요, 순舜이 선행을 알리는 깃발을 흔들게 한 것은 임금이 선인을 은폐하지 않겠다는 것이요, 우禹가 조정에 간고諫鼓[22]를 세우게 한 것은 백성이 두루 소송을 할 수 있게 한 것이요, 탕湯이 거리가 밀집한 곳에 조정을 설치한 것은 백성의 비난을 살펴보려는 것이요, 무왕武王이 영대靈臺라는 동산을 만든 것은 현인을 등용하려는 것이었습니다. 이것은 옛날 성스러운 황제와 밝은 임금이 천하를 소유하면서 오래 잃지 않은 까닭이요, 천하를 얻어 쉽게 망하지 않은 까닭입니다."[23]

손권이 사신을 파견하여 조공을 바쳤다. 촉나라 장수 맹달孟達이 군사를 이끌고 투항했다. 무도의 저족氐族 왕 양복楊僕이 자신의 종족을 이끌고 귀부歸附해온지라, 한양군漢陽郡에 거주하게 했다.○

○ 『위략』에 위왕이 손수 쓴 명령문이 실려 있다. "일전에[24] 사신을 파견하여 나

---

21 『육경六經』: 유가의 여섯 가지 경전, 『시경』 『서경』 『역경』 『춘추』 『예기』 『악경樂經』을 가리킨다. 이중 『악경』은 없어지고 『오경五經』만 전해온다.

22 간고諫鼓: 신하들의 간언과 백성의 불만을 듣기 위해 궁궐 마당에 세운 북이다. 우리나라 신문고 제도도 이를 응용한 것이다. 『회남자淮南子』 「주술훈主術訓」에는 우禹가 아니라 요堯가 간고諫鼓를 설치한 것으로 나온다. "요는 과감하게 간언을 올리도록 북을 설치했고, 순은 임금의 실정을 비방할 수 있게 나무판을 세웠다堯置敢諫之鼓, 舜立誹謗之木."

23 이 대목은 모두 『관자管子』 「환공문桓公問」에 나온다.

24 일전에: 원문은 '오吾'로 되어 있지만 『삼국지집해』의 고증에 따라 일日로 번역한다.

라의 위엄과 신령함을 펼쳤더니 맹달이 바로 투항해왔다. 나는 춘추시대에 주의보邾儀父를 높여준 사례를 생각하여[25] 바로 맹달에게 봉작을 주고 신성新城(湖北 房縣 일대) 태수 직을 갖고 귀환하게 했다. 근래에 또 늙은이를 부축하고 어린이 손을 잡고 왕의 교화를 향해 다가온 자가 있다. 나는 숙사夙沙의 백성이 스스로 그들의 군주를 포박하여 신농神農에게 귀의했고,[26] 빈豳나라 민중이 자식을 강보에 싸서 업고[27] 풍豐과 호鎬[28]로 들어온 적이 있다고 들었다. 이런 일이 어찌 침략과 협박으로 이끌어낸 결과이겠는가? 풍속교화가 저들의 마음을 움직이고, 인의가 저들의 충정을 감화시켜 기쁨이 마음속에서 솟아나 그렇게 한 것이다. 이로써 미루어보건대 서남 지역은 만 리의 땅이 끝이 없는데 손권과 유비가 누구와 함께 사수할 수 있겠는가?"

7월 갑오일甲午日(20일)에 위왕의 군대가 초현에 주둔하고 그 고을 동쪽에서 육군六軍[29] 및 초현의 부로父老와 백성에게 큰 잔치를 베풀었다.○

○『위서』: "각종 악무樂舞를 베풀고 온갖 연희演戲를 공연하며 명령을 내렸다. '선왕들께서 모두 태어난 땅에서 즐긴 것은 예법에 맞춰 근본을 잊지 않으려

25 나는…생각하여: 주의보邾儀父는 춘추시대 주邾나라 군주다. 『좌전』 은공隱公 원년元年: "노魯나라 은공과 주의보가 멸蔑 땅에서 회맹을 했다公及邾儀父盟于蔑." 후작侯爵의 나라인 노나라가 자작子爵의 나라인 주邾나라와 대등하게 회맹한 것은 주邾나라를 우대하여 복속시키기 위한 조치였다.

26 나는…귀의했고: 『여씨춘추』 「용민用民」: "숙사의 백성이 자기 임금을 스스로 쳐서 신농에게 귀의했다夙沙之民, 自攻其君而歸神農." 숙사夙沙는 산동山東 동쪽에 거주한 고대 부족이다.

27 빈豳나라…업고: 『사기』 권4 「주본기」: "고공단보古公亶父가 빈豳 땅을 떠나 기산岐山 아래에 머물자, 빈 땅의 온 나라 사람들이 늙은이를 부축하고 어린이 손을 잡고 모두 고공단보에게 귀의했다古公去豳, 止于岐下. 豳人擧國扶老携弱, 盡復歸古."

28 풍豐과 호鎬: 주 문왕은 기산岐山 아래에서 풍수灃水 서쪽 연안으로 도읍을 옮겨 풍경豐京을 건설했고, 무왕은 풍수 동쪽 연안에 호경鎬京을 건설했다.

29 육군六軍: 『주례』 「하관夏官·서관序官」: "천자는 육군六軍, 큰 제후국은 삼군三軍, 그다음 나라는 이군二軍, 작은 나라는 일군一軍을 둔다王六軍, 大國三軍, 次國二軍, 小國一軍." 여섯 군사 편제[六軍]의 명칭은 시대마다 다르다.

는 뜻이었다. 초현은 패왕霸王의 나라로 진인眞人이 이곳을 기반으로 하여 밖으로 진출했다. 다시 초현의 조세를 2년 동안 면제해주라.' 삼로三老,[30] 관리, 백성이 위왕의 만수무강을 기원하며 날이 저물어서야 잔치를 파했다. 병신일丙申日(22일)에 위왕이 친히 초현 능묘에 제사를 올렸다." 손성이 말했다. "옛날에 선왕들이 효도로 천하를 다스릴 때에는 안으로 천성을 조절하고, 밖으로 은혜를 사해에 베풀고, 산 사람에게는 공경을 다하고, 죽은 사람에게는 슬픔을 지극하게 하고, 빈소에서는 고인을 그리워하며 총재冢宰[31]에게 정사를 맡겼다. 이 때문에 삼년상은 천자에서 서민에까지 미친다[32]고 했다. 그렇기 때문에 임금, 부모, 스승을 섬기는 대의가 도타웠고, 신하에게 베푸는 은정이 돈독했고, 평화로운 교화가 융성했고, 나라를 다스리는 도가 튼튼했다. 이는 성인이 천지의 이치에 통하고, 인륜을 두텁게 하고, 지극한 교화를 밝히고, 풍속을 돈독하게 하는 방법이므로 만세토록 바꿀 수 없는 법전이고, 모든 왕이 가슴에 새겨야 할 제도다. 이러한 까닭에 상례 때 쓰는 하얀 관冠을 회檜나라 사람들은 보고 싶다고 풍자했고,[33] 재여宰予가 상례 기간을 줄이려 하자 공자는 불인한 짓이라고 탄식했다.[34] 왕자 퇴頹가 슬픔

30 삼로三老: 중국 고대에 교화를 담당한 관리다. 나이가 많고 품행이 뛰어난 사람이 임명되었다. 전국시대 위나라의 삼로三老, 진秦나라의 향삼로鄕三老, 전한의 현삼로縣三老, 후한 이후의 군삼로郡三老 등이 이에 해당한다.

31 총재冢宰: 삼공三公 아래 품계인 육경六卿의 우두머리다. 주 무왕 사후 어린 성왕成王을 보필하기 위해 주공周公이 총재冢宰를 맡은 이후 조정의 정사를 총괄하는 사람을 가리켰다. 후세에는 흔히 육경 중 이부상서吏部尙書를 총재라 일컬었다.

32 삼년상은…미친다: 『맹자孟子』「등문공滕文公」 상上: "삼년상에는 거친 삼베옷을 입고 죽을 먹었는데, 이는 천자에서 서민에 이르기까지 하夏·상商·주周 3대가 모두 똑같이 시행했다三年之喪, 齊疏之服, 飦粥之食, 自天子達於庶人, 三代共之."

33 하얀 관冠을…풍자했고: 『시경』「회풍檜風·소관素冠」: "하얀 관冠을 쓴 사람 보고 싶어라, 병든 이 몸 여위고 여위어, 괴로운 마음 끝이 없네庶見素冠兮, 棘人欒欒兮, 勞心慱慱." 「모시서毛詩序」에서는 이 시를 평하여 삼년상을 지키지 못한 것을 풍자했다고 했다.

34 재여宰予가…탄식했다: 『논어』「양화陽貨」: "재아宰我(본명 予, 字가 子我)가 물었다. '3년상은 기간이 너무 깁니다;……' 재아가 나가자 공자가 말했다. '재여는 불인하구나! 자식은 태어난 지 3년 뒤에야

을 망각하자 군자는 그가 재앙을 즐긴다고 여겼고,[35] 노나라 군주가 상복을 바꾸자 『춘추』에서는 그가 제명에 죽지 못할 것임을 알았다.[36] 이 어찌 지극히 통절한 성심을 실추시키고 애락哀樂을 표현하는 큰 예절을 해친 행위가 아니겠는가? 따라서 비록 삼대 말기에 칠웅七雄이 폐단을 야기했어도 초하루와 열흘[37] 사이에도 상복을 벗지 않았고, 반곡反哭[38]하는 날에도 베옷과 상장喪杖을 버리지 않았다. 한나라 문제文帝 때에 이르러 옛 제도를 바꾸자 인도人道의 기강이 하루아침에 무너졌다. 지존에게서 흰 상복을 벗기자, 상례 기간에 음악을 연주하지 않는 제도가 사해에서 사라졌다. 대의에 감화받는 일이 제후들에게서 드물어졌고, 큰 교화가 왕실 종친들 사이에서 없어졌다. 비록 마음속에는 조심하고 절제하려는 뜻이 있고, 생각도 국가를 경륜함에 두고 있지만 덕을 세워 명성을 드리우고, 교화를 숭상하여 풍속을 바꾸는 일에 이르러서는 진실로 그 도道가 옛날보다 박약하고, 그 기풍이 백대에까지 피폐하게 되었다. 또 주나라 무왕이 문왕의 신주를 수레에 싣고 가자 목야牧野의 은나라 군사가 전의를 상실했고,[39] 진晉 양공襄公이 검은 상복

부모의 품을 떠난다宰我問, '三年之喪, 期已久矣,……' 宰我出, 子曰. "予之不仁也! 子生三年, 然後免於父母之懷."

35 『좌전』 장공莊公 20년: "왕자 퇴가 오대부에게 잔치를 베풀며 모든 악무樂舞를 두루 펼치게 하자 정鄭 여공厲公이 말했다. '슬픔과 기쁨이 때를 잃으면 재앙이 반드시 닥쳐온다고 하오. 지금 왕자 퇴가 가무를 즐기며 싫증을 내지 않으니 이는 재앙을 즐기는 것이오王子頹享五大夫, 樂及偏舞, 鄭伯曰, '哀樂失時, 殃咎必至. 今王子頹歌舞不倦, 樂禍也.'"

36 노나라…알았다: 『좌전』 양공襄公 31년: "[소공이 상례 기간에] 상복을 세 번이나 갈아입으며 최복衰服의 옷깃만 앞의 최복처럼 낡게 꾸몄다. 소공의 나이가 19세였지만 아직도 어린아이 같은 마음을 갖고 있었다. 이 때문에 군자는 그가 제명에 죽지 못할 것임을 알았다[昭公]三易衰, 衰衽如故衰. 昭公十九年矣, 犹有童心. 君子是以知其不能终也."

37 초하루와 열흘: 원문은 '순삭旬朔'이다. '순旬'은 열흘, '삭朔'은 초하루다. '순삭'은 대체로 한 달을 가리킨다. 상례 기간에는 늘 상복을 입고 매달 초하루와 보름에 '삭망례朔望禮'를 올린다.

38 반곡反哭: 망자를 안장한 후 신주를 모시고 돌아와 곡을 하는 절차다. 이후에도 삼년상 기간에 상복을 입고 장례 절차를 준수한다.

39 주나라 무왕이…상실했고: 『사기』 권4 「주본기」: "문왕의 신주를 만들어 수레 안에 싣고 목야에 진을 치자 은나라 주왕의 군사들이 모두 무기를 거꾸로 들고 싸움에 임했다爲文王木主, 載以車中, 陳師牧野, 紂師皆倒兵以戰."

을 입자 진秦나라 세 장수가 포로가 되었으니,[40] 공을 세우는 데 힘써야 할 때도 상복이 어찌 방해가 되겠는가? 그런데 위왕은 한나라 제도를 따르며 그것으로 큰 예절을 대체했다. 막중한 애도 기간에도 잔치의 즐거움을 베풀었고, 자손에게 올바른 예법을 물려줘야 할 시초에 교화의 기반을 무너뜨렸다. 또 황위를 물려받을 때[受禪]도 공공연히 헌제獻帝의 두 딸을 받아들여[41] 지극히 슬퍼해야 할 상례의 근본을 망각하고 옛 성인의 법전을 훼손했다. 하늘로부터 부여받은 선한 본성을 상실했으니 장차 어찌 제명대로 죽겠는가? 이러한 까닭에 위왕의 목숨이 길지 않으며, 점쳐서 얻은 삶의 기간이 촉박함을 알겠다."

8월, 석읍현石邑縣(河北 鹿泉 동남)에서 말을 전하기를 봉황이 모여들었다고 했다.

겨울 11월[42] 계묘일癸卯日(초1일)에 명령했다. "장수들이 정벌을 행할 때 사망한 병졸을 더러 수습하지 못한 경우가 있어서 나는 매우 애통하다. 이에 군국郡國에 알리노라. 작은 관[槥櫝]을 제공하여 시신을 수습하고 염殮하여[○1)] 가족에게 보내고 관에서 제례를 마련하라.[○2)] 병오일丙午日(초4일)에 곡려曲蠡(河南 許昌 繁城鎭)에 이르렀다.

40 진晉 양공襄公이…되었으니: 『좌전』 희공 33년: "진晉 문공의 아들 진 양공이 검은색 상복을 입고 효산殽山에서 진秦나라 군사를 격파하고 맹명시孟明視, 서걸술西乞術, 백을병白乙丙을 사로잡아 회군했다子墨衰絰, 敗秦師於殽, 獲百裏孟明視·西乞術·白乙丙以歸." 진 문공의 장례 기간에 진秦나라가 진晉나라의 동맹국인 정鄭나라를 정벌하자, 진 문공의 아들 양공이 상복을 입고 전투에 나서 진秦나라 세 장수를 사로잡았다. 본래 흰 상복을 입어야 하지만 양공이 상주로서 군대를 지휘하기 위해 흰 상복을 검은색으로 물들였다고 한다.

41 두 딸을 받아들여: 요堯 임금이 순舜 임금에게 선양할 때 자신의 두 딸 아황娥皇과 여영女英을 왕후로 보낸 것처럼 한나라 헌제獻帝도 이를 본받아 자신의 두 딸을 위왕 조비曹丕에게 보냈다고 한다.

42 11월: 원본의 오류다. 10월이 되어야 옳다.

○1) 〔'槥'의〕 발음은 '위衛'다.[43]

○2) 『한서漢書』 「고조기高祖紀」 「팔월령八月令」: "병졸이 종군하여 사망하면 작은 관〔槥〕을 쓰라." 응소應劭가 말했다. "'槥'는 작은 관으로 지금은 '독櫝'이라고 한다." 응거應璩의 「백일시百一詩」: "작은 관을 실은 수레가 도로에 있고, 원정 나간 사람은 쉴 수도 없네槥車在道路, 征夫不得休."[44] 육기陸機의 「대묘부大墓賦」[45]: "작은 나무를 보고 늦게 자랄까 근심하고, 큰 관을 보고는 작은 관을 생각하네觀細木而悶遲, 睹洪櫝而念槥."

한 헌제는 사람들 여망이 위나라에 있음을 알고 공경대부들을 소집하여○1) 고묘高廟[46]에 아뢰며 제사를 올렸다. 그리고 겸어사대부兼御史大夫 장음張音에게 지절持節의 권한을 갖고 옥새를 받들어 보위를 선양하게 했다. 책문冊文은 다음과 같다. "아! 그대 위왕이여! 옛날 요 임금은 순 임금에게 선양했고, 순 임금도 우 임금에게 천명을 전했다. 천명은 일정한 곳에만 머물지 않고 오로지 덕이 있는 사람에게 귀의한다. 한나라의 도道는 쇠미하여 세상이 질서를 잃었다. 보위가 짐의 몸에 이르러서는 천하 대란이 발생하여 더욱 혼미해졌다. 흉

43 '槥'의 발음을 『광운廣韻』에서는 '위衛', 『집운集韻』에서는 '혜惠'로 달았다. 우리말 발음은 '혜'다.

44 작은 관을…없네: 현재 『문선文選』에 실려 있는 「백일시百一詩」에는 이 구절이 없다. 「백일시百一詩」는 위魏나라 문인 응거應璩가 당시 벼슬에만 집착하는 불의한 세태를 풍자한 5언고시다. '백일百一'의 의미에 대해서는 몇 가지 견해가 전해오고 있지만 『문선』에 주석을 단 당나라 이선李善은 '백려일실百慮一失'의 신중한 태도로 정치의 폐해를 고쳐나가야 한다는 의미로 보고 있다.

45 육기陸機의 「대묘부大墓賦」: 육기는 서진西晉 시대 유명한 문학가로 삼국시대 오나라 승상 육손陸遜의 손자다. 자가 사형士衡이며 태부좨주太傅祭酒, 저작랑著作郞, 상국참군相國參軍 등을 역임하고 관중후關中侯에 봉해졌다. 문장과 문학에 뛰어나 태강지영太康之英으로 불렸다. 「문부文賦」 「변망론辨亡論」 등 명문이 전해온다. 유명한 초서 서첩 「평복첩平復帖」을 쓴 서예가이기도 하다. 그의 「대묘부」는 어떤 고관대작의 분묘에서 느낀 인생에 대한 감상과 비애를 묘사한 단편 부賦인데 대체로 분묘의 주인공을 조조로 추측하고 있다.

46 고묘高廟: 본래 한 고조高祖 유방劉邦의 사당이다. 그러나 후한 광무제光武帝는 한나라를 중흥한 후 고조 이하 평제平帝까지 11명의 황제 신위를 고묘에 안치했다.

악한 패거리가 더욱 방자하게 반역을 일으켜 온 천하가 전복되었다. 무왕의 신무神武함에 힘입어 사방에서 환란을 구했다. 무릇 화하華夏 땅을 깨끗이 정리하여 우리 종묘를 보호했다. 이 어찌 나 한 사람만 안위를 얻은 일이겠는가? 구복九服[47]이 진실로 그 혜택을 받았다. 지금 왕이 삼가 이전 왕의 전통을 이어서 그 덕을 빛냈다. 문무文武의 대업을 확장하고 그대 부왕의 위대한 공적을 밝혔다. 하늘이 상서로움을 내리고, 사람과 신神이 모두 그 징조를 알렸다. 밝고 빛나는 분이 탄생하자 사람들이 짐에게 명령을 내리며 모두 이렇게 말했다. '당신의 도량이 순 임금과 부합하니 우리 요 임금의 법도에 따라 당신의 보위를 경건하게 선양하라!' 아! 천명의 운수가 그대 위왕의 몸에 있으니 진실로 중정中正의 법도를 잡으면 하늘의 복록이 영원하리라. 그대는 이 큰 예법에 삼가 순종하여 천하의 모든 나라를 향유하고 엄숙하게 천명을 받들라."[○2)]

○1) 원굉의 『한기』에 한 헌제의 조서가 실려 있다. "짐이 보위에 있은 지 32년 동안 천하가 흔들리고 뒤집히는 동란을 만났으나 다행히 조종祖宗 신령에 의지하여 위기 속에서도 다시 나라를 보존할 수 있었다. 그러나 이제 고개 들어 천문을 바라보고 고개 숙여 민심을 살펴보니 화덕火德의 운수가 이미 끝나고 천명의 운행이 조씨曹氏에게 가 있다. 이런 까닭에 전왕前王(曹操)이 벌써 신무神武한 공적을 세운 데다 금왕今王(曹丕)도 밝은 덕을 찬란하게 빛내어 그 기대에 부응했다. 이처럼 천명 교체의 운수가 밝게 드러남을 진실로 쉽게 알 수 있다. 대저 '대도大道가 행해지면 천하가 공公이 되어'[48] 어진 사람과 유능한 사람을 선발한다. 이 때문에 요 임금은 자기 아들에게 사사

47 구복九服: 『주례』 「하관·직방씨職方氏」에 나온다. 즉 도성[王畿]에서 가까운 지역으로부터 500리마다 각각 후복侯服, 전복甸服, 남복男服, 채복采服, 위복衛服, 만복蠻服, 이복夷服, 진복鎭服, 번복藩服으로 구역을 나누었다. 복服은 '복종하는 구역'이라는 의미다. 따라서 '구복九服'은 흔히 전국을 지칭한다.

48 대도大道가…되어: 『예기』 「예운禮運」에 나온다. "大道之行, 天下爲公."

롭게 보위를 물려주지 않아 그 이름을 끝없는 후세에까지 전해지게 했다. 짐은 이를 부러워하고 흠모하여 이제 요 임금의 법도에 따라 위왕에게 보위를 선양하노라."

○2) 『헌제전』에 선양에 관한 여러 가지 일이 실려 있다. 좌중랑장左中郞將 이복李伏이 위왕에게 표문을 올려 말했다. "지난날 선왕께서 처음 위나라를 세울 때 경계 밖에 있는 사람들은 그 소문을 듣고 자세한 상황을 몰랐지만 모두 선왕을 경배해야 한다고 생각했습니다. 무도의 이서李庶와 강합姜合은 객客으로 한중에 기거하면서도 신에게 이렇게 말했습니다. '반드시 위공魏公이라 해야지 아직 위왕魏王이라 하기에는 불편하오. 천하를 평정할 사람은 위공 자환子桓이오. 신령이 명령한 바가 참언에도 합치되니 하늘과 사람의 보위에 부응할 만하오.' 신이 강합의 말을 진남장군鎭南將軍 장노張魯에게 전하자 장로도 강합이 알고 있는 글의 출처가 어디인지 물었습니다. 강합은 이렇게 대답했습니다. '공자의 옥판玉版이오. 천자의 운수는 백세가 지나도 알 수 있소.' 이후 한 달여를 지나 어떤 망명객이 와서 책문冊文을 썼는데 그 내용도 마침내 강합의 말과 같았습니다. 강합은 참위讖緯의 학문에 뛰어나 관서關西 지방에서 유명합니다. 장로는 나라를 걱정하는 마음을 품고 이도異道의 변화에 탐닉했지만 끝내 강합의 말은 깨닫지 못했습니다. 나중에 비밀리에 신과 대책을 논의할 때 국인國人들이 협조하지 않으며 서쪽과 내통하려 하자 장로가 바로 화를 내며 말했습니다. '차라리 위공의 노예가 될지언정 유비의 상객이 되지는 않겠다.' 말이 슬프고 통절했지만 진실로 그렇게 말한 까닭이 있습니다. 강합은 먼저 위왕의 군대를 맞아들였지만 작년에 업鄴에서 병사했습니다. 신은 조정에 있을 때부터 매번 친한 사람들에게 이러한 뜻을 말했지만 시기가 아직 적당하지 않아서 감히 드러내놓고 말하지는 못했습니다. 그런데 전하께서 즉위한 초년부터 여러 가지 서기瑞氣가 상서로움을 보여주고 적절한 때도 이르렀으며 하늘에서 천명

이 내려와 밝게 드러나고 있습니다. 그러므로 성스러운 덕망이 널리 펼쳐지고 조짐과 예언이 겉으로 나타나 분명해지니 이에 진실로 천지가 경사를 내려주고 만국이 믿음을 보여주고 있습니다. 신은 매번 경하의 마음을 품고 강합의 징험을 말하려고 했지만, 신이 임금을 섬김에 예禮를 다하는데도 사람들은 아첨으로 여겼습니다. 하물며 신은 명성과 행위가 아직 비천하고 조정에 들어온 날도 길지 않습니다. 이에 발언을 하면 죄가 되므로 스스로 억제할 뿐입니다. 지금 크나큰 혜택은 사방에 덮였고, 신령한 은정은 천지를 꿰뚫었습니다. 천하 안은 융성하고 먼 타국도 복종합니다. 조짐과 징후가 함께 모여들어 위대한 천명을 선양하니 처음과 끝이 진실로 아름답습니다. 신은 기쁨에 겨워 춤추고 싶은 마음 이길 수 없습니다. 삼가 표문을 갖춰 신의 뜻을 알려드립니다." 왕이 명령했다. "외부에 반포하노라. 박덕한 사람이 어찌 이런 경지에 이를 수 있겠느냐? 감당하지 못하겠다. 이것은 진실로 선왕의 지극한 덕이 신명에 통한 것이지 진실로 사람의 힘으로 이루어진 일이 아니다."

위왕의 시중 유이劉廙, 신비辛毗, 유엽劉曄, 상서령尙書令 환계桓階, 상서 진교陳矯, 진군陳群, 급사황문시랑給事黃門侍郎 왕비王毖, 동우董遇 등이 아뢰었다. "신이 좌중랑장 이복의 상서上書를 엎드려 읽어보고 도참의 언어를 상고해 보니 신명의 부응함과 맞아떨어졌습니다. 옛 시대를 고찰해봐도 이와 같지 않은 경우가 없었습니다. 이 때문에 요 임금은 천명의 운수가 그대의 몸에 있다고 했고,[49] 〔순 임금은〕 선기옥형璇璣玉衡으로 천도를 밝혔습니다.[50] 주

49 요 임금은…했고: 『논어』 「요왈堯曰」: "요 임금이 말했다. '아! 그대 순이여! 천명의 운수가 그대의 몸에 있도다. 진실로 중정의 법도를 잡으라. 사방의 백성이 곤궁하면 하늘의 복록이 영원히 끊기리라.' 堯曰, 咨! 爾舜! 天之曆數, 在爾躬. 允執其中. 四海困窮, 天祿永終."

50 선기옥형으로…밝혔습니다: 『상서』 「순전舜典」: "좋은 옥으로 만든 혼천의渾天儀를 살펴 칠정七政의 운행을 잘 다스렸다在璇璣玉衡, 以齊七政." '선기옥형'은 아름다운 옥으로 장식한 천체 관측 기구[渾天儀]를 가리킨다. '칠정七政'은 일日, 월月, 목성木星, 화성火星, 금성金星, 수성水星, 토성土聲의 운행 법칙이다.

무왕은 아직 전투에 나서지 않았는데도 붉은 까마귀가 천서天書를 물어왔고,[51] 한 고조는 아직 천명의 조짐이 없었는데도 신령한 어머니가 상서로움을 알려줬습니다.[52] 한 선제宣帝는 아직 비천할 때인데도 나뭇잎에 글자가 생겼으며,[53] 광무제는 포의布衣일 때 이름이 이미 도참서圖讖書에 기록되었습니다.[54] 이것은 하늘이 천명으로 성인과 현인을 드러낸 것이니 언어의 울림이나 향기로운 냄새가 없어도 알 수 있습니다. 단지 형상을 들어 사람에게 보여주고 미물로 그 뜻을 밝힐 뿐입니다. 한나라의 덕이 쇠미한 이래로 그 악영향이 점차 몇 세대까지 물들어 환제와 영제 말년에는 황제의 보위조차 바로 서지 못했고, 천하 대란에 이른 지 벌써 20여 년이 되었습니다. 하늘의 뜻이 사라지지 않아 밝으신 성인을 탄생시켜 환란을 구제했습니다. 이러한 까닭에 도참이 먼저 드러나며 지극한 덕을 밝게 보여줬습니다. 전하께서는 황위에 오를 시기가 아직 도래하지 않았는데도 신령한 현상이 하늘에서 변화를 보였고, 여러 상서로운 조짐이 땅에서 부응했습니다. 사방에서 날뛰던 무리가 마음을 돌려 의로운 곳을 향하며 오직 뒤처질까 두

---

51 주 무왕은…물어왔고: 『여씨춘추』 「유시람有始覽 · 응동應同」: "문왕 때에 이르러 하늘이 먼저 불덩이를 보여줬고, 붉은 까마귀가 붉은 문서를 물고 주나라 사직단에 모였다及文王之時, 天先見火, 赤烏銜丹書集於周社." 『사기』 권4 「주본기」: "[무왕이 강을 다 건너자] 불덩이가 하늘에서 땅으로 떨어져 왕의 집에 이르러 까마귀로 변했다. 그 색은 붉었고 그 울음소리는 혼이 있는 것 같았다有火自上復於下, 至於王屋, 流爲烏, 其色赤, 其聲魄云."

52 한 고조는…알려줬습니다: 『사기』 권8 「고조본기高祖本紀」: "[고조의] 어머니 이름은 유온劉媼이었는데 일찍이 큰 소택지 언덕에서 쉬다가 꿈에 신神을 만난 후 이윽고 태기가 있었다母曰劉媼, 嘗息大澤之陂, 夢與神遇, 已而有身." 원문의 신모神母를 한 고조에게 참살당한 백사白蛇의 모친으로 보기도 한다.

53 한 선제宣帝는…생겼으며: 『한서』 권27 「오행지五行志」: "한 소제 때 상림원의 큰 버드나무가 부러져 땅에 엎어졌다가, 어느 날 아침 일어나 가지와 잎이 돋았다. 그때 벌레가 잎을 갉아먹으며 글자를 만들었다. '공손 병이病已가 보위에 오른다.' 나중에 선제가 보위에 올랐는데 선제의 본명이 병이었다昭帝時, 上林苑中大柳樹斷仆地, 一朝起立, 生枝葉. 有蟲食其葉, 成文字. 曰, '公孫病已立.' 後立宣帝, 帝本名病已."

54 광무제는…기록되었습니다: 『후한서後漢書』 권1 「광무제기光武帝紀」: "완宛 땅 사람 이통 등이 도참설을 광무제에게 말했다. '유씨가 다시 일어나고, 이씨가 보좌합니다.'宛人李通等以圖讖說光武云, '劉氏復起, 李氏爲輔.'"

려워합니다. 비록 전적典籍에 전해온 기록일지라도 오늘날의 성대함보다는 못합니다. 노비들도 원근에서 기뻐하지 않는 자가 없습니다." 위왕이 명령했다. "밭 가는 소도 얼룩얼룩한 무늬가 있으면 호랑이와 비슷하고, 강아지풀도 싹이 틀 때는 벼와 비슷하다. 일에는 비슷하지만 아닌 것이 있으니 오늘 일이 바로 그러할 뿐이다. 지금 아뢴 일을 살펴보건대 진실로 내 부덕만이 중첩되어 있다." 이에 상서복야가 관료들에게 고하여 모두 이 명령을 들어서 알게 했다.

신해일辛亥日(초9일), 태사승太史丞 허지許芝는 위나라가 한나라를 대신한다는 참위 점괘 하나를 위왕에게 보여주며 말했다. "『역전易傳』에 이런 말이 있습니다. '성인이 천명을 받아 왕이 되고, 황룡이 무일戊日과 기일己日에 나타난다.' 7월 4일 무인일戊寅日에 황룡이 나타났으니 이는 제왕이 천명을 받는 상서로운 조짐이 가장 뚜렷하게 드러난 것입니다. 또 이런 말이 있습니다. '초륙은 서리를 밟음이니 음陰이 처음으로 엉긴다初六, 履霜, 陰始凝也.'[55] 또 벌레 떼가 천자의 궁궐에 크게 깃들어 사니 이는 허물이지만 지금 메뚜기[蝗蟲]가[56] 보이니 조짐에 부응한 것입니다. 또 이런 말이 있습니다. '성인은 덕으로써 천하 사람들과 친하고, 어진 은혜를 널리 베푼다. 이에 부응하여 기린이 무일戊日과 기일己日에 나타나고, 이에 부응하여 성인이 천명을 받는다.' 또 이런 말이 있습니다. '성인은 청정함으로 중정中正을 행하고, 현인이 복을 가져오니 백성이 명령에 따른다. 이에 부응하여 기린이 나타난다.' 『춘추한함자春秋漢含孳』[57]에 또 이런 말이 있습니다. '한나라는 위나라로 이어지고 위

---

55 초륙은…엉긴다: 『주역周易』「곤괘坤卦·초륙初六」: "'서리를 밟으면 얼음이 굳는다'라는 말은 음이 처음으로 엉긴다는 뜻이다'履霜堅氷', 陰始凝也." 어떤 조짐이 처음 생김을 비유한다.

56 황충蝗蟲의 '황蝗'이 '황黃'과 발음이 같으므로 토덕土德(황색)으로 화덕火德(적색)을 대신한 위魏나라의 색깔에 부응한다는 의미다.

57 『춘추한함자春秋漢含孳』: 한나라 때 유행한 위서緯書로 『춘추위春秋緯』 13편 중 하나다. 공자의 저작으로 알려졌으나 기실 후세 참위 학자들의 위서다. 삼국시대 위송魏宋이 주를 단 것으로 알려졌으

나라는 조짐으로 드러난다.' 『춘추옥판참春秋玉版讖』[58]에 또 이런 말이 있습니다. '붉은색[59]을 대신할 자는 위공의 아들이다.' 『춘추좌조기春秋佐助期』[60]에 또 이런 말이 있습니다. '한나라는 허창許昌(河南 許昌) 때문에 천하를 잃는다.' 이 때문에 백마白馬 현령縣令 이운李雲은 이 일을 상주上奏하며 이렇게 말했습니다. '허창의 기운은 당도고當塗高[61]에 드러납니다. 당도고는 허許에서 번창할 것입니다.' 당도고란 위魏의 뜻입니다. 위魏를 형상으로 드러내는 것은 대궐 문 앞에 세운 두 궐문闕門입니다.[62] 길을 마주하여 높고 크게 세운 관문이 위魏입니다. 그러므로 위魏나라가 한漢나라를 대신한다는 것입니다. 지금 위나라의 기반은 허許 땅에서 번창하고, 한나라의 조짐은 허許 땅에서 끊어지는데 지금 그 징험이 드러나서 이운의 말과 같아졌고 허창이 이런 조짐에 서로 부응합니다. 『춘추좌조기』에 또 이런 말이 있습니다. '한나라는 몽손蒙孫 때문에 망한다.' 이 말을 해설하는 사람은 몽손蒙孫이 한나라 24세 황제인데 동몽童蒙[63]으로 어리석기 때문에 나라를 약하게 만들어 멸망에 이르게 한다고 합니다. 혹은 잡다한 무늬[雜文]를 몽蒙의 뜻으로 보고,[64] 혈통이 잡스러운 후손이 천하를 잃는다고 여겼습니다. 즉 한 헌제가

나 지금은 전해오지 않는다.

58 『춘추옥판참春秋玉版讖』: 『무당이나 방술지사들이 『춘추』를 통해 미래의 길흉을 예언한 참위서다. 지금은 전해오지 않는다.

59 붉은색: 원본에 '적미赤眉' 두 글자로 되어 있는 것은 '적赤'의 오류다.

60 『춘추좌조기春秋佐助期』: 한나라 때 유행한 위서緯書로 『춘추위春秋緯』 13편 중 하나다. 지금은 전해오지 않는다.

61 당도고當塗高: 직역하면 "길을 마주하고 높게 솟았다"라는 뜻이다. 이 때문에 '당도고當塗高'는 위魏의 본뜻인 '높다'와 통한다. 이것이 "당도고는 '위魏'다當塗高者, '魏'也"라는 참언의 의미다.

62 두 궐문闕門: 옛날 궁궐 앞 좌우에 높은 누대樓臺 '궐闕'을 세우고, '궐闕' 위에는 전망대인 누관樓觀을 만들었다. 양 누대 사이는 텅 비워두기 때문에 '궐闕'이라 했고, 또 이 '궐闕'이 높기 때문에 흔히 '위궐魏闕'이라고 불렀다.

63 동몽童蒙: 어리다는 뜻이다.

64 혹은 잡다한…보고: 『시경』 「진풍秦風 · 소융小戎」에 "엇섞인 새 깃 무늬 방패도 고울시고蒙伐有苑"라는 구절이 있다. 이 구절 원문의 '몽蒙'에 '엇섞인 새 깃 무늬雜羽之文'란 뜻이 있으므로 '몽蒙'을 '잡문雜

정통 후사가 아니고 어릴 때 동후董侯였으므로 명분이 바르지 못하고[65] 혼란의 황폐함이 더해져 그 자손이 나라를 약하게 만들고 멸망에 빠뜨린다는 것입니다. 『효경중황참孝經中黃讖』[66]에 또 이런 말이 있습니다. '태양이 동쪽에 떠서 화염을 끊는다. 불不 자에 가로 획 한 일 자一를 그으니 성인이 총명하다日載東, 絕火光. 不橫一, 聖聰明.[67] 400년 이후에 성을 바꾸어 왕이 된다. 천하가 그 공적에 귀의하고 태평성대가 이루어지며 여덟 갑자[68] 끝에 자리한다. 예악을 함께 쓰고 만민을 바로잡아 가악嘉樂을 집안에서 섞어 연주한다.'[69] 이것은 위왕의 성과 이름이 도참에 분명하게 드러난 것입니다. 『역운기참易運期讖』[70]에 또 이런 말이 있습니다. '언言이 동쪽에 있고, 서쪽에 오午가 있으며[71] 두 태양이 함께 빛나는데 태양[日]이 아래에 있다.[72] 그는 임

文'으로 풀이한 것이다. 여기서는 한 헌제가 적통이 아니어서 혈통이 순수하지 않음을 비유한다.

65 한 헌제가…못하고: 한 헌제의 유협劉協의 모친은 영제靈帝의 후궁 왕미인王美人이다. 또 헌제는 어릴 때 동태후董太后의 손에서 자랐기 때문에 동후董侯로 불렸고, 이후 발해왕渤海王, 진류왕陳留王을 거쳐 동탁에 의해 황제로 옹립되었다. 따라서 헌제의 혈통은 적통이 아니다.

66 『효경중황참孝經中黃讖』: 『효경孝經』을 중심으로 미래의 길흉을 예언한 참위서다. 저자는 미상이며 지금은 전해오지 않는다.

67 '일재동日載東'은 '조曹'의 옛 글자 형상을 풀이한 것이다. '조曹'의 옛 글자가 '일日' 자 위에 '동東' 자가 두 개 있는 글자이므로 '태양이 동쪽에 뜬다日載東'라고 풀었다. 따라서 '일재동日載東'이 '조曹'이므로 뒤의 '절화광絕火光'과 연결시키면 조씨曹氏가 화덕火德의 한나라를 멸망시킨다는 뜻이 된다. '불횡일不橫一'은 '불不' 자에 '일一' 자를 가로로 긋는 것이므로 '비丕'자가 되고, 이는 위나라 문제 조비曹丕를 가리킨다.

68 여덟 갑자: 원문은 '팔갑八甲'이다. 일 갑자가 60년이므로 여덟 갑자는 480년을 가리킨다. 전한과 후한 역사를 합하면 410년 좌우이므로 여덟 갑자[八甲]라고 한 것으로 보인다.

69 예악을…연주한다: 『좌전』 정공定公 10년에 "가악은 야외에서 연주하지 않는다嘉樂不野合"라는 구절이 있다. '가악嘉樂'은 연회나 제사 때 쓰는 음악으로 종鐘과 경磬으로 연주한다.

70 『역운기참易運期讖』: 『역운기易運期』라고도 한다. 『주역』과 관련된 참위서로 지은이는 미상이며 지금은 전해오지 않는다.

71 허許 자를 쪼개어 풀이한 것이다. 동아시아에서는 대체로 위를 남쪽, 아래를 북쪽으로 보기 때문에 허許의 왼쪽에 있는 언言이 동쪽이 되고, 오른쪽에 있는 오午가 서쪽이 된다.

72 '두 태양이 함께 빛난다兩日幷光'라는 것은 '창昌' 자를 가리키고 '태양이 아래에 있다日居下'라는 것은 '조曹' 자의 아래에 '일日'자가 있음을 가리킨다. 앞의 구절과 합치면 '言居東, 西有午'는 허許, '兩日幷光'은 창昌이므로 조씨曹氏가 정한 도읍지 허창許昌이 된다.

금〔主〕이면서 오히려 신하〔輔〕 노릇을 한다. 오팔은 사십[73]에 황색의 기운을 받아 진인眞人이 출현한다.' 언言과 오午는 허許 자이고, 두 태양〔日〕은 창昌 자입니다. 한나라는 허許 때문에 망하고 위나라는 허許 때문에 번창합니다. 지금 천운이 모이고 교차하는 하늘의 기약이 허許 땅에 있으니 이것이 큰 징후입니다. 『역운기참』에 또 이런 말이 있습니다. '귀신〔鬼〕이 산山에 있고 벼〔禾〕와 여인〔女〕이 이어져[74] 천하에 왕 노릇을 한다.' 신은 듣건대 제왕은 오행의 정기가 모인 사람이라고 합니다. 역성易姓의 징조와 흥망성쇠의 교합은 720년을 하나의 궤적으로 삼습니다. 덕이 있는 자는 이 연수를 초과하여 800년에도 이르고, 덕이 없는 자는 미치지 못하므로 400년에 그칩니다. 이러한 까닭에 주나라는 867년에 이르렀고, 하나라는 400여 년에 그쳤습니다. 한나라는 하나라 역법을 시행했으므로 오늘까지 426년에 이른 것입니다. 또 한 고조가 천명을 받은 운수는 비록 을미년乙未年에 시작되었지만 그 조짐은 춘추시대 기린을 잡은 일〔獲麟〕[75]에서 비롯되었습니다. 기린을 잡은 일로부터 700여 년이 흘렀으므로 하늘의 역수歷數가 다한 것입니다. 제왕이 나라를 일으킴은 언제나 하나의 성씨에만 그치지 않습니다. 하늘의 태미원太微垣[76]에서 황제黃帝가 늘 밝은 별자리에 자리 잡으면 적제赤帝는[77] 늘 보이지 않는 곳에 자리 잡으므로 황색 가문이 흥성하면 적색 가문은 쇠퇴합니다. 이것은 흉망凶亡의 기운이 점차 스며들기 때문입니다. 이

73 오팔은 사십: 원문은 '五八四十'이다. 전한과 후한 400년을 가리키는 듯하지만 분명하지 않다.

74 '위魏'에는 본래 '외巍'의 뜻이 있어서 두 글자를 통용하기도 한다. 따라서 귀신〔鬼〕이 산山에 있고, 화禾와 여女가 연결되는 글자는 '巍'가 되므로 이는 '魏'를 가리킨다.

75 기린을 잡은 일: 공자는 춘추시대 역사서 『춘추』를 쓰던 도중 "서쪽 교외에서 사냥하다가 기린을 잡았다西狩獲麟"라는 기록을 끝으로 붓을 놓았다. 기린은 태평성대에 나타나는 짐승인데 혼란한 시대에 나타났으므로 주나라의 도道가 부흥하지 못할 것으로 보고 붓을 꺾은 것이라 한다.

76 태미원太微垣: 자미원紫微垣과 함께 천자를 상징하는 하늘의 별자리다. 태미원이 자미원 남쪽에 있으므로 흔히 자미원을 천자의 정궁正宮, 태미원을 천자의 남궁南宮이라 부른다.

77 황제黃帝는 토덕土德으로 일어난 위나라, 적제赤帝는 화덕火德으로 일어난 한나라다.

로부터 40여 년이 흐르면 또 형혹성이 빛을 잃어 10여 년 동안 밝아지지 못할 것입니다. 건안建安 10년(205)에 혜성이 먼저 자미원을 쓸었고, 23년(218)에는 다시 태미원을 쓸었습니다. 새로운 천자의 기운이 동남쪽에서 보인 이래 23년에 흰 무지개가 해를 꿰뚫었고, 달이 형혹성을 침식했습니다. 근년의 기해일己亥日, 임자일壬子日, 병오일丙午日의 일식은 모두 물이 불을 끄는 형상이었습니다.[78] 전하께서 즉위하여 처음으로 천자의 자리로 나아가시니 그 덕은 천지에 짝하고 행동은 신명에 합치됩니다. 은택이 가득 넘쳐 널리 사방에 덮이고 상하로 꽉 찹니다. 이러한 까닭에 황룡이 자주 나타나고, 봉황이 연이어 날고, 기린이 모두 모여들고, 백호가 어진 정치의 징후를 드러내며 앞서거니 뒤서거니 교외에서 여러 길조吉兆를 보여줍니다. 달콤한 이슬과 달콤한 샘물[甘露醴泉], 기이한 짐승과 신령한 동물이 수많은 상서로움을 드러냅니다. 이 모두는 제왕이 천명을 받고 왕실의 성을 바꾸는 조짐입니다. 옛날 황제黃帝가 천명을 받자 풍후風后[79]는 「하도河圖」를 받았고, 순 임금과 우 임금이 천하를 소유하자 봉황이 날고 낙수洛水에서 도서가 나왔습니다.[80] 탕湯이 왕위에 오르자 흰 새가 조짐을 보였고,[81] 문왕이 서백西伯이 되자 붉은 새가 단서丹書를 물어왔습니다.[82] 무왕이 은나라

78 '기해己亥'와 '임자壬子'는 음양오행에서 수水에 속하여 물이 불을 끄는 형상이지만 '병오丙午'는 화火에 속하므로 불이 불을 더욱 성하게 하는 형상이다. 따라서 병오丙午는 오류로 보인다.

79 풍후風后: 『사기』 권1 「오제본기」: "황제가 풍후를 등용하여 백성을 다스렸다黃帝擧風后以治民." 후한 정현鄭玄은 풍후를 황제의 삼공三公이라고 했다.

80 황하黃河에서 기이한 그림이 나왔고[河圖], 낙수洛水에서 신기한 글씨가 나왔다[洛書]는 전설은 『논어』 『묵자墨子』 『주역』 「계사전繫辭傳」 등에 기록이 남아 있다. 진晉나라 학자 서광徐廣은 『사기음의史記音義』에서 황제黃帝가 동쪽으로 순행할 때 황하에서 용마로부터 그림을 얻었고, 낙수에서 거북이로부터 글을 얻었다고 했다. 당나라 학자 공영달孔穎達은 『예기』 「예운」에 주석을 달아 복희씨伏羲氏 때 황하에서 용마가 등에 그림을 지고 나타났고, 우 임금이 치수할 때 낙수에서 신귀神龜가 등에 글을 지고 나타났다고 설명했다. 어느 것이 옳은지는 알 수 없다.

81 흰 새가 조짐을 보였고: 『송서宋書』 권29 「부서지符瑞志」 하下에 "흰 비둘기가 탕왕 때 날아왔다白鳩, 成湯時來至"라는 기록이 있다.

82 문왕이…물어왔습니다: 『여씨춘추』 「유시람·응동」: "문왕 때에 이르러 하늘이 먼저 불덩이를 보여

를 정벌하자 흰 물고기가 배 위로 뛰어들었고,[83] 한 고조가 처음 봉기하자 흰 뱀이 징후를 보였습니다.[84] 위대한 행적에 상서로움이 호응하며 그때마다 모두 성인이 일어났습니다. 한나라 앞뒤 시대의 대재난과 오늘날의 상서로운 징후를 살펴보고, 도참의 시기를 관찰하고, 「하도河圖」와 「낙서洛書」의 판명을 헤아려봐도 지금 위대한 위나라의 가장 아름다운 형상보다는 못합니다. 대저 세성歲星[85]을 얻으면 도道가 비로소 흥합니다. 옛날 주 무왕이 은나라를 정벌할 때는 세성이 순화鶉火[86]에 있었는데 이는 천문에서 주나라가 속한 분야입니다. 한 고조가 진秦나라로 들어갈 때는 오성이 동정東井에 모였는데[87] 이는 천문에서 한나라가 속한 분야입니다. 지금은 세성이 대량大梁(河南 開封 서북)에 있으므로 이는 천문에서 위나라가 속한 분야입니다. 하늘의 상서로운 호응이 함께 모여들자 사방의 백성이 귀부하며 강보에 싸인 아이를 업고 옵니다. 억조창생이 흔쾌히 추대하며 모두들 그 아름다운 경사를 기뻐합니다. 『춘추대전春秋大傳』[88]에 또 이런 말이 있습니다.

줬고, 붉은 까마귀가 붉은 문서를 물고 주나라 사직단에 모였다及文王之時, 天先見火, 赤烏銜丹書集於周社."

83 무왕이…뛰어들었고: 『사기』 권4 「주본기」: "무왕이 황하를 건널 때 강 중앙에 이르자 흰 물고기가 무왕이 탄 배 속으로 뛰어들었다武王渡河, 中流, 白魚躍入王舟中."

84 한 고조가…보였습니다: 『사기』 권8 「고조본기」: "노파가 말했다. '내 아들은 백제白帝의 아들인데 뱀으로 변하여 길을 막고 있다가 지금 적제赤帝의 아들에게 참살되었소. 이 때문에 울고 있소.'嫗曰, '吾子白帝子也, 化爲蛇, 當道, 今爲赤帝子斬之, 故哭.'"

85 세성歲星: 목성木星을 가리킨다. 목성은 12년에 한 번 하늘을 일주하고 매년 전체 하늘의 12분의 1을 운행하므로 목성의 위치가 기년紀年의 표준이 된다. 이 때문에 세성歲星이라 부른다.

86 순화鶉火: 28수宿 중 유수柳宿, 성수星宿, 장수張宿를 합쳐서 순화鶉火라 하고, 이 중 유수가 주周나라 분야다.

87 동정東井: 『한서』 권1 「고제기高帝紀」에 "원년 겨울 10월에 오성이 모두 동정에 모였고, 패공이 파상에 이르렀다元年冬十月, 五星聚于東井. 沛公至霸上"라는 기록이 있다. 동정은 28수 중 정수井宿를 가리킨다. 오성五星은 수성水星, 금성金星, 화성火星, 목성木星, 토성土星이다. 동정에 상응하는 땅이 바로 진秦나라다. 따라서 오성이 동정에 모였다 함은 오성이 나란히 동정을 비춘 것을 가리킨다. 사람들은 이 현상을 유방이 천자에 오를 징조로 여겼다.

88 『춘추대전春秋大傳』: 지금은 전하지 않는 책이다. 한나라 초기 경학가의 저작으로 추정된다.

'주공은 왜 노나라로 가지 않았는가? 대체로 적통을 잇고 문왕의 법도를 지키는 군주가 있더라도, 성인이 천명을 받아 왕 노릇 하기에 방해가 되지 않는다고 여겼기 때문이다.'[89] 주공이 정권을 성왕成王에게 돌려주자 시자尸子[90]는 공자가 그 일을 비난하며 주공을 성인으로 여기지 않았고 또 주공이 억조창생을 위하지 않았다고 생각했습니다. 경방京房[91]은 『역전易傳』을 지어 이렇게 말했습니다. '무릇 왕도 정치를 펴는 임금은 악한 자는 제거하고, 약한 자에게서는 그 마음을 얻는다. 왕실 성을 바꾸고 정권을 교체할 때 천명은 상도常道에 호응하며, 사람이 꾀하고 귀신이 꾀할 때 백성은 자신의 능력을 제공한다.' 엎드려 생각하옵건대 전하께서는 요 임금과 순 임금의 광명을 몸에 지니시고, 700년 궤적의 선양禪讓을 받으시고, 탕왕과 무왕의 정벌 시기를 다시 마주하고, 천명이 옮겨가는 때를 맞으셨습니다. 『하도』와 『낙서』가 표상하는 이치와 도참에 실린 기록이 환하게 밝아서 천하의 학자들이 함께 목도했습니다. 신은 직책이 사관인지라 조짐을 고찰하고 징후를 살피니 도참에 그 예단이 드러나 있어서 이제 천운이 모이고 교차하는 시기를

89 성인이… 때문이다: 주 무왕이 죽고 어린 성왕이 즉위하자 숙부인 주공이 섭정이 되어 나라를 다스렸다. 따라서 합법적으로 주나라의 적통을 잇고 문왕의 법도를 지킨 군주는 성왕이다. 하지만 이 과정에서 주공이 문왕, 무왕의 도道를 잇고 나라를 다스리며 성인의 반열에 올랐다. 이 때문에 실제로는 주공이 천명을 받아 왕 노릇을 했다고 여긴 것이다.

90 시자尸子: 전국시대 위魏나라 사람으로 알려져 있지만 일설에는 노魯나라 또는 초楚나라 사람이라고도 한다. 본명이 교佼다. 도가 계열이지만 모든 학파를 망라하는 잡가雜家의 특성을 보인다. 저서 『시자尸子』는 송대宋代에 이미 망실되었고, 그 일부가 각종 전적에 기록되어 있다. 청나라 때 왕계배汪繼培 등이 그 기록을 모아 집본輯本 『시자』를 간행했다. 거기에 다음 기록이 있다. "옛날 공자가 정권을 성왕에게 돌려주자, 공자가 비난하며 말했다. '주공은 아마 성인이 아닌 듯하다. 천하를 양보하여 억조창생을 위하지 않았다.'昔周公反政, 孔子非之曰. '周公其不聖乎? 以天下讓, 不爲兆人也.'" 이는 전통적인 유가의 견해가 아니라 시자의 견해다.

91 경방京房: 본래 성이 이李씨이고 자가 군명君明이지만 후에 스스로 성과 이름을 바꿔 경방京房이라 했다. 전한 원제元帝 때의 역학자다. 초연수焦延壽에게서 『주역』을 배워 천재지변과 기이한 조짐을 잘 해석했다. 그러나 『주역』에 대한 견해를 두고 환관 석현石顯, 권력자 오록충종五鹿充宗과 갈등을 빚다가 "정치를 비방하고 천자를 악으로 귀의하게 한다非謗政治, 歸惡天子"라는 죄명을 쓰고 사형을 당했다. 『경씨역전京氏易傳』 3권이 전해온다.

삼가 알려드리옵니다." 위왕이 명령했다. "옛날 주 문왕은 삼분한 천하 가운데서 둘을 차지했지만 은나라에 복종해서 공자는 그 지극한 덕에 감탄했다. 주공은 천자의 자리에 서서 천하의 결단에 따르면서도[92] 끝까지 '그대 밝으신 임금님에게 아룁니다'[93]라고 했으므로, 『상서』에서는 그 사람됨을 찬미했다. 나는 비록 덕이 두 성인에게 미치지 못하지만 높은 산과 넓은 길 같은 두 분의 대의를 감히 잊을 수 있겠는가? 대저 요, 순, 우 임금의 행적을 예로 들어보면 모두 성인의 자질과 성대한 덕망으로 처신했으므로 위로는 신령과 화합할 수 있었고, 아래로는 만백성을 편안하게 할 수 있어서 그분들이 끼친 은택을 오늘날에도 칭송하고 있다. 지금 나는 덕이 지극히 부족하고 사람도 지극히 비루하여 이런 중요한 때를 만나고도 요행으로 선왕의 유업을 잇고 있다. 은정은 사해를 덮지도 못하고, 혜택은 천하에 미치지 못한다. 비록 창고를 모두 풀어 위나라 백성을 구제하고 있지만 추운 사람을 모두 따뜻하게 해주지 못하고, 굶주린 사람을 모두 배부르게 먹이지 못한다. 아침 일찍부터 저녁 늦게까지 근심하고 두려워하며 감히 편안하게 쉴 겨를을 갖지 못한다. 바라건대 머리카락과 치아나 보전하며 오늘의 상황이라도 오래 고수하고, 땅에 묻힐 때까지 위나라를 온전히 유지하여 지하에서 선왕을 뵐 때 내가 맡은 책임을 다 감당했다고 말씀드렸으면 좋겠다. 협소한 도량으로 이것만을 고수하고자 할 뿐이다. 누차 상서로운 조짐이 닥쳤지만 황공한 마음에 놀랍고 불안한 표정을 주체하지 못하겠다. 그러니 허지의 말을 어찌 들을 수 있겠는가? 마음과 손이 모두 떨리니 글을 써도 글자가 되지 않고, 말을 해도 마음을 표현할 수 없다. 이에 내가 근간에 시를 지었다. '동란이 이어지며 12년을 넘으

92 주공은…따르면서도: 『순자』 「유효儒效」에 나온다. "履天子之籍, 聽天下之斷." 주공이 천자의 보위에 오른 적은 없지만 어린 성왕을 대신한 섭정으로 천자의 업무를 처리했으므로 이렇게 표현한 것이다.

93 그대…아룁니다: 『상서』 「낙고洛誥」에 나온다. "朕復子明辟." 주공이 비록 섭정으로 천자의 권력을 행사하고 있었지만 어린 성왕에게 극도의 존경심을 표시한 것이다.

니, 백골이 만 리에 이리저리 뒹구네. 슬프다 아래 백성은 기댈 데가 없어서, 내가 장차 지금의 천자를 도와 잘 다스려보리라. 그리고 그대 밝으신 천자에게 아뢴 후 벼슬을 그만두리라.' 이 말을 지키며 스스로 일생을 마치려 한다. 이것은 절대 빈말이 아니다. 원근 사람들에게 널리 알려 내 붉은 마음을 밝게 드러내라." 이에 시중 신비, 유엽, 산기상시散騎常侍 부손傅巽, 위진衛臻, 상서령 환계, 상서 진교, 진군, 급사중 박사 기도위 소림蘇林, 동파董巴 등이 아뢰었다. "위나라가 천명을 받아야 할 조짐에 대해 허지가 올린 글을 엎드려 읽었습니다. 거기에 대답한 명령문은 내용이 간절하여 진실로 겸양의 미덕을 고수하고 있습니다. 비록 순, 우, 탕, 문왕이라 하더라도 대의가 이 글을 뛰어넘을 수 없습니다. 그러나 옛날 현명하신 임금들이 천명을 수용하고 사양하지 않은 까닭은 진실로 하늘의 뜻을 서둘러 따르고 억조창생의 여망에 부응하기 위해 그 일을 그만둘 수 없었기 때문입니다. 또한 『주역』에서는 이렇게 말했습니다. '천문을 살펴 시대의 변화를 관찰하고, 인문을 살펴 교화로써 천하를 완성한다.'94 또 이런 구절도 있습니다. '하늘이 형상을 드리워 길흉을 나타내면 성인이 그것을 법칙으로 삼는다. 황하에서 그림이 나오고 낙수에서 글이 나오자 성인이 그것을 본받았다.'95 생각건대 천문은 사람에 따라 변하고, 『하도』 『낙서』와 「홍범」에 드러난 이치는 은나라와 주나라가 본받아 운용했습니다. 이 말은 진실로 제왕의 밝은 부적이며, 천도의 위대한 요체입니다. 이러한 까닭에 덕으로 복록에 부응한 자는 앞 시대에 차례로 흥성했고, 도를 잃어 자주 대의가 고갈된 자는 후대에 번갈아 멸망했습니다. 『좌전』에서는 하늘이 허무는 것을 장홍萇弘이 지탱하려 했다고 나무랐고,96 우

94 천문을…완성한다: 『주역』 「비괘賁卦 · 괘사卦辭」에 나온다. "觀乎天文, 以察時變, 觀乎人文, 以化成天下."

95 하늘이…본받았다: 『주역』 「계사繫辭」 상에 나온다. "天垂象, 見吉凶, 聖人則之. 河出圖, 洛出書, 聖人效之." 다만 현행 다수의 판본에는 '칙則'과 '효效'의 자리가 맞바뀌어 있다.

96 하늘이…나무랐고: 『좌전』 정공 원년: "진晉나라 대부 여숙관女叔寬이 말했다. '주 왕실의 장홍은 죽

레가 하늘을 타고 있다는[雷乘乾] 채묵蔡墨의 설명을 말하면서[97] 국가의 존망은 사람의 힘으로 세울 수 없다는 사실을 분명하게 밝히고 있습니다. 지금 한나라 황실이 쇠퇴하여, 황제의 기강이 땅에 떨어지니 천자의 조서도 모두 사라져서 들을 수 없습니다. 하늘이 낡은 것을 버리고 새것에 천명을 내리는지라 백성도 한나라를 버리고 위나라를 위하고 있습니다. 이런 현상은 환하게 밝아서 쉽게 알 수 있습니다. 선왕[曹操]께서는 난리를 구하고 세상을 평정하여 대업을 세우려 했습니다. 전하에 이르러 지극한 덕이 천명 교체의 운수와 맞아떨어졌습니다. 즉위하신 이래 하늘의 조짐이 인사에 호응하여 찬란하게 모든 조짐이 크게 갖춰졌습니다. 신령한 징후와 도서의 기록이 옛날 사적을 겸했고, 상서로운 징조와 아름다운 조짐이 앞 시대를 뛰어넘었습니다. 이에 허지가 황제黃帝와 시기와 성과 이름에 관한 참위설을 취한 것입니다. 이런 글은 앞 시대에 이미 뚜렷하게 드러나서 한나라 역사와 함께 모두 볼 수 있습니다. 이로써 말씀드리자면 천명은 이미 오래된 일이라 전하께서 거절할 수 있는 것이 아닙니다. 신명의 뜻은 천명을 받드는 제사를 받고 싶어하고, 억조창생은 전하를 주시하며 모두 아름다운 소원을 쏟아붓고 있습니다. 오로지 전하께서 도서의 명문明文을 두루 살피고 천하의 공론을 서둘러 받아들여 조정 안팎으로 명령문을 선포하고 주군州郡에 두

음을 면치 못할 것이다. 장홍은 하늘의 뜻을 어겼다. 하늘이 허무는 것은 [인간이] 지탱할 수 없다.' 晉女叔寬曰, '周萇弘將不免. 萇叔違天. 天之所壞, 不可支也.'"

97 우레가…말하면서: 『좌전』 소공昭公 32년에 나온다. 조간자趙簡子가 채사묵蔡史墨에게 노나라 계씨季氏가 자신의 군주를 국외로 추방하여 죽게 했는데도 노나라 백성이 계씨의 죄를 따지지 않는 것은 무슨 까닭이냐고 묻자 사묵이 노나라 군주는 방종하며 안일만 좇았고, 계씨는 근면하게 덕행을 닦았기 때문이라고 했다. 또 그는 군주와 신하의 관계는 고정불변이 아니라고 하면서 신하를 상징하는 진괘震卦 우레[雷]가 군주를 상징하는 건괘乾卦 위에 올라탄 '뇌승건雷乘乾'을 예로 들었다. "이 때문에 『시경』에서는 '높은 언덕이 골짜기가 되고, 깊은 계곡이 구릉이 된다'라고 했습니다. 세 임금의 자손이 지금 서민이 되어 있는 것도 주군께서는 아실 겁니다. 『주역』 괘에서는 우레가 하늘을 타고 있는 것을 '대장大壯' 괘라 했는데 이것은 하늘의 도입니다故『詩』曰, '高岸爲谷, 深谷爲陵.' 三后之姓於今为庶, 主所知也. 在『易』卦, 雷乘乾, 曰'大壯', 天之道也."

루 포고하여 천명의 뚜렷함과 전하의 겸허한 뜻을 알게 하십시오." 위왕이 명령했다. "사방에 이 명령문을 내려 내 진실한 마음을 밝히는 것이 옳다. 나머지 말을 살펴보니 어찌 내가 언급할 수 있는 것이며, 어찌 내가 감당할 수 있겠는가? 경들이 지적한 논리는 나 스스로 깊이 생각한 바에 미치지 못한다. 허황한 담론과 잘못된 일컬음은 비루하고 부족한 내가 감당할 바가 아니다. 또 듣건대 근래에 동쪽으로 정벌을 나가며 군현郡縣을 거치고 둔전을 지났는데 백성의 얼굴에 굶주린 기색이 있고, 의복은 더러 짧은 갈옷조차 완전하지 못했다고 한다. 이 죄는 모두 나에게 있다. 이러한 까닭에 위로는 여러 가지 상서로운 조짐에 참담한 마음이고, 아래로 백성에게 부끄러운 마음이다. 이러한 연유로 말하건대 덕이 아직 편벽된 왕王도 감당하지 못하는 상황에서 어찌 황제를 입에 담겠는가? 마땅히 이런 논의를 중지하여 나의 부덕함을 거듭 드러내지 말아야 할 것이다. 죽은 후 후세의 군자에게 부끄럽게 하지 말라."

계축일癸丑日(11일), 신료들에게 명령문을 두루 알렸다. 독군어사중승督軍御史中丞 사마의司馬懿, 시어사侍御史 정혼鄭渾, 양비羊秘, 포훈鮑勳, 무주武周 등이 아뢰었다. "내리신 명령문은 좌左와 같았습니다. 태사승 허지가 올린 천명의 조짐에 관한 일을 엎드려 읽었습니다. 신들은 듣건대 요 임금의 시대가 쇠퇴하자 천명이 순 임금에게 있었고, 순 임금의 시대가 쇠퇴하자 천명이 하나라에 있었습니다. 그런즉 천지의 신령함, 천명의 운수, 왕조 거취의 조짐은 오직 덕이 누구에게 있느냐에 달려 있습니다. 이 때문에 공자는 이렇게 말했습니다. '봉새도 오지 않고 황하에서 도서도 나오지 않으니 나도 이제 끝이로구나!'[98] 지금 한나라 황실은 쇠퇴하여 안제安帝, 화제和帝, 충제沖帝, 질제質帝 이래로 국통이 여러 번 끊겼고, 또 환제桓帝와 영제靈帝가 황

98 봉새도…끝이로구나: 『논어』「자한子罕」에 나온다. "鳳鳥不至, 河不出圖, 吾已矣夫!"

음무도하여 복록이 황실에서 떠났습니다. 이것이 바로 천명의 거취인데 하룻낮 하룻저녁에 야기된 것이 아니라 그 유래가 오래되었습니다. 전하께서 보위에 오르시자 지극한 덕망이 널리 펼쳐져서 상하에 가득 찼습니다. 하늘과 사람이 감응하고 상서로운 조짐이 모두 모여들었습니다. 옛날 역사를 상고해봐도 오늘날의 성대함과 같은 적이 없습니다. 대저 대인은 하늘보다 앞서 일을 할 때는 하늘이 그를 거스르지 않으며 하늘보다 뒤처져 일을 할 때는 대인이 하늘의 때〔天時〕를 받듭니다.99 하늘의 때가 벌써 이르렀는데도 여전히 겸양하는 일은 순 임금과 우 임금도 그렇게 하지 않았습니다. 이 때문에 백성은 〔겸양하지 않은 분이〕 구제해주는 은혜를 입고, 만물은 그런 분이 양육해주는 시혜를 받습니다. 지금 팔방의 백성이 뚫어져라 바라보고 대소 신료들은 〔선양받으시길〕 소망하고 있습니다. 하늘이 보살피고 신령과 인간이 함께 계책을 세우며 사람들 열에서 아홉이 예물을 올리며 신복臣服하려 합니다. 그런데도 〔겸양하는〕 의리가 주 문왕보다 지나치니 이것은 과도하게 공손한 태도〔過恭〕입니다. 상하 노비들도 엎드려 불안해합니다." 위왕이 명령했다. "세상에 부족한 것은 도의道義이고 세상에 남아도는 것은 망령된 행동이다. 떳떳한 인간의 심성이 비천한 자에게는 부족하고 고귀한 자에게는 남아돈다. 이 때문에 '지위가 없음을 근심하지 말고 자신이 올바로 서는 방법을 근심하라'100라고 했다. 나는 비록 덕이 부족하지만 떳떳한 사람의 질책101에서 벗어나고자 한다. 대저 '돌은 깨뜨릴 수 있어도 그 단단함을 박탈할 수 없고, 단사丹沙는 갈아서 가루를 만들 수 있어도 붉은색을 박탈할 수 없다'102고 했다. 단사와 돌은 미물인데도 이런 성질을 보존

---

99 하늘보다…받듭니다: 『주역』「건문언전乾文言傳」에 나온다. "先天而天弗違, 後天而奉天時."

100 지위가…근심하라: 『논어』「이인里人」에 나온다. "不患無位, 患所以立."

101 질책: 원문은 '귀貴'이지만 문맥이 통하지 않는다. 청나라 학자 조일청趙一淸은 '귀貴'를 '책責'으로 써야 한다고 했다. 글자가 비슷하여 오류가 생긴 것으로 보인다.

102 돌은…없다: 『여씨춘추』「계동기季冬紀·성렴誠廉」에 나온다. "石可破, 而不可奪堅, 丹可磨, 而不可

하는데 하물며 나처럼 사인士人의 말석에 몸을 의탁하고 일찍이 군자에게서 가르침을 받은 자임에랴? 또 오릉중자於陵仲子는 인仁을 부유함으로 여겼으며,[103] 백성자고柏成子高는 의義를 고귀함으로 여겼고,[104] 포초鮑焦는 자공子貢의 말에 느낀 바가 있어 자신의 채소를 버리고 굶어 죽었으며,[105] 목자牧子는 계찰季札의 실언을 나무랐는데,[106] 이들 모두는 중임을 맡겨도 그것을 안중에 두지 않았다. 그런데 나만 유독 어떤 사람으로 처신해야 하나? 옛날 주 무왕은 위대한 성인이었는데도 주공으로 하여금 사해 안에서 교격膠鬲[107]과 동맹을 맺게 했고, 소공으로 하여금 공두산共頭山(共北山, 河南 輝縣 서북)에서 미자微子와 약속을 하게 했다.[108] 이 때문에 백이伯夷와 숙

奪赤."

103 황보밀皇甫謐의 『고사전高士傳』: "진중자陳仲子는 제나라 사람이다. 그의 형 진대陳戴가 제나라 경卿이 되어 녹봉이 1만 종鍾이었다. 중자는 그것을 불의하게 여기고 아내를 데리고 초나라로 가서 오릉에 거주하며 스스로 오릉중자라 했다陳仲子者, 齊人也. 其兄戴爲齊卿, 食祿萬鍾. 仲子以爲不義, 將妻子適楚, 居於陵, 自謂於陵仲子."

104 백성자고柏成子高…여겼고: 『장자莊子』「천지天地」: "요 임금이 천하를 다스릴 때 백성자고를 제후로 봉했다. 또 요 임금은 순 임금에게 천하를 주었고, 순 임금은 우 임금에게 천하를 주었다. 백성자고는 제후가 되기를 사양하고 농사를 지었다堯治天下, 伯成子高立爲諸侯. 堯授舜, 舜授禹, 伯成子高辭爲諸侯而耕." '백伯'과 백柏은 발음이 비슷해서 통용한다.

105 포초鮑焦는…죽었으며: 유향劉向의 『신서新序』「절사節士」: 포초鮑焦라는 사람이 남루한 옷을 입고 피골상접한 모습으로 삼태기에 채소를 담고 다니자 자공이 그에게 물었다. "세상을 비난하는 사람은 그곳에서 이익을 얻지 말아야 하고, 임금을 헐뜯는 사람은 그 땅을 밟지 말아야 합니다. 지금 그대는 임금을 헐뜯으면서도 그 땅을 밟고 있고, 세상을 비난하면서도 그곳 채소를 들고 있는데, 그것이 본래 누구의 소유입니까非其世者, 不生其利. 汚其君者, 不履其土. 今吾子汚其君而履其土, 非其世而將其蔬, 誰之有哉?" 이에 포초가 채소를 버리고 낙수洛水 가에서 굶다가 말라 죽었다고 한다.

106 목자牧子는…나무랐는데: 『한시외전韓詩外傳』 권10: 오吳나라 계찰季札이 제나라에 갔다가 길에 떨어진 황금을 보고 목자牧者를 불러 줍게 하자 목자가 사람을 속물로 보지 말라며 계찰에게 항의했다고 한다. "계찰이 그가 현자임을 알고 성명을 물었다. 목자가 말했다. '그대는 사람의 겉모습만 보는 분이군요. 어찌하여 성명을 입에 담습니까?' 마침내 그곳을 떠났다延陵季子知其爲賢者, 請問姓字. 牧者曰, '子乃皮相之士也, 何況語姓字哉?' 遂去."

107 교격膠鬲: 『맹자』「고자告子」 하下에 "교격은 어물전에서 등용되었다膠鬲擧於魚鹽之中"라는 기록이 있다. 교격은 주 문왕에게 발탁되어 은나라 내부에서 주나라의 공격에 호응하는 역할을 맡은 것으로 알려져 있다.

108 소공으로…했다: 『여씨춘추』「계동기·성렴」: "또 태보 소공으로 하여금 공두산 아래에서 미자 계啓

제叔齊는 무왕을 비웃으며 이렇게 말했다. '옛날 신농씨가 천하를 소유할 때는 남을 망가뜨리면서 자신의 성공을 추구하지 않았고, 남을 끌어내리면서 자신을 높이지 않았다.'[109] 이는 주나라가 은나라를 정벌한 것이 폭력이라고 여긴 것이다. 나의 덕은 주 무왕보다 못하고 대의는 백이와 숙제에 부끄럽지만 망령된 행동으로 도의에서 벗어나는 일을 멀리하고, 단사와 돌의 굳건한 본성을 세우고, 오릉중자의 부유함을 따르고, 백성자고의 고귀함을 실천하고, 포초의 정절을 굳게 잡고, 나무꾼의 맑은 절개를 준수하려고 한다. 이 때문에 '삼군에서 장수를 빼앗을 수는 있지만 필부에게서 지조를 빼앗을 수는 없다'[110]라고 하는 것이다. 나의 이 뜻을 어찌 빼앗을 수 있겠는가?"

을묘일乙卯日(13일)에 〔한 헌제가〕 위왕에게 책문을 내려 천하를 선양하며 말했다. "연강延康 원년(220) 10월 을묘일에 황제가 말한다. 아! 그대 위왕이여! 대저 천명은 비괘否卦와 태괘泰卦로 번갈아 움직이고, 덕에 따라 오르내린다. 삼대에 왕조의 연수를 점친 사실이 『춘추』에 기록되어 있다. 이러한 까닭에 천명은 일정한 곳에만 머물지 않으며 제왕도 하나의 성씨로만 이어지지 않는데 그 유래가 오래되었다. 한나라의 도道는 쇠약해진 세월이 이미 오래되어 안제와 순제 이래로 세상이 질서를 잃었고 충제와 질제는 재위 기간이 짧았으며 3세 동안 후사가 없었다. 황제의 기강은 훼손되었고 제왕의 법전은 무너졌다. 짐의 몸에 이르러 하늘이 재앙을 내리니 무고한 액운이 닥치고 불의 정기가 어두워지는 때를 만났다. 변고가 도성에서 일어났고 참화가 환관에 의해 발생했다. 동탁이 이 틈을 타고 요澆와 희豷[111]보다 심하게 악

를 만나 그와 동맹을 맺게 했다又使保召公, 就微子開於共頭之下, 而與之盟." '개開'와 '계啓'는 발음이 비슷하여 통용한다.

109 남을…않았다: 『장자』「양왕讓王」에 나온다. "不以人之壞自成也, 不以人之卑自高也."

110 삼군에서…없다: 『논어』「자한」에 나온다. "三軍可奪帥也, 匹夫不可奪志也."

111 요澆와 희豷: 『좌전』 양공 4년: 요와 희는 모두 하나라 악인惡人 한착寒浞의 아들로 포악한 짓을 일

행을 저지르며 어가御駕를 위협하여 옮기고 궁궐과 종묘를 불태웠다.[112] 마침내 구주九州가 분열되어 강적이 범처럼 다투고, 화하가 가마솥처럼 들끓으며 뱀 같은 무리가 길을 막았다. 이때에 이르러 작은 땅도 더 이상 한나라의 소유가 아니게 되었으니 한 사람이 어찌 짐의 백성을 소생시킬 수 있겠는가? 다행히 천명의 운행에 부응한 무왕의 덕에 힘입어 신무神武한 위엄을 떨치고 흉포한 무리를 제거하여 화하 지역을 깨끗하게 평정하고 황실을 보위할 수 있었다. 지금 왕도 전왕의 전통을 계승하여 지극한 덕을 빛내고, 천하를 다스림에 미혹됨이 없고, 덕을 베풂이 넓고도 원대하다. 그 위엄과 교화가 사해를 덮었고 어진 기풍이 악귀의 영역에까지 불어닥쳤다. 이러한 까닭에 사방에서 진귀한 보배가 나타나고 인간과 신령이 호응하니 하늘의 운수가 진실로 그대의 몸에 있다. 옛날 순 임금이 스무 가지 큰 공적을 세우자 요 임금은 그에게 천하를 선양했고, 우 임금이 물길을 뚫는 업적을 이루자 순 임금이 그에게 제왕의 자리를 선양했다. 한나라는 요 임금의 운수를 이어 성군의 적통을 전승하는 대의를 보유했다. 이에 더하여 신령의 뜻에 순응하고 하늘의 밝은 명령을 이었다. 이제 나의 두 딸을 내려 위나라에서 비빈妃嬪을 삼게 하고자 한다. 사지절 행어사대부 태상 장음으로 하여금 황제의 옥새를 받들어 올리니 왕은 영원히 만국에 군주로 군림하며 삼가 하늘의 위엄을 떨치고 진실로 중정中正의 법도를 잡아 하늘의 복록을 영원히 누려라. 공경할지어다!" 이에 상서령 환계 등이 위왕에게 아뢰었다. "한나라가 이제 천자의 보위를 폐하에게 선양하니 폐하께서는 성스럽고 밝은 덕과 역수歷數의 차례에 따라 한나라의 선양을 계승하심이 진실로 천심에 합당한 일입니다. 대저 천명은 사양할 수 없고 억조창생의 여망은 거스를 수 없습니

삼았다. 이에 소강少康이 과過 땅에서 요를 파멸시켰고, 후저后杼가 과戈 땅에서 희를 파멸시켰다.

112 이 대목의 원문은 '태복궁묘太僕宮廟'이지만 문맥이 통하지 않는다. '태복太僕'은 '화박火撲'의 오자로 의심된다.

다. 신은 제후들과 장수들, 신료들과 가신들을 모아놓고 옥새를 찍은 조서를 반포하여 천명에 순응하시길 요청합니다. 예의를 갖춰 아뢰옵니다." 위왕이 명령했다. "끝까지 선양을 받지 않겠다는 나의 뜻을 논의해야 할 것이다. 사냥을 하고 돌아와 바야흐로 명령을 내리겠다." 상서령 등이 또 아뢰었다. "옛날 요 임금과 순 임금은 문조文祖로부터 선양을 받았습니다. 한나라에 이르러서는 군사 정벌로 천명을 받았는데 하늘의 위엄을 두려워하며 감히 태만할 겨를이 없어서 행재소에서 바로 즉위했습니다. 그러나 지금은 선양의 어명을 받았으므로 백관과 신료, 육군六軍의 병사들을 모아 모두 자신의 자리를 지키게 하고 그들로 하여금 천명을 목도할 수 있게 해야 합니다. 군영 안은 협소하므로 평탄하고 넓은 곳에 단壇을 설치하고 아름다운 천명을 받들며 회답하십시오. 신은 바로 시중·상시와 함께 모여 예의를 의논할 것이고, 태사관에게 길일을 택해 다시 아뢰라고 하겠습니다." 위왕이 명령했다. "내가 특히 감당하지 못할 일이다. 그러니 그 나머지 일에도 어찌 미리 참여할 수 있겠느냐?"

시중 유이와 상시 위진 등이 아뢰었다. "한나라는 요 임금이 천하를 공공으로 삼은 논의에 따랐으니, 폐하께서 성덕聖德으로 역수의 운행에 부응하면 하늘과 인간이 함께 기뻐할 것이고 모든 사람이 제자리를 찾지 못하는 경우가 없을 것입니다. 신령한 조짐에 순응하여 서둘러 황위에 올라야 합니다. 태사승 허지에게 물으니 이번 달 17일 기미일己未日에 일진이 좋아서 선양의 어명을 받을 수 있다고 하므로 즉시 단壇을 설치할 장소를 닦게 했습니다. 따로 아뢴 대로 시행해야 합니다." 위왕이 명령했다. "관속들이 나가서 밖을 살펴보고 곧 단을 설치한다니 이게 무슨 말이냐? 지금은 마땅히 선양을 사양하고 조서를 받지 말아야 한다. 다만 장막 앞에서 옥새를 찍은 조서를 반포하되 그 의례는 평상시대로 하라. 또 날씨가 추우니 단壇을 만드는 병사들은 일을 그만두고 돌아가게 하라." 이윽고 옥새를 찍은 조서를 반포하며 위왕이 명령했다. "마땅히 옥새를 봉환하고 사양하는 문서를 만들어야 한다. 내가 어찌 이 조서를 받들고 이 은혜를 받들 수 있겠는가? 옛날에 요 임금은 허유許由와 자주지보子州支甫에게 천하를 선양했고, 순 임금도 선권善卷, 석호石戶의 농부, 북인무택北人無擇에게 선양했다.[113] 더러는 물러나 영수潁水 북쪽에서 농사를 지었고,[114] 더러는 우울증으로 사양했고,[115] 더러는 멀리 산림으로 들어가 아무도 그 거처를 알지 못하게 했고,[116] 더러는 자식을 데리고 바다로 들어가 종신토록 돌아오지 않았고,[117] 더러는 선양받는 일을 치욕으로 여겨 스스로 깊은 못에 몸을 던졌다.[118] 또 안촉顏斶은 큰 박옥璞玉이 불완전해질까 두려워하며 만족할 줄 아는 현명한 분수를 지켰다.[119] 왕자王子 수搜는 단혈丹穴의 은거처를 즐기며 연기를 쐬면서도 밖으로 나오지 않았다.[120] 유하혜柳下惠는 삼공의 고귀한 자리에서도 자신의 절개를 바꾸지 않았고,[121] 증삼은 진晉나라와 초나라의 부유함으로도 자신의 인仁을 바꾸지 않았다.[122] 이 아홉 명의 선비는 모두 절개를 높게 여기고 대의를 숭상했

---

113 여기에 인용된 여러 사례는 모두 『장자』「양왕」에 나온다.

114 더러는…지었고: 『장자』「양왕」에 나오는 허유의 사례다.

115 더러는…사양했고: 『장자』「양왕」에 나오는 자주지보의 사례다.

116 더러는…했고: 『장자』「양왕」에 나오는 선권의 사례다.

117 더러는…않았고: 『장자』「양왕」에 나오는 석호 농부의 사례다.

118 더러는…던졌다: 『장자』「양왕」에 나오는 북인무택의 사례다.

119 안촉顏斶은…지켰다: 『전국책戰國策』「제책齊策」: "안촉이 말했다. '대저 옥은 산에서 생산되지만 제품으로 만들려면 그것을 깨야 합니다. 그렇게 되면 보배로서 귀하지 않은 것은 아니지만 큰 원석인 박옥璞玉은 완전하지 않게 됩니다.'颜斶曰, '夫玉生于山, 制则破焉. 非弗宝贵矣, 然大璞不完.'"

120 왕자王子 수搜는…않았다: 『장자』「양왕」: "월나라 사람들이 3세 동안 자신들의 임금을 시해하자 왕자 수가 근심하며 단혈이란 동굴로 도주했다. 월나라 사람들은 임금이 사라지자 왕자 수를 찾다가 찾지 못하고 단혈로 좇아갔다. 왕자 수가 나오려 하지 않자 월나라 사람들은 쑥으로 연기를 피우고 왕이 타는 수레에 태웠다越人三世弑其君, 王子搜患之, 逃乎丹穴. 而越國無君, 求王子搜不得, 從之丹穴. 王子搜不肯出, 越人熏之以艾, 乘以王輿."

121 유하혜柳下惠는…않았고: 『맹자』「진심盡心」 상上에 나온다. "柳下惠, 不以三公, 易其介."

122 증삼은…않았다: 『맹자』「공손추公孫丑」 하下: "증자가 말했다. 진나라와 초나라의 부유함에는 미칠 수 없다. 저들은 부유함을 내세우지만 나는 나의 인仁을 내세운다.曾子曰, '晉楚之富, 不可及也. 彼以其

으며 부유함을 경시하고 고귀함을 천시했다. 이 때문에 서책에 이름이 천년토록 기록되어 지금까지도 칭송받고 있다. 인仁을 구하여 인仁을 얻었으니 인仁이 어찌 멀리 있겠는가? 나라고 유독 어찌 이런 사람들보다 못하겠는가? 대의를 실천하며 동해를 밟고 들어가 멀리 사라질지언정[123] 한나라의 선양 조서는 받들지 못하겠다. 서둘러 상소문을 올리고 옥새를 반환하는 일을 천하에 선포하여 모든 사람이 알게 하라." 기미일己未日(17일)에 신료들에게 알렸고 다시 명령을 위나라에 내려보냈으며 또 천하에 내려보냈다.

보국장군輔國將軍 청원후淸苑侯(河北 保定 동북) 유약劉若 등 120명이 글을 올렸다. "명령문을 엎드려 읽어보니 겸양을 고수하시는 성스러운 뜻이 간절하여 지극한 성심이 밖으로 빛나지만 신들은 마음이 불안합니다. 무엇 때문이겠습니까? 석호의 농부와 북인무택은 필부로서 미치광이인지라 행동이 대의에 부합하지 않고 사례도 경전에 보이지 않습니다. 이러한 까닭에 사마천은 옳지 않다고 말했습니다. 그러므로 진실로 성스럽고 현명하신 폐하께서 〔그런 자들을〕 흠모해서는 안 됩니다. 또 순 임금은 요 임금의 선양을 거역하지 않았고 하나라 우 임금도 보위를 사양한다는 말을 하지 않았습니다. 이 때문에 경전에 '순 임금은 제왕의 자리에 올라 마치 본래부터 그 자리를 가진 듯이 행동했다'라고 기록되어 있습니다. 이것이 진실로 성인은 천명을 거역할 수 없고 역수를 사양할 수 없음을 안다는 사실입니다. 엎드려 생각하옵건대 폐하께서는 천명의 운행에 부응하는 분으로 지극한 덕이 널리 알

富, 我以吾仁.'"

123 대의를…사라질지언정: 『전국책』「조책趙策」에 관련 이야기가 나온다. 전국시대 노중련魯仲連은 제나라 사람으로 뛰어난 지략과 의협심을 가지고 있으면서도 벼슬길에 나아가지 않았다. 노중련이 조趙나라에 갔을 때, 마침 진秦나라가 조나라를 공격했다. 이때 위魏나라 사신 신원연新垣衍이 조나라로 와서 진나라를 황제의 나라로 섬기면 군사가 물러갈 것이라고 했다. 노중련이 이 말을 듣고 신원연을 꾸짖으며 "나는 차라리 동해로 걸어 들어가 죽을지언정 차마 진나라의 백성은 되지 않겠다連有蹈東海而死耳, 吾不忍爲之民也"라고 했다.

려졌습니다. 빛나는 품성이 하늘에까지 솟아오르자 해와 달과 별이 상서로운 징조를 내려보냈습니다. 인간과 신령이 조화를 이루고 아름다운 조짐이 두루 엇섞여 드러나자 만국이 호응했습니다. 비록 등용되지 않으려 해도 장차 어떻게 피할 수 있겠습니까? 겸허함만 고집하며 천명을 어기고 민심을 거스르는 것은 필부의 보잘것없는 명분만 흠모하여 옛날 성군이 밟으신 길을 등지고, 경전과 참위서의 뚜렷한 문장을 위반하고, 온갖 사람들의 견강부회를 믿는 것입니다. 이는 천명에 응답하고 백성의 여망을 밝게 위로하는 방법이 아닙니다. 신들은 죽음을 무릅쓰고 요청드립니다. 서둘러 단壇을 잘 정돈하고 길일이 되었을 때 천명을 받드십시오. 앞에서 아뢴 대로 각각 분별하여 명령문을 써서 아래로 내려보내십시오." 위왕이 명령했다. "옛날 백성 자고는 하나라 우 임금의 선양을 사양하고 시골로 숨었으며, 안촉은 노나라 녹봉을 사양하고 먼 곳으로 떠났다. 대저 임금의 막중한 지위와 제후의 고귀한 신분도 두 선생은 무시했다. 무슨 까닭인가? 그 절개가 높았기 때문이다. 이 때문에 열사는 영예로운 이름을 위해 죽고, 의인은 곧은 절개를 높게 여긴다. 비록 나물만 먹고 표주박으로 물을 마실지라도 그 속에 즐거움이 있다. 이러한 까닭에 공자는 왕태王駘를 스승으로 여겼고, 자산子產은 신도申徒를 아름답게 여겼다.[124] 지금 경들은 모두 나의 고굉이며 심복이라 나의 마음을 밝혀줄 만한 사람들인데 모두 이와 같은 말을 하는 걸 보면 경들은 형체 안에서만 놀고, 나는 형체 밖에서 추구하는 것이 있다. 그러니 서로가 서로를 모른다 해도 그렇게 이상하다고 할 수 없다. 서둘러 글을 써서 올리고 옥새를 반환하여 다시는 분분하게 떠들지 말라."

보국장군 등 120명이 또 아뢰었다. "신들은 천명의 조짐이 헛되이 드러나지 않으며 백성의 마음도 어길 수 없다고 들었습니다. 이 때문에 공자는 이렇

124 공자와 왕태王駘, 자산과 신도가申徒嘉에 관한 기록은 모두 『장자』 「덕충부德充符」에 나온다.

게 말했습니다. '주공은 아마 성인이 아닌 듯하다. 천하를 〔주 성왕에게〕 양보했다.[125] 이것은 천지와 일월이 만물을 버리는 것이다.' 이러한 까닭에 순 임금은 천하를 향해 절도 올리지 않고 천명을 받았습니다. 지금은 화덕火德의 기운이 다하여 불꽃도 자주 꺼졌고, 하늘도 밝은 덕을 옮기자 그 복록이 위대한 위나라를 융성하게 했습니다. 상서로운 조짐이 환하게 빛나니 천명을 받는 대상이 이미 굳어졌고 밝은 하늘 아래에서 신령과 사람이 함께 호응합니다. 비록 순 임금 때 봉황이 날아와 의례를 행한 일[126]과 주 무왕 때 물고기가 배 속으로 뛰어드는 일이 일어난다 해도 지금의 일을 밝게 비유할 수는 없을 것입니다. 그런데도 폐하께서는 천명을 거스르며 작은 행위를 꾸미고, 민심을 거역하며 사사로운 뜻을 고수하십니다. 이는 위로 천명을 돌보는 하늘의 뜻을 어기는 일이고, 가운데로 작은 절개에 구애되지 않는 성인의 속셈을 망각하는 일이며, 아래로 고개 들어 바라보는 백성과 신하의 소망을 외롭게 하는 일입니다. 그러므로 이는 성인의 도가 지향하는 요체를 선양하는 방법이 아니고, 또 무궁하게 이룩해온 아름다운 공훈에 올라타는 방법이 아닙니다. 신들은 듣건대 임금을 섬길 때는 행할 수 있는 대책은 올리고, 행할 수 없는 대책은 버리는 방법을 써야 하고, 윗사람을 받들 때는 역린을 범하더라도 한사코 간쟁하는 대의를 지녀야 한다고 합니다. 신들은 〔선양을 받아야 한다고〕 감히 목숨을 걸고 요청합니다." 위왕이 명령했다. "대저 옛 성군의 다스림은 지극한 덕이 천지에 부합하고, 혜택이 조화옹과 같으며, 예교는 곤충에게까지 넉넉한 삶을 보장하고, 어진 은혜는 초목까지 충분하게 적신다. 해와 달이 비치는 곳에서 하늘을 이고 땅을 밟는 생물들은 그 맑은 바람을 쐬지 않는 것이 없고 그 그윽한 덕에 목욕하지 않는 것

125 주공은…양보했다: 『시자尸子』의 구절이다. 앞 단락에 나왔다.

126 봉황이…일과: 『상서』 「익직益稷」: "「소소簫韶」 음악 아홉 악장을 연주하자 봉황이 날아와 의례를 행했다簫韶九成, 鳳凰來儀."

이 없다. 이러한 까닭에 전쟁이 일어나지 않으며, 폭동이 일어나지 않는다. 바람과 비가 계절에 맞게 내리고 상서로운 징조가 사물마다 드러난다. 그러나 지금의 백성은 추운 자가 따뜻함을 얻지 못하고, 배고픈 자가 배불리 먹지 못하고, 홀아비가 아내를 맞지 못하고, 과부가 남편을 맞지 못한다. 손권과 유비가 아직도 살아 있어서 간척무干戚舞를 추지 못하고 바야흐로 날카로운 도끼로 정리해야 한다. 오랑캐의 반란이 밖에서 아직 그치지 않으니 백성은 안에서 안정을 찾지 못한다. 귀로는 아직 태평성대의 노래를 듣지 못하고, 눈으로는 아직 격양擊壤[127]의 놀이를 보지 못한다. 어린아이를 아직 높은 둥지에 올려놓을 수 없고, 남은 양식도 아직 밭두렁에 저장할 수 없다.[128] 인간사의 미비함이 이런 지경에 이르렀다. 밤에는 아직 상서로운 별이 빛나지 않고,[129] 다스림은 아직 진인眞人에 도달하지 못했다. 황하에서는 아직 용마가 나오지 않고, 산에서는 아직 상거象車가 나오지 않는다.[130] 명협蓂莢이 뜰 계단에 자라지 않고,[131] 삽포萐

127 격양擊壤: 한나라 왕충王充의 『논형論衡』「예증藝增」: "나이 오십에 길에서 흙을 두드리는 사람이 있었다. 그것을 본 사람이 말했다. '위대하도다! 요 임금의 덕이여!' 흙을 두드리는 사람이 말했다. '나는 해가 뜨면 일하고, 해가 지면 쉬고, 우물을 파서 물 마시고, 밭을 갈아 밥을 먹는데 요 임금이 무슨 힘이 있겠소?'曰, 有年五十擊壤於路者. 觀者曰, '大哉, 堯德乎!' 擊壤者曰, '吾日出而作, 日入而息, 鑿井而飮, 耕田而食, 堯何等力?'" 이에 '격양擊壤' 또는 '격양가擊壤歌'는 태평성대를 비유한다.

128 남은 양식도…없다: 『회남자』「본경훈本經訓」: "둥지에 어린아이를 올려놓았고, 밭둑에 남은 양식을 놓아두었다託嬰兒於巢上, 置餘糧於畝首." 농사를 지을 때 어린아이를 둥지에 올려놓아도 위험한 일이 벌어지지 않고, 양식을 밭둑에 놓아두어도 잃을 염려가 없다는 뜻이다. 역시 태평성대를 비유한다.

129 밤에는…않고: 『문자文子』「정성精誠」: "상서로운 별이 나타나고, 황룡이 내려오고, 봉황이 날아오고, 단 샘이 흘러나오고, 좋은 곡식이 자라고, 황하는 넘치지 않고, 바다는 용솟음치지 않는다景星見, 黃龍下, 鳳凰至, 醴泉出, 嘉穀生, 河不滿溢, 海不波湧."

130 산에서는…않는다: 장화張華의 『박물지』 권1: "온화한 기운이 서로 감응하면 주초朱草가 자라고, 산에서는 상거象車가 나온다和氣相感則生朱草, 山出象車." 상거象車는 수레 제작에 편리하도록 산림에서 둥글고 굽은 나무가 저절로 자라는 것을 말한다. 상서로운 조짐의 하나다.

131 명협蓂莢이…않고: 『죽서기년竹書紀年』「제요도당씨帝堯陶唐氏」: "또 풀이 계단을 끼고 자라서 매달 초하루에 처음 잎이 하나 나고, 반달이 지나면 잎이 열다섯 개가 난다. 16일 이후로는 날마다 잎이 하나씩 떨어져서 그믐이 되면 모두 떨어진다. 작은 달이면 잎 하나가 시들기만 할 뿐 떨어지지 않는다. 이를 '명협蓂莢'이라 하고 일명 '역협曆莢'이라고도 한다又有草夾階而生, 月朔始生一莢, 月半而生十五

莆가 주방에서 자라지 않는다.[132] 서왕모는 하얀 옥고리[白環]를 바치지 않고,[133] 거수渠搜는 진기한 가죽옷을 보여주지 않는다.[134] 하늘의 상서로움이 아직 효험을 드러내지 않음이 또 저와 같다. 옛날에 동호계자東戶季子,[135] 용성容成, 대정大庭, 헌원軒轅, 혁서赫胥 임금[136]은 모두 이런 조짐으로 공을 세워 이름을 새겼다. 그런데 지금 경들은 내가 마음을 가다듬고 생각을 다 발휘하여 하늘과 사람을 화합시키고, 지극한 이치를 탐구하여 저 많은 일을 빠짐없이 처리하고, 여러 상서로운 조짐이 모두 효험을 발휘하게 한 연후에 이 일을 안배하고 의논할 수 있도록 작은 겨를도 갖지 못하게 하는가? 어찌 이처럼 갑자기 부끄럽게 하며 압박을 가하는가? 조속히 사양하는 글을 쓰고 옥새를 반환해 올려 내 부덕함이 거듭 드러나게 하지 말라."

시중 유이 등이 아뢰었다. "엎드려 생각하옵건대 폐하께서는 위대한 성군의 순수하고 아름다운 자질로 천명이 바뀌는 운수를 맞이하셨습니다. 천문을 보면 상서로운 조짐이 밝게 드러나고 도서와 참위설을 고찰해보면 문장의 뜻이 찬란하게 빛나고, 인간사를 살펴보면 사해가 한마음으로 호응하고, 지난 시대를 조사해보면 세대는 다르지만 같은 길로 귀의합니다. 그런데도 선양의 어명을 굳게 거절하며 높은 자리로 나아가지 않으십니다. 그러나 성상

莢. 十六日以後, 日落一莢, 及晦而盡, 月小則一莢焦而不落, 名曰'蓂莢', 一曰'曆莢'."

132 삽포萐莆가…않는다: 반고班固의 『백호통白虎通』「봉선封禪」: "효도가 지극하면 삽포가 주방에서 자란다. 삽포는 나무 이름이다. 그 잎은 문짝보다 큰데 흔들지 않아도 저절로 부채처럼 움직여 음식을 시원하게 한다孝道至則萐莆生庖廚. 萐莆者, 樹名也. 其葉大於門扇, 不搖自扇, 於飲食淸涼."

133 서왕모는…않고: 『죽서기년』 권상卷上: "6년에 서왕모가 입조하여 흰 옥고리와 옥결玉玦을 바쳤다六年, 西王母之來朝, 獻白環玉玦."

134 거수渠搜는…않는다: 『송서宋書』 권29 「부서지符瑞志」 하下: "거수국에서 우 임금 때 갖옷을 바쳤다渠搜, 禹時來獻裘." '거수渠搜'는 서역에 있던 부족 또는 나라 이름이다.

135 동호계자東戶季子: 『회남자』「무칭훈繆稱訓」: "옛날 동호계자 시절에는 도로에 떨어진 물건을 줍지 않아서 쟁기와 보습, 남은 식량을 밭이랑 머리에 놓아두었다昔東戶季子之世, 道路不拾遺, 耒耜餘糧宿諸畮首." 동호계자는 전설에 나오는 상고시대 임금이다.

136 모두 『장자』「거협胠篋」에 나오는 상고시대 성군들이다.

의 어명이 간절하니 신들이 감히 선양의 조서를 받들지 않을 수 있겠습니까? 바로 글을 갖춰 사자를 파견하겠습니다." 위왕이 명령을 받들라고 하며 말했다. "태백은 세 번 천하를 사양했지만 백성이 그의 공을 칭송할 수 없을 정도로 은밀하게 했다. 그러자 공자는 그의 지극한 덕에 찬사를 보냈다.[137] 그런데 나만 유독 어떤 사람이겠는가?"

경신일庚申日(18일)에 위왕이 상소문을 올렸다. "황제 폐하, 이번 달 을묘일乙卯日(13일)의 조서를 받들고 엎드려 어명을 들었습니다. 오장이 떨리고 정신이 달아나 어떻게 처신해야 할지 모르겠습니다. 신은 이전에 재상의 지위를 반환하고 번국으로 물러나기 위해 성은에 허락을 청했습니다. 신에게는 비록 고인들처럼 자신의 덕을 헤아리고 자신의 몸을 가늠하여 스스로 행동을 정하는 의지가 없지만 제 본성이라도 보존하려는 것이 진실로 신의 사사로운 소원입니다. 신은 폐하께서 외람되이 잘못된 명령을 내리시고, 특별한 조서를 선포하시어 덕이 없는 신에게 보내신 일을 깨닫지 못하겠습니다. 또 듣건대 요 임금은 순 임금에게 선양할 때 원만한 덕성을 들었고, 순 임금은 우 임금에게 보위를 줄 때 바르고 성스러운 미덕을 채택했지만 오히려 그때도 아래로 사악四岳[138]에게 자문을 구하고, 위로는 천문을 살폈습니다. 지금 신은 덕으로 봐도 순 임금이나 우 임금이 아니고 행실로 봐도 두 임금이 아닙니다. 그런데도 천명이 바뀌는 일을 받아들이고, 보위를 전수하겠다는 명령에 응하는 일을 안으로 혼자 깊이 성찰해봤지만, 신에게는 이에 걸맞은 덕

---

137 공자는…보냈다: 『논어』 「태백泰伯」: "태백은 지극한 덕을 갖췄다고 할 만하다. 세 번 천하를 사양했지만 백성이 그의 공을 칭송할 수 없을 정도로 은밀하게 했다泰伯, 其可謂至德也已矣. 三以天下讓, 民無得而稱焉." 태백泰伯은 주나라 태왕太王의 맏아들이었지만 태왕이 셋째 아들 계력季歷에게 왕위를 물려줄 뜻을 보이자 왕위를 사양하고 아우 중옹仲雍과 함께 형만荊蠻 땅으로 망명하여 오吳나라의 시조가 되었다.

138 사악四岳: 요 임금의 신하로 사방을 관장한 제후다. 사악四岳을 네 사람으로 보는 설과 한 사람으로 보는 설로 나뉘지만 어느 설이 옳은지는 정론이 없다. 『사기』 권1 「오제본기」에 요 임금이 사악四岳에게 자문하는 내용이 상세하게 나온다.

이 없습니다. 또 허유許由[139]는 필부였지만 제왕의 지위를 거절했고, 선권은 포의였지만 순 임금의 조서를 거슬렀습니다. 신은 비록 비루하고 몽매한 사람이지만 감히 절개를 고수하는 일을 망각하고 큰 어명을 받을 수 있겠습니까? 이것이 진실로 신의 지극한 소원입니다. 삼가 이 글에 절을 올리며 신의 마음을 말씀드립니다. 행상국行相國 영수永壽와 소부少府 분토신糞土臣[140] 모종毛宗으로 하여금 이 글을 아뢰게 하고 아울러 옥새도 함께 올립니다."

신유일辛酉日(19일)에 급사중給事中 박사博士 소림蘇林과 동파董巴가 아뢰었다. "하늘은 열두 곳으로 분야가 정해져 왕공王公의 나라가 각각 거기에 소속되어 있는데, 주나라는 순화鶉火에 있고, 위나라는 대량大梁에 있습니다. 세성歲星이 열두 나라를 운행하면 천자가 천명을 받고 제후를 봉합니다. 주 문왕이 처음 천명을 받을 때 세성이 순화에 있었고, 주 무왕이 은 주왕을 정벌할 때가 그로부터 13년째 되던 해로 세성이 다시 순화에 있었습니다. 이 때문에 『춘추전春秋傳』에 이르기를 '주 무왕이 은 주왕을 정벌할 때 세성이 순화에 있었다'라고 했고, '세성이 있는 곳이 바로 우리 주나라의 분야다'[141]라고 했습니다. 지난날 광화 7년(184) 세성이 대량에 있을 때 무왕[曹操]이 처음 천명을 받고 황건적을 토벌하려 했으며, 그해에 연호를 바꿔 중평 원년(184)이라 했습니다. 건안建安[142] 원년(196)에 세성이 다시 대량에 있을 때 비로소 대장군에 임명되었고, 13년 뒤 다시 세성이 대량에 있을 때 비로소 승상에

---

139 허유許由: 중국 상고시대 요 임금이 당시의 현인 허유許由에게 천하를 선양하려 하자 허유는 거절하고 기산箕山 아래에 은거하여 농사를 지었고, 요 임금이 다시 허유에게 구주九州의 장長을 맡기려 하자 허유는 더러운 말을 들었다며 영수潁水 가에서 귀를 씻었는데, 그 아래에서 송아지에게 물을 먹이던 소보巢父가 물이 더러워졌다며 송아지를 끌고 상류로 가서 물을 먹였다고 한다.(황보밀의 『고사전高士傳』, 『장자』「양왕讓王」)

140 분토신糞土臣: 천신賤臣과 같다.

141 『춘추전』이 아니라 기실 『국어』「주어周語」 하下에 나온다. "昔武王伐殷, 歲在鶉火. (…) 歲之所在, 則我有周之分野也."

142 건안建安: 후한 헌제의 세 번째 연호로 196~220년에 사용되었다.

임명되었습니다. 지금은 건안 25년(220)으로 세성이 다시 대량에 있으므로 폐하께서 천명을 받게 된 것입니다. 이처럼 위나라가 세성을 얻은 일은 주 문왕이 천명을 받은 일과 상응합니다. 올해는 청룡靑龍[143]이 경자庚子에 있는데 『시추도재詩推度災』[144]에 이런 말이 있습니다. '경庚이란 경更으로 바뀐다는 뜻이고, 자子는 자滋로 번성한다는 뜻이다. 성인이 명을 내려 천하가 다스려진다.' 또 이런 말도 있습니다. '훌륭한 임금[王者]이 자년子年에 덕을 베풀고 축년丑年에 치세를 이룬다.' 이것은 올해 하늘이 천명을 바꾸고 성인이 천하를 다스려 백성에게 덕을 베푼다는 말입니다. 따라서 위나라가 천하를 바꿔 다스리는 것이 시詩[145]의 뜻과 맞아떨어집니다. 전욱顓頊이 천명을 받을 때 세성이 시위豕韋[146]에 있었고, 위衛나라가 그 땅에 거주할 때 세성이 또 시위에 있었습니다. 이 때문에 『춘추전』에 이런 말이 있습니다. '위衛는 전욱의 옛 터전이다.'[147] 금년 10월 북두칠성의 자루가 가리키는 방향이 바로 전욱이 천명을 받은 분야인데, 이에 비로소 위魏나라가 10월에 선양을 받게 된 것이고, 이는 시조께서 천명을 받은 징험과 부합합니다. 위魏나라의 씨족은 전욱에서 나왔고, 순 임금과 조상이 같다는 기록이 『춘추세가春秋世家』에 보입니다. 순 임금은 토덕土德으로 요 임금의 화덕火德을 계승했고, 지금 위魏나라도 토덕으로 한나라의 화덕을 계승했으므로 천명의 운행이 요순

---

143 청룡靑龍: 28수宿 중에서 창룡7수蒼龍七宿을 가리킨다. 창룡은 동방의 별자리이므로 "청룡이 경자庚子에 있다"라는 말은 새해가 경자년이라는 뜻이다.

144 『시추도재詩推度災』: 한나라 때 유행한 참위서의 하나다. 작자는 미상이다. 『시위추도재詩緯推度災』라고도 한다. 원본은 이미 사라졌고, 각 서적에 흩어진 단편을 모은 집본輯本이 전해온다.

145 시詩: 『시추도재詩推度災』가 『시경』을 참위설로 해설한 책이기 때문에 시詩의 뜻과 맞아떨어진다고 했다. 그러나 이 시詩는 시時의 오자로도 볼 수 있다. 즉 새해가 경자년이므로 천명을 바꾸는 해에 해당하고 이에 천시天時의 운행과 맞아떨어진다는 뜻이 될 수 있기 때문이다.

146 시위豕韋: 28수宿 중에서 북방칠수北方七宿의 하나다. 흔히 실수室宿로 부른다. 전욱의 손자 대팽大彭이 봉해진 시위국豕韋國과 춘추전국시대 위衛나라가 천문에서 배당받은 분야가 시위豕韋 즉 실수室宿라고 한다.

147 위衛는…터전이다: 『좌전』 소공 17년: "衛, 顓頊之虛也."

의 주고받음과 합치됩니다. 신은 듣건대 천명의 거취는 본래 일정한 나눔이 있어서 성인이 그것을 배당받게 되는데 그 현상이 매우 분명하여 의심할 수 없습니다. 이 때문에 요 임금은 혈육인 아들을 버리고 순 임금에게 선양하면서도 끝내 아까운 표정을 짓지 않았고, 순 임금은 밭두렁에서 출발하여 천하를 다스리는 임금이 되었는데도 마치 본래 임금의 지위를 갖고 있던 것처럼 행동했습니다. 그들 간의 주고받음에 작은 틈도 없었습니다. 천하를 이미 전한 것은 천명을 서둘러 옮기기 위함인데 천하에는 하루라도 임금이 없어서는 안 되기 때문입니다. 지금 한나라가 받은 천운은 이미 끝이 나서, 여러 기괴한 현상이 한나라 운수가 끝났음을 자세하게 드러내고 있습니다. 폐하께서 천명을 받아야 함은 상서로운 현상이 그 징조를 알려주고 있습니다. 그것은 간절하면서 상세하고, 반복되면서 주도면밀합니다. 따라서 비록 언어로 비유하려 해도 이를 대신할 수 없습니다. 지금 조서가 이미 선포되었는데도 옥새를 받지 않고 겸양을 고집하는 것은 위로는 천명을 거역하고 아래로는 백성의 여망을 어기는 일입니다. 신들이 삼가 옛 전적을 살펴보고 도참 서적을 참고해보건대 위나라의 운수 및 천도의 소재, 그리고 지존의 지위에 등극하는 일은 금년 이번 달에 달려 있음이 밝고 명확하게 드러납니다. 부디 폐하께서 생각을 바꾸시고 제때에 즉위하시어 천제天帝에게 밝게 고하고 천하에 널리 알리십시오. 그런 후에 정삭正朔[148]을 개정하고, 관복의 색깔을 바꾸고, 황제 칭호를 바로잡으시면 천하 사람들이 매우 다행스럽게 생각할 것입니다." 위왕이 명령했다. "무릇 이것들은 모두 성덕聖德에 부합해야 한다. 이 때문에 '만약 적임자가 아니면 그 길을 거짓으로 가서는 안 된다'[149]라고

148 정삭正朔: 1년의 시작인 정월 초하루다. 고대의 왕조는 천명 사상에 근거하여 각각 자신의 정통성을 과시하기 위해 정월 초하루를 서로 다르게 설정했다. 하나라는 인월寅月(음력 1월)을, 상나라는 축월丑月(음력 12월)을, 주나라는 자월子月(음력 11월)을, 진秦나라는 해월亥月(음력 10월)을, 한 무제는 다시 하력夏曆으로 돌아가 인월寅月을 정월로 삼았다.

149 만약…안 된다: 『주역』「계사」 하下에 나온다. "苟非其人, 道不虛行."

했다. 하늘의 상서로움이 밝다 해도 모름지기 덕이 있어야 빛이 난다. 나는 덕이 부족한 사람인데 어찌 그 일을 감당할 수 있겠느냐? 지금 나의 사양을 〔황상께서〕 듣고 윤허해주시기를 바라고, 안팎의 모든 사람에게 내 뜻을 들려주어 알게 하기를 바란다."

임술일壬戌日(20일) 천자는 조서에서 이렇게 말했다. "황제가 위왕에게 묻는다. 모종이 받들고 온 경신일庚申日(18일) 상소문을 받았고 거기에 서술한 내용도 모두 들었다. 짐이 생각건대 한나라 황실은 대수가 20세世를 넘었고, 연수도 400년을 지났다. 이에 천시의 순환이 자주 끊겼고, 보위의 계승도 이미 끝났으며, 천심도 이미 이동했고, 억조창생도 모두 여망을 끊었다. 하늘이 한나라의 운행을 폐쇄한 유래가 오래되었다. 지금 〔한나라의〕 천명이 끝났으니 황제 보위는 마땅히 성덕聖德이 있는 사람에게 돌아가야 한다. 백성을 거스르는 것은 불순한 일이며, 하늘을 거역하는 것도 불길한 일이다. 위왕은 그 몸에 순 임금의 성대한 덕망을 지녀 천명 교체의 아름다운 시기에 부응한다. 이러한 까닭에 상서로운 운수가 그 조짐을 알리고 도참 서적에도 관련 기록이 드러나 있다. 신령과 사람이 함께 호응하니 천명을 받음이 마땅하다. 짐은 상제上帝를 두려워하여 위왕에게 보위를 전한다. 하늘은 거스를 수 없고, 백성은 거역할 수 없다. 또 순 임금은 요 임금의 명령을 어기지 않았고, 우 임금도 순 임금의 보위를 사양하지 않았다. 저 허유와 선권 같은 필부는 성인의 경전에 오르지도 못했으니 진실로 황제의 재목이 칭찬하고 흠모할 대상이 아니다. 지금 장음으로 하여금 황제의 옥새를 받들어 보내니 위왕은 제위帝位에 오르라. 짐의 명령을 거역하지 말고 삼가 천심을 받들라."

이에 상서령 환계 등이 아뢰었다. "지금 한나라 황실 사자 장음이 옥새가 찍힌 조서를 받들고 도착했습니다. 신들이 생각건대 천명은 따질 수 없고, 보위는 모독할 수 없습니다. 주 무왕이 황하 물결 가운데로 나아가자 흰 물고기가 호응했고, 출전 날짜가 되기도 전에 황제 칭호가 이미 정해졌습니다.

순 임금은 큰 숲으로 들어갔다가[150] 뽕나무 그늘이 이동하지도 않은 짧은 시간에 이미 제위帝位에 올랐습니다.[151] 이 모두는 삼가 천명을 받는 방법인데 신속하기가 이와 같습니다. 이 때문에 천명을 한사코 사양하는 대의는 없으며 절개 고수를 귀하게 여기지도 않습니다. 반드시 신령에게 신의를 말하고, 천지에 그 조짐을 합치시킬 뿐입니다. 『주역』에는 이런 말이 있습니다. '천명을 받음이 메아리가 바로 울리는 것 같아서 가까운 곳에서나 먼 곳에서나 그윽한 곳에서나 깊은 곳에서나 마침내 다가올 일을 알게 되나니 천하의 지극히 깊은 이치에 닿지 못하면 그 누가 여기에 참여할 수 있겠는가?'[152] 지금 폐하께서는 시운時運의 이치에 딱 맞아서 하늘이 아들로 삼으려 하는데도, 다시 사양하는 일에 지체되고 황제 칭호를 겉도는 것은 천지의 도를 법칙으로 삼고 만국의 여망에 부응하는 방법이 아닙니다. 신들은 감히 죽음으로 요청합니다. 빨리 담당 관리에게 칙명을 내려 단壇을 만들고, 길일을 택해 선양의 어명을 받고 옥새를 받으시길 바랍니다." 위왕이 명령했다. "세 번이나 사양하려 했는데도 내 말을 들어주지 않는구나! 어찌 이렇게 급급해하느냐?"

갑자일甲子日(22일)에 위왕이 상소문을 올렸다. "이번 달 임술일(20일)의 조서를 받들고 다시 성스러운 어명을 들었습니다. 책문으로 이르시는 말씀을 엎

150 순 임금은…들어갔다가: 『상서』「순전」: "[요 임금이] 순 임금을 큰 숲으로 들어가게 하니 심한 바람과 우레 치는 빗속에서도 길을 잃지 않았다納于大麓, 烈風雷雨弗迷."

151 뽕나무…올랐습니다: 『전국책』「조책」: "옛날에 요 임금은 풀숲에서 순 임금을 만나, 밭두둑으로 자리를 옮겨 뽕나무를 그늘막으로 삼고, 뽕나무 그늘이 옮겨가는 시간 동안 이야기를 나누고는 천하를 전해줬다昔者, 堯見舜於草茅之中, 席隴畝而蔭庇桑, 陰移而授天下傳." 요 임금이 짧은 시간에 순 임금에게 천하를 선양했다는 내용이다. 이 때문에 이 고사는 이후 뜻이 더욱 강화되어 흔히 '상음미이桑蔭未移', 또는 '상음불사桑蔭不徙'로 쓰이게 되었다. 즉 "뽕나무 그늘이 이동하지도 않은 짧은 시간"이란 뜻이다.

152 천명을…있겠는가: 『주역』「계사」 상上에 나온다. "其受命如響, 無有遠近幽深, 遂知來物, 非天下之至賾, 其孰能與於此?" 『주역』 현재 통용본에는 '색賾'이 '정精'으로 되어 있다.

드려 들으니 간담이 떨려 몸 둘 바를 모르겠습니다. 천하의 보위를 선양하는 것은 막중한 일입니다. 이 때문에 요 임금은 장차 순 임금에게 선양하려 하면서 큰 숲으로 데려갔고, 순 임금은 우 임금에게 천명을 전했으며, 우 임금은 현규玄圭로 일을 이루었다고 알렸습니다.[153] 이에 순 임금은 심한 바람이 부는데도 길을 잃지 않아 구주九州를 평안하게 했고, 국가 대사를 물어보고 그의 말을 살펴본 후에야 천명을 전했습니다. 그런데도 오히려 자신의 덕이 보위를 이을 수 없다고 겸양을 고집했습니다. 하물며 신은 미련하고 고집스러워서 바탕이 두 성군에 미치지 못하는데 천명의 정통에 부응하며 밝은 조서를 받을 수 있겠습니까? 감히 미미한 절조라도 지키며 기산箕山으로[154] 돌아가고자 합니다. 제 큰 소원을 이루려는 마음 이길 수 없습니다. 삼가 배례를 올리며 이 표문으로 제 마음을 말씀드리고 아울러 옥새를 받들어 올립니다."

시중 유이 등이 아뢰었다. "신들은 듣건대 성스러운 황제는 때를 어기지 않고, 현명한 군주는 민심을 거스르지 않는다고 합니다. 이 때문에 『주역』에서는 '천하의 뜻을 통하게 하고, 천하의 의혹을 해소한다'[155]라고 말했습니다. 엎드려 생각하옵건대 폐하께서는 순 임금의 위대한 성덕을 몸에 지니시고,

---

153 우 임금은…알렸습니다: 『상서』 「우공禹貢」: "우 임금은 검은색 옥 홀을 바치고 자신의 성공을 아뢰었다禹錫玄圭, 告厥成功." 순 임금이 우 임금에게 '검은색 옥으로 만든 홀[玄圭]'을 주며 임금의 권한을 맡기자 우 임금은 일을 완성한 후 다시 검은색 옥 홀을 순 임금에게 돌려줬다. '현규玄圭'은 검은색 옥으로 만든 홀[圭]인데 위는 뾰족하고 아래는 네모난 모양이다. 중국 고대에 특별한 공을 세운 사람에게 하사했다고 한다.

154 기산箕山으로: 『사기』 권61 『백이열전伯夷列傳』: "요 임금이 허유에게 천하를 선양하자 허유는 받지 않고 치욕으로 여기며 도피하여 숨었다堯讓天下於許由, 許由不受, 恥之逃隱." 사마천은 기산箕山에 올라가보니 허유의 무덤이 있었다고 하면서 허유가 숨은 곳이 기산임을 밝혔다. 앞의 연강 원년 '허유許由' 각주 참조.

155 천하의…해소한다: 『주역』 「계사」 상上: "성인은 이로써 천하의 뜻을 통하게 하고, 천하의 대업을 정하고, 천하의 의심을 해소한다聖人以通天下之志, 以定天下之業, 以斷天下之疑."

토덕土德의 운행을 계승하시어, 극성한 양기가 숨어드는 때를 맞이하고,[156] 한나라의 천명이 끝나는 운수에 부응하게 되었으니 태극의 원리[皇極]에 합치되고, 음양의 이치[兩儀]에 호응합니다. 이러한 까닭에 성스러움과 상서로움이 징조를 드러내자 천하가 함께 호응하며, 왕조 운수의 거취가 깊이 있고 분명하게 드러납니다. 천명을 토론해봐도 논란거리가 없고, 시의時宜에 비견해봐도 다툴 거리가 없습니다. 이 때문에 천명을 받아야 할 시기가 나날이 청명해지며 안정되니 찬란한 태양이 빛을 뿌리고 아름다운 기운이 뭉게뭉게 치솟습니다. 이에 천도가 기쁨을 드러내고 민심이 흔쾌히 추대합니다. 그런데도 여전히 마음을 닫고 거절하시니 예의에 있어서도 이것이 어찌 된 까닭입니까? 또 백성은 하루라도 임금이 없어서는 안 되고, 보위는 잠시라도 통솔자가 없어서는 안 됩니다. 이 때문에 신하는 임금의 뜻을 거스르더라도 대업을 이루려 하고, 아랫사람은 윗사람의 잘못을 바로잡으면서 공훈을 세우려 하는데, 신들이 감히 거듭해서 죽을 각오로 요청하지 않을 수 있겠습니까?" 위왕이 명령했다. "천하의 막중한 보위와 왕자王者의 정통성은 성덕聖德으로 감당해도 오히려 두려움에 젖는다. 그런데 나는 어떤 사람인가? 또 공경대부들에게 아직 임금이 없어진 것이 아니니 이 어찌 작은 일인가? 굳게 사양한 이후에 다시 논의해야 할 것이다."

정묘일丁卯日(25일)에 [황제가] 위왕에게 조서를 내려 말했다. "하늘이 한나라의 운수를 끝내려 하는 조짐이 천문에 뚜렷이 드러나서 짐은 이제 천명을 삼가 받들어 보위를 위왕에게 전한다. 조서에 왕조 교체 운수를 자세히 적

156 극성한…맞이하고: 원문의 '항양亢陽'은 『주역』「건괘乾卦」 '상구上九'를 가리킨다. 「건괘」는 여섯 효爻가 모두 양陽이다. '상구上九' 효사爻辭는 이렇다. "항룡은 후회함이 있다亢龍有悔." '항亢'은 성대함이다. '상구上九'는 건괘의 맨 위에 있으므로 양이 극하여 후회에 이르게 된다는 뜻이다. 한나라의 운수가 극하여 쇠망에 이르게 됨을 비유한다. 원문의 '명이明夷'는 『주역』「명이괘明夷卦」다. 「명이」는 상괘가 땅을 상징하는 곤坤☷이고 하괘가 불을 상징하는 이離☲이므로, 밝은 것이 땅속으로 들어가 숨는 형상이다. 역시 한나라의 쇠망을 비유한다.

고 문장에 천명의 조짐을 밝혔다. 나라의 신물神物은 거절할 수 없고, 황제 보위는 사양할 수 없는데도 천명을 지연시킴이 반복되는 지경에까지 이르렀다. 또 사해에는 하루라도 임금 자리를 비워둘 수 없고, 만사의 기틀에는 잠시라도 통솔자가 없을 수 없다. 이 때문에 대업을 세우는 자는 소소한 절개에 구애되지 않으며 천명을 아는 자는 작은 사물에 얽매이지 않는다. 이러한 까닭에 순 임금은 대업을 계승하라는 천명을 받고 겸손하게 사양하는 말을 하지 않았으니, 성인의 통달한 절조[達節][157]가 또한 심원하지 않은가? 지금 장음으로 하여금 황제의 옥새를 받들고 가게 했으니 위왕은 공경하는 마음으로 그것을 받아 천하 사람들이 향응嚮應하는 소망에 보답하라."

상국 화흠, 태위 가후, 어사대부 왕랑 및 구경九卿[158]이 아뢰었다. "신들은 어명으로 소환되어 태사승太史丞 허지許芝, 좌중랑장左中郎將 이복李伏이 올린 도참과 부명符命[159]을 엎드려 살펴보았고, 시중 유이 등은 또 민심의 동향을 진술했는데 사람과 신령이 함께 모의한 것 같았습니다. 또 한나라 조정에서도 폐하의 신성한 교화가 천지신명과 통하고 성스러운 덕성이 순 임금, 우 임금과 나란함을 알고, 길조의 호응이 모두 구비됨에 따라 천명 교체 운수가 있음을 듣고는 마침내 옥새를 헌상하고 단호하게 황제 칭호를 선양禪讓하려는 것입니다. 능히 말을 할 수 있는 무리는 박수를 치고 춤을 추지 않는 사람이 없으며, 『하도』와 『낙서』처럼 천명도 상서롭게 호응합니다. 인사人事가 천시天時와 조화를 이루고, 사람의 말이 하늘의 진술과 조화를 이룹니다.

---

157 통달한 절조[達節]: 사소한 규범에 얽매이지 않지만 크게 보아 절조節操에 맞는 품행이다. 『좌전左傳』 성공成公 15년: "성인은 절조에 통달하고, 그다음 현인은 절조를 지키고, 그 아래 사람은 절조를 잃는다聖達節, 次守節, 下失節."

158 구경九卿: 각 시대마다 구경의 직위가 조금씩 달랐다. 주나라 때는 총재冢宰, 사도司徒, 종백宗伯, 사마司馬, 사구司寇, 사공司空, 소사少師, 소부少傅, 소보少保였고, 전한 때는 봉상奉常, 낭중령郎中令, 위위衛尉, 종정宗正, 태복太僕, 정위廷尉, 전객典客, 치속내사治粟內史, 소부少府였으며, 후한과 위진 시대에는 태상太常, 광록훈光祿勳, 위위, 태복, 정위, 대홍려大鴻臚, 종정, 대사농大司農, 소부少府였다.

159 부명符命: 천명의 교체를 알리는 상서로운 조짐.

그리고 폐하께서는 성품이 부지런하면서도 공손하시어 몸소 겸양을 숭상하시는지라 밝은 조서의 내용이 간절하지만 어명에 따르려 하지 않으십니다. 이에 노비나 소인들까지도 우울해하지 않는 자가 없습니다. 신들은 듣건대 옛날부터 지금까지 천하를 소유한 사람은 항상 하나의 성씨에만 그치지 않았다고 합니다. 덕성의 힘으로 고찰해보면 나라의 성쇠는 덕성의 강약에 달려 있고, 왕조의 처음과 끝으로 토론해보면 나라의 흥망은 천지의 운수에 달려 있습니다. 요 임금과 순 임금 시대에 천명이 바뀌는 운수는 그분들의 아들에게 있지 않았고, 순 임금과 우 임금에게 있었습니다. 순 임금과 우 임금은 비록 보위를 사양하려는 마음이 절박했지만 제후들이 옥백玉帛을 잡고 알현했으며, 억조창생도 흔쾌히 추대하며 귀의했고, 온 땅에서 노래를 부르며 시를 읊조렸습니다. 이 때문에 작은 절조를 지키려는 구차한 행동을 항상 견지할 수 없었고, 통달한 절조에 부여된 권력을 오래 피할 수 없었습니다. 이러한 까닭에 더러는 보위를 양보하면서도 인색하지 않았고, 더러는 선양을 받으면서도 사양하지 않았습니다. 인색하지 않은 사람이라도 반드시 황제 지위에 염증을 내지는 않았고, 사양하지 않은 사람이라도 꼭 황제 보위에 목말라하지는 않았지만, 각각 천명에 압박을 받아 어쩔 수 없이 그렇게 해야 했습니다. 선양을 한 이후에 요 임금의 아들은 순 임금에게 귀빈으로 대접받았고, 순 임금의 아들은 하나라에서 빈객으로 대접받았습니다. 그러므로 보위 선양의 대의로 보면 보위를 받는 사람이 진실로 천복을 받을 뿐 아니라 보위를 주는 사람도 더불어 넉넉한 경사를 누립니다. 한나라는 장제章帝와 화제和帝 이후로 세상에 변고가 많아서 점차 국력이 쇠약해졌고, 영제靈帝에 이르러서는 항상심을 갖지 못한 채 현인을 학대하고 어진 이를 해쳤으며, 가렴주구에 한도가 없었습니다. 정치권력이 총애받는 환관에게 달려 있었고, 그들은 백성을 원수처럼 간주했습니다. 마침내 하늘을 진노케 하자 백성은 어지러운 바람을 좇아 귀의하는 듯했습니다. 영제가 살아 있을 때는 사해가 들끓었고, 죽고 나서는 궁정에서 재앙이 발생했습니다. 황제의 은총과 위세가 모두 사라져서 황실의 위상이 결국 추락하자 마치 순 임금 말기처럼 성군을 선택하여 보위를 물려주게 된 것입니다. 형荊 땅 사람도 박옥璞玉을 품고 뛰어난 장인匠人이 그것을 옥으로 갈아내주기를 생각했는데 하물며 한나라 시대가 이미 지나간 뒤 아무도 구제할 수 없는 경우이겠습니까? 나라의 보물을 양보하고 임금을 옮겨 성인과 철인에게 나라를 맡기는 것이 진실로 마땅합니다. 한나라 조정에서는 예물을 보내 벌써 선양의 의례를 조속히 확정하기를 바랍니다. 보위와 강역에는 반드시 주인이 있어야 합니다. 강역에 주인이 될 사람으로는 폐하가 아니고 그 누가 있겠습니까? 이른바 덕을 논하자면 비견할 사람이 없고 공을 따져봐도 양보할 사람이 없습니다. 천명은 오래 연기할 수 없고 여망은 오래 어길 수 없습니다. 신들은 간절한 마음으로 큰 소원을 이루려는 마음 이길 수 없습니다. 엎드려 바라옵건대 폐하께서는 겸양의 마음을 떨쳐버리고 선양 받는 의례를 마련하여 사람과 신령의 뜻에 부응하고 조정 안팎의 소원을 위로해주시옵소서." 위왕이 명령했다. "덕으로도 과인은 아직 부족하고, 시기로도 오랑캐들[戎虜]을 아직 소멸하지 못했다. 만약 여러 현신의 영험함에 기대 수령의 자리를 보존할 수 있다면 위나라에서 임금으로 일생을 마치는 것이 과인의 분수에 족한 일이다. 과인과 같은 자가 어찌 사해를 욕되게 할 수 있겠는가? 심지어 하늘에서 내린 상서로운 조짐과 인간 세상의 일이 모두 선왕의 성덕聖德이 남긴 경사인데 과인과 무슨 관계가 있는가? 이러한 까닭에 감히 어명에 따르지 못하겠다."

기사일己巳日(27일)에 위왕이 글을 올려 아뢰었다. "신은 듣건대 순 임금에게는 사방의 문에서 빈객을 맞이한[160] 공훈이 있어서 요 임금에게서 선양을 받았고, 우 임금에게는 700나라를 존속케 한[161] 공적이 있어서 순 임금에게서 천자의 복록을 받았습니다. 신은 무지몽매하여 덕이 두 성군에 미치지 못하는데도 외람되게 황통皇統을 맡으라 하시니 감히 어명에 따르지 못하겠습니다. 항의 상소를 감히 여러 번 올려 제 사사로운 소원을 대략 말씀드렸습니다. 신의 글이 황궁에 통해 미미한 절조라도 온전히 할 수 있고, 신의 마음이 궁궐에 닿아 제 본뜻을 영원히 지킬 수 있기를 바랍니다. 장음이 반복하여 어명을 받들고 와서 거듭 신에게 조서를 전하니 신은 진실로 두려움에 떨며 조서를 펼치지 못하겠습니다. 장음은 지엄한 조서를 급박하게 전하지만 감히 어명에 회답하지 못하겠습니다. 바라옵건대 폐하께서는 역마驛馬를 탄 사자를 역로에 치달리게 하여 장음을 불러 궁궐로 돌아가게 해주십시오. 신은 지극한 성심을 이기지 못하고 삼가 모종을 시켜 이 글을 받들어 올립니다."

상국 화흠, 태위 가후, 어사대부 왕랑 및 구경이 아뢰었다. "신들은 엎드려 조서를 읽으며 우울함이 더욱 심해졌습니다. 신들은 『주역』에 '성인이 천시를 받든다'는 말이 있고,[162] 『논어』에는 '군자가 천명을 두려워한다'는[163] 말이 있다고 들었습니다. 천명에 거취가 생긴 연후에 황제에게도 선양이 있게 됩니다. 이러한 까닭에 요 임금이 우 임금에게 선양할 때 '천명이 그대 몸에 있다'[164]라 했고, 순 임금은 요 임금에 순종하면서 '요 임금이 그만둔 보위

---

160 사방의…맞이한: 『상서』「순전」: "사방의 문에서 제후들을 빈객으로 맞이하니, 사방의 문에 화기가 넘쳤다賓于四門, 四門穆穆."

161 700나라를 존속케 한: 『회남자』「수무훈脩務訓」: "[우 임금은] 물과 땅을 고르게 잘 다스려 1800개 나라를 안정시켰다平治水土, 定千八百國."

162 성인이…말이 있고: 『주역』「건문언전」: "[무릇 대인은] 하늘에 앞서 행동해도 하늘이 거스르지 않으며, 하늘 뒤를 따라 행동해도 천시를 받들게 된다先天而天弗違, 後天而奉天時."

163 군자가…두려워한다: 『논어』「계씨季氏」: "공자가 말했다. '군자에게는 세 가지 두려움이 있다. 천명을 두려워하고, 대인을 두려워하고, 성인의 말씀을 두려워한다.'孔子曰, '君子有三畏, 畏天命, 畏大人, 畏聖人之言.'"

164 천명이…있다: 『논어』「요왈」: "요 임금이 말했다. '아, 그대 순이여! 천명 교체의 운수가 그대 몸에 있다.'堯曰, '咨, 爾舜! 天之曆數在爾躬.'"

를 물려받았다'[165]라고 했습니다. 요 임금은 천명이 자신에게서 떠났다는 사실을 알았기 때문에 순 임금에게 선양하지 않을 수 없었고, 순 임금은 천명 교체의 운수가 자신의 몸에 있다는 사실을 알았기 때문에 보위를 받지 않을 수 없었습니다. 〔보위를〕 선양하지 않을 수 없는 것은 천시를 받든 것이고, 보위를 받지 않을 수 없는 것은 천명을 두려워한 것입니다. 한나라는 비록 말세의 쇠미한 여파를 계승했지만 오히려 천명을 받들어 요 임금의 도道를 법칙으로 삼으려 합니다. 이러한 까닭에 황제 자리를 선양하면서 두 딸을 시집보내려고 합니다.[166] 그런데도 폐하께서는 위대한 위나라가 천명을 바로잡아야 할 초기에 순 임금과 우 임금의 통달한 절조를 억누르고 오나라 계찰季札[167]의 양보를 숭상하십니다. 이는 굽은 것을 크게 여기고 곧은 것을 작게 여기는 것이며, 상세히 해야 할 것을 경시하고 간략히 해야 할 것을 중시하는 것이니, 중인中人과 범사凡士들도 오히려 폐하를 고루하다고 여깁니다. 죽은 사람에게 혼령이 있다면 순 임금은 틀림없이 창오蒼梧의 무덤[168]에서 분노할 것이며, 우 임금은 틀림없이 회계會稽의 산음山陰[169]에서 우울해

165 요 임금이…물려받았다: 『상서』「순전」: "정월 첫날에 요 임금이 그만둔 보위를 태조 사당에서 받아들이셨다正月上日, 受終于文祖."

166 이러한…합니다: 이 책 권2「문제기文帝紀」 연강 원년 해당 각주 참조.

167 계찰季札: 춘추시대 오왕吳王 수몽壽夢의 넷째 아들이다. 연릉延陵에 봉해졌으므로 연릉계자延陵季子라고도 하며 다시 주래州來로 봉지가 옮겨져서 주래계자州來季子라고도 한다. 『한서』에서는 오찰吳札이라 칭했다. 덕이 있고 현명하여 수몽이 보위를 계찰에게 물려주려 했으나 계찰은 끝까지 사양했다. 노魯, 제齊, 정鄭, 위衛, 진晉 등 여러 나라에 사신으로 가서 각국의 문물을 관찰하고 여러 현인과 교유했다.(『사기』 권31「오태백세가吳太伯世家」)

168 순 임금은…것이며: 『예기』「단궁檀弓」 상上에 "순 임금을 창오 들판에 장사 지냈는데 아마 두 왕비는 따라오지 않은 듯하다舜葬於蒼梧之野, 蓋二妃未之從也"라는 기록이 있다. 창오는 본래 지금의 후베이성湖北省 한장강漢江 근처로 추정되지만 춘추전국시대 이후 중국의 영역이 확장되면서 점차 남쪽으로 비정하는 경향이 있다.

169 우 임금은…것이고: 『사기』 권2「하본기」: "우 임금은 동쪽으로 순행을 가서 회계에 이르러 세상을 떠났다帝禹東巡狩, 至於會稽而崩." 회계는 지금의 저장성浙江省 사오싱시紹興市다. 사오싱을 회계 또는 산음山陰이라고 했다. 사오싱시 콰이지산會稽山 기슭에 대우릉大禹陵이 있다.

할 것이고, 무왕武王(曹操)께서도 틀림없이 고릉高陵[170]의 능침에서 기뻐하지 않을 것입니다. 이러한 까닭에 신들이 감히 목숨을 걸고 간청하는 바입니다. 또 한나라 정치는 환관에게 달려 있는지라 복록이 황실을 떠난 지 7세나 되어 마침내 궁전에 화살과 돌이 쌓이고, 두 도성[171]도 이 때문에 폐허가 되었습니다. 이런 시절에 사해가 뒤집히고 천하가 붕괴되자 무왕께서 친히 갑옷을 입고 투구를 쓴 채 비로 목욕하고 바람으로 머리를 빗었습니다. 백성을 위해 그들의 목숨을 보호해달라고 하늘에 청하여 만국을 살렸고, 세상을 위해 혼란을 구제하여 평화를 이루었습니다. 백성을 모아 수령을 세우고, 궁전을 짓고 관리를 두어 모든 백성이 잘못을 저지르지 않게 한 일은 선대의 사업에도 없던 일이며 처음으로 이 화하華夏 땅에서 성취를 이루었습니다. 또 폐하께서 즉위하신 후 문덕文德을 밝게 빛내어 무공武功을 돕고, 백성의 숨은 고통을 부지런히 구휼하시며 환자를 돌보듯 그들을 보살피셨습니다. 두려움에 젖은 사람은 편안함을 얻고, 피로한 사람은 휴식을 얻고, 추운 사람은 따뜻해지고, 굶주린 사람은 배를 채우게 되었습니다. 먼 곳 사람은 덕성으로 복종하게 했고,[172] 도적들은 은혜로 항복하게 했습니다. 은혜 베풀기에 힘쓰고 덕성의 씨를 뿌리자 찬란한 빛이 사방을 덮었습니다. 옛날의 돈독하고 화목한 사례를 상고해봐도 요 임금보다 뛰어나고 법망의 관대함은 주 문왕 때보다 포용력이 있습니다. 이러한 까닭에 정치를 펼칠 날을 아직 기약하지 않았는데도 인간과 신령이 모두 조화를 이뤘습니다. 하늘에서는 감로甘露가 내리고 사신四神이 모여들었으며, 땅에서는 지초芝草가 자라고 예

170 고릉高陵: 조조曹操의 무덤이다. 지금의 허난성河南省 안양시安陽市 안평향安豐鄕 시가오쉐촌西高穴村에 있다.

171 두 도성: 주周나라 무왕이 도성인 호경鎬京 이외 낙양洛陽 땅에 행정수도를 건설한 이후 당나라에 이르기까지 중국 역대 왕조에서는 흔히 장안長安을 서경西京 또는 서도西都, 낙양洛陽을 동경東京 또는 동도東都라 불렀다.

172 덕성으로 복종하게 했고: 원문은 '은복恩復'이나 『삼국지집해』의 고증에 따라 덕복德服으로 본다.

천醴泉이 솟아났습니다.[173] 호랑이, 표범, 사슴, 토끼가 모두 흰 털색을 보였고, 꿩, 비둘기, 제비, 까치도 모두 백색 깃털을 드러냈습니다.[174] 연리지로 이어진 나무[連理木],[175] 동심결로 열매 맺은 오이[同心瓜],[176] 다섯 색깔이 나는 물고기[五采魚][177] 등 진기하고 상서로운 사물도 그 사이에 두루 섞여 있는데 모두 갖춰지지 않은 것이 없습니다. 옛사람이 이르기를 '우 임금이 아니었다면 나는 아마 물고기가 되었을 것이다'[178]라고 했는데, 위대한 위나라가 아니었다면 신들의 백골은 이미 광야에 이리저리 널려 있을 것입니다. 엎드려 살펴보건대 신료들이 안팎으로 앞서거니 뒤서거니 상소문을 올려 폐하께서 받은 천명의 조짐을 진술하는 까닭은 모두 『하도』와 『낙서』의 조짐에 하나하나 따르고 천지의 상서로운 호응에 근거를 두기 때문입니다. 또 한나라 조정의 정성에 따라 만방萬方에서 귀부歸附해오고 있으니 믿을 만하고 분명하다[179]

173 하늘에서는…솟아났습니다: 감로甘露는 단 맛이 나는 이슬, 사신四神은 사방을 수호하는 신령 즉 동청룡東青龍, 서백호西白虎, 남주작南朱雀, 북현무北玄武이고, 지초芝草는 신령한 향초, 예천醴泉은 단 맛이 나는 샘물이다. 모두 상서로운 조짐을 상징한다.

174 여기에 나오는 백색 동물도 상서로운 조짐을 상징하지만 『송서宋書』 권27~29 「부서지符瑞志」 등에 너무 많은 기록이 있으므로 상세한 인용은 생략한다.

175 연리목連理木: 뿌리는 다르지만 가지가 하나로 이어진 나무다. 길상을 상징한다. 반고班固의 『백호통白虎通』 「봉선封禪」에 "덕이 초목에 이르면 주초가 자라고 뿌리가 다른 나무가 가지를 잇는다德至草木, 朱草生, 木連理"라는 기록이 있다.

176 동심과同心瓜: 출전 미상이다. 다만 중국 민간 속담에 "꼭지 하나에 동심결로 연꽃 두 송이 달렸고, 오이 줄기는 길게 길게 이어지네幷蒂同心, 瓜瓞綿綿"라는 길상어吉祥語가 있다. 여기에서 '병체동심幷蒂同心'은 부부 간의 좋은 금실을 의미하고 '과질면면瓜瓞綿綿'은 자손이 번성함을 의미한다. 동심과同心瓜도 이런 길상어의 조합으로 보인다.

177 오채어五采魚: 오색어五色魚로 신령스러운 물고기다. 『수경주水經注』 「위수渭水」: "그 물은 동북 방향으로 흘러 계곡을 거치고 한 곳으로 주입되어 못이 되는데 [그 못은] 깊고 커서 깊이를 잴 수 없다. 오색어가 나는데 민간 풍속에서 신령하게 생각한다其水東北流, 歷澗, 注以成淵, 潭漲不測, 出五色魚, 俗以爲靈."

178 우 임금이…것이다: 『좌전』 소공 원년元年에 나온다. "微禹, 吾其魚乎." 본래 우 임금의 치수治水를 칭송하는 말이지만 흔히 임금의 공덕을 찬양하는 상투어로 쓰인다.

179 분명하다고: 원문은 '성省'이나 『삼국지집해』의 고증에 따라 저著로 본다.

고 말할 수 있습니다. 그 옛날 삼왕三王[180]이라 해도 미칠 수 없으며, 오제五帝[181]라 해도 더 뛰어날 수 없습니다. 백성의 목숨이 위나라에 달려 있고, 백성의 마음이 위나라 정치에 매인 것이 이미 30여 년이 되었습니다. 이것이 바로 천 년에 한 번 도래하는 기회이며 만 년에 한 번 만나는 시기입니다. 통달한 절조에 따른 드넓은 도량을 이번 기회에 밝게 펼쳐야지, 구차함에 얽매인 사소한 절조를 지금 이 시기에 시행해서는 안 됩니다. 천명을 오래 지연시키면 그 죄가 신들에게 있게 됩니다. 서둘러 선양을 위한 단상과 장소를 마련하여 예의를 갖추고, 길일을 택해 하늘 위 상제上帝에게 밝게 고한 후 여러 신령의 등급에 따른 제례를 모두 올리며 인제禋祭[182]를 마쳐야 합니다. 그리고 조당朝堂에 신료들을 모아놓고 연호, 역법曆法, 의복 색깔을 논의하여 시행해야 합니다. 이에 이 글을 받들어 올립니다." 다시 위왕이 명령했다. "옛날에 위대한 순 임금은 마른 밥을 먹고 푸성귀를 먹으며 평생을 그렇게 살려 했다.[183] 그런 생활은 과인이 이전에 마음먹은 뜻이다. 〔순 임금은〕 요 임금의 선양을 받아들인 후에는 진기한 갖옷을 입고 요 임금의 두 딸을 아내로 삼았는데 마치 본래부터 그런 것을 가진 것처럼 생활했다. 이것은 천명에 순응한 것이다. 공경公卿과 사대부들이 진실로 천명을 거역할 수 없다고 하고 여망을 어길 수 없다고 하니 과인도 어찌 〔계속〕 사양할 수 있겠는

---

180 삼왕三王: 중국 고대에 성군으로 일컬어지는 세 임금이다. 흔히 하夏나라 우왕禹王, 상商나라 탕왕湯王, 주周나라 문왕文王을 가리킨다. 문왕 대신 무왕武王을 넣기도 한다.

181 오제五帝: 중국 고대 신화·전설 시대의 다섯 성군이다. 『사기』 권1 「오제본기」에 따르면 황제黃帝, 전욱顓頊, 제곡帝嚳, 요堯, 순舜을 가리킨다.

182 인제禋祭: 인사禋祀라고도 한다. 연기를 피우며 하늘에 올리는 제사다. 『주례』 「춘관春官·대종백大宗伯」: "인사로 하늘 위 상제에게 제사 지낸다以禋祀, 祀昊天上帝."

183 순 임금은…살려 했다: 『맹자』 「진심盡心」 하下: "순 임금은 마른밥을 먹고 푸성귀를 먹으며 마치 평생 그렇게 살려는 것 같았지만, 천자가 되고 나서는 화려하게 수놓은 옷을 입고 금琴을 타고 두 여인의 시종을 받았는데 본래부터 그런 것을 가진 것처럼 생활했다舜之飯糗茹草, 若將終身焉. 及其爲天子也, 被袗衣, 鼓琴, 二女果, 若固有之."

가?"

경오일庚午日(28일)에 황제가 위왕에게 조서를 내려 말했다. "옛날 요 임금은 하늘에 짝할 만한 덕으로 육합六合[184]의 막중한 대권을 잡고도 오히려 천명 교체의 운수가 순 임금으로 옮겨가는 것을 보고 황위皇位를 선양했는데 그 신속함이 마치 자신의 발자국을 내버리고 떠나는 듯했다. 오늘 우리 한나라의 운명을 끝내고 북쪽을 돌아보니 황제의 대업이 진실로 위대한 위나라에 있다. 짐은 헛된 명성을 지키려고 옛날의 대의를 훔쳤지만 전대의 일을 돌아보니 오히려 마음에 부끄럽다. 그런데도 위왕은 서너 번이나 겸손하게 사양하니 짐은 이로 인해 두려움에 젖는다. 대저 만승萬乘의 지위를 사양하지 않는 것이 천명을 알고 절조에 통달하는 방법이다. 순 임금과 우 임금은 그런 상황에 처해 의심하지 않았기 때문에 뛰어난 공훈을 만세에 드리울 수 있었고 아름다운 이름을 무궁하게 전할 수 있었다. 지금 상서령 시중 기유覬喩를 파견하니 위왕은 조속히 황위에 올라 천심과 민심을 따르고 짐의 큰 소원에 부응하라."

이에 상서령 환계桓階 등이 아뢰었다. "지금 한나라의 어명이 이미 네 번이나 내려왔는데도 폐하께서는 전후로 굳게 사양하셨습니다. 신들이 엎드려 생각하옵건대 천제天帝의 보살핌이 성덕을 가진 사람에게 임하고 변화의 기운이 위대한 위나라를 융성하게 해온 것이 어찌 몇 해뿐이겠습니까? 전하는 말에 이르기를 주나라가 천하를 소유하게 된 것은 갑자일甲子日 하루아침에 일어난 일이 아니고,[185] 은나라가 황위를 버리게 된 것은 목야牧野 싸움이 일어난 날에 그치지 않는다고 합니다. 이 때문에 『시경』에서는 은나라 탕왕湯

---

184 육합六合: 사방과 상하 방위를 모두 가리키므로 흔히 천지와 우주를 포괄하는 의미를 가진다.

185 갑자일甲子日…아니고: 『사기』 권4 「주본기」에 따르면 주 무왕 12년 2월 갑자일에 무왕이 목야牧野에서 은나라 군사를 격파하고 승리를 거뒀다. 『관자』 「제분制分」: "주 무왕은 갑자일 아침 이후에야 승리를 거둔 것이 아니고 그 전에 정치를 하면서 선정을 많이 베풀었다武王非於甲子之朝而後勝也, 其前政多善矣."

王을 읊으며 시대를 거슬러 올라가 현왕玄王의 탄생에서 근본을 찾았고,[186] 주나라를 서술하며 위로 올라가 후직后稷의 탄생[187]을 기록했습니다. 이러한 까닭에 천명을 받음이 이미 굳건해졌고 그 덕성도 도리에 어긋나지 않았습니다. 한나라가 쇠망해서 오행五行의 차례가 이미 끊어지니 해와 달과 별이 그 징조를 드리웠고, 사관史官도 그 징험을 기록했습니다. 노인들은 옛날의 점괘를 기억하고, 백성은 민요를 부르며 조화를 이룹니다. 폐하께서는 천명에 부응하여 선양을 받아들이시고 조속히 단壇을 설치할 장소로 나아가서 섶을 불태우며 상제에게 시제柴祭[188]를 올려야 합니다. 진실로 나라의 보위는 오래 멈춰둘 수 없고 억조창생의 소원도 거부할 수 없습니다. 신이 바로 태사령에게 가서 길일을 택하라 했더니 이번 달 29일에 단壇에 올라 천명을 받는 것이 좋다고 했습니다. 바라옵건대 삼공과 경卿들에게 조서를 내려 의례 절차를 모두 갖춰 각각 별도로 아뢰게 하십시오." 위왕이 명령을 내렸다. "그렇게 하라."

이에 번양繁陽(河南 內黃 서북)에 선양받을 단을 설치했다. 경오일庚午日(28일)에 위왕이 단에 올라 즉위했고 백관도 모두 배석했다. 일이 끝나자 단에서 내려와, 섶을 태우며 하늘에 올리는 제례를 보고 돌아왔다. 연호 연강延康을 황초黃初로 바꾸고 대사면을 실시했다.○

---

186 현왕玄王의…찾았고: 『시경』「상송商頌·장발長發」: "유융씨의 딸을 맞아오니, 상제가 아들을 점지하여 은나라 조상을 낳게 했네. 현왕은 위대하고 용감하신데, 작은 나라부터 맡아 잘 다스리셨네有娀方將, 帝立子生商. 玄王桓撥, 受小國是達. '현왕玄王'은 은나라 시조 설契이다. 『사기』 권3「은본기」에 따르면 설契의 어머니 간적簡狄이 교외에서 현조玄鳥의 알을 먹고 임신하여 설을 낳았다고 한다. 이 때문에 설契을 '현왕'이라 한다. '현조玄鳥'는 제비 비슷한 신조神鳥다.

187 후직后稷의 탄생: 『시경』「대아·생민生民」: "애초에 사람을 낳으신 분은 바로 강원姜嫄이셨네. (…) 자식 낳아 기르시니 그 아들이 바로 후직이셨네厥初生民, 時維姜嫄. (…) 載生載育, 是維后稷." '강원姜嫄'은 후직의 어머니이고, 후직은 본명이 기棄로 주나라 시조다.

188 시제柴祭: 나라에 큰일이 있을 때 하늘에 올리는 제사다. 나무나 섶을 태우며 제사를 올린다.

○『헌제전』: "신미일辛未日(29일)에 위왕이 단에 올라 선양을 받았고, 공경公卿, 열후列侯, 각급 장수들, 흉노 선우, 사방 오랑캐 사신 수만 명이 배석했다. 섶을 태우면서 천지, 오악五嶽,[189] 사독四瀆[190]에 제사를 올리며 말했다. '황제 폐하의 신하 조비曹丕는 감히 검은 황소(玄牡)로 하늘과 땅의 신령님께 밝게 고합니다.[191] 한나라가 24세世를 거치며 426년이 지나자 사해는 곤궁해졌고, 삼강三綱은 무너졌고, 오성五星[192]은 운행의 질서를 잃어 신령한 예언과 상서로운 조짐이 모두 나타났습니다. 술수術數를 추산하는 자들은 옛 이치를 따져보며 모두 하늘이 한나라에 부여한 역수 운행이 이 시기에 끝났다고 생각했습니다. 무릇 여러 상서로운 조짐 및 백성과 신령의 뜻이 한나라의 운수가 끝나고 위나라가 천명을 받는다는 징조를 밝게 드러냈습니다. 한나라 군주는 보위를 신에게 줘야 해서 순 임금을 법도로 삼아 이 조비에게 황위를 전했습니다. 이 조비는 천명을 두려워했지만 그만두려 해도 그만둘 수 없었습니다. 여러 공公과 고관과 육경六卿 및 조정 밖 장수들에서 오랑캐 군주에 이르기까지 모두 천명은 사양하거나 거절할 수 없고, 신료들에게는 임금이 없을 수 없고, 만사도 통솔자가 없을 수 없다고 말했습니다. 이 조비는 삼가 하늘의 현상을 받들어야 하는데, 감히 공경을 다해 계승하지 않을 수 있겠습니까? 거북 껍질로 점을 쳐도 큰 변동의 조짐이 나타나고, 삼역三易[193]으

189 오악五嶽: 동악東嶽 태산泰山, 서악西嶽 화산華山, 중악中嶽 숭산嵩山, 남악南嶽 형산衡山, 북악北嶽 항산恒山을 가리킨다.

190 사독四瀆: 하수河水(黃河), 강수江水(長江), 회수淮水(淮河), 제수濟水(濟河)를 가리킨다.

191 『상서』「탕고湯誥」에 나온다. "敢用玄牡, 昭告于上天神后." '현모玄牡'는 하늘에 제사를 올릴 때 제수로 쓰는 검은 황소다.

192 오성五星: 원문은 오위五緯다. 진성辰星(水星), 태백성太白星(金星), 형혹성熒惑星(火星), 세성歲星(木星), 진성鎭星(土星)이다.

193 삼역三易: 중국 상고시대의 점서占書로, 하나라 『연산連山』, 은나라 『귀장歸藏』, 주나라 『주역』을 가리킨다.

로 점을 쳐도 변혁의 조짐이 나타나서 삼가 길일을 받아 신료들과 단에 올라 황제의 옥새를 받고 위대하신 신령님께 이 일을 알립니다. 아, 신령님이시여, 이 제수를 흠향하시고 길이길이 좋은 일을 베풀어주십시오. 이것은 억조창생의 소망이니 위나라에 복을 내려 대대로 그 복을 누리게 해주십시오.' 마침내 삼공에게 조서를 내렸다. '상고시대에 처음으로 임금이 있게 된 후 반드시 은혜와 교화를 숭상하며 풍속을 아름답게 했지만 백성이 교화에 따르더라도 형벌을 시행했다. 지금 짐은 황제의 계보를 계승하여 연강 원년(220)을 황초 원년으로 삼는다. 이제 역법을 개정하고, 의복 색깔을 바꾸고, 임금의 존호尊號를 달리 쓰고, 율법과 도량형을 동일하게 시행하도록 논의하라. 토덕土德의 운행을 계승하여 천하에 대사면령을 내린다. 참수형을 제외하고는 모두 사면하라.'" 『위씨춘추』: "황제가 단에 올라 예를 마친 후 신료들을 돌아보며 말했다. '순 임금과 우 임금이 하신 일을 나도 알고 있다.'" 간보干寶의 『수신기搜神記』[194]: "송나라 대부 형사자신邢史子臣[195]이 천도에 밝아서 주 경왕敬王 37년(기원전 483)에 송 경공景公이 물었다. '천도에 어떤 상서로움이 있소?' 대답했다. '5년[196] 뒤 5월 정해일丁亥日에 신이 죽을 것입니다. 신이 죽고 나서 5년 뒤 5월 정묘일丁卯日에 오나라가 망할 것입니다. 오나라가 망한 후 5년 만에 주군께서 돌아가실 것입니다. 돌아가신 후 400년이 되면 주邾가 천하에서 왕 노릇을 할 것입니다.' 이윽고 모두 그의 말과 같이 되었다. 주邾가 천하에 왕 노릇을 한다는 것은 위나라의 발흥을 이르는 말이다. 옛날

194 간보干寶의 『수신기搜神記』: 동진 사학자 간보가 당시의 민간 전설, 기괴한 이야기, 귀신 설화 등을 모은 책이다. 중국 지괴소설志怪小說의 비조로 일컬어진다. 원본은 전해오지 않고 후인들이 집록한 판본 20권 454가지 이야기가 전해온다.

195 형자자신邢史子臣: 춘추시대 송宋나라 대부다. '형사邢史'는 성姓이고, '자신子臣'은 이름 또는 자字다. 자세한 경력은 미상이다.

196 5년: 원본에는 '오십 년五十年'으로 되어 있지만 『삼국지집해』의 고증에 따라 오 년五年으로 본다.

주邾197나라의 성씨는 조씨曹氏이고, 위나라의 성씨도 조씨로 모두 주邾나라의 후예다. 그 연수가 틀린 것은 형사자신이 숫자를 계산할 때 실수를 했는지 아니면 연대가 오래되어 기록하는 자가 전하면서 오류를 낸 것인지 모르겠다."

황초 원년(220) 11월 계유일癸酉日(초1일)에 하내의 산양읍山陽邑(河南 焦作 동쪽) 1만 호를 한나라 황제에게 바쳐 산양공山陽公으로 삼고 그곳에서는 한나라 역법을 쓰게 했으며, 천자의 의례로 하늘에 교제郊祭를 올리게 했고, 글을 올릴 때도 신臣이라 칭하지 않도록 했다. 도성 태묘에서 제사를 올린 후에 제육祭肉을 보내줬으며 산양공의 아들 넷을 열후에 봉했다. 위나라 황제의 조부인 태왕太王을 추존하여 태황제太皇帝로, 부친 무왕을 무황제武皇帝로 칭하게 했고, 왕태후를 높여 황태후로 칭하게 했다. 천하의 호주 남자에게 작위 1급198을 하사하고, 부친의 후사後嗣가 된 사람 및 효제역전孝悌力田199에 선발된 사람에게는 작위 2급을 하사했다. 한나라 제후왕들을 숭덕후崇德侯로, 열후들을 관중후關中侯로 삼았다. 영음潁陰(河南 許昌)의 번양정繁陽亭은 번창현繁昌縣으로 높였다. 봉작을 주어 지위를 높일 때 각각 차이를 두었다. 상국은 사도司徒로, 어사대부는 사공司空으로, 봉상奉常은 태상太常으로, 낭중령郎中令은 광록훈光祿勳으로, 대리大理는 정위廷尉로, 대농大農은 대사농大司農으로 이름을 바꿨다. 군郡·국國·현縣·읍邑도 이름이 바뀐 곳이 많았다. 흉노 남선우南單于 호

197 주邾: 춘추시대 노魯나라 부용국 주邾나라다. 전욱顓頊의 현손인 육종陆终의 다섯째 아들 육안陸安이 처음으로 조성曹姓을 썼고, 주나라 무왕 때 육안의 후예를 주邾 땅에 봉했다고 한다.

198 작위 1급: 중국 고대에 백성이 공을 세웠거나 나라에 경사가 있을 때 백성에게 하사하는 작위다. 민작民爵이라고도 한다. 실제 봉작封爵은 아니고 백성이 죄를 지었을 때 이 작위로 죄를 경감받거나 사면받을 수 있다. 『사기』 권11 「효경본기孝景本紀」: "경제景帝 원년 4월 을묘일에 천하에 사면령을 내렸다. 을사일에 백성에게 작위 1급을 하사했다元年四月乙卯, 赦天下. 乙巳, 賜民爵一級."

199 효제역전孝悌力田: 한나라 표창 제도다. 부모에게 효도하고 윗사람에게 공손한 사람에게 비단이나 땅을 하사했다. 한 문제文帝 때부터 시행한 이후 백성을 교화하는 하나의 명목이 되었다.

주천呼厨泉에게 위나라 소속 옥새와 인수를 바꿔 수여하고 청개거靑蓋車, 승여乘輿, 보검, 옥결玉玦을 하사했다.

12월에 처음 낙양궁洛陽宮을 짓기 시작했고, 무오일戊午日(17일)에 낙양으로 행차했다.○

○ 신 송지가 살펴본 바는 이렇습니다. 이때 황제가 북궁北宮에 거주했으며, 건시전建始殿에서 신료들과 조회를 열었고 그곳 문을 승명문承明門이라 했다고 여러 책에 기록되어 있습니다. 진사왕陳思王 조식의 시에 "승명려에서 황제를 배알한다謁帝承明廬"200라고 한 구절이 바로 이것입니다. 명제明帝 때에 이르러 비로소 한나라 남궁南宮 숭덕전崇德殿이 있던 곳에 태극전太極殿과 소양전昭陽殿 등 여러 궁전을 지었습니다. 『위서』에 다음 기록이 있습니다. "하나라 역수歷數로 천명을 얻었으므로 하나라 역법을 사용하고 의복 색깔은 황색을 숭상했다." 『위략』에 다음 기록이 있습니다. "한나라는 화기火氣의 운행에 해당하고 불[火]은 물[水]을 꺼리므로 '낙洛' 자에서 '수水'를 제거하고 '추隹'를 붙이라는[雒] 조서를 내렸다. 이제 위나라는 오행의 운행 차례에서 '토土'에 해당하며 '토土'는 물의 수컷[牡]이고, 물은 땅을 얻어 흘러가고, 땅은 물을 얻어 부드러워지므로 '낙雒' 자에서 '추隹'를 제거하고 '수水'를 붙여 '낙雒' 자를 '낙洛' 자로 바꿨다."

이해에 장수교위長水校尉 대릉戴陵이 주살[弋]로 자주 사냥을 해서는 안 된다고 간언을 올리자 문제가 대로했다. 대릉은 사죄死罪에서 1등급 감형을 받았다.

---

200 승명려에서…배알한다: 조식曹植의 「백마왕 조표에게 증정하다贈白馬王彪」라는 시에 나오는 구절이다.

2년(221) 봄 정월, 교외로 나가 천지[201]와 명당明堂[202]에 제사를 지냈다. 갑술일甲戌日(초3일)에 사냥을 하러 원릉原陵[203]으로 가서 사자로 하여금 태뢰太牢로 한나라 세조世祖[204]에게 제사를 올리게 했다. 을해일乙亥日(초4일)에 동쪽 교외에서 태양에 제사를 올렸다.[○1)] 처음으로 명령을 내리기를 인구가 10만에 꽉 찬 군국郡國에서는 매년 효렴孝廉 1인을 천거하고, 그중에서 특별히 우수한 자는 인구 숫자에 구애받지 말라고 했다. 신사일辛巳日(초10일)에 삼공 봉읍封邑의 호구를 나눠서 자제 각 1인을 열후에 봉했다. 임오일壬午日(11일)에 영천군潁川郡의 1년 토지세를 면제해줬다.[○2)] 허현許縣을 허창현許昌縣으로 개칭했다. 위군 동부를 양평군陽平君으로 삼고, 서부를 광평군廣平君으로 삼았다.[○3)]

○1) 신 송지가 살펴본 바는 이렇습니다. 예법에 따르면 천자는 춘분에 태양에 제사를 올리고, 추분에 달에 제사를 올립니다. 이해를 조사해보면 정월 교외에서 제사를 올릴 때는 달만 있고 날짜는 없으며 을해일에 태양에 제사를 올릴 때는 날짜만 있고 달은 없으니 아마도 문장에 탈락된 글자가 있는 듯합니다. 살펴보건대 명제가 태양과 달에 제사 지낸 기록은 모두 예법의 조문과 같습니다. 이 때문에 이 기록이 잘못되었음을 알 수 있습니다.

○2) 『위서』에 당시 조서가 실려 있다. "영천은 선제께서 군사를 일으켜 정벌한 곳이다. 관도官渡 전투 때 사방이 와해되어 원근 고을이 모두 관망만 했는데 이 군郡에서 대의를 지켰다. 장정은 창을 메고 나섰으며 노약자도 식량을 지고 도왔다. 옛날 한 고조는 진秦나라 관중 땅을 나라의 근본으로 삼

201 남쪽 교외에서는 하늘에 제사를 지내고, 북쪽 교외에서는 땅에 제사를 지낸다.

202 명당明堂: 천지신명이나 조상에게 제사를 지내기 위해 설치한 장소다. 『한서』 권12 「평제기平帝紀」: "5년 봄 정월, 명당에서 협제祫祭를 지냈다. 제후왕 28인, 열후 120인, 종실 자제 900여 인이 와서 제사를 도왔다五年春正月, 祫祭明堂. 諸侯王二十八人, 列侯百二十人, 宗室子九百餘人征助祭." 명당에서 지내는 협제祫祭는 천자, 제후, 종실 자제가 모두 모여 황실 선조에게 제사를 올린다.

203 원릉原陵: 후한 광무제의 능이다.

204 세조世祖: 후한 광무제의 묘호廟號다.

았고, 광무제는 하내에 의지하여 왕업의 기반을 놓았으며, 지금 짐은 또 이 곳에서 단에 올라가 선양을 받았다. 하늘이 이 군郡으로 우리 위나라를 도와 일으켰다."

○3) 『위략』: "장안, 초譙, 허창, 업鄴, 낙양을 오도五都로 바꿔 부르게 했다. 오도 영역을 나타내는 표석을 만들어 세웠는데, 서쪽은 의양宜陽(河南 宜陽 서쪽)을 경계로 삼고, 북쪽은 태항산 줄기를 따르고, 동북쪽은 양평을 경계로 삼고, 남쪽은 노양산魯陽山(河南 魯山) 줄기를 따르고, 동쪽은 담현郯縣(山東 郯城 북쪽)를 경계로 중도中都로 삼았다. 천하에 명령을 내려 이 땅 안으로 이사하는 사람은 5년 동안 세금을 면제해주고 이후에 또 면제 연도를 더 늘려주라고 했다."

조서를 내렸다. "옛날 중니仲尼(孔子)는 위대한 성인의 재질을 바탕으로 제왕의 도량을 품었지만 쇠약해진 주나라 말세를 맞아 천명을 받지 못했다. 노魯나라와 위衛나라 조정에서 벼슬하고, 수수洙水와 사수泗水 가에서 교화를 펼쳤다. 쓸쓸하면서도 황망하게 자신을 굽혀 도를 보존하고, 몸을 낮춰 세상을 구제하려 했다. 당시에 왕공王公들이 끝내 그를 등용할 수 없게 되자 바로 물러나 오대五代[205]의 예禮를 고찰하고, 소왕素王[206]으로서 할 일을 정리하며 노나라 역사에 의지하여 『춘추春秋』를 짓고, 태사에게 나아가 아雅와 송頌을 바로잡았다.[207] 이에 힘입어 천년 뒤의 사람들도 모두 그분의 문장을 조종祖宗으로

---

205 오대五代: 공자 이전의 오대五代는 요堯·순舜·하夏·은殷·주周를 가리킨다.

206 소왕素王: 한대漢代 이후 공자를 부르는 말이다. 공자가 영토, 백성, 지위는 갖지 못했지만 고금을 아우르는 성인의 품성을 갖췄기 때문에 '흴 소素' 자를 써서 왕으로 높여 불렀다.

207 아雅와 송頌을 바로잡았다: 『논어』「자한子罕」: "공자가 말했다. '내가 위나라에서 노나라로 돌아온 후에 음악이 바로잡혔고, 아雅와 송頌이 각각 제자리를 잡았다.'子曰, '吾自衛反魯, 然後樂正, 雅頌各得其所.'" 아雅는 『시경』의 「소아小雅」와 「대아大雅」로 조정의 조회와 연회에 쓰인 음악이고, 송頌은 「상송商頌」「주송周頌」「노송魯頌」으로 종묘제례에 쓰인 음악이다.

삼아 저술을 하지 않는 사람이 없고, 그분의 성스러움을 우러르며 계책을 마련하지 않는 사람이 없다. 아! 세상에 생명을 준 위대한 성인이며, 억만 년으로 이어질 스승의 표상이라 할 수 있다. 천하의 대란을 만나 많은 제사가 폐지되고, [공자] 옛 거주지의 사당도 무너져 수리하지 못하게 되었다. 포성褒成[208]이란 봉작을 내린 이후로는 그 흐름이 끊겼는데도 아무도 잇지 못했다. 궐리闕里[209]에서는 학문을 강의하고 경전을 낭송하는 소리가 들리지 않고, 사계절이 바뀌어도 제례를 위해 모신 위패도 목도할 수 없다. 이 어찌 예를 숭상하고 공에 보답하는 일이라 할 수 있으며, 백세가 지나도 그 성대한 덕성에 반드시 제사를 올려야 한다고 말할 수 있겠는가? 이에 의랑議郞 공선孔羨을 종성후宗聖侯로 삼고 백호百戶의 봉읍을 주어 공자의 제사를 받들게 하라." 그리고 노군魯郡(山東 曲阜)에 명령을 내려 옛 공묘孔廟를 수리하고 봉읍 백호百戶에 관리와 병졸을 두어 공묘를 수호하게 했고, 또 공묘 밖에 가옥을 넓혀 학자를 거주하게 했다.

3월, 요동 태수 공손공公孫恭에게 거기장군 벼슬을 더해줬다. 처음으로 오수전五銖錢 유통을 회복시켰다.

여름 4월, 거기장군 조인曹仁을 대장군으로 삼았다.

5월, 정감鄭甘이 다시 반란을 일으켜 조인을 보내 토벌하고 베어 죽였다.

---

208 포성褒成: 유학을 집대성集大成한 공자를 포상한다는 뜻이다. 『한서』 권81 「광장공마전匡張孔馬傳」: "원제가 즉위하고 공패孔霸를 불러 스승으로 모시며 관내후 작위와 식읍 800호를 하사하고 포성군褒成君이라 불렀다元帝即位, 徵霸, 以師賜爵關內侯, 食邑八百戶, 號褒成君." 『한서』 권12 「평제기」: "공자 후손 공균孔均을 포성후褒成侯로 삼고 제사를 받들게 했으며 공자를 추존하여 포성선니공褒成宣尼公이란 시호를 내렸다孔子後孔均爲褒成侯, 奉其祀. 追謚孔子曰褒成宣尼公."

209 궐리闕里: 공자가 태어난 동네다. 지금의 중국 산둥성山東省 취푸曲阜에 있다.

6월 경자일庚子日(초1일), 처음으로 오악五嶽과 사독四瀆에 제사를 올리고 모두 품등과 절차에 따라 여러 제사를 시행했다.○ 정묘일丁卯日(28일)에 부인 견씨甄氏가 세상을 떠났다. 무진일戊辰日(29일)은 그믐이었는데 일식이 있었다. 담당 관리가 태위를 파면하라고 아뢰었다. 이에 조서를 내렸다. "재난과 이변이 일어나면 원수元首를 견책해야 하는데 그 죄를 고굉지신股肱之臣에게 돌린다면 이 어찌 우 임금과 탕 임금이 자신에게 죄를 물은 뜻이라 하겠는가? 명령하노니 백관은 각각 자신의 직책을 경건히 수행하고 이후로는 천지의 재앙이 있더라도 다시 삼공을 탄핵하지 말라."

○ 『위서』: "갑진일甲辰日(초5일)에 경사京師의 종묘가 아직 완공되지 않아 문제가 친히 건시전에서 무황제에게 제사를 올렸다. 몸소 제수를 잡고 진설하며 일반 가문의 예와 같이 했다.

가을 8월에 손권이 사신을 파견하여 글을 올렸고, 아울러 우금 등을 파견하여 송환했다. 정사일丁巳日(19일)에 태상 형정邢貞으로 하여금 지절持節의 권한을 갖고 가서 손권을 대장군에 임명하여 오왕吳王에 봉하고 구석九錫을 더해줬다.

겨울 10월, 양표를 광록대부光祿大夫에 제수除授했다.○1) 곡식 값이 비싸져서 오수전 유통을 폐지했다.○2) 기묘일己卯日210에 대장군 조인을 대사마로 삼았다.

---

210 기묘일己卯日: 앞뒤 기록을 살펴보면 을묘일乙卯日(18일)의 오류인 듯하다. 아래 「배송지 주」에 기해일己亥日에 10월 초하루 조회를 열었다고 했으므로 10월에는 기묘일己卯日이 있을 수 없다.

○1) 『위서』: "기해일己亥日에 공경대부와 초하루 조회를 열고 지난 왕조 한나라 태위 양표를 추천하여 빈객의 예로 대우하며 조칙을 내렸다. '대저 선왕들께서 원로에게 궤장几杖[211]을 하사하는 제도를 만든 것은 노인을 빈객의 예로 대우하고 원로를 포상하여 높이기 위한 방법이다. 옛날 공광孔光[212]과 탁무卓茂[213]는 모두 고령에도 맑은 덕을 유지하여 아름다운 하사품을 받았다. 공은 지난 한나라의 재상으로 조상 대대로 세상에 절개로 이름을 날렸다. 지금 연세가 일흔을 넘었고 행동이 법도를 어기지 않으니 원로로서 인격을 완성한 분이라 할 만하다. 특별히 우대하여 옛 도덕을 밝게 드러내는 것이 마땅하다. 공에게 연년장延年杖과 빙궤憑几[214]를 하사한다. 배알을 청하는 날에는 연년장을 짚고 들어올 수 있고, 또 녹피관鹿皮冠[215]을 쓸 수도 있다.' 양표는 사양하며 명령에 따르지 않고 끝내 포의 홑옷을 입고 피변皮弁[216]을 쓴 채 황제를 알현했다." 『속한서』: "양표는 한나라의 천명이 끝나가는 것을 보고 스스로 몇 세世 동안 삼공을 지낸 사람이 위나라 신하가 되는 것은 치욕으로 여겼다. 그는 마침내 발에 병이 났다고 하며 다시 나다니지 않았다. 10여 년의 세월이 흐르고 문제가 즉위하여 그를 태위로 삼고자 근신을 시켜 뜻을 전했다. 양표가 사양하며 말했다. '일찍이 한나라 조정

---

211 궤장几杖: 옛날 왕조시대에 일흔이 넘은 원로대신에게 하사한 의자와 지팡이다.

212 공광孔光: 전한 말기 대신으로 자가 자하子夏이며, 공자의 14세손이다. 원제元帝, 성제成帝, 애제哀帝, 평제平帝 시기를 거치며 대장군, 승상, 태부, 태사를 두루 역임했다. 왕망王莽이 전횡하자 병을 핑계로 고향으로 돌아갔고 70세에 세상을 떠났다.(『한서』 권81 「공광전孔光傳」)

213 탁무卓茂: 전한 말에서 후한 초기의 대신으로 자가 자강子康이다. 『시경』과 『예기』 등 경전에 통달하고 박학하여 '통유通儒'로 칭해졌다. 밀현密縣 현령, 경부승京部丞을 역임하다가 왕망이 정권을 찬탈하자 고향으로 돌아갔다. 후한 건국 후 광무제가 초빙하여 태부太傅에 임명하고 포덕후褒德侯로 봉했다.(『후한서』 권25 「탁무열전卓茂列傳」)

214 연년장延年杖과 빙궤憑几: 위에서 말한 궤장几杖이다. '연년장延年杖'은 수명을 연장해주는 지팡이란 의미이며 '빙궤憑几'는 몸을 의지할 수 있는 의자(안석)라는 뜻이다.

215 녹피관鹿皮冠: 사슴 가죽으로 만든 관冠으로 고대에 은사隱士들이 썼다.

216 피변皮弁: 왕조시대에 임금, 제후, 공경대부들이 의례 때 쓰던 가죽 관冠이다.

에서 삼공을 지냈고 난세를 만나 작은 도움도 주지 못했는데 만약 다시 위나라 신하가 된다면 국가의 선발 제도에도 영광을 더하는 일이 아닐 것입니다.' 문제는 그의 뜻을 빼앗지 못했다. 황초 4년(223)에 조서를 내려 광록대부에 봉하고 녹봉 중2000석中二千石[217]을 내렸으며, 조회 때 위상을 삼공 다음에 배치하게 했는데 이는 공광의 고사와 같은 것이다. 양표는 글을 올려 굳게 사양했으나 문제는 듣지 않았다. 또 그의 대문에 행마行馬[218]를 배치하게 하고 관리를 보내 그를 우대하며 높였다. 나이 84세 되던 황초 6년(225)에 세상을 떠났다. 그의 아들 양수陽脩의 사적은 「진사왕전陳思王傳」에 보인다."

○2) 『위서』: "11월 신미일辛未日(초5일)에 진서장군鎭西將軍 조진曹眞이 여러 장수 및 주군州郡의 군사들에게 명령을 내려 반란을 일으킨 호족胡族 치원다治元多, 노수盧水, 봉상封賞 등을 토벌·격파하고 5만여 명의 머리를 베었으며 10만 명을 사로잡고 양 111만 마리, 소 8만 마리를 얻었다. 하서河西가 마침내 평정되었다. 문제는 처음에 호족이 황하 물을 터뜨려 현미顯美(甘肅 永昌 동쪽) 땅을 잠기게 했다는 소식을 듣고 좌우 장수들에게 말했다. '옛날에 외효隗囂[219]가 약양略陽(甘肅 泰安 동북)을 물에 잠기게 하자 광무제는 그가 피로한 틈을 타 진군하여 멸망시켰다. 지금 호족이 황하 물을 터뜨려 현미 땅을 잠기게 했는데 그 일이 바로 이와 비슷하니, 호족을 격파할 일이 이제 멀지 않았다.' 열흘이 지나자 호족을 격파했다는 보고가 당도했다. 문제가

---

217 중2000석中二千石: 한나라 녹봉 품계의 하나다. 만석萬石 다음의 품계이며 월봉이 180석이므로 연봉은 모두 2160석이다.

218 행마行馬: 외출할 때 탈 수 있게 문 옆에 준비해둔 말이다.

219 외효隗囂: 전한 말기에서 후한 초기 농서隴西를 근거지로 광무제에 대항한 군벌이다. 광무제의 장수 내흡來歙이 약양略陽을 점거하자 외효는 수공으로 약양을 공격했고, 내흡은 봄부터 가을까지 외효의 공격을 견뎌냈다. 외효의 군대가 오랜 전투로 지치자 광무제가 그 틈을 타고 공격하여 외효를 패퇴시켰다.(『후한서』 권13 「외효열전隗囂列傳」)

> 크게 웃으며 말했다. '나는 장막 안에서 책략을 짜고, 장수들은 만 리 밖에서 힘써 싸우는데도 서로 호응함이 마치 부절과 같다. 앞뒤로 승리하여 포로를 잡은 사례 중에서 이와 같은 적이 없었다.'"

12월에 동쪽으로 순행을 나갔다. 이해에 능운대陵雲臺[220]를 건축했다.

3년 봄 정월 초하루 병인일丙寅日에 일식이 있었다. 경오일庚午日(초5일)에 허창궁許昌宮으로 순행했다. 조서를 내렸다. "지금의 계리計吏[221]와 효렴孝廉[222]은 옛날의 공사貢士[223]다. 열 집이 사는 작은 고을에도 틀림없이 충성스럽고 신용 있는 사람이 있을 텐데[224] 만약 나이를 제한한 연후에 선비를 뽑는다면 여상呂尙[225]과 주진周晉[226]은 앞 시대에 이름을 드러내지 못했을 것이다. 명령하노니 군국郡國에서 사람을 뽑을 때 나이의 노소老少에 구애받지 말라. 유학자로 경학에 능통한 사람과 말단 관리로 성문 법규에 통달한 사람을 추천해오면 모두 등용할 수 있을지 시험해보겠다. 담당 관리는 고의로 사실과 다르게 추천

220 능운대陵雲臺: 위魏나라 낙양성 중앙에서 조금 서쪽으로 치우친 지점에 세운 누대로 북으로 낙양성 전체를 조감할 수 있었고 동북쪽으로 맹진孟津까지 바라보였다고 한다.

221 계리計吏: 고대 중국 주군州郡에서 장부 계산과 문서 처리를 담당하던 관리다.

222 효렴孝廉: 원문은 고考이나 효孝로 써야 옳다. 부모에게 효도하고 평소에 청렴 정직하게 사는 사람을 뜻한다. 이런 사람을 한나라 무제 때부터 '효렴'이란 선발 제도로 추천하여 관리에 임명했다.

223 공사貢士: 본래 고대 중국에서 제후가 천자에게 추천한 선비[士]다. 후대에는 과거급제자를 흔히 공사貢士라 칭했다.

224 열 집이…있틀 텐데: 『논어』「공야장公冶長」에 나온다. "十室之邑, 必有忠信如丘者焉."

225 여상呂尙: 주 문왕의 태사太師 강태공姜太公이다. 성姓은 강姜, 씨氏는 여呂, 자字는 자아子牙, 호號는 비웅飛熊이다. 문왕의 조부 태공 고공단보古公亶父가 바라던 인재란 뜻으로 흔히 태공망太公望이란 존칭을 쓴다. 위수渭水 가 반계磻溪에서 낚시를 하다가 70세가 넘어 주 문왕을 만나 등용되었고, 주 무왕 때 군사를 이끌고 은나라 주왕紂王을 정벌했다.

226 주진周晉: 주나라 영왕靈王의 태자 진晉으로 자가 자교子喬다. 『시자尸子』: "주나라 왕의 태자 진은 나이 여덟 살에 [진晉나라 태사] 사광師曠을 굴복시켰다周王太子晉生八年, 而服師曠." 어려서 천재성을 드러낸 사례다.

한 자를 바로잡으라."○

○『위서』: "계해일癸亥日[227]에 손권이 글을 올렸다. '유비의 파당 4만 명과 말 2000~3000필이 자귀秭歸(湖北 秭歸)로 나왔습니다. 소탕하러 가기를 청합니다. 승리하여 보답하겠습니다.' 문제가 회답했다. '옛날 외효의 난리는 그 재앙이 순읍栒邑(陝西 旬邑 동북)에서 발생했고, 자양子陽[228]이 포로가 된 일은 그 변란이 한관扞關(四川 奉節 동쪽)에서 일어났다. 장군(손권)은 굳세게 위엄을 발휘하고 힘써 뛰어난 공을 세워 나의 뜻에 부응하라.'"

2월에 선선鄯善,[229] 구자龜玆,[230] 우전于闐[231] 왕이 각각 사신을 파견하여 조공을 바쳤다. 이에 조서를 내렸다. "서융이 귀의해오고 저족氐族과 강족羌族이 조현朝見해오면 『시경』과 『상서』에서도 그들을 찬미했다. 근래에 서역 밖의 오랑캐가 모두 변새 관문을 두드리며[款] 귀부해오니○ 사신을 파견하여 그들을 위로하라." 이후 서역과 마침내 통하게 되어 무기교위戊己校尉[232]를 설치했다.

---

227 위의 본문에 병인일丙寅日이 정월 초하루라 했으므로 정월에는 계해일癸亥日이 있을 수 없다. 오류인 듯하다.

228 자양子陽: 공손술公孫述의 자字다. 공손술은 전한 말기에서 후한 초기 촉蜀을 근거지로 황제를 칭하며 광무제에 대항한 군벌이다.

229 선선鄯善: 서역에 있던 옛 나라의 하나다. 도성은 우니성扜泥城으로 지금의 신장新疆 뤄창若羌 근처다. 한 소제昭帝 원봉元鳳 4년 이전에는 누란樓蘭, 그 이후는 선선으로 불렸다. 448년 북위北魏에게 멸망당했다.

230 구자龜玆: 구자丘慈, 구자邱玆 등으로도 표기한다. 지금의 중국 신장新疆 타림분지 북쪽에서 활동한 고대 서역 국가의 하나다. 도성은 연성延城으로 지금의 신장 쿠처庫車 동쪽 교외 피랑皮朗 고성古城이다. 인도유럽피언 계열 민족이 세운 나라로, 648년 당나라에게 멸망당했다.

231 우전于闐: 이 책 권2 「문제기」 연강 원년 해당 각주 참조.

232 무기교위戊己校尉: 한나라와 위진남북조 시대에 서역을 관리하던 관직이다. 오행五行에서 무기戊己는 중앙을 가리킨다. 서역 중앙에 무기교위를 설치하여 그들을 관리했으므로 무기교위라는 이름이 붙었다고 한다.

○ 응소應劭의 『한서주漢書注』233: "관款은 두드린다[叩]는 뜻이다. 모두 변새 관문을 두드리며 복종해온 것이다.

3월 을축일乙丑日(초1일), 제공齊公 조예曹叡를 평원왕으로 책봉하고 문제의 아우 언릉공 조창曹彰 등 11인을 모두 왕으로 삼았다. 처음으로 왕의 서자를 향공鄕公으로 삼았고, 왕의 후사가 된 서자는 정후亭侯로 삼았으며, 공公의 서자는 정백亭伯으로 삼았다. 갑술일甲戌日(초10일)에 황제의 아들 조림曹霖을 하동왕으로 책봉했다. 갑오일甲午日(30일)에 문제가 양읍襄邑으로 순행했다.

여름 4월 무신일戊申日(14일), 견성후堅城侯 조식을 견성왕으로 책봉했다. 계해일癸亥日(29일), 문제가 허창궁으로 귀환했다.

5월, 형주, 양주揚州와 장강 남쪽 여덟 군을 형주에 속하게 했다. 손권이 그곳 주목州牧을 겸했기 때문이다. 형주 중에서 장강 이북 여러 군은 영주郢州(湖北 荊州 江陵 일대)에 속하게 했다.

윤5월, 손권이 이릉夷陵(湖北 宜昌 동남)에서 유비를 격파했다. 처음에 문제는 유비의 군사가 동쪽으로 내려와 손권과 교전하려 하면서 700여 리에 걸쳐 목책을 세우고 군영을 연결했다는 소식을 듣고 신료들에게 말했다. "유비는 병법을 모르는데 어찌 700리 군영으로 대항할 수 있다는 말인가? '초목이 무성한 들판과 저습하고 험한 곳에 군영을 세우는 자는 적에게 포로가 된다'라고

---

233 응소應劭의 『한서주漢書注』: 응소는 자가 중원仲遠이고 후한 말의 학자다. 견문이 넓고 박학다식했으며 영제 때 효렴으로 천거되어 태산 태수를 지냈다. 조조의 부친과 아우가 자신의 경내에서 피살되자 조조의 보복을 두려워하며 원소에게 귀의하여 군모교위軍謀校尉를 지냈다. 『한관예의고사漢官禮儀故事』 『풍속통風俗通』 『한서집해漢集解』 등 다양한 저작을 남겼다. 『한서주』는 『한서집해』로 보인다.

한다. 이것은 병법에서 꺼리는 일이다. 손권이 올리는 글이 곧 당도할 것이다." 7일 후에 유비를 격파했다는 글이 당도했다.

가을 7월, 기주에 메뚜기가 창궐하여 백성이 굶주리자 상서 두기杜畿에게 지절持節의 권한을 갖고 가서 창고를 열고 구휼하게 했다.

8월 촉나라 대장 황권黃權이 군사를 이끌고 항복해왔다.○

○『위서』: "황권과 겸임 남군南郡(湖北 荊州) 태수 사합史郃 등 318인이 형주 자사에게 와서 이전에 받은 인수, 계극棨戟,[234] 당휘幢麾,[235] 아문牙門[236], 고거鼓車[237]를 바쳤다. 황권 등이 행재소(임금의 임시 처소)로 오자 문제는 주연을 베풀고 음악을 연주하게 하면서 승광전承光殿에서 그들을 인견引見했다. 황권과 사합 등이 각각 앞으로 나가 자신을 소개하자 문제는 군대의 승패와 거취를 토론하며 설명했고 장수들은 기뻐하지 않는 자가 없었다. 황권에게 금백金帛, 거마車馬, 의복〔衣裘〕, 휘장〔帷帳〕, 처첩妻妾을 하사했고, 아래 편장과 비장에게도 모두 차등을 두어 선물을 내렸다. 황권을 시중 겸 진남장군鎭南將軍에 임명하고 열후에 봉했으며 그날 바로 불러서 참승驂乘[238]을 시켰다. 그리고 사합 등 42인은 열후에 봉했으며, 장군과 낭장에 임명한 사람도 100여 인에 이르렀다."

---

234 계극棨戟: 관리가 출행할 때 앞에서 길을 인도하는 의장용 목제 창이다.
235 당휘幢麾: 의장용으로 세워두는 각종 깃발이다.
236 아문牙門: 군영 앞에 세워두고 문을 표시하는 큰 깃발이다.
237 고거鼓車: 군대 지휘용 북을 실은 수레다.
238 참승驂乘: 참승參乘이라고도 쓴다. 고대에 존귀한 사람과 수레를 탈 때, 존귀한 사람은 왼쪽에, 수레를 모는 사람은 중간에, 호위하는 사람은 오른쪽에 탄다. 오른쪽에 타는 사람을 참승驂乘이라고 하며 대개 존귀한 사람의 측근으로 용모가 뛰어난 사람이 동승한다. 이를 '거우車右'라고도 한다.

9월 갑오일甲午日(초3일)에 조서를 내렸다. "대저 여인이 정치에 참여하는 것은 혼란의 근본이다. 지금부터 신료들은 태후에게 정사政事를 아뢰어서는 안 되고, 황후의 가문도 정치 보좌의 임무를 맡아서는 안 되며, 또 함부로 제후의 작위를 받아서도 안 된다. 이 조서를 후세에까지 전하라. 위배하는 자가 있으면 천하가 함께 주살하리라."○ 경자일庚子日(초9일)에 곽씨郭氏를 황후로 책봉했다. 천하의 호주 남자들에게 작위 2급을 하사했고, 홀아비, 과부, 장애인 및 가난뱅이 중에서 스스로 생존할 수 없는 사람에게는 곡식을 하사했다.

○ 손성이 말했다. "대저 나라를 경영하려면 반드시 준재俊才의 보좌를 받아야 하고, 현명한 자질과 아름다운 덕성을 갖춘 사람은 반드시 혼란을 다스릴 임무를 맡아야 한다. 이 때문에 주나라가 번성할 때도 여인이 정치에 참여했던 것이다. 그러나 여인의 도가 하늘에 닿아도 남면하는 천자는 둘이 아니었고, 삼종지도三從之道를 일러 지극히 유순하다고 했다. 호령이 천자에게서 나오고 아뢴 일을 독단으로 처리하는 것은 옛 뜻이 아니다. 옛날에 신씨申氏[239]와 여씨呂氏[240]는 기실 주나라를 바로잡았다. 만약 천하를 마음에 품고 오직 덕에만 의지한다면 친한 사람이나 소원한 사람에게 벼슬을 줄 때 지공무사의 이치를 동일하게 적용할 것이다. 어찌 황후의 친족이라고 꼭 배척하고 멀리할 필요가 있겠는가? 전한과 후한의 말기에 왕도가 침체했기 때문에 외척

239 신씨申氏: 서주 말기 유왕幽王의 왕후다. 포사褒姒의 계략으로 폐위되었다가 유왕이 견융犬戎에게 살해된 후 부친 신후申侯의 도움으로 복위하여 아들인 태자 의구宜臼(平王)를 보위에 올렸다. 평왕이 낙양으로 천도하여 동주東周를 열었다.

240 여씨呂氏: 주나라 태왕太王 고공단보의 왕후 태강太姜이다. 어질고 현명하여 태왕은 늘 태강과 함께 국사를 의논했다. 『열녀전列女傳』: "태강은 유려씨有呂氏의 딸인데 태왕이 맞아들여 왕비로 삼았고, 태백, 중옹, 왕계를 낳았다. 바르고도 유순하게 도를 따르며 잘못을 저지르지 않았다. 태왕이 천도를 계획할 때 반드시 태강과 함께 의논했다太姜者, 有呂氏之女, 太王娶以爲妃, 生太伯, 仲雍, 王季. 貞順率道, 靡有過失, 太王謀事遷徙, 必與太姜."

들이 임금의 총애에 의지하여 일삼아 혼란의 단서를 야기하게 만들었다. 이에 시대가 혼란하고 도가 상하면서부터 천명의 운행이 바뀌었으니 설령 왕씨王氏241와 여씨呂氏242의 환란이 없다 해도 어찌 전씨田氏243와 조씨趙氏244의 참화가 적게 일어나겠는가? 그러나 후세 사람들은 이와 같은 일을 보고 짐독鴆毒과 같은 경계심을 품는다. 심지어 위 문제도 마침내 똑같은 사례의 조서를 반포했으니 식자識者의 상쾌한 말이라고 할 수는 있지만 황제의 큰 논리는 아니다."

겨울 10월 갑자일甲子日(초3일)에 [문제가] 수양산首陽山 동쪽에 수릉壽陵(죽은 후의 능침)을 조성하라 발표하고 자신의 장례 제도를 만들어 다음과 같이 말했다. "예법에 따르면 나라의 임금이 즉위하면 내관內棺(椑)을[○1] 만드는데 이는 살아 있을 때 죽은 뒤를 잊지 말자는 뜻이다.[○2] 옛날 요 임금을 곡림穀林(山東 荷澤 동북)에 장사 지내고 숲을 통째로 무덤의 수목으로 삼았다. 우 임금을 회계會稽(浙江 紹興)에 장사 지내고, 농민들이 농토를 바꾸지 않았다.[○3] 이 때문에 산림에 장사를 지내는 것은 산림과 한 몸이 되기 위해서다. 봉분을 만들고 나무를 심는 제도는 상고시대의 것이 아니므로 나는 그것을 취하지 않겠

---

241 왕씨王氏: 전한 말기 원제元帝의 정실인 효원황후孝元皇后 왕정군王政君의 집안이다. 이후 효원황후의 조카 왕망王莽이 정권을 찬탈하여 신新나라를 세우기까지 왕씨는 막강한 외척으로서 한나라 황실을 좌우했다.

242 여씨呂氏: 한나라 고조高祖 유방의 황후 여후呂后 집안이다. 한나라가 천하를 통일한 후 여후는 한신韓信 등 공신을 죽이는 데 간여했고, 고조 사후에는 조정의 권력을 전횡하며 여씨呂氏 천하를 열었다.

243 전씨田氏: 춘추전국시대 제齊나라 강씨姜氏 정권을 찬탈한 막강한 가문이다. 본래 진陳나라 여공厲公의 아들 진경중陳敬仲이 제나라로 망명하여 가문의 터전을 닦고, 대대로 권력을 확장하다가 전태공田太公 전화田和에 이르러 제나라 정권을 찬탈하고 전씨 천하를 열었다.

244 조씨趙氏: 춘추전국시대 진晉나라 유력 가문으로 한씨韓氏, 위씨魏氏와 함께 진나라를 삼분했다. 조최趙衰가 진 문공을 도와 공신이 되었고 이후 열후烈侯 조적趙籍에 이르러 진나라 정권을 삼분하여 조趙나라를 열었다.

다. 수릉은 원래의 산 구릉에 따라 형체를 만들고 봉분을 만들거나 나무를 심지 말라. 침전寢殿도 세우지 말고, 능을 수호하기 위한 마을도 만들지 말고, 신도神道도 만들지 말라. 대저 '장葬'이란 '장藏'이니 사람들이 볼 수 없게 하려는 뜻이다. 해골은 아프거나 가려운 지각이 없으므로 무덤은 신령이 깃드는 집이 아니다. 예법을 만들어 묘제墓祭를 지내지 말라는 것은 산 자와 죽은 자를 모독하지 않으려는 것이다. 관곽棺槨을 만드는 것은 뼈를 썩게 하면 족하고, 수의를 입히는 것은 살을 썩게 하면 족할 뿐이다. 이 때문에 내가 이 곡식도 나지 않은 땅에 무덤을 조성하는 것은 세대가 바뀐 이후에 이곳을 알지 못하게 하려는 뜻이다. 갈대를 태운 숯[葦炭][245]을 쓰지 말고, 금, 은, 동, 철을 부장하지 말라. 한결같이 와기瓦器를 부장하여 옛날에 흙 수레[塗車]와 짚 인형[芻靈]을 쓰던 뜻에 부합하게 하라.[246] 관棺은 이음새에 옻칠을 세 번만 하고, 입에는 구슬을 물리지 말고, 구슬로 장식한 저고리와 옥갑玉匣을 넣지 말라. 이런 것은 어리석은 속인들이 하는 짓이다. 계손씨季孫氏를 여璵와 번璠이라는 보옥으로 염斂하자,[247] 공자는 몇 계단을 한꺼번에 뛰어 올라가 그것을 만류하며 들판에 해골을 내버리는 것과 같다고 비유했다.[248] 송宋 문공文公을 후장厚葬하자 군자가 이르기를 '화원華元과 악거樂莒는 신하 노릇을 제대로 하지 않았다'라고 하며 그들이 악의 구렁텅이에 임금을 내버리는 것이라고 여겼다.[249] 한 문제의 능

---

245 위탄葦炭: 무덤 안의 습기를 없애기 위해 쓰는 갈대 숯이다.

246 흙 수레[塗車]와 짚 인형[芻靈]: 흙으로 빚어 만든 수레 형상과 짚이나 풀을 묶어서 만든 인형이다. 모두 무덤에 부장하는 소박한 명기明器다. 『예기』「단궁」 하下에 나온다.

247 여璵와 번璠: 임금이 패용하는 아름다운 보옥이다. 『좌전』 정공 5년: "계평자가 죽자 양호가 장차 여璵와 번璠으로 염을 하려 했다季平子卒, 陽虎將以璵璠斂."

248 공자는…비유했다: 『여씨춘추』「맹동기孟冬紀·안사安死」: "노나라 계손씨가 죽자, 공자가 조문하러 갔다. 문으로 들어가 왼쪽 손님 자리로 나아갔다. 주인이 여璵와 번璠으로 염을 하자 공자는 뜰을 가로질러 달려가 몇 계단을 한꺼번에 뛰어올라가서 말했다. '보옥으로 염을 하는 것은 비유하자면 들판에 해골을 버리는 것과 같습니다.'魯季孫有喪, 孔子往弔之. 入門而左, 從客也. 主人以璵璠收, 孔子徑庭而趨, 歷級而上, 曰, '以寶玉收, 譬之猶暴骸中原也.'"

249 송宋 문공文公을…여겼다: 『좌전』 성공 2년: "2년 8월 송 문공이 죽었다. 처음으로 후장厚葬을 했

이 도굴되지 않은 것은 패릉霸陵에서 얻을 것이 없었기 때문이다. 광무제의 능이 도굴된 것은 원릉原陵에 봉분을 만들고 나무를 심어 표시를 했기 때문이다. 패릉이 온전하게 보존된 것은 그 공이 장석지張釋之에게 있고, 원릉이 도굴된 것은 그 죄가 명제明帝에게 있다. 장석지는 충심으로 임금을 이롭게 했고, 명제는 사랑으로 부친을 해쳤다. 충신과 효자는 공자, 좌구명左丘明, 장석지의 말을 깊이 생각하고, 화원, 악거, 명제의 교훈을 거울삼아야 한다. 임금과 어버이를 편안하고 안정되게 모시는 방법에 마음을 두고 영혼을 만년토록 위태롭게 하지 않는 것이 바로 성인과 현인의 충성과 효도다. 옛날부터 지금까지 망하지 않은 나라는 없고 도굴되지 않은 묘도 없다. 난리가 발생한 이래로 한나라 능들은 파헤쳐지지 않은 것이 없고 심지어 부장된 옥 상자[玉匣]와 금실 옷[金縷]도 꺼내 불태우고 해골까지 모두 없앴으니 이것은 사람을 불태우는 화형火刑과 같다. 어찌 너무나 애통한 일이 아니겠는가? 이런 참화는 봉분을 만들고 나무를 심은 일에서 말미암았다. '상홍양桑弘羊과 곽우霍禹가 나를 경계했다'[250]라고 한 말이 또한 분명하지 않은가? 황후 및 귀인 이하 비빈 중에서 자신의 아들 제후왕의 나라로 따라가지 않은 사람이 죽을 경우에는 모두 계곡 서쪽에 장사 지내라. 이전에 또 그곳에 표시를 해두었다. 대체로 순 임금을 창

다. (…) 군자가 말했다. '화원과 악거는 여기에서 제대로 신하 노릇을 하지 않았다. 신하는 나라의 번거로운 일을 잘 처리하고 의혹을 제거하는 자다. 이런 까닭에 죽더라도 간쟁을 한다. 지금 두 사람은 군주가 살아 있을 때 의혹을 부추겼고, 죽어서도 사치를 더 조장했다. 이것은 악의 구렁텅이에 임금을 내버리는 일이다. 어찌 신하가 할 행위인가?'二年 八月 ,宋文公卒°始厚葬. (…) 君子谓, '华元乐舉, 於是乎不臣. 臣治烦去惑者也, 是以伏死而争. 今二子者, 君生則縱其惑, 死又益其侈, 是棄君於惡也. 何臣之爲?'"

250 상홍양桑弘羊과…경계했다: 『한서』 권59 「장탕전張湯傳」: "장림도 겸손하고 검소해서 전각에 올라갈 때마다 늘 탄식했다. '상홍양과 곽우가 나를 경계한다. 어찌 그 경계가 깊지 않은가?' 죽을 무렵 종족과 친구에게 재산을 나눠주면서 자신을 박장薄葬하고 봉분을 만들지 말라고 했다臨亦謙儉, 每登閣殿, 常歎曰, '桑·霍爲我戒, 豈不厚哉?' 且死, 分施宗族故舊, 薄葬不起墳." 상홍양은 한 무제 때 대신으로 계산에 밝아 염철법, 주류 전매 등의 정책을 펼쳐 국가에 막대한 부를 축적게 했으나 지나치게 이익만 추구했다고 비난받았다. 곽우는 전한 소제昭帝와 선제宣帝 때 대신 곽광霍光의 아들로 지나치게 사치한 생활을 했으며 나중에 반란을 모의하다가 생포된 후 요참형腰斬刑을 받고 죽었다.

오蒼梧(湖南 寧遠 경내)에 장사 지냈지만 두 왕비는 따라가지 않았고, 오나라 계찰은 아들을 저 멀리 영嬴 땅과 박博 땅에 장사 지냈다.[251] 혼백이 영험하면 가지 못할 곳이 없으므로, 계곡 하나 사이를 멀다고 할 수 없는 것이다. 만약 지금의 조서를 어기고 함부로 고쳐 시행하는 자가 있다면 그것은 내가 지하에서 시신을 살육당하는 것과 같다. 살육당하고 나서 다시 살육당하며 죽어서 또 죽는 일이 될 것이다. 신하로서 자식 된 자가 임금으로서 아비 된 자를 모멸하여 죽인다면 불충과 불효를 범하는 것이다. 만약 사자에게도 지각이 있다면 너희에게 복을 내리지 않을 것이다. 이 조서를 종묘에 보관하고 그 부본副本은 상서성尙書省, 비서성秘書省, 삼공부三公府에 비치하라."

○1) 〔'椑'의〕 발음은 '부력반扶歷反' 즉 '벽'이다.

○2) 신 송지가 살펴본 바는 이렇습니다. 예법에 따르면 천자와 제후의 관棺은 각각 몇 겹을 이루는데 그런 관 중에서 시신과 가장 가까운 것을 '벽椑'이라고 합니다.

○3) 『여씨춘추呂氏春秋』[252]: "요 임금을 곡림에 장사 지내고 숲을 통째로 무덤의 수목으로 삼았다. 순 임금을 기紀(湖南 寧遠 남쪽) 땅에 장사 지낼 때는 시장에서 점포를 변화시키지 않았다. 우 임금을 회계에 장사 지낼 때는 사람들의 생활을 바꾸지 않았다."[253]

---

251 계찰은…장사 지냈다: 『예기』「단궁」 하: "연릉계자延陵季子(季札)가 제齊나라에 갔다가 돌아오는 길에 맏아들이 죽어서 영嬴 땅과 박博 땅 사이에 장사 지냈다延陵季子適齊, 於其反也, 其長子死, 葬於嬴·博之間." 영嬴과 박嬴은 제나라 태산현泰山縣으로 오나라 땅에서 멀다.

252 『여씨춘추呂氏春秋』: 『여람呂覽』이라고도 한다. 전국시대 말기 진秦나라 승상 여불위呂不韋가 그의 문객들과 함께 편찬한 책이다. 팔람八覽, 육론六論, 십이기十二紀로 되어 있다. 천지 만물과 고금 역사의 이치를 두루 포괄한다는 의미에서 유가, 도가, 묵가, 법가 등 제자백가 사상을 종합하려 시도했다. 전국시대 말기 융합되고 뒤섞이던 제자백가 사상의 특징을 엿볼 수 있다.

253 요 임금을…않았다: 『여씨춘추』「맹동기·안사」 "堯葬於穀林, 通樹之. 舜葬於紀市, 不變其肆. 禹葬於會稽, 不變人徒."

이달에 손권이 다시 배반하자 영주郢州를 다시 형주에 속하게 했다. 문제가 허창에서 남정南征에 나서 각국 군사들도 함께 전진하게 하자 손권은 장강에 임해 수비했다.

11월 신축일辛丑日(11일)에 완宛 땅으로 행차했다. 경신일庚申日(30일) 그믐에 일식이 있었다. 이해에 영지지靈芝池를 팠다.

4년 봄 정월, 문제가 조서를 내렸다. "난리가 발생한 이래로 전쟁과 변란이 그치지 않아 천하 사람들이 서로 해치고 죽였다. 이제 해내가 처음으로 안정되었는데 감히 사사로운 복수를 하는 자는 모두 친족까지 죽여라." 완 땅에 남순대南巡臺를 건축했다.

3월 병신일丙申日(초8일)에 문제가 완 땅에서 낙양궁으로 귀환했다. 계묘일癸卯日(15일)에 달이 심수心宿 중앙 큰 별을 범했다.° 정미일丁未日(19일), 대사마 조인曹仁이 세상을 떠났다. 이달에 역병이 창궐했다.

○ 『위서』에 병오일丙午日(18일)에 내린 조서가 기록되어 있다. "손권이 백성과 재물을 해치므로 짐은 도적을 더 키울 수 없어서 용맹한 장수에게 세 길로 나눠 함께 진격하라고 명령했다. 지금 동쪽 길로 나선 군사는 손권의 파당 여범呂範 등과 수전을 벌여 4만 명을 참수하고 적선 1만 척을 노획했다. 대사마가 유수를 지키다가 사로잡은 포로도 1만여 명이나 된다. 중군 군사와 남쪽 길로 나선 군사는 강릉을 포위 공격했는데 좌장군 장합張郃 등이 배를 타고 바로 강을 건너 저들의 남쪽 연안을 치자, 물로 뛰어들어 익사한 적이 수천 명이었다. 또 땅굴을 파고 성을 공격하자 성 안팎의 참새와 쥐도 출입할 수 없어서 거의 도마 위에 올려놓은 고깃덩이처럼 되었다. 적진 속에 역병이 돌

아 강 양쪽 연안에 만연하니 서로 전염이 될까 두렵다. 옛날 주 무왕은 은나라를 정벌하다가 맹진254에서 군사를 돌렸고, 광무제는 외효를 치다가 고평高平(寧夏 固原)에서 회군했다. 이들은 모두 천시를 알고 적의 상황을 헤아렸다. 또 은나라 탕 임금은 삼면의 포위망을 풀어 천하가 그의 어진 마음에 귀의하게 했다. 지금 강릉의 포위를 풀어 죽음에 이른 적의 다급함을 완화시키라. 또 힘든 일꾼을 쉬게 하고, 부역꾼과 수자리 군사를 줄이고, 군사와 백성의 힘을 축적하여 모두 편안히 휴식하게 하라."

여름 5월, 사다새[鵜鶘鳥]가 영지지에 모이자 조서를 내렸다. "이것은 시인이 말한 연못을 더럽히는 새다. 『시경』「조풍曹風·후인候人」 시에 '조曹나라 공공恭公이 군자를 멀리하고 소인을 가까이하는 것을 풍자했다刺恭公遠君子而近小人'255라고 했는데 지금 어떻게 현명하고 지혜로운 인사가 아랫자리에 있다는 말인가? 아니면 이 새가 어찌하여 여기에 왔는가? 천하의 준걸과 수재, 행실이 뛰어난 군자를 널리 천거하여 조나라 사람들의 풍자에 해답을 내놓으라."○

○『위서』: "신유일辛酉日(6월 초4일)에 담당 관리가 사당〔廟〕 둘을 짓자고 아뢰었다. 첫째 태황제 사당〔太皇帝廟〕을 세우고 대장추 특진후特進侯와 고조부256를 함께 제사 지내면서 친진親盡257함에 따라 차례로 신주를 없애고, 둘째

---

254 맹진: 지금의 허난성河南省 뤄양시洛陽市 멍진구孟津區다. 중국 고대 주나라 무왕이 제후 800명과 그들의 군사를 맹진에 모아 회맹과 열병을 거행하고 은나라 주왕을 정벌하려 했으나, 시기가 아직 무르익지 않았다 하여 군사를 돌려 후퇴했다.(『상서』「태서」, 『사기』 권4 「주본기」)

255 조曹나라…풍자했다: 『시경』「조풍曹風·후인候人」「모시서」에 나온다. 이 시의 본문에 "아, 사다새가 어살에서 날개도 적시지 않네. 저 간악한 자들은 그 옷이 언행과 맞지 않네維鵜在梁, 不濡其翼. 彼其之子, 不稱其服"라는 대목이 있다.

256 태황제는 위 문제 조비의 조부 조숭曹嵩, 대장추 특진후는 조비의 증조부 조등曹騰이고, 조비의 고조부는 조절曹節이다.

257 친진親盡: 제사를 지내는 친분이 다한다는 뜻으로 대개 고조부까지 제사를 지내고, 고조부 앞 선

특별히 무황제(조조) 사당을 세우고 사시사철 제사를 올리며 위나라 태조로 삼아 만년토록 신주를 없애지 말자고 했다."

6월 갑술일甲戌日(17일), 임성왕 조창이 도성에서 세상을 떠났다. 갑신일甲申日(27일) 태위 가후가 세상을 떠났다. 태백성이 낮에 보였다. 이달에 큰비가 내려 이수伊水(河南 洛陽 伊河)와 낙수洛水(河南 洛陽 洛河)가 범람하여 백성이 죽고 가옥이 파괴되었다.○

○『위서』: "7월 을미일乙未日(초9일), 대군이 출전할 때 태상太常을 시켜 황소 한 마리를 제수로 마련하여 교외에서 고유제를 지냈다."

신 송지가 살펴본 바는 이렇습니다. 위나라 교사郊祀를 아뢴 글[奏議]에 상서 노육盧毓이 재앙을 고유告由한 내용이 있습니다. "희생과 제기를 갖춰 전군과 후군이 출전 고유 의례를 행하는 것처럼 해 주십시오." 이처럼 위나라 군사가 출전할 때는 모두 교외에서 고유제를 올렸습니다.

가을 8월 정묘일丁卯日(11일), 정위 종요鍾繇를 태위로 삼았다.○ 신미일辛未日(15일), 형양에서 사냥하고 마침내 동쪽으로 순행을 나갔다. 손권을 정벌한 공을 논하여 장수들 이하에게 각각 차등을 두어 벼슬을 올려주고 식읍의 호구를 늘려줬다.

○『위서』: "담당 관리가 '한나라 종묘에서 쓴 안세악安世樂 명칭을 정세악正世樂으로, 가지악嘉至樂을 영령악迎靈樂으로, 무덕악武德樂을 무송악武頌樂으로, 소용악昭容樂을 소업악昭業樂으로, 운번무雲飜舞[258]를 봉상무鳳翔舞로, 육명

조의 신주는 없애는 제도다.

258 운번무雲飜舞: 원문은 '운번雲飜'이나 『삼국지집해』에서는 운교雲翹로 고증했다.

무育命舞를 영응무靈應舞로, 무덕무武德舞를 무송무武頌舞로, 문소무文昭舞[259]를 대소무大昭舞[260]로, 오행무五行舞를 대무무大武舞로 바꾸자고 아뢰었다.'"

9월 갑진일甲辰日(19일), 허창궁으로 행차했다.○

○『위서』: "12월 병인일丙寅日(12일), 산양공山陽公(한 헌제) 부인에게 탕목읍湯沐邑[261]을 하사했으며, 산양공의 딸 유만劉曼을 장락군공주長樂郡公主로 삼고 식읍 각각 500호를 주었다. 이해 겨울 방림원芳林園에 감로甘露가 내렸다."

신 송지가 살펴본 바는 이렇습니다. 방림원은 바로 지금의 화림원華林園인데 제왕齊王 조방이 즉위한 후 화림으로 이름을 고쳤습니다.

5년 봄 정월, 모반하여 대역죄를 범한 자는 서로 고변할 수 있게 했지만 나머지 죄는 모두 다스리지 말라고 했으며 [나머지 죄를] 감히 함부로 고변하는 자는 무고죄로 다스리도록 처음 명령을 내렸다.

3월 허창을 출발하여 낙양으로 귀환했다.

여름 4월, 태학太學을 설립하고 오경五經으로 시험을 치는 법을 만들었으며 『춘추곡량전春秋穀梁傳』 박사를 두었다.

5월, 담당 관리가 공경公卿들이 초하루와 보름에 조회할 때 의혹 있는 일을

---

259 문소무文昭舞: 원문은 문소文昭이나 『삼국지집해』에서는 문시文始로 고증했다.

260 대소무大昭舞: 원문은 대소大昭이나 『삼국지집해』에서는 대소大韶로 고증했다.

261 탕목읍湯沐邑: 탕湯은 목욕이고, 목沐은 머리 감기다. 탕목읍은 황제, 제후, 황후, 공주 등의 일상 경비를 조달하기 위해 제공된 봉토 또는 영지를 가리킨다.

아뢰게 하고 큰 정사政事를 듣고 결단하여 득실을 판별하자고 했다.

가을 7월, 동쪽으로 순행을 가서 허창궁에 행차했다.

8월, 수군을 건립했다. 친히 용주龍舟를 타고 채수蔡水(河南 蔡河), 영수潁水(河南 潁河)를 따라 내려가 회수로 진입하여 수춘壽春(安徽 壽縣)으로 행차했다. 양주 경내의 장수, 병사, 관리, 백성 중에서 5년 징역형 이하를 받은 자는 모두 사면했다.

9월, 마침내 광릉에 이르러 청주와 서주에 사면령을 내리고 여러 장수와 수령을 바꿨다.

겨울 10월 을묘일乙卯日(초6일), 태백성이 낮에 보였다. 허창궁으로 귀환했다.○

○『위서』에 「계유조癸酉詔」가 실려 있다. "근래의 날들이 편안하지 않은데 어찌면 후일을 근심하랴? 지금 일은 많고 백성은 적지만 상하가 서로 법조문으로 폐단을 만들고 있어서 백성이 손발을 둘 데가 없다. 옛날 태산에서 울던 사람은 가혹한 정치가 사나운 호랑이보다 무섭다고 여겼다.[262] 나는 유자儒者의 기풍을 갖추고 성인께서 남기신 가르침에 심복하고 있다. 그런데 어찌 눈으로만 그분들의 말을 즐기며 행동으로는 그분들의 가르침을 어길 수 있겠는가? 형벌 경감을 넓게 논의하여 백성에게 혜택을 주라."

11월 경인일庚寅日(11일), 기주에 기아가 발생하여 사자를 보내 창고를 열고

262 태산에서…여겼다: 『예기』 「단궁」 하에 나온다. "苛政猛於虎."

구제하게 했다. 무신일戊申日(29일) 그믐에 일식이 있었다.

12월, 조서를 내렸다. "선왕들께서 예법을 만드신 것은 효도를 밝히고 조상을 섬기기 위해서였다. 큰 것으로는 교외에서 천지에 올리는 교제郊祭이고 그 다음은 종묘 제사다. 삼진三辰과 오행五行,[263] 명산대천에 올리는 제사는 이런 종류에 속하지 않아서 제사의 법전에 들어 있지 않다. 근래에 세상이 쇠미하고 어지러워지자 무당을 신봉하며 심지어 궁전 안이나 보통 사람들 집에서도 술을 부으며 귀신을 섬기지 않는 곳이 없으니 미혹됨이 매우 심하다. 지금부터 감히 법전에 없는 제례를 만들거나 무당의 말을 믿는 자는 사문난적으로 논단한다고 법령에 분명하게 기록하라." 이해에 천연지天淵池를 팠다.

6년 봄 2월, 사자를 파견하여 허창을 순행하고 동쪽 패군沛郡까지 모두 살피며 백성의 고통을 묻고 가난한 자를 구제하게 했다.○

○『위략』에 조서가 실려 있다. "옛날에 황제黃帝는 사방 제후의 명칭을 세워줬고, 주 무왕은 '나에게 나라를 잘 다스리는 신하 열 명이 있다'[264]고 말했다. 이것은 대체로 선대의 성군께서 나라를 다스리며 백성의 임금 노릇을 할 때 하늘이 부여한 일을 진실하게 완성하고, 나라에 현인이 많음을 귀하게 여긴 까닭이다. 지금 안에서는 공경公卿으로 도성을 지키고, 밖에서는 목백牧伯(지방 장관)으로 사방을 감독한다. 대군이 출정할 때는 군중에 주춧돌처럼 현명한 장수가 있어야 하고, 중장비와 군수품이 있는 곳에는 또 그곳을 지키는

263 삼진三辰과 오행五行: '삼진三辰'은 해[日], 달[月], 별[星]이고, 오행은 수, 목, 화, 토, 금을 가리킨다.
264 나에게…있다: 『논어』「태백」에 나온다. "予有亂臣十人." 그 열 명은 대체로 주공周公 단旦, 소공召公 석奭, 강태공姜太公, 필공畢公, 영공榮公, 태전太顚, 굉요閎夭, 산의생散宜生, 남궁괄南宮括, 문모文母로 알려져 있다.

중신이 있어야 한다. 그런 후에 어가가 천하를 주유할 수 있고, 안팎으로 근심이 없어질 것이다. 나는 지금 적을 정벌해야 하지만 수비에 전념하려 한 지 여러 해가 되었다. 이제 상서령 영향후潁鄕侯 진군陳群을 진군대장군鎭軍大將軍으로, 상서복야尙書僕射 서향후西鄕侯 사마의司馬懿를 무군대장군撫軍大將軍으로 삼는다. 만약 내가 장강에 임해 여러 장수들에게 책략을 주면 무군대장군은 허창에 남아 여러 후군을 감독하고 배후의 공문서 일을 주관하라. 또 진군대장군은 어가를 수행하여 여러 부대를 감독하고 녹상서사錄尙書事 일을 대행하라. 두 장군 모두에게 가절假節과 고취鼓吹의[265] 권한을 주고 중군에는 기병 600명을 보충해주라. 나는 장강에서 몇 리 떨어진 곳에 가서 궁실을 짓고 그 속으로 왕래하다가 적이 공격하는 형세를 보이면 바로 기병奇兵을 출전시켜 습격하겠다. 혹시라도 상황이 아직 가능하지 않으면 육군六軍을 펼쳐 사냥한 후 군사들에게 향연을 베풀겠다."

3월, 소릉召陵(河南 郾城 동쪽)으로 행차하여 토로거討虜渠를 개통했다. 을사일乙巳日(28일) 허창궁으로 귀환했다. 병주 자사 양습梁習이 선비족 가비능軻比能을 토벌하여 크게 격파했다. 신미일辛未日(4월 25일), 문제가 수군의 배를 타고 동쪽 정벌에 나섰다.

5월 무신일戊申日(초2일), 문제가 초현으로 행차했다. 임술일壬戌日(16일), 형혹성(화성)이 태미원太微垣으로 들어갔다.

6월, 이성군利成郡(江蘇 贛榆 서쪽)의 군사 채방蔡方 등이 군을 기반으로 반

---

265 가절假節과 고취鼓吹: 가절假節은 이 책 권1 「무제기」 건안 원년 해당 각주 참조. 고취鼓吹는 궁궐 전용 악대다. 임금이 식사를 하거나 신료들과 연회를 열거나 궁궐 밖으로 순행할 때 고취를 울렸다. 또 큰 공을 세운 공신에게도 고취대를 두고 연주할 수 있는 특전을 부여했다.

란을 일으켜 태수 서질徐質을 살해했다. 둔기교위屯騎校尉 임복任福, 보병교위 위단소尉段昭, 청주 자사를 보내 토벌·평정했다. 채방에게 협박을 당한 자와 도망친 자는 모두 그 죄를 사면했다.

가을 7월, 황자皇子 조감曹鑑을 동무양왕東武陽王에 책봉했다.

8월, 문제가 마침내 수군을 거느리고 초현에서 와수를 따라 내려가 회수로 들어간 후 다시 육로를 따라 서주로 행차했다.

9월, 동순대東巡臺를 건축했다.

겨울 10월, 광릉 고성故城으로 행차하여 장강에 임해 군대를 사열했다. 병졸이 10여만이었고 깃발이 수백 리였다.○ 이해에 추위가 심해 물길이 얼어붙었다. 배가 강으로 들어갈 수 없어서 바로 군사를 이끌고 돌아왔다.

○ 『위서』에 문제가 말 위에서 지은 시[266]가 실려 있다.

군대를 사열하러 장강에 임해보니,
강물 흐름은 얼마나 도도한지.
온갖 창은 산림을 이루었고,
검은 갑옷은 햇볕에 반짝이네.
맹장은 사나운 분노를 품고서,
용감한 담력을 마음대로 펼치네.

---

266 「지광릉우마상작至廣陵于馬上作」이란 제목으로 알려진 5언시다.

싸우지 않고도 적을 굴복시키고,

무기를 거두니 어질다고 칭찬하네.

고공단보는 기읍에 거처했지만,[267]

기실은 처음으로 은나라를 베었네.

맹헌자가 호뢰관에 성을 쌓자고 하자,[268]

정인鄭人들이 두려워 고개 숙였네.

조충국이 둔전으로 농사에 힘쓰자,[269]

선령족이 저절로 멸망했다네.

회수와 사수 사이에서 농사를 일으키고,

궁실을 지어 서주徐州에 도시를 건설했네.

적절함을 헤아려 책략을 펼치니,

육군六軍이 모두 기뻐하고 편안해하네.

어찌 「동산東山」 시와 같이,[270]

수많은 걱정 슬픔을 끝없이 펼치리?

11월, 동무양왕 조감이 세상을 떠났다.

---

267 고공단보古公亶父: 주나라 시조 후직后稷의 12대손으로 본래 빈豳 땅에 거주하다 융적戎狄이 침입하자 자신의 부족을 이끌고 기산岐山 아래로 이주하여 왕실 흥성의 기반을 닦았다. 그곳을 흔히 기읍岐邑이라고 한다. 고공단보의 아들이 계력季歷이고 계력의 아들이 문왕이며 문왕의 아들이 무왕이다.

268 맹헌자孟獻子: 춘추시대 노나라 대부 중손멸仲孫蔑이다. 맹헌자는 당시 강국 정鄭나라를 방어하기 위해 호뢰관虎牢觀에 성을 쌓자고 건의했다.

269 조충국趙充國: 한나라 무제와 선제 때의 명장이다. 무예에 뛰어나고 병법에 밝아 흉노와의 전투 등 다양한 전투에서 공을 세웠으며, 또 한 소제 사후에 곽광 등과 한 선제를 옹립한 공으로 거평후莒平侯에 봉해졌다. 선령족先零族이 군사를 일으켜 변방을 공격하자 조충국은 당시에 이미 70세가 넘었음에도 자신을 직접 추천하여 선령을 막았으며, 또 변방에 둔전屯田을 설치하고 장기 항전에 나서 선령족을 굴복시켰다.(『한서』 권69 「조충국전趙充國傳」)

270 「동산東山」: 『시경』 「빈풍豳風」에 나오는 시다.

12월, 문제가 초현에서 양梁 땅을 지나며 사자를 보내 태뢰의 제물로 고 한나라 태위 교현橋玄에게 제사를 올렸다.

7년 봄 정월, 허창으로 행차했다. 허창성 남문이 아무 까닭도 없이 무너지자 문제가 마음속으로 꺼려하며 마침내 성으로 들어가지 않았다. 임자일壬子日(초10일), 낙양궁으로 귀환했다.

3월, 구화대九華臺를 건축했다.

여름 5월 병진일丙辰日(16일), 문제의 병이 위독하여 중군대장군 조진, 진군대장군 진군, 정동대장군征東大將軍 조휴曹休, 무군대장군 사마선왕司馬宣王을 불렀다. 그들은 모두 후사를 보좌해달라는 유조遺詔를 받았다. 후궁 중에서 숙원淑媛과 소의昭儀 이하는 모두 본가로 돌아가게 했다. 정사일丁巳日(17일), 문제가 가복전嘉福殿에서 세상을 떠났다. 그때 나이가 40세였다.○

○『위서』에 "숭화전전崇華前殿에 빈전을 마련했다"라고 기록되어 있다.

6월 무인일戊寅日(초9일)에 수양릉首陽陵에 장사 지냈다. 빈렴殯斂[271]에서 장례까지 모두 문제가 마련한 장례 제도에 따라 일을 처리했다.○

○『위씨춘추』: "명제明帝가 장송葬送하려 하자 조진, 진군, 왕랑 등이 더위가 심하다고 굳게 간하여 이에 장송을 중지했다." 손성이 말했다. "대저 무덤을 조

---

271 빈렴殯斂: 죽은 사람을 염하고 빈소를 마련하는 일이다.

성하는 일은 효자의 지극한 슬픔이다. 인륜의 도리가 이보다 더 중요한 경우는 없다. 이 때문에 천자는 7개월 만에 장사 지내는데도 천하의 모든 제후가 장례에 참석한다.[272] 대저 의로움에 공감하는 정으로도 오히려 무덤 구덩이에까지 이르러 슬픔을 다 표시하는데 하물며 천성을 펼치며 예절을 돈독하게 여기는 자가 장례를 중시하는 경우이겠는가? 위나라의 덕은 대대로 기반이 튼튼하지 못했다. 옛날 화원이 후장厚葬을 하자 군자는 임금을 악의 구렁텅이에 내버리는 것이라고 여겼다. 진군 등이 간언으로 임금을 내버린 경우와 비교하면 어느 것이 더 심한가?"

견성후 조식이 다음 뇌문誄文[273]을 지었다. "아, 황초 17년 5월 17일 대행大行[274] 황제께서 붕어하셨습니다. 아! 슬픕니다! 이때 하늘이 진동하고 땅이 깜짝 놀랐으며, 산이 무너지고 서리가 내렸습니다. 양陽의 정기가 빛을 잃고, 오성이 운행 궤도에서 벗어났습니다. 백성은 비애로 울부짖고, 만국은 슬픔에 젖어듭니다. 마치 부모님을 잃은 것 같으니 베푸신 은혜가 넘쳐서 요 임금을 사모하는 듯합니다. 교외에서 가슴을 치고 발을 구르며 하늘을 우러러 그리워합니다. 우리 모두에게 무슨 죄가 있다고 이렇게 일찍 세상을 뜨셨나라고 말합니다. 아아, 슬픕니다. 비통하게도 대행 황제께서는 홀연히 빛을 잃고 영원히 만국을 떠나 구름과 비처럼 사라졌습니다. 신은 소문을 듣고 황망한 마음에 정신이 아득하여 오열합니다. 소매 속 칼을 빼어 탄식하고 자결한 후 삼량三良[275]을 추모하며 기꺼이 같은 묘혈에 묻히고 싶습니다. 저

272 천자는…참석한다: 『좌전』 은공 원년에 나온다. "天子七月而葬, 同軌畢至."

273 뇌문誄文: 장례 때 올리는 추도문이다.

274 대행大行: 먼 곳으로 떠나산 임금이라는 뜻이다. 방금 세상을 떠나 아직 시호를 올리지 않은 임금이나 왕후를 흔히 대행大行이라고 부른다.

275 삼량三良: '삼량三良'은 진秦 목공穆公의 무덤에 순장된 세 현인이다. 『좌전』 문공文公 6년: "진 목공이 죽자 자거씨의 세 아들인 엄식·중항·겸호가 순장되었는데, 이들은 모두 진나라의 현인이었다 秦穆公卒, 以子車氏之三子奄息·仲行·鍼虎爲殉, 皆秦之良也."

「남풍南風」[276] 악곡에 감격하다 오로지 마음이 울적해져, 마침내 함께 죽으리라, 태양을 가리키며 맹세합니다. 옛 기록들을 고찰하여 지혜의 말을 찾아보니 삶은 뜨내기와 같으므로 오직 덕德만 이야기할 수 있고, 아침에 도道를 들으면 저녁에 죽어도 좋다는 공자의 뜻이 남아 있습니다. 황제께서는 비록 돌아가셨지만 하늘의 복록은 영원히 이어집니다. 어떻게 덕을 진술합니까? 흰 깃발에 표시합니다. 어떻게 공을 읊습니까? 관현악기로 펼쳐냅니다. 이에 뇌문을 지어 읊습니다. 희고 흰 태소太素[277]가 음양으로 처음 나뉘고, 그 가운데서 조화 이뤄 만물을 생산하면서, 비로소 사람의 윤리가 세상에 생겼습니다. 이에 삼황三皇[278] 때에 이르러 도道의 참됨을 견지했고, 아래로 오제五帝에 미쳐 그 순박함을 계승했습니다. 삼대에 제도를 만들자 발걸음 이어서 공훈을 세웠습니다. 주나라 말기에는 왕위가 이어지지 못했고, 진秦나라 시기에는 그물이 샜습니다. 음악과 문학은 붕괴됐으며, 유생은 매장되고 예의 서적은 불탔습니다. 겨우 2세 만에 나라가 망하니, 한나라가 곧바로 그 뒤를 이었습니다. 옛 가르침은 구하지 않고 진시황만 추종하여, 왕도의 강령과 성군의 법전은 적막에 둘러싸여 들리지도 않았습니다. 한나라 말기는 빛이 어둑해져서, 천도는 궁해지고 운수는 옮겨갔습니다. 천지는 운행을 회복하여 성인을 선택하고 현인에게 임무를 줬습니다. 이에 하늘이 대행 황

276 「남풍南風」: 순 임금이 지은 것으로 전해지는 악곡 이름이다. 『공자가어孔子家语』「변악해辨樂解」: "옛날에, 순 임금이 오현금을 타며 「남풍」 시를 지었다. 그 가사는 이렇다. '남풍이 훈훈하게 부니 우리 백성의 분노를 풀어줄 수 있고, 남풍이 때맞춰 부니 우리 백성의 재산을 풍성하게 할 수 있네.' 昔者, 舜彈五弦之琴, 造「南風」之詩. 其詩曰, '南風之薰兮, 可以解吾民之慍兮, 南風之時兮, 可以阜吾民之財兮.'" 「남풍」은 백성을 잘 다스리는 악곡이다.

277 태소太素: 아직 음양으로 분화되지 않은 태초의 물질이다.

278 삼황三皇: 중국 고대 신화·전설 시대의 세 성군이다. 몇 가지 설이 있다. 『상서대전尙書大傳』에서는 수인燧人, 복희伏羲, 신농神農, 『풍속통의風俗通義』에서는 복희, 여와女媧, 신농, 『장자莊子』에서는 유소有巢, 수인, 지생知生, 『사기』에서는 천황天皇, 지황地皇, 태황泰皇, 『삼자경三字經』에서는 복희, 신농, 황제라고 했다. 흔히 삼황오제三皇五帝로 불린다.

제를 보살펴서 저 백성을 모두 맡겼습니다. 용이 날아올라 나라를 처음 여니 하늘의 뜻에 진실로 부합합니다. 오행의 원리로 변화의 기강을 정하고 호칭을 바꾸고 연호를 개혁했으며, 밝고도 환하게 하늘에서 천명을 받았습니다. 어진 바람으로 만물을 쓰러뜨리고 덕정을 예에 맞게 널리 펼쳤습니다. 상서로움은 오직 성군의 자질에 드러났고, 우뚝한 기상은 벌써 어린 나이에 나타났습니다. 육전六典[279]에 거의 통달했는데 그 배움은 선왕의 가르침에서 벗어나지 않았습니다. 배움에 침잠하여 미혹됨이 없으니 고상한 뜻이 푸른 하늘에까지 닿았습니다. 재주의 빼어남과 문장의 청신함은 옥처럼 깨끗하여, 들어도 소리 없고 보아도 형체 없습니다. 강함은 쇠와 같고 곧음은 옥과 같으며, 얼음처럼 고결하고 숫돌처럼 평탄합니다. 봉작을 내림에 사사로움이 없었고, 위법자를 죽이며 가벼이 용서하지 않았습니다. 마음의 거울로 만사를 비춰서 백성의 실정을 골고루 밝혔습니다. 고굉股肱 같은 어진 신하 얻기를 생각하며 그 옛날 이윤과 강태공을 아름답게 여겼습니다. 외지고 누추한 곳의 인재를 찾고 드러내어 탕湯을 천거하고 우禹로 교체했습니다. 바위굴에서 준재를 선발하고 쑥 덤불 덮인 집에서 선비를 취했습니다. 오로지 덕德만을 표준으로 삼고, 출신 가문에는 얽매이지 않았습니다. 도읍지 선정의 의미를 드러낼 때는 도의에 힘썼고, 험준함은 따지지 않으면서 천하 통일만을 헤아렸습니다. 합의한 약속은 모두 함께 준수하며 아래로 백성을 순수하게 교화했습니다. 규칙을 드넓게 확대할 때도 앞 시대 사람을 능히 계승했습니다. 법조문으로 등급과 제도를 정해 포상과 징벌을 그것에 의지했습니다. 은나라 천자의 수레를 타고 하나라 역법을 시행했습니다.[280] 황금 장식

279 육전六典: 나라를 다스리는 여섯 가지 법칙이다. 『주례』「천관天官·태재大宰」에 나온다. 치전治典, 교전教典, 예전禮典, 정전政典, 형전刑典, 사전事典이 그것이다.

280 은나라…시행했습니다: 『논어』「위영공衛靈公」: "안연이 나라를 다스리는 방법에 대해 물었다. 공자가 대답했다. '하나라 역법을 시행하고, 은나라 천자의 수레를 타고, 주나라 천자의 면류관을 쓰고, 음악은 순 임금의 소韶 악곡과 무왕의 무武 악곡을 연주하라.'顏問爲邦. 子曰, '行夏之時, 乘殷之輅,

에 누런 비단 덮은 어가御駕에 올라, 비취 장식 덮개 드리우고 곤룡포를 입었습니다. 줄 드리운 면류관은 높고 화려하며 귀막이 장식은 새롭게 꾸몄습니다. 존귀하고 엄숙하고 예의에 맞는 모습을 우러러 바라보니 신령과 같았습니다. 방백方伯과 주목州牧을 훌륭하게 뽑아서 백성 구제를 경건히 하게 했습니다. 범 같은 장수는 부절을 지니고 사방의 인근 나라를 모두 진압했고, 전투 깃발로 토벌에 나서자 구주九州 땅이 모두 진동했습니다. 누가 능히 귀의하지 않을 것이며 누가 감히 신하가 되지 않겠습니까? 사해 밖에까지 깃발을 내걸자 만 리 천지에 티끌이 사라졌습니다. 오랑캐 유비는 흉악한 짓 자행하다가 장강 민산岷山[281]에서 새처럼 죽었고, 손권은 마치 마른 땅 물고기같이 교만한 비늘이 말라 비틀어졌습니다. 숙신肅愼[282]이란 나라는 조공을 바쳤고 월상越裳[283]이란 나라는 보물을 보냈습니다. 조지條支[284]라는 나라는 멀고 먼 이역에서 내빈으로 왕자를 보내 천자를 모시게 했습니다. 그 덕은 앞 시대 선황先皇(무제 조조)과 나란하고 그 공은 태고 시대 성군과 짝합니다. 하늘의 영령이 상서로움을 내리시자, 황초 시대에 처음으로[285] 천복을 받았습니다. 황하에서 용마가 나오고 낙수에서 신귀神龜가 나와 물결을 타고 하류로 내려갔습니다.[286] 공평한 정책이 준칙에 맞으니 신령한 난새

服周之冕, 樂則韶舞.'" 하나라 역법은 농사에 알맞고, 은나라 천자의 수레는 나무로 만들어서 검소하고, 주나라 천자의 면류관은 아름답고, 순 임금과 무왕의 악곡은 장중하면서도 절제되어 있다고 한다.

281 민산岷山: 사천四川 즉 촉蜀 땅 북쪽에 있는 산맥 이름이다. 흔히 촉蜀을 상징한다.

282 숙신肅愼: 고대에 지금의 중국 동북東北 지역에 거주한 부족으로 후대의 읍루挹婁, 말갈靺鞨 여진女眞 등 부족과 연관이 깊은 것으로 알려져 있다.

283 월상越裳: 고대에 월남越南 남부 또는 월남 서부에 있었던 나라 이름이다. 자세한 위치는 아직 명확하게 밝혀져 있지 않다.

284 조지條支: 『위서魏書』「서역전西域傳」에 "페르시아를 칭하여 옛 조지국條支國이라 한다稱波斯爲古條支國"는 기록이 있다.

285 처음으로: 원문은 '숙叔'이나 '숙俶'의 오자로 보인다. '숙俶'은 '시始'와 같다. 비롯하다, 시작하다의 뜻이다.

286 『하도』와 『낙서』에 관한 전설로 흔히 상서로운 조짐을 비유한다. 『초학기初學記』에서는 『제왕세기帝

〔鸞〕도 비상하여 춤을 췄습니다. 계단에는 명협蓂莢이 여러 포기 자라났고, 바람을 붙잡아 더위를 날려 보냈습니다. 새하얀 길짐승과 백색의 날짐승이 교외 들판에서 날고 달렸습니다. 신성한 종鍾과 보배로운 정鼎은 옛 땅〔鄴〕에서 만들어졌고, 운영雲英과 감로甘露는 온 천지에 가득 찼습니다. 영험한 지초는 늪을 뒤덮었고, 붉은 연꽃은 모래섬에 드리웠습니다. 휘휘 남풍이 따뜻하게 불고, 보슬보슬 단비가 촉촉하게 내렸습니다. 씨 뿌리고 수확함에 풍년이 들어 차기장과 메기장이 넉넉했습니다. 집마다 은혜로운 임금에게 감복했고, 가가호호 자애로운 아버지의 사랑을 받았습니다. 태평한 세상을 이루기 위하여, 덕을 널리 펴고 대의를 온전히 했습니다. 태산에 오를 때는 선황께서 동행으로 삼아주셨습니다. 돌을 파서 공훈을 새겼고, 상서로운 조짐들을 아울러 기록했습니다. 바야흐로 봉선례를 융숭하게 올려서, 하늘과 땅에 공적을 되돌렸습니다. 온갖 신령을 공경으로 접대하니, 공신들도 참가하여 법도를 살폈습니다. 사악四嶽[287]을 바라보며 제사를 올리고, 땅을 돈워 불 피우며 시제柴祭를 받들었습니다. 남쪽 교외에서 엄숙한 의례로 하늘 상제上帝에게 교사郊祀를 올렸습니다. 세 가지 희생물을 바치며 여름 체제禘祭와 가을 상제嘗祭를 지냈습니다. 대신과 제후들이 제사를 도우며 벽璧을 바치고 장璋을 받들었습니다. 황제의 어가는 그윽하고 깊숙한데 용 깃발〔龍旂〕과 태상기太常旗로 두루 장식했습니다. 이윽고 종묘에 이르러 종과 북을 웅혼하게 울렸고, 덕을 칭송하고 공을 읊으며 팔일무八佾舞도 장엄하게 펼쳤습니다. 태황께서 이미 흠향하셨고 무황께서도 강림하여 제례를 받았습니다. 신령들께서 모두 술에 취해 머무시며 만복과 길상을 내려줬습니다. 천지가 진동

王世紀』를 인용하여 다음 기록을 남겼다. "큰 물고기가 떠내려가고 나서 비로소 그림과 글씨를 얻었다魚流始得圖書." 『조옥집雕玉集』에서도 『제왕세기』를 다음과 같이 인용했다. "낙수에서 거북이가 글씨를 등에 지고 나왔고, 황하에서 용이 그림을 받들고 나왔다洛龜負書而出, 河龍加圖而至."

287 사악四嶽: 동악 태산泰山, 서악 화산華山, 남악 형산衡山, 북악 항산恒山이다.

하자 대행〔大行: 문제 조비〕께서 편안히 하셨고, 해, 달, 별이 어두워지자 대행께서 빛을 밝혔습니다. 황실 기강 끊어지자 대행께서 강령을 세웠고, 황제 보위 잇지 못하자 대행께서 담당했습니다. 예악이 폐지되자 대행께서 다시 펼쳤고, 인의가 침몰하자 대행께서 선양했습니다. 잠긴 용과 숨은 봉황을 대행께서 날게 했고, 먼 변방의 이민족[288]도 대행께서 바로잡았습니다. 보위에 계신 7년 동안 탁월한 공로를 자주 세우시고, 태평성대를 영원히 드리워서 삼황오제만 한 자취를 남기셨습니다. 의당 만백성의 사표가 되시고 길이길이 신령한 군주가 되시어, 쇠와 돌처럼 장수를 누리시고 동보東父[289]처럼 오래 사셔야 했습니다. 그런데 어찌하여 이렇듯 홀연히 그 몸이 꺾여 땅으로 돌아가셨습니까? 이제 저는 외로운 사람이 되어 바라볼 곳도 없고 돌아볼 곳도 없습니다. 아아, 하늘이시여! 어찌 참고 견딜 수 있겠습니까? 아아, 슬픕니다! 길흉의 법칙을 밝게 살피시고, 생사의 이치에 널리 통달하시어 장례 제도를 깊이 있게 마련하여 후사 황제에게 남겨주셨습니다. 지금 성상께서는 그 제도를 경건하게 받들고 순종하며 시행하십니다. 이에 선제의 능침을 만듦에 수양산을 기반으로 삼고 곡림을 모방하여 요 임금을 추종했습니다. 산 능성에 합하여 능침을 만들고 나무도 심지 않고 봉분도 조성하지 않았습니다. 흙 수레〔塗車〕와 짚 인형〔芻靈〕만 부장하고, 구슬과 옥기玉器는 묻지 않았습니다. 온갖 신령이 내려와 경호하고, 손님들도 유택에 와서 조문합니다. 밭을 갈던 날짐승과 길짐승[290]도 영혼의 비상을 바라봅니다. 이에 묘도

---

288 먼 변방의 이민족: 원문은 '소적하강疏狄遐康'이다. '적狄'은 '적逖', '강康'은 '황荒'과 발음이 통하여 가차할 수 있다. 량춘성梁春勝, 「『曹植集』詞語校釋」(『古籍硏究』 2005年 第1期) 참조.

289 동보東父: 동왕보東王父다. 중국 신화에 나오는 장수의 신이다. 도교에서는 청양淸陽의 신으로 받든다.

290 밭을 갈던 날짐승과 길짐승: 원문은 '경금전수耕禽田獸'다. 『문선文選』에 실린 좌사左思의 「오도부吳都賦」에 주注를 단 이선李善은 『월절서越絕書』의 다음 구절을 인용했다. "순 임금을 창오에 장사 지내자 코끼리가 그를 위해 땅을 팠고, 우 임금을 회계에 장사 지내자 새가 그를 위해 풀을 제거했다舜葬蒼梧, 象爲之耕, 禹葬會稽, 鳥爲之耘." 원대元代 곽거경郭居敬의 『이십사효二十四孝』: "순 임금이 역산

墓道가 완공되기를 기다려, 깨끗하고 상서로운 길일을 받아, 관곽에 황제의 옥체를 안치하고, 정침에 모셔 영혼이 깃들게 했습니다. 보위 이은 새 황제의 통곡을 돌아보니, 장례 임한 이들의 슬픈 울음도 가득합니다. 애달프게도 장례 수레가 이미 먼 길을 떠나니, 서럽게도 의관 실은 수레도 급하게 따라갑니다. 영혼을 하늘 위로 올라가게 하고, 황천으로 달려가 모습을 감춥니다. 해, 달, 별의 밝은 빛을 등지고, 명부冥府의 어둠 속으로 돌아갑니다. 아, 한번 가면 돌아오지 못하나니, 능침 문의 큰 빗장이 애통합니다. 아, 먼 곳의 신臣(조식 자신)은 아득하게 떨어져 있다가, 흉한 소식에 놀라서 간담이 떨렸습니다. 마음이 외로워도 호소할 데가 없어, 눈물을 뿌리며 옆 사람 목을 끌어안았습니다. 은총을 생각하며 분주하게 허둥거리지만, 변방의 관문이 높게 닫혀 있습니다. 진실로 상복을 입고 어쩔 줄 몰라해도 관문이 급박하게 나를 얽어맵니다. 높이 날아 먼 곳에 숨으려 해도, 하늘의 그물이 멀리까지 드리워 있음이 두렵습니다. 저 멀리 산발치에 신의 뼈를 뿌리고, 능침 아래 묘정墓庭에서 은혜 갚고 싶습니다. 가슴을 치면서 슬퍼하고 혼자서 애도하지만, 두렵게도 은혜는 무겁고 목숨은 가볍습니다. 아, 미약한 이 몸으로 보답할 수 있다면, 기꺼이 아홉 번 죽어 생명을 잊겠습니다. 사람 목숨 관장하는 사명司命의 장부 조사해보니, 우선 노년이 되어야 제 목숨이 떨어진답니다. 하늘은 높은 곳에서 낮은 곳을 살피나니, 신명이시여 저의 호소 들어주소서. 외롭고 우울함을 하소연할 데 없어, 그림자만 돌아보며 제 몸을 슬퍼합니다. 이 글을 아뢰어 제 생각을 묘사하고, 필묵을 이용하여 제 진심을 펼쳤습니다. 아아, 슬픕니다!"

에서 밭을 갈자, 코끼리가 그를 위해 밭을 갈았고, 새가 그를 위해 김을 맸다舜耕於歷山, 有象爲之耕, 鳥爲之耘." '경금전수耕禽田獸'도 이와 관련된 구절로 보인다. 성군이 짐승까지 감화시켰고, 성군이 죽자 그 짐승들이 조문하러 왔다는 의미다.

애초에 문제는 문장과 학문을 좋아하여 저술에 힘썼다. 스스로 편찬한 것이 백 편이나 되었고, 또 유생들을 시켜서 경전을 해석하고 모으게 했으며, 그것을 종류에 따라 서로 분류한 것이 모두 천여 편이나 되어 『황람皇覽』이라고 불렀다.○

○『위서』: "문제가 당초 동궁에 있을 때 역병이 창궐하자 사람들이 감염되어 사상자가 발생했다. 문제는 깊이 탄식하며 평소에 존경하는 대리大理 왕랑에게 편지를 보내서 이렇게 말했다. '태어나서 7척尺의 몸으로 살다가 죽어서는 오직 관 하나 묻힐 땅만 갖게 됩니다. 덕을 세우고 이름을 날려야만 불후의 삶이라 할 수 있고, 그다음으로 저서를 남기는 것보다 좋은 것은 없습니다. 역병이 자주 발생하고 선비들이 감염되어 죽어가는 때에 저만 유독 어떤 사람이기에 목숨을 온전히 보전할 수 있겠습니까?' 이 때문에 문장과 학문을 토론하여 『전론』과 시부詩賦를 지었는데 대체로 100여 편이나 되었다. 숙성문肅成門 안에 유생들을 모아놓고 대의를 강론하게 하며 꿋꿋한 모습으로 싫증을 내지 않았다. 늘 한 문제의 임금됨이 어질고 과묵하다고 칭송하며 덕으로 백성을 교화하고 성현의 기풍을 지니려 힘썼다. 당시에 문장과 학문에 뛰어난 유생들 중 혹자는 한 문제가 현군賢君이기는 하지만 총명함에 있어서나 국정에 통달함에 있어서는 가의賈誼[291]보다 못하다고 여겼다. 이 때문에 문제는 「태종론太宗論」[292]을

291 가의賈誼: 전한 문제文帝 때의 문신으로 유명한 문학가다. 어려서부터 천재로 이름을 날렸으며 21세 때 문제에게 초빙되어 박사에 임명되었고 이어서 태중대부로 승진했다. 당시 건국공신 주발과 관영의 시기를 당해 호남 땅 장사왕長沙王의 태부로 좌천되었다. 다시 32세에 양梁 회왕懷王의 태부로 부임했으나 양 회왕이 말에서 떨어져 죽자 슬픔을 이기지 못하고 우울증에 걸려 33세에 세상을 떠났다. 「조굴원부弔屈原賦」 「복조부鵩鳥賦」 등의 유명한 부賦를 남겼다.(『사기』 권84 「굴원가생열전屈原賈生列傳」)

292 「태종론太宗論」: 위 문제 조비가 한나라 문제를 논평한 글이다. 한나라 문제의 묘호廟號가 태종太宗이므로 「태종론」이라는 제목을 붙였다.

지어 다음과 같이 말했다. '옛날에 유묘有苗족[293]이 신복하지 않자 순 임금은 무기를 휘둘렀고, 위타尉佗[294]가 황제를 칭하자 한 문제는 은덕으로 어루만졌으며, 오나라 왕이 조공을 바치지 않자 궤장几杖을 하사하여 그 뜻을 위무했다. 천하는 이에 힘입어 안정되었다. 이에 삼장三章[295]의 가르침과 온화한 교화를 널리 시행하여 지난날 피로에 지친 백성이 거리를 활보하고 마음 놓고 이야기하며 두려운 마음을 갖지 않게 했다. 가의의 재능이 민첩하여 국정을 기획함에 특히 현신의 국량局量으로 관중管仲이나 안자晏子의 자태를 갖고 있다 해도 어찌 한 문제와 같은 대인의 헤아림과 같을 수 있겠는가?' 3년 동안 손권이 복종하지 않았지만 다시 천하에 「태종론」을 반포하여 정벌할 생각이 없음을 명확하게 표시했다. 훗날 또 조용히 말했다. '돌아보면 나는 또 한 문제에게서 취하지 않은 점이 세 가지가 있다. 첫째, 박소薄昭[296]를 죽인 일, 둘째, 등통鄧通[297]을 총애한 일, 셋째, 신부인愼夫人[298]의 옷을 땅에

293 유묘有苗: 삼묘三苗라고도 한다. 중국 상고시대 이민족의 하나다. 주로 장강 중하류 일대에 거주했다.

294 위타尉佗: 진시황 때 남월南越을 평정하기 위해 파견된 장수다. 남월을 평정한 후 남해군령南海郡令이 되었다. 진나라가 멸망하자 남월왕南越王으로 자립했다가 나중에 스스로 남월 무제武帝라 칭했다. 한 문제의 유화정책에 감복하여 제호帝號를 버리고 신복臣服했다.

295 삼장三章: 본래 한 고조 유방이 진秦나라 도성 함양咸陽에 입성한 후 시행한 '약법삼장約法三章'을 가리킨다. 그 내용은 "첫째, 살인자는 죽인다. 둘째, 사람을 상해했거나 도둑질한 자는 처벌한다. 셋째, 그 나머지는 진나라 법률을 모두 폐지한다殺人者死, 傷人及盜抵罪. 餘悉除去秦法"이다. 진나라의 번거로운 법률을 폐지하고 간편한 법률을 시행하여 백성의 운신에 편의를 도모한 의의가 있다.(『사기』 권8 「고조본기」)

296 박소薄昭: 한 문제의 모후母后인 박태후薄太后의 친동생이므로 한 문제의 외삼촌이다. 외척으로 권력을 남용하고 사치를 일삼으며 불법을 저지르다가 조정 사자를 죽인 일에 연루되어 자결했다.

297 등통鄧通: 한 문제가 총애한 남색男色이다. 한 문제를 등에 업고 주전업鑄錢業에 종사하며 '등통전鄧通錢'이란 돈을 유통시켜 천하의 갑부가 되었다. 문제 사후 재산을 몰수당한 후 거리에서 굶어 죽었다.

298 신부인愼夫人: 한 문제의 총비寵妃다. 이 대목과 연관된 기록은 『사기』 권12 「효무본기孝文本紀」: "황상은 늘 검은 옷을 입고, 총애하는 신부인에게도 [치맛자락이] 땅에 끌리지 않는 옷을 입게 했다上常衣綈衣, 所幸愼夫人, 令衣不得曳地."

끌리지 않게 하고, 상소문 주머니를 모아 휘장을 만든 일[299]이 그것이다. 생각건대 한 문제는 검소했지만 법도가 없었고, 외가와 황후의 집안은 은혜를 베풀며 양육만 하고 권력을 빌려줘서는 안 되는데 이미 법에 저촉이 되게 했으니 피해가 생기지 않을 수 없었다.' 중도를 견지하려면 제왕의 행동이 이와 같아야 한다고 생각했다." 호충胡沖의 『오력吳歷』[300]: "문제는 평소에 지은 『전론』 및 시부를 손권에게 보냈고, 또 종이로 한 통을 더 써서 장소張昭[301]에게 줬다."

논평하여 말한다. 위 문제는 하늘로부터 문장 능력을 타고 나서 붓을 대면 바로 문장을 이뤘다. 또 견문이 넓고 기억력이 좋았으며 재능과 기예技藝를 겸비했다.○ 만약 여기에다 광대한 도량을 보태고, 공평한 성심誠心으로 힘써서, 뜻을 가다듬고 도道를 보존하며 덕성을 넓힐 수 있었다면 옛날 현명한 군주의 길에서 어찌 멀리 벗어났겠는가?

○『전론』에서 문제는 스스로 서문[自敘]을 지어 다음과 같이 말했다. "초평 원년(190), 동탁은 황제를 죽이고 황후를 독살한 후 황실을 전복시켰다. 이때 천하는 이미 중평 연간의 정치로 곤경에 빠졌고 아울러 동탁의 흉악한 역모를 미워했다. 집마다 난리를 근심하고 사람마다 자신의 위태로움을 걱정했

299 상소문…만든 일이: 『한서』 권65 「동방삭전東方朔傳」: "상소문 주머니를 모아 전각의 휘장을 만들었다集上書囊以爲殿帷." 이 두 가지 일은 한 문제의 검소함을 강조하는 일화이지만 위 문제 조비는 검소함만 강조하다가 법도를 잃은 일이라 여겼다.

300 호충胡沖의 『오력吳歷』: 호충은 본래 삼국 오吳나라 사람으로 진晉나라에 투항하여 상서랑尙書朗, 오군吳郡 태수 등을 역임했다. 문장에 뛰어나 삼국 오나라 역사를 기록한 『오력吳歷』 6권을 남겼지만, 이 책은 지금 전해오지 않는다.

301 장소張昭: 삼국 오나라 중신重臣이다. 자가 자포子布로 손책孫策이 죽을 때 손권孫權을 잘 보필해달라고 장소에게 부탁했다. 수원장군綏遠將軍, 보오장군輔吳將軍, 반아삼사班亞三司 등을 역임했으며 누후婁侯에 봉해졌다.

다. 효산 동쪽 주목州牧과 군수郡守들은 모두 『춘추』의 대의를 근거로 '위나라 사람들이 복濮 땅에서 주우州吁를 토벌한 일'[302]을 이야기하며 모든 사람이 역적을 토벌할 수 있다고 말했다. 이에 의병이 크게 일어났는데, 유명한 호걸과 위대한 협객, 부유한 집안과 강대한 가문이 깃발을 휘날리며 구름처럼 모여 만 리 길을 서로 치달렸다. 연주와 예주의 군사는 형양에서 싸웠고, 하내의 갑사甲士는 맹진에 주둔했다. 동탁은 마침내 황제의 수레를 옮겨 서쪽 장안에 도읍을 정했다. 그러나 효산 동쪽 세력 중 큰 것은 군국郡國을 연결하고, 중간 것은 성읍을 둘러싸고, 작은 것은 밭두렁에 모여 서로가 서로를 병탄하고 멸망시켰다. 마침 황건적은 동해와 태산 지역에 극성했고, 산적은 병주와 기주에서 폭동을 일으켜 승세를 타고 공격에 나서 그 지역을 석권하고 남쪽으로 내려갔다. 향읍鄕邑 사람들은 연기만 보고도 도주했고, 성곽 사람들은 먼지만 보고도 허물어졌다. 백성은 목숨을 잃었고 해골이 잡초처럼 널려 있었다. 나는 당시에 겨우 다섯 살이었는데 상上(조조)께서 세상이 바야흐로 어지러워지자 내게 활쏘기를 가르쳤다. 여섯 살 때 활쏘기를 할 줄 알자, 또 내게 말타기를 가르쳤다. 이에 여덟 살 때는 말을 타고 활쏘기를 할 수 있었다. 당시에는 곳곳에 분란이 많아 정벌을 나갈 때마다 나도 늘 수행했다. 건안 초년에 상께서 형주를 정벌할 때 완宛 땅에 이르자 장수張繡가 항복했다. 그러나 열흘 후 다시 반란을 일으켰고, 나의 형 효렴孝廉 자수子修(曹昂)와 사촌 형 안민安民이 참화를 당했다. 당시 나의 나이는 열 살이었는데, 겨우 말을 타고 탈출했다. 대저 문무文武의 도는 각각 때에 따라 사용해야 한다. 나는 중평 말년에 태어나 군대 대오 사이에서 성장했다. 이러한 까닭에 어려서부터 활쏘기와 말타기를 좋아해서 지금까지도 그 흥미가 줄어들

302 『좌전』 은공 4년: "9월에 위나라 사람들이 복濮 땅에서 주우를 죽였다九月, 衛人殺州吁於濮." '주우州吁'는 위衛 환공桓公의 이복동생으로 위 환공을 시해했다. 나중에 위나라 현신 석작石碏과 진陳나라의 유인책에 걸려 진나라로 갔다가 사로잡혀 처형되었다.

지 않고 있다. 새를 쫓다가 문득 10리를 치달리고, 말을 타고 활을 쏘아 늘 100보 밖으로 보낸다. 그런 날이 쌓이니 몸은 건강해졌고, 마음으로도 항상 싫증을 내지 않았다. 건안 10년(205) 비로소 기주를 평정하자 예濊와 맥貊은 좋은 활을 바쳤고, 연燕과 대代는 이름난 말을 바쳤다. 당시 늦은 봄 무렵 구망勾芒[303]이 계절을 관장하자 따뜻한 바람은 만물에 불어와 활은 탱탱하게 건조되고 사람의 손은 부드러워졌으며, 풀빛은 연하고 짐승은 살이 쪘다. 나는 족형 자단子丹[304]과 업鄴 땅 서쪽에서 사냥을 하여 온종일 노루와 사슴을 아홉 마리, 꿩과 토끼를 서른 마리나 잡았다. 뒤에 군대가 남쪽으로 정벌을 나가 곡려에 주둔하자 상서령 순욱荀彧이 사자로서 명령을 받들고 와서 군사들에게 음식을 대접하며 위로할 때 나를 만나 이야기를 나눈 끝에 이렇게 말했다. '소문에 공자께서 왼쪽과 오른쪽 활쏘기를 모두 잘한다는데 이것은 진실로 능하기가 어렵소.' 내가 말했다. '집사執事[305]께서는 말 위에서 고개를 돌려 화살을 쏘아 입 옆으로 날려 보내며, 마제馬蹄를 굽어보고 월지月支[306]를 올려다보는 모습을 목격하지 못했소?' 순욱이 기뻐 웃으며 말했다. '그렇소.' 내가 말했다. '산 위의 물이 일정한 경로가 있고, 화살의 과녁이 일정한 장소에 있다면 매번 화살을 쏘아 적중한다 해도 기묘한 경지에 이른 것은 아니오. 만약 말을 몰아 평원을 치달리고 우거진 풀숲을 지나며 교활한 짐승을 잡고 날쌘 새를 격살할 때 활을 헛되이 당기지 않고 적중한 대상을 반드시 관통시켜야 기묘하다고 할 수 있소.' 당시에 군좨주軍祭酒 장경張京이

---

303 구망勾芒: 목신木神 또는 춘신春神이라고도 한다. 중국 신화에서 봄과 나무를 관장하는 신이다.

304 자단子丹: 조진曹眞의 자字다. 조진은 본래 진씨秦氏였다. 그의 부친 진소秦邵가 조조를 위해 헌신하다가 살해되자 조조가 그의 아들 진진秦眞을 양자로 받아들여 자신의 성을 하사했다.

305 집사執事: 실무를 맡은 사람에 대한 존칭이다.

306 마제馬蹄와 월지月支는 모두 말을 타고 활을 쏠 때 목표물로 설치하는 과녁들이다. 마제는 현제玄蹄, 월지는 소지素支라고도 한다. 안연년顔延年의 「자백마부赭白馬賦」에 "[화살이] 현제玄蹄 과녁을 꿰뚫자 우박이 흩어지는 듯하고, 소지素支 과녁을 꿰뚫자 얼음이 깨어지는 듯하네經玄蹄而雹散, 歷素支而冰裂"라는 구절이 있다.

자리에 함께 있다가 순욱을 돌아보고 박수를 치며 '훌륭한 말씀이오!'라고 말했다. 나는 또 칼싸움〔擊劍〕을 배울 때 접촉한 스승이 많았는데 사방의 검법이 모두 달랐지만 오직 경성京城의 스승이 가장 뛰어났다. 환제와 영제 연간에 호분위虎賁衛의 용사 왕월王越이 이 검법에 뛰어나 경성에서 칭송이 자자했다. 하남의 사아史阿가 지난날 왕월과 교유하며 그의 검법을 모두 터득했고, 나는 사아에게서 그것을 정밀하고 능숙하게 배웠다. 일찍이 평로장군平虜將軍 유훈劉勳, 분위장군奮威將軍 등전鄧展 등과 함께 술을 마실 때 등전이 맨손 격투기에 뛰어나고 다섯 가지 무기〔五兵〕307도 잘 다룰 줄 알고 또 맨손으로 칼날을 받을 수 있다는 말을 익히 들었다. 나는 그와 오랫동안 검법을 토론하다가 이렇게 말했다 '장군의 검법은 대단하지 않소. 나는 진실로 일찍부터 칼싸움을 좋아했고 또 좋은 검술을 터득했소.' 이 때문에 그는 나와 겨뤄보기를 청했다. 당시에 술기운이 도도해져서 귀까지 붉어졌고 바야흐로 사탕수수를 먹은 뒤라 사탕수숫대로 봉棒을 만들어 전각 아래로 내려가 몇 합을 겨뤘다. 내가 〔봉을〕 세 번 그의 팔에 적중시키자 좌우 구경꾼들이 크게 웃었다. 등전은 불만을 품고 다시 대결을 청했다. 내가 말했다. '내 검법은 신속해서 얼굴 중앙을 노리기가 어렵기 때문에 팔을 쳤을 뿐이오.' 등전이 말했다. '다시 한번 겨루기를 청합니다.' 나는 그가 돌연히 중앙으로 공격해 올 것을 짐작했기 때문에 거짓으로 깊이 찔러가는 척했다. 등전은 과연 앞으로 허점을 찾아들어왔다. 그러나 나는 오히려 발을 뒤로 빼며 바로 그의 이마를 쳤다. 좌중 사람들이 모두 깜짝 놀라며 바라봤다. 나는 자리로 돌아와서 웃으며 말했다. '옛날에 양경陽慶308은 순우의淳于意309로 하여금 묵은 의

307 다섯 가지 무기[五兵]: 과戈, 수殳, 극戟, 추모酋矛, 이모夷矛를 가리킨다.
308 양경陽慶: 전한 초기 명의 공승양경公乘陽慶으로 자가 중천中倩이다.
309 순우의淳于意: 전한 초기 명의로 공승양경의 제자다. 제齊 땅 태창령太倉令을 지내서 흔히 창공倉公으로도 불린다.

술을 버리게 한 후 다시 자신의 비방을 전해줬소. 지금 나도 등 장군이 묵은 기술을 버리고 다시 중요한 검법을 받아들이길 바라오.' 한자리에 앉은 모든 사람이 즐거워했다. 대저 모든 일은 자신이 자신의 장점을 이야기해서는 안 된다. 나는 어릴 때 쌍극雙戟을 잘 다룰 줄 알아서 스스로 적수가 없다고 생각했다. 쌍극을 속명으로 좌철실坐鐵室310이라 하고, 양순鑲楯311은 폐목호蔽木戶312라고 한다. 그 뒤 진陳 땅의 원민袁敏에게서 무예를 배울 때 그는 단극單戟으로 쌍극을 공격했는데 매번 마치 귀신같은 솜씨를 보여 상대방이 손쓸 바를 알지 못하게 했다. 지난날 만약 내가 좁은 길에서 원민을 만났다면 바로 결딴이 났을 것이다. 나는 다른 놀이에 대해서는 좋아하는 것이 드물지만 오직 탄기彈棋313만 대략 그 기교를 모두 터득할 수 있어서 어려서 「탄기부彈棋賦」를 지었다. 옛날 도성의 고수로는 마합향후馬合鄕侯,314 동방안세東方安世,315 장공자張公子316가 있었고 나는 이 몇 사람과 대결할 수 없음이 한스러웠다. 상께서는 시, 서예, 문장, 도서를 애호하시어 군대의 대오 속에 있더라도 손에서 책을 놓지 않으셨다. 매일 아침저녁으로 문안 인사를 여쭐 때도 조용히 책을 읽으시며 항상 '사람이 어려서 배우기를 좋아하면 생각을 집중할 수 있지만 성장해서는 쉽게 잊어먹는다. 성장한 이후에도 배움에 부지런한 사람은 오직 나와 원백업袁伯業317뿐이다'라고 말씀하셨다. 나

---

310 좌철실坐鐵室: 쇠로 만든 방에 앉아 있다는 뜻이므로 쌍극雙戟 무예가 매우 탁월한 방어 능력을 갖고 있음을 비유한다.

311 양순鑲楯: '순楯'은 '순盾'과 통하므로 양순鑲楯은 방패의 일종으로 보인다.

312 폐목호蔽木戶: 나무문을 닫았다는 뜻이므로 역시 뛰어난 방어술을 비유한다.

313 탄기彈棋: 중국 전통 놀이의 하나다. 네모난 판 위에 바둑돌이나 나뭇조각 등을 놓고 손가락이나 수건 등으로 튕겨서 승패를 겨뤘다.

314 마합향후馬合鄕侯: 중국 삼국시대 위나라 악공樂工으로 자세한 경력은 미상이다.

315 동방안세東方安世: 『세설신어世說新語』에는 동방세안東方世安으로 나온다. 중국 삼국시대 위나라 인물로 자세한 경력은 미상이다.

316 장공자張公子: 중국 삼국시대 위나라 인물로 자세한 경력은 미상이다.

317 원백업袁伯業: 후한 말기 인물로 본명이 원유袁遺이고 자가 백업伯業이다. 원소의 당형堂兄으로 장안

는 어려서 시와 논論을 암송했고, 자라서는 오경五經과 사부四部의 책을 두루 보았으며, 『사기』와 『한서』, 제자백가의 말도 모두 읽지 않은 것이 없다."

『박물지』318: "문제는 탄기에 뛰어나서 능히 수건 모서리를 이용하기도 했다. 당시에 어떤 서생도 고개를 숙이고 자신의 머리에 쓴 갈건葛巾 모서리로 기棋를 튕길 수 있었다."

령長安令, 산양山陽 태수, 양주揚州 자사 등을 역임했다.

318 『박물지』: 서진西晉 장화張華가 편찬한 백과전서로 본래 400권이었다고 하나 지금은 전하지 않고 각종 문헌에 단편적인 기록이 남아 있다.

권3 위지魏志 3

명제기 明帝紀

열조烈祖 명황제明皇帝 조예曹叡

명황제明皇帝는 휘諱가 예叡요, 자가 원중元仲이고 문제의 태자다. 세상에 태어나자 태조太祖(조조)가 사랑하여 항상 좌우에 두게 했다.○1) 나이 열다섯에 무덕후武德侯에 봉해졌고, 황초 2년(221)에 제공齊公이 되었으며, 3년에 평원왕이 되었다. 모친이 주살되었기 때문에[1] 후계자로 책봉되지 못했다.○2)

○1) 『위서』: "명제가 태어난 지 몇 년 만에 준수한 모습을 보이자 무제武帝(조조)가 기이하게 여기며 말했다. '나의 기업基業이 네게 이르러 3세가 되는구나.' 매일 아침 연회를 열 때도 함께 데려와서 시중侍中 근신들과 장막 안에 나란히 앉게 했다. 배우기를 좋아하고 학식이 넓었으며 특히 법리法理에 주의를 기울였다.

○2) 『위략』: "문제는 곽후郭后(文德皇后)에게 아들이 없자 조칙을 내려 명제를 아들로 기르게 했다. 명제는 자신의 모친이 바르게 죽지 못했기 때문에 마

---

1 위 명제 조예의 생모는 견씨甄氏다. 본래 원소袁紹의 둘째 아들인 원희袁熙의 아내였으나 조조가 원희를 정벌할 때 조조의 아들 조비에게 받아들여져 조예를 낳았다. 나중에 조비의 총애를 잃고 원망하다가 사약을 받고 죽었다. 조예가 보위에 오른 후 자신의 생모를 문소황후文昭皇后로 추존했다.

음이 몹시 불편했다. 나중에는 어쩔 수 없어서 공경을 다해 곽후를 섬겼다. 아침저녁으로 장어長御[2]를 따라 기거起居의 안부를 여쭸고, 곽후도 자신에게 아들이 없었기에 마침내 더욱 사랑했다. 문제는 애초에 명제가 불쾌한 마음을 먹고 있다 여기고 다른 후궁이 낳은 경조왕京兆王(徐姬 소생 曹禮)을 후사로 삼으려고 오랫동안 태자를 책봉하지 않았다." 『위말전魏末傳』[3]: "명제는 늘 문제를 따라 사냥을 했는데 어느 날 어미 사슴과 새끼 사슴을 보았다. 문제가 어미 사슴을 화살로 쏘아 죽이고 명제에게 새끼 사슴을 쏘게 했다. 그러나 명제는 명령에 따르지 않고 이렇게 말했다. '폐하께서 이미 어미를 죽이셨는데 신은 차마 그 새끼까지 죽이지는 못하겠습니다.' 그러고는 눈물을 흘렸고, 문제는 바로 활과 화살을 내려놓았다. 이 일 때문에 문제는 그를 매우 기특하게 여기며 태자로 책봉할 마음을 정했다."

7년(226) 여름 5월, 문제의 병이 위독하자 아들 조예를 황태자로 세웠다. 정사일丁巳日(17일)에 황위에 올라 대사면령을 내렸다. 황태후를 태황태후로 높이고, 황후를 황태후로 높였다. 신료들에게도 각각 차등을 두어 작위를 내렸다.○ 계미일癸未日(6월 14일)에 생모 견부인甄夫人을 추존하여 시호를 내리고 문소황후文昭皇后라 했다. 임진일壬辰日(23일), 명제의 아우 조유曹蕤를 양평왕陽平王으로 책봉했다.

○ 『세어』: "명제는 평소에 조정 인사들과 접촉이 없어서, 즉위 이후에 신료들이 그의 풍채를 보고 싶어했다. 보위에 오른 지 며칠 만에 시중 유엽劉曄을 홀로 만나 온종일 이야기를 나눴다. 신료들이 곁에서 듣다가 유엽이 나오자 물

---

2 장어長御: 궁녀의 장長이다.

3 『위말전魏末傳』: 위나라 말기의 인물과 사적을 기록한 책으로 저자는 미상이다. 지금은 전해오지 않는다.

었다. '어땠습니까?' 유엽이 말했다. '진시황과 한 무제의 짝이 될 만하지만 지닌 재능이 좀 모자랄 뿐이오.'"

8월, 손권이 강하군江夏郡을 공격했고, 태수 문빙文聘이 굳게 지켰다. 조정에서 군사를 보내 구원해야 한다는 논의가 있자 명제가 말했다. "손권은 수전水戰에 익숙하기 때문에 감히 배에서 내려 육지를 공격하는 방법은 거의 아군의 방비가 없는 곳을 습격하는 것이지만 지금 벌써 문빙과 서로 대치하고 있소. 대저 공격과 수비는 그 세력이 두 배는 되어야 하므로 끝내 오래 공격할 수 없을 것이오." 이보다 앞서 치서시어사治書侍御史 순우荀禹를 파견하여 변방 장졸을 위로했다. 순우는 도착하자 강하에서 자신이 지나온 현縣의 병사 및 자신을 수행한 보병과 기병 1000명을 일으켜 산 위에서 횃불을 들게 했다. 그러자 손권이 물러갔다. 신사일辛巳日(12일)에 황자 조경曹冏을 청하왕淸河王으로 책봉했다. 오나라 장수 제갈근諸葛瑾과 장패張霸 등이 양양을 노략질하자 무군대장군撫軍大將軍 사마선왕司馬宣王이 그들을 토벌하여 격파하고 장패를 베어 죽였으며, 정동대장군 조휴曹休도 심양尋陽(湖北 黃梅 서남)에서 그 별장別將을 격파했다. 각각 차등을 두어 논공행상을 시행했다.

겨울 10월, 청하왕 조경이 세상을 떠났다.

12월, 태위 종요를 태부로, 정동대장군 조휴를 대사마로, 중군대장군 조진을 대장군으로, 사도 화흠을 태위로, 사공 왕랑을 사도로, 진군대장군 진군을 사공으로 무군대장군 사마선왕을 표기대장군으로 삼았다.

태화太和 원년(227) 봄 정월, 교외에서 무황제에게 제사를 올리고 하늘에 짝하게 했고, 명당明堂에서 문황제에게 종묘 제사를 올리고 상제上帝에 짝하게 했다. 강하남군江夏南郡을 분리하고 강하남부도위江夏南部都尉를 설치했다. 서평에서 국영麴英이 반란을 일으켜 임강령臨羌令(青海 西寧 서쪽)과 서도장西都長(青海 西寧)을 죽였다. 장군 학소郝昭와 녹반綠磐을 파견하여 토벌하고 베어 죽였다.

2월 신미일辛未日(초5일), 명제가 적전에서 친경 행사를 했다. 신사일辛巳日(15일), 업鄴 땅에 문소황후의 사당을 세웠다. 정해일丁亥日(21일), 동쪽 교외에서 아침에 태양에 제사를 올렸다.

여름 4월 을해일乙亥日(초10일), 오수전五銖錢을 발행했다. 갑신일甲申日(19일), 처음 종묘를 세웠다.

가을 8월, 서쪽 교외에서 저녁에 달에 제사를 올렸다.

겨울 10월 병인일丙寅日(초4일), 동쪽 교외에서 군사훈련을 실시했다. 언기왕焉耆王이 아들을 파견하여 입시入侍하게 했다.

11월, 모씨毛氏를 황후로 책봉했다. 천하의 호주 남자들에게 작위 2급을 하사했고, 홀아비, 과부, 고아, 무자식 늙은이 중에서 스스로 생존할 수 없는 사람에게 곡식을 하사했다.

12월, 황후의 부친 모가毛嘉를 열후에 봉했다. 신성 태수 맹달孟達이 반란을 일으켰다. 표기장군 사마선왕에게 조서를 내려 토벌하게 했다.○

○『삼보결록』: "백랑伯郎은 양주 사람으로 명성이 그리 좋지 못했다. 이 대목의

주석은 다음과 같다. '백랑은 성이 맹孟이고 이름은 타他이며 부풍 사람이다. 영제 때 중상시 장양張讓이 조정을 전횡하며 감노監奴[4]로 하여금 집안일을 관장하게 했다. 맹타는 벼슬을 하고 싶었으나 뜻을 이루지 못하자 집안 재산을 모두 풀어 감노에게 뇌물을 먹이고 함께 어울리며 친교를 맺었다. 그렇게 해가 쌓이자 가업家業이 그로 인해 파산이 났다. 뇌물을 받은 노복이 모두 부끄러워하며 맹타가 바라는 것을 물었다. 맹타가 말했다. "그대들의 도움을 얻어 〔장공을〕 배알하고 싶소." 노복들은 그의 은혜를 입은 지 오래라 모두 허락했다. 당시에는 빈객들이 장양을 만나보려 하여 대문 아래에는 수레가 항상 수백 대가 있었고 더러 여러 날이 되어도 통과하지 못하는 경우도 있었다. 그런데 맹타는 가장 마지막에 도착했는데도 노복들이 그의 도착을 엿보고 모두 수레를 맞으며 절을 올린 후 바로 수레를 끌어주며 혼자 들어가게 했다. 사람들은 모두 깜짝 놀라 그가 장양과 친하다 여기고 다투어 진기한 예물을 그에게 줬다. 맹타가 그것을 받아 모두 장양에게 뇌물로 주자 장양이 몹시 기뻐했다. 맹타는 또 포도주 1곡斛을 장양에게 주고 바로 양주凉州 자사에 임명되었다. 맹타는 아들 맹달을 낳아 그가 어릴 때 촉蜀으로 들어갔다.'" 그가 촉에서 생활한 사적은 「유봉전劉封傳」에 나온다. 『위략』: "맹달은 연강 원년(220) 자신의 부락 4000여 가家를 이끌고 위나라로 귀의했다. 문제가 이때 바야흐로 왕위에 올랐는데 맹달이란 사람이 있다는 사실을 익히 알던 터에 그가 귀의해왔다는 소식을 듣고 매우 기뻐하며 지위가 높은 신하 중에서 사람을 잘 살피는 사람으로 하여금 가서 보게 했다. 그가 돌아와서 말하기를 '장수의 재목입니다'라고 했고, 어떤 사람은 '재상의 그릇입니다'라고 했다. 이에 위왕은 맹달을 더욱 공경했고, 맹달을 맞으며 보낸 서신에서 이렇게 말했다. '근래에 명령을 내렸는데도 아직 귀의할 뜻을 전달해오

4 감노監奴: 권세가나 부호들의 집안일을 관리하는 노복들의 우두머리다.

지 않는 것은 무엇 때문이오? 옛날 이윤은 하나라를 등지고 은나라에 귀의했고,[5] 백리해百里奚[6]는 우虞나라를 버리고 진秦나라로 갔소. 또 악의樂毅[7]는 오자서伍子胥[8]에게 느낀 바 있어 매미가 허물 벗듯 연나라로 갔고, 왕준王遵[9]은 순역順逆의 원리를 알고 거취를 결정했소. 모두 흥망의 조짐을 알고, 성패의 필연을 알았던 것이오. 이 때문에 색채를 다루는 화가는 그 모습을 그리고, 훌륭한 사관은 그 공훈을 기록하오. 듣건대 경은 풍모가 깨끗하고 중후하며, 도량이 우수하고 빼어나 마땅히 초빙하여 이 시대를 밝히고 열전에 이름을 수록해야 하오. [그런데 경은] 지금 문득 맑은 물에 몸을 씻으며 매우 즐거워하고 있소. 나는 마음을 비운 채 서쪽을 바라보며 마치 친구를 기다리듯 연연해하고, 지금 붓을 놀려 글을 쓰며 기쁜 마음으로 경을 추종하고자 하오. 옛날 우경虞卿이 조나라로 들어가자 두 번 만난 후 바로 재상으로

---

5 옛날…귀의했고: 원본은 "昔伊摯背商而歸周"로 되어 있지만 이는 명백한 오류다. 역사 사실에 비춰 볼 때 '상商'은 '하夏', '주周'는 '상商'이 되어야 한다. 여기에서는 교정하여 번역했다. 이윤에 대한 소개는 이 책 권1 「무제기」 광화 말년 해당 각주 참조.

6 백리해百里奚: 춘추시대 우虞나라 사람으로 자가 정백井伯이다. 『맹자』 「만장萬章」 상上: "진晉나라 사람들이 수극垂棘에서 나는 옥과 굴屈 땅에서 나는 명마를 얻으려고 우虞나라에게 길을 빌려 괵虢나라를 치려고 했다. 궁지기는 간언을 올렸으나 백리해는 간언을 올리지 않았다. 그는 우공에게 간언을 올릴 수 없음을 알고 진나라로 갔다晉人以垂棘之璧與屈產之乘, 假道於虞以伐虢. 宮之奇諫, 百里奚不諫. 知虞公之不可諫而去之秦."

7 악의樂毅: 이 책 권1 「무제기」 건안 15년 해당 각주 참조.

8 오자서伍子胥: 춘추시대 초나라 태사 오사伍奢의 아들이다. 본명이 오운伍員이고 자가 자서子胥다. 그의 부친 오사와 형 오상伍尙이 간신 비무극費無極의 참소로 억울하게 죽임을 당하자 오나라로 망명해 오왕 합려闔閭와 부차夫差를 섬기며 복수의 칼날을 갈았다. 마침내 오나라를 강국으로 만들어 초나라 도성으로 진격한 오자서는 자신의 부친과 형을 죽인 초 평왕平王의 시신을 파내 매질하며 집안의 원수를 갚았다. 이후 귀국하여 오왕 부차가 간신 백비伯嚭의 말만 듣고 월왕 구천勾踐을 풀어주는 등 실정을 일삼자 목숨을 걸고 직간하다가 부차가 내린 칼로 자결했다.(『사기』 권31 「오태백세가」)

9 왕준王遵: 전한 말기와 후한 초기 장수로 자가 자춘子春이다. 범엽의 『후한서』 권13 「외효공손술열전」: "[왕준은] 비록 외효와 함께 군사를 일으켰지만 늘 한나라로 귀의할 마음을 품고 있었다. (…) 자주 외효에게 아들을 [한나라로 보내] 입시케 하라고 권하며 앞뒤로 매우 절실하게 간언을 올렸지만 외효가 듣지 않았기 때문에 그를 떠났다雖與囂擧兵, 而常有歸漢意, (…) 數勸囂遣子入侍, 前后辭諫切甚, 囂不從, 故去焉."

등용했고,[10] 진평이 한나라로 가자 한 번 만나 바로 참승參乘으로 삼았소.[11] 과인은 지금 경에 대해서 그 정이 이전보다 두텁소. 이 때문에 과인이 타던 말과 예물을 보내 경의 충애심을 현창한 것이오.' 또 이렇게 말했다. '지금 해내는 평정되었고 만 리는 하나로 통일되었으며, 각 지역 변방에는 전쟁 경보도 없고, 중원에는 개가 짖을 만한 우려도 없소. 이 때문에 법망을 느슨하게 하고 금령을 넓혀 세상에 의심을 없애기 위해 인질을 구류하던 곳을 비우고 처음으로 인질[12]을 없앴소. 경은 이곳으로 와서 직접 관직에 취임하여 과인의 뜻을 밝혀줘야 하오. 삼가 가족을 도로에서 분주히 오가게 함으로써 혈친을 놀라게 하거나 소원하게 만들지 마시오. 만약 경이 과인을 만나러 오고 싶으면 먼저 부락을 편안하게 하고 방비를 튼튼하게 한 후 천천히 경기병만 데리고 동쪽으로 오시오.' 맹달이 초현에 도착해서 위왕을 알현하는데 언행이 고상하고 기지와 말솜씨가 뛰어나서 눈길을 주지 않는 사람이 없었다. 또 위왕이 가까운 곳으로 외출할 때 작은 수레를 타고 맹달의 손을 잡은 채 그의 등을 어루만지며 농담을 했다. '경은 유비의 자객을 만난 적이 없소?' 그러고는 마침내 그와 함께 수레를 탔다. 또 산기상시散騎常侍 직을 더해주고 신성 태수를 겸직하게 하여 서남 지역 통치의 책임을 맡겼다. 당시에 신료들 중 더러는 그에 대한 대우가 너무 지나치고 또 지방 통치의 임무를 맡겨서는

10 우경虞卿이…등용했고: '우경虞卿'은 전국시대 조나라 사람이다. 『사기』 권76 「평원군우경열전平原君虞卿列傳」: "우경이란 사람은 유세가다. 짚신을 신고 삿갓을 쓴 채 먼 길을 가서 조나라 효성왕孝成王에게 유세했다. [효성왕은] 그를 한 번 만나보고 황금 100일鎰과 백벽白璧 1쌍을 하사했고, 두 번 만나보고 조나라 상경上卿으로 삼았다. 이 때문에 우경虞卿이라 불리게 됐다虞卿者, 遊說之士也. 躡蹻擔簦, 說趙孝成王. 一見, 賜黃金百鎰, 白璧一雙, 再見, 爲趙上卿, 故號爲虞卿."

11 진평이…삼았소: 『사기』 권56 「진승상세가」: "이에 한왕은 [진평과] 이야기를 나눠보고 기뻐하며 물었다. '그대는 초나라에 있을 때 무슨 벼슬을 했소?' 진평이 대답했다. '도위 벼슬을 했습니다.' 그날 바로 진평을 도위로 삼고 참승에 임명했으며 호군 직을 관장하게 했다. 그러자 다른 장수들이 모두 들끓었다於是漢王與語而說之, 問曰, '子之居楚何官?' 曰, '爲都尉.' 是日乃拜平爲都尉, 使爲參乘, 典護軍, 諸將盡讙."

12 인질: 원문은 '자資'로 되어 있으나 『삼국지집해』의 고증에 따라 질質로 본다.

안 된다고 여겼다. 위왕이 그 소문을 듣고 말했다. '내가 그를 보호하는 것은 다른 이유가 있는 게 아니오. 다시 비유하자면 쑥대 화살로 쑥대를 쏘는 것일 뿐이오.' 맹달은 문제에게 총애를 받았고, 또 환계桓階, 하후상夏侯尙과도 친했다. 문제가 세상을 떠날 때 환계와 하후상도 모두 죽었다. 맹달은 혼자 나그네 몸으로 오래 변방에 머물게 되자 마음이 불안했다. 제갈량이 그 소문을 듣고 몰래 맹달을 유혹하려고 여러 차례 서신을 보내 그를 불렀고 맹달도 답장을 보냈다. 위흥魏興(陝西 安康 북쪽) 태수 신의申儀가 맹달과 사이가 좋지 못해 맹달이 촉과 사통한다고 비밀리에 표문을 올렸지만 명제는 믿지 않았다. 사마선왕이 참군 양기梁幾를 파견하여 그를 살피게 하고 입조를 권했다. 맹달은 놀라 두려워하다가 마침내 반란을 일으켰다." 간보干寶의 『진기晉紀』[13]: "맹달은 처음 신성으로 들어가서 백마새白馬塞에 올라 한탄했다. '유봉劉封과 신탐申耽[14]은 금성천리金城千里에 근거해서도 그 땅을 잃었구나!'"

2년(228) 봄 정월, 사마선왕이 신성을 공격하여 격파하고 맹달을 참수하여 그 머리를 전해왔다.○ 신성의 상용上庸(湖北 竹山 서쪽), 무릉武陵(湖北 竹山 서북), 무현巫縣(重慶 巫山)을 나눠 상용군上庸郡을 설치하고, 석현錫縣을 석군錫郡으로 고쳤다.

○ 『위략』: "사마선왕이 맹달의 장수 이보李輔 및 맹달의 생질 등현鄧賢을 꾀자

13 간보干寶의 『진기晉紀』: 간보는 동진의 문학가 겸 사학자로 자가 영승令升이다. 사도우장사司徒右長史, 산기상시 등을 역임했다. 학문이 뛰어나고 역사에 밝아 여러 저작을 남겼다. 특히 『수신기搜神記』는 중국 지괴소설의 비조로 일컬어진다. 이 밖의 저작으로 『주역주周易注』 『사도의司徒儀』 『진기晉紀』 『진서晉書』 등이 있다. 『진기』는 사마의가 위나라에서 정권을 잡는 시기부터 서진 민제愍帝까지 53년의 역사를 편년체로 기록했으며 모두 23권으로 알려져 있다. 지금은 전해오지 않는다.

14 유봉劉封과 신탐申耽: '유봉'은 유비의 양자이고, '신탐'은 신의의 형이다. 이 책 「유봉전」에 두 사람의 행적이 나온다.

등현 등이 성문을 열고 〔사마선왕의〕 군사를 받아들였다. 맹달은 포위된 지 16일 만에 패배했고, 사방으로 통하는 낙양의 거리에서 그의 머리를 불태웠다."

촉나라 대장 제갈량이 변방을 노략질하자 천수天水(甘肅 甘谷 동쪽), 남안, 안정 세 군의 관리와 백성이 배반하고 제갈량에게 호응했다.○

○『위서』: "이때 조정 신료들이 계책을 낼 줄 모르자 명제가 말했다. '제갈량은 험한 산을 견고한 요새로 삼고 지금 직접 쳐들어왔으므로 병법의 유인책에 맞는 술법을 펼치고 있다. 또 제갈량은 세 군을 탐하여 진격할 줄만 알고 후퇴할 줄은 모르므로 지금 이 시기를 틈타면 제갈량을 반드시 격파할 수 있다.' 이에 보병과 기병 5만 군사를 편성하여 제갈량에 대항하게 했다."

대장군 조진을 파견하여 관서關西 땅을 감독하게 하고 아울러 군사를 보냈다. 우장군 장합이 가정街亭(甘肅 張家川 서북)에서 제갈량을 공격하여 대파했다. 제갈량이 패주하자 삼군이 평정되었다. 정미일丁未日(2월 17일)에 명제가 장안으로 행차했다.○

○『위략』에 명제가 천하에 널리 포고하고 익주益州에도 알린 글이 실려 있다. "유비는 은혜를 배반하고 스스로 파촉巴蜀으로 숨었다. 제갈량은 부모의 나라를 버리고 잔적殘賊의 패거리에 빌붙었다. 신과 인간이 모두 그 독기에 피해를 보고 있으니 악행이 쌓여 몸이 파멸하기에 이르렀다. 제갈량은 겉으로 어린 임금을 세운다는 명목을 내세우고 있지만 속으로는 권력 전횡의 실속을 탐하고 있다. 따라서 유승지劉升之[15] 형제는 빈 성만 지키고 있을 뿐이다. 제갈량은 또 익주의 선비들을 모욕하고 백성을 학대하고 있다. 이 때문에 이

랑利狼, 탕거宕渠, 고정高定, 청강青羌[16]이 모두 와해되어 제갈량의 원수가 되었다. 그러나 제갈량은 오히려 털옷을 뒤집어 입고 등에 땔감을 져서, 털옷 안감이 다 닳게 하여 털까지 모두 빠지게 만들었다. 또 발꿈치를 잘라 신발에 맞췄고, 피부를 깎아 뼈까지 해치면서도 오히려 스스로 능력이 있다고 일컬었다. 그것은 우물 바닥에서 군사를 부리는 것과 같고, 소 발굽 사이를 활보하는 것과 같다. 짐이 즉위한 이래로는 세 변방이 모두 무사했지만 외려 천하에서 자주 일어난 병란을 슬퍼하며 사해의 노인들을 부양하고 어린 고아들을 길러주고 싶었다. 이에 먼저 풍속을 예악으로 옮겨가게 하고, 다음으로 농한기에 무예를 강습하며 제갈량을 치지도외하고 걱정거리로 여기지 않았다. 하지만 제갈량은 이웅李熊[17]의 우둔한 용맹심만 품고 형함荊邯[18]의 덕망에 따른 경계심은 생각지도 않았다. 그는 관리와 백성을 휘몰아 기산祁山(甘肅 禮縣 동북)을 도적질하여 이익을 취했다. 우리 왕의 군대가 바야흐로 기세를 떨치자 간담이 떨어지고 기운이 소진되어 마속馬謖과 고상高祥은 멀리서 깃발만 바라보고 패주했다. 범 같은 우리 신하는 패주하는 적을 뒤쫓아 시신의 산을 밟고 피의 강을 건넜다. 제갈량이란 보잘것없는 자는 짐의 군대를 보고 경악했다. 사납고 날카로운 우리 군사는 힘차게 치달리며 모두 장거리 행진을 할 것이라 예상했다. 짐이 생각건대 천하 모든 땅 사람들은 우리

---

15 유승지劉升之: '승지升之'는 촉한 후주 유선劉禪의 또 다른 자字라고 하나 논란이 많다.

16 이랑利狼, 탕거宕渠, 고정高定, 청강青羌: '이랑'은 촉한 서남쪽 지역 명칭이나 자세한 범위는 미상이다. '탕거'는 지금의 쓰촨성四川省 취현渠縣 동북쪽 일대다. '고정'은 본래 촉한 서남쪽 금사강金沙江 근처에 있던 월수越嶲 땅 이왕夷王의 이름이지만 그 지역을 가리키기도 한다. '청강'은 촉한 서부에 거주하던 강족羌族의 일부다.

17 이웅李熊: 전한 멸망 후 촉蜀 땅에서 공손술을 설득하여 천자의 자리에 오르게 한 모사다. 범엽의 『후한서』 권13 「외효공손술열전」: 공손술의 공조功曹 이웅은 공손술을 설득하여 촉 땅에 성가成家라는 나라를 세우게 한 후 자신은 대사도에 올랐다. 우둔한 용맹심의 원문은 우용지지愚勇之智다. 『삼국지집해』에서는 지智를 지志로 고증했다.

18 형함荊邯: 전한 멸망 후 촉 땅에서 자립한 공손술의 기도위騎都尉다. 『후한서』 권13 「외효공손술열전」에 따르면 형함은 공손술의 군사봉기를 부추겼으므로 이 대목의 진술과는 다소 차이가 있다.

의 신하가 아닌 이가 없지만 군사가 머무는 곳에는 가시나무가 자란다. 짐은 천하의 고을에 사는 충성스럽고 미덥고 곧고 어진 사람들이 저 방탕하고 어리석은 패거리와 어울려 함께 도탄에 빠져들게 하고 싶지 않다. 이 때문에 먼저 포고문을 발표하여 나라의 정성을 밝힌다. 부지런히 변화를 도모하며 혼란한 나라에서 지체하지 말기를 바란다. 파촉의 장수, 관리, 선비, 백성 가운데 제갈량에게 겁박을 받는 사람들 중 공경 이하는 모두 손을 놓고 우리 군사에 저항하지 말라."

여름 4월 정유일丁酉日(초8일), 명제가 낙양궁으로 돌아왔다.○ 참수해야 할 사형수가 아닌 그 이하 죄수를 사면했다. 을사일乙巳日(16일), 제갈량을 토벌한 공을 논의한 후 각각 차등을 두어 작위를 내리고 봉토를 더해줬다.

○『위략』: "이때 유언비어가 돌기를 명제가 이미 세상을 떠나서 어가를 수행하던 신료들이 옹구왕 조식을 옹립했다고 했다. 도성에서는 변卞 태후와 여러 공公이 모두 두려움에 젖었다. 명제가 환궁하자 모두 몰래 그의 안색을 살폈다. 변 태후는 슬퍼하다가 기뻐하며 처음 유언비어를 유포한 자를 잡아서 추궁하려고 했다. 명제가 말했다. '천하가 모두 그런 말을 했는데 장차 어떻게 추궁하시겠습니까?'"

5월에 심한 가뭄이 들었다.

6월에 다음과 같은 조서를 내렸다. "유학자를 존중하고 학문을 귀하게 여김은 왕도 교화의 근본이다. 얼마 전부터 유관儒官[19]에 더러 적절하지 못한 자가

19 유관儒官: 학문을 관장하는 관리나 관학官學의 교사를 가리킨다. 대개 학문에 뛰어난 유학자가 임

임명되고 있으니, 장차 어떻게 성현의 도를 널리 밝힐 수 있겠는가? 학문이 높은 사람을 박사로 선발하고, 재능이 있는 사람을 시중侍中과 상시常侍에 임명하라. 군국郡國에 칙명을 두루 알려 선비를 뽑을 때 경학을 우선하라."

가을 9월, 조휴가 여러 부대를 인솔하고 환皖(安徽 潛山) 땅에 이르러 오나라 장수 육의陸議와 석정石亭(安徽 潛山 북쪽)에서 싸웠지만 크게 패배했다. 을유일乙酉日(29일), 명제의 아들 조목曹穆을 번양왕으로 책봉했다. 경자일庚子日(10월 14일), 대사마 조휴가 세상을 떠났다.

겨울 10월, 공경대부와 근신에게 조서를 내려 훌륭한 장수를 각각 한 명씩 천거하게 했다.

11월, 사도 왕랑이 세상을 떠났다.

12월, 제갈량이 진창을 포위했다. 조진이 장군 비요費曜 등을 파견하여 막게 했다.○ 요동 태수 공손공公孫恭 형의 아들 공손연公孫淵이 공손공의 보위를 찬탈했다. 이에 명제가 결국 공손연에게 요동 태수 직을 수행하게 했다.

○『위략』: "이보다 앞서 장군 학소郝昭에게 진창성을 쌓게 했다. 그때 마침 제갈량이 당도하여 학소를 포위했지만 함락할 수 없었다. 학소는 자가 백도伯道로 태원 사람이다. 사람됨이 씩씩하고 장대하여 어려서 군대에 들어가 부곡독部曲督이 되었다. 여러 번 전공을 세우고 잡호장군雜號將軍이 되어 마침내 하서河西를 10여 년 동안 진수鎭守하자 백성과 오랑캐가 두려워하며 복종했

명되므로 유관이라고 한다.

다. 제갈량은 진창을 포위한 후 학소의 동향인 근상靳詳으로 하여금 성 밖 멀리서 유세하게 했다. 학소는 보루 위에서 근상에게 대답했다. '위나라의 법률을 자네는 잘 알 것이고, 나의 사람됨도 자네는 잘 알 것이네. 나는 나라의 은혜를 많이 받았고 가문의 명망도 무거우므로 자네는 더 말할 것이 없을 것이고, 나에게는 필사의 각오만이 있을 뿐이네. 자네는 돌아가 제갈량에게 감사하다 전해주고 바로 공격하라고 하게.' 근상이 학소의 말을 제갈량에게 알리자 제갈량이 또 근상을 시켜 거듭 학소에게 유세하게 하면서 군사 숫자로 상대가 되지 않으니 부질없이 스스로 파멸하지 말라고 했다. 학소가 근상에게 말했다. '내가 전에 한 말은 이미 확정된 내 마음이네. 나는 자네를 알지만 화살은 자네를 알지 못하네.' 이에 근상이 그곳을 떠나왔다. 제갈량은 자신의 군사는 수만 명이고 학소의 병졸은 겨우 1000여 명에 불과하며 또 저들의 동쪽 구원병도 바로 도착할 수 없다고 짐작했다. 이에 진군하여 학소를 공격하기 위해 운제雲梯와 충거衝車를 일으켜 성으로 다가갔다. 학소가 운제를 향해 불화살을 발사하자 운제가 불탔고, 운제 위에 있던 사람들이 모두 불에 타서 죽었다. 학소가 또 밧줄로 맷돌을 연결하여 위에서 떨어뜨리며 공격하자 충거가 부서졌다. 제갈량이 다시 100척이나 되는 우물 정자 모양 보루[井闌]를 만들어 성안으로 화살을 퍼붓고 흙덩이로 해자를 메우며 바로 성으로 기어오르려 하자, 학소는 또 성안에 이중으로 벽을 쌓았다. 제갈량이 또 땅굴을 파고 성안으로 뚫고 들어가려 하자 학소는 성안에 땅을 파서 그것을 가로로 절단했다. 밤낮으로 상호 공방을 주고받은 지 20여 일이 되어도 제갈량은 계책을 낼 수 없었고 구원병까지 도착하자 군사를 이끌고 퇴각했다. 명제는 조서를 내려 학소의 훌륭한 방어를 칭찬하고 열후의 작위를 내렸다. 학소가 귀환하자 명제는 그를 인견하여 위로하면서 중서령 손자孫資를 돌아보며 말했다. '경의 고을에 경과 같이 씩씩한 사람들이 있고 장수된 자가 이처럼 용맹한데 짐이 또 무엇을 근심하겠소?' 그리하여 학소를 중용하고자 했다. 그러나 마침 병이 들어 죽음에 임하여 자신의 아들 학개郝凱를 경계하며 다음과 같은 유언을 남겼다. '나는 장수가 되었지만 장수로서 해서는 안 될 짓을 했음을 안다. 나는 자주 무덤을 파헤쳐 관재棺材를 취하여 전투 도구를 만들었는데 그때 또 후장厚葬이 죽은 사람에게 무익하다는 사실을 알았다. 너는 염을 할 때 반드시 내 평소 의복 그대로 해야 한다. 또 사람은 살아 있을 때 일정한 거처가 있을 뿐이지 죽은 후에 다시 무슨 거처가 있겠느냐? 이제 너는 나를 우리 친족 묘지에서 멀리 떨어진 곳에 묻어라. 동서남북 방향은 네 마음에 달려 있다."

3년(229) 여름 4월, 원성왕元城王 조예曹禮가 세상을 떠났다.

6월 계묘일癸卯日(21일), 번양왕 조목曹穆이 세상을 떠났다. 무신일戊申日(26일), 명제의 고조부 대장추를 추존하여 고황제高皇帝라 했고, 그 부인 오씨吳氏를 추존하여 고황후라 했다.

가을 7월, 다음과 같은 조서를 내렸다. "예법에 따르면 왕후에게 후사가 없을 경우 다른 후궁의 아들을 선택하여 후사로 세우고 종통을 계승하게 한다. 그렇게 되면 정통의 계보를 이어서 공의公義를 받들어야 하는데 어찌 다시 사사로운 생가 부모를 돌아볼 수 있겠는가? 한 선제는 소제를 계승한 후 [생가生家의] 선친을 추도하여 황제 칭호를 올렸다.[20] 한 애제는 외부 번왕藩王으로 황

20 한 선제는…올렸다: 한 선제宣帝 유순劉詢은 한 무제의 증손자다. 민간에 있을 때 이름은 유병이劉病已다. 소제昭帝가 죽은 후 한나라 조정의 실권자 곽거병霍去病은 소제의 조카 유하劉賀를 보위에 올렸으나 유하가 무도하자 폐위하고 다시 반란 혐의를 받고 죽은 여태자戾太子의 손자 유순을 황제로 추대했다. 황제가 된 유순은 자신의 부친 유진劉進을 도황고悼皇考로 추증하고 황고묘皇考廟를 세웠다.

위에 옹립되었는데,[21] 동굉董宏 등이 멸망한 진秦나라의 사례를 인용하여[22] 당시 조정을 미혹하며 오류를 저지르게 했다. [이에 애제는 자신의 생부를] 공황恭皇으로 추존하여 도성에 사당을 세웠을 뿐 아니라 번왕藩王의 비첩[23]에게 총애를 베풀고 장신궁長信宮의 사례에 비견하면서[24] 종묘 앞자리에 소목昭穆을 배치하고 동궁에 네 사람의 위패를 나란히 모시게 했다.[25] 참람함이 도를 넘어 사람과 신령이 돕지 않는데도 사단師丹의 충성스럽고 올바른 간언을 비난하며 죄를 씌웠고,[26] 결국 정씨丁氏와 부씨傅氏의 무덤이 파헤쳐져 시신이 소각되는 참화를 초래했다. 이 이후로 저들의 행적을 서로 이어받아 따라 했다. 옛날 노魯 문공文公이 제사를 거꾸로 지낸 것은 그 죄가 하보불기夏父弗忌에서 말미암았고,[27] 송나라가 장례 법도를 지키지 않은 것은 그 허물이 화원에게 있다.[28] 명

---

21 한 애제는…옹립되었는데: 한 애제哀帝 유흔劉欣은 성제成帝의 조카로 본래 정도왕定陶王이었다. 그는 성제成帝가 후사가 없었기에 태자로 책봉되었다가 성제 사후 보위에 올랐다. 그는 또 자신의 부친 유강劉康이 죽자 공황恭皇이라는 시호를 추증했다. 『한서』 권11 「애제기哀帝紀」 참조. 아래도 같음.

22 진秦나라의 사례를 인용하여: 진秦 장양왕莊襄王은 생모가 하씨夏氏이지만 나중에 화양부인華陽夫人의 양자로 들어가서 태자가 되고 보위에 올랐다. 장양왕은 즉위 후 두 모후母后를 모두 태후로 존칭했다. 한 애제 때 고창후高昌侯 동굉은 이 사례를 들어 애제의 모친 정희丁姬와 조모 부소의傅昭儀가 비록 후궁이라 하더라도 황태후와 황후로 존칭할 수 있다고 했다.

23 비첩에게: 한 애제의 모친 정희丁姬는 본래 정도공왕定陶恭王 유강의 첩이었고, 조모 부씨傅氏도 원제元帝의 후궁[昭儀]이었다. 애제는 보위에 오른 후 자신의 조모를 공황태후恭皇太后, 모친을 공황후恭皇后로 높였다.

24 장신궁長信宮: 한나라 정실 태후의 궁전으로, 본래 한 성제의 모친 태황태후太皇太后 왕씨王氏를 가리킨다. 또 정실 황후의 궁전을 중궁中宮이라 하므로 여기서는 성제의 황후인 황태후 조씨趙氏를 가리킨다. 한 애제는 이 제도에 비견하여 후궁이었던 자신의 조모 부씨의 궁전을 영신궁永信宮이라 하고, 모친 정씨의 궁전을 중안궁中安宮이라 명명했다.

25 종묘 앞자리에…했다: 한 애제가 제도를 어겨가며 자신의 조부 원제元帝와 조모 부소의傅昭儀, 부친 공왕恭王과 모친 정희丁姬의 위패를 나란히 모신 것을 가리킨다.

26 사단師丹의…씌웠고: 당시 좌장군左將軍이었던 사단은 동굉의 의견이 예법의 존비尊卑를 문란하게 하는 행위이므로 절대 해서는 안 된다고 반대했다. 『한서』 권86 「사단전師丹傳」 참조.

27 노魯 문공文公이…말미암았고: 『좌전』 문공 2년: 노魯나라 문공 때의 종백宗伯 하보불기가 문공에게 덕망이 높다는 이유로 후대後代인 희공僖公의 위패를 선대인 민공閔公 앞에 배치하여 제사를 지내게 한 일이다.

28 송나라가…있다: 『좌전』 성공 2년: 송 문공文公이 죽었을 때 화원과 악거가 지나치게 후장厚葬을 고

령하노니 공경대부와 담당 관리들은 앞 시대의 사적을 깊이 경계로 삼으라. 후사들 중 만일 제후의 신분에서 대통을 이으러 들어온 사람이 있으면 임금으로서의 대의를 분명하게 알아야 한다. 감히 [어떤 자가] 간사하게 임금에게 아첨하여 부정한 칭호를 세우고 함부로 정통을 침범하며 생부를 황제로 부르고 생모를 황후로 일컫는다면 조정의 고굉대신들은 그자를 용서하지 말고 죽여라. 또 그런 사적을 금책金策에 써서 종묘에 보관하고 국가의 법전에도 분명히 기록해두라."

겨울 10월, 평망관平望觀의 이름을 바꿔 청송관聽訟觀[29]으로 부르게 했다. 명제는 늘 "옥사獄事란 천하 백성의 목숨을 다루는 일이다"라고 말하면서 중대한 옥사를 판결할 때마다 항상 직접 행차하여 그 일을 들었다.

당초 낙양에 종묘가 아직 완공되지 못해서 신주가 업鄴 땅의 사당에 있었다. 11월에 종묘가 비로소 완공되자 태상 한기韓暨로 하여금 지절持節의 권한을 갖고 가서 업 땅에서 고황제, 태황제, 무제, 문제의 신주를 모셔오게 했다. 12월 기축일己丑日(초10일)에 도성에 당도하여 종묘에 신주를 봉안했다.○ 계묘일癸卯日(24일)에 대월지大月氏[30] 왕 파조波調가 사신을 보내 조공을 바쳤으므로 파조를 친위대월지왕親魏大月氏王으로 삼았다.

○ 신 송지가 살펴본 바는 이렇습니다. 황초 4년(223)에 담당 관리가 두 사당[廟]을 세우자고 주청할

수하며 예법을 어긴 일을 가리킨다. 이 책 권2 「문제기」 황초 3년 해당 각주 참조.

29 청송관聽訟觀: 낙양洛陽 동북쪽에 있던 위魏나라 관청 이름이다. 뜻으로 보아 송사를 처리하던 곳인 듯하다.

30 대월지大月氏: 월지月支, 우지禺知로도 쓴다. 본래 하서주랑河西走廊 일대에 거주하다가 흉노에게 패배하여 지금의 카자흐스탄 이리강 유역으로 이주했으며, 다시 오손에게 패배하여 아무다리야강 유역으로 옮겨서 대월지국을 세웠다. 쿠샨 왕조가 이들의 후예로 알려져 있다.

때, 태황제 대장추와 문제의 고조부를 한 사당에 함께 모시고, 특별히 무제의 사당을 따로 세워 백 세토록 철폐하지 말자고 했습니다. 그런데 지금 여기에는 고조부의 신주가 없는데 이는 아마도 제사를 올릴 친분이 다해서[親盡] 신주를 없앴기 때문일 것입니다. 이를 보면 위나라 초기에는 오직 자신의 친묘親廟만 세우고 사대봉사四代奉祀만 했을 뿐이고, 명제 경초景初 원년(237)에 이르러 비로소 칠묘七廟[31] 제도를 정했습니다. 손성이 말했습니다. "일은 사라져도 그 여파는 남아 있고, 제사는 신령이 존재하는 것처럼 지내야 하므로 신주를 모셔 옮기는 것은 진정으로 사리에 합당한 일이다."

4년(230) 봄 2월 임오일壬午日(초4일)에 조서를 내렸다. "세상의 질박함과 화려함은 교화에 따라 바뀐다. 병란이 일어난 이래로 경학經學이 폐지되어 후학들이 학문의 진전을 이루려 해도 따라 배울 전범典範이 없다. 이 어찌 가르침이 미흡하여 장차 등용하려는 인재를 덕행으로 현달顯達하지 못하게 함이 아니겠는가? 낭郎으로 뽑은 관리들 중에 학문이 경전 하나에 통달하고 재주가 목민관에 임용할 만하면 박사들이 시험을 부과하고 성적이 우수한 자를 발탁하여 즉시 등용하라. 겉으로 화려함만 추구하며 근본에 힘쓰지 않는 자는 모두 파직하여 물러나게 하라." 무자일戊子日(초10일), 태부太傅와 삼공三公[32]에게 조칙을 내려 문제의 『전론』을 돌에 새기고 종묘 문밖에 세우라고 했다. 계사일癸巳日(15일)에 대장군 조진을 대사마로 삼고, 표기장군 사마선왕司馬宣王을 대장군으로 삼고, 요동 태수 공손연을 거기장군으로 삼았다.

여름 4월, 태부 종요가 세상을 떠났다.

---

31 칠묘七廟: 황제의 종묘 제도다. 황제가 모시는 부친, 조부, 증조부, 고조부, 5대조, 6대조와 시조의 사당을 가리킨다.

32 삼공三公: 위魏나라 때 삼공은 태위太尉, 사도司徒, 사공司空이다.

6월 무자일戊子日(11일), 태황태후 변씨卞氏가 세상을 떠났다. 병신일丙申日(19일), 상용군을 폐지했다.

가을 7월, 무선변황후武宣卞皇后33를 무제의 고릉高陵에 합장했다. 대사마 조진, 대장군 사마선왕에게 조칙을 내려 촉을 정벌하게 했다.

8월 신사일辛巳日(초5일), 명제가 동쪽으로 순행을 나가 사자를 파견하여 황소를 제물로 중악中嶽 숭산嵩山에 제사를 올리게 했다.○ 을미일乙未日(19일)에 허창궁으로 행차했다.

○『위서』: "순행 행차가 번창繁昌(河南 臨潁 서북)을 지날 때, 집금오 장패臧霸로 하여금 임시로 태위의 일을 대행하게 하고, 황소를 제물로 삼아 수선단受禪壇에 제사를 올리게 했다."

신 송지가 살펴본 바는 이렇습니다.『한기』기록에 따르면, 장제章帝 원화元和 3년(86), 고읍현高邑縣(河北 柏鄉 북쪽)에 조칙을 내려 즉위단卽位壇에 제사를 지내게 했는데 그곳은 오성맥五成陌이란 곳으로 인근에 납사臘祠의 문이 있다고 했습니다. 이것은 비록 앞 시대에 이미 시행한 고사가 있지만 단을 쌓고 하늘에 제사를 올린 것이지, 그 제단이 신령을 위한 것은 아닙니다. 지금 상제上帝에게 아뢸 일이 없는데도 텅 빈 제단에 제사를 올린 것은 의전 기록에서 사례를 찾아봐도 그 근거가 미상입니다.

9월, 큰비가 내려서 이수, 낙수, 하수, 한수가 범람했다. 조진 등에게 조칙을

33 무선변황후武宣卞皇后: 위 무제 조조의 정실 왕후로 개양경후開陽敬侯 변원卞遠의 딸이다. 위 문제 조비, 임성왕任城王 조창, 진사왕陳思王 조식, 소회왕蕭懷王 조웅曹熊을 낳았다. 아들 문제 조비는 보위에 오른 후 황태후로 높였으며, 손자 명제는 태황태후로 높였다. 사후 시호는 무선武宣이다. 이 책「후비전后妃傳」에 자세한 기록이 있다.

내려 군사를 거둬들이게 했다.

겨울 10월 을묘일乙卯日(11일)에 낙양궁으로 돌아왔다. 경신일庚申日(16일)에 명령을 내렸다. "범죄자 중에서 사형수가 아닌 자를 사면할 때는 각각 차등을 둬서 시행하라."

11월에 태백성太白星이 세성歲星을 범했다.

12월 신미일辛未日[34]에 조양릉朝陽陵에 문소황후를 개장改葬했다. 병인일丙寅日(23일)에 공경대부에게 조칙을 내려 현량賢良을 천거하라고 했다.

5년 봄 정월, 명제가 적전藉田에서 친경 행사를 했다.

3월, 대사마 조진이 세상을 떠났다. 제갈량이 천수를 노략질하자 대장군 사마선司馬宣에게 조칙을 내려 막게 했다. 지난해 겨울 10월부터 이달까지 비가 오지 않아서 신사일辛巳日(초9일)에 기우제를 크게 지냈다.

여름 4월, 선비족 부의왕附義王 가비능軻比能이 자신의 종족 및 정령족丁零族 대인大人(족장) 아선兒禪을 이끌고 유주로 와서 명마를 공물로 바쳤다. 다시 호흉노중랑장護匈奴中郎將 관직을 설치했다.

가을 7월 병자일丙子日(초6일)에 제갈량이 퇴각하자 각각 차등을 두어 봉작을 주고 지위를 높여줬다.○ 을유일乙酉日(15일)에 황자皇子 조은曹殷이 탄생하자

---

34 오류다. 신해일辛亥日(8일)이나 신유일辛酉日이 되어야 한다.

대사면령을 내렸다.

○ 『위서』: "애초에 제갈량이 출병하자 논자들은 제갈량의 군대에 치중(중장비)이 없어서 틀림없이 식량을 계속 공급하지 못할 것이므로 공격하지 않아도 저절로 패배할 테고, 그럼 군대를 수고롭게 할 필요가 없다고 여겼다. 어떤 사람은 상규上邽(甘肅 天水 서남) 근처의 덜 익은 보리를 베서 적의 식량을 빼앗으려 했으나 명제는 이 모든 대책에 따르지 않았다. 이때를 전후하여 군대를 보내 선왕宣王의 군대를 증원해주고 또 조칙을 내려 보리를 보호하게 했다. 선왕이 제갈량과 대치할 때 이 보리에 의지하여 군량을 공급할 수 있었다."

8월, 조서를 내렸다. "옛날에 제후가 조공을 바치러 조정에 온 것은 친척들과 돈독하게 친목을 도모하고 각 지역 제후국과 서로 돕고 화합하기 위한 것이었다. 그런데 선제께서 명령을 내려 제후왕들로 하여금 도성에 있지 못하게 한 것은 어린 임금이 보위에 있고 모후께서 섭정하는 중에 미연의 사태를 방지하기 위한 대책으로, 이는 나라의 흥망성쇠와 관계된 일이었다. 짐이 생각건대 친척 제후왕들을 못 본 지가 12년이나 되었다. 끝없는 그리움이 생겨나지 않을 수 있겠는가? 제후왕 및 종실 공후들로 하여금 각각 적자嫡子 1명을 데리고 입조하게 하라. 이후에도 궁궐에 어린 임금과 모후만 있으면 선제의 명령과 같이 하라. 이를 밝혀서 명령문에 기록하라."

겨울 11월 을유일乙酉日(17일)에 달이 헌원대성軒轅大星[35]을 범했다. 무술일戊戌日(30일) 그믐에 일식이 있었다.

---

35 헌원대성軒轅大星: 지금의 사자자리 α성이다.

12월 갑진일甲辰日(초6일)에 달이 진성鎭星(土星)을 범했다. 무오일戊午日(20일)에 태위 화흠이 세상을 떠났다.

6년 봄 2월, 조서를 내렸다. "옛날의 제왕들이 제후를 분봉한 것은 왕실의 울타리[藩屏]로 삼기 위한 방법이었다. 『시경』에서도 '덕 있는 나라를 편안하게 하고, 종실 자손을 성곽으로 삼네'[36]라고 읊지 않았던가? 진나라와 한나라가 주나라를 계승하여 혹은 강하게만 하고 혹은 약하게만 했기에 모두 중정中正 상태를 잃었다. 대위大魏가 창업한 이후 제후왕들이 자기 나라를 열고 시대의 편의를 따랐지만 아직 일정한 제도를 정하지 못했다. 이는 영원히 후세의 법도로 삼을 만한 방법이 아니다. 제후왕들을 개봉改封하여 모두 군郡을 국國으로 삼으라."

3월 계유일癸酉日(초7일), 동쪽으로 순행을 나가서 지나는 곳마다 연세 높은 사람, 홀아비, 과부, 고아, 자녀 없는 노인을 위문하고 곡식과 비단을 하사했다. 을해일乙亥日(초9일), 달이 헌원대성을 범했다.

여름 4월 임인일壬寅日(초6일), 허창궁으로 순행했다. 갑자일甲子日(28일), 처음으로 종묘에 햇과일을 올렸다.

5월, 황자 은이 세상을 떠나서 안평애왕安平哀王이란 시호를 추증했다.

가을 7월, 위위衛尉 동소를 사도司徒로 삼았다.

36 덕 있는…삼네: 『시경』「대아·판板」에 나오는 구절이다. "懷德維寧, 宗子維城."

9월, 마피摩陂(河南 郟縣 동쪽)로 순행을 나갔다. 허창궁을 수리하고 경복전景福殿과 승광전承光殿을 지었다.

겨울 10월, 진이장군殄夷將軍 전예田豫가 군사를 이끌고 오나라 장수 주하周賀를 성산成山(山東 榮成市 成山角)에서 토벌하여 주하를 죽였다.

11월 병인일丙寅日(초4일), 태백성이 낮에 보였다. 익수翼宿 곁에 사방으로 빛을 발산하는 별이 나타나 태미원의 상장성上將星으로 접근했다. 경인일庚寅日(28일), 진사왕 조식이 세상을 떠났다.

12월, 명제가 허창궁으로 귀환했다.

청룡靑龍 원년 봄 정월 갑신일甲申日(23일), 청룡이 겹郟(河南 郟縣) 땅의 마피 우물에 나타났다.

2월 정유일丁酉日(초6일), 명제가 마피로 순행하여 청룡을 보고 이에 연호를 바꾸고 마피라는 지명을 용피龍陂로 바꿨으며, 남자들에게 모두 작위 2급을 하사했고, 홀아비, 과부, 고아, 자녀 없는 노인은 금년 조세를 내지 말도록 했다.

3월 갑자일甲子日(초3일), 공경대부에게 조칙을 내려 행실이 어질고 돈독한 인재를 각각 1명씩 천거하게 했다.

여름 5월 임신일壬申日(12일), 조칙을 내려 고 대장군 하후돈, 대사마 조인,

거기장군 정욱을 태조의 묘정에서 제사 지내게 했다.○ 무인일戊寅日(18일), 북해왕 조유曹蕤가 세상을 떠났다.

○ 『위서』에 조서가 실려 있다. "옛날 선왕의 예법에 따르면 공신이 살아 있으면 그 작위와 봉록을 높여주고, 세상을 떠나면 대증大蒸[37]의 의례로 제사 지냈다. 이 때문에 한나라는 공신을 종묘에서 제사 지냈다. 우리 대위大魏의 개국 공신 중에서 공훈이 뛰어나고 시종일관 탁월한 행적을 보인 사람은 모두 이 예법에 의거하여 제사를 지내라." 이에 하후돈 등을 종묘에 배향했다.

윤5월 초하루 경인일庚寅日에 일식이 있었다. 정유일丁酉日(초8일), 종실의 딸 중에서 제후왕의 딸이 아니면 모두 읍주邑主로 바꿔 부르게 했다. 조서를 내려 군국郡國 산천 중에서 공식 제사 전례에 들지 않은 곳에는 제사를 올리지 못하게 했다.

6월, 낙양궁의 국실鞠室[38]에 불이 났다.

변새를 보위하는 선비족 대인 보도근步度根과 배반한 선비족 대인 가비능軻比能이 몰래 내통했다. 병주 자사 필궤畢軌가 표문을 올리고 바로 출병하여 밖으로 가비능을 위협하고 안으로 보도근을 진무하겠다고 했다. 명제가 표문을 살펴보고 말했다. "보도근은 가비능에게 유혹되어 스스로 의심을 품고 있다. 지금 필궤가 출병하면 마침맞게 두 부족이 놀라 하나로 합칠 것인데 어떻게 위협을 하고 진무하겠다는 것인가?" 서둘러 필궤에게 조서를 내려 출병하는

37 대증大蒸: 공신을 배향한 선왕에게 올리는 겨울 제사다.
38 국실鞠室: 축국蹴鞠 놀이를 하던 곳이다.

자들은 변새를 넘어 구주산句注山(山西 代縣 서쪽)을 지나가지 않도록 신중하게 행동하라고 했다. 조서가 도착할 무렵 필궤는 군사를 보내 음관陰館(山西 朔州 동쪽)에 주둔하고 장군 소상蘇尙과 동필董弼로 하여금 선비족을 추격하게 했다. 가비능은 자신의 아들에게 1000여 기병을 거느리고 보도근의 부락까지 영접하러 나가게 했다. 그는 소상과 동필을 만나 누번樓煩(山西 寧武 서쪽)에서 전투를 벌였고, 두 장수는 패배하여 몰살당했다. 보도근의 부락은 모두 배반하고 변새 밖으로 나가 가비능과 연합하고 변방을 노략질했다. 요기장군驍騎將軍 진랑秦朗을 파견하여 중군을 거느리고 토벌하자 오랑캐들은 사막 북쪽으로 달아났다.

가을 9월, 안정에서 변새를 지키던 흉노 대인 호박거자직胡薄居姿職 등이 배반하자 사마선왕宣王이 장군 호준胡遵 등을 보내 추격·토벌하여 그들을 격파하고 항복을 받았다.

겨울 10월, 보도근 부락의 대인 대호아랑니戴胡阿狼泥 등이 병주로 와서 항복하자 진랑이 군사를 이끌고 돌아왔다.○

○『위씨춘추』: "진랑은 자가 원명元明이고 신흥新興(山西 忻州) 사람이다."『헌제전』: "진랑의 부친은 이름이 의록宜祿이다. 여포에 의해 원술에게 사신으로 보내졌는데 원술이 한나라 종실 여인을 그의 처로 삼게 했고, 그의 전처 두씨杜氏는 하비에 머물러 있었다. 여포가 포위되었을 때 관우는 누차 태조에게 청하여 두씨를 자신의 아내로 삼고 싶다고 했다. 태조는 두씨의 미색이 뛰어나다고 의심했으며, 하비성이 함락되자 태조가 두씨를 보고 스스로 그녀를 취했다. 진의록이 투항하자 태조는 그를 질현銍縣 현장으로 삼았다. 유비가 소패小沛(江蘇 沛縣 경내)로 도주할 때 장비가 수행해 가다가 질 땅에 들

러 의록에게 말했다. '다른 사람이 당신의 아내를 취했는데도 그 사람을 위해 고을의 장長 노릇을 하고 있으니 무지함이 이와 같을 수 있소? 나를 따라가시겠소?' 의록은 장비를 따라 몇 리를 가다가 후회하고 돌아가려 했지만 장비가 그를 죽였다. 진랑은 모친을 따라 가서 공관에서 양육되었고 태조는 그를 매우 사랑했다. 매번 좌석에서 빈객들에게 이렇게 말했다. '세상에 나처럼 (첩의) 전 남편 아들을 사랑하는 사람이 있소?'" 『위략』: "진랑은 제후들 사이에서 노닐며 무제와 문제 시대를 보냈지만 뛰어난 능력을 발휘하지 못했다. 명제 즉위 시에 내관內官 벼슬을 받아 효기장군과 급사중給事中을 지내며 매번 어가가 출입할 때마다 늘 뒤를 수행했다. 당시에 명제는 사람들의 죄를 밝히기 좋아하여 경미한 죄를 지은 사람에게 참수형을 내리곤 했지만 진랑은 끝내 그것을 제지하는 간언을 올리지 않았고 또 일찍이 선한 사람을 하나도 천거하지 않았다. 그러나 명제는 그를 친애하고 매번 돌아보며 질문을 할 때마다 자주 진랑의 어릴 때 이름인 아소阿穌로 불렀다. 또 자주 상을 내리고 경성 안에 대저택을 지어줬다. 사방 사람들은 진랑이 보탬이 될 일을 할 수 없음을 분명하게 알았지만 오히려 그에게 빌붙어 지존에게 다가가려 하며 많은 뇌물을 줬다. 그의 부유함은 공후公侯와 같이 되었다." 『세어』: "진랑의 아들 진수秦秀는 날카롭게 직언을 올릴 능력이 있어서 진晉 무제의 박사가 되었다." 『위략』에는 진랑과 공계孔桂가 모두 「영행편佞幸篇」 수록되었다. "공계는 자가 숙림叔林이고 천수 사람이다. 건안 초에 자주 장군 양추楊秋에 의해 태조에게 사신으로 보내졌는데 태조는 표문을 올려 그를 기도위騎都尉에 임명하게 했다. 공계는 성격이 권력자에 영합하며 아첨하기를 좋아했고 박혁博奕(바둑, 장기 따위)과 축국蹴鞠을 잘해 태조가 그를 총애하며 늘 좌우에 두고 출입할 때 수행하게 했다. 공계는 태조의 마음을 관찰하여 그가 즐거워할 때 건의를 곡진하게 했고, 이에 그가 아뢴 일 대부분이 채택되어 자주 상을 받았다. 많은 사람이 선물을 주자 공계는 이 때문에 후작의 옷을 입고 맛있는 음식을 먹었다. 태조가 공계를 총애하자 오관장五官將(曹丕) 및 제후왕들도 모두 그를 가까이했다. 그 후 공계는 태조가 오래 태자를 세우지 않는 것을 보고 임치후臨菑侯(曹植)에게 뜻이 있음을 알았다. 이 때문에 다시 임치후에게 친하게 아부하며 오관장에게는 소홀한 모습을 보였고, 이에 오관장은 그에게 깊은 원한을 품었다. 태조가 세상을 떠나고 문제가 즉위해서 아직 그의 죄를 다스리지 않고, 황초 원년(220) 관례에 따라 그를 부마도위駙馬都尉로 승진시켰다. 공계는 사사롭게 서역西域의 뇌물을 받고 그 사람들을 위해 일을 해주겠다고 허락했다. 이 일이 발각되자 잡아들여 문초하라는 조칙이 내렸고, 마침내 그를 죽였다. 어환魚豢[39]이 말했다. '윗사람이 되어서는 공로가 없는 자에게 벼슬을 줘서는 안 되고, 아랫사람이 되어서는 공로 없이 벼슬을 받아서는 안 된다. 그런 후에야 밖으로 「벌단伐檀」[40]의 탄식이 없게 되고, 안으로 '시소尸素'[41]의 풍자가 없게 되어 화락한 아름다움이 드러나고, 태평성대의 규율이 뚜렷해진다. 아첨으로 총애를 얻는 무리는 주군을 안일에 빠뜨리고, 덕을 쌓지도 않은 채 영화를 누리며, 공적도 세우지 않고 녹봉을 받는다. 이렇게 하고서야 어떻게 정오의 햇볕이 줄어들지 않게 할 수 있으며, 사악함에 기우는 일이 점점 많아지지 않게 할 수 있겠는가? 무황제는 신중하게 상을 내렸고, 명황제는 법도를 견지했지만 오히려 이와 같은 자들이 존재했는데 하물며 이분들보다 자질이 아래인 자들이야!'"

12월, 공손연이 손권이 보낸 사신 장미張彌와 허안許晏을 참수하여 머리를 보내왔는지라 공손연을 대사마 낙랑공樂浪公으로 삼았다.°

---

39 어환魚豢: 중국 삼국시대 위나라 낭중郎中을 지낸 저명한 사학자다. 『위략魏略』『전략典略』 등 다양한 저작을 남겼다.

40 「벌단伐檀」: 『시경』「위풍魏風」에 나온다. 「모시서」에 따르면 관리들의 탐욕을 풍자한 시라고 한다.

41 시소尸素: 시위소찬尸位素餐이다. 시체처럼 아무 하는 일 없이 자리만 차지하고 앉아 녹봉을 받아먹는 관리를 가리키는 말이다.

○『세어』: "병주 자사 필궤가 한나라 고故 도료장군度遼將軍 범명우范明友[42]에게 선비족 노예[奴]를 보내왔다. 나이가 350세였는데 말을 하고 음식을 먹는 것이 보통 사람과 같았다. 노예가 말했다. '곽현霍顯은 곽광霍光의 후처이고, 범명우의 아내는 곽광의 전처 딸이다.'" 『박물지』: "당시 도성에 성명을 모르는 어떤 사람이 있었다. 그는 한 끼 식사에 10여 명 분량을 먹었고, 마침내 비대해져서 움직일 수 없었다. 그의 부친이 일찍이 먼 변방의 고을 원이 되자 관에서 그를 그 현으로 보내고 옛날 벗들로 하여금 음식을 전해주어 먹게 했다. 1~2년 사이에 한 고을 사람들이 갑자기 그로 인해 검약한 생활을 해야 했다." 『부자』: "당시 태원에서 어떤 무덤을 파고 관을 깨뜨리자 관 속에 살아 있는 부인이 한 사람 있다가 관에서 나와서 사람들과 더불어 말을 하는데 정말 살아 있는 사람이었다. 도성으로 보내 일의 본말을 물어봤지만 모른다고 했다. 무덤가의 나무를 살펴보면 가히 30년은 되었는데 그 부인이 30년 동안 땅 속에서 생존한 이치를 알지 못하겠다. 어느 날 아침에 갑자기 살아나서 우연히 무덤을 판 자와 만난 것인가?"

2년(234) 봄 2월 을미일乙未日,[43] 태백성이 형혹성을 범했다. 계유일癸酉日(18일)에 조서를 내렸다. "편형鞭刑(매질을 가하는 형벌)은 관에서 정한 형벌로 태만함을 바로잡기 위한 것이지만 근래에 무고하게 사람을 죽이는 경우가 많아졌다. 편형과 장형杖刑 제도를 완화하고 그것을 명령문에 기록해두라."

---

42 범명우范明友: 전한 소제와 선제 때의 장수로 대장군 곽광霍光의 사위다. 소제 즉위 초년에 서남쪽 강족羌族과 저족氐族을 평정하고 호강중랑장胡羌中郎將과 미앙위위未央衛尉에 올랐다. 소제 원봉元鳳 3년에 도료장군度遼將軍으로 임명되어 오환烏丸을 대파하고 평릉현후平陵縣侯에 봉해졌다. 선제 본시本始 2년에 흉노 호연루呼衍樓 선우를 격파했다. 선제 지절地節 4년 대사마 곽우霍禹의 모반에 연루되어 집에서 자살했다.(『한서』 권7 「소제기」, 권8 「선제기」, 권68 「곽광전」)

43 을미일이 아니라 기미일己未日(초4일)이 되어야 한다.

3월 경인일庚寅日(초6일), 산양공(한 헌제)이 세상을 떠나자 명제는 소복을 입고 애도하면서 지절持節의 권한을 준 사자를 파견하여 상사喪事를 주관하게 했다. 기유일己酉日(25일)에 대사면을 시행했다.

여름 4월 역병이 크게 유행했다. 숭화전崇華殿에 불이 났다. 병인일丙寅日(12일), 담당 관리에게 조서를 내려 태뢰로 문제의 사당에 고유제를 올리게 했다. 산양공에게 한 효헌황제孝獻皇帝라는 시호를 추증하고 한나라 예법에 따라 장례를 치렀다.○

○『헌제전』: "명제는 옷을 갈아입은 후 신료들을 이끌고 곡을 했다. 사지절 행사도行司徒 태상太常 화흡和洽으로 하여금 조문을 하게 하고, 또 사지절 행대사공行大司空 대사농大司農 최림崔林으로 하여금 상사를 주관하게 했다. 조서를 내렸다. '대체로 오제五帝의 일은 아주 오래되었다. 공자가 요 임금과 순 임금이 높고 넓은 공을 세웠다고 극찬한 것은 선양禪讓이 위대한 성인의 아름다운 사적이라 여겼기 때문이다. 산양공은 하늘이 내린 복록福祿이 자신에게서 영원히 끝날 운명임을 깊이 깨닫고 문황제에게 보위를 선양하여 천명에 순응했다. 선제께서는 산양공에게 명령을 내려 한나라 역법을 계속 사용하고 천자의 예로 하늘과 조상에 제사 지내게 했으며, 대소사를 이야기할 때도 신臣이라 칭하지 않도록 했으니 이는 순 임금이 요 임금을 섬긴 대의다. 옛날에 방훈放勳(堯)이 세상을 떠나자 사해 백성은 마치 부모상을 당한 듯 슬퍼하며 8음八音을 금지하고 상례와 장례의 예법을 밝혀 천자와 같이 했다. 지금 담당 관리는 상주문을 올려 산양공의 장례를 제후왕에 비견했는데, 이것이 어찌 옛날부터 전해온 제도이며 선제의 지극한 뜻이겠는가? 지금 산양공에게 효헌황제라는 시호를 추증하라.' 또 태위로 하여금 태뢰를 갖춰 문제

의 사당에 고유제를 지내게 했다. 고유문은 다음과 같다. '예叡(위 명제)가 듣건대 예禮라는 것은 근본으로 돌아가 옛것을 닦으며 애초의 뜻을 잊지 않는 것이라 합니다. 이러한 까닭에 선대의 임금은 존귀한 사람을 존경하고 친척과 친했는데 이 모두는 유래가 아주 오래된 일입니다. 지금 산양공은 병이 깊어 나라를 버렸는데 담당 관리는 그의 상례를 제후왕의 경우와 같이 봐야 한다고 건의했습니다. 제가 생각해보건대 산양공은 지난날 이미 천명이 자신에게서 영원히 끝날 줄 알았으며, 이에 한나라의 역수가 진실로 성군(위 문제)에게 있음을 깊이 관찰하고 보위를 선양하여 〔문제를〕 우리 백성의 주인으로 높여주었으니 이는 요 임금의 아름다운 덕망과 같은 일입니다. 황초 연간에 한나라 천명이 끝난 후 산양공에게 명령을 내려 자신의 나라에서 한나라 역법을 시행하게 했고, 또 하늘과 조상에게 제사 지내는 예악 제도도 모두 한나라 옛 제도를 따르게 했습니다. 이 역시 순 임금과 우 임금이 종묘의 명당을 마련한 대의입니다. 위로 처음에 국가의 정통을 세우던 일을 고찰해보면 진실로 보위를 선양한 일이 아름답게 빛났으니 이보다 더 밝은 일은 없었습니다. 대체로 아들은 아버지의 뜻을 계승하고 그 가르침을 잇는 것을 효도로 삼으며, 신하는 나라의 천명을 보좌하고 공경을 다해 공적을 서술하는 것을 충성으로 삼습니다. 이 때문에서 『시경』에서는 '욕심대로 급히 이루시지 않고, 선왕의 미덕을 좇으셨다'[44]라고 했고, 『상서』에서는 '선인께서 천명을 받았으니 이에 큰 공을 잊지 않네'[45]라고 했습니다. 제가 감히 아름다운 법전을 받들어 선제의 신령을 빛내지 않을 수 있겠습니까? 지금 산양공에게 효헌황제라는 시호를 추증하고 책문冊文을 지어 옥새와 인수까지 증정했습니다. 또 사도와 사공에게 명령을 내려 지절持節의 권한을 갖고 가서 조문하

44 욕심대로…좇으셨다: 『시경』「대아·문왕유성文王有聲」에 나온다. 현재 통행본에는 '유猶'가 '욕欲'으로, '율聿'이 '휼遹'로 되어 있다. "匪棘其猶, 聿追來孝."

45 선인께서…않네: 『상서』「대고大誥」에 나온다. "前人受命, 玆不忘大功."

고 상례를 돕게 하면서 광록과 대홍려를 부관副官으로 삼게 했습니다. 또 장작대장將作大匠과 복토장군復土將軍에게 능묘를 조성하게 했고, 아울러 백관과 그 아래 관리들로 하여금 수레, 깃발, 의복, 법도, 상례와 장례의 의례를 하나같이 한나라 옛 제도를 그대로 따르게 했습니다. 상례와 장례에서 관리들에게 제공되는 경비는 모두 대사농에게 의지하게 했습니다. 그 후사를 세워 산양공으로 삼고 삼통三統[46]을 통하게 하여 영원히 우리 위나라의 빈객이 되게 했습니다.' 이에 책문을 증정했다. '아! 지난날 하늘이 한나라에 재난을 내려 역신 동탁으로 하여금 흉포한 죄악을 퍼뜨리고 도성을 불태워 어가를 옮기게 했습니다. 이에 온 천지가 분란에 빠져 간웅들이 사납게 봉기했습니다. 황제는 서경西京 장안長安에서 출발하여 천하를 안정시키려고 이 낙읍洛邑에 이르렀습니다. 성현을 구하기 어려워 수레를 바꿔 타고 또 허창許昌으로 천도했는데 이는 무황제에게 ·의지하기 위함이었습니다. 현효玄枵[47]의 해에 황제의 군대를 이끌고 처음 출정하여 순미鶉尾[48]의 해에 이르기까지 18년 동안 도적 떼를 섬멸하고 전국을 평정했습니다. 황제가 그 공을 생각하여 이에 위나라에 복을 내리고 영토를 크게 열어주었습니다. 이어서 문황제에 이르러서는 공경스럽고 성스럽고 넓고 깊은 품성을 갖춰 어진 명성이 널리 퍼져 나갔습니다. 먼 곳은 회유하고 가까운 곳은 길들여 풍속이 다른

46 삼통三統: 중국의 삼대인 하夏·은殷·주周는 모두 세수歲首(정월)가 달랐다. 하나라는 인월寅月을 세수로 삼았고, 은나라는 축월丑月을 세수로 삼았으며, 주나라는 자월子月을 세수로 삼았다. 그러나 이후 한나라 무제武帝 때 태초력太初曆을 시행하며 다시 하력夏曆을 쓴 이래로 위魏나라와 진晉나라도 모두 인월을 세수로 삼았고, 이후 왕조도 대개 이를 그대로 따랐다.

47 현효玄枵: 12성차星次의 하나다. 12성차는 성기星紀, 현효玄枵, 추자娵訾, 강루降婁, 대량大梁, 실침實沈, 순수鶉首, 순화鶉火, 순미鶉尾, 수성壽星, 대화大火, 석목析木이다. 이중 현효는 28수宿의 북방인 여수女宿, 허수虛宿, 위수危宿이며 지지地支로는 자子에 해당하는데 여기에서는 건안建安 원년인 병자년丙子年이다.

48 순미鶉尾: 12성차의 하나로 28수 남방의 꼬리인 익수翼宿와 진수軫宿이며, 분야로는 초楚(荊), 지지로는 사巳에 해당하고 여기에서는 건안 18년인 계사년癸巳年이다.

이민족도 의로운 곳으로 향해 왔습니다. 하늘의 정기를 받은 분이 보위를 계승했고, 땅의 신령함을 받은 분이 찬란한 빛을 뿜었습니다. 옥형玉衡[49]을 끝까지 고찰해보니 진실로 하늘의 역수와 부합하여 바른 법도를 헤아리며 황제의 마음을 흡족하게 했습니다. 이에 하늘을 우러러 칠정七政[50]을 공경하고, 땅을 굽어보며 오전五典[51]을 살폈습니다. 사악四岳[52]의 꾀를 채택하지도 않고, 여러 사람의 천거를 기다리지도 않고, 몰래 신명에게서 도움을 받아 천명을 이어 보위를 선양받았습니다. 천자의 자리가 짐에게 이르러[53] 나라의 대업을 계승했습니다. 대체로 듣건대 옛날 요 임금이 원개元凱[54]를 등용하자 흉악한 족속이 행세하지 못했고, 순을 백관의 장으로 등용한 연후에야 백관의 질서가 잡혀 안으로 안정을 이루고 밖으로 융화를 이뤄 명당에서 보위를 선양하고 물러나 하늘이 준 복록을 마칠 수 있었습니다. 이 때문에 백왕百王 가운데 덕이 으뜸에 오를 수 있었고, 숭산嵩山처럼 공을 높이 드러낼 수 있었습니다. 옛날부터 지금까지 7대[55]를 두루 거치며 세월이 3000년에 이르는 동안 대운大運이 다시 돌아와 떳떳한 천명으로 공적을 이루고 우리 백성의 주인 자리를 계승하여 제왕의 지극한 법도를 세웠습니다. 찬란한 빛을 다시

---

49 옥형玉衡: 고대의 천문 관측기구로 하늘의 운행이나 천명의 변천을 비유한다.

50 칠정七政: 해, 달, 수성水星, 금성金星, 화성火星, 목성木星, 토성土星을 합쳐서 부르는 말이다. 흔히 칠요七曜 또는 칠위七緯라고도 한다. 천문 또는 하늘의 이치를 비유한다.

51 오전五典: 흔히 삼분오전三墳五典이라고 한다. 공안국孔安國의 「상서전서尙書傳序」에 따르면 삼분三墳은 복희伏羲, 신농神農, 황제黃帝가 지은 책이고, 오전五典은 소호少昊, 전욱顓頊, 고신高辛, 당唐, 우虞가 지은 책이라고 한다. 경전을 비유한다.

52 사악四岳: 요 임금 때 사방의 제후를 관장한 신하다. 『상서』 「순전」에 "[순 임금이] 사악에게 자문을 구하여 사방의 문을 활짝 열었다詢于四岳, 闢四門"라는 구절이 있다.

53 이르러: 원문은 '건建'이나 『삼국지집해』의 고증에 따라 체逮로 본다.

54 원개元凱: 요 임금이 순 임금의 천거를 받아 등용한 현명한 신하 8원八元과 8개八凱다. 『좌전』 문공 18년에 따르면 8원은 고신씨高辛氏의 여덟 아들로 백분伯奮, 중감仲堪, 숙헌叔獻, 계중季仲, 백호伯虎, 중웅仲熊, 숙표叔豹, 계리季貍이고, 8개는 고양씨高陽氏의 여덟 아들로 창서蒼舒, 퇴애隤敳, 도인檮戭, 대림大臨, 방강尨降, 견강庭堅, 중용仲容, 숙달叔達이다.

55 7대: 당唐, 우虞, 하夏, 상商, 진秦, 한漢, 위魏로 이어진 역사를 가리킨다.

밝히기를 생각하며 「함지咸池」[56]를 잇고 「소하韶夏」[57]를 계승하여 여러 임금의 원대한 종적을 뛰어넘고 상商·주周의 부끄러운 덕[58]을 멀리했습니다. 이는 가히 높고 밝게 끝까지 아름다움을 지키며 위대한 공적의 훌륭하고 성대함을 찬란하게 빛낸 일이라 할 수 있습니다. 대저 한나라와 위나라가 천지와 더불어 덕을 합하고, 사시四時와 더불어 신의를 함께하며, 그 행동이 백성과 신령을 화합케 하고 그 생각이 하늘과 땅에까지 닿지 않았다면 어떻게 이런 경지에 이를 수 있었겠습니까? 짐은 효헌孝獻황제의 향년이 길지 않음을 생각하고 남기신 명령을 공경하며 순종하여, 옛 법도를 고찰하고 선제의 영령이 남기신 뜻에 삼가 따라 위대한 시호를 밝고 높게 추증하여 성스럽고 아름다운 공적을 이루어드렸습니다. 이로써 역사에 드문 동부同符[59]의 융성함을 빛냈고, 억년億年에 이르는 불후의 영광을 전하게 되었습니다. 혼백에 신령함이 있다면 이 위대하고 찬란한 덕을 아름답게 여기소서. 아아 슬프다!' 8월 임신일壬申日(20일)에 한 헌제를 산양국山陽國(河南 焦作市)에 안장하고 능호를 선릉禪陵이라 했으며 능을 관리하는 원읍園邑을 두었다. 장례일에 명제는 상복인 최복衰服을 입고 베 두건을 쓴 채 애통하게 곡을 했다. 헌제의 적손嫡孫인 계씨향후桂氏鄉侯 유강劉康을 산양공의 후사로 세웠다."

이달에 제갈량이 야곡斜谷(陝西 眉縣 남쪽)으로 나와 위수 남쪽에 주둔하자

56 함지咸池: 황제黃帝가 만들고 요 임금이 고쳐 완성한 악곡이다. 성군의 위대한 정치를 비유한다.

57 소하韶夏: 소韶는 순 임금이 만든 악곡이고, 하夏는 우禹 임금이 만든 악곡이다. 순 임금과 우 임금의 위대한 정치를 비유한다.

58 상商·주周의 부끄러운 덕: 원문은 '상주지참덕商周之慚德'이다. 은나라 탕왕湯王은 무력으로 하나라 걸왕을 정벌했고, 주나라 무왕도 무력으로 은나라 주왕紂王을 정벌했다. 『상서』 「중훼지고仲虺之誥」: "탕왕은 걸왕을 남소南巢로 추방하고 덕망에 부끄러움을 느꼈다成湯放桀于南巢, 惟有慚德." 여기서는 위나라 문제가 무력을 사용하지 않고 한나라 헌제에게 보위를 선양 받았음을 미화했다.

59 동부同符: 부절을 합치듯 옛날과 지금의 사적이 일치함을 의미한다. 옛날 요 임금과 순 임금의 선양이 한나라와 위나라의 선양과 사적이 일치함을 강조한 구절이다.

사마선왕이 여러 부대를 이끌고 가로막았다. 선왕에게 조서를 내렸다. "성벽을 튼튼히 하고 굳게 지키며 적의 예봉을 꺾어서 적이 뜻대로 전진하지 못하게 하라. 물러나서 적과 싸우지 않고 오래 멈춰 있으면 양식이 고갈될 것이니, 적이 아무것도 얻지 못하면 반드시 도주할 것이다. 도주하면 추격하여 편안한 상태로 적이 피로하기를 기다리라. 그것이 완전한 승리를 거두는 방법이다."○

○『위씨춘추』: "제갈량은 이미 여러 번 사신을 시켜 전서戰書(전투 재촉 서신)를 보냈고, 또 여인을 꾸미는 장식품을 보내 선왕의 분노를 자극했다. 선왕이 출전하려 하자 신비辛毗가 황제의 부절과 조서를 받들고 선왕 및 장교 이하 사람들에게 칙지를 내렸다. 이에 출전을 중지했다. 선왕은 제갈량의 사신을 만나 오직 그의 침식 및 크고 작은 일상사만 물어볼 뿐 군대에 관한 일은 물어보지 않았다. 사신이 대답했다. '제갈 공은 아침 일찍 일어나 저녁 늦게 침소에 듭니다. 하루에 〔군사들에게〕 징벌을 20차례 이상 내리면서 모두 직접 살펴봅니다. 먹는 것은 몇 되도 되지 않습니다.' 선왕이 말했다. '제갈량의 몸이 황폐해지고 있으니 과연 오래 견딜 수 있겠는가?'"

5월, 태백성이 낮에 보였다. 손권이 거소호居巢湖(安徽 巢湖) 입구로 진입하여 합비의 신성新城(安徽 合肥 서북)을 향했다. 장수 육의陸議와 손소孫韶로 하여금 각각 1만여 군사를 이끌고 회수와 면수沔水(漢江 상류)로 진입하게 했다.

6월, 정동장군征東將軍 만총滿寵이 진군하여 방어했다. 만총이 신성의 방어를 포기하고 적을 수춘으로 유인하려 했지만 명제가 듣지 않고 말했다. "옛날 한나라 광무제는 군대를 보내 약양을 거점으로 삼아 마침내 외효를 격파했소. 선제께서 동쪽 합비에 방어 거점을 두고, 남쪽 양양襄陽(湖北 襄樊)을 지키고, 서쪽 기산祁山을 고수하면서, 적이 쳐들어오자 이 세 성 아래에서 바로 격파한 것은 지형에 반드시 다퉈야 할 곳이 있었기 때문이오. 설령 손권이 신성을 공격하더라도 반드시 함락시킬 수는 없을 것이오. 칙령을 내리노니 여러 장수가 굳게 지키면 내가 직접 정벌을 나가겠소. 그곳으로 다가가면 아마 손권은 도주할 것이오."

가을 7월 임인일壬寅日, 명제가 친히 용주龍舟를 타고 동정東征에 나서자 손권은 신성을 공격했고 장군 장영張穎 등은 방어전을 펼치며 힘을 다해 싸웠다. 명제의 군사가 수백 리도 가지 않았는데 손권은 도주했고 육의와 손소 등도 물러났다. 신료들이 대장군 사마선왕이 바야흐로 제갈량과 대치하여 군사를 풀지 않고 있으므로 어가를 서쪽 장안으로 행차하게 해야 한다고 여겼다. 명제가 말했다. "손권이 도주했으므로 제갈량도 간담이 서늘해졌을 것이고 대장군이 그를 제압하고 있으므로 나는 걱정할 것이 없소." 마침내 수춘으로 진군하여 여러 장수의 전공을 기록하고 각각 차등을 두어 포상했다.

8월 기미일己未日(초7일), 대규모 열병식으로 군대의 위력을 과시하고 육군六軍에 잔치를 베풀고, 사자로 하여금 지절의 권한을 갖고 가서 합비와 수춘의 군사들을 위로하게 했다. 신사일辛巳日(29일)에 허창궁으로 귀환했다.

사마선왕이 제갈량과 대치한 채 포위를 계속하며 시일을 오래 끌었다. 제갈량이 여러 번 도전해왔으나 선왕은 보루를 굳게 지키며 응전하지 않았다. 마침 제갈량이 죽자 군대를 물리고 귀환했다.

겨울 10월 을축일乙丑日(14일), 달이 진성鎭星 및 헌원성軒轅星을 범했다. 무인일戊寅日에 달이 태백성을 범했다.

11월, 도성에 지진이 발생했는데, 동남쪽으로부터 오면서 우르릉 소리가 났고 지붕의 기와가 흔들렸다.

12월, 담당 관리에게 조서를 내려 사형에 관한 법률을 정리하여 사죄 조항을 줄이게 했다.

3년(235) 봄 정월 무자일戊子日(초8일), 대장군 사마선왕을 태위로 삼았다. 기해일己亥日(19일), 다시 삭방군朔方郡을 설치했다. 도성에 역병이 크게 돌았다.

정사일丁巳日(2월 초8일), 황태후 곽씨郭氏가 세상을 떠났다. 을해일乙亥日(26일), 수광현壽光縣(山東 壽光 동쪽)에 운석이 떨어졌다.

3월 경인일庚寅日(11일), 문덕황태후文德皇太后 곽씨를 장사 지내고, 수양릉首陽陵 계곡 서쪽에 능을 조성했는데 문제가 마련한 장례 제도와 같게 했다.○

○ 고개지顧愷之의 『계몽주啓蒙注』60: "위나라 때 어떤 사람이 주왕周王의 무덤을 파다가 순장한 여자 시신을 발견했는데 며칠이 지나자 생기가 돌았고 몇 달이 지나자 말을 할 수 있었으며 나이는 스무 살 정도였다. 도성으로 보내자 곽 태후가 아끼며 길렀다. 10여 년이 지나 태후가 세상을 떠나자 슬프게 그리워하며 울다가 1년여가 지나서 죽었다."

이때 낙양궁을 크게 수리하고 소양전昭陽殿과 태극전太極殿을 지었으며 총

---

60 고개지顧愷之의 『계몽주啓蒙注』: 고개지는 동진의 유명한 화가이기도 하다. 『계몽주』는 『계몽기啓蒙記』라고도 한다. 모두 3권으로 문자학에 관한 책이었으나 지금은 전해오지 않고, 청나라 마국한馬國翰의 집록본이 남아 있다.

장관總章觀도 건축했다. 백성이 농사 시기를 잃게 되자 직신直臣 양부楊阜와 고당륭高堂隆 등이 각각 여러 번 절실한 간언을 올렸다. 명제는 그들의 말을 듣지 않았으나 항상 관대하게 용납했다.○

○『위략』: "이해에 태극전 등 여러 전각을 지었고 총장관도 건축했다. 높이가 10여 장에 이르렀고 건물 위에는 비상하는 봉황을 설치했다. 또 방림원芳林園 속에 연못을 파고 배를 띄워 노를 저으며 뱃노래를 부르게 했다. 또 늘어선 전각 북쪽에 여덟 곳의 별채[八坊]를 세워 그 속에 재인才人[61]들을 질서 있게 거처하게 하고 귀인과 부인 이상을 그 남쪽으로 보내 의지해 살게 하면서 품계와 녹봉은 백관의 수목數目을 모방하게 했다. 명제는 늘 그 속에서 놀며 잔치를 벌였으며, 여자 중에서 글을 알고 편지를 쓸 수 있는 사람 여섯 명을 선발하여 여상서女尙書로 삼고 각 성省 외 상주上奏 일을 맡아보게 했으며 타당한 사안이면 '가可(윤허한다)' 자를 쓰게 했다. 귀인 이하에서 상보尙保 및 후궁 청소를 하는 사람과 가무를 익히는 사람에 이르기까지 각각 1000여 명이나 되었다. 물을 끌어들여 구룡전九龍殿 앞으로 지나가게 하고 옥정玉井을 만들어 그 난간에 비단 장식을 했으며, 두꺼비를 만들어 옥구슬을 물게 하고, 신룡을 만들어 물을 뿜어내게 했다. 또 박사 마균馬均으로 하여금 사남거司南車(指南車)를 만들게 하여 물속을 빙빙 돌아가며 온갖 놀이를 펼쳐 보이게 했다. 연초에는 대형 짐승을 만들었는데 물고기와 용 모양이 가득 늘어섰고, 말을 거꾸로 타는 등 한나라 서경西京의 제도처럼 모든 걸 갖추게 했으며, 궁궐 문밖에는 문을 가리는 병문屛門을 지었다. 태자사인太子舍人 장무張茂는 오나라와 촉나라가 자주 군사를 움직여 여러 장수가 출정하

61 재인才人: 위魏나라 때 설치한 후궁 품계의 하나다. 미인美人에 인근한 품계로 연봉은 1000석 이하였다. 후세에는 일반적인 궁중 여관女官을 가리키는 말로 흔히 썼다.

는데도, 명제는 궁실을 성대하게 짓고 놀이와 장식에 마음을 쓰면서 하사품도 절제 없이 남발하여 내탕금이 고갈되고, 또 전에 이미 출가하여 관리와 백성의 아내가 된 사민士民의 딸의 호적을 박탈하여, 다시 미혼의 다른 사민士民들에게 개가시키고, 또 그들에게 노예 여자를 사서 스스로 대속代贖하면 된다고 하면서,[62] 그중에서 자색이 고운 노예 여자를 골라 후궁으로 들이는 것을 보고 글을 올려 간언했다. '신이 엎드려 조서를 살펴보건대 사민의 딸로써 사민이 아닌 자에게 출가한 여자들을 모두 빼앗아와 사민의 전사에게 개가시키는 것은 진실로 임시방편일 뿐 위대한 교화의 최선책이 아닙니다. 신은 이 문제를 논의해보려고 합니다. 폐하께서는 하늘의 아들이며 백성과 관리는 폐하의 자식입니다. 예법에 군자와 소인에게 같은 날 은혜를 베풀지 않는 것은 신분의 귀천이 다르기 때문입니다. 관리는 군자에 속하고 전사는 소인인데 지금 저들(관리)의 것을 빼앗아 이들(전사)에게 주는 것은 형의 아내를 빼앗아 아우의 아내로 삼게 하는 것과 다름이 없으니 이는 부모의 은혜가 치우친 것입니다. 또 조서에 따르면 노예 중에서 나이와 용모가 자신의 아내와 맞먹는 여자를 사서 대속代贖할 수 있다고 하셨는데, 이 때문에 부유한 자는 재산을 탕진하고, 가난한 자는 빚을 내 노예 여자를 비싸게 사서 자기 아내를 대속하게 합니다. 또 관리들은 사민의 딸을 사민에게 짝지어 준다는 것을 명분으로 삼지만 실제로는 후궁을 채우는 제도로 이용할 뿐이고 그중에서 못생긴 여자만 전사에게 출가시키고 있습니다. 이에 아내를 얻은 자도

62 중국 삼국시대의 사민士民은 대대로 군대에 복무해야 하는 전사 계층이었고, 이들은 결혼도 같은 사민 계층끼리만 해야 했다. 그러나 당시 많은 사민들은 이 법을 어기고 자신의 딸을 관리나 일반 백성에게 출가시켰다. 이 때문에 당시 위나라에서는 전사의 숫자를 일정하게 유지하기 위해 이미 출가한 뒤 관리나 일반 백성의 아내가 된 여인의 호적을 박탈하여 아직 혼인하지 못한 사민 장정(전사)에게 개가改嫁시키는 일을 강행했다. 하지만 당시 조정에서 내린 조서詔書에 따르면 사민들은 매매할 수 있는 노예 중에서 자색이 고운 자기 아내 연배의 여인을 사서 대신 바치고 자기 아내를 다시 데려올 수 있었다.

반드시 기쁜 마음을 갖지 않으며 아내를 잃은 자는 반드시 우려의 안색을 드러냅니다. 어떤 자는 곤혹스러워하고 어떤 자는 근심에 젖어 모두 뜻을 펴지 못하고 있습니다. 대저 천하를 소유한 임금이 만백성의 환심을 얻지 못하고도 위태롭지 않는 경우는 드뭅니다. 또 군대가 외부에 수천 수만 명이 주둔하면 하루 비용이 천금에 그치지 않습니다. 온 천하의 세금을 이 일에 제공해도 오히려 부족할 것입니다. 하물며 궁중에 등록되지 않은 정원 이외의 여인들과 황후와 태후의 집안에 상을 지나치게 많이 내리시는데 그 안팎으로 끌어쓰는 비용이 군비의 절반에 해당합니다. 옛날 한 무제는 신선을 좋아하고 방사方士를 신임하여 땅을 파서 바다를 만들고 흙은 쌓아 산을 만들면서 당시에 천하가 통일되어 있다는 사실에만 의지했으므로 이에 아무도 감히 더불어 간쟁하는 자가 없었습니다. 천하가 쇠퇴하여 난리가 일어난 이래로 40~50년 동안 말 등에서 안장을 내리지 못했고 전사는 갑옷을 벗지 못했습니다. 매번 교전이 벌어질 때마다 피가 흘러 들판을 붉게 적셨고 상처 입은 군사들이 통곡하는 소리가 지금까지도 그치지 않고 있습니다. 그리고 아직도 강한 도적이 변방에서 위나라 황실을 위태롭게 하려고 합니다. 폐하께서 조심스럽고 성실하게 절약을 숭상하며 천하를 편안하게 할 방법을 생각하지 않고 사치에만 힘쓰시며 중상방中尙方[63]에서 오로지 놀이를 위한 물건만 만들어 후원을 현란하게 장식하면서 승로반承露盤[64]을 만든 것도 진실로 눈과 귀를 기쁘게 하는 감상품이지만 도적과 원수의 마음을 즐겁게 할 수 있을 뿐입니다. 안타깝습니다! 요순의 절약을 버리고 한 무제의 사치를 행하시니 신은 남몰래 폐하를 위해 이런 일은 하지 못하겠습니다. 바라옵건

---

63 중상방中尙方: 고대 중국의 궁궐 안에 설치된 관청이다. 궁궐 안의 시설물과 관련된 각종 잡역을 담당했다.

64 승로반承露盤: 이슬을 받기 위한 대야다. 도교의 이론에 따르면 깨끗한 이슬을 받아 오래 복용하면 목숨을 연장할 수 있다고 한다. 한나라 무제는 이 이론을 믿고 청동으로 만든 선인상仙人像이 승로반을 머리 위에 받들고 있도록 했다. 위나라 명제도 승로반을 만들었다.

대 폐하께서 신속하게 조서를 내리시어 만기친람萬機親覽하는 일에 이익은 없고 손해만 나는 일은 버리시고 무익한 비용은 제거하시어 전사의 부모와 처자식 중에서 기아와 추위에 고생하는 사람들에게 두텁게 하사품을 내리시고 백성의 고통을 위문하시며 그들이 싫어하는 바를 없애주십시오. 또 창고를 가득 채우고 갑사甲士를 잘 다스리시며 삼가 공경스럽게 천하에 임하시기를 바라옵니다. 이와 같이 하면 오나라 도적은 스스로 얼굴을 내밀고 두 손을 뒤로 묶을 것이며, 촉나라 오랑캐는 스스로 관棺을 수레에 싣고 달려와 주살을 기다리지도 않고 항복할 것이니, 태평성대의 길을 손꼽아 기다릴 수 있을 것입니다. 그럼 폐하께서는 사해 밖에까지 정신을 수고롭게 할 필요가 없게 되고, 군사들은 베개를 높이 벨 수 있으며, 전사들도 넉넉히 충원될 수 있을 것입니다. 지금 공경대부들이 모두 입을 굳게 닫고 있는 상황에서 신이 감히 소경의 안목과 같은 말을 바치지 않을 수 없는 까닭은 신이 지난날 『요언要言』을 올렸을 때 산기성散騎省65에서 신의 글을 상주上奏했고, 그중 「청간편聽諫篇」을 훌륭하다고 여기시며 조칙을 내려 옳다고 말씀하시고 신을 태자사인으로 발탁해주셨기 때문입니다. 또 신은 글을 지어, 신하 된 자가 간쟁하지 않음을 비난했는데 지금 간쟁할 일이 있는데도 신이 간쟁을 하지 않는다면 이는 신이 지은 글이 허망하여 말을 할 수 없기 때문일 것입니다. 신의 나이가 이제 쉰에 이르니 늘 죽을 때까지 나라의 은혜에 보답하지 못할까 두려운 마음이 듭니다. 이러한 까닭에 몸을 던져 목숨을 걸고 무례하게 신의 의견을 들려드리는 것이니 폐하께서 잘 살펴 재가해주시길 바라옵니다.' 글이 명제에게까지 전달되자 명제는 좌우를 돌아보며 말했다. '장무는 고향 친구의 힘에 의지하려는구려!'66 그리고 이 일을 산기성에 처리하라고

65 산기성散騎省: 위나라와 진나라의 관청이다. 황제를 가까이에서 보좌하며 고문에 응하고 간쟁의 득실을 살폈다. 산기상시散騎常侍, 급사중給事中, 통직산기상시通直散騎常侍 등의 관리를 두었다.
66 장무는…의지하려는구려: 위나라 황실 조씨曹氏는 패국沛國 초현譙縣 출신이고, 장무도 패국 사람

맡길 뿐이었다. 장무는 자가 언림彦林이고 패국沛國 사람이다."

가을 7월, 낙양 숭화전에 불이 났다.

8월 경오일庚午日,[67] 황자皇子 조방曹芳을 제왕齊王으로 세우고 조순曹詢을 진왕秦王으로 세웠다. 정사일丁巳日(11일), 낙양궁으로 돌아왔다. 담당 관리에게 명령을 내려 숭화전을 복구하게 하고 이름을 구룡전九龍殿으로 바꿨다.

겨울 10월 기유일己酉日(초3일), 중산왕中山王 조곤曹袞이 세상을 떠났다. 임신일壬申日(26일) 태백성이 낮에 보였다.

11월 정유일丁酉日(22일), 허창궁으로 행차했다.○

○『위씨춘추』: "이해에 장액군 산단현刪丹縣(甘肅 山丹) 금산金山 현천玄川이 범람하자 위에 그림이 그려진 보석寶石이 나타났는데 그 형상이 신령스러운 거북 같았다. 넓이는 1장丈 6척尺, 길이는 1장 7척 1촌寸, 둘레는 5장 8촌으로 현천 서쪽에 서 있었다. 그림에 석마石馬가 일곱 필 있었는데 그 하나에는 선인仙人이 타고 있었고 또 하나는 고삐로 매어두었으며 나머지 다섯 필은 형상은 있었지만 마무리를 잘하지 못했다. 또 옥갑玉匣 뚜껑이 앞에 있었고 그 위에 옥玉 자가 있었으며 옥결玉玦 두 매와 옥황玉璜 한 매가 있었다. 기린은 동쪽에 있고, 봉황은 남쪽에 있고, 백호는 서쪽에 있고, 희우犧牛는 북쪽에 있었다. 말은 중간에서 사방으로 배열되었고 색깔을 모두 창백蒼白이었다. 그

이다.

67 경오일: 경술일庚戌日(초4일)의 오류로 보인다.

남쪽에 '上上三天王'이라는 다섯 글자가 있었으며 또 '述大金, 大討曹, 金但取之, 金立中, 大金馬一匹在中, 大告(吉)開壽, 此馬甲寅述水'[68]라는 글자도 있었다. 무릇 '中' 자가 여섯이고, '金' 자가 열이었다. 또 팔괘八卦 및 여러 별자리와 혜성(列宿孛彗) 같은 형상도 있었다." 『세어』: "또 닭 모양의 형상도 하나 있었다." 『수신기』: "당초 한나라 원제元帝와 성제成帝 시절에 앞 일을 미리 아는 사람이 말했다. '위나라 연호에 화和 자가 있으면 서쪽 3000여 리에서 돌이 드러나고 말 다섯 필이 매어 있을 것이며 또 거기에 쓰인 문장에 조씨를 크게 토벌한다大討曹라는 구절이 있을 것이다.'[69] 위나라가 처음 일어날 때 장액의 유곡柳谷에서 돌이 드러났는데 건안 연간에 처음 보였고, 황초 연간에 모양이 이뤄졌으며, 태화 연간에 글이 갖춰졌다. 주위는 7심尋이었고, 가운데 높이는 1인仞이었다. 푸른색 바탕에 흰색 무늬로 그려진 용, 말, 기린, 사슴, 봉황, 신선 등의 형상이 찬란하게 모두 드러나 있었다. 이 일은 위나라 대신 진晉나라가 일어나는 조짐이었다. 진나라 태시泰始[70] 3년(267), 장액 태수 초승焦勝이 상주하기를 '장액군에 남아 있는 본국의 그림으로 금석문을 교감해보니 문자에 상이한 점이 많아서 삼가 그림을 모두 베껴서 올립니다'라고 했다. 그 무늬를 살펴보면 말 다섯 필 형상이 있는데 그중 하나에는 위가 평평한 두건(平上幘)을 쓴 사람이 창을 든 채 말을 타고 있고, 다른 하나는 말 모습인 듯하지만 완성하지 못했다. 문자에는 '금金' 자도 있고, '중中' 자도 있고, '대사마大司馬'란 글자도 있고, '왕王' 자도 있고, '대길大吉'이란 글자도 있고, '정正' 자도 있고, '개수開壽'란 글자도 있었는데 그 한 문장은 하나의 행行을 이루어 '금金이 응당 천하를 취하리라金當取之'[71]라는 의미를 드러냈다." 『한진춘

68 이 대목 문자들은 의미가 불명확하므로 번역하지 않고 그대로 둔다.

69 위나라…것이다: 『수신기』 권7에 나온다.

70 태시泰始: 진 무제晉武帝의 연호로 265~274년에 사용되었다.

71 금덕金德은 진晉나라를 가리킨다.

추』: "저지현氐池縣(甘肅 民樂) 대유곡大柳谷 입구에 밤에 세찬 물이 범람하여 그 소리가 우레와 같았다. 새벽에 푸른 돌이 물속에 서 있었고, 길이가 1장 6척, 높이는 8척이었다. 또 거기에 흰색 돌로 그림을 그렸는데, 말 13필, 소 한 마리, 새 한 마리, 팔괘와 옥결과 같은 형상이 모두 돋을새김으로 드러나 있었다. 새겨진 문자는 '大討曹, 適水中, 甲寅'이었다. 명제가 '討토벌하다' 자를 싫어하여 그것을 깎아내고 '計' 자로 고친 후 고친 부분을 푸른 돌로 메웠지만 한 밤을 지나고 나자 거기에 흰색 돌이 가득 차 있었다. 진나라 초기가 되자 그 문자가 더욱 분명해졌고, 말의 형상도 옥처럼 밝게 빛났다."

4년(236) 봄 2월, 태백성이 또 낮에 보였고, 달이 태백성을 범했으며 또 헌원성도 범한 후 태미성太微星으로 들어갔다가 나왔다.

여름 4월, 숭문관崇文觀을 설치하고 글을 잘 짓는 사람을 초빙하여 인원을 충당했다.

5월 을묘일乙卯日(13일), 사도 동소가 세상을 떠났다. 정사일丁巳日(15일), 숙신씨肅愼氏가 호목楛木으로 만든 화살을 바쳤다.

6월 임신일壬申日(초1일), 조서를 내렸다. "순 임금은 그 모습만 그려둬도 백성이 침범하지 않았고, 주나라 사람들은 형벌을 만들었지만 사용하지 않았다. 짐은 많은 왕들의 끝을 따르며 윗세대의 기풍을 우러러보지만 저 아득한 모습이 얼마나 멀리 떨어져 있는가? 법령은 갈수록 많아지고 범하는 자도 갈수록 많아지며 형벌도 갈수록 많아지니 간사한 행위를 막을 수가 없다. 지난번에 사형 조항을 살펴서 감형을 많이 하고 백성의 생명을 구제하려 한 것은 짐의 지극한 뜻이다. 그러나 각 군국郡國 감옥에서 죽는 자가 1년 중 수백 명도 넘는다. 이 어찌 짐의 훈도訓導가 순수하지 못하여 백성으로 하여금 죄를 가볍게 여기게 했든지 아니면 가혹한 법을 아직도 그대로 두어서 백성을 함정에 빠뜨린 경우가 아니겠는가? 담당 관리는 옥사를 의논하여 사형 판결을 완화하여 관대하고 간략하게 하도록 힘써야 할 것이다. 은혜를 베풀어주기를 바라는 자가 더러 자신의 말을 다 하지도 못했는데도 벌써 옥사로 판결을 내렸다고 보고하는 것은 이치를 강구하고 인정을 남김없이 베푸는 방법이 아니니다. 정위廷尉 및 천하의 옥관에게 명령을 내리노라. 사형 판결을 내려야 할 죄상이 있으면 옥사獄事의 모든 절차에 따라 판결하고, 그중 모반했거나 직접 살인한 사람이 아니면 짐이 직접 처리하겠다고 어서 말해주라. 또 은혜를 베풀어달라고 요청하는 자가 있으면 상주문과 판결 문건을 모두 올리게 하라. 짐이 그들을 온전하게 보호할 방법을 생각하겠노라. 이 조서를 천하에 포고하노니 짐의 뜻을 분명하게 밝혀라."

가을 7월, 고구려 왕궁에서 손권의 사신 호위胡衛 등의 목을 베어 그 수급을 유주幽州로 가져왔다. 갑인일甲寅日(13일), 태백성이 헌원성을 범했다.

겨울 10월 기묘일己卯日(초10일), 낙양군으로 돌아왔다. 갑신일甲申日(15일), 대진성大辰星에 반짝이는 혜성이 나타났다. 을유일乙酉日(16일), 동방에 또 혜성이 나타났다.

11월 기해일己亥日[72], 혜성이 나타나 환자宦者 자리 천기성天紀星을 범했다.

12월 계사일癸巳日(24일), 사공 진군이 세상을 떠났다. 을미일乙未日(26일), 허

72 11월 초1일은 경자일庚子日이므로 기해일은 오류인 듯하다.

창궁으로 행차했다.

경초景初 원년(237) 봄 정월 임진일壬辰日(23일), 산시현山茌县○(山東 濟南 남쪽)에서 황룡이 나타났다는 말이 돌았다. 이에 담당 관리가 아뢰기를 위나라가 지통地統을 얻었으므로 마땅히 축월丑月을 정월로 삼아야 한다고 했다.

○ [‘茌’의] 발음은 ‘사리반仕狸反’ 즉 ‘시’다.

3월, 역법을 개정하여 [3월을] 맹하孟夏 4월로 정했다.○1) 의복 색깔은 황색을 숭상하고, 제례의 희생물은 흰색을 사용하고, 군사 일에는 머리가 검은 백마를 타고, 적색 큰 깃발을 세우고, 조회에는 흰색 큰 깃발을 세우게 했다.○2) 태화력太和曆을 경초력景初曆으로 바꿔 부르게 했다. 봄, 여름, 가을 겨울의 각 맹월孟月, 중월仲月, 계월季月이 비록 하력夏曆과 다르더라도 도성 교외에서 하늘과 땅에 올리는 제사, 사계절을 맞아 풍년을 기원하는 제사, 종묘에 올리는 사계절 제사, 순행을 나가고 사냥을 하는 일, 춘분·추분·하지·동지·입춘·입하·입추·입동에 그 절기의 정령政令을 선포하는 일, 절기의 이름과 늦음에 맞게 삼가 백성에게 부역을 부과하는 일은 모두 하력夏曆 정월에 북두칠성의 자루가 가리키는 방위를 역법의 순서로 삼게 했다.

○1) 『위서』: “당초에 문제가 즉위하면서 한나라에서 선양받았을 때 한나라 정삭正朔을 따르며 바꾸지 않았다. 당시 명제는 동궁에서 의론을 펴면서 삼황오제가 비록 동기同氣로 같은 조상의 자손이지만 예법은 답습하지 않았으므로, 정삭을 마땅히 바꿔서 천명을 받은 운수를 밝혀야 한다고 생각했다. 명제는 즉위해서 오랫동안 유예하며 결정을 내리지 못하다가 사관이 다시 바꿔야 한다고 발언하자, 이에 삼공三公, 특진特進, 구경九卿, 중랑장中郎將,

대부大夫, 박사博士, 의랑議郞, 1000석, 600석에게 조서를 내려 널리 의견을 구했지만 논의하는 자들 사이에 더러 상이한 의견이 있었다. 명제는 옛 경전에 근거하여 갑자일甲子日(27일)에 조서를 내렸다. '대저 태극은 위에서 삼진오성三辰五星73으로 운행하고, 원기元氣는 아래에서 삼통오행三統五行으로 굴러간다. 올라가고 내려가는 일이 두루 선회하면서 마침이 바로 시작이 된다. 이 때문에 공자는 『춘추』를 지어 삼미三微 월月에 매달 왕정월王正月이라 칭하며 삼정三正이 번갈아 세수歲首가 됨을 밝혔다. 지금 삼통의 차례를 추정해보면 위나라는 지통을 얻었으니 마땅히 축월丑月을 정월로 삼아야 한다. 여러 서적을 고찰해보면 그 뜻이 분명하다. 청룡 5년 3월을 경초 원년 4월로 바꾸라.'"

○2) 신 송지가 살펴본 바는 이렇습니다. 위나라는 토행土行이기 때문에 의복 색깔은 황색을 숭상합니다. 은나라가 행세할 때는 축월丑月을 정월로 삼았기 때문에 제례용 희생과 깃발을 한결같이 은례殷禮를 썼습니다. 『예기』에는 이렇게 기록되어 있습니다. "하후씨는 흑색을 숭상했기에 군사 일에 흑색 말을 탔고 희생도 흑색을 썼다. 은나라 사람들은 백색을 숭상하여 군사 일에 백색 말을 탔고, 희생도 백색을 썼다. 주나라 사람들은 적색을 숭상하여 군사 일에 적색 말을 탔고, 희생도 적색 소를 썼다."74 이에 대해 정현은 이렇게 말했습니다. "하후씨가 인월寅月을 세수歲首로 세워 정월로 삼은 것은 만물의 첫 생명이 생길 때의 색깔이 흑색이기 때문이고, 은나라 사람들이 축월丑月을 세워 정월로 삼은 것은 만물의 배아胚芽 색깔이 백색이기 때문이고, 주나라 사람들이 자월子月을 세워 세수로 삼은 것은 만물의 새싹 색깔이 적색이기 때문이다. 한翰은 백색 말이다. 『주역』에도 '백마가 나는 듯하다白馬翰如'라는 말이 있다." 『주례』「춘관春官·건거巾車」에 "적색 깃발을 세워서 조회를 연다巾大赤以朝"라고 했습니다. [주나라는] 백색 깃발로 군사 일을 다스렸으므로, 이것은 주나라가 정색正色의 깃발로 조회를 열고, 앞 시대(은나라)의 깃발로 군사 일을 다스

73 삼진오성三辰五星: 삼진三辰은 일日, 월月, 성星이고, 오성五星은 수성水星(辰星), 금성金星(太白), 화성火星(熒惑), 목성木星(歲星), 토성土星(鎭星)이다.

74 하후씨는…소를 썼다: 『예기』「단궁」 상에 나온다.

렸다는 뜻입니다. 지금 위나라는 은례殷禮를 쓰면서 주나라의 제도를 변화시켰기 때문에 백색 깃발을 세워 조회를 열고 적색 깃발로는 군사 일을 다스리는 것입니다.

5월 기사일己巳日(초2일), 낙양궁으로 귀환했다. 기축일己丑日(22일), 대사면을 시행했다.

6월 무신일戊申日(12일), 도성에서 지진이 발생했다. 기해일己亥日(오류로 보임), 상서령 진교陳矯를 사도로 삼았고 상서우복야 위진衛臻을 사공으로 삼았다. 정미일丁未日(오류로 보임), 위흥군의 위양魏陽, 석군錫郡(湖北 鄖縣 일대)의 안부安富(湖北 鄖縣 동남)와 상용을 떼서 상용군上庸郡을 설치했다. 석군은 폐지하고 석현錫縣은 위흥군에 속하게 했다.

담당 관리가 상주했다. "무황제께서는 난리를 평정하여 나라를 바르게 하시고 위나라 태조가 되시어 음악은 「무시武始」라는 무용곡을 사용하셨고, 문황제께서는 천명을 받아 위나라 고조가 되시어 음악은 「함희咸熙」라는 무용곡을 사용하셨으며, 폐하[明帝]께서는 문물제도를 만들어 치세를 일으키시고 위나라 열조烈祖가 되시어 음악은 「장빈章斌」[75]이라는 무용곡을 사용하셨습니다. [종묘의 칠묘 중에서] 이 삼조三祖의 사당은 만세토록 철폐하지 말고, 나머지 4묘四廟는 친분이 다하는 대로 차례로 철폐하십시오. 이것은 주나라의 후직后稷, 문왕, 무왕의 사당 제도와 같습니다."○

○ 손성孫盛이 말했다. "대저 시호는 생존 시의 행적을 드러내기 위한 것이고, 사당[廟]은 생존 시의 용모를 보존하기 위한 것이니 모두 당사자가 죽은 후

75 「장빈章斌」: 원문은 '장무章武'이지만 『삼국지집해』의 고증에 따라 장빈章斌으로 본다.

에 행해야 한다. 이는 시원으로 올라가 끝을 탐구하여 백세百世토록 알려주기 위한 방법이다. 그런데 생존 시에 조종祖宗의 제도를 거스르며, 아직 죽지도 않은 상황에서 미리 자신을 높인 사례는 존재한 적이 없다. 옛날 화려한 음악으로 후하게 장례를 치른 일이 비난을 야기하자 주나라 사람들은 미리 흉사의 예를 행하는 것은 예법을 어기는 일이라 여겼다. 그러므로 위나라 여러 관청은 여기에서 올바름을 잃었다."

가을 7월 정묘일丁卯日(초2일), 사도 진교가 세상을 떠났다. 손권이 장수 주연朱然 등 2만 명을 파견하여 강하군을 포위했다. 형주 자사 호질胡質 등이 반격하자 주연이 물러나 달아났다. 당초에 손권은 사신으로 하여금 바다에 배를 띄워 고구려와 내통하게 하고 요동을 습격하려 했다. 이에 유주 자사 관구검毌丘儉으로 하여금 여러 부대 및 선비鮮卑·오환烏丸 부족을 이끌고 요동 남쪽 경계에 주둔하게 하고 옥새를 찍은 문서를 보내 공손연公孫淵을 불렀다. 공손연이 군사를 동원하여 반란을 일으키자 관구검이 진군하여 그를 토벌했다. 때마침 열흘 동안 계속 비가 내려 요수遼水(遼寧 遼河)에 대홍수가 나자 관구검에게 조서를 내려 군대를 이끌고 돌아오게 했다. 우북평의 오환 선우 구루돈寇婁敦, 요서의 오환 도독 왕호류王護留[76] 등이 요동에 거주하다가 부족을 이끌고 관구검을 따라와 귀의했다. 기묘일己卯日(14일), 요동의 장수, 관리, 병사, 백성에게 조서를 내려 공손연에게 협박을 받아 항복할 수 없는 자들도 모두 사면했다. 신묘일辛卯日(26일), 태백성이 낮에 보였다. 공손연이 관구검이 있는 곳에서 돌아가 마침내 스스로 연왕燕王에 오른 후 백관을 두고 연호를 소한紹漢 원년이라 칭했다.

76 왕호류王護留: 뒤의 권30 「오환전烏丸傳」에서는 『위략』을 인용하여 '왕호류엽王護留葉'이라고 표기했다.

청주, 연주, 유주, 기주에 조서를 내려 해선海船을 많이 만들게 했다. 9월, 기주, 연주, 서주, 예주의 백성이 수해를 당하자 시어사侍御史를 보내 익사자가 생기고 재산 손실이 발생한 곳을 차례로 다니며 바로 그곳에서 창고를 열어 수재민을 구제하게 했다. 경진일庚辰日(16일), 황후 모씨가 세상을 떠났다.

겨울 10월 정미일丁未日(13일), 달이 화성을 범했다. 계축일癸丑日(19일), 도황후悼皇后 모씨를 민릉愍陵에 안장했다. 을묘일乙卯日(21일), 낙양 남쪽 위속산委粟山에 환구圜丘(높고 둥근 모양의 제천단)를 조성했다.○

○『위서』에 조서가 실려 있다. "대체로 제왕이 천명을 받으면 천지의 명운命運을 삼가 받들어 신명神明을 밝히고, 대대로 황실의 계통을 이어온 선조들에게 존경을 다해 제사를 올리며 그 공덕을 빛냈다. 이 때문에 선대의 제례 전적典籍이 저술되자 교묘郊廟 제례와 조종祖宗 제례의 제도가 완비되었다. 옛날 한나라 초기에는 학문을 없애버린 진나라의 뒤를 계승하여 결손된 제도를 두루 모아 교사郊祀 의례를 완비했다. 감천甘泉, 후토后土, 옹궁雍宮, 오치五畤에서 천지신명에게 제사를 올리던 장소는 대부분 경전에 보이지 않는다. 이 때문에 제도가 일정하지 않아서 저때는 저렇게 하다가 이때는 이렇게 하는 가운데 400여 년 동안 체사禘祀는 폐지되어 사라져버렸다. 이에 고대에 이를 대신하여 만든 제도에 마침내 결함이 있게 되었다. 우리 조씨曹氏의 계보는 순 임금에게서 나왔으므로, 이제 환구에서 제사를 올리며 그곳에 시조 제순帝舜을 배향하고, 환구를 '황황제천皇皇帝天'이라 부르라. 또 방구方丘에서 제사 올리는 곳은 '황황후지皇皇后地'라 부르고 그곳에 순 임금의 비妃 이씨伊氏를 배향하라. 천교天郊에서 제사 올리는 곳은 '황천지신皇天之神'이라 부르고 그곳에 태조 무황제를 배향하라. 지교地郊에서 제사 올리는 곳은 '황지지지皇地之祇'라 부르고 그곳에 무선황후武宣皇后를 배향하라. 명당明堂에서는

고조 문황제를 종사宗祀하고 그곳에 상제上帝를 배향하라." 진晉 태시 2년(266)에 이르러, 남교南郊와 북교北郊에서 하지와 동지 제사를 각각 합쳐서 지냈다.

12월 임자일壬子日(19일) 동지에 환구단에서 제사를 올리기 시작했다. 정사일丁巳日(24일), 양양군의 임저臨沮(湖北 遠安 서북), 의성宜城(湖北 宜城 남쪽), 정양旍陽(미상), 기邔(湖北 宜城 북쪽)○1) 네 현縣을 떼서 양양 남부도위南部都尉에 속하게 했다. 기미일己未日(26일), 담당 관리가 문소황후의 사당을 도성에 세우자고 상주했다. 또 양양군의 약엽현鄀葉縣을 떼서 의양군義陽郡(湖北 棗縣 남쪽)에 속하게 했다.○2)

○1) ['邔'의] 발음은 '기기반其己反' 즉 '기'다.

○2) 『위략』: "이해에 장안에 있던 종거鍾虡, 낙타, 동인銅人, 승로반承露盤을 옮기려 했는데, 승로반은 부러졌고 동인은 무거워 옮길 수 없어서 패성覇城(陝西 西安 동북)에 놓아두었다. 대규모로 동銅을 거둬서 동인 둘을 만들고 옹중翁仲이라 이름 붙인 후 사마문司馬門 밖에 나란히 세웠다. 또 황룡과 봉황을 각각 한 마리씩 주조했는데, 황룡의 높이는 4장丈, 봉황의 높이는 3장이 넘었으며 내전內殿 앞에 배치했다. 방림원芳林園 서북 모서리에 토산을 만들면서 공경대부와 신료들로 하여금 모두 흙을 져와서 산을 쌓게 했으며, 그 위에 소나무, 대나무, 잡목, 아름다운 풀을 심고, 산새와 온갖 짐승을 잡아와서 그 속에 풀어놓았다." 『한진춘추』: "명제가 승로반을 옮길 때 승로반이 부러졌는데 부러지는 소리가 수십 리에까지 들렸다. 동인은 더러 눈물을 흘리는 것이 있었으므로 패성에 놓아두었다." 『위략』에 사도군의연司徒軍議掾 하동河東 동심董尋이 상소를 올려 간언한 내용이 실려 있다. "신은 듣건대 옛날 곧은 선비는 나라에 할 말을 다하며 죽음도 피하지 않

았다고 합니다. 이 때문에 주창周昌은 한 고조를 걸·주에 비견했고, 유보劉輔는 조후趙后를 노비에 비유했습니다. 하늘로부터 충직함을 타고나서 흰 칼날을 밟거나 끓는 물에 뛰어드는 일도 꺼리지 않은 것은 진실로 당시의 임금을 위해 천하를 아꼈기 때문입니다. 건안 이래로 야전에서 많은 사람이 죽어 더러 한 가문이 모두 전멸하는 경우도 있었고, 더러 살아남은 자가 있다 해도 아비 잃은 자식이거나 늙고 허약한 자뿐이었습니다. 만약 지금 궁궐이 협소하여 확장해야 한다 해도 계절에 맞게 일을 추진하며 농사 업무를 방해해서는 안 되는데 하물며 무익한 물건을 만드는 경우이겠습니까? 황룡, 봉황, 구룡九龍, 승로반, 토산, 연지淵池는 모두 성스럽고 밝은 임금은 만들지 않았는데, 그 노고는 궁전을 짓는 것에 비해 세 배는 더 듭니다. 삼공, 구경, 시중, 상서 그리고 지극한 덕망을 지닌 천하 사람들도 모두 그것이 도道가 아님을 알지만 감히 말하지 않는 것은 폐하의 보령이 한창 때여서 혹시 벼락같이 화를 낼까봐 마음속으로 두려워하기 때문입니다. 지금 폐하께서 이미 백관을 존중하여 면류관으로 혁혁하게 꾸며주고 수놓은 비단옷을 입혀서 화려한 수레에 태워준 것은 그들을 하잘것없는 백성과 구별하기 위한 방법입니다. 그런데도 그들로 하여금 땅을 파고 흙을 들어올리게 하여 얼굴에 검은 때가 끼게 하고, 몸과 발을 흙투성이가 되게 하면서 의관을 흐트러뜨리고 나라의 빛을 훼손시켜 무익한 물건을 숭배하게 하는 것은 너무나 도리에 맞지 않는 일입니다. 공자께서는 이렇게 말했습니다. '임금은 신하를 예로써 부리고, 신하는 임금을 충성으로 섬긴다.'[77] 충忠이 없고 예禮가 없으면 나라를 무엇으로 세우겠습니까? 이 때문에 임금이 임금답지 않고, 신하가 신하답지 않으면 상하가 통하지 않아 마음에 우울함이 맺혀 음양이 조화를 이루지 못하고 재앙이 자주 발생하며, 흉악한 무리

77 임금은…섬긴다: 『논어』「팔일八佾」: "君使臣以礼, 臣事君以忠."

가 그 틈을 타고 봉기할 터이니 누가 폐하를 위해 남김없이 간언을 올리겠습니까? 또 누가 만승지국의 임금의 마음을 거스르며 죽음을 아이들 장난처럼 여기겠습니까? 신은 이렇게 말씀 올리면 반드시 죽는다는 걸 알고 있습니다. 그러나 신은 스스로 구우일모九牛一毛에 비견하므로 살아서도 이미 아무 유익한 일을 못 했는데 죽는다고 무슨 손해날 일이 있겠습니까? 붓을 잡고 눈물을 흘리며 세상과 작별하려 합니다. 신에게는 아들 여덟이 있으니 신이 죽고 난 후에도 폐하에게 누를 끼칠 듯합니다." 이 상소문을 올리려 할 때 명제는 목욕 중이었다. 이윽고 상소문이 전달되자 명제가 말했다. "동심은 죽음도 두려워하지 않는구나!" 담당 관리가 동심을 체포해야 한다고 상주했으나 명제는 조칙을 내려 불문에 부치라고 했다. 나중에 동심은 패구령貝丘令(山東 臨淸 남쪽)이 되어 청렴한 관리로 민심을 얻었다.

2년(238) 봄 정월, 태위 사마선왕에게 조칙을 내려 군사를 이끌고 요동을 토벌하게 했다.○

○ 간보의 『진기』: "명제가 사마선왕에게 물었다. '공손연이 장차 어떤 계책으로 그대에게 대처하리라 짐작하시오?' 선왕이 대답했다. '공손연이 성을 버리고 미리 도주하면 그것은 상책입니다. 요수에 의지하여 우리 대군에 항거하는 것은 그다음 계책입니다. 양평에 자리를 잡고 앉아 수비에 치중하는 것은 포로가 될 계책일 뿐입니다.' 명제가 물었다. '그렇다면 세 가지 중에서 어떤 계책을 내겠소?' 대답했다. '오직 밝은 지혜를 갖춘 사람이어야 적과 나를 자세히 헤아리고 미리 포기할 곳을 알지만 이것은 공손연이 미칠 수 있는 능력이 아닙니다. 또 지금 먼 곳으로 도주한다면 오래 지탱할 수 없으므로 반드시 먼저 요수에 기대 항거하다가 그 후에 수비에 나설 것입니다.' 명제가 말했다. '왕복에 얼마나 걸리겠소?' 선왕이 대답했다. '진군에 100일, 공격에 100일,

귀환에 100일, 또 60일간은 휴식해야 하므로 이렇게 하면 1년으로 충분합니다.'" 『위명신주魏名臣奏』[78]에 산기상시 하증何曾의 표문이 실려 있다. "신은 선왕께서 법률을 제정했으므로 반드시 온전하고 신중하게 시행해야 한다고 들었습니다. 이 때문에 관직을 설치하고 임무를 부여할 때는 그 보좌역을 두고, 군대를 징발하고 장수를 임명할 때는 부장을 세웁니다. 또 어명을 내려 사신을 파견할 때는 부사副使를 두고, 적을 만나 무기를 부딪칠 때는 거우車右를 앉힙니다. 이런 제도는 대체로 계책의 공을 다 발휘하게 하고 안위의 변화에 대처하기 위한 방법입니다. 이러한 까닭에 험지에서 어려움에 봉착하면 임기응변으로 서로 구제해야 하고, 죽음을 미리 알 수 없으면 재주 있는 사람에게 그 직위를 대신하게 해야 합니다. 이처럼 튼튼하게 방비하는 것은 지극히 심오하고 지극히 원대한 계책입니다. 한나라에 이르러서도 옛 제도를 따랐습니다. 한신이 조趙나라를 칠 때 장이張耳를 부장으로 삼았고,[79] 마원馬援이 월越나라를 토벌할 때는 유륭劉隆을 부군副軍으로 삼았습니다.[80] 이런 앞 시대의 사적은 서책에 기록되어 있습니다. 지금 사마의는 사령장을 받들고 죄인을 토벌하러 나섰는데 보병과 기병이 모두 수만이며, 도로는 멀고 험하여 4000여 리에 달합니다. 비록 천자의 권위를 빌려 정벌에 나서 전투도 없이 승리하고 있지만, 도적들이 더러 달아나 잠적하는 탓에 세월을 허비하며 일정한 기한 내에 어명을 완수할 수 없게 되었습니다. 인간은 쇠나 돌이 아니므로, 멀리까지 생각하며 꼼꼼하게 대비하려면 진실로 부장이 있어야

78 『위명신주魏名臣奏』: 위魏나라 명신들의 상주문을 모은 책이다. 『수서』「경적지」에는 서진西晉 진수陳壽가 편찬한 『위명신주사魏名臣奏事』 40권이 있다고 기록했으나, 『신당서』「예문지」에는 편찬자 미상의 『위명신주사』가 30권이라 기록했다. 지금은 전해오지 않는다.

79 한신이…삼았고: 『한서』 권34 「한신전韓信傳」: "한왕이 한신에게 군사 3만을 주고 장이로 하여금 그와 함께 가게 하여 조趙 땅과 대代 땅으로 진격하게 했다漢王與信兵三萬人, 遣張耳與俱, 進擊趙代."

80 마원馬援이…삼았습니다: 『후한서』 권24 「마원열전馬援列傳」: "옥새를 찍은 조서로 마원을 복파장군에 임명하고 부락후扶樂侯 유륭을 부장으로 삼아 남쪽으로 교지를 공격하게 했다璽書拜援伏波將軍, 以扶樂侯劉隆爲副, 南擊交趾."

합니다. 지금 북쪽 변방의 장수들 및 사마의 감독하의 부대는 모두 그의 소속인데, 서로 지위가 다르지 않아서 평소에 일정한 역할 분담이 없으므로, 창졸간에 급변 사태가 발생하면 서로 하나로 추스를 수 없습니다. 생존 시에 패망을 잊지 말라는 것은 성현들이 경계하던 바입니다. 마땅히 대신과 명장 중에서 권위와 명망이 뛰어난 사람을 골라 그 품계를 높여서 사마의의 군대로 보내 진격할 때는 책략을 함께 논의하게 하고, 후퇴할 때는 부장의 역할을 하게 하십시오. 만일 예기치 못한 재앙이 발생한다 해도 군대의 총사령관에게 그 임무를 이을 부장이 있으면 후환이 없을 것입니다." 『관구검지기毌丘儉志記』[81]에 이르기를 "당시에 관구검을 선왕의 부장으로 삼았다"라고 했다.

2월 계묘일癸卯日(11일), 대중대부大中大夫 한기韓暨를 사도로 삼았다. 계축일癸丑日(21일), 달이 심수心宿의 거성距星을 범했고 또 심수의 중앙 대성大星을 범했다.

여름 4월 경자일庚子日(초9일), 사도 한기가 세상을 떠났다. 임인일壬寅日(11일), 패국沛國의 소蕭, 상相, 죽읍竹邑, 부리符離, 기蘄, 질銍, 용항龍亢, 산상山桑, 효洨, 강虹○ 10개 현을 떼서 여음군女陰郡으로 삼았다. 송현宋縣과 진군陳郡의 고현苦縣은 모두 초군譙郡에 속하게 했다. 패沛, 저추杼秋, 공구公丘, 팽성彭城의 풍국豐國, 광척廣戚 다섯 현을 아울러 패왕국沛王國으로 삼았다.[82] 경술일庚戌日(19일),

81 『관구검지기毌丘儉志記』: 지은이 미상이다. 『수서』「경적지」에 3권이 있었다고 기재되어 있다. 위나라 진동장군鎭東將軍 관구검의 사적을 기록한 책으로 알려져 있지만 지금은 전해오지 않는다.

82 대체로 소蕭는 지금의 안후이성 샤오현蕭縣, 상相은 같은 성 후이베이淮北 서쪽, 죽읍竹邑은 같은 성 쑤저우宿州 북쪽, 부리符離는 쑤저우 동쪽, 기蘄는 쑤저우 남쪽, 질銍은 쑤저우 서쪽, 용항龍亢은 같은 성 멍청蒙城 동남, 산상山桑은 멍청 북쪽, 효洨는 같은 성 구전固鎭 동쪽, 강虹은 같은 성 우허五河 서북, 송현宋縣은 같은 성 제서우界首 동북, 고현苦縣은 허난성河南省 루읍鹿邑, 저추杼秋는 안후이성 탕

대사면을 시행했다.

○ [‘洨’의] 발음은 ‘호교반胡交反’ 즉 효다. ‘虹’의 발음은 ‘강絳’이다.

5월 을해일乙亥日(15일), 달이 심수의 거성을 범하고 또 중앙의 대성大星을 범했다.○

○ 『위서』에 무자일戊子日(28일) 내린 조서가 실려 있다. “옛날에 한 고조가 창업하고 광무제가 중흥하여 적절한 계책으로 잔학한 폭도를 제거하자 그 공업功業이 사해에 빛났다. 그러나 분묘는 붕괴되어 목동들이 그 위를 밟고 다니니, 이는 우리 위대한 위나라가 높이 숭배하고 계승해야 할 뜻이 아니다. 한 고조와 광무제 능묘의 사방 백 보까지 표시를 하여 백성이 그곳에서 농사를 짓거나, 가축을 방목하거나, 꼴을 베거나, 나무를 하지 못하게 하라.”

6월, 어양군의 호노현狐奴縣(北京 順義 북쪽)을 폐지하고 다시 안락현安樂縣을 설치했다.

가을 8월, 소당강燒當羌, 왕망중王芒中, 주예注詣 등이 배반했다. 양주凉州 자사가 여러 군의 군사를 이끌고 토벌하여 주예의 머리를 베었다. 계축일癸丑日(24일), 장수張宿에 혜성이 나타났다.○

○ 『한진춘추』: “사관이 명제에게 말했다. ‘저곳이 주周나라의 분야이므로, 낙읍

산碭山 동쪽, 공구公丘는 산둥성山東省 텅현滕縣, 풍국豐國은 장쑤성江蘇省 펑현豐縣, 광척廣戚은 장쑤성 페이현沛縣 동쪽 지역에 해당한다.

洛邑(洛陽) 사람들이 저 혜성을 싫어합니다.' 이에 신에게 제사를 올리는〔禳禱〕 술법으로 재앙을 억눌렀다." 『위서』: "9월, 촉蜀 땅 음평 태수 요돈廖惇이 반란을 일으켜 수선강후守善羌侯 탕심宕蕈을 공격했다. 옹주雍州(陝西 西安 일대) 자사 곽회郭淮는 광위廣魏 태수 왕윤王贇과 남안南安 태수 유혁游奕을 파견하여 군사를 거느리고 요돈을 토벌하게 했다. 곽회가 글을 올렸다. '왕윤과 유혁 등이 군사를 나눠 산의 동쪽과 서쪽에서 협공하며 적의 바깥에 울타리를 쳤으므로 조만간에 격파할 것입니다.' 명제가 말했다. '용병의 형세는 서로 분리되면 좋지 않다.' 이에 서둘러 곽회에게 조서를 내려 유혁의 다른 진채들이 요처에 자리 잡고 있지 않으면, 돌아와서 전투하기 편리한 땅에 근거지를 마련하라고 명령했다. 그러나 조칙이 도달하기도 전에 유혁의 군대가 요돈에게 패배했고, 왕윤은 흘러온 화살에 맞아 죽었다."

병인일丙寅日(9월 초9일), 사마선왕이 양평에서 공손연을 포위하여 대파하고 그의 수급을 도성으로 전하자 해동의 여러 군郡이 평정되었다.

겨울 11월, 공손연을 토벌한 공에 상을 내렸다. 태위 사마선왕 이하 공을 세운 사람들에게 각각 차등을 두어 봉읍封邑과 봉작을 늘려줬다. 당초에 명제는 사마선왕을 파견하여 공손연을 토벌할 때 병졸 4만 명을 징발해야 한다고 논의했지만 논의에 참여한 신하들은 모두 4만 명은 너무 많아서 전쟁 비용을 대기 어렵다고 여겼다. 명제가 말했다. "4000리 정벌에 기이한 계책을 쓴다고는 하지만 강한 병력에 의지해야 하므로 전쟁 비용을 자잘하게 따져서는 안 되오." 마침내 4만 군사를 출발시켰다. 사마선왕이 요동에 이르렀을 때 장맛비가 내려 공격할 때를 얻지 못했다. 신료들 중 더러는 공손연을 결국 격파할 수 없을 것이므로 선왕에게 조서를 내려 돌아오게 해야 한다고 여겼다. 명제가 말했다. "사마의는 위험한 상황에 닥쳐 임기응변을 잘하므로 공손연을 잡을

날을 기대할 수 있을 거요." 마침내 모든 것이 계책과 같이 되었다. 임오일壬午日(24일), 사공 위진을 사도로 삼고, 사례교위 최림崔林을 사공으로 삼았다.

윤달에 달이 심수 중앙 대성을 범했다.

12월 을축일乙丑日(초8일), 명제가 병이 나서 몸이 불편했다. 신사일辛巳日(24일), 황후를 세웠다. 천하의 남자들에게 작위 2급을 하사하고, 홀아비, 과부, 고아, 무의탁 노인에게 곡식을 하사했다. 연왕燕王 조우曹宇를 대장군으로 삼았다가 갑신일甲申日(27일)에 면직하고 무위장군武衛將軍 조상曹爽에게 그 직위를 대신하게 했다.○

○『한진춘추』: "명제가 연왕 조우를 대장군으로 삼고, 영군장군領軍將軍 하후헌夏侯獻, 무위장군 조상, 둔기교위屯騎校尉 조조曹肇, 효기장군驍騎將軍 진랑秦朗 등과 함께 보정대신輔政大臣의 역할을 맡게 했다. 중서감中書監 유방劉放과 중서령中書令 손자孫資는 오랫동안 권세와 총애를 오로지 하여 손랑 등에게 평소 좋은 대우를 받지 못했다. 이에 뒤에 피해를 당할까 두려워 몰래 그들을 이간질하려 했지만 조우가 항상 명제의 곁에 있어서 말할 기회를 얻지 못했다. 갑신일甲申日(27일), 명제의 숨결이 미약해지자 조우는 전각에서 내려가 조조를 불러 의논했고, 그는 아직 돌아가지 않았다. 그러나 황제가 조금 차도를 보였을 때는 조상만 혼자 황제 곁에 있었다. 유방이 그 사실을 알고 손자를 불러 함께 모의했다. 손자가 말했다. '함부로 움직여서는 안 되오.' 유방이 말했다. '함께 가마솥에 던져져 삶길지언정 어찌 불가함이 있겠소?' 이에 갑자기 앞으로 나가 명제를 뵙고 눈물을 흘리며 말했다. '폐하의 숨결이 미약한데 만약 불미스러운 사태가 발생하면 장차 천하를 누구에게 부탁하시겠습니까?' 명제가 말했다. '경은 연왕을 쓰겠다는 말을 듣지 못했소?' 유방

이 말했다. '폐하! 선제께서 내리신 조칙을 잊으신 모양입니다. 번왕藩王은 보정대신을 맡을 수 없습니다. 또 폐하께서 바야흐로 환후 중이신데도 조조와 진랑 등은 폐하의 환후를 돌보는 궁녀들과 농담을 주고받았습니다. 연왕은 군사를 거느리고 남면南面한 채 신들이 들어오는 것을 허락하지 않습니다. 이 자가 바로 수조豎刁[83]와 조고趙高[84]입니다. 지금 황태자는 유약하여 정사政事를 통솔할 수 없고, 밖에는 강포한 도적이 있으며 안에는 피로에 젖어 원망하는 백성이 있습니다. 그런데도 폐하께서는 국가 존망에 대해 멀리까지 고려하지 않으시고 친분이 오랜 사람들만 가까이하십니다. 또 조종대업을 범부凡夫 두세 사람에게만 부탁하신지라, 며칠간 환후로 누워계실 때 안팎이 꽉 막혀 사직이 위태로워졌는데도 폐하 스스로만 알지 못하시니 이 점을 신들은 가슴 아파하는 것입니다.' 명제는 유방의 말을 듣고 대로하여 말했다. '그럼 누가 이 일을 맡을 수 있겠는가?' 유방과 손자는 바로 조우 대신 조상을 추천했고 또 사마선왕에게 조칙을 내려 이 일에 참여하게 해야 한다고 아뢰었다. 명제가 이에 따랐다. 유방과 손자가 나오자 조조가 들어가서 눈물을 흘리며 굳게 간언을 올렸으나 명제는 조조에게 그만두라고 칙명을 내렸다. 조조가 문을 나오자 유방과 손자가 바로 들어가서 다시 명제를 설득하며 제지했다. 명제는 또 그들의 말에 따랐다. 유방이 말했다. '친필 조서를 쓰셔야 합니다.' 명제가 말했다. '내가 심히 피곤하여 쓸 수 없소.' 그러자 유방이 바로 침상으로 올라가 황제의 손을 잡고 억지로 쓰게 하고 마침내 그것을 가지고 나와 큰 소리로 말했다. '연왕 조우 등의 관직을 파면하고 궁중에

83 수조豎刁: 수초豎貂라고도 한다. 춘추시대 제 환공의 심복 내시다. 제 환공이 총애했으나 제 환공 사후 세자 소昭(孝公)를 추방하고 공자 무휴無虧를 옹립하는 과정에서 제 환공의 시신을 두 달 이상 방치하여 제나라를 혼란에 빠뜨렸다.

84 조고趙高: 진시황의 내시다. 진시황 사후 이사李斯와 함께 유조遺詔를 위조하여 태자 부소扶蘇를 자결하게 하고 호해胡亥를 2세 황제로 옹립했다. 지록위마指鹿爲馬의 주인공으로 권력을 전횡하며 진나라를 망국의 수렁에 빠뜨렸다.

머물게 해서는 안 된다는 조서가 내렸다.' 이에 조우, 조조, 하후헌, 진랑은 서로 함께 울며 자택으로 돌아갔다."

당초 청룡 3년(235)에 수춘 농민의 처가 천신天神에 의해 하늘에서 파견된 사람이라고 스스로 말했다. 명제는 그 여자를 등녀登女라고 이름을 붙인 후 황실 호위를 위해 사악한 기운은 제거하고 복을 받아들이도록 했다. 그 여자는 사람들에게 물을 마시게 했으며 물로 종기도 씻게 했는데 치유된 자가 많았다. 이에 후궁에 집을 지어주고 조서를 내려 칭송하는 등 매우 두터운 은총을 베풀었다. 명제에게 환후가 생겼을 때 물을 마시게 했지만 효험이 없었으므로 이에 그 여자를 죽였다.

3년(239) 봄 정월 정해일丁亥日(초1일), 태위 사마선왕이 하내에서 돌아왔다. 명제는 역마를 보내 그를 불러와서 침실 안으로 이끌어들인 후 손을 잡고 말했다. "나는 병이 깊어서 후사를 공에게 부탁하오. 공은 조상과 더불어 어린 아들을 보좌해주시오. 내가 그대를 봤으니 이제 여한이 없소." 선왕은 머리를 조아리며 눈물을 흘렸다.○1) 그날 바로 명제가 가복전嘉福殿에서 세상을 떠났다.○2) 당시 나이가 서른여섯이었다.○3) 계축일癸丑日(27일)에 고평릉高平陵에 안장했다.○4)

○1) 『위략』: "명제는 유방의 계책에 따라 사마선왕을 불러들여 자신의 힘으로 조서를 써서 봉한 후 궁중에서 늘 심부름하는 자를 불렀다. '벽사辟邪야 들어오너라. 너는 나의 이 조서를 갖고 가서 태위에게 전하라.' 벽사가 달려갔다. 이보다 앞서 연왕은 명제를 위해 장래 계책을 마련하며 관중關中의 일이 막중하므로 편도便道를 따라 선왕으로 하여금 하내에서 서쪽으로 귀환하게 하도록 일을 시행해야 한다고 여겼다. 선왕은 앞의 조서를 받고 얼마

지나지 않아 또 뒤의 친필 조서를 받았다. 이에 그는 도성에 변고가 생겼음을 의심하고 바로 말을 치달려 도착한 후 궁중으로 들어가 명제를 뵈었다. 위로 인사를 끝낸 후 명제는 바로 제왕齊王(曹芳)과 진왕秦王(曹詢)을 불러 선왕에게 보였고, 별도로 제왕을 가리키며 선왕에게 말했다. '바로 이 아이요. 공은 자세히 봐두고 잘못이 없도록 하시오.' 또 제왕으로 하여금 앞으로 나와 선왕의 목을 끌어안게 했다." 『위씨춘추』: "당시에 태자 조방은 여덟 살이었고, 진왕은 아홉 살이었는데 명제 곁에 있었다. 명제는 사마선왕의 손을 잡고 태자를 눈으로 가리키며 말했다. '이제 참고 죽을 수 있을 듯하오. 짐은 죽음을 참으며 공이 오기를 기다렸소. 공은 조상과 더불어 이 아이를 보좌해주시오.' 선왕이 말했다. '폐하는 선제께서 신에게 폐하를 부탁하신 일을 보지 못하셨습니까?'"

○2) 『위서』: "구룡전九龍殿의 전전前殿에 빈전殯殿을 마련했다."

○3) **신 송지가 살펴본 바는 이렇습니다. 위 무제[曹操]는 건안 9년(204) 8월에 업성鄴城에 도읍을 정했고, 이때 문제가 바야흐로 견후甄后를 맞아들였으므로 명제는 건안 10년에 태어나야 합니다. 이해 정월로 계산해도 서른넷에 불과합니다. 당시에 정삭을 바꿨으므로 옛 12월을 금년 정월로 쳐도 억지 명의의 서른다섯이라 할 수 있지 서른여섯이 될 수는 없습니다.**

○4) 『위서』: "명제의 용모는 준수해서 바라보면 위엄이 있었다. 동궁에 몸을 두고 나서도 조정의 신하들과 교류하지 않았고 정사에 대해서 묻지 않았으며 오직 서적에 침잠했을 뿐이다. 즉위 이후에는 대신들을 포상하며 예의를 갖췄고 공적이 있고 유능한 사람을 선발하려 했다. 이에 진짜와 가짜를 서로 뒤섞지 않으면서 화려한 말로 참소하려는 단서를 힘써 차단했다. 군대를 움직이고 국가 대사를 논단할 때도 모사, 장수, 재상들이 모두 명제의 대담한 책략에 감복했다. 타고난 바탕이 특히 기억력이 뛰어나 비록 좌우 말단 관리의 성향 기록이나 그들이 행한 업적 및 그들 부형이나 자제들에 대해서도 한 번 귀로 듣고 눈으로 보면 끝까지 잊지 않았다. 험담이나 악담

도 포용하며 직언을 수용했고, 관리나 서민의 상소문도 들어주었는데 그것이 한 달에 수십에서 일백 통에 달했다. 비록 글이 비루하더라도 끝까지 읽으며 싫증을 내지 않았다." 손성이 말했다. "장로들에게서 들은 바에 따르면 위 명제는 타고난 모습이 준수했고 일어섰을 때도 머리카락이 땅에까지 늘어졌다. 말을 더듬기도 하고 말수가 적었지만 침착하고 과감하게 결단을 잘 내렸다. 당초에 여러 공公들이 유조遺詔를 받고 보좌할 때도 명제는 그들에게 모두 지방 장관의 소임을 맡도록 처리하면서 조정의 정치는 자신이 주도했다. 대신들을 예우하면서 얼굴을 밝게 하고 직언을 좋아했다. 설령 대신들이 용안을 범하며 극간할 때도 상해를 가하거나 죽이지 않았으니 임금 된 도량이 이와 같이 위대했다. 그러나 덕망을 세우고 좋은 기풍을 드리울 생각을 하지 않았으며, 황실의 터전을 튼튼하게 다지지도 못하여 대권을 다른 사람 손에 떨어지게 만들고 사직을 보위하지 못했으니 슬프다!"

논평하여 말한다. 명제는 침착하고 과감하며 결단력 있고 식견이 뛰어났다. 마음대로 행동해도 대개 임금으로서의 훌륭한 기개를 갖추고 있었다. 당시에 백성이 피폐하고 사해가 붕괴되는 상황에서 먼저 훌륭한 선조의 기풍을 닦아 대업의 기반을 개척하지 못하고, 급기야 진시황과 한 무제의 행적을 뒤따르며 궁궐 짓기를 일삼았으니 원대한 치국 표준으로 따져보면 그 위태로움이 신속하게 들이닥친 원인일 터이다!

권4 위지魏志 4

삼소제기三少帝紀

제왕齊王 조방曹芳
고귀향공高貴鄕公 조모曹髦
진류왕陳留王 조환曹奐

제왕齊王 조방曹芳

제왕齊王은 휘諱가 방芳이고, 자字는 난경蘭卿이다. 명제는 아들이 없어서 제왕 및 진왕秦王 순詢을 양자로 삼았다. 궁궐 일을 비밀에 부쳤기에 아무도 유래를 아는 사람이 없다.○ 청룡 3년(235) [방을] 제왕으로 책봉했다.

○『위씨춘추』: 혹자는 임성왕任城王 조해曹楷1의 아들이라고 한다.

경초 3년(239) 정월 초하루 정해일丁亥日, 명제가 병이 위독하여 바로 [조방을] 황태자로 삼았다. 이날 황제 보위에 올라 대사면을 시행했다. 명제의 황후를 황태후로 높였다. 대장군 조상과 태위 사마선왕[司馬懿]을 보정대신輔政大臣으로 임명했다. 조서를 내려 일렀다. "짐은 보잘것없는 몸으로 대업을 계승하여 외롭게 근심하지만 하소연할 데도 없다. 대장군과 태위는 선제의 마지막 어명을 받들어 짐을 좌우에서 보좌하라. 사도, 사공, 총재冢宰, 원보元輔는 백관을

1 조해曹楷: 조조의 손자이며 조창曹彰의 아들이다. 조창은 조비曹丕의 아우이며 조식曹植의 형이다.

통솔하여 사직을 편안하게 하고 여러 공경대부와 함께 마음을 다해 노력하여 짐의 뜻에 부합하라. 궁궐을 짓는 여러 공사는 모두 유조에 따라 그만두라. 관노비 예순 살 이상은 면천免賤하여 양민으로 풀어주라."

2월, 서역인들이 여러 단계의 통역을 거쳐 화완포火浣布[2]를 바쳤다. 대장군과 태위에게 조칙을 내려 임시로 백관들에게 [화완포를] 보여주게 했다.○ 정축일丁丑日에 조서를 내렸다. "태위(사마의)는 몸소 정직하게 행동하고 3세 동안 충성을 다 바치며 남쪽에서는 맹달孟達을 사로잡았고, 서쪽에서는 촉蜀 땅 오랑캐를 격파했으며, 동쪽에서는 공손연을 멸하여 그 공이 해내를 덮었다. 옛날 주 성왕成王은 보부保傅[3]라는 관직을 세웠고, 근래 한 광무제는 등우를 드높여 총애했다. 이는 준걸들을 우대하여 반드시 존중하기 위한 방법이다. 태위를 태부로 삼고, 지절持節의 권한으로 군대를 통솔하면서 여러 군무를 감독하는 일은 예전처럼 그대로 하라."

○ 『이물지異物志』[4]: "사조국斯調國에 화주火州(화산섬)가 있는데 그 위치는 남해 가운데다. 그 위에 천연 불꽃이 있는데 봄과 가을에 저절로 피어났다가 가을과 겨울에 저절로 꺼진다. 그 가운데서 나무가 자라면서 불타 사라지지

2 화완포火浣布: 재질이 석면이기 때문에 불꽃으로 오염을 제거한다. 그래서 '불에 씻는다火浣'라는 이름이 붙었다.

3 보부保傅: 중국 고대에 어린 천자를 보좌하고 교육하던 관직이다. 주 성왕이 어려서 즉위하자 소공召公을 태보로, 주공周公을 태부太傅로 강태공姜太公을 태사太師로 삼았다. 후대에는 주로 태자를 교육하는 관직으로 계승되었다.

4 『이물지異物志』: 배송지가 『삼국지』에 주를 달기 전에 8~9종의 『이물지』가 편찬된 것으로 확인되지만 지금은 모두 전해오지 않는다. 후한 양부楊孚의 『이물지』, 삼국시대 오나라 주응朱應의 『부남이물지扶南異物志』, 오나라 만진萬震의 『남주이물지南州異物志』, 오나라 심영沈瑩의 『임해수토이물지臨海水土異物志』, 오나라 설영薛瑩의 『형주이남이물지荊揚已南異物志』, 촉한 초주譙周의 『이물지』, 서진西晉 속함續咸의 『이물지』 등이 있었지만 여기 인용된 내용이 어느 『이물지』에 나오는지는 확인할 수 없다.

않는다. 나무껍질은 더욱 활발하게 자라다가 가을과 겨울에 불이 꺼지면 모두 말라붙는다. 그곳 풍속에 따르면 늘 겨울에 그 나무껍질을 채취하여 베를 짜고 색깔은 연한 검푸른 색이다. 그 베가 먼지나 때로 더러워질 때는 바로 불 속에 던져넣으면 다시 색깔이 선명해진다." 『부자』: "한나라 환제桓帝 때 대장군 양기梁冀5가 화완포로 홑옷을 만들어 입고 늘 빈객들과 크게 연회를 열었다. 양기는 짐짓 술 마시기 내기를 하는 척하면서 술잔을 떨어뜨려 화완포 옷을 더럽히고는 거짓으로 화를 내고 옷을 벗어주며 말했다. '불태워라!' 화완포는 불길을 받자 붉고 찬란하게 타오르는 모습이 보통 베를 태우는 것과 같았지만, 불이 꺼지자 더러워진 얼룩이 사라졌고, 그 찬란하고 깨끗한 색깔이 마치 잿물로 씻은 듯했다." 『수신기』: "곤륜崑崙 땅에 염화산炎火山이 있고, 산 위에 새, 짐승, 풀, 나무가 있으며, 그것들은 모두 불꽃 속에서 자란다. 이 때문에 화완포도 나는데 그것은 이 산 초목의 껍질 섬유가 아니라 새와 짐승의 털이다. 한나라 때 서역에서 옛날부터 이 화완포를 바치다가 중간에 오래 끊기자, 위나라 초기에 이르러서는 당시 사람들이 〔화완포가〕 본래 없었다고 의심했다. 위 문제는 불의 성질이 혹독하게 뜨겁기 때문에 생명체가 있을 수 없다 여기고 그것을 『전론』에다 기록하여 옳지 않다는 사실을 밝히고 지자智者들의 귀에 그 풍문이 들리지 않게 했다. 명제가 즉위하여 삼공에게 조서를 내렸다. '선제께서 지난날 『전론』을 저술하셨는데 이는 불후의 명언이다. 그것을 종묘 문밖과 태학에다 석각으로 세우고 석경石經과 나란하게 안치하여 미래에까지 영원히 볼 수 있게 하라.' 이 무렵에 서역 사신이 당도하여 화완포를 바치자 이에 그 논설을 깎아 없앴고 천하 사람들이

5 양기梁冀: 후한 순제와 환제 때의 외척이다. 두 누이동생이 순제와 환제의 황후로 책봉되었다. 대장군, 녹상서사, 하남 윤, 시중 등을 역임하며 권력을 농단하여 발호장군跋扈將軍으로 불렸다. 순제 사후에 양태후가 수렴청정을 하며 양씨 일족은 거의 20년간 정권을 농단하며 폭정을 일삼았는데, 환제 때 중상시 선초單超 등이 공모하여 양씨 일족을 모두 주살했다.(『후한서』 권34 「양통열전梁統列傳」)

그것을 비웃었다."

신 송지는 이렇게 생각합니다. 옛날 서쪽으로 정벌을 나갔다가 낙양으로 돌아와 옛 문물을 두루 본 적이 있는데 『전론』 석각은 태학에 여전히 존재했습니다. 그러나 종묘 문밖에는 없어서 장로들에게 물어보니 진晉나라 초기에 선양을 받을 때 위나라 종묘를 이용했으므로 그 석각을 태학으로 옮긴 것이지 본래 두 곳에 세운 것은 아니라고 했습니다. 몰래 생각건대 『수신기』의 이 말이 옳지 않다고 여겨집니다. 또 동방삭의 『신이경神異經』[6]에 이런 기록이 있습니다. "남황南荒 밖에 화산이 있고 길이가 30리이며 폭이 50리인데 그 속 모든 곳에 불타지 않는 나무가 자란다. 밤낮으로 불꽃이 피어오르지만 폭풍이 불어도 더 사나워지지 않고 폭우가 퍼부어도 꺼지지 않는다. 불 속에서 쥐가 사는데 무게는 백 근이고 털 길이는 2척尺을 넘으며 가늘기가 실과 같아서 베로 짤 수 있다. [그 쥐는] 항상 불 속에 거주하므로 털 색깔이 진홍색이지만 때때로 밖으로 나오면 흰색으로 변한다. 물을 가지고 뒤쫓다가 물을 덮어씌우면 죽는다. 그 털을 이어 짜서 베를 만들 수 있다."

3월, 정동장군 만총을 태위로 삼았다.

여름 6월, 요동 동답현東沓縣(遼寧 遼陽 경내)의 관리와 백성이 바다를 건너와 제군齊郡(山東 淄博) 경계에 거주하자 옛 땅 종성縱城을 신답현新沓縣(山東 淄博 남쪽)으로 개명하여 이주민을 거주하게 했다.

가을 7월, 상上(조방)이 처음으로 친히 조정에 임하여 공경대부의 상주를 들었다.

---

6 『신이경神異經』: 『신이기新異記』 또는 『신이전新異傳』이라고도 한다. 모두 1권 47조條로 한나라 동방삭東方朔의 저술로 알려져 있다. 중국 밖의 기이한 사물, 괴물, 지리 등을 기록한 책으로 현재 원본은 전해오지 않는다. 다만 현재 통행본은 후인들이 당唐·송宋 시대 여러 저작에서 발췌한 『신이경』의 일문逸文을 모은 것이다.

8월, 대사면을 시행했다.

겨울 10월, 진남장군 황권黃權을 거기장군으로 삼았다.

12월, 조서를 내렸다. "열조烈祖 명황제明皇帝에서 정월에 세상을 떠나셨으니 신하 된 사람은 영원히 이 기일忌日의 슬픔을 생각해야 하므로 이제 다시 하력夏曆 정월을 세수歲首로 쓰라. 비록 삼통三統을 통하게 한 선제의 뜻에 어긋나지만 이 역시 예제禮制로서 바꾼 것이다. 또 하나라 정월은 역수에서 천정天正을 얻은 것이므로 건인建寅의 달을 정시正始 원년 정월로 삼고 건축建丑의 달은 후십이월後十二月로 삼으라."

정시 원년(240) 봄 2월 을축일乙丑日(오류로 보임), 시중 중서감中書監 유방과 시중 중서령 손자에게 좌우 광록대부 봉작을 보태줬다. 병술일丙戌日(초6일), 요동의 문현汶縣(遼寧 大石橋 동남)과 북풍현北豊縣(遼寧 瀋陽 북쪽) 백성이 바다를 건너 흘러왔으므로 제군齊郡의 서안西安(山東 淄博 서쪽), 임치臨淄(山東 臨淄), 창국昌國(山東 臨朐) 세 현 경계를 구획하여 신문현新汶縣과 남풍현南豊縣을 설치하고 유민을 거주하게 했다.

작년 겨울 12월부터 이달까지 비가 내리지 않았다. 병인일丙寅日, 옥관에게 조서를 내려 억울한 사건을 서둘러 바로잡게 하고 죄가 가벼운 죄인은 법리에 따라 석방하게 했으며, 공경대부와 백관들도 바른말과 좋은 계책을 바치며 각자 자신의 생각을 다 발휘하라고 했다.

여름 4월, 거기장군 황권이 세상을 떠났다.

가을 7월, 조서를 내렸다. "『주역』에 이르기를 '위를 덜어서 아래에 보태준다'[7]라 했고, '절제하여 제도를 만들어 재물을 상하게 하지 않고 백성을 해치지 않는다'[8]라고 했다. 지금 백성은 빈궁한데 궁궐 창고에는 금은보배와 여러 물건이 많으니 장차 무엇을 하려는 것인가? 지금 황금과 은으로 만든 물건 150종 1800여 근을 꺼내서 모두 녹여 군수품으로 사용하라."

8월, 황제가 어가를 타고 낙양 경계의 가을 추수 농가로 순행하여 삼로三老와 역전力田[9]에게 각각 차등을 두어 상을 하사했다.

2년(241) 봄 2월, 황제가 처음으로 『논어論語』를 통독하고 태상太常으로 하여금 태뢰太牢의 제물로 벽옹辟雍[10]에서 공자에게 제사를 올리게 하고 안연顔淵을 배향하게 했다.

여름 5월, 오나라 장수 주연朱然 등이 양양의 번성을 포위하자 태부 사마선왕이 군사를 이끌고 가서 막았다.○

○ 간보의 『진기』: "오나라 장수 전종全琮은 작피芍陂를 침략했고, 주연과 손륜

---

7 위를…보태준다: 『주역』「익괘益卦·단전彖傳」에 나온다. "損上益下"

8 절제하여…않는다: 『주역』「절괘節卦·단전彖傳」에 나온다. "節以制度, 不傷財, 不害民."

9 삼로三老와 역전力田: 원문은 '고년역전高年力田'이다. '고년高年'는 한 고조가 설치한 향관鄕官인 '삼로三老'다. 또 여후呂后 집정기에 효제孝悌와 '역전力田'이라는 향관을 설치했다. 『한서』 권4 「문제기文帝紀」: "효제孝悌는 천하를 크게 순응하게 하는 것이고, 역전力田은 삶을 도모하는 근본이고, 삼로三老는 사람들의 스승이다孝悌, 天下之大順也, 力田, 爲生之本也, 三老, 衆人之師也."

10 벽옹辟雍: 주나라 천자가 귀족 자제의 교육을 위해 설립한 대학이다. 학관 사방에 물이 휘감아 돌아 옥고리[璧環] 모양을 이루고 그것을 옹수雍水라고 불렀다. 그래서 벽옹辟雍이라는 이름이 생겼다. 남쪽의 성균成均, 북쪽의 상상上庠, 동쪽의 동서東序, 서쪽의 고종瞽宗, 가운데의 벽옹을 오학五學이라 하고 모두 태학으로 삼았다.(『대대예기大戴禮記』「보부保傅」)

孫倫이 거느린 5만 군사는 번성을 포위했으며, 제갈근諸葛瑾과 보즐步騭은 조중柤中[11]을 침략했다. 전종은 이미 패주했지만 번성 포위가 위급했다. 선왕이 말했다. '조중의 백성 10만이 강 남쪽에 격리되어 주인 없이 떠돌고 있으며, 번성도 공격을 받아 여러 달 포위를 풀지 못하고 있으므로 이는 위급한 일입니다. 신 스스로 토벌하기를 청합니다.' 논의에 참여한 사람들이 모두 말했다. '적은 멀리서 번성을 포위하고 있으므로 함락할 수 없고, 튼튼한 성곽 아래에서 예기가 꺾여 스스로 무너질 것이니 장기 대책으로 제어해야 합니다.' 사마선왕이 말했다. '『군지軍志』[12]의 기록에 따르면 장수가 능력이 있는데도 그를 속박하는 것을 미군縻军(군대를 얽어맨다는 뜻)이라 하고, 능력이 없는데도 그를 방임하는 것을 복군覆軍(군대를 엎어서 망하게 한다는 뜻)이라 한다고 했습니다. 지금 강역은 소란스럽고 민심은 의혹에 빠졌으니 이는 사직의 큰 우환입니다.' 6월, [사마선왕이] 여러 부대를 감독하여 남쪽 정벌에 나서자 황제는 어가를 타고 진양문津陽門[13] 밖에서 전송했다. 선왕은 남방의 기후가 덥고 습하기 때문에 지구전을 벌이지 말고 경기병으로 하여금 싸움을 부추기게 했지만 주연은 감히 움직이지 않았다. 이에 군사들로 하여금 목욕하며 휴식하게 한 후 정예병을 뽑고, 선발대를 모집하고, 호령을 펼치며 반드시 공격하겠다는 기세를 보여줬다. 그러자 주연 등은 그 소식을 듣고 한밤중에 도주했다. 그들을 삼주三州 입구[14]까지 추격하여 크게 살육하고 사로잡았다."

11 조중柤中: 지금의 후베이성湖北省 쥐수이沮水 상류라 하기도 하고 후베이성 난장현南漳縣 만허蠻河 유역이라고도 한다. 이 책 권56 「주연전朱然傳」의 「배송지 주」에 '柤'의 발음이 '조세租稅'의 '조租'와 같다고 했다.

12 『군지軍志』: 지금은 전해오지 않는 중국 고대 병법서다. 『좌전』에 이미 기록이 남아 있다.

13 진양문津陽門: 낙양성 남쪽 성곽 서쪽 첫 번째 출입문이다. 본래 진문津門이었으나 위魏나라 때 진양문으로 고쳤다.

14 삼주三州 입구: 형주荊州, 예주豫州, 양주揚州의 입구다.

6월 신축일辛丑日(29일)에 오나라 군사가 퇴각했다. 기묘일己卯日(초7일), 정동장군 왕릉王淩[15]을 거기장군으로 삼았다.

겨울 12월, 남안군南安郡(甘肅 隴西 동남)에서 지진이 발생했다.

3년(242) 봄 정월, 동평왕東平王 조휘曹徽가 세상을 떠났다.

3월, 태위 만총이 세상을 떠났다.

가을 7월 갑신일甲申日(18일), 남안군에서 지진이 발생했다. 을유일乙酉日(19일), 영군장군領軍將軍 장제蔣濟를 태위로 삼았다.

겨울 12월, 위군에서 지진이 발생했다.

4년 봄 정월, 황제가 관례冠禮를 거행하고 신료들에게 각각 차등을 두어 상을 하사했다.

여름 4월 을묘일乙卯日(24일), 황후로 견씨甄氏를 책봉하고 대사면을 시행했다.

5월 초하루에 일식이 있었는데 개기일식이었다.

가을 7월, 조서를 내려 고故 대사마 조진과 조휴, 정남대장군 하후상, 태상

15 왕릉王淩: 원문은 '왕릉王凌'이나 송나라 판본에 근거하여 '왕릉王淩'으로 본다. 아래도 같다.

환계, 사공 진군, 태부 종요, 거기장군 장합, 좌장군 서황, 전장군 장료, 우장군 악진, 태위 화흠, 사도 왕랑, 표기장군 조홍, 정서장군 하후연, 후장군 주령과 문빙, 집금오 장패, 파로장군 이전, 입의장군立義將軍 방덕龐悳, 무맹교위武猛校尉 전위典衛를 태조의 묘정廟庭에서 제사 지내게 했다.

겨울 12월, 왜국倭國 여왕 비미호俾彌呼가 사신을 보내 공물을 바쳤다.

5년(244) 봄 2월, 대장군 조상에게 조칙을 내려 촉蜀을 정벌하게 했다.

여름 4월 초하루, 일식이 있었다.

5월 계사일癸巳日(초8일), 『상서』 경전 강의를 모두 끝내고 태상으로 하여금 태뢰의 제물로 벽옹에서 공자에게 제사를 올리게 하고 안연도 배향하게 했다. 태부와 대장군 및 시강자侍講者들에게 각각 차등을 두어 상을 하사했다. 병오일丙午日(21일), 대장군 조상이 군사를 이끌고 귀환했다.

가을 8월, 진왕 조순이 세상을 떠났다.

9월, 선비족이 귀부歸附하자 요동 속국을 두고 창려현昌黎縣(河北 昌黎 일대)을 설치하여 거주하게 했다.

겨울 11월 계묘일癸卯日(21일), 조서를 내려 고 상서령 순유를 태조의 묘정에서 제사 지내게 했다.◦ 기유일己酉日(27일), 진국秦國(陝西 長安 서북 일대)을 회복하여 경조군京兆郡으로 삼았다.

○ 신 송지는 이렇게 생각합니다. 위나라 태조 묘정에 배향된 고인들 중에서 순욱荀彧이 없는 것은 대체로 그의 말년 행적에 이견異見이 있고 또 벼슬이 위나라 신하가 아니었기 때문인 듯합니다. 또 정욱은 올려주고 곽가는 빠뜨린 것, 먼저 종요를 제사 지내고 나중에 순유를 제사 지낸 것은 그 취지를 잘 모르겠습니다. 서타徐佗[16]가 반역을 도모할 때 허저許褚가 낌새를 알아차렸으므로 그 충성심의 지극함은 멀리 김일제金日磾[17]와 같습니다. 또 동관에서 위험에 빠졌을 때 허저가 아니었으면 벗어나기 어려웠으므로 허저의 공훈은 전위보다 뛰어난 점이 있습니다. 그런데 지금 전위는 제사 지내게 하면서 허저는 빠뜨린 것은 또한 일을 제대로 처리하지 못한 것입니다.

12월 사공 최림이 세상을 떠났다.

6년(245) 봄 2월 정묘일丁卯日(17일), 남안군에서 지진이 발생했다. 병자일丙子日(26일), 표기장군 조엄趙儼을 사공을 삼았다.

여름 6월, 조엄이 세상을 떠났다.

8월 정묘일丁卯日(19일), 태상 고유高柔를 사공으로 삼았다. 계사일癸巳日,[18] 좌광록대부 유방을 표기장군으로 삼았고, 우광록대부 손자를 위장군衛將軍으로 삼았다.

겨울 11월冬十一月, 태조묘太祖廟에서 협제祫祭(합동 제사)를 지낼 때 처음으로 앞에서 거론한 보좌 공신 21명을 함께 제사 지냈다.

---

16 서타徐佗: 이 책 권18 「허저전許褚傳」에는 '서타徐他'로 나온다.

17 김일제金日磾: 이 책 권1 「무제기」 건안 23년 해당 각주 참조.

18 계사일癸巳日: 8월에는 계사일이 있을 수 없다. 이 계사일이 정확하다면 다음 달인 9월 16일이 되어야 한다.

12월 신해일辛亥日(초5일), 조서를 내려 고 사도 왕랑에게 『역전易傳』을 짓게 하고 학자들로 하여금 그것을 공부하여 시험을 보게 했다. 을해일乙亥日(29일), 조칙을 내렸다. "내일 신료들과 조회를 할 때 태부는 수레를 타고 대전으로 들어오라."

7년(246) 봄 2월, 유주 자사 관구검이 고구려를 토벌했다.

여름 5월 [관구검이] 예맥濊貊을 토벌하여 모두 격파했다. 한나해韓那奚 등 수십 국이 각각 종족을 이끌고 투항했다.

가을 8월 무신일戊申日(초6일), 조서를 내렸다. "속관들이 시장에 갔다가 매매된 관노비를 보았는데, 나이가 모두 일흔이고 더러 노쇠하고 잔약한 사람도 있었다니, 이들이 소위 백성 중에서 곤궁에 처한 사람이다. 또 관청에서 그들의 힘이 고갈되었다고 다시 팔아치우고 있지만 그들을 머물게 하든 팔아치우든 아무 의미가 없으니 모두 양민으로 풀어주라. 만약 스스로 살아갈 수 없는 자가 있으면 군현에서 그들을 구제해주라."○ 기유일己酉日(초7일)에 조서를 내렸다. "나는 19일에 제사를 올리고 어제 나오다가 수리해놓은 길을 보았다. 비가 내리면 또 다시 수리해야 하므로 한갓 힘만 허비했을 뿐이다. 백성의 힘은 부족한데 노역이 많음을 생각할 때마다 아침부터 저녁까지 마음이 불편하다. 도로는 통행의 편리함만 기약하도록 하라. 소문을 들으니 노약자에게 채찍질을 하여 수리와 장식에 힘쓰게 한다는데 저들이 피곤하게 떠돌아다니며 슬프게 탄식하기에 이른다면 내가 어찌 이 도로에서 수레를 타고 다니며 종묘에 아름다운 덕을 바칠 수 있겠는가? 지금 이후로는 이 점을 경계하도록 밝혀두노라."

○ 신 송지가 살펴본 바는 이렇습니다. 황제가 즉위한 초기에 조서를 내려 "관노비 예순 살 이상은 면천하여 양민으로 풀어주라"라고 했습니다. 이런 조서가 있었으므로 마땅히 영원히 존속하는 제도로 만들어야 합니다. 그런데 7~8년 사이에 다시 70세 노비를 파는 일이 발생했으며, 또 70세 노비 중에서 노쇠하고 잔약한 사람은 결코 매매할 수 있는 물건이 아닌데도 시장에서 매매되고 있으니 이 모든 일을 이해하기 어렵습니다.

겨울 12월, 『예기禮記』 강의를 모두 끝내고 태상으로 하여금 태뢰 제물로 벽옹에서 공자에게 제사를 지내게 하고 안연도 배향하게 했다.○

○ 습착치의 『한진춘추』: "이해에 오나라 장수 주연이 조중으로 침입하여 수천 군사를 참수하자 조중의 백성과 관리 만여 가구가 면수를 건넜다. 사마선왕이 조상에게 말했다. '만약 바로 돌아오게 하면 반드시 다시 적의 침략을 불러올 테니 임시로 그곳에 머물게 해야겠소.' 조상이 말했다. '지금 면수 남쪽의 수비를 가다듬지 않고 면수 북쪽에다 백성을 머물게 하는 것은 장기 대책이 아니오.' 선왕이 말했다. '그렇지 않소. 무릇 만물은 편안한 땅에 두면 편안해지고, 위태로운 땅에 두면 위태로워지오. 이 때문에 병법 책[19]에서도 승패는 형세에 달려 있고, 안위는 지세에 달려 있다고 했소. 형세와 지세는 군사를 제어하는 요체이니 자세히 살피지 않을 수 없소. 가령 적군 2만 명이 면수를 끊고, 3만 명이 면수 남쪽의 우리 군사들과 대치하고, 다시 1만 명이 땅으로 올라와 조중을 습격하면 공은 장차 어떻게 구원하시겠소?' 그러나 조상은 듣지 않고 결국 백성을 남쪽으로 귀환하게 했다. 그러나 뒤에 적들이 조중을 기습하여 격파했다.[20] 원회袁淮가 조상에게 말했다. '오吳 땅

19 어떤 병법 책인지 출처가 불분명하다.

20 기습하여 격파했다: 이 대목이 원본에는 "然後襲破之"로 되어 있어서 공격 주체가 명확하지 않다. 그러나 『진서』 권1 「선제기宣帝紀」에는 "남쪽 적들이 과연 조중을 기습하여 격파했다南賊果襲破柤中"

과 초楚 땅의 백성은 유약하고 무능하여 그 땅에서는 뛰어난 인재와 위대한 현인이 출현하지 않습니다. 그들의 기량과 능력을 비교해보면 중원과 대항할 수 없습니다. 그러나 상고 이래로 항상 중원에 근심을 안겨준 것은 대체로 저들이 장강과 한수를 해자로 삼고 배를 이용하여 유리하면 땅으로 올라와 습격하고, 불리하면 강물 속으로 들어가버리니 공격하려면 길이 멀어 중원의 장기를 사용할 수 없었기 때문입니다. 손권은 십여 년 이래로 장강 북쪽을 크게 약탈하고 갑사甲士를 잘 조련하여 수비를 정밀하게 하면서 여러 번 출병하여 도적질을 했습니다. 그들이 감히 물을 멀리하고 땅으로 올라와 평지에 주둔하는 것이 중원에서 듣고 싶어하는 소문입니다. 대저 용병이란 배부른 상태로 굶주린 적을 기다리고, 편안한 상태로 피로한 적을 공격하는 것을 귀하게 여깁니다.[21] 군사 행동은 오래 끌어서는 안 되고, 행군은 너무 멀리까지 가서는 안 됩니다. 수비하는 장소가 적으면 튼튼해지고 힘이 하나로 모이면 강해집니다. 지금은 마땅히 회수와 한수 이남의 땅은 버리고 퇴각하여 적을 피해야 합니다. 만약 적이 침입하여 중원에 주둔한 채 우리 변경을 침략하면 적의 약점을 추궁하면서 중원의 장기를 활용할 수 있습니다. 만약 적이 침략해오지 않는다면 우리 변경은 안정을 얻어 도적질당할 근심이 없어질 것이며, 우리가 부국강병을 이루고 정치를 잘하여 백성을 하나로 통합하면 오나라를 격파할 시기도 멀다고 할 수 없을 것입니다. 지금 양양은 외롭게 한수 남쪽에 있어서 적이 한수를 따라 올라오면 길이 끊어져 연락할 수 없습니다. 또 적이 우리와 전투를 벌여 승리하면 양양은 공격하지 않아도 저절로 항복할 것입니다. 이 때문에 양양을 존치하면 나라에 아무 이득도 없

로 되어 있다.

21 편안한…여깁니다: 『손자병법孫子兵法』「군쟁軍爭」에 "편안한 상태로 피로한 적을 기다리고, 배부른 상태로 굶주린 적을 기다리나니, 이것이 힘을 잘 다스리는 자다以佚待勞, 以飽待飢, 此治力者也"라는 대목이 있다.

고 버려둬도 치욕이라 할 수 없습니다. 강하 동쪽과 회수 남쪽의 여러 군郡은 하·상·주 이래로 몇 번이나 멸망했습니까? 적의 경계와 가까워서 쉽게 침략당했기 때문입니다. 만약 백성을 회수 북쪽으로 옮기고 적과의 간격을 멀리 떨어뜨려놓으면 백성은 편안하게 생업을 즐길 텐데 어찌 소소하게 놀랄 일이라도 있을 수 있겠습니까?' 마침내 백성을 옮기지 않았다."

8년(247) 봄 2월 초하루, 일식이 있었다.

여름 5월, 하동의 분수汾水(山西 汾河) 북쪽 10개 현을 떼어 평양군平陽郡(山西 臨汾 일대)으로 삼았다.

가을 7월, 상서 하안何晏이 상주했다. "나라를 잘 다스리는 사람은 반드시 먼저 자신의 몸을 다스려야 하고, 자신의 몸을 잘 다스리는 사람은 평소 익히는 것에 신중해야 합니다. 익히는 것이 바르면 자신의 몸도 바르고, 자신의 몸이 바르면 명령을 내리지 않아도 바른 정치가 시행됩니다. 익히는 것이 바르지 않으면 자신의 몸도 바르지 않게 되고, 자신의 몸이 바르지 않으면 명령을 내려도 백성이 따르지 않습니다. 이러한 까닭에 임금 된 사람은 남과 교유할 때 바른 사람을 선택해야 하고, 사물을 볼 때도 바른 형상을 살펴야 합니다. 음란한 정성鄭聲[22]은 버려두고 듣지 말아야 하며, 아첨꾼은 멀리하고 친하게 지내지 말아야 합니다. 그런 후에야 사악한 생각이 생기지 않아서 바른 도리를 넓혀나갈 수 있습니다. 역대 왕조 말기의 어두운 군주들은 그 손익을 알지 못해서 군자를 배척하고 소인을 가까이했으며, 충성스러운 신하를 멀리하고 편벽한 신하와 친하게 지냈습니다. 혼란이 측근에게서 발생함은 사직단에 숨어 사

22 정성鄭聲: 『시경』의 「정풍鄭風」을 가리킨다. 「위풍衛風」과 함께 음란한 노래의 대명사다.

는 쥐[社鼠]의 경우에 비유할 수 있습니다.[23] 어두운 군주와 밝은 군주를 고찰해온 일은 역대로 여러 경험이 쌓여서 그러함을 알았기에 성현들께서는 정성스럽고 간절하게 타이르며 지극한 근심으로 여겨야 한다고 했습니다. 순 임금이 우 임금을 경계하며 '인재린재鄰哉鄰哉'[24]라 했는데 이는 가까이하는 사람을 신중하게 골라야 한다는 말이요, 주공周公이 성왕成王을 경계하며 '기붕기붕其朋其朋'[25]이라고 했는데 이는 더불어 함께할 사람을 신중하게 골라야 한다는 말입니다. 『상서』에 이르기를[26] '한 사람에게 경사가 있으면, 천하 만민이 이에 힘입는다一人有慶, 兆民賴之'[27]라고 했습니다. 그러므로 지금 이후로는 식건전式乾殿[28]으로 행차하거나 후원에서 놀 때 늘 대신의 시종을 받으며 조용하게 연회를 즐기시고 아울러 문서를 살피며 정사를 자문·계획하고 경전의 뜻을 강론하면서 만세의 법도로 삼으시옵소서."

겨울 12월, 산기상시 간의대부 공예孔乂가 상주했다. "예법에 따르면 '천자의 궁전은 서까래를 깎고 세밀한 숫돌로 반짝이게 가는 제도는 있지만 붉은 장식은 하지 않습니다天子之宮, 有斲礱之制, 無朱丹之飾.'[29] 따라서 예법에 따라 옛 제도

---

23 『안자춘추晏子春秋』「내편內篇 · 문상問上」에 나오는 이야기다. 제 경공景公이 안자晏子에게 나라를 다스릴 때 근심해야 할 것이 무엇인지 묻자 안자가 사직단에 숨어 사는 쥐를 근심해야 한다고 대답했다. 그 이유는 사직단에 숨어 사는 쥐를 없애기 위해 불이나 물을 쓰면 사직단이 파괴될 수 있기 때문이라는 것이다. 즉 군주의 총애에 기생하는 간신배도 사직단의 쥐와 같다는 비유다.

24 인재린재鄰哉鄰哉: 『상서』「익직」: "아아, 훌륭한 신하로다, 옆에 둘 만하다. 옆에 둘 만하다, 훌륭한 신하로다吁, 臣哉鄰哉, 鄰哉臣哉."

25 기붕기붕其朋其朋: 『상서』「낙고洛誥」: "어린 사람은 쉽게 패거리를 짓습니다. 어린 사람은 쉽게 패거리를 짓습니다孺子其朋, 孺子其朋."

26 『상서』에 이르기를: 원문은 '시운詩云'으로 되어 있지만 다음 구절이 『상서』에 나오므로 '서운書云'이 되어야 옳다.

27 천하…힘입는다: 『상서』「여형呂刑」에 나온다.

28 식건전式乾殿: 위魏나라 때 황후궁 안에 있던 전각의 하나다.

29 천자의…않습니다: 『국어』「진어晉語」: "천자의 집은 서까래를 깎고 갈아낼 때 세밀한 숫돌을 쓴다天子之室, 斲其椽而礱之, 加密石焉."

를 회복해야 합니다. 지금 천하가 이미 평정되어 군신관계도 분명해졌으니, 폐하께서 보위에서 나태하지 않고 공정한 마음을 치우침 없이 보여주시면서 상벌을 자세히 살펴 시행하십시오. 후원에서 하는 말타기 연습은 그만두시고 외출할 때는 반드시 어가를 타십시오. 이것이 천하의 복이며 신들의 소원입니다." 하안과 공예는 모두 황제가 부족한 점을 보임에 따라 그것을 바로잡는 간언을 올렸다.

9년(248) 2월, 위장군 중서령 손자, 계사일癸巳日(30일)에 표기장군 중서감 유방, 3월 갑오일甲午日(초1일)에 사도 위진衛臻이 각각 자리에서 물러나 후작의 신분을 지닌 채 자택으로 돌아갔으므로 특진特進 작위를 더해줬다.

4월, 사공 고유를 사도로 삼았다. 또 광록대부 서모徐邈를 사공으로 삼았으나 굳게 사양하며 벼슬을 받지 않았다.

가을 9월, 거기장군 왕릉을 사공으로 삼았다.

겨울 10월, 세찬 바람이 불어 집이 넘어지고 나무가 꺾였다.

가평嘉平 원년(249) 봄 정월 갑오일甲午日(초6일), 황제가 어가를 타고 가서 고평릉高平陵을 배알했다.[01] 태부 사마선왕이 대장군 조상, 조상의 아우 중령군中領軍 조희曹羲, 무위장군 조훈曹訓, 산기상시 조언曹彥의 관직을 파면하고 후작의 신분을 지닌 채 자택으로 돌려보내라고 상주했다. 무술일戊戌日(초10일), 담당 관리가 황문黃門 장당張當을 잡아들여 정위廷尉에게 보내 그 말의 진상을 조사해보니 조상이 그와 더불어 모반을 꾀했다고 상주했다. 또 상서 정밀丁謐, 등양鄧颺, 하안何晏, 사례교위 필궤畢軌, 형주 자사 이승李勝, 대사농 환범桓範이 모두 조상과 내통하며 간계를 꾸몄으므로 삼족을 멸했다. 이 내용은 「조상전曹爽傳」에 있다. 병오일丙午日(18일), 대사면을 시행했다. 정미일丁未日(19일), 태부 사마선왕을 승상으로 삼았지만 굳게 사양하므로 중지했다.○2)

○1) 손성의 『위세보魏世譜』30: "고평릉은 낙수 남쪽 대석산大石山에 있는데 낙양성에서 90리 떨어진 곳이다."

○2) 공연의 『한위춘추』: "조칙을 내려 태상 왕숙王肅으로 하여금 책명冊命으로 태부를 승상으로 삼고 봉읍 1만 호를 더해주게 했다. 신료들이 상주문上奏文에서 직접 승상의 이름을 칭하지 않은 것은 한나라 곽광 때의 일화와 같다.31 태부가 상소문을 올려 사양했다. '신은 직접 선제의 고명顧命을 받았으므로 근심은 깊고 책임은 막중합니다. 천자의 권위에 의지하여 간악한 자들을 꺾어 없애고 죄를 씻으면 다행이니 공로는 거론할 수조차 없습니다. 또 삼공三公이란 관직은 옛날 성군께서 제정했고 경전에 예법으로 기록되어 있습니다. 승상이란 직위는 진秦나라 정치에서 비롯된 것이나 한나라가 계승하여 다시 바꾸지 않았습니다. 지금 삼공 관직이 모두 갖춰졌는데도 함부로 다시 신에게 총애를 내리시어 선대의 경전을 위반하시는 것은 성스럽고 밝은 경전을 뒤바꾸고 진·한의 길을 답습하시는 일입니다. 다른 사람에게 그런 일이 발생해도 신이 바로잡아야 마땅한데 하물며 신의 몸에 직접 그런 일이 닥쳤는데도 굳게 간쟁하지 않는다면 사방에서 왈가왈부하는 자들이 장차 신을 뭐라고 하겠습니까?' 상소문을 10여 차례 올리자 황제가 그의 의견을 윤허했지만 다시 구석九錫의 예를 베풀겠다고 했다. 태부가

30 『위세보魏世譜』: 위나라 황실의 족보로 짐작되지만 지금은 전해오지 않는다.

31 이름을…않은 것은: 『한서』 권8 「선제기宣帝紀」: "지절地節 2년(기원전 70), 대사마 겸 대장군 곽광霍光이 세상을 떠났을 때, 조서에 이름을 칭하지 않았다地節二年, 大司馬大將軍光薨, 詔書不稱名." 안사고顔師古는 이 대목에 주석을 달아 이름을 칭하지 않음은 존경의 의미라고 했다.

또 말했다. '태조太祖(曹操)께서는 위대한 공훈과 덕망을 지니신지라 한나라는 그분을 존중하여 구석을 더해주었습니다. 이 일은 역대로 기이한 일에 속하므로 후대의 군신이 거론할 수 없습니다.' 또 다시 사양하며 받지 않았다."

여름 4월 을축일乙丑日(초8일), 연호를 [가평嘉平으로] 바꿨다. 병자일丙子日(19일), 태위 장제가 세상을 떠났다.

겨울 12월 신묘일辛卯日(초9일), 사공 왕릉을 태위로 삼았다. 경자일庚子日(18일), 사례교위 손례孫禮를 사공으로 삼았다.

2년(250) 여름 5월, 정서장군 곽회를 거기장군으로 삼았다.

겨울 10월, 특진 손자를 표기장군으로 삼았다.

11월, 사공 손례가 세상을 떠났다.

12월 갑진일甲辰日(27일), 동해왕 조림曹霖이 세상을 떠났다. 을미일乙未日(18일), 정남장군 왕창이 장강을 건너 오나라를 기습하여 격파했다.

3년(251) 봄 정월, 형주 자사 왕기王基와 신성 태수 주태州泰[32]가 오나라를 공격하여 격파하자 항복한 자가 수천 명이나 되었다.

32 주태州泰: 원문은 '진태陳泰'이지만 주태州泰가 되어야 옳다.

2월, 남군에 이릉현을 설치하여 항복해온 자들을 거주하게 했다.

3월, 상서령 사마부司馬孚를 사공으로 삼았다.

4월 갑신일甲申日(초9일), 정남장군 왕창을 정남대장군으로 삼았다. 임진일壬辰日(17일), 대사면을 시행했다.

병오일丙午日(5월 초2일), 태위 왕릉이 황제를 폐위하고 초왕楚王 조표曹彪를 옹립하려 한다는 소식이 들려 태부 사마선왕이 동쪽으로 나가 왕릉을 정벌했다. 5월 갑인일甲寅日(초10일), 왕릉이 자살했다.

6월, 조표를 사사賜死했다.

가을 7월 임술일壬戌日(19일), 황후 견씨가 세상을 떠났다. 신미일辛未日(28일), 사공 사마부를 태위로 삼았다.

무인일戊寅日(8월 초5일), 태부 사마선왕이 세상을 떠났다. 위장군 사마경왕司馬景王(司馬師)을 무군대장군撫軍大將軍 겸 녹상서사錄尙書事로 삼았다. 을미일乙未日(22일), 회견황후懷甄皇后를 태청릉太淸陵에 안장했다. 경자일庚子日(27일), 표기장군 손자가 세상을 떠났다.

11월, 담당 관리가 상주하기를 공신들 중에서 태조의 사당에 배향할 사람은 다시 관직으로 차례를 정하고 태부 사마선왕은 공로와 봉작이 높으므로 가장 윗자리에 두자고 했다.

12월, 광록훈 정충鄭沖을 사공으로 삼았다.

4년(252) 봄 정월 계묘일癸卯日(초2일), 무군대장군 사마경왕을 대장군으로 삼았다.

2월, 황후로 장씨를 책봉하고 대사면을 시행했다.

여름 5월, 무기고[33] 지붕 위에 물고기 두 마리가 나타났다.○

○『한진춘추』: "당초에 손권이 동흥제東興堤를 쌓아 소호巢湖를 막았으며, 뒤에 오나라가 회남을 정벌하느라 동흥제를 파괴하고 다시 수리하지 않았다. 이 해에 오나라 제갈각諸葛恪[34]이 군사를 이끌고 다시 동흥제 좌우에 산을 연결하여 두 성을 쌓은 후 전단全端과 유략留略으로 하여금 그곳을 지키게 하고 회군했다. 〔진동장군〕 제갈탄諸葛誕[35]이 사마경왕에게 말했다. '적을 오게 해야지 적에게 다가가서는 안 된다[36]는 것이 지금의 상황을 이르는 것입니다. 지금 저들이 내침해왔으므로 문서文舒(王昶)로 하여금 강릉을 핍박하게 하고, 중공仲恭(毌丘儉)으로 하여금 무창武昌(湖北 鄂州)으로 향하게 하여 오나라 상류의 적을 묶은 연후에 정예병을 선발하여 두 성을 공격하면 구원병이 도착할 무렵 이미 대승을 거둘 수 있을 것입니다.' 사마경왕이 그 의견에 따랐다."

33 무기고: 원문은 무고옥武庫屋이다. 무기고를 관리하는 관청이라 하기도 한다.

34 제갈각諸葛恪: 제갈량의 형 제갈근諸葛瑾의 맏아들이므로 제갈량의 조카다. 오나라 승상, 대장군 등을 역임하고 양도후陽都侯에 봉해졌다.

35 제갈탄諸葛誕: 제갈량의 집안 아우로 벼슬이 위나라 정동대장군에 이르고 고평후高平侯에 봉해졌다. 뒤에 반란을 일으켰다가 멸문지화를 당했다. 제갈탄의 맏딸이 사마의의 아들 사마주司馬伷에게 출가했고, 사마주의 손자 사마예司馬睿가 서진 멸망 후 강남으로 망명하여 동진東晉을 세우고 원제元帝가 되었으니, 동진 황실은 제갈탄의 외손인 셈이다.

36 적을…안 된다: 『손자병법』「허실虛實」: "致人而不致於人."

겨울 11월, 정남대장군 왕창, 정동장군 호준胡遵, 진남장군 관구검 등에게 조칙을 내려 오나라를 정벌하게 했다.

12월, 오나라 대장군 제갈각이 항전에 나서 동관東關(安徽 含山 서남)에서 우리 군대를 대파했다. 불리하여 회군했다.○

○『한진춘추』: "관구검과 왕창은 동군東軍이 패배했다는 소식을 듣고 각각 진채를 불태우고 도주했다. 조정 신료들이 패배한 장수들을 폄적하고 파면해야 한다고 의견을 모았으나 경왕이 말했다. '내가 공휴公休(諸葛誕)의 말을 듣지 않아 이 지경에 이르렀소. 이것은 나의 잘못인데 장수들이 무슨 죄를 저질렀겠소?' 이에 모두 용서했다. 당시에 사마문왕司馬文王(司馬昭)이 감군監軍으로 여러 부대를 통솔했으므로 문왕의 봉작만 깎았을 뿐이다. 이해에 옹주 자사 진태陳泰가 병주와 힘을 합쳐 호족胡族을 토벌하자고 하자 경왕이 따랐다. 그러나 아직 병력을 모으지도 않았을 때 안문雁門(山西 代縣 서쪽)과 신흥新興(山西 忻州) 두 군郡 사람들이 장차 원정을 가게 된다 여기고 마침내 놀라 반란을 일으켰다. 사마경왕이 또 조정 관리들에게 사과했다. '이것도 내 잘못이지 현백玄伯(陳泰)의 책임이 아니오.' 이에 위나라 사람들은 부끄러워하면서도 기뻐하며 그에게 보답할 길을 생각했다." 습착치가 말했다. "사마사 대장군은 두 번의 실패를 끌어들여 모두 자신의 잘못으로 여겼으니 과실은 적어지고 대업은 융성하게 되었다. 가히 지혜롭다고 할 만하다. 대저 백성은 그의 실패를 잊었고 아랫사람은 그에게 보답할 길을 생각하게 되었다. 편안하지 않으려 해도 편안하지 않을 수 있겠는가? 만약 실패를 숨기고 잘못을 미루며 그 죄를 만물 탓으로 돌린 후 항상 공적을 세우는 데만 집착하여 오류를 은폐했다면 상하의 민심이 이반되고 치자와 피치자의 관계가 해체되

어 초나라는 다시 실패했을 것이고 진晉나라는 다시 승리했을 테니[37] 오류가 더욱 심해졌을 것이다. 임금 된 사람이 만약 이러한 이치로 통솔하여 나라를 다스리면 조정에서는 잘못된 정치가 없어질 것이고 자신의 몸에는 허물을 남기지 않을 것이니 행동에 실수가 있더라도 명성은 날릴 수 있고, 병졸은 좀 꺾이더라도 전투에서는 승리할 수 있을 것이다. 그럼 백 번 패배하더라도 괜찮을 텐데 하물며 두 번임에랴!"

5년(253) 여름 4월, 대사면을 시행했다.

5월, 오나라 태부 제갈각이 합비의 신성을 포위하자 태위 사마부에게 조칙을 내려 방어하게 했다.○

○『한진춘추』: "이때 〔촉한의〕 강유姜維도 출병하여 적도狄道(甘肅 臨洮)를 포위했다. 사마경왕이 우송虞松에게 말했다. '지금 동쪽과 서쪽에 사변이 발생하여 두 곳이 모두 위급한데 장수들의 사기는 꺾여 있으니 어찌하면 좋소?' 우송이 말했다. '옛날에 주아부周亞夫가 창읍을 견고하게 지키자 오吳·초 연합군이 저절로 패배했습니다.[38] 사안에는 약한 듯하면서도 강한 것이 있고, 강

37 실패를 숨기고…승리했을 테니: 춘추시대 초나라 공왕共王은 언릉鄢陵 전투에서 진晉나라 장수 위기魏錡의 화살을 눈에 맞고 패배했으며, 오나라 정벌에 나섰다가도 패배했다. 또 이후에도 진나라의 이일대로以逸待勞 작전에 말려 패배를 거듭하며 곤경에 처했다. 공왕은 임종 시에 모든 패배를 자신의 잘못으로 돌리며 사후 자신에게 '영靈'이나 '여厲'라는 나쁜 시호를 붙여달라고 유언을 남겼다. 초나라 조정에서는 자신의 잘못을 인정한 공왕에게 '공共'이라는 좋은 시호를 붙여줬다.(『사기』 권40「초세가楚世家」)

38 옛날에…패배했습니다: 한나라 경제景帝 때 오왕吳王 유비劉濞와 초왕楚王 유무劉戊가 자신들의 제후국을 포함한 일곱 제후국 연합군을 편성하여 반란을 일으키자 조정에서는 주아부를 태위로 삼아 반란 평정에 나섰다. 이때 주아부는 견고한 수비 작전을 펼치며 3개월 만에 반란을 진압했다. 주아부는 한나라 건국공신 주발周勃의 둘째 아들이다.(『사기』 권57「강후주발세가絳侯周勃世家」)

한 듯하면서도 약한 것이 있으니 자세히 살피지 않을 수 없습니다. 지금 제갈각은 자신의 정예병으로 강포하게 공격할 수 있다는 사실을 알고 신성을 고수하며 일전을 치르려 할 뿐입니다. 저들이 성을 공격하고도 빼앗지 못하고 전투를 벌이려 해도 벌일 수 없으면 장수는 지루해하고 병졸은 피곤해하다가 저절로 떠나갈 것입니다. 여러 장수들께서는 곧바로 진격하지 않는 것이 공공의 이익에 맞습니다. 강유는 중병重兵을 보유했지만 외로운 군사를 움직여 제갈각에게 호응하면서 우리의 보리를 군량미로 삼으려 하므로 깊게 뿌리 내린 도적이 아닙니다. 또 말씀드리자면 우리가 동쪽에 힘을 모으는 사이에 서쪽이 결국 텅 비게 되어 그곳으로 진격해 들어온 것입니다. 지금 만약 관중關中의 부대들로 하여금 두 배의 속도로 서둘러 진격하게 하여 적의 의표를 찌르면 적은 거의 도주할 것입니다.' 경왕이 말했다. '좋소.' 이에 곽회와 진태에게 관중의 군사를 모두 이끌고 적도의 포위를 풀게 했고, 관구검 등에게는 군사를 눌러두고 스스로 수비만 하게 한 후 신성은 오나라에게 맡겼다. 강유는 곽회가 진군해온다는 소식을 들은 데다 군량도 부족하자 바로 농서 경계로 물러나 주둔했다."

가을 7월, 제갈각이 퇴각했다.○

○ 이때 장특張特이 신성을 지켰다. 『위략』: "장특은 자가 자산子産이고 탁군 사람이다. 앞서 아문장牙門將을 겸직하며 진동장군 제갈탄을 보좌했지만 제갈탄은 그의 능력을 믿지 않고 호군護軍에게 돌려보내려 했다. 마침 관구검이 제갈탄을 대신하여 장특으로 하여금 합비의 신성에 주둔하여 그곳을 지키게 했다. 제갈각이 성을 포위하자 장특은 장군 악방樂方 등과 삼군의 군사를 합쳤는데 모두 3000명이었고, 관리와 군사 중 병에 걸렸거나 전사한 자가 과반이었다. 제갈각이 토산을 쌓아 급하게 공격하자 성이 함락될 지경에 이

르러 수호할 수 없게 되었다. 이에 장특이 나서서 오나라 군사들에게 말했다. '지금 나는 더 이상 싸울 마음이 없다. 그러나 위나라 법에 따르면 공격을 당하며 100일이 지났는데도 구원병이 오지 않으면 비록 항복해도 집안사람을 죽이지는 않는다. 우리는 공격을 받은 이래 벌써 90일이 지났다. 이 성 안에는 본래 4000여 명이 있었고 전사자가 이미 과반에 이르렀지만 성이 함락되어도 항복하지 않겠다는 사람이 아직 절반이다. 나는 마땅히 돌아가 그들에게 이야기하고 이름에 따라 하나하나 선인인지 악인인지 잘 구별한 후 내일 일찍 명단을 전해주겠으니 이제 내 인수印綬를 가져가서 신표로 삼으라.' 이에 인수를 던져서 그들에게 주었다. 오나라 군사들은 그의 말에 따르면서도 인수를 취하지도 않고 공격도 하지 않았다. 이윽고 장특은 돌아가서 밤에 가옥 여러 채를 뜯어서 목책을 만들고 무너진 성을 이중으로 보수했다. 이튿날 장특이 오나라 군사들에게 말했다. '나는 오직 싸우다 죽을 것이다.' 오나라 군사들은 대로하여 진공했지만 성을 함락하지 못한 채 결국 군사를 이끌고 떠났다. 조정에서는 그를 가상히 여겨 잡호장군雜號將軍 직을 더해주고 열후列侯에 봉했으며 다시 안풍安豐(安徽 霍丘 서남) 태수로 옮겼다."

8월, 조서를 내렸다. "고故 중랑中郞 서평西平(靑海 西寧) 사람 곽수郭脩는 절개와 품행을 곧게 닦으며 충성심을 바꾸지 않았다. 이전에 촉한 장수 강유가 곽수의 자택이 있는 군郡을 약탈할 때 그를 포로로 잡았다. 작년에 촉한의 위僞[39] 대장군 비의費禕[40]가 군중을 휘몰아 분수에 넘치는 일을 몰래 도모했다. 도중에 한수漢壽(四川 昭化)를 거쳐갈 때 빈객들을 초청해 회합을 가졌는데 곽

---

39 위僞: 자신이 속한 정권의 정통성을 강조하면서 같은 시대 다른 정권의 관직에는 흔히 가짜라는 의미로 '위僞' 자를 붙인다.

40 비의費禕: 원문은 비위費褘이나 비의費禕가 옳다. 원문도 모두 '의禕'로 교정함. 아래도 같음.

수가 넓은 좌석 가운데서 손에 칼을 들고 비의를 공격했다. 용기는 섭정聶政[41]을 뛰어넘었고, 공적은 부개자傅介子[42]를 능가했으니 자신을 죽여 인仁을 이뤘고[殺身成仁], 삶을 던져 의義를 성취했다[捨生取義]고 할 만하다. 대저 추가로 포상을 하고 총애를 베푸는 것은 충의로운 사람을 표창하기 위한 방법이며, 그 복을 후손에게까지 미치게 하는 것은 미래의 사람들을 장려하기 위한 방법이다. 곽수를 장락향후長樂鄕侯에 추증하고 식읍 1000호를 내리고 시호를 위후威侯라 부르라. 아들에게 그 봉작을 세습하게 하고 추가로 그를 봉거도위奉車都尉에 임명하라. 또 은 1000병鉼, 얇은 비단[絹] 1000필을 상으로 내린다. 산 자와 죽은 자 모두에게 영광과 총애가 함께하게 하고 그것을 영원히 후대에까지 이어지게 하라."○

○『위씨춘추』: "곽수는 자가 효선孝先이고, 평소에 학업과 행실이 뛰어나 서주西州(甘肅 武威)에서 유명했다. 강유가 곽수를 포로로 잡았지만 그는 굴복하지 않았다. 유선이 좌장군에 임명했는데도 곽수는 유선을 찔러 죽이려 했다. 하지만 가까이 다가갈 수 없었다. 매번 축하 자리가 있을 때마다 절을 하며 앞으로 다가가려 했다. 그러나 유선의 좌우 신하들에게 막혀서 일을 이룰 수 없었으므로 이제 비의를 살해한 것이다."

신 송지는 이렇게 생각합니다. 옛날에 삶을 버리고 의를 성취한 사람들에게는 반드시 각각 나름의 사리가 있었습니다. 더러는 은혜에 감사하고 덕망을 그리워하며 목숨을 버리고도 후회하지 않았고, 더러는 때에 맞는 이해관계에 따라 분발하여 기회에 부응했습니다. 조서에서 말한 섭정과 부

41 섭정聶政: 전국시대 위魏나라 협객으로 엄수嚴遂와 교분이 깊었다. 당시 진晉나라 협루俠累가 섭정의 의형제이며 은인인 엄수를 무시하고 박대하자 섭정이 나서서 협루를 살해한 후 신분을 감추기 위해 자신의 얼굴 가죽을 벗기고 눈알을 파낸 뒤 자결했다.(『사기』 권86 「자객열전刺客列傳」)

42 부개자傅介子: 전한 소제昭帝 때의 외교관이며 대신이다. 서역 대완大宛으로 사신으로 파견되어 흉노 사자를 죽였다. 또 원봉元鳳 4년(기원전 77) 계책을 써서 누란왕樓蘭王을 죽이고 의양후義陽侯에 봉해졌다.(『한서』 권70 「부상정감진단전傅常鄭甘陳段傳」)

개자가 그런 사람입니다. 일이 이런 부류가 아니면 망령된 행동에 빠지게 됩니다. 위나라와 촉나라는 비록 적국이지만 조양자趙襄子가 지요智瑤[43]를 죽인 것과 같은 원한은 없으며, 연燕나라 태자 단丹[44]이 처했던 국가 존망의 위급함도 없습니다. 또 유선은 하등의 군주이고, 비의는 중등 재능의 재상이므로 두 사람의 생사는 진실로 천하의 흥망과는 관계가 없습니다. 곽수는 위나라에 있을 때 서주 지역의 남자였을 뿐이며 처음 촉나라에 사로잡힐 때도 절개를 견지하며 치욕을 당하지 않으려 하지도 않았고 또 위나라에서도 녹봉을 먹은 책임이 없을 뿐더러 당시 군주에 의해 쓰인 적도 없습니다. 그런데도 아무 까닭도 없이 멍청하게 자신이 죽을 자리도 아닌 곳에서 몸을 던졌으니 대의를 보탠 것도 아니고 공적을 세운 것도 아닙니다. 이는 "버드나무를 꺾어 채소밭 울타리를 친다折柳樊圃"[45]는 격이니 그의 미친 행동을 말하는 것입니다.

지금 황제는 즉위한 때부터 이해에 이르기까지 군郡, 국國, 현縣, 도道를 설치하고 폐지한 곳이 많았는데 얼마 지나지 않아 어떤 곳은 다시 옛날로 되돌리기도 하는 등 이런 사례를 이루 다 기록할 수 없다.

6년(254) 봄 2월 기축일己丑日(초1일), 진동장군 관구검이 상소했다. "지난번에 제갈각이 합비의 신성을 포위했을 때 성안에서는 병사 유정劉整을 시켜 포

---

43 지요智瑤: 흔히 지백智伯으로 불린다. 춘추시대 진晉나라 출공出公을 축출하고 애공哀公을 세울 정도로 막강한 권력을 보유했다. 진나라 보위를 노리는 과정에서 한씨韓氏, 위씨魏氏와 연합하여 또 다른 권문세가인 조씨趙氏를 공격하다가 오히려 이 세 집안의 역습을 받아 참수되고 멸문지화를 당했다. 조양자는 당시 조씨 가문의 주군 조무휼趙無卹이다. 그는 지요를 참수한 후 지요의 두개골을 요강으로 만들어 사용했다. 지요의 복수를 하려는 예양豫讓을 처음에는 용서했지만 두 번째는 참수했다.(『사기』 권39 「진세가」)

44 연나라 태자 단丹: 전국시대 말기 연왕燕王 희喜의 아들이다. 당시 강국 진秦나라가 연나라를 비롯한 각국을 멸망시키려 하자 자객 형가荊軻를 보내 진왕秦王 정政을 죽이려 했지만 실패했다. 진나라의 보복 공격을 받고 요동으로 도주했으나 연왕 희가 진나라 공격을 견디지 못하고 아들 단의 머리를 잘라 진나라로 보냈다.(『사기』 권34 「연소공세가燕召公世家」)

45 버드나무를…친다: 『시경』 「제풍齊風·동방미명東方未明」에 나온다. 버드나무 가지는 약하고 여리기 때문에 그것으로 울타리를 만들어봐야 별 소용이 없음을 비유한다. 곽수의 행동이 사리로 따져볼 때 명분이 약해서 인의仁義에 별로 도움이 되지 않는다는 뜻이다.

위망을 뚫고 밖으로 소식을 전하게 했는데 그가 적에게 사로잡혔습니다. 그때 [적들이] 그가 전하려는 소식을 심문하며 유정에게 이렇게 말했습니다. '제갈공께서 너를 살리려 하시니 너는 모든 걸 자복해라.' 그러자 유정이 욕을 했습니다. '이 개새끼야! 그게 무슨 말이냐? 나는 마땅히 죽어서 위나라의 귀신이 될 것이다. 구차하게 목숨을 구걸하지 않을 테니 네놈 마음대로 해라. 나를 죽이려면 어서 죽여라.' 이에 끝까지 다른 말을 하지 않았습니다. 또 병사 정상鄭像을 시켜 성밖으로 나가 소식을 전하게 하자 어떤 사람이 그 사실을 제갈각에게 말했고, 제갈각이 기병을 보내 포위하고 자취를 수색했는데, 그들이 정상을 사로잡아 돌아왔습니다. 네다섯 명의 머리에 밧줄[46]을 걸고 얼굴을 앞으로 내민 채 손을 뒤로 묶은 후 성밖을 빙빙 돌게 하며 정상에게 '위나라 대군이 이미 낙양으로 돌아갔다. 일찌감치 항복하라'라고 크게 외치게 했습니다. 그러나 정상은 그들의 말에 따르지 않고 오히려 성안을 향해 '대군이 포위 밖으로 가까이 다가왔다. 장사들이여, 더 힘을 내라.' 적이 칼로 그의 입을 찢어서 말을 하지 못하게 했지만 정상은 끝까지 큰 소리를 질러서 성안 사람들이 모두 들어서 알게 했습니다. 유정과 정상은 병사인데도 능히 대의와 절개를 지켰으니 두 사람의 자제들에게 각각 차등을 두어 상을 내려야 마땅합니다." 이에 조서를 내렸다. "대저 현귀顯貴한 봉작은 원훈元勳을 기리는 방법이고, 두터운 포상은 열사를 총애하는 방법이다. 유정과 정상은 군에서 모집한 연락병으로 겹겹의 포위망을 뛰어넘고 날카로운 칼날을 무릅쓴 채 자신의 한 몸을 가볍게 던져 신의를 지키다가 불행하게 사로잡혔지만 더욱 매섭게 절개를 지켰다. 이로써 두 사람은 우리 육군六軍의 기세를 크게 떨쳤고, 성을 지키는 군사들의 두려운 마음을 안정시켰다. 고난에 임해 자신의 몸을 돌보지 않았고 마음을

46 밧줄: 원문은 '적的'이나 『삼국지집해』의 고증에 따라 적矪으로 본다.

다 바쳐 명령을 전달했다. 옛날 해양解楊[47]은 초나라에 사로잡혀서도 차라리 죽을지언정 두 마음을 먹지 않았다. 제齊 땅 노중대부路中大夫[48]는 죽음으로 사명을 완수했다. 이들을 유정과 정상에 비교해봐도 더 나은 점이 없다. 지금 유정과 정상에게 관중후關中侯의 작위를 추가로 하사하고 각각 병사의 명단에서 제외하라. 또 두 사람의 아들에게 봉작을 세습하게 하면서 부대의 장령이 순국했을 때의 사례와 똑같이 처리하라." 경술일庚戌日(22일), 중서령 이풍李豐과 황후의 부친 광록대부 등이 대신[司馬師]을 파직하고 태상 하후현夏侯玄을 대장군으로 삼으려고 모의했다. 일이 발각되어 연루된 자들이 모두 주살되었다. 신해일辛亥日(23일), 대사면을 시행했다.

3월, 황후 장씨를 폐위했다.

여름 4월, 황후 왕씨王氏를 책봉하고 대사면을 시행했다.

---

47 해양解楊: 춘추시대 진晉나라 장수로 자가 자호子虎다. 당시에 초 장왕莊王이 송나라를 치자 송나라는 진晉나라에 구원을 요청했다. 이에 진 경공景公이 해양을 송나라에 파견하여 구원병을 보낼 때까지 초나라에 항복하지 말라는 말을 전하게 했다. 해양이 정나라를 지나다가 사로잡혀 초나라에 보내졌다. 그러자 초 장왕은 해양으로 하여금 송나라 사람들에게 항복을 권유하면 살려주겠다고 했다. 해양은 그러겠다고 했으나 실제로는 누거樓車 위에 올라가 송나라 사람들에게 곧 진나라 구원병이 당도할 테니 절대로 항복하지 말고 성을 고수하라 했다. 초 장왕이 해양을 죽이려 하자 해양은 나는 우리 주군의 명령을 완수하려 했으므로 죽어도 여한이 없다고 했다. 초 장왕은 자신의 임금을 위해 충성을 바친 해양을 가상히 여기고 석방하여 돌아가게 했다.(『좌전』 선공宣公 15년)

48 노중대부路中大夫: 한나라 경제景帝 때 제후국 제나라의 대부로 성은 노씨路氏, 직위는 중대부中大夫이지만 이름은 미상이다. 당시 경제의 삭번책削藩策에 반발하여 오나라와 초나라를 중심으로 일곱 제후국이 반란을 일으키자 제왕齊王은 노중대부를 한나라 천자에게 보냈고 천자는 다시 노중대부로 하여금 제왕에게 "굳게 지키고 있으면 우리 군사들이 오나라와 초나라를 곧 격파할 것이다"라는 소식을 전하게 했다. 노중대부가 제나라에 당도하자 반란군이 임치臨淄를 포위하여 들어갈 수 없었다. 반란군은 노중대부에게 한나라 군사가 이미 패배하여 물러갔으므로 제나라는 항복해야 한다고 소리치게 했지만 노중대부는 오히려 "한나라가 이미 백만 대군을 일으킨 후 태위 주아부周亞夫를 시켜 오나라와 초나라 군사를 격파하고 제나라를 구원하러 오고 있으니 제나라는 견고하게 수비하라"고 외쳤다. 반란군은 마침내 노중대부를 죽였다.(『사기』 권52 「제도혜왕세가齊悼惠王世家」)

5월, 황후의 부친 봉거도위 왕기王夔를 광명향후光明鄕侯, 광록대부로 삼고, 지위는 특진으로 올렸으며 그의 아내 전씨田氏는 선양향군宣陽鄕君으로 삼았다.

가을 9월, 대장군 사마경왕[司馬師]이 황제 폐위를 모의했는데 그 소문이 황태후의 귀에까지 들어갔다.○1) 갑술일甲戌日(19일), 황태후가 영문令文[49]을 내렸다. "황제[芳]는 춘추가 이미 성년이 되었는데도 만기친람萬機親覽하지 못한 채, 총애하는 궁녀들과 음란한 짓에 탐닉하고 여색에 깊이 빠졌으며, 날마다 창기와 배우들을 맞아들여 추악한 짓을 함부로 자행한다. 또 육궁六宮의 가족을 맞아들여 내궁에 머물게 하면서 인륜의 질서를 파괴하고 남녀의 예절을 어지럽힌다. 공경하고 효도하는 마음은 날마다 어그러지고, 패역무도하고 오만한 마음이 더욱더 심해지므로 하늘의 적통을 계승할 수 없고 종묘 제사를 받들 수 없다." 겸태위兼太尉[50] 고유高柔로 하여금 책문策文을 받들고 가서 큰 소를 제수로 삼아 종묘에 고하고 황제 조방을 제나라 번속국으로 돌아가게 하면서 황위에서 물러나게 했다.○2) 이날 황제를 별궁으로 옮겼는데 나이가 23세였다. 사자가 지절持節의 권한을 갖고 그를 호송했고, 하내의 중문重門 밖에 제왕의 궁궐을 마련하게 했으며 그 제도는 모두 번국藩國의 예절과 같이 했다.○3) 정축일丁丑日(22일), 태후가 명령문을 내렸다. "동해왕 조림曹霖은 고조 문황제의 아들이다. 조림의 여러 아들은 황실과 지친이고 고귀향공 조모曹髦는 대성할 만한 도량을 갖추고 있으므로 그를 명황제의 후사로 삼게 하라."○4)

49 영문令文: 황제의 조詔와 구별하여 황후, 황태후, 황태자, 제후의 명령문을 교서敎書 또는 영문令文, 혹은 이를 붙여서 교령敎令이라 한다.

50 당시에 고유高柔는 사도司徒에 태위를 겸하고 있었다.

○1) 『세어』 및 『위씨춘추』: "이해 가을 강유가 농서를 노략질했다. 이때 안동장군安東將軍 사마문왕[司馬昭]이 허창을 진무했는데 그를 불러와서 강유를 치게 했다. 그가 도성에 이르자 황제는 평락관平樂觀에서 군대 행진을 사열했다. 중령군中領軍 허윤許允과 좌우의 소신小臣들이 모의하여 사마문왕이 작별 인사를 할 때 그를 죽이고 그 부대에 칙령을 내려 대장군 사마사를 격퇴하려고 했다. 앞에서 조서를 이미 다 썼을 때 사마문왕이 들어왔고 황제는 바야흐로 밤을 먹으려 했다. 그때 배우 운오雲午 등이 노래를 불렀다. '푸른 머리 닭이여[青頭鷄]! 푸른 머리 닭이여!' 푸른 머리 닭은 오리[鴨]다.[51] 황제는 두려워서 감히 조서를 내리지 못했다. 사마문왕은 군사를 이끌고 입성했고, 사마경왕이 이로 인해 황제 폐위를 모의했다."

신 송지가 「하후현전夏侯玄傳」 및 『위략』을 살펴본 바는 이렇습니다. 허윤이 이해 봄에 이풍과 서로 연락했는데 이풍이 주살되자 허윤을 진북장군으로 삼았습니다. 그러나 아직 출발하기도 전에 관의 공물公物을 함부로 낭비한 죄로 정위에게 압송되었다가 낙랑樂浪으로 보내졌는데 뒤를 추격하여 그를 죽였습니다. 허윤은 이해 가을 고인이 되었기 때문에 중령군의 신분으로 이런 모의를 할 수 없습니다.

○2) 『위서』: "이날 사마경왕이 황태후의 영令을 받들고 공경대부와 조정 대신을 불러 회의를 했는데 신료들이 모두 대경실색했다. 사마경왕이 눈물을 흘리며 말했다. '황태후의 영이 이와 같은데 여러분은 황실을 어찌하면 좋겠소?' 모두 말했다. '옛날 이윤은 태갑太甲을 추방하여 은나라를 편안하게 했고, 곽광은 창읍왕을 폐위하여 한나라를 안정시켰습니다. 대저 임시로 사직을 안정시키고 사해를 구제하는 일은 옛날에 2대에 걸쳐 행해졌는데 지금에는 명공께서 담당해야 합니다. 오늘의 일도 공의 명령에 따르겠습니

51 오리: '압鴨'으로 '압押'과 발음 및 뜻이 통한다. 옛날에 수결로 문서에 사인하는 것을 '화압畫押'이라고 한다. 즉 당시 배우들이 황제에게 어서 조서(사마사 살해를 명령하는 조서)에 화압하라고 몰래 재촉하는 것이다.

다.' 경왕이 말했다. '여러분이 이 사마사에게 바라는 것이 막중한데 이 사마사가 어찌 피하겠소?' 이에 신료들과 함께 태후의 처소인 영녕궁永寧宮으로 가서 아뢰었다. '수상서령守尙書令 태위 장사후長社侯 신 사마부司馬孚, 대장군 무양후武陽侯 신 사마사司馬師, 사도 만세정후萬世亭侯 신 고유, 사공 문양후文陽侯 신 정충, 행정서장군 신성후新城侯 신 사마소, 광록대부 관내후關內侯 신 손옹孫邕, 태상 신 임호任昊,[52] 위위衛尉 창읍후昌邑侯 신 만위滿偉, 태복太僕 신 유억庾嶷, 정위廷尉 정릉후定陵侯 신 종육鍾毓,[53] 대홍려 신 노지魯芝, 대사농 신 왕상王祥, 소부少府 신 정무鄭袤,[54] 영녕위永寧衛 신 하정何楨,[55] 영녕태복永寧太僕 신 장각張閣,[56] 대장추大長秋 신 윤모尹模, 사례교위 영창후潁昌侯 신 하증何曾, 하남윤河南尹 난릉후蘭陵侯 신 왕숙王肅, 성문교위城門校尉 신 여慮(미상), 중호군中護軍 영안정후永安亭侯 신 사마망司馬望, 무위장군 안수정후安壽亭侯 신 조연曹演, 중견장군中堅將軍 평원후平原侯 신 곽덕郭德, 중루장군中壘將軍 창무정후昌武亭侯 신 순이荀廙, 둔기교위屯騎校尉 관내후 신 무해武陔, 보병교위 임진후臨晉侯 신 곽건郭建, 사성교위射聲校尉 안양후安陽侯 신 견온甄溫, 월기교위越騎校尉 수양후睢陽侯 신 조초曹初, 장수교위長水校尉 관내후 신 서초徐超, 시중 신 정소동鄭小同, 신 순의荀顗, 신 조풍趙酆, 박평후博平侯 신 화표華表, 시중 중서감 안양정후 신 위탄韋誕, 산기상시 신 사마괴司馬瑰,[57] 신 왕의王儀, 관내후 신 곽지郭芝, 상서복야尙書僕射 광록대부 고락정후高樂亭侯 신 노육盧毓, 상서 관내후 신 왕관王觀, 신 부하傅嘏, 장합향후長合鄕侯 신 원량袁亮, 신 최찬崔贊, 신 진건陳騫, 중서령 신

52 임호任昊: 원문 안晏은 호昊의 오자로 보인다.
53 종육鍾毓: 원문 번繁은 육毓의 오자로 보인다.
54 정무鄭袤: 원문 포裦는 무袤의 오자로 보인다.
55 하정何楨: 원문 정禎은 정楨의 오자로 보인다.
56 장각張閣: 원문 굉閎은 각閣의 오자로 보인다.
57 사마괴司馬瑰: 원문 괴瓌는 괴瑰의 오자로 보인다.

맹강孟康, 어사중승 신 석감石鑑,[58] 박사 신 범範(미상), 신 유준庾峻 등은 머리를 조아리며 아뢰옵니다. 신들이 듣건대 천자는 뭇 생명을 구제하여 기르고, 만국을 영원히 편안하게 해야 한다고 합니다. 삼조三祖(무제 조조, 문제 조비, 명제 조예)의 공훈은 그 빛이 천지와 사방을 덮었습니다. 이번 황제는 대업을 계승하고 춘추가 이미 성년에 이르렀는데도 아직 만기친람도 하지 못한 채, 총애하는 궁녀들과 음란한 짓에 탐닉하느라 여색에 깊이 빠졌으며, 학문 강의는 폐지하고 유생들을 버려두어 치욕스럽게 했습니다. 날마다 하찮은 배우 곽회郭懷와 원신袁信 등을 건시전建始殿과 부용전芙蓉殿 앞에 맞아들여 상의를 벗은 채 유희를 즐기고 보림保林·여상女尙 등과 함께 음란한 짓을 하며 친히 후궁의 몸을 구경합니다. 또 광망관廣望觀 위에 자리잡고 곽회와 원신 등으로 하여금 광망관 아래에서 「요동요부遼東妖婦」를 연기하게 하며 과도하게 외설을 즐기니 길 가는 행인이 눈을 가리는데도 황제는 광망관 위에서 연회를 열고 시시덕거립니다. 능운대 굽이에는 장막을 설치하여 구친九親 여인들을 만납니다. 또 황제는 선곡관宣曲觀에 임하여 곽회와 원신을 장막 안으로 들어가게 하여 함께 술을 마십니다. 곽회와 원신 등이 또 술잔을 돌리며 술을 권하면 여인들은 모두 술에 취해 아무 분별 없이 희롱하고 노닥거립니다. 보림 이화李華와 유훈劉勳 등으로 하여금 곽회·원신 등과 놀게 하자 청상령淸商令[59] 영호경令狐景이 이화와 유훈을 꾸짖었습니다. '여러 여인들은 모두 황상을 좌우에서 모시는 사람들로 각각 품계가 있는데 어찌 이렇게 함부로 행동할 수 있는가?' 이에 이화와 유훈은 자주 영호경을 참소하고 헐뜯었습니다. 황제는 늘 탄궁彈弓을 사람에게 발사하여 맞히기를 좋아했는데 이로써 영호경에게 화를 내며 탄궁을

58 석감石鑑: 원문 검鈐은 감鑑의 오자로 보인다.

59 청상령淸商令: 중국 삼국시대에 후궁의 출입문과 궁녀들의 사무를 관리하던 관직이다. 청상령 아래에 또 청상승淸商丞이란 관직을 두었다.

발사하며 머리와 눈도 가리지 않았습니다. 영호경이 황제에게 아뢰었습니다. '선제께서는 황실의 법도를 엄격하게 유지하셨는데, 지금 폐하께서는 날마다 비빈들과 절제 없이 놀이를 즐기고 심지어 창기와 배우의 연기를 함께 관람하면서 상의를 벗고 음란한 짓을 하시니 황태후의 귀에 소문이 들어가게 해서는 안 될 것입니다. 저 영호경은 죽기를 아까워하지 않고 폐하를 위해 계책을 마련하려 할 뿐입니다.' 그러자 황제가 이렇게 말했습니다. '내가 황제로서 마음대로 하지 못할 게 무엇이냐? 태후가 어찌 내 일에 간섭하겠느냐?' 그리고 사람을 시켜 쇠를 달구어 영호경의 몸을 지지게 해서 그의 몸이 모두 문드러졌습니다. 견황후가 세상을 떠난 후 황제는 왕귀인王貴人을 황후로 책봉하려 했습니다. 태후께서 다시 밖에서 황후를 구하려 하자 황제는 영호경 등에게 화를 냈습니다. '우리 위나라에서는 이전이나 지금이나 황후를 세울 때 모두 황제가 좋아하는 사람을 좇아서 정했을 뿐이다. 그런데 태후가 꼭 내 뜻을 거스른다면 내가 장차 그 결정에 따라갈지 아닐지 알게 될 것이다.' 뒤에 마침내 장황후張皇后를 박대했습니다. 태후께서 합양군郃陽君(태후의 친정 모친)60의 상을 당했을 때도 황제는 매일 후원에서 창기들과 음악을 태연히 즐기며 아침저녁 문후도 자주 여쭙지 않았습니다. 청상승淸商丞 방희龐熙가 황제에게 간언을 올렸습니다. '황태후께서는 지극한 효녀이신데 지금 모친의 상을 당해 미음조차도 입으로 넘기지 못하십니다. 폐하께서 자주 위로해드리러 가야 하지, 여기에서 오락만 즐겨서는 안 됩니다.' 황제가 말했습니다. '나 자신이 이렇게 하겠다는데 누가 나를 어찌한단 말이냐?' 황태후께서는 북궁으로 돌아가셔서 장미인張美人 및 우완禺婉을 죽였고 황제는 원망하며 영호경 등에게 말했습니다. '내가 총애하는 사람을 태후가 함부로 죽였으니 이제 더 이상 모자간의 은혜는 없어

60 합양군郃陽君: 원문은 '합양合陽'이나 합양郃陽으로 써야 옳다.

졌다.' 황제는 자주 두 궁녀가 살던 곳으로 가서 울었고, 몰래 폭실暴室[61]의 관리들로 하여금 두 궁녀의 염습殮襲을 후하게 하도록 하고는 태후께서 알지 못하게 했습니다. 매번 구친의 여인들을 만나다가 미녀가 있으면 더러 청상궁에 머물게 했습니다. 황제는 후원으로 가서 대나무 사이에서 놀다가 더러 시종하는 신하와 손을 잡고 함께 걷기도 했습니다. 그러자 방희가 말했습니다. '시종하는 신하는 지존과 손을 잡아서는 안 됩니다.' 황제는 분노하여 다시 탄궁으로 방희를 쏘았습니다. 날마다 후원에서 놀다가 밖에서 공문서가 들어와도 황제는 살펴보지 않았습니다. 좌우 근신이 '밖으로 내가라'라고 말해도, 황제 또한 다시 찾아보지 않았습니다. 태후께서는 황제로 하여금 늘 식건전에서 학문 강의에 참여하라 했지만 그렇게 하려 하지 않고 사자使者가 들어오면 황제는 바로 나가버렸습니다. 태후께서 와서 물으시면 환관을 시켜서 거짓으로 '안에 있다'라고 대답하게 했습니다. 영호경과 방희 등은 두려워서 더 이상 감히 만류할 수 없게 되었고, 측근의 모든 사람들이 참소와 아첨을 일삼았습니다. 황제는 분별없이 음란한 짓을 함부로 자행하며 인륜의 질서를 파괴했고, 남녀의 예절을 어지럽게 했습니다. 이로써 공경과 효도가 점점 더 무너졌고, 흉악한 만행이 나날이 성하게 되었습니다. 신들은 천하가 뒤엎어지고 사직이 위기에 처할까 두렵습니다. 신들이 비록 육체와 목숨을 다 바친다 해도 책임을 질 수가 없습니다. 지금 황제는 하늘의 전통을 계승할 수 없으므로 신들은 한나라 곽광의 고사에 의지하여 황제의 옥새를 거두시기를 요청합니다. 황제는 본래 제왕齊王의 신분으로 보위에 올랐으므로 제나라 번국으로 돌려보내시옵소서. 그리고 사도 신 고유로 하여금 지절持節의 권한을 갖고 담당 관리와 더불어 태뢰

61 폭실暴室: 한나라 액정궁掖庭宮 안에 있던 방으로 본래 직물을 염색하던 곳이었다. 그 후 병에 걸린 궁녀를 치료하거나 죄를 지은 황후를 비롯한 비빈들을 감금하는 데 이용되기도 했다. 여기서는 장미인과 우완이 죄인으로 이 방에 감금되었다가 처형되었음을 암시한다.

의 제수로 종묘에 고하시옵소서. 신들은 삼가 죽음을 무릅쓰고 사실을 알려드립니다.' 이에 상주를 허가했다."

○3) 『위략』: "사마경왕이 장차 황제를 폐위하려고 곽지로 하여금 들어가서 태후에게 아뢰게 했다. 태후와 황제가 마주 앉아 있었다. 곽지가 황제에게 말했다. '대장군이 폐하를 폐위하고 팽성왕彭城王 조거曹據를 세우려 합니다.' 황제가 바로 일어나 나가려 했고, 태후도 기뻐하지 않았다. 곽지가 말했다. '태후께서는 아들을 가르칠 수 없고, 지금 대장군의 뜻은 이미 굳어졌습니다. 또 밖에서 군대를 단속하며 비상사태에 대비하고 있습니다. 오직 그 뜻에 따라야지 다시 무슨 말을 할 수 있겠습니까?' 태후가 말했다. '내가 대장군을 만나고 싶소. 할 말이 있소.' 곽지가 말했다. '어찌 만날 수 있겠습니까? 조속히 황제의 옥새를 취하십시오.' 태후는 뜻을 꺾고 바로 곁의 시종으로 하여금 옥새를 가져다 좌석 곁에 놓게 했다. 곽지가 나와서 사마경왕에게 보고하자 경왕이 몹시 기뻐했다. 또 사자를 시켜 제왕에게 인수를 수여하게 한 후 그곳에서 나가 서궁으로 가게 했다. 황제는 명령을 받고 마침내 제왕의 수레에 올라 태후와 작별하며 눈물을 흘렸다. 바야흐로 태극전 남쪽에서 출발할 때 신료 수십 명이 그를 전송했다. 태위 사마부는 스스로 슬픔을 이기지 못했고 나머지도 눈물을 흘리는 사람이 많았다. 제왕이 나간 후 사마경왕은 또 사자를 시켜 옥새를 요청하게 했다. 태후가 말했다. '팽성왕은 나의 막내 시동생이오. 지금 그를 데려와서 옹립하려 하는데 내가 어찌 그럴 수 있겠소? 또 명제에 대해서 후사를 끊어야 하겠소? 내 생각에는 고귀향공高貴鄕公이 문제의 장성한 손자이고 명제 아우의 아들이며, 예법에 또 소종小宗이 대종大宗의 후사가 될 수 있다 했으니 자세히 의논해보는 것이 좋겠소.' 경왕이 이에 신료들을 불러서 황태후의 명령을 알리고 고귀향공을 맞아오도록 의견을 정했다. 이때 태상은 이미 이틀 전에 출발하여 온溫(河南 溫縣) 땅에서 옥새를 기다렸다.

일이 정해지자 다시 옥새를 청했다. 태후가 명령했다. '나는 고귀향공을 만난 적이 있고 그가 어릴 때부터 알고 있소. 내일 내가 옥새를 친히 전해주겠소.'"

○4) 『위서』: "사마경왕이 다시 신료들과 함께 영녕궁(태후)에 상주했다. '신들이 듣건대 인간의 당연한 도리로 친척과 친해야 하기 때문에 조상을 높이고, 조상을 높여야 하기 때문에 종손을 공경한다고 합니다. 예법에 따르면 대종大宗에 후사가 없으면 지파의 어진 자손을 선택하는데 다른 사람의 후사가 된 사람은 그 사람의 아들이 되는 것입니다. 동해정왕東海定王 고귀향공은 문황제의 손자로 정통을 이어야 하므로 열조烈祖 명황제의 뒤를 잇게 됩니다. 천하의 모든 땅이 의지할 바가 있게 되었으니 만방에 큰 다행입니다. 신들은 고귀향공을 낙양궁으로 모셔오도록 청합니다.' 상주를 허락했다. 중호군 사마망과 겸태상 하남윤 왕숙으로 하여금 지절持節의 권한을 갖고 소부 정무,[62] 상서 원량, 시중 화표 등과 함께 황제의 수레를 받들어 원성元城(河北 大名 동쪽)에서 고귀향공을 영접하게 했다." 『위세보』: "진나라가 선양을 받은 후 제왕을 소릉현공邵陵縣公에 봉했다. 나이가 43세였던 태시 10년(274)에 세상을 떠나서 시호를 여공厲公이라 했다."

고귀향공高貴鄕公 조모曹髦

고귀향공은 휘諱가 모髦요, 자가 언사彦士로 문제의 손자이며 동해정왕 조림曹霖의 아들이다. 정시 5년(244)에 담현郯縣 고귀향공에 봉해졌다. 어려서부터 배우기를 좋아하여 일찍 학업을 이뤘다. 제왕 조방이 폐위되자 공경대부들이 의논하여 공을 맞아와 황제로 옹립했다.

62 정무鄭袤: 원문 포褒는 무袤의 오자로 보인다.

[가평 6년(254)] 10월 기축일己丑日(초4일), 공이 현무관玄武觀에 이르자 신료들이 전전前殿에 머물도록 주청했으나 공은 선제인 명제께서 계시던 곳이라 그곳을 피해 서상西廂에 머물렀다. 신료들이 또 법가法駕(황제 전용 수레)로 영접하려고 요청했으나 공은 따르지 않았다. 경인일庚寅日(초5일), 공이 낙양으로 들어가자 신료들이 서액문西掖門 남쪽에서 영접하며 절을 올렸다. 공이 수레에서 내려 답례로 절을 하려 하자 공을 인도하던 관리가 요청했다. "예법에 따르면 절을 해서는 안 됩니다." 공이 말했다. "나는 다른 사람의 신하요." 마침내 답례로 절을 했다. 지거문止車門에 이르러 수레에서 내렸다. 좌우 시종들이 말했다. "옛 법도대로 수레를 타고 들어가셔도 됩니다." 공이 말했다. "나는 황태후의 부름을 받았으므로 어찌해야 할지 모르겠소." 그러고는 마침내 도보로 태극동당太極東堂에 가서 태후를 뵈었다. 그날 바로 태극전전太極前殿에서 황제 보위에 올랐고, 이 자리에 배석한 백관들은 모두 기뻐했다.° 조서를 내렸다. "옛날 삼조三祖께서는 신령하고 웅혼하며 성스러운 덕망으로 천명에 부응하여 보위를 얻었다. 그러나 제왕齊王은 보위를 잇고도 함부로 행동하고 무도한 짓을 하여 도덕을 뒤집어엎었다. 황태후께서는 사직의 막중함을 깊이 생각하시고, 재상들의 계책을 받아들이시어 보위를 대체하려고 나 한 사람에게 중대한 명령을 내리셨다. 내 이제 미미한 몸으로 왕공의 윗자리에 몸을 두려니 아침부터 저녁까지 두려울 뿐이다. 조종의 위대한 가르침을 이어 지킬 수 없고 중흥의 대업을 넓힐 수 없을까 두려워서 전전긍긍하며 깊은 계곡에 가까이 다가가는 듯하다. 지금 여러 조정의 공경대부와 고굉지신股肱之臣 및 사방을 정벌하며 힘을 다하는 장수들은 모두 덕망과 공적을 쌓으며 황실을 충성스럽고 근면하게 보좌하고 있다. 부디 선조先祖와 선부先父의 덕 있는 신하들은 이 미미한 사람을 좌우에서 도와주고 이로써 황실을 보위하면서 무지몽매한 짐으로 하여금 가만히 앉아서 치세를 이루게 해주길 바란다. 대체로 듣건대 임금의 도리는 덕행을 두텁게 쌓아 천지와 짝하고, 은택을 넉넉히 베풀어 사해에 미치게 하고,

자애심을 먼저 펼치며 자신의 애증을 드러낸 연후에 위에서 교화를 행하면 억조창생이 아래에서 명령에 따른다고 한다. 짐은 부덕하고 대도大道에도 어둡지만 해내 신민들과 함께 이 길을 가고자 한다. 『상서』에서도 '백성을 편안하게 하는 것이 바로 은혜를 베푸는 것이니 백성이 그분을 생각할 것이다'[63]라고 하지 않았던가?" 대사면을 시행하고 연호를 고쳤다.[64] 황제의 수레와 복식 제도, 후궁의 비용을 줄이고 상방尙房과 어부御府[65]가 관장하던 온갖 교묘한 물건과 화려하고 무익한 물건을 없애게 했다.

○『위씨춘추』: "공은 정신이 맑고 빼어났으며 목소리가 크고 낭랑했다. 조회를 끝내고 사마경왕이 몰래 말했다. '지금 주상은 어떤 군주 같소?' 종회鍾會가 대답했다. '문재文才는 진사왕陳思王(曹植)과 같고 무략武略은 태조太祖(曹操)와 같습니다.' 경왕이 말했다. '경의 말씀과 같다면 사직의 홍복이오.'"

정원正元 원년(254) 겨울 10월 임진일壬辰日(초7일), 시중으로 하여금 지절持節의 권한을 갖고 사방으로 다니며 풍속을 살펴 사인士人과 백성을 위로하고 억울하게 직무를 잃은 사람을 조사하게 했다. 계사일癸巳日(초8일), 대장군 사마경왕에게 가황월假黃鉞의 권한을 하사하고 입조할 때 빠른 걸음으로 걷지 않고, 황제에게 아뢸 때도 이름을 말하지 않아도 되게 했으며. 검을 차고 신발을 신은 채 대전으로 오를 수 있게 했다. 무술일戊戌日(12일), 업성의 우물에서 황룡이 나타났다. 갑진일甲辰日(19일), 담당 관리로 하여금 황제를 폐위하고 옹립하는 과정에서 세운 공을 논의하게 하여, 각각 차등을 두어 작위를 내리고, 봉

---

63 백성을…것이다: 『상서』「고요모皐陶謨」에 나온다. "安民則惠, 黎民懷之."

64 고쳤다: 연호를 정원正元으로 고쳤다.

65 상방尙房과 어부御府: 황실의 물건과 비용을 담당하던 소부少府 소속 관청이다. 상방은 주로 황제의 동경銅鏡이나 도검을 제작했으며, 어부는 주로 황제의 의복이나 보배를 관장했지만 두 관청 모두 어용 물품 전반을 담당하는 기관으로 역할이 확장되었다.

읍을 더해주고, 품계를 올려주고, 상을 하사하게 했다.

2년 봄 정월 을축일乙丑日(12일), 진동장군 관구검과 양주 자사 문흠文欽이 반란을 일으켰다. 무술일戊戌日,[66] 대장군 사마경왕이 정벌했다. 계미일癸未日(30일), 거기장군 곽회가 세상을 떠났다.

윤정월閏正月 기해일己亥日(16일), 낙가樂嘉(河南 商水 동쪽)에서 문흠을 격파했다. 문흠은 도주하여 마침내 오吳나라로 달아났다. 갑진일甲辰日(21일), 안풍진安風津(安徽 霍丘 서남)[67] 도위가 관구검을 참수하여 그 수급을 도성으로 전했다.○ 임자일壬子日(29일), 다시 회남淮南의 사민士民 중에서 관구검과 문흠에게 잘못 연루된 사람들을 특별히 사면했다. 진남장군 제갈탄을 진동대장군으로 삼았다. 사마경왕 사마사가 허창에서 세상을 떠났다.

○『세어』: "대장군(사마경왕)이 관구검을 정벌하러 나선 천자를 받들고 항項(河南 沈丘) 땅에 이르렀다. 관구검이 격파되자 천자가 먼저 귀환했다."

신 송지가 여러 서적을 점검해보니 모두 이 일이 기록되어 있지 않았습니다. 제갈탄이 반란을 일으켰을 때 사마문왕이 처음으로 태후 및 황제를 끼고 함께 갔을 뿐입니다. 이 때문에 조서를 반포하여 한나라 두 황제 및 명제의 친정親征 고사를 끌어와서 전례로 삼았습니다. 이로써 명제 이후로는 처음 이 행차가 있었음을 알겠습니다. 살펴보건대 장번張璠, 우부虞溥, 곽반郭頒은 모두 진나라 영사令史였는데, 장번과 곽반은 나가서 관장官長을 했고, 우부는 파양군鄱陽郡(江西 波陽) 내사內史를 지냈습니다. 장번의 『후한기後漢紀』는 아직 완성하지 못한 듯하지만 그 문장은 볼 만합니다. 우부가

66 무술일戊戌日: 앞의 을축일乙丑日(12일)과 바로 뒤의 계미일癸未日(30일) 사이에는 무술일이 있을 수 없다. 이 사이에 무진일戊辰日(15일)과 무인일戊寅日(25일)이 있지만 『삼국지집해』의 고증에 따라 무인일로 보는 것이 합리적이다.

67 안풍진安風津: 원문은 안풍회진安風淮津이나 안풍진의 오류다.

지은 『강표전江表傳』도 대략 조리와 맥락을 갖췄습니다. 다만 곽반이 지은 『위진세어魏晉世語』가 식견이 저급하고 전혀 맥락을 갖추지 못하여 가장 열등합니다. 그런데 더러 기이한 일을 기록한 대목 때문에 세상에 꽤 전해지고 있습니다. 간보와 손성 등은 『위진세어』의 기록을 많이 채록하여 『진서』를 지었는데 그중에 이와 같이 허황하고 잘못된 기록이 왕왕 있습니다.

2월 정사일丁巳日(초5일), 위장군衛將軍 사마문왕을 대장군으로 삼고 상서尙書의 일을 총괄하게 했다. 갑자일甲子日(12일), 오나라 대장 손준孫峻 등이 15만이라 칭한 군사를 이끌고 수춘에 이르렀다. 제갈탄이 그를 막아 격파하여 오나라 장군 유찬留贊을 참수하고 도성에서 승첩 보고를 올렸다.

3월, 황후 변씨卞氏를 황후로 세우고 대사면을 시행했다.

여름 4월 갑인일甲寅日(초3일), 황후의 부친 변륭卞隆을 열후에 봉했다. 갑술일甲戌日(23일), 정남대장군 왕창을 표기장군으로 삼았다.

가을 7월, 정동대장군 호준胡遵을 위장군으로 삼고, 진동대장군 제갈탄을 정동대장군으로 삼았다.

8월, 신해일辛亥日(초2일), 촉나라 대장군 강유가 적도를 노략질하자 옹주 자사 왕경王經이 조수洮水(甘肅 서남) 서쪽에서 그와 싸웠으나 대패하여 적도 성으로 돌아와 수비했다. 신미일辛未日(22일), 장수교위 등애鄧艾를 안서장군 대리로 삼아 정서대장군 진태와 힘을 합쳐 강유를 막게 했다. 무진일戊辰日(19일),[68] 다시 태위 사마부를 보내 그 뒤를 잇게 했다.

68 무진일戊辰日(19일): 순서로 볼 때 마땅히 신미일辛未日(22일) 앞에 와야 한다.

9월 경자일庚子日(21일), 『상서』 강의가 끝나서 경전을 잡고 직접 교수한 사공 정충, 시중 정소동 등에게 각각 차등을 두어 상을 하사했다. 갑진일甲辰日(25일), 강유가 퇴각했다.

겨울 10월, 조서를 내렸다. "짐은 덕이 부족하여 도적들의 잔학함을 막을 수 없어서 촉나라 도적이 변방에서 창궐하게 만들었다. 조수 서쪽 전투에서는 패배하여 장수와 병사가 사망했는데 그 수가 1000명을 헤아린다. 더러는 전장에서 목숨을 잃어 원혼이 돌아오지 못하고 있으며, 더러는 적의 손에 포로로 잡혀 이역을 떠돌고 있다. 나는 매우 슬퍼하고 근심하며 그들을 애도한다. 명령하노니 그들이 거주한 군郡의 전농典農 및 안이호군安夷護軍과 무이호군撫夷護軍 그리고 각 부대 관리들은 그들의 가족을 위로·구휼하고 부역을 1년 동안 면제하라. 힘을 다 바쳐 전사한 사람들은 모두 옛 조례와 같이 하여 빠진 사람이 없게 하라."

11월 갑오일甲午日(16일), 농서의 4군[69] 및 금성은 해를 이어 적의 공격을 받아 [그곳 사람들이] 더러 도망가서 반란을 일으키기도 하고 적에게 투항하기도 했다. 이에 본토에 남아 있는 그들의 친척이 불안해하므로 모두 특별히 사면했다.

[12월] 계축일癸丑日(초5일), 조서를 내렸다. "지난번 조수 서쪽 전투에서 장졸과 사민士民들이 더러는 전선에서 전사했고, 더러는 조수에 빠져 죽어 해골조차 돌아오지 못한 채 광야에 버려져 있어 나는 늘 애통하게 생각한다. 고하

69 농서의 4군: 농서隴西, 남안南安, 천수天水, 광위廣魏다.

노니 정서장군과 안서장군은 각각 부대에 명령을 내려 전장 및 물가에서 시신을 건져 올려 염殮을 하고 매장하여 산 자와 죽은 자를 모두 위로하라."

감로甘露 원년(256) 봄 정월 신축일辛丑日(24일), 청룡이 지현軹縣(河南 濟源 남쪽)의 우물에 나타났다. 을사일乙巳日(28일), 패왕沛王 조림曹林이 세상을 떠났다.○

○『위씨춘추』: "2월 병진일丙辰日(초9일), 황제가 태극동당에서 신료들에게 연회를 베풀고, 시중 순의, 상서 최찬, 원량, 종육, 급사중 중서령 우송 등과 함께 예법에 관한 전적을 강술하며 마침내 제왕들의 우열의 차이를 말했다. 황제가 하나라 소강少康70을 흠모하며 순의 등에게 물었다. '하나라가 쇠퇴하고 하나라 임금 상相71이 살해된 후72 소강은 하나라 민중을 모으고 우 임금의 치적을 회복했소. 또 한 고조는 전답 사이에서 일어나서 호걸과 준재를 휘몰아 진秦나라와 항우의 무리를 제거하고 천하를 모두 점유했소. 이 두 임금은 뛰어난 재주와 기이한 책략을 지닌 당대의 위대한 현인이라 할 만하오. 그들의 공덕을 따져보면 누가 앞서겠소?' 순의 등이 대답했다. '대저 천하 대권은 왕이 될 사람에게 하늘이 부여하는데, 성스러운 덕망을 가진 분이 그 기약

---

70 소강少康: 우禹 임금의 5세손으로 하나라의 제7세(羿 포함) 군주다. 소강의 부왕 상相이 한착寒浞에 의해 시해되자 임신 중이었던 상의 왕비 후민后緡은 친정인 유잉씨有仍氏의 부락으로 도주하여 유복자 소강을 낳았다. 소강은 성장하여 하나라 유민을 모아 한착 일당을 격파하고 하나라를 중흥했다. 흔히 하나라를 중흥시켰다는 의미에서 그의 시대를 '소강중흥少康中興'이라고 일컫는다.(『좌전』 양공 4년, 애공 원년)

71 하나라 임금 상相: 원문은 후상后相이다. 상相은 하나라 제5세 임금으로 중강中康의 아들이고 소강少康의 아버지다. 예羿가 하나라 보위를 찬탈한 이후 짐심씨斟鄩氏의 나라로 망명 갔다가 예가 보낸 한착에게 살해되었다. 『좌전』「애공」 원년에 "하나라 임금 상을 죽이다滅夏后相"란 구절이 있다.(『좌전』 양공 4년, 애공 원년)

72 살해: 원문은 태멸殆滅이나 『태평어람太平御覽』에는 진멸殄滅로 되어 있다. 진멸殄滅이 되어야 의미가 통한다. 글자가 비슷하여 오류가 생긴 것으로 보인다.

에 부응한 연후에 천명을 받아 대업을 개창할 수 있습니다. 하지만 앞 시대의 전통을 이어받아 옛 치적을 다시 밝힌 군주에 대해서 말하자면 그렇게 해나간 것이 본래의 원인과 함께한 것이기 때문에 난도가 다릅니다. 소강은 공덕이 비록 아름답지만 중흥 군주가 되었으니 광무제와 같은 부류라 할 수 있습니다. 한 고조와 같은 분을 신들은 더욱 훌륭하다고 여깁니다.' 황제가 말했다. '자고로 제왕도 공덕과 언행에 서로 높낮이가 있을 터이니 꼭 창업 군주라 해서 모두 뛰어난 것은 아니며 그 뒤를 이은 군주라 해서 모두 열등한 것은 아닐 것이오. 은나라 탕왕, 주나라 무왕, 한나라 고조는 모두 천명을 받았지만 현인과 성인의 구분은 내가 느끼기에 매우 다른 듯하오. 하나라 소강, 은나라 중종中宗[73]과 고종高宗[74]이 이룩한 중흥의 아름다움과 하나라 계啓,[75] 주나라 성왕成王[76]이 성취한 수성의 성대함은 공덕을 논하고 실적을 비교하여 한나라 고조에 견줘봐도 나는 그들의 그 우수함만 보았지 열등함은 들은 적이 없소. 진실로 그들이 만난 시대가 달랐기 때문에 그들이 거둔 공명도 상이했을 따름이오. 소강은 하나라가 잠시 멸망한 이후에 태어나 제후의 노예로 전락했고, 기구하게 환란에서 도피하여 겨우 몸만 건졌소. 그런데도 자신의 덕망을 펼치고 위대한 계책의 발단을 열어 마침내 과過[77]와 과

---

73 중종中宗: 은나라 제10세 임금이다. 흔히 태무太戊로 불리며 묘호가 중종中宗이다. 그의 전임 군주 옹기雍己가 어리석고 무능하여 정치를 황폐화했는데 옹기의 아우 태무가 즉위하여 정치를 바로잡고 나라를 중흥시켰다.(『사기』 권3 「은본기」)

74 고종高宗: 은나라 제22세 임금이다. 흔히 무정武丁으로 불리며 묘호는 고종高宗이다. 은나라 제20세 임금 소신小辛 이후 쇠락해가던 국운을 중흥시켰다.

75 계啓: 하나라 창업 군주 우禹 임금의 아들로 부왕의 뜻을 이어받아 수성에 성공했다.

76 성왕成王: 주나라 무왕武王의 아들로 어린 나이에 즉위했으나 삼촌인 주공周公의 보필을 받아 주나라를 반석 위에 올려놓았다.

77 과過: 하나라 때 지금의 중국 산둥성山東省 라이저우萊州에 있던 제후국이다. 예羿를 죽이고 하나라 보위를 탈취한 한착이 자신의 아들 요澆를 과過에 봉했다. 이 때문에 역사에서는 요를 흔히 과요過澆라고 부른다. 이후 소강에 의해 멸망당했다.

戈[78]를 멸하고, 우 임금의 치적을 회복하고, 하나라 선조에게 제사를 올리며 하늘에 배향하고 옛 문물제도를 잃지 않았소. 지극한 덕德과 드넓은 인仁이 아니라면 어찌 이런 공훈을 세울 수 있겠소? 한 고조는 천하가 무너지는 추세에 따라 한때의 권력에 의지하고 오직 지력智力에만 맡겨 공업을 성취한 분이니 그가 일을 처리한 동정을 살펴보면 성인의 행적에서 어그러짐이 많소. 자식으로서 자기 부친을 위험에 빠뜨렸고, 임금으로서 현명한 재상을 옥에 가뒀고, 아버지로서 자식을 보호할 수 없었고, 죽은 후 사직이 거의 기울게 되었으니 만약 소강과 시대를 바꿔 살게 해도 우 임금의 치적을 회복할 수 없었을 것이오. 이 점을 미루어 말해보면 하나라 소강을 높이고 한나라 고조를 낮추는 것이 마땅하오.' 이튿날 정사일丁巳日(초10일), 강학講學이 끝나자 순의와 원량 등이 이렇게 논의했다. '하·상·주 삼대가 나라를 세운 후 땅을 나눠 다스린 것은 나라가 쇠약해졌을 때 흙이 무너지는 듯한 추세를 없애기 위한 것입니다. 덕을 베풀어 그리워하게 하면 힘으로 굴복시키기 어렵습니다. 전국시대에 이르러 강자가 약자를 겸병하며 도덕을 버리고 지력智力에만 맡겼습니다. 이 때문에 진秦나라의 폐단은 힘으로만 다투는 것입니다. 소강少康이 덕을 베풀었으니 인자仁者 중의 영웅이요, 한 고조는 힘에만 맡겼으니 지자智者 중의 준걸입니다. 인仁과 지智는 상이하므로 두 황제의 행적도 다른 것입니다. 『시경』과 『상서』에서는 은나라 중종과 고종을 서술하면서 모두 대아大雅(有德者)로 나열했습니다. 하나라 소강의 공적은 은나라 중종과 고종보다 훨씬 아름다우므로 그도 대아가 될 수 있음이 분명합니다. 소강이 훌륭하다는 사실은 당연히 조칙의 가르침과 같습니다.' 최찬, 종육, 우송 등은 다음과 같은 의견을 밝혔다. '소강이 비록 덕과 인을 쌓았지만 위로

---

78 과국戈國: 하나라 제후국의 하나다. 한착이 예羿를 죽이고 하나라 정권을 탈취한 후 자신의 맏아들 요澆를 과국過國에 봉했고, 또 다른 아들 희豷를 과국戈國에 봉했다. 하나라 부용국 지위를 유지하다가 소강에 의해 멸망당했다.

위대한 우 임금이 남긴 은택과 경사를 계승하여 안에서는 유우씨有虞氏[79]와 유잉씨有仍氏[80]의 원조를 받았고 밖에서는 백미伯靡[81]와 여애女艾[82]의 도움을 받았습니다. 또 한착은 사특하여 백성에게 덕을 베풀지 않았고 요澆[83]와 희豷[84]도 그와 친하게 지내지 않아서 나라 안팎에서 그를 버렸습니다. 〔소강은〕 이 때문에 나라를 얻었으니 대체로 그 원인이 있는 것입니다. 한 고조에 대해서 말씀드리자면 포의布衣의 신분으로 일어나서 오합지졸을 인솔하고 제왕의 대업을 이루었습니다. 덕을 논하자면 소강이 뛰어나지만 공적을 따져보면 고조가 많습니다. 물려받은 바탕을 말하자면 소강이 쉬운 상황이었고, 각자 처한 시대를 비교해보면 고조 때가 어려웠습니다.' 황제가 말했다. '경들은 소강의 중흥이 그가 물려받은 바탕 때문이고, 한 고조는 대업을 창조했다고 말씀하시는데 진실로 그런 일이 있었소. 그러나 경들은 삼대 시절에 덕 있는 사람에게 정사를 맡겨 공훈을 세우는 일이 그처럼 어려웠고, 진시황과 항우 시절에는 힘 있는 사람에게 정사를 맡겨 성공하는 일이 그처럼 쉬웠음

---

79 유우씨有虞氏: 순舜 임금의 후예가 봉해진 중국 고대 제후국으로 알려져 있다. 예와 한착의 반란으로 나라를 잃은 소강이 유우씨 부락에 망명하자 당시 유우씨 군주였던 우사虞思는 소강에게 윤읍綸邑을 제공하고 자신의 두 딸을 그에게 출가시켰다. 소강은 여기에서 힘을 길러 한착의 반란을 진압하고 하나라를 중흥했다.

80 유잉씨有仍氏: 태호太昊와 소호少昊의 후예가 봉해진 중국 고대 제후국으로 알려져 있다. 한착에게 시해된 하나라 임금 상相의 왕비 후민后緡이 바로 유잉씨 출신이다. 후민은 상이 시해된 후 임신한 몸으로 친정인 유잉씨 부락으로 도주하여 그곳에서 소강을 낳았다. 소강은 유잉씨와 유우씨의 도움을 받아 한착 일당을 죽이고 하나라를 중흥했다.

81 백미伯靡: 본래 하나라 임금 중강仲康과 상相의 신하였으나 예羿가 하나라 정권을 탈취한 후 그의 신하가 되었다. 그러나 한착이 예를 죽이자 유격씨有鬲氏의 부락으로 망명하여 하나라 유민을 규합하면서 역량을 길렀다. 이후 상의 아들 소강이 유잉씨와 유우씨의 도움으로 하나라 부흥에 나서자 백미도 소강과 연합하여 대군을 이끌고 한착을 공격하여 죽였다. 백미는 마침내 소강을 하나라 임금으로 옹립하고 정권의 정통성을 회복했다.

82 여애女艾: 하나라 소강의 신하로 과국過國의 요澆에게 거짓 투항한 후 소강과 안팎으로 호응하여 요를 공격하여 죽이고 하나라를 부흥했다.

83 요澆: 하나라 보위를 찬탈한 한착의 맏아들로 과국過國에 봉해졌다. 한착의 명령으로 하나라 임금 상相을 죽이고 권력을 누리다가 소강과 요의 공격을 받고 패퇴하여 죽었다.

84 희豷: 한착의 아들로 과국戈國에 봉해졌다. 소강의 아들 계저季杼의 공격을 받고 패배하여 죽었다.

을 모르시는구려. 또 가장 좋기로는 덕을 세우는 일이고, 그다음이 공을 세우는 일이오. 한 고조의 공이 높다 해도 소강의 성대한 덕에는 미칠 수 없을 것이오. 또 대저 인자에게는 반드시 용기가 있어서 포악한 자를 주살할 때 반드시 무력을 사용하오. 소강이 무력으로 펼친 위세가 어찌 꼭 한 고조보다 못하겠소? 다만 하나라의 서적은 유실되었고, 옛 문장도 온전하지 못해서 그가 세운 공훈의 아름다움을 빠뜨리고 기록하지 못한 것이오. 오직 오운伍員만이 거칠게나마 그 사적을 대략 서술하며[85] [소강이] 우 임금의 치적을 회복하여, 옛 문물을 잃지 않고, 성군의 대업을 조술祖述하고, 옛 제도에서 어긋나지 않은 사실을 말했소. 스스로 큰 덕망에다 재주를 겸하지 않았다면 누가 이런 대업에 참여할 수 있겠소? 설령 [소강의] 분묘와 전적이 모두 남아 있어서 그의 행적이 상세하다 해도 어찌 상이한 논점이 있겠소?' 이에 신료들이 모두 기쁘게 승복했다. 중서령 우송이 아뢰었다. '소강의 사적은 지금 세상과 떨어진 지 아주 오래되어 그 문장 기록이 모호합니다. 이러한 까닭에 옛날부터 지금까지 의론에 뛰어난 인사도 언급한 사람이 없어서, 그의 아름다운 덕이 숨겨져 드러나지 않았습니다. 폐하께서 먼 역사에 마음을 기울이시고 옛날 일을 상세히 고찰하시어 훌륭한 말씀을 펼치셨습니다. 소강의 아름다움을 찬양하여 밝히시고 천추의 역사에 드러나게 하셨으니 마땅히 기록하여 문건으로 만들어 후세에까지 영원히 전해지게 해야겠습니다.' 황제가 말했다. '나는 학문이 넓지 못하고 견문도 천박하여 논리에 타당함을 얻지 못했을까 두렵소. 설령 채택할 만한 점이 있다 해도 추측이 자주 들어맞는 경우이니 고귀한 견해라 할 수 없소. 후세 현인들에게 웃음거리를 제공하여 나의 우매함을 드러내는 것이 아니겠소?' 이에 시랑 종회가 물러나 이

85 오운伍員만이…서술하며: 『좌전』 애공 원년에 오운伍員(伍子胥)이 오왕吳王 부차夫差에게 월왕越王 구천勾踐의 항복을 받아들이지 말고 죽여야 한다고 하면서 하나라 소강少康의 사적을 자세히 언급하고 있다.

토론을 차례대로 정리했다."

여름 4월 경술일庚戌日(초4일), 대장군 사마문왕에게 곤룡포와 면류관 복식을 하사하고 적석赤舃[86]을 덧붙여줬다.

[4월] 병진일丙辰日(초6일), 황제가 태학으로 행차하여 유생들에게 물었다. "성인께서는 몰래 신명의 도움을 받아 하늘을 우러러보고 땅을 굽어살피시어 비로소 팔괘八卦를 만들었고 후세의 성인께서 또 팔괘를 중첩하여 64괘를 만들어 효爻를 세운 후 만물의 이치를 끝 간 데까지 모두 밝혔소. 이에 모든 대의가 갖추어지지 않은 것이 없소. 그러나 하나라는 『연산連山』, 은나라는 『귀장歸藏』, 주나라는 『주역』이라고 하여 책 이름을 바꿨는데 그 까닭이 무엇이오?" 『주역』 박사 순우준淳于俊이 대답했다. "포희包羲(伏羲氏)가 수황燧皇(燧人氏)의 그림에 따라 팔괘를 제작했고, 신농씨神農氏가 그것을 연역하여 64괘를 만들었습니다. 황제黃帝, 요堯, 순舜도 그 변화에 능통했고, 하·은·주 삼대에는 시대의 변화에 따라 내용과 명칭을 각각 실제 사안에서 기인하게 했습니다. 이 때문에 '역易'이란 '변역變易(변화)'입니다. '연산連山'이라 이름한 것은 마치 산이 구름 기운을 내뿜고 받아들이듯 천지를 연결하기 때문입니다. '귀장歸藏'이란 만사가 그 속으로 돌아가 감춰진다는 뜻입니다."[87] 황제가 말했다. "복희씨가 수인씨의 그림에 따라 '역易'을 만들었다면 공자는 어찌하여 수인씨가 죽은 후 포희씨가 팔괘를 만들었다고 말하지 않았소?" 순우준이 대답할 수 없었다. 황제가 또 물었다. "공자가 『주역』의 「단전彖傳」과 「상전象傳」[88]을 짓고, 정현鄭玄이

---

86 적석赤舃: 고대에 천자와 제후왕이 신던 붉은색 신발이다.

87 '귀장歸藏'이란…뜻입니다: 후한 정현鄭玄이 지은 『주역정강성주周易鄭康成注』에 나온다. "名曰'連山', 似山出內氣也, '歸藏'者, 萬物莫不歸而藏於其中."

88 「단전彖傳」과 「상전象傳」: 「단전」은 『주역』의 「괘사卦辭」를 공자가 쉽게 풀이한 글이고, 「상전」은 『주역』의 '대상大象(卦象)'과 '소상小象(爻象)'을 공자가 설명한 글이다.

주注[89]를 달았소. 비록 성인과 현인은 다르지만 해석한 경전의 뜻은 한 가지요. 그런데 지금 「단전」과 「상전」이 『주역』 경문經文과 이어져 있지 않고 주注와 연결되어 있는 것은 무슨 까닭이오?" 순우준이 대답했다. "정현이 경문에 「단전」과 「상전」을 합친 것은 학자들이 찾아보기에 편리하고 이해하기 명료하도록 하기 위해서입니다." 황제가 말했다. "만약 정현이 합친 것이 『주역』을 배울 때 진실로 편리하다면 공자는 어찌하여 그것을 합쳐서 학자들이 명료하게 이해하도록 하지 않았소?" 순우준이 대답했다. "공자는 자신의 글과 주 문왕의 경문이 서로 뒤섞일까 두려워했기 때문에 합치지 않았으며, 이것은 성인께서 합치지 않는 것을 겸손으로 여겼기 때문이기도 합니다." 황제가 말했다. "만약 성인께서 합치지 않는 것을 겸손으로 여겼다면 정현은 어찌 유독 겸손하지 않은 것이오?" 순우준이 대답했다. "옛사람들의 뜻이 넓고 깊은 데다 성군의 질문도 심원하므로 신이 상세하게 모두 대답할 수 없습니다." 황제가 또 물었다. "「계사繫辭」[90]에 이르기를 '황제黃帝, 요, 순은 의상만 걸어두어도(의복 제도를 만들자) 천하가 잘 다스려졌다'[91]라고 했소. 이는 복희씨와 신농씨의 시대에는 의상이 없었다는 것이오. 성인들이 천하를 교화함이 어찌 이처럼 다르단 말이오?" 순우준이 대답했다. "삼황三皇 시대에는 사람은 적고 금수가 많았습니다. 이 때문에 짐승의 가죽만 벗겨도 천하 사람들이 넉넉하게 사용할 수 있었지만 황제黃帝 시대에 이르러서는 사람은 많고 금수는 적어졌습니다. 이러한 까닭에 의상을 만들어 시대의 변화에 대처한 것입니다." 황제가 또 물었다. "건乾은 하늘인데 또 금金이고, 옥玉이고, 늙은 말[老馬]이라고도 하오.[92] 하늘과 이런 미미한

---

89 주注: 후한 정현의 『주역정강성주』를 말한다. 완전한 판본은 전하지 않고 송나라 때 왕응린王應麟이 편집한 집본輯本이 전한다.

90 「계사繫辭」: 「계사」 상上, 하下로 나뉜다. 「계사」 상은 주역의 이치를 본체로 설명한 글이고, 「계사」 하는 주역의 이치를 현상으로 설명한 글이다. 모두 공자의 저작이라고 전한다.

91 황제黃帝…다스려졌다: 『주역』 「계사」 하에 나온다. "黃帝·堯·舜垂衣裳而天下治."

92 건乾은…하오: 『주역』 「설괘전說卦傳」에 나온다.

사물이 나란히 놓일 수 있소?" 순우준이 대답했다. "성인이 상象을 취할 때는 가까운 데서 취하기도 하고, 먼 데서 취하기도 합니다. 가까이로는 만물에서 취하고 멀리로는 천지에서 법칙을 찾습니다."

『주역』 강의가 끝나자 다시 『상서』를 강의하도록 명령했다. 황제가 물었다. "정현이 이르기를 '계고稽古는 하늘과 같다同天'[93]라고 했고, '요 임금이 하늘과 같음을 말했다'라고 했소. 왕숙王肅은 '요 임금은 옛날의 도道를 잘 고찰하고 준수하여 실천했다'라고 했소. 세 가지 뜻이 다른데 어떤 것이 옳소?" 박사 유준庾峻이 대답했다. "선유先儒들이 견지한 관점은 각각 서로 어긋나고 다른 점이 있어서 신은 확정할 수 없습니다. 그러나 『상서』「홍범洪範」에서는 '세 사람이 점을 쳐서 두 사람의 말을 따른다'[94]라고 했습니다. 가규賈逵와 마융馬融 및 왕숙은 모두 '옛날의 도道를 잘 고찰하고 준수하여 실천했다'라고 여겼습니다. 「홍범」을 근거로 말씀드리자면 왕숙의 뜻이 좋습니다." 황제가 말했다. "공자께서는 말씀하시기를 '오직 하늘만이 크고, 오직 요 임금만이 그것을 본받았다'[95]라고 하셨소. 요 임금의 위대하고 아름다운 점은 하늘을 본받은 데에 있는데, 옛날의 도를 잘 고찰하여 준수했다는 것은 그 경지에 이르지 못한 풀이요. 지금 『상서』의 개권벽두에서 대의를 내세워 성군의 덕을 밝히는 상황인데, 큰 뜻을 버리고 자잘한 뜻으로 바꿔 말하면 그것이 어찌 작자의 의도이겠소?"

---

93 계고稽古는 동천同天: 『상서』 맨 첫머리에 나오는 "曰若稽古帝堯"에서 '계고稽古'를 정현이 '동천同天'과 같다고 풀이한 것이다. 뒷날 당나라 공영달孔穎達 등은 『상서정의尙書正義』에서 정현이 한나라 때 위서緯書의 학설에 따라 '계稽'의 뜻은 '동同'과 같으며, '고古'의 뜻은 '천天'과 같다고 했다고 설명했다. 대체로 옛날 요 임금은 하늘의 원리를 통치의 법칙으로 삼았으므로 요 임금이 하늘과 같다는 의미라 할 수 있다.

94 세 사람이…따른다: 『상서』「홍범」: "이 사람들을 내세워 거북점과 시초점을 치십시오. 세 사람이 점을 쳤다면 두 사람의 말을 따르십시오立是人卜筮. 三人占, 則從二人之言."

95 오직…본받았다: 『논어』「태백泰伯」: "공자가 말했다. '크도다, 요의 임금됨이여! 높고 높도다, 오직 하늘만이 크고, 오직 요 임금만이 그것을 법칙으로 삼았도다!'子曰, '大哉, 堯之爲君! 巍巍乎, 唯天爲大, 唯堯則之!'"

유준이 대답했다. "신은 스승의 학설을 받들며 준수하지만 아직 그 대의를 알지 못합니다. 가장 적절한 의미를 취함에는 성상의 생각에 따라 판단하겠습니다." 다음으로는 '사악四岳이 곤鯀을 천거한 대목'[96]을 다뤘다. 황제가 또 물었다. "대저 대인大人은 천지와 더불어 그 덕을 합하고, 일월과 더불어 그 밝음을 합하며, 생각은 두루 미치지 않는 점이 없고, 밝음은 두루 비추지 않는 곳이 없소. 지금 왕숙은 '요 임금의 생각으로도 곤을 분명하게 알 수 없어서 시험 삼아 등용해본 것이다'라고 말했는데 이와 같다면 성인의 밝음에도 미진한 점이 있다는 것이오?" 유준이 대답했다. "성인의 드넓은 식견으로도 미진한 점이 있기 때문에 우 임금은 '사람을 잘 알아보면 그가 바로 철인哲人인데, 임금이라도 그것을 어려워한다'[97]라고 했습니다. 그러나 마침내 [곤을] 성현(우 임금)으로 바꿔 임용하여 여러 업적을 빛나게 했으니 이 또한 요 임금이 성인이 된 까닭입니다." 황제가 말했다. "대저 '처음도 있고 끝도 있는 사람은 오직 성인이로다'[98]라고 했소. 그런데 만약 처음에 능히 사람을 알아보지 못한다면 어찌 성인이 될 수 있겠소? '임금이라도 그것을 어려워한다'라고 말했지만 마침내 [곤을] 성현(우 임금)으로 바꿔 임용할 수 있었으므로 대체로 사람을 잘 알아보았

---

96 사악四岳이…대목: 『상서』「요전堯典」 제3장: "요 임금이 말했다. '아, 사악이여! 콸콸 흐르는 홍수가 사방을 잠식하고, 질펀한 물결이 산을 삼키며 언덕까지 차올라서 넘실넘실 하늘까지 닿을 듯하니, 아래의 백성이 이를 탄식하오. 홍수를 다스릴 수 있는 사람이 있겠소?' 많은 사람들이 말했다. '아, 곤鯀이 있습니다.' 요 임금이 말했다. '아, 아니 되오. 명령을 어기고 사람들에게 해악을 끼칠 것이오.' 사악이 말했다. '등용하십시오. 시험해보시고 괜찮으면 그만일 것입니다.' 요 임금이 말했다. '가서 공경을 다해 일하게 하시오.' 9년간 등용했으나 치수에 성공하지 못했다帝曰, '咨, 四岳! 湯湯洪水方割, 蕩蕩懷山襄陵, 浩浩滔天, 下民其咨. 有能俾乂?' 僉曰, '於, 鯀哉!' 帝曰, '吁, 咈哉! 方命圮族.' 岳曰, '异哉. 試可, 乃已.' 帝曰, '往欽哉.' 九載績用, 不成." 사악四岳은 사방의 제후를 통괄하는 관직 또는 사방의 제후라 하기도 한다. 곤鯀은 우禹 임금의 부친으로 홍수를 막는 방법으로 치수를 하려 했으나 실패했고, 이후 곤의 아들 우 임금이 다시 치수 사업을 맡아 물을 낮은 곳으로 빼내는 방법으로 성공했다.

97 사람을…어려워한다: 『상서』「고요모」에 나오는 구절을 앞뒤 순서 바꿔서 인용했다. "우禹가 말했다. '아! 모든 일을 그와 같이 잘한다는 것은 임금이라도 어려워합니다. 사람을 잘 알아보면 그가 바로 철인哲人이니, 사람을 관직에 임명할 수 있습니다.'禹曰, '吁! 咸若時, 惟帝其難之. 知人則哲, 能官人.'"

98 처음도…성인이로다: 『논어』「자장子張」: "有始有卒者, 其有聖人乎."

다고 할 만하오. 성인이 어려워한 점은 성인에게도 미진한 점이 있다는 말이 아니오. 경전에도 '사람을 잘 알아보면 그가 바로 철인이니, 사람을 관직에 임명할 수 있습니다'[99]라고 했소. 만약 요 임금이 곤을 의심하고도 9년 동안 시험하여 관직의 질서를 잃었다면 어찌 성인이나 철인이라 할 수 있겠소?" 유준이 대답했다. "신이 경전을 엿본 바에 따르면 성인의 일 처리에도 실수가 없을 수 없습니다. 이러한 까닭에 요 임금은 사흉四凶[100]을 대함에 실수를 했고, 주공은 이숙二叔[101]을 다룸에 실수를 했고, 공자는 재여宰予[102]를 경솔하게 믿는 실수를 했습니다." 황제가 말했다. "요 임금이 곤을 임용하고 9년 동안 아무것도 이루지 못하자 오행의 배열이 어지러워져서[103] 백성이 혼란에 빠졌소. 공자가 재여를 경솔하게 믿은 실수로 말하자면 말과 행동에 관한 일이므로 그 경중이 다르오. 주공과 관숙管叔·채숙蔡叔의 일에 대해서 말하자면 『상서』에 기록되어 있어서 모든 것을 박사들이 잘 알 수 있을 것이오." 유준이 대답했다. "이런 것은 모두 선현들도 의심한 일이라 신의 천박한 견해로는 끝까지 토론할

---

99 위의 각주 97) 참조.

100 사흉四凶: 요 임금 때 행세한 네 악인惡人 공공共工, 환두驩兜, 삼묘三苗, 곤鯀이다. 『상서』「순전」에 순 임금이 사흉을 제거한 기록이 있다. "공공을 유주에 유배하고, 환두를 숭산에 추방하고, 삼묘를 삼위에 귀양 보내고, 곤을 우산에서 처형했다. 사흉을 징벌하자 천하가 모두 복종했다流共工于幽洲, 放驩兜于嵩山, 竄三苗于三危, 殛鯀于羽山. 四罪, 天下咸服."

101 이숙二叔: 주 무왕의 아우 관숙管叔과 채숙蔡叔이다. 주 무왕이 세상을 떠난 후 어린 성왕이 즉위하자 주 무왕의 또 다른 아우인 주공이 섭정이 되어 성왕을 보좌했다. 이에 대해 관숙과 채숙은 불만을 품고 은나라 유민인 무경武庚 등과 힘을 합쳐서 반란을 일으켰다. 주공은 이들의 반란을 진압한 후 관숙을 처형하고 채숙을 유배 보냈다.(『사기』 권35 「관채세가管蔡世家」)

102 재여宰予: 자가 자아子我로 공자의 뛰어난 제자 공문십철孔門十哲의 한 사람이다. 그러나 낮잠을 자다가 공자의 질책을 들었다. 『논어』「공야장」: "재여가 낮잠을 잤다. 공자가 말했다. '썩은 나무는 조각을 할 수 없고, 썩은 흙으로 만든 담장은 흙손질을 할 수 없다. 재여에게 무엇을 탓하랴?' 공자가 말했다. '처음에 나는 사람들에 대해서 그 말만 듣고도 행동을 믿었다. 지금은 내가 사람들에 대해서 그 말을 듣고 그 행동까지 살핀다. 재여로 인해 내 생각을 고쳤다.'宰予晝寢. 子曰, '朽木不可雕也, 糞土之牆不可圬也. 於予與何誅?' 子曰, '始吾於人也, 聽其言而信其行. 今吾於人也, 聽其言而觀其行. 於予與改是.'"

103 오행의 배열이 어지러워져서: 『상서』「홍범」: "기자가 이에 말했다. '제가 듣건대 옛날에 곤이 홍수의 물결을 함부로 막아 오행의 배열을 어지럽혔습니다.'箕子乃言曰, '我聞, 在昔, 鯀陻洪水, 汨陳其五行.'"

수 없습니다." 그다음에는 "홀아비로 사는 사람이 민간에 있는데 이름이 우순입니다"[104]라는 대목을 다뤘다. 황제가 물었다. "요 임금 때는 홍수로 인해 피해가 발생했고 사흉이 조정에 있었으므로 조속히 성현을 등용하여 백성을 구제해야 할 시기였소. 당시에 순舜은 나이가 이미 서른이었고 성덕聖德이 빛을 발하고 있었는데 오래 등용하지 못한 것은 무엇 때문이오?" 유준이 대답했다. "요 임금이 현인을 구하면서 탄식한 것은 자신의 보위를 선양하려는 마음 때문이었습니다. 이에 사악도 '저는 부덕하여 황제 보위를 더럽힐 것입니다'[105]라고 했습니다. 요 임금은 다시 사악으로 하여금 은자를 천거하게 했고, 그런 후에야 [사악이] 순 임금을 추천했습니다. 순 임금을 추천한 근본 취지는 기실 요 임금에게서 말미암은 것입니다. 이 점이 대체로 성인이 민중의 마음을 모두 헤아리려 한 뜻입니다." 황제가 말했다. "요 임금이 이미 순 임금에 대한 소문을 들었음에도 등용하지 않았고, 또 당시에 충신들도 그를 벼슬길로 이끌어주지 않다가 사악으로 하여금 은자를 천거하게 한 이후에야 천거했소. 이는 성인을 등용하여 백성을 구휼하는 일에 급하지 않았다는 사실을 말하는 것이오." 유준이 대답했다. "신의 어리석은 소견으로는 미칠 수 없습니다."

이에 다시 『예기』를 강의하라고 명령했다. 황제가 물었다. "'상고시대에는 덕을 쌓았고, 그다음 시대에는 베풀고 보답하는 데 힘썼다'[106]라고 했소. 나라를 다스릴 때 어떤 경로를 거쳐야 각기 다른 사람들을 교화할 수 있고, 모든 일은 어떤 정치를 펼쳐야 덕을 쌓는 데 이르러 은혜를 베풀고도 보답을 바라지 않을 수 있소?" 박사 마조馬照가 대답했다. "'太上立德'은 삼황오제 시대에 덕으

104 홀아비로…우순입니다: 『상서』「요전」 제4장: "有鰥在下, 曰虞舜."

105 저는…것입니다: 『상서』「요전」 제4장: "岳曰, '否德, 忝帝位."

106 상고시대에는…힘썼다: 『예기』「곡례曲禮」 상上: "太上立德, 其次務施報." 현행 통용본은 "태상입덕太上立德"이 '태상귀덕太上貴德'으로 되어 있어서 "상고시대에는 덕을 귀중히 여겼다"로 번역한다.

로 백성을 교화한 것을 말합니다. 그다음 구절 '報施'는 삼왕三王 시대에 예禮로써 다스린 것을 말합니다." 황제가 말했다. "두 가지는 교화를 펼침에 엷음과 두터움으로 서로 다른 면모를 보이는데, 이는 군주에게 우열이 있기 때문이오? 아니면 시대가 그렇게 만든 것이오?" 마조가 대답했다. "진실로 시대가 달랐기에 질박함과 화려함으로 나뉘었고 이 때문에 교화에도 엷음과 두터움으로 다른 면모를 보이게 되었습니다."○

○『제집帝集』[107]에 황제 조모曹髦가 태어날 때 나타난 길조를 스스로 서술한 대목이 있다. "옛날에 제왕이 탄생할 때는 더러 길조가 나타나곤 했는데 이는 대체로 신비롭고 기이함을 밝게 드러내기 위한 조짐이었다. 다만 나 같은 보잘것없는 사람은 황실 지파의 말단으로 외람되게도 신령께서 보우하신 은혜를 입었을 뿐이니 어찌 감히 스스로 앞 시대 철인喆人에 비견할 수 있겠는가? 애오라지 기록으로 남겨 후세에 보이고자 할 뿐이다. 다음과 같이 기록으로 남긴다. '정시正始 3년[108] 9월 초하루는 신미일辛未日인데, 이달 25일인 을미일乙未日 예정된 날짜에 내가 태어났다. 당시에 날씨가 청명했고 해와 달이 빛을 뿜었다. 그리고 황색 기운이 집안에 은은하게 서렸으며, 하늘에서 쏟아지는 빛이 방과 집을 비췄는데 그 색깔이 휘황찬란했다.' 형상을 보고 점을 치는 사람이 논하기를 '미未는 토土가 되므로 위나라의 운행입니다. 또 이날은 예정된 날짜이므로 아름다운 명성에 부응할 것입니다. 은은하게 서린 기운은 신령의 정기이므로 재난도 없고 해악도 없이 신령의 보호를 받을 것입니다'라고 했다. 이후 제왕齊王이 백성을 긍휼히 여기지 않으며 법도를

107 『제집帝集』: 중국 삼국시대 소제少帝 고귀향공高貴鄕公 조모가 재위 기간에 직접 지은 자신의 문집이다. 『수서』「경적지」에는 『고귀향공집高貴鄕公集』 4권, 『신당서』「예문지」에는 2권이 있었다고 기록되어 있지만 지금은 전해오지 않는다.

108 정시正始 3년: 오류다. 정시 2년이 되어야 한다.

뒤엎자 여러 공경대부가 내게 부탁하여 내가 황위를 계승하게 되었다. 보잘것없는 미미한 몸에 본성이 완고하여 아직 올바른 도道로 나아갈 수 없지만 대로를 따르려 하니 깊은 계곡에 임한 듯 얇은 얼음을 밟는 듯하여 두려움에 눈물이 흘러내린다. 옛사람이 이르기를 '두려워하면 망하지는 않는다'라고 했다. 나처럼 미미한 몸으로 어찌 감히 게으름을 부리며 함부로 행동할 수 있겠는가? 치욕을 보태지 않고 영원히 종묘 제사를 받들기를 바랄 뿐이다." 부창傅暢의 『진제공찬晉諸公贊』109: "황제는 늘 중호군 사마망, 시중 왕침王沈, 산기상시 배수裴秀, 황문시랑 종회 등과 동당東堂에서 학문을 이야기하며 연회를 열고 아울러 문장을 지었다. 배수에게는 유림의 어른〔儒林丈人〕, 왕침에게는 문적 선생文籍先生이라는 별명을 붙였고, 사마망과 종회에게도 각각 별명을 붙였다. 황제는 성격이 급하여 사람을 부르면 조속히 만나려 했다. 배수 등은 내직에 근무하여 제때에 당도할 수 있었지만 사마망은 밖에 있어서 특별히 추봉거追鋒車110와 호분虎賁111 병졸 다섯 명을 하사했다. 매번 모임이 있을 때마다 사마망은 바로 〔추봉거를〕 치달려 당도했다."

5월, 업성 및 상락上洛(陝西 商州)112에서 모두 감로甘露가 내렸다고 말했다.

여름 6월 병오일丙午日(초1일), 연호를 '감로甘露'로 바꿨다. 을축일乙丑日(20일), 청룡이 원성현 경내 우물 속에 나타났다.

109 부창傅暢의 『진제공찬晉諸公贊』: 서진 문인 부창이 진나라 귀족의 생애와 사적을 서술한 책으로 각 편 뒤에 운문으로 찬사贊辭를 달았다. 모두 22권이 있었다고 하나 지금은 전해오지 않는다.

110 추봉거追鋒車: 봉거鋒車라고도 한다. 신속하게 달릴 수 있는 가벼운 수레다.

111 호분虎賁: 호랑이처럼 용맹한 군사라는 뜻이다. 주나라 때 임금의 출입 행차를 호위하는 호분씨虎賁氏가 있었고, 한나라 평제平帝 때도 임금의 숙위宿衛를 담당하는 호분랑虎賁郎, 호분중랑장虎賁中郎將 등의 관직을 두었다.

112 상락上洛: 원문은 상곡上谷이나 『삼국지집해』의 고증에 따라 상락으로 본다.

가을 7월 기묘일己卯日(초5일), 위장군 호준이 세상을 떠났다. 계미일癸未日(초9일), 안서장군 등애가 상규에서 촉나라 대장 강유를 대파했다. 조서를 내렸다. "우리 군대는 무력을 다 쓰지 않고도 추악한 오랑캐를 격파했다. 목을 베거나 생포한 적의 수가 1만 명을 헤아린다. 자고이래로 전승을 거론해봐도 이와 같은 사례는 없었다. 지금 사자를 보내 장졸들에게 음식을 내리고 큰 잔치를 열게 했으니, 종일토록 먹고 마시고 연회를 즐기며 짐의 뜻에 부응하라."

8월 경오일庚午日(26일), 대장군 사마문왕에게 대도독 칭호를 더해주고, 아뢸 때 이름을 말하지 말고, 또 황월黃鉞을 하사하라고 어명을 내렸다. 계유일癸酉日(29일), 태위 사마부를 태부로 삼았다.

9월, 사도 고유를 태위로 삼았다.

겨울 10월, 사공 정충을 사도로 삼고 상서좌복야尙書左僕射 노육을 사공을 삼았다.

2년(257) 봄 2월, 청룡이 온현溫縣(河南 溫縣) 우물 속에 나타났다.

3월, 사공 노육이 세상을 떠났다.

여름 4월 계묘일癸卯日(초3일), 조서를 내렸다. "현토군玄菟郡113 고현현高顯縣

113 현토군玄菟郡: 일반적으로 '현도군'으로 읽는 경우가 많지만 현재 중국 산둥성박물관山東省博物館에 소장되어 있는 '현토태수호부玄兎太守虎符'를 보면 '菟'가 아니라 분명하게 '兎'로 쓰여 있다. 이 호부는 전한前漢시대 유물로 알려져 있으므로 현토군이 존재할 당시에 제작된 것이다. 따라서 '현토군

의 관리와 백성이 반란을 일으켜, 현장縣長 정희鄭熙가 적에게 살해되었다. 그 곳 백성 왕간王簡이 정희의 상례를 도맡아 이른 새벽부터 밤까지 별을 보며 길을 달려 그 시신을 본주本州까지 운송했으니 그 충절이 가상하다. 특별히 왕간을 충의도위忠義都尉로 임명하여 그의 뛰어난 행적을 표창한다." 갑자일甲子日(24일), 정동대장군 제갈탄을 사공으로 삼았다.

5월 신미일辛未日(초1일), 황제가 벽옹으로 행차하여 신료들을 모아놓고 시를 지으라고 어명을 내렸다. 시중 화유和逌, 상서 진건 등이 시를 짓는 속도가 느리자 담당 관리가 그들을 파면하라고 상주했다. 조서를 내렸다. "나는 자질이 우매한 사람인데 시문의 우아함을 애호하는 것은 널리 시부詩賦를 모아 정치의 득실을 알기 위해서요. 그런데 이렇게 분란을 조장했으니 진실로 전전긍긍 불안한 마음이오. 화유 등을 용서하시오. 이 일을 주관한 사람에게 칙령을 내리오. 지금 이후로는 신료들이 모두 옛 법도의 의의를 익히고 경전을 밝게 닦아 짐의 뜻에 부응하시오." 을해일乙亥日(초5일), 제갈탄이 군대 소집에 불응하고 거병하여 반란을 일으켜 양주揚州 자사 악침樂綝을 죽였다. 병자일丙子日(초6일), 회남淮南의 장수, 관리, 병사, 백성 중에서 제갈탄에게 잘못 연루된 사람들을 사면했다. 정축일丁丑日(초7일), 조서를 내렸다. "제갈탄이 흉악한 반란을 조성하여 양주를 분탕질하고 뒤엎었다. 옛날 경포黥布114가 반역을 일으키자 한 고조가 친히 정벌했고, 외효隗囂가 배반하자 광무제가 서쪽으로 정벌에 나섰다. 또 열조烈

玄兎郡'이 후대로 전사傳寫되는 과정에서 '현도군玄菟郡'으로 오기되었음을 알 수 있다. 이에 '玄菟'는 본래 '玄兎'이므로 '현도'가 아니라 '현토'로 읽는 것이 타당하다.

114 경포黥布: 본명이 영포英布다. 진秦나라 말기에 법을 어겨 얼굴에 경형黥刑을 받아서 흔히 경포라고 한다. 항우 진영에 투신하여 맹장으로 활약하며 구강왕九江王에 봉해졌으나 나중에 항우와 불화하여 유방劉邦에게 투항했다. 한신韓信, 팽월彭越과 함께 한나라 건국에 지대한 공을 세웠고, 건국 후 회남왕淮南王에 봉해졌다. 그러나 건국 후 한신과 팽월이 토사구팽兎死狗烹당하자 이에 항의하여 반란을 일으켰다가 한 고조의 정벌을 받아 패망했다.(『사기』 권8 「고조본기」, 권91 「경포열전黥布列傳」)

祖 명황제께서도 오와 촉을 친히 정벌하신 것은 모두 노기를 떨치시어 위엄과 무력을 드날리기 위함이었다. 지금 마땅히 황태후와 짐은 잠시나마 함께 전선으로 나아가 추악한 적을 신속하게 평정하고 중원 동쪽을 편안하게 하려 하노라." 기묘일己卯日(초9일), 조서를 내렸다. "제갈탄은 반역을 일으켜 충의로운 사람을 협박했다. 이에 평구장군平寇將軍 임위정후臨渭亭侯(陝西 渭南 동남) 방회龐會, 기독편장군騎督偏將軍 노번路蕃은 각각 좌우 군대를 거느리고 군문軍門을 박차고 나가 싸웠다. 충성스럽고 씩씩하고 용감하고 열렬한 행동은 특별히 포상받아야 마땅하다. 이제 방회를 향후鄕侯로 올려주고, 노번을 정후亭侯에 봉한다."

6월 을사일乙巳日(초6일), 조서를 내렸다. "오나라 사지절 도독하구제군사都督夏口諸軍事 진동장군鎭軍將軍 사선후沙羨侯 손일孫壹은 적국 왕실의 지파支派로 벼슬은 상장上將이지만 하늘의 뜻을 두려워하고 천명을 알아 화복禍福의 이치를 깊이 살폈다. 이에 신속하게 군사를 이끌고 멀리서 우리 대국大國으로 귀의했다. 비록 미자微子[115]가 은나라를 떠난 일이나 악의樂毅[116]가 연나라에서 [조나라로] 망명한 일도 이보다 더 나을 수 없다. 손일을 시중, 거기장군, 가절假節, 교주목交州牧, 오후吳侯로 삼는다. 독립된 관부官府를 열어 인재를 초빙하고 그 의례를 삼사三司[117]와 동일하게 하라.[118] 옛 제후에게 베풀던 팔명八命[119]의

---

115 미자微子: 은나라 마지막 임금 주왕紂王의 형으로 이름은 계啓다. 주왕이 폭정을 자행하자 미자는 여러 번 간언을 올렸지만 듣지 않자 은나라를 떠났다. 주 무왕은 은나라를 정벌한 후 미자를 송宋나라에 봉하고 은나라 선조의 제사를 받들게 했다.(『상서』「미자微子」, 『사기』 권38 「송미자세가宋微子世家」)

116 악의樂毅: 이 책 권1 「무제기」 건안 15년 해당 각주 참조.

117 삼사三司: 흔히 삼공三公을 가리킨다. 『주례周禮』에는 태사太師, 태부太傅, 태보太保를 삼공이라 했고, 『예기』에는 사마司馬, 사도司徒, 사공司空을 삼공이라 했으며, 『후한서』 권6 「순제기順帝紀」에는 태위太尉, 사도, 사공을 삼공이라 했다.

118 개부벽소의동삼사開府辟召儀同三司의 의미를 풀이한 것이나 '개부벽소의동삼사'가 관직 명칭으로 쓰이기도 한다.

119 팔명八命: 『주례』「춘관·대종백」: "아홉 가지 의례의 등급으로 제후국의 지위를 바로잡는 예법으로

예법에 따라 곤룡포를 입고, 면류관을 쓰고, 붉은 신발을 신게 하고 모든 의례를 풍성하게 하라."○ 갑자일甲子日(25일), 조서를 내렸다. "지금 어가는 항項(河南 沈丘) 땅에 머물러 있고 대장군은 경건하게 천벌을 시행하기 위해 회포淮浦(江蘇 漣水 서쪽)까지 전진했다. 지난날 상국 대사마가 정벌을 나갈 때는 모두 상서尙書와 함께 갔으니 지금도 옛날의 사례와 똑같이 해야 할 것이다." 이에 산기상시 배수와 급사황문시랑 종회가 모두 대장군과 동행했다.

○ 신 송지는 이렇게 생각합니다. 손일이 핍박을 두려워하여 어명에 귀의한 것은 가상히 여길 만한 일이 아닙니다. 옛날의 대의로 따져보면 잘못된 행실을 가리려다 오히려 악명이 드러난 경우입니다. 당시의 형편으로 살펴보면 예법을 아직 먼 시대의 것까지 따를 수 없었을 터이므로, 진실로 그 재능을 헤아려 포상을 해도 그가 귀의한 정에 보답할 수 있었을 것입니다. 그런데 영광스럽게도 팔명의 지위를 하사했고, 의례는 삼공三公과 같게 하라는 지경에 이르렀으니 또한 지나친 일이 아니겠습니까? 떠난 자들을 회유하고 먼 변방의 족속을 귀의하게 하는 일에 있어서도 취할 만한 점이 없습니다. 무슨 까닭입니까? 만약 그가 지조를 지키려 했다면 당시 여론에 미움을 받지 않으려고 끝까지 특별한 은총에 기뻐하지 않은 채, 공공연히 반심을 품었을 것입니다. 그런데 그가 반역 행위로 고귀한 지위[120]를 얻었다면 치욕 중에서 어떤 것이 이보다 더 심하겠습니까? 만약 우환과 위기가 닥치려 하여 투항하지 않고서는 그 사태에서 벗어날 수 없었다면 틀림없이 죽음을 피해 근근이 목숨만 구하지 영예와 이익을 바라지는 않을 것입니다. 그런즉 높은 지위와 많은 녹봉은 무엇

쓰였다. 1명壹命은 [천자에게서] 지방 귀족으로 직무만 받는 것, 2명 관복까지 받는 것, 3명은 지방 귀족이 중앙 조정의 벼슬까지 받는 것, 4명은 제기祭器를 받는 것, 5명은 제후에게 봉토를 하사하는 것, 6명은 천자가 중앙 조정의 경卿 관직을 하사하는 것, 7명은 제후국을 하사하는 것, 8명은 지방의 한 고을을 다스리는 주목州牧으로 삼는 것, 9명은 지방의 여러 고을을 두루 통치하는 방백方伯으로 삼는 것이다以九儀之命, 正邦國之位. 壹命受職, 再命受服, 三命受位, 四命受器, 五命賜則, 六命賜官, 七命賜國, 八命作牧, 九命作伯." 따라서 팔명八命은 제후왕의 지위에다 지방 고을의 장관[州牧]을 겸하는 고위 관직이다.

120 고귀한 지위: 원문은 '괴愧'이지만 『삼국지집해』의 고증에 따라 '귀貴'로 본다.

하러 내리십니까? 위나라 초기에 [항복한 장수로는] 맹달孟達과 황권黃權이 있고,[121] 진나라에는 손수孫秀와 손해孫楷가 있습니다.[122] 맹달과 황권이 받은 작위와 포상은 손일에 비해 낮았는데, 손수와 손해를 예우하여 하사한 품계는 그 특별함이 더욱 심했습니다. 이후 오나라를 평정할 무렵에는 오히려 몇 등급을 더 낮추고 처음의 제도를 계승하지 않았으니 이 어찌 처음부터 타당성을 잃은 정책으로 야기된 결과가 아니겠습니까?

가을 8월, 조서를 내렸다. "옛날 한나라 연燕 날왕剌王(劉旦)이 모반할 때 한의韓誼[123] 등이 직간하다가 죽자[124] 한나라 조정에서는 그의 아들을 등용했다. 지금 제갈탄이 흉악한 반란을 획책할 때도 주부主簿 선륭宣隆과 부곡독部曲督 진혈秦絜이 절개와 대의를 지키며 굳게 간쟁하다가 제갈탄에게 살해되었으니 이는 소위 비간比干[125]과 같은 혈친도 아니면서 죽음을 받아들인 자들이다. 선륭과 진혈의 아들을 기도위로 삼고 포상을 더해주어 그 영광을 원근에 알리고 그 충의를 특별하게 대우하라."

---

121 위나라 초기에…있고: 이 책 권2 「문제기」에 따르면 연강 원년(220)에 촉나라 장수 맹달孟達이 군사를 이끌고 항복해왔으며, 황초 3년(222)에는 촉나라 대장 황권이 군사를 이끌고 항복해왔다고 한다.

122 진(晉)나라에는…있습니다: 『진서晉書』 권3 「무제기武帝紀」에 따르면 태시泰始 6년(270) 오나라 하구독夏口督 전장군前將軍 손수孫秀가 군사를 이끌고 도주해오자, 표기장군, 개부의동삼사開府儀同三司에 임명하고 회계공會稽公으로 봉했으며, 함녕咸寧 2년 오나라 경하독京下督 손해孫楷가 군사를 이끌고 항복해오자 그를 거기장군으로 삼고 단양후丹陽侯에 봉했다고 한다.

123 한의韓誼: 『한서』 권63 「무오자전武五子傳」에는 한의韓義로 기록되어 있다.

124 직간하다가 죽자: 『한서』 권63 「무오자전」: "[유단은] 곧 유택과 모의하고 간악한 서신을 써서 '소제少帝는 무제의 아들이 아닌데 대신들이 함께 옹립했으므로 천하가 함께 그를 토벌해야 한다'라고 했다. 이 서신을 사자를 시켜 온 군국에 전하게 하고 백성을 선동했다. (…) 낭중 한의韓義 등이 자주 유단에게 간언을 올렸으나 유단은 한의 등 모두 15명을 죽였다即與劉澤謀爲奸書, 言'少帝非武帝子, 大臣所共立, 天下宜共伐之.' 使人傳行郡國, 以搖動百姓. (…) 郎中韓義等數諫旦, 旦殺義等凡十五人."

125 비간比干: 은나라 마지막 임금인 주왕紂王의 숙부다. 주왕의 폭정을 바로잡기 위해 간언을 올리자 주왕이 말하기를 "듣건대 성인은 심장에 구멍이 일곱 개 있다던데 내가 한번 보고 싶다"라 하고 마침내 비간의 심장을 갈라서 죽였다.(『사기』 권3 「은본기」)

9월, 대사면을 시행했다.

겨울 12월, 오나라 대장 전단全端과 전역全懌 등이 무리를 이끌고 투항했다.

3년(258) 봄 정월, 대장군 사마문왕이 수춘성을 함락하고 제갈탄을 참수했다.

3월, 조서를 내렸다. "옛날에 적에게 승리하고 그 시신을 모아 높다란 분묘[京觀]를 만든 것은 우매한 역도를 징벌하고 무공을 드러내기 위한 방법이었다. 한 무제는 원정元鼎[126] 연간에 동향桐鄕의 이름을 문희聞喜(山西 聞喜 동북)로, 신향新鄕의 이름을 획가獲嘉(河南 獲嘉)로 바꿔 남월南越의 멸망을 기념했다. 지금 대장군은 친히 육군六軍을 통솔하고 구두丘頭(河南 任丘 동북)에 군영을 마련한 후 안으로는 흉적을 평정하고 밖으로는 도적을 섬멸했다. 그 공로는 억조창생을 구한 것이고 그 명성은 사해에까지 떨쳤다. 적에게 승리한 땅에는 아름다운 이름이 있어야 한다. 이제 구두의 이름을 무구武丘로 바꾸고 무력으로 반란을 평정한 사실을 밝혀 후세에까지 잊지 않게 하라. 이 또한 한나라 때 두 고을에 경관京觀을 쌓은 뜻과 같다."

여름 5월, 대장군 사마문왕을 상국에 임명하고, 진공晉公에 봉하고, 여덟 군郡을 식읍으로 주고, 구석九錫을 하사하라고 명령을 내렸다. 문왕이 앞뒤로 아홉 차례 사양하여 이에 그만두었다.

6월 병자일丙子日(13일), 조서를 내렸다. "옛날 남양군에 산적이 창궐하여 고

126 원정元鼎: 한 무제의 다섯 번째 연호로 기원전 116년~기원전 111년에 사용되었다.

故 태수 동리곤東里衮을 공격하여 인질로 삼으려 하자 공조功曹 응여應余가 혼자 몸으로 동리곤을 보위하여 마침내 곤경에서 벗어나게 했다. 그러나 응여는 혼란 속에서 목숨을 잃었으니, 자신의 몸을 죽여 주군을 구한 사람이다. 사도에게 명령을 내린다. 응여의 손자 응륜應倫을 관리로 임용하여 [그의 조부의] 절개에 보답을 받게 하라."○ 신묘일辛卯日(28일), 회남淮南을 평정한 일에 대해 크게 논공행상을 하고, 각각 차등을 두어 봉작과 상을 내렸다.

○ 『초국선현전楚國先賢傳』127: "응여는 자가 자정子正이다. 타고난 자질이 반듯하고 굳셌으며 뜻은 인의를 숭상했다. 건안 13년(218) 군郡의 공조가 되었다. 이때 오나라와 촉나라가 복속하지 않아 강역에 우환이 많았다. 완현宛縣의 장수 후음侯音이 산촌 백성을 선동하여 성을 근거로 반란을 일으켰다. 응여와 태수 동리곤은 혼란한 틈에 몰래 도주하여 밖으로 탈출했다. 후음이 바로 기마병을 보내 추격하여 성에서 10리 떨어진 곳에 이르렀다. 적들이 동리곤에게 활을 쏘자 화살이 비 오듯 쏟아졌다. 응여는 앞으로 나가서 몸으로 화살을 막다가 일곱 군데 상처를 입었다. 이에 추격하는 적들에게 말했다. '후음은 미친 사기꾼으로 흉악한 반역을 일으켰다. 이제 대군이 곧 당도하여 가까운 시기에 그자를 주살할 것이다. 너희는 본래 선한 사람으로 평소에 악한 마음을 먹지 않았다. 이제 마땅히 선한 사람으로 돌아갈 생각을 해야지 어찌하여 그자의 지휘를 받는가? 나는 몸으로 우리 주군을 대신하다가 중상을 입었다. 만약 내가 죽어 주군께서 온전하게 된다면 나는 죽어도 여한이 없다.' 그러고는 하늘을 우러러 통곡하며 울부짖자 피와 눈물이 범벅이

---

127 『초국선현전楚國先賢傳』: 춘추시대에서 서진西晉 초기까지 중국 남방 초楚 땅에서 활약한 인물의 행적을 서술한 책으로 서진의 장방張方이 지은 것으로 알려져 있다. 『수서』「경적지」에는 『초국선현전찬楚國先賢傳贊』 12권이 있다고 기록했으며, 『구당서』「경적지」에는 양방楊方이 지은 『초국선현지楚國先賢志』가 있다고 기록했다. 각종 서적에 인용된 명칭은 장방의 『초국선현전』이라고 기록된 곳이 대부분이다. 지금은 전해오지 않고 몇 가지 집본輯本이 전한다.

되어 흘러내렸다. 적들도 그의 열렬한 대의를 보고 동리곤을 풀어준 후 해치지 않았다. 적이 물러간 후 응여는 목숨이 끊어졌다. 정남장군 조인은 후음을 평정하고 응여의 행적을 표창하고 그의 혼령을 위로하는 제사를 올렸다. 태조(조조)도 그 소식을 듣고 오랫동안 탄식하고 형주로 내려가 다시 정문旌門을 세워주고 곡식 1000곡斛을 하사했다. 동리곤은 뒤에 우금의 사마가 되었다. 『위략』 「유세전遊說傳」에 보인다."

가을 8월 갑술일甲戌日(12일), 표기장군 왕창을 사공으로 삼았다. 병인일丙寅日(초4일), 조서를 내렸다. "대저 노인을 봉양하며 교화를 일으키는 것은 하·은·주 삼대가 풍속 교화 정책을 수립하여 불후의 공적을 드리운 방법이다. 반드시 삼로三老와 오경五更128 제도를 두어 숭고한 예절로 공경을 바치고 좋은 말씀을 청해 가르침을 받아들이면서 그것을 돈독한 기록으로 남겨야 한다. 그런 후에 온 천하가 그들의 가르침을 계승하여 두루 전할 것이고, 그럼 백성도 그런 모습을 보고 교화될 것이다. 마땅히 덕행을 쌓은 분을 잘 선택하여 선발 인원을 채워야 한다. 관내후 왕상은 인仁을 실천하면서 의義를 견지하고 있는 데다 평소의 뜻도 순수하고 단단하다. 관내후 정소동은 온화하고, 공손하고, 효성스럽고, 우애 있게, 예법을 따르며 사특한 마음을 먹지 않는다. 왕상을 삼로로 삼고 소동을 오경으로 삼으라." 황제가 친히 백관을 거느리고 몸소 옛날 의례를 행했다.○

---

128 삼로三老와 오경五更: 『예기』 「문왕세자文王世子」: "마침내 삼로와 오경 제도를 설치하고 여러 노인들의 자리를 차례로 마련했다遂設三老五更, 群老之席位焉." 주나라 때 연로하여 벼슬에서 물러난 노인들과 학덕이 높은 노인들을 예우하며 다스림에 자문을 구했다. 정현은 삼로와 오경이 각각 한 사람씩이라고 했다.

○『한진춘추』: "황제가 왕상에게 말씀을 청했다. 왕상이 대답했다. '옛날의 밝은 군주는 예악을 완비한 후 충정과 정성을 보탰습니다. 충정과 정성이 발현되면 그것이 언행에 드러납니다. 대저 대인大人은 천지 사이에서 행동합니다. 하늘도 어기지 못하는데 하물며 사람이겠습니까?' 왕상의 사적은 별도로 「여건전呂虔傳」[129]에 보인다. 소동은 정현의 손자다. 정현의 「별전別傳」에 다음 기록이 있다. '정현에게 아들이 있었는데 공융의 관리를 지냈고 효렴으로 천거되었다. 공융이 포위되었을 때 그곳으로 가다가 적에게 살해되었다. 그의 유복자가 정묘일丁卯日에 태어났다. 정현은 정묘년에 태어났으므로 손자의 이름을 소동小同[130]이라고 지었다.'" 『위명신주』에 태위 화흠의 표문이 실려 있다. "신은 듣건대 풍속을 바로잡고 교화를 펼칠 때 선善을 표창하는 것보다 먼저 해야 할 것은 없습니다. 녹봉의 등급을 나누고 벼슬을 줄 때는 유능한 사람을 현달하게 하는 것보다 아름답게 여길 일은 없습니다. 이러한 까닭에 초나라 사람들은 자문子文[131]의 다스림을 생각하여 다시 그 손자의 목숨을 살려줬고,[132] 한나라 황실에서는 강공江公[133]의 덕을 가상히 여겨 그 후예를 현달하게 했습니다. 엎드려 살펴보건대 고故 한 대사농 북해 사람 정현은 당

---

129 「여건전呂虔傳」: 이 책 『삼국지』 권18 「위지魏志 · 여건전」이다.

130 소동小同: 정현은 태어난 해가 정묘년이고, 손자는 태어난 날이 정묘일이므로 대이소동大異小同의 뜻을 취한 것이다.

131 자문子文: 춘추시대 초 성왕成王의 영윤으로 본명이 투누오도鬪穀於菟이고 자가 자문이다. 자원子元의 반란을 진압하고 현명하고 적절한 대책으로 초나라를 강국으로 이끌었다.

132 목숨을 살려줬고: 『좌전』 선공 4년: "[자문의 손자 극황克黃은] 마침내 귀국하여 사신 임무 완수를 보고하고 스스로 사패司敗(司寇)에게 가서 구속해달라고 청했다. 초 장왕莊王은 [극황의 조부] 자문이 초나라를 잘 다스린 일을 생각하고 말했다. '자문에게서 후사를 없애버리면 어떻게 선행을 권장할 수 있겠는가?' 이에 그의 관직을 회복시켜주고 이름을 바꿔 생生이라 했다遂歸, 復命而自拘於司敗. 王思子文之治楚國也, 曰, '子文無後, 何以勸善?' 使復其所, 改命曰生."

133 강공江公: 한 무제 때 학자로 하구瑕丘(山東 滋陽) 사람이나 이름은 알려져 있지 않다. 『한서』 권88 「유림전儒林傳」: "하구의 강공은 노魯 땅 신공申公에게서 『곡량춘추』 및 『시경』을 공부하여 아들과 손자에게 전하고 박사가 되게 했다瑕丘江公受『穀梁春秋』及『詩』於魯申公, 傳子至孫爲博士." 한 무제는 강공의 학문이 끊어질까 염려하여 강공의 손자를 박사로 삼았다고 기록했다.

시의 학문이 화하華夏의 으뜸이어서 당세의 유종儒宗이 되었습니다. 우리 문황제께서는 선현을 현창하면서 정현의 적손 정소동을 낭중에 임명하고 오랫동안 집에서 휴가를 보내며 학문에 전념하게 했습니다. 정소동은 나이가 서른이 넘었는데 어려서부터 뛰어난 자질을 보이며 학문을 닦아 『육경』을 종합하여 그 행적이 고을에 뚜렷하게 드러났습니다. 그리하여 북해와 태산 지역 사람들은 그가 스스로 그렇게 된 행적을 가상히 여기고 그의 기질과 도량을 아름답게 여기지 않는 사람이 없습니다. 그의 행적을 따라가보면 바탕이 강직하여 옳은 뜻을 바꾸지 않는 성품을 지녔지만 공손하고 고요하고 기쁜 표정으로 어버이를 봉양합니다. 겉으로 꾸미는 아름다움을 추구하지 않고 사람들 사이에서 명성을 다투지도 않습니다. 이 사람은 진실로 지금 같은 맑은 시대에 마땅히 등용해야 할 인재이고, 앞뒤로 내리신 밝은 조서에서 따져보며 구하시던 재목입니다. 신은 늙고 병든 몸으로 웅크리고 있는 사람이라 폐하의 견문에 도움을 드릴 것이 없어서 삼가 글이나 갖추어 알려드립니다." 『위씨춘추』: "정소동이 사마문왕을 배알할 때 문왕에게 비밀 주소奏疏가 있었는데 아직 가려놓지 못했다. 문왕이 측간에 갔다가 돌아와서 그에게 말했다. '경은 나의 주소를 보았소?' 정소동이 대답했다. '못 봤습니다.' 문왕은 의심이 들어 그를 독살하여 죽였다." 정현은 『예기』 「문왕세자文王世子」에 다음과 같은 주석을 달았다. "삼로와 오경은 각각 한 사람씩인데 모두 연로하여 일을 그만두고 사직한 사람들이다." 또 『예기』 「악기樂記」에 다음과 같은 주석을 달았다. "모두 노인들로 삼덕三德과 오사五事[134]를 두루 아는 사람들이다." 채옹의 「명당론明堂論」[135]: "'경更'은 마땅히 '수叟'로 써야 한다. '수叟'

134 삼덕三德과 오사五事: 공영달의 『예기정의禮記正義』에 따르면 삼덕은 정직正直, 강함剛, 부드러움柔이고, 오사는 용모貌, 언변言, 보기視, 듣기聽, 생각思이다.

135 채옹의 「명당론明堂論」: 후한 학자 채옹이 천자가 명당明堂에서 올리는 종묘 제사와 그 예제禮制를 토론한 글이다.

는 어르신[長老]을 일컫는 말이다. 글자가 '경更'과 비슷하여 쓰는 사람이 결국 오인해서 '경更'이라고 썼다. '수嫂' 자는 '여女' 자 옆에 '수叟' 자를 쓰는데 지금 이 글자도 '경更'으로 쓴다. 이 점을 통해서도 마땅히 '수叟'로 써야 함을 경험으로 알 수 있다."

신 송지의 생각으로는 채옹이 '경更'을 '수叟'로 여긴 것은 진실로 근사한 학설인데 유학자들이 아무도 따르지 않으니 어느 것이 옳은지 모르겠습니다.

이해에 돈구와 관군冠軍(河南 鄧縣 서북)과 양하 경내 우물 속에 청룡과 황룡이 자주 나타났다.

4년(259) 봄 정월, 황룡 두 마리가 영릉현 경내 우물 속에 나타났다.○

○『한진춘추』: "이해에 용이 자주 나타나자 모두 길상으로 여겼다. 황제가 말했다. '용이란 임금의 덕이오. 위로 하늘에 있지도 않고, 아래로 밭에 있지도 않고, 자주 우물에 몸을 구부리고 있으니 좋은 조짐이 아니오.' 이에 「잠룡潛龍」136 시를 지어 스스로 풍자하자 사마문왕이 보고 싫어했다."

여름 6월, 사공 왕창이 세상을 떠났다.

가을 7월, 진류왕陳留王 조준曹峻이 세상을 떠났다.

---

136 「잠룡潛龍」: 이 시는 역대 전적에 보이지 않는다. 따라서 현재 『삼국지연의』 114회에 나오는 「잠룡」 시는 후인의 위작이다. 참고 삼아 인용해둔다. "슬프다! 용이 곤욕을 당하지만, 깊은 연못을 뛰어넘을 수 없네. 위로 하늘로 날아갈 수 없고, 아래로 밭에서도 볼 수 없네. 우물 아래에 웅크리고 있으니, 미꾸라지와 장어가 그 앞에서 춤을 추네. 이빨을 감추고 발톱을 숨겼나니, 슬프다! 나 또한 같은 모습이네傷哉龍受困, 不能越深淵. 上不飛天漢, 下不見於田. 蟠居於井底, 鰍鱔舞其前. 藏牙伏爪甲, 嗟我亦同然."

겨울 10월 병인일丙寅日(초10일), 신성군新城郡을 나눠 다시 상용군을 설치했다.

11월 계묘일癸卯日(14일), 거기장군 손일이 그의 비첩에게 살해되었다.

5년(260) 봄 정월 초하루에 일식이 있었다.

여름 4월, 담당 관리에게 조서를 내려 전에 있었던 어명에 따라 다시 대장군 사마문왕을 상국으로 올리고, 진공晉公에 봉하고, 구석을 더해줬다.

5월 기축일己丑日(초7일) 고귀향공이 세상을 떠나니 향년 20세였다.[01] 황태후가 명령했다. "내가 부덕하여 황실의 불행을 만나 지난날 동해왕의 아들 모髦를 데려와 명제의 후사로 삼았다. 이 아이가 주소奏疏 문장을 좋아하는 것을 보고 백성을 구제할 수 있으리라 기대했다. 그러나 성정의 포악함이 나날이 더욱 심해졌다. 내가 자주 꾸짖자 마침내 또 분노를 품고, 추악하고 대역무도한 말을 조작하여 나를 모함하고 비방하면서 결국 두 궁궐 사이를 단절시켰다. 이 아이의 하는 말은 차마 들을 수 없을 정도여서 하늘도 덮어줄 수 없고 땅도 실어줄 수 없다. 나는 곧 비밀리에 대장군에게 명령을 내렸다. 이 아이는 종묘를 받들 수 없고 사직을 전복시킬까 두려우니 내가 죽어서 선제를 뵐 면목조차 없을 것이다. 대장군은 그가 아직 어리므로 마음을 바꿔 선행을 할 것이라 하면서 은근한 말로 사리에 맞게 나와 논쟁을 했다. 그러나 이 아이는 분노에 젖어 나쁜 짓을 했는데 그 소행이 더욱 심해졌다. 쇠뇌를 들어 멀리서 나의 궁궐을 향해 발사하면서 내 목에 명중하기를 축원했고 그 화살이 직접 내 앞에 떨어졌다. 나는 대장군에게 이 아이를 폐위하지 않을 수 없다고 전후로 수십 번이나 말했다. 이 아이는 모든 사실을 전해 듣고 스스로 지은 죄가 막중함을 알고 곧 나를 시해하려고 시도했다. 내 좌우 사람들에게 뇌물을 주고 내가 약을 복용하는 기회에 비밀리에 짐독을 타기로 거듭해서 계략을 꾸몄다. 일이 이미 발각되자 바로 기회에 편승하여 군사를 일으킨 후 서궁으로 침입하여 나를 죽이고 나가서 대장군을 잡으려 했다. 이에 시중 왕침, 산기상시 왕업,○2) 상서 왕경을 불러 품에서 조서를 꺼내 보여주며 오늘 바로 결행해야 한다고 말했다. 나의 위태로움은 계란을 쌓은 것보다 심했다. 나 같은 늙은 과부가 어찌 또 남은 목숨을 심히 아까워하겠는가? 다만 선제께서 남기신 뜻을 완수하지 못함이 슬프고 사직이 전복될까 마음 아플 뿐이다. 종묘 영령들의 도움으로 왕침과 왕업이 바로 달려가 대장군에게 알렸고 먼저 엄중하게 경계할 수 있었다. 그러나 이 아이는 곧 좌우 군사를 거느리고 운룡문雲龍門[137]을 나서서 전고를 우레와 같이 울리고 몸소 칼을 뽑아 좌우 호위병들과 함께 군사 진영 사이로 쳐들어오다가 선봉대에 의해 해를 당했다. 이 아이는 이미 대역무도한 만행을 저지른 데다 스스로 막대한 참화에 빠져들어 거듭 나로 하여금 말로 표현할 수 없는 슬픔에 젖게 한다. 옛날에 한나라 창읍왕이 죄를 지어 폐서인廢庶人 된 것과 같이 이 아이도 마땅히 서민의 예에 따라 장사 지내고 내외 사람들로 하여금 모두 이 아이의 소행을 알게 하라. 또 상서 왕경은 형용할 수 없는 흉악한 만행을 저질렀으므로 왕경 및 가족을 사로잡아 모두 정위廷尉(법관)에게 보내라."

○1) 『한진춘추』: "황제는 자신의 권위가 나날이 사라지는 것을 보고 울분을 이기지 못했다. 이에 시중 왕침, 상서 왕경, 산기상시 왕업王業을 불러서 일렀다. '사마소의 마음은 길 가는 사람도 다 알고 있소. 나는 앉아서 폐위되는 치욕을 참을 수 없어서 오늘 경들과 함께 나가 그자를 토벌해야겠소.'

137 운룡문雲龍門: 낙양 궁성의 남문이다. 위 명제가 세웠다.

왕경이 말했다. '옛날 노 소공昭公은 계씨季氏의 전횡을 참지 못했다가 패주하여 나라를 잃고 천하의 웃음거리가 되었습니다.[138] 지금 권력이 저들 가문에 있게 된 지는 세월이 오래되었습니다. 조정 사방 인사들이 모두 그를 위해 목숨을 바치며 반역과 순리의 이치를 돌아보지 않은 지 하루이틀이 아닙니다. 또 폐하의 호위병은 텅 비어 있으며, 갑옷과 무기도 부족하고 허약한데 폐하께서는 어디서 그 재원과 비용을 마련하시렵니까? 만약 이와 같이 행동한다면 병을 없애려다가 더욱 깊게 하지 않겠습니까? 참화를 거의 예측할 수 없으므로 다시 자세히 살피셔야 합니다.' 이에 황제는 품속에서 판령版令(조서)을 꺼내 땅바닥에 던지며 말했다. '행동하기로 결정했다. 설령 바로 죽는다 해도 무엇을 두려워하랴? 하물며 반드시 죽는 일도 아님에랴?' 이에 태후에게 들어가 알리자 왕침과 왕업이 달아나 문왕에게 고했고 문왕이 이 사태에 대비했다. 황제는 마침내 동복僮僕 수백 명을 이끌고 북을 울리며 출전했다. 사마문왕의 아우 둔기교위 사마주司馬伷는 동쪽 지거문에서 황제를 만났다. 황제 좌우의 군사들이 꾸짖자 사마주의 군사들은 달아났다. 중호군 가충賈充이 또 황제를 맞아 남궐南闕 아래에서 전투를 벌였고 황제는 직접 검을 휘둘렀다. 군사들이 물러나려 하자 태자사인 성제成濟가 가충에게 물었다. '일이 급합니다. 어떻게 해야 합니까?' 가충이 말했다. '너희를 부양한 것은 바로 오늘을 위함이었다. 오늘 일은 물을 것도 없다.' 그러자 성제는 바로 앞으로 달려가 황제를 찔렀다. 칼끝이 황제의 등 뒤까지 꿰뚫었다. 사마문왕은 그 소식을 듣고 대경실색하여 땅바닥에 몸을 던지며 말했다. '천하가 나를 뭐라고 하겠느냐?' 태부 사마부는 달려가

138 옛날…되었습니다: 노 소공昭公 당시에 노나라는 삼환三桓 가문이 권력을 전횡했다. 소공은 이를 참지 못하고 계손씨季孫氏 계평자季平子를 공격했으나 오히려 맹손씨孟孫氏와 숙손씨叔孫氏까지 계손씨와 힘을 합쳐서 소공을 공격했다. 노 소공은 결국 패배하여 제나라와 진晉나라를 전전하다가 진나라 건후乾侯에서 병사했다.(『사기』 권33 「노주공세가魯周公世家」)

서 황제의 다리에 머리를 묻고 울면서 매우 슬퍼했다. 그가 말했다. '폐하를 시해한 것은 신의 죄입니다.'"

신 송지는 이렇게 생각합니다. 습착치의 『한진춘추』는 가장 늦게 나왔지만 이 일에 대한 서술이 거의 차례가 맞습니다. 이 때문에 먼저 습착치의 글을 싣고 그 나머지 책의 조금 다른 기록은 뒤에 차례로 싣습니다. 『세어』: "왕침과 왕업은 말을 치달려 문왕에게 알렸고, 상서 왕경은 정직한 사람이라 나가지 않았지만 왕침과 왕업 편에 자신의 마음을 말하게 했다." 『진제공찬』: "왕침과 왕업은 나가려 하면서 왕경을 불렀다. 왕경은 따르지 않고 말했다. '그대들은 가시오!'" 간보의 『진기』: "성제가 가충에게 물었다. '일이 급합니다. 어찌해야 합니까?' 가충이 말했다. '공公께서 너희를 부양한 것은 오늘 일을 위해서였다. 무엇을 주저하느냐?' 성제가 말했다. '알겠습니다.' 이에 창을 빼들고 황제를 범했다." 『위씨춘추』: "무자일戊子日(초6일) 밤에 황제는 용종복야冗從僕射 이소李昭와 황문종관黃門從官 초백焦伯 등을 거느리고 능운대에서 내려가 갑옷과 무기를 병사들에게 나눠주고 기회를 봐서 직접 나가 문왕을 토벌하려고 했다. 마침 비가 내리자 담당 관리는 날짜를 바꾸자고 아뢰었지만 마침내 왕경 등이 품에서 황색 비단에 쓴 황제의 조서를 내보이는 것을 보고 말했다. '이런 꼴을 참을 수 있으면 무슨 꼴을 참을 수 없겠는가?[139] 오늘 바로 일을 결행해야 한다.' 들어가서 태후에게 아뢴 후 마침내 칼을 빼들고 어가에 올라 전중숙위殿中宿衛, 창두蒼頭, 관동官僮을 거느리고 전고戰鼓를 치며 운룡문雲龍門을 나섰다. 가충이 밖에서 쳐들어오자 황제의 군사들은 궤멸했지만 황제가 오히려 천자를 칭하며 손에 검을 들고 분발하여 공격하자 상대편 군사들이 감히 다가서지 못했다. 가충이 장졸을 거느리고 독려하자 기독騎督 성쉬成倅의 아우 성제가 창을 들고 진격했고 황제는 군사들 앞에서 목숨을 거뒀다. 이때 폭우가 쏟아지며 뇌

139 이런 꼴을…없겠는가: 『논어』 「팔일八佾」: "공자가 계씨를 두고 말했다. '팔일무八佾舞를 뜰에서 춤추니 이런 꼴을 참을 수 있다면 무슨 꼴을 참을 수 없겠는가?'孔子謂季氏, '八佾舞於庭, 是可忍也, 孰不可忍也.'" 팔일무는 가로 세로 8명이 추는 천자의 의례용 춤이다. 그것을 계손씨가 감히 자기 집 뜰에서 추자 공자가 그의 무례함을 한탄한 것이다. 흔히 이 구절을 "계손씨가 감히 이런 만행을 차마 저지르고 있으므로, 무슨 일인들 차마 저지르지 못하겠느냐?"로 풀이하지만 "계손씨의 이런 꼴을 참을 수 있다면, 세상의 무슨 꼴을 참을 수 없겠는가?"로 풀이하기도 한다. 『삼국지』의 이 대목은 후자의 풀이가 더 적합하므로 이에 따른다.

성벽력이 울렸고 하늘이 캄캄해졌다." 『위말전』: "가충이 장하독帳下督 성제를 불러 말했다. '사마씨 가문이 만약 패배한다면 너희에게 어찌 다시 씨가 남아 있을 수 있겠느냐? 어찌 나가서 공격하지 않느냐?' 성쉬 형제 두 사람은 이에 휘하 군사를 거느리고 나가다가 돌아보며 말했다. '죽일까요, 사로잡을까요?' 가충이 말했다. '죽여라!' 무기가 교차하자 황제가 소리쳤다. '무기를 버려라!' 대장군의 군사들은 모두 무기를 버렸다. 그러나 성제 형제는 그때 바로 앞으로 달려가 황제를 찔렀고, 황제는 수레 아래에 쓰러졌다."

○2) 『세어』: 왕업은 무릉武陵(湖南 常德 서쪽) 사람으로 나중에 진나라 중호군中護軍이 되었다.

경인일庚寅日(13일), 태부 사마부, 대장군 사마문왕, 태위 고유, 사도 정충이 태후에게 머리를 조아리며 말했다. "태후 전하의 명령문을 엎드려 살펴보니 고故 고귀향공이 대역무도한 만행을 저질러 스스로 막대한 참화에 빠져들었으므로 한나라 창읍왕이 죄를 지어 폐위된 고사에 따라 서민의 예로 장사 지내라고 하셨습니다. 신들은 자리나 차지하고 앉아 재앙과 변란을 구제할 수도, 간사한 역모를 막을 수도 없었는데 이제 명령문을 받들고 보니 떨리고 송구한 마음에 간담이 다 서늘합니다. 『춘추』에 담긴 대의에 따르면 '천자에게는 경계 밖이 없다'[140]라고 했지만 '주나라 양왕襄王이 밖으로 나가 정나라에 거주했

140 천자에게는 경계 밖이 없다: 『공양전』 희공僖公 24년: "겨울에 천자가 정나라로 나가서 거주했다. 천자는 경계 밖의 영역이 없는데 여기서 '출出(경계 밖으로 나가다)'이라고 말한 것은 무엇 때문인가? 모후를 섬길 수 없었기 때문이다冬, 天王出居于鄭. 王者無外, 此其言出何? 不能乎母也." 중국 주나라 천자의 정치 관념에 따르면 천자는 하늘 아래 모든 제후국을 총괄하는 지위에 있으므로 천자의 영역 밖에 있는 땅은 없다. 이 때문에 『시경』 「소아·북산北山」에서도 "온 하늘 아래에는 천자의 땅이 아닌 곳이 없다普天之下, 莫非王土"라고 했다. 그런데 『춘추』에서 "천자가 정나라로 나가서[出] 거주했다天王出居于鄭"라고 하여 '경계 밖으로 나간다'는 의미의 '출出' 자를 쓴 것은 주나라 양왕襄王이 모후인 혜후惠后(陳嬀)와 불화하여 불효를 저질렀기 때문이라는 것이다. 『좌전』의 해당 단락에서는 '천자에게 경계 밖의 땅은 없다王者無外'라는 관념 때문에 '출국出國'이라 기록하지 않고 '출거出居(나가서 머문다)'라 기록했다고 설명했다.

다'[141]라고 기록했습니다. 모후를 섬길 수 없었기 때문에 왕위에서 쫓겨난 것입니다. 지금 고귀향공은 무도하게 포악한 행위를 하여 사직이 거의 위기에 빠졌고 자신도 운명이 전복되는 결과를 맞았습니다. 사람과 신령이 모두 버렸으니 서민의 예로 장사 지내는 것이 진실로 옛 법도에 합당합니다. 그러나 신들이 엎드려 생각하옵건대 태후 전하께서는 인자함이 넘치시시므로 비록 [저런 법도가] 대의에 맞다 해도 오히려 애긍심이 우러나실 것입니다. 신들도 마음속으로 진실로 참을 수 없으므로 마땅히 은혜를 베푸시어 제후왕의 예법으로 장사 지내게 해야 한다고 생각합니다." 태후가 이 의견에 따랐다.○

○『한진춘추』: "정묘일丁卯日[142], 고귀향공을 낙양 서북쪽 30리 전수瀍水와 간수澗水 사이 물가에 장사 지냈다. 하급 수레 몇 대만 동원했고, 운구할 때 깃발도 세우지 않았다. 백성이 모여서 바라보며 말했다. '저 사람이 전날 살해된 천자다.' 더러는 얼굴을 가리고 흐느끼며 슬픔을 이기지 못했다."

신 송지는 이렇게 생각합니다. 만약 하급 수레 몇 대만 동원했고 운구할 때 깃발도 세우지 않았다면 어찌 제후왕의 예법으로 장사 지냈다고 할 수 있겠습니까? 이것은 아마도 악행을 지나치게 말한 것인 듯합니다. 이와 같이 심하지는 않았을 것입니다.

사지절 행중호군行中護軍 중루장군中壘將軍 사마염司馬炎으로 하여금 북쪽으로 가서 상도향공常道鄕公 조황曹璜[143]을 영접하여 명제의 뒤를 잇게 했다. 신묘

141 주나라…거주했다: 『춘추』 희공 24년: "천자가 정나라로 나가서 거주했다天王出居于鄭." 주 양왕은 부왕인 혜왕惠王의 계비繼妃 진규陳嬀가 자신의 소생 태숙太叔 대帶를 천자로 삼으려 하자 혜왕이 죽은 후 북방 이민족 적翟나라와 제 환공의 도움을 받아 보위에 올랐다. 이후 태숙 대가 다시 주 양왕의 왕비인 외후隗后와 사통하고 모후 진규의 힘을 빌려 반란을 일으키자 주 양왕은 정나라로 탈출하여 범氾 땅에 머물렀다. 이후 주 양왕은 진 문공의 도움으로 태숙 대를 죽이고 천자의 자리에 복귀했다.

142 오류인 듯하다.

143 조황曹璜: 나중에 이름을 조환曹奐으로 바꿨다. 위나라 마지막 황제다.

일辛卯日(초9일) 여러 공公들이 태후에게 아뢰었다. "태후 전하께서는 성덕이 밝고 높아서 온 천하를 편안하게 구제했지만 여전히 반포하는 명령은 단지 '영令'[144]이라고만 칭하시는데 이는 번국藩國의 지위와 같습니다. 청컨대 지금부터는 태후 전하의 명령문을 모두 '조詔'로 칭하시옵소서. 이는 앞 시대의 고사와 같습니다." 계묘일癸卯日(26일), 대장군 사마문왕이 상국, 진공, 구석의 은총을 굳게 사양했다. 태후가 조서를 내렸다. "대저 공적이 있는 이를 은폐하지 말라는 것은 『주역』의 대의이고, 다른 사람의 아름다움을 이뤄주라는 것은 옛 현인이 숭상하던 바다. 지금 대장군이 고집하는 뜻에 따라 그 의도를 밖으로 널리 드러내어 공의 겸허함을 밝게 빛나게 하라."

무신일戊申日(26일), 대장군 사마문왕이 상소문을 올렸다. "고귀향공은 수행 군사를 거느린 채 칼을 빼들고 징과 북을 울리며 신의 거처를 향해 쳐들어왔습니다. 신은 무기가 서로 부딪칠까 두려워 장사들에게 명령을 내려 상해를 가해서는 안 된다 하고, 명령을 어길 때는 군법에 따라 처리하겠다고 했습니다. 기독 성쉬의 아우 태자사인 성제는 군영 속으로 함부로 난입한 후 고귀향공을 해쳐서 마침내 목숨을 잃게 했습니다. 바로 성제를 잡아들여 군법에 따라 처리하십시오. 신은 듣건대 신하의 절개는 죽더라도 두 마음을 먹지 않는 것이고 윗사람을 섬기는 대의는 환란에서 감히 도주하지 않는 것이라 합니다. 앞서 변고는 갑자기 발생하여 그 재앙이 마치 쇠뇌의 방아쇠를 당기는 것처럼 급박했습니다. 진실로 제 몸을 바쳐 죽음을 견지하려고 오직 태후 전하께서 명령을 내려 결재해주시기만 기다렸습니다. 그러나 생각건대 [고귀향공의] 본래 의도는 위로 황태후를 위태롭게 하고 종묘를 전복시키려는 것이었습니다. 신은 외람되게도 국가의 대임을 맡아 나라를 편안하게 하는 데 대의를 두고

---

144 영令: 천자의 공문은 '조詔'라 칭하지만, 황후, 황태후, 태자, 제후왕의 공문은 '영令'이라 칭한다.

있으므로 비록 제 몸이 죽더라도 저의 죄가 더욱 무거워질까 두려웠습니다. 이에 이윤과 주공의 임기응변에 따라 사직의 환란을 안정시키려고 곧 바로 이리저리 연락하고 명령을 내려 모두 황상의 어가에 접근하지 말라고 했습니다. 그런데도 성제는 갑자기 군영 속으로 뛰어들어 큰 변고를 야기했습니다. 애통하고 한스러워서 오장이 찢어집니다. 어디에서 죽어야 할지 모르겠습니다. 법률에 따르면 대역무도한 자는 부모, 처자, 형제를 모두 참수해야 합니다. 성제의 흉악한 패륜 행위는 국가에 있어서 기강을 어지럽혔으니 용서하지 못할 주살죄에 해당합니다. 곧 바로 시어사侍御史에게 칙령을 내려 성제의 가족을 잡아들이시어 정위에게 보내 그 죄를 바르게 판결하십시오."[○1] 태후가 조서를 내렸다. "대저 다섯 가지 형벌을 받는 죄 중에서 불효보다 큰 죄는 없다. 대저 서민들에게도 불효자가 있으면 오히려 고발하고 다스려야 하는데 이 아이(고귀향공)를 어찌 또 임금으로 간주할 수 있겠는가? 나와 같은 여인은 대의에 통달하지 못하여 성제를 대역죄인으로 간주할 수 없다고 생각한다. 그러나 대장군의 뜻이 간절하고 말씀이 비통하므로 아뢴 대로 시행하라. 원근 각처로 조서를 내려보내 일의 본말을 알게 하라."[○2]

○1) 『위씨춘추』: "성제 형제는 바로 죄를 인정하지 않고 웃통을 벗고 옥상으로 올라가 추악한 말을 함부로 쏟아냈다. 아래에서 화살을 쏘자 이에 쓰러져 죽었다."

○2) 『세어』: "당초 청룡 연간에 석포石苞라는 사람이 장안에서 쇠[鐵]를 팔다가 사마선왕을 만났는데 선왕이 그의 사람됨을 알아보았다. 나중에 상서랑으로 발탁했고 청주 자사와 진동장군을 역임했다. 감로 연간에 입조했다가 귀환해야 하는데 고귀향공에게 작별하러 가서 온종일 머물렀다. 사마문왕이 사람을 보내 돌아오게 하고 석포에게 물었다. '어찌하여 오래 머물렀는가?' 석포가 말했다. '[고귀향공은] 보통 사람이 아닙니다.' 이튿날 출발하

여 형양滎陽(河南 滎陽)에 이르렀고, 며칠 후 변란이 일어났다."

6월 계축일癸丑日(초1일), 조서를 내렸다. "옛날 임금의 이름은 범하기는 어려워도 피휘하기는 쉬웠다. 지금 상도향공의 이름은 피휘하기가 매우 어려우니 조정의 신료들은 널리 그의 이름을 바꿀 논의를 하고 차례대로 상주하라."

진류왕陳留王 조환曹奐

진류왕陳留王은 휘諱가 환奐이고 자가 경명景明으로 무제(조조)의 손자이고 연왕 조우曹宇의 아들이다. 감로 3년(258) 안차현安次縣(河北 安次) 상도향공常道鄉公으로 봉해졌다. 고귀향공이 세상을 떠나고 공경대부들이 논의하여 공을 맞아와 보위에 옹립했다. 6월 갑인일甲寅日(초2일), 낙양으로 들어가서 황태후를 뵙고 그날 바로 태극전전에서 황제 보위에 올랐다. 대사면을 시행하고 연호를 고쳤으며 백성에게 각각 차등을 두어 작위 및 곡식과 비단을 하사했다.

경원景元 원년(261) 여름 6월 병진일丙辰日(초4일), 대장군 사마문왕의 지위를 상국으로 높이고 진공에 봉했으며 2군郡을 봉토로 더해주어 앞의 봉토와 합쳐서 10곳을 채우게 했고 구석의 예를 베푸는 등 모든 것을 한결같이 앞의 조서[145]와 같이 했다. 사마문왕의 여러 자제 중 아직 제후가 아닌 자들을 모두 정후亭侯로 봉하고 돈 1000만 전錢과 비단 1만 필을 하사했지만 사마문왕이 한사코 사양하여 그만두었다. 기미일己未日(초7일), 고 한 헌제의 부인 조절曹節이 세상을 떠났다. 황제가 화림원華林園으로 가서 사지절로 하여금 부인에게 헌목황후獻穆皇后라는 시호를 추증하게 했다. 장례 때는 수레와 의복 제도를 모두 한나라 의례와 같이 하도록 했다. 계해일癸亥日(11일), 상서우복야 왕관王觀

145 조서: 원문은 '주奏'로 되어 있으나 『삼국지집해』의 고증에 따라 조詔로 본다.

을 사공으로 삼았다.

겨울 10월, 왕관이 세상을 떠났다.

11월, 연왕[146]이 표문을 올려 동지를 축하하며 신臣이라고 칭했다. 조서를 내렸다. "옛날 제후왕들 중에는 더러 신臣이라 칭하지 않는 사례가 있으므로 연왕도 장차 이런 뜻에 따라야 할 것이다. 표문을 올릴 때 신臣이라 칭하지 말라! 또 [연왕에게] 마땅히 보답을 해야 한다.[147] 대저 대종가의 후사를 잇는 자도 사가私家의 친분관계는 낮추는데, 하물며 계승한 것이 막중한 보위임에랴! 그러나 만약 [연왕을] 보통 신첩臣妾과 같게 여긴다면 이 또한 인정상 미안한 일이다. 모든 것을 예법에 따라 처리하면서 그 타당함을 다 발휘하는 데 힘쓰라." 담당 관리가 아뢰었다. "예禮는 조상을 높이는 것보다 더 융숭히 해야 할 것은 없고, 제도는 나라의 법전을 바로잡는 것보다 더 큰 것은 없습니다. 폐하께서는 덕을 쌓으시어 국운에 부응했고 이제 만국을 어루만지게 되셨습니다. 대종의 막중한 보위를 잇고 삼조의 기반을 드높여야 합니다. 엎드려 생각하옵건대 연왕은 그 존귀함이 황실 친척 신분인데, 번속국에서 자리를 바르게 하여 몸소 경건하고 엄숙한 태도로 공손한 덕을 실천하며 만국에 솔선수범하고 있습니다. 나라의 법전 중에서 진심으로 순종하는 사람을 밝게 드러내는 의례는 그 제도를 찾을 수 없습니다. 우리 성스러운 조정에서는 진실로 보통 법도와 다른 제도로 그(연왕)를 높여야 하고 신臣이라 칭하지 않는 예법으로 그를 받들어야 합니다. 신들이 논의한 결과 연왕이 장표章表를 올릴 때는 옛 법도대로 따라야 합니다. 중앙 조정에서 조서를 내리면서 더러 안부를 물을 때는 의

146 연왕: 당시 황제 조환曹奐의 부친인 조우曹宇다. 그가 신하를 칭했으므로 앞으로 신하를 칭하지 않아도 된다고 특전을 베푼 것이다.

147 보답의 내용은 바로 뒤에 상세하게 나온다.

리에 맞는 선의의 호칭을 준수해서 쓸 수 있으며, '친척과 연회하는 자리에서 공경을 표할 때는'[148] 성상의 경의敬意에 따른다는 말을 생략할 수 있더라도, 융숭한 의례로 호칭을 더하여 감히 직접 이름을 부르지 않는 가운데 '자리에 임하신 대왕께 황제가 존경하는 마음으로 묻습니다皇帝敬問大王侍御'라고 말해야 합니다. 황제의 조서는 나라의 정전正典으로, 조정에서 사리를 변별하고 밝히는 공문이며 천하에 나라의 규범을 널리 선양하는 문서이니 법도에 따라야 하므로 '연왕에게 조서를 내린다制詔燕王'라고 말해야 합니다. 무릇 조명詔命, 주사奏事, 상서上書 등에서 연왕이라 칭할 때는 모두 한 줄을 들어올려 문서의 맨 윗단과 평평하게 쓸 수 있습니다. 종묘에서 제사를 돕는 일이 아닐 때는 모두 연왕의 이름을 불러서는 안 됩니다. 주사奏事, 상서上書, 일반 문서에서나 관리와 백성은 모두 연왕의 이름을 저촉하지 말고 피휘避諱하여 특별한 예우를 드러내고 다른 제후들 위에 있게 해야 합니다. 위로는 왕법王法에서 조상을 높이는 제도를 준수하고, 아래로는 성상께서 부모를 공경하는 지극한 마음에 따른다면 이 두 가지는 허물이 되지 않을 것이니 예의가 진실로 타당하게 되어 널리 시행할 수 있을 것입니다."

12월 갑신일甲申日(초6일), 황룡이 화음현華陰縣(陝西 華陰) 우물 속에 나타났다. 갑오일甲午日(16일), 사례교위 왕상을 사공으로 삼았다.

2년(262) 여름 5월 초하루에 일식이 있었다.

가을 7월, 낙랑 밖에 있는 이족夷族 한韓과 예맥濊貊이 각각 자신의 부족을

---

148 친척과…때는: 원문은 '연적지족宴觀之族'이나 『삼국지집해』의 고증에 따라 연적지경燕覿之敬으로 본다.

이끌고 와서 조공을 바쳤다.

8월 무인일戊寅日(초3일), 조왕趙王 조간趙幹이 세상을 떠났다.

[9월] 갑인일甲寅日(초10일), 다시 대장군을 진공으로 올리고, 상국의 지위를 더해주고, 예를 갖춰 구석을 하사하여 융숭하게 예우하라 하면서, 한결같이 이전의 조서대로 하라고 명령을 내렸다. 또 굳게 사양하므로 중지했다.

3년(263) 봄 2월, 청룡이 지현軹縣의 우물 속에 나타났다.

여름 4월, 요동군에서 말하기를 숙신국肅愼國이 사신을 보내 여러 단계 통역을 거쳐 조공을 바쳐왔는데, 길이가 3척 5촌인 그 나라 국궁國弓 30장張, 길이가 1척 8촌인 호시楛矢, 석노石弩 300매, 짐승의 피골皮骨과 쇠를 섞어 만든 갑옷[皮骨鐵雜鎧] 20벌[領], 담비 가죽[貂皮] 400매를 헌상했다고 했다.

겨울 10월, 촉나라 대장 강유가 조양洮陽(甘肅 臨潭 서남)을 침공하여 진서장군 등애가 가로막고 후화侯和(甘肅 臨潭 동남)에서 강유를 격파하자 강유가 달아났다. 이해에 조서를 내려 고 군좨주軍祭主 곽가를 태조의 묘정에서 제사 지내라고 했다.

4년(264) 봄 2월, 다시 대장군에게 이전 조서대로 작위를 올려주고 구석을 하사하겠다는 명령을 내렸지만 또 굳게 사양하므로 중지했다.

여름 5월, 조서를 내렸다. "촉나라는 아주 미미한 소국이라 땅은 좁고 백성은 드물지만 강유는 그 무리를 잔학하게 부리며 자신의 뜻을 포기한 적이 없다. 지난해에 패배한 후에도 여전히 답중沓中(甘肅 舟曲 서남)에서 농사를 지으며 강족 무리를 착취하고 있다. 끊임없이 노역을 시켜서 그곳 백성이 명령을 견뎌내지 못한다. 약한 적을 아우르고 무도한 적을 공격하는 것은 군대의 좋은 전술이다. 적을 끌어들이고 적에게 다가가지 않는 것은 병가의 훌륭한 책략이다. 촉나라가 의지하는 것은 오직 강유일 뿐이다. 지금 소굴에서 멀리 떨어져 있으므로 힘을 들이면 쉽게 격파할 수 있다. 이제 정서장군 등애로 하여금 여러 부대를 감독하여 이끌게 하고 감송甘松(四川 松潘縣 黃龍鄉)과 답중으로 나가 강유를 그물 속에 가두게 하고, 옹주 자사 제갈서諸葛緖로 하여금 여러 부대를 감독하여 무도武都와 고루高樓(甘肅 武山 高樓鄉)로 나가 앞뒤로 호응하여 토벌하게 한다. 만약 강유를 사로잡으면 바로 동서에서 함께 진격하여 파촉을 소멸시켜라." 또 진서장군 종회에게 명령을 내려 낙곡駱谷(陝西 周至 남쪽)에서 촉나라를 치게 했다.

가을 9월, 태위 고유가 세상을 떠났다.

겨울 10월 갑인일甲寅日(22일), 다시 대장군에게 이전 조서대로 작위를 올려주고 구석을 하사하라는 명령을 내렸다. 계묘일癸卯日(11일)에 변씨卞氏를 황후로 책봉했다.

11월, 대사면을 시행했다. 등애와 종회가 군대를 이끌고 촉나라 정벌에 나선 이후로 진격하는 곳마다 바로 승리했다. 이달에 촉나라 군주 유선이 등애에게 와서 항복하여 파촉 땅이 모두 평정되었다.

12월 경술일庚戌日(9일), 사도 정충을 태보로 삼았다. 임자일壬子日(21일), 익주를 나눠 양주梁州를 설치했다. 계축癸丑日(22일), 특별히 익주 사민士民을 사면하고 또 5년간 조세의 절반을 면제해줬다. 을묘일乙卯日(24일), 정서장군 등애를 태위로 삼고, 진서장군 종회를 사도로 삼았다. 황태후가 세상을 떠났다.

함희咸熙 원년(264) 봄 정월 임술일壬戌日(초1일), 죄수를 싣는 함거檻車를 보내 등애를 불렀다. 갑자일甲子日(초3일), 황제가 장안으로 행차했다. 임신일壬申日(11일), 사자로 하여금 옥벽玉璧과 비단을 갖고 가서 화산華山에 제사를 올리게 했다. 이달에 종회가 촉에서 반란을 일으켰다가 여러 부대에 의해 토벌되었고 등애도 살해되었다.

2월 신묘일辛卯日(초1일), 익주에 거주하는 인사들을 특별히 사면했다. 경신일庚申日(30일), 명원황후明元皇后 곽씨郭氏를 안장했다.

3월 정축일丁丑日(17일), 사공 왕상을 태위로 삼았고, 정북장군 하증何曾을 사도로 삼았으며, 상서좌복야 순의荀顗를 사공으로 삼았다. 기묘일己卯日(19일), 진공의 봉작을 높여 진왕晉王이라 하고, 10개 군郡을 봉토에 보태서 이전과 합하여 20개 군이 되었다.○ 정해일丁亥日(27일), 유선을 안락공安樂公으로 봉했다.

○『한진춘추』: "진공이 작위가 올라 진왕이 되자 태위 왕상, 사도 하증, 사공 순의가 모두 진왕을 배알하러 갔다. 순의가 말했다. '상국인 진왕께서 존귀하시므로, 하후何侯(何曾)는 이미 조정의 신료들과 함께 공경을 다 바쳤습니다. 오늘도 한 분씩 차례로 절을 올려야 할 테지요. 이는 의심할 바 없는 일입니다.' 왕상이 말했다. '상국의 지위와 권세는 진실로 존귀하지만 요컨대 그분도 위나라 재상이고 우리도 위나라의 삼공입니다. 공과 왕은 떨어진 거리가 한 단계에 불과하고 반열은 대동소이합니다. 그런데 어찌 천자의 삼공이 다른 사람에게 바로 절을 할 수 있겠습니까? 이는 위나라 조정의 명망을 깎

는 일이고 진왕의 덕망을 훼손하는 일입니다. 군자는 예로써 사람을 사랑해야 하므로 나는 절을 하지 않겠습니다.' 진왕에게 들어가자 순의는 결국 절을 했지만 왕상은 홀로 길게 읍揖을 할 뿐이었다. 진왕이 왕상에게 말했다. '오늘 이후로 나는 그대가 사람을 대우하는 진중함을 알았소.'"

여름 5월 경신일庚申日(초1일), 상국 진왕이 5등 작위[149]를 회복하자고 주청했다. 갑술일甲戌日(15일), 연호를 [함희咸熙로] 바꿨다. 계미일癸未日(24일), 무양舞陽(河南 舞陽 서북) 선문후宣文侯(司馬懿)를 진 선왕宣王으로, 무양 충무후忠武侯(司馬師)를 진 경왕景王으로 추증했다.

6월, 진서장군 위관衛瓘이 옹주 병사가 성도에서 얻은 옥벽玉璧과 옥인玉印 각 1매씩을 바쳤다. 인장의 무늬는 마치 '성신成信'이란 문자와 같았다. 주 성왕이 가화嘉禾[150]를 주공에게 보낸 뜻에 의거하여 백관에게 보이고 상국부相國府에 소장하도록 했다.○

○ 손성이 말했다. "옛날 공손술公孫述[151]이 성도에서 나라를 일으켜 국호를 '성成'이라고 했다. 두 옥기의 문자는 아마 공손술이 제작한 것인 듯하다."

---

149 5등 작위: 중국 고대의 공公, 후侯, 백伯, 자子, 남男 다섯 가지 작위다.

150 가화嘉禾: 중국 전설에서 나라의 상서로운 조짐을 나타내는 벼다. 벼 한 줄기에서 큰 이삭 두 자루가 나오거나, 서로 다른 이랑에서 자란 벼 이삭이 하나로 합쳐지는 등 특이하게 자라는 벼를 가리킨다. 『사기』 권33 「노주공세가」: "하늘이 복을 내려, 당숙唐叔이 벼 이삭을 얻었다. 서로 다른 이랑에서 자란 벼가 이삭을 하나로 합친 것인데 그것을 성왕에게 바쳤다. 성왕은 당숙에게 명하여 동쪽 땅에 있는 주공에게 바치게 하자, 주공이 「궤화餽禾」 편을 지었다天降祉福, 唐叔得禾. 異母同穎, 獻之成王. 成王命唐叔以餽周公於東土, 作餽禾."

151 공손술公孫述: 자가 자양子陽으로 왕망 정권 말기와 후한 초기에 성도成都에 할거했던 군벌이다. 건무建武 원년(25) 촉蜀 땅 성도에서 황제를 칭하고 국호를 성가成家 또는 성成, 연호를 용흥龍興이라 했다. 12년 동안 할거하다가 후한의 공격을 받고 멸망했다.

당초에 [위나라가] 촉나라를 평정한 후에, 오나라 도적은 영안永安(四川 奉節)에 주둔하여 [위나라를] 핍박했다. 형주와 예주의 군사들을 보내 서로 의지하며 구원하게 했다.

7월, 도적이 모두 퇴각했다.

8월, 경인일庚寅日(초3일), 중무군中撫軍 사마염에게 어명을 내려 상국의 국사를 보좌하게 했다. 이는 노공魯公인 주공이 자신의 아들 백금伯禽을 임명한 뜻과 같다. 계사일癸巳日(초6일), 조서를 내렸다. "이전에 역신 종회는 반란을 일으켜 원정 장졸을 모집하고 병력의 위세로 겁박하며 비로소 간악한 음모를 뱉어냈다. 패역무도한 발언을 일삼고 사람들을 협박하며 모든 일을 부하들에게 논의하게 했다. 이 때문에 장졸지간에 놀라고 두려워하지 않는 사람이 없었다. 상국 좌사마 하후화夏侯和, 기사조속騎士曹屬 주무朱撫는 그때 성도에 사신으로 가 있었고, 중령군 사마 가보賈輔, 낭중 양수羊琇가 각각 군사 업무에 참여했다. 하후화, 양수, 주무는 모두 불굴의 투지로 절개를 지키며 종회의 흉악한 말에 항거했다. 위험한 상황에 임해서도 목숨을 돌보지 않고 바르고 열렬한 말을 했다. 가보가 산장散將 왕기王起에게 말했다. '종회는 간사한 역도로 흉포한 짓을 하며 모든 장졸을 죽이려 한다.' 또 말했다. '상국께서 이미 30만 대군을 이끌고 서쪽으로 행군하여 종회를 토벌하려 하신다.' 이런 말로 형세를 과장하며 사람들의 마음을 자극하려 했다. 왕기는 나와서 가보의 말을 군사들에게 말하고 마침내 장졸들로 하여금 더욱 분발하게 했다. 이제 혁혁한 은총을 내려서 충의를 현창함이 마땅하다. 하후화와 가보의 작위를 향후鄉侯로 높이고 양수와 주무는 관내후에 봉하라. 왕기는 가보의 말을 두루 전하여 장졸들에게 알렸으므로 특별한 상을 내리는 것이 마땅하다. 왕기를 부곡장部曲將

으로 삼으라." 계묘일癸卯日(16일), 위장군 사마망을 표기장군으로 삼았다.

9월 무오일戊午日(초1일), 중무군 사마염을 무군대장군撫軍大將軍으로 삼았다. 신미일辛未日(14일), 조서를 내렸다. "오나라 도적은 정치와 형벌이 포악하고 세금 수탈이 끝이 없다. 손휴孫休(吳 景帝)는 사신 등구鄧句[152]를 파견하여 교지交址(베트남 Hà Nội(河內 서북)) 태수에게 그곳 백성을 묶어 보내면 그들을 병졸로 징발하겠다고 명령을 내렸다. 오나라 장수 여흥呂興은 민심이 분노하자 또 왕사王師(위나라 군대)가 파촉을 평정하는 틈에 바로 호걸들을 규합하여 등구 등을 주살하고 태수와 아전들을 몰아낸 후 관리와 백성을 위무하고 위나라의 명령을 기다렸다. 구진군九眞郡(베트남 Thanh Hóa(淸化))과 일남군日南郡(베트남 Bình Trị Thiên(平治天))은 여흥이 역도를 제거하고 민심에 순응했다는 소식을 듣고 마음을 하나로 합쳐 호응하며 여흥에게 협력했다. 여흥은 일남의 주州와 군郡으로 격문을 보내 큰 계획을 제시하고 병력을 동원하여 합포合浦(廣西 浦北 남쪽)에 이르러 화禍와 복福의 이치를 알렸다. 이에 위나라 조정에서 도위 당보唐譜 등을 파견하여 진승현進乘縣(雲南 屛邊 경내)으로 보내자 이에 따라 남중南中(四川 大渡河 남쪽과 雲南, 貴州 일대) 도독 호군護軍 곽과霍弋는 표문을 올려 스스로 그곳 상황을 진술했다. 또 교지의 장수와 관리도 각각 표문을 올려 이렇게 말했다. '여흥이 창업하자 대소 관리가 모두 그의 명령에 따랐습니다. 군郡에 있던 산적들이 여러 군으로 침입하자 사람들은 여흥의 계획이 달라질까 두려워하며 각각 다른 마음을 품고 있습니다. 이에 임시방편으로 여흥을 독교지제군사督交址諸軍事, 상대장군上大將軍, 정안현후定安縣侯로 삼고 포상을 내려주시어 황량한 변방을 위로해주시기를 간청합니다.' 저들의 마음을 다한

152 등구鄧句: 등순鄧荀의 오류로 보인다.

간곡한 정성이 문장의 뜻으로 드러나 있다. 옛날에 주의보邾儀父[153]가 노나라를 조현朝見한 일을 『춘추』에서 찬미했고, 두융竇融[154]이 한나라에 귀의하자 그를 특별하게 예우했다. 지금 국위가 멀리까지 떨쳐 온 천하를 위무하고 있으며, 바야흐로 이민족이 사는 변방까지 포괄하여 사방이 하나로 합쳐졌다. 여흥은 먼저 우리 천자의 교화를 바라며 무리를 이끌고 복종해왔고, 만 리 너머로 대의를 드날리며 관직을 청해왔다. 은총을 베풀어 예우함이 마땅하니 그의 작위를 높여주라. 여흥 등이 충성심을 품고 교화에 기쁨을 느낀다면 먼 변방 사람들이 소문을 듣고 틀림없이 서로 다투어 권면할 것이다. 이제 여흥을 사지절, 도독교주제군사都督交州諸軍事, 남중대장군南中大將軍으로 삼고 정안현후에 봉한다. 편의에 따라 일을 처리하면서 먼저 행한 후 나중에 보고해도 좋다." 책명이 아직 당도하기도 전에 여흥은 아랫사람에게 살해되었다.

겨울 10월 정해일丁亥日(초1일), 조서를 내렸다. "옛날 성스러운 황제와 현명한 임금은 난리를 안정시켜 세상을 구제하고, 국가 대사를 보호하며 공적을 세웠다. 문文과 무武는 길이 다르지만 공훈과 업적은 같은 곳으로 귀착한다. 이러한 까닭에 때로는 간척무干戚舞를 추며 조정에 복종하지 않는 자를 훈도하고, 때로는 군대를 동원하여 폭도들에게 위엄을 보인다. 백성을 사랑하고 나라를 온전히 지키며 서민들에게 평화롭게 은혜를 베푸는 일에 이르러서는 먼저 문치文治 교화를 펼치며 바른 법도를 제시해야 하고, 부득이한 연후에야 군사

153 주의보邾儀父: 춘추시대 주邾나라 군주로 주안공邾安公 또는 주혜공邾惠公이라고도 한다. 약소국인 주나라를 보위하기 위해 노나라와 회맹하여 종주국으로 섬겼고, 제나라 정나라와도 회맹했다.(『좌전』 은공 원년)

154 두융竇融: 자가 주공周公으로 전한 말기에서 후한 초기에 걸쳐 중국 서북 지역에서 활약한 군벌이다. 경시제 때 장액속국도위張掖屬國都尉가 되었다가 경시제 사후 하서오군대장군사河西五郡大將軍事가 되어 서북 지역을 관할했다. 광무제 유수가 황제를 칭한 후 그를 양주목涼州牧에 임명했고, 그의 힘으로 외효의 세력을 격파한 후 안풍후安豐侯에 봉했다. 이후 운대삼십이장雲臺三十二將으로 추대되어 공신각에 화상이 걸렸다.(『후한서』 권23 「두융열전竇融列傳」)

를 쓰는데 이는 성대한 덕을 구비한 군주가 똑같이 지향하는 바다. 지난날 한나라 말년에 천하가 붕괴되고 구주九州가 전복되자 유비와 손권이 그 틈을 타고 재앙을 야기했다. 이에 우리 위나라 삼조三祖께서 중원을 안정시키느라 날마다 한가한 틈이 없을 정도였는데도 끝내 남은 도적들이 참람되게 반역을 일으켜 여러 세대가 흘렀다. 다행히 우리 종묘의 위엄 있는 영령과 나라를 보좌하는 재상들의 충성과 무공에 기대 사방의 병력을 징발하여 용庸[155]과 촉蜀을 평정했다. 전쟁이 한 계절도 걸리지 않았으며 단 한 번 정벌로 적을 정복했다. 근래에는 강남이 쇠퇴하여 정치와 형벌이 황폐해졌다. 파巴(重慶)와 한중이 평정되자 고립무원의 위기에 빠진 교주, 형주, 양주揚州, 월越이 바람에 휩쓸리듯 귀의해왔다. 지금 교지의 위장僞將 여흥도 이미 세 군郡의 백성을 이끌고 만 리 길을 달려 조정의 명령에 귀의했다. 무릉읍후武陵邑侯 상엄相嚴 등은 다섯 현縣을 규합하여 신하가 되겠다고 청했다. 예장豫章 여릉廬陵(江西 泰和 서북)의 산촌 백성은 무리를 일으켜 오나라를 배반하고 조북장군助北將軍이라는 칭호를 쓰고 있다. 또 손휴가 병사하자 오나라 군대 총수가 바뀌어 국내 민심이 이반하고 사람들이 각각 다른 마음을 품고 있다. 위장僞將 시적施績(오나라 上大將軍)은 적국의 명신인데도 의심이 많아서 다른 사람이 깊이 시기하고 미워한다. 무리가 배반하고 친한 사람이 떠나가면 아무도 굳건한 뜻을 갖지 못한다. 옛날부터 지금까지 망국의 조짐이 이처럼 심하게 드러난 경우는 아직 없었다. 만약 우리 육군六軍이 위엄을 떨치며 남쪽으로 강수江水(長江)와 한수漢水(漢江)에 다가가면 오나라 땅 사람들은 틀림없이 노인을 부축하고 어린아이를 손에 잡은 채 우리 임금의 군대를 환영할 것이니 이는 필연의 이치다. 그러나 대군을 일으키면 오히려 헛되이 인력과 재력을 낭비하게 되니 우리의 위엄과 덕망을

155 용庸: 중국 고대 제후국으로 호북성湖北省 죽산현竹山縣 동쪽에 있다가 초나라에 의해 멸망당했다. 대체로 파동巴東 지역 즉 지금의 충칭시重慶市 쿠이주夔州 일대를 가리킨다.

저들에게 알려서 어진 마음과 믿음을 보여주며, 귀의하여 평화를 얻는 이득을 알게 해야 한다. 상국참군사相國參軍事 서소徐紹와 수조연水曹掾 손욱孫彧은 지난날 수춘에서 함께 포로가 되었다. 서소는 본래 적국의 남릉南陵 독督으로 그 재질이 드넓고 씩씩하다. 손욱은 손권의 일족으로 충성스럽고 훌륭하게 일을 처리한다. 이제 서소를 남쪽으로 돌아가게 하고 손욱을 그의 부관으로 삼아, 나라의 명령을 펼쳐서 오나라 사람들에게 알리고자 한다. 저들에게 알려주는 모든 말은 사실에 근거해야 한다. 만약 저들이 깨우치면 정벌의 계책을 쓸 필요가 없게 된다. 대체로 조정에서 필승의 장기 대책을 세우는 것이 옛날부터 전해내려온 병법의 이치다. 이제 서소에게 산기상시 직을 겸하게 하고, 봉거도위 직을 더해주고, 도정후에 봉한다. 손욱에게는 급사황문시랑을 겸하게 하고 관내후 작위를 하사한다. 서소 등이 하사받은 비첩 및 남녀 하인 중에서 이곳에 남아 있는 자들을 모두 스스로 데리고 가게 하여 나라의 은혜를 분명하게 밝혀라. 꼭 돌아오게 할 필요도 없으니 조정의 두터운 신의를 넓게 펼칠 수 있을 것이다." 병오일丙午日(20일), 무군대장군 신창향후新昌鄕侯 사마염을 진晉 세자로 삼으라고 어명을 내렸다. 이해에 둔전관屯田官을 폐지하여 병역과 부역을 균등하게 했다. 전농중랑장典農中郎將을 모두 태수로 개명하고, 도위는 모두 영장令長으로 바꿨다. 촉蜀 땅 사람 중에서 내지로 이주할 수 있는 사람을 모집하여 창고의 곡식을 2년 치 제공하고 또 20년 동안 조세를 면제해주겠다고 권했다. 안미현安彌縣(甘肅 酒泉 동쪽)와 복록현福祿縣(甘肅 酒泉)에 각각 가화嘉禾가 자란다는 말이 돌았다.

2년(265) 봄 2월 갑진일甲辰日(19일), 준인현朐䏰縣(四川 雲陽 서쪽)156에서 사로

156 준인현朐䏰縣: 이 책 권31(촉지1) 「유이목전劉二牧傳」의 「배송지 주」에 인용된 『영웅기』 주석에 따르면 '朐'의 발음은 '준蠢'이고, '인䏰'의 발음은 '여진반如振反' 즉 '인'이다.

잡은 영귀靈龜를 바쳐서 상국부로 보냈다. 경술일庚戌日(25일), 호분 장수張脩는 지난날 성도에서 말을 치달려 여러 군영으로 가서 종회의 반역을 알리다가 죽음에까지 이르렀으므로 장수의 아우 장의張倚에게 관내후 작위를 하사했다.

여름 4월, 남심택현南深澤縣(河北 深泽 동남)에 감로가 내렸다고 말했다. 오나라에서 사신 기척紀陟과 홍구弘璆를 파견하여 강화를 요청했다.

5월, 조서를 내렸다. "상국 진왕이 신묘한 생각을 널리 펼치자 그 빛발이 사해에 가득했다. 천둥과 번개처럼 무공을 드날리면 위엄이 먼 변방에까지 덮였고, 풍속을 교화하기 위해 매진하면 그 은택이 가없이 퍼져나갔다. 강남을 긍휼히 여겨 그곳 백성을 살리고 기르는 데 힘썼고, 무기를 내려놓고 인仁을 숭상하며 위엄과 은덕을 보여주었다. 포고문이 닿는 곳마다 그 기풍을 받아들여 흠모하는 마음을 품었고, 사신을 보내 조공품을 바치고 순종할 뜻을 밝혔으며, 섬세하고 진기한 사방의 보배로 즐겁게 정성을 다 바쳤다. 그러나 진왕은 겸양하는 마음이 지극하여 그 모든 것을 기록한 장부와 함께 조정으로 보냈는데 이는 처음 귀의한 사람들을 위로하고 그들의 소망을 좇는 방법이 아니다. 손호孫晧(오나라 마지막 황제)가 헌상한 물품은 모두 돌려보내 진왕에게 귀속되게 하여 옛날의 대의에 부합하고자 한다." 진왕이 한사코 사양하여 이 일을 중지했다. 또 진왕에게 12줄 면류관을 쓰게 하고, 천자의 깃발을 세우게 하고, 출입할 때 경필警蹕[157]을 하게 하고, 말 여섯 필이 끄는 금근거金根車[158]를 타게 하고, 오시부거五時副車[159]를 갖추게 하고, 모두旄頭와 운한雲罕[160]을 설치하게

157 경필警蹕: 이 책 권1 「무제기」 건안 22년 해당 각주 참조.

158 금근거金根車: 이 책 권1 「무제기」 건안 22년 해당 각주 참조.

159 오시부거五時副車: 이 책 권1 「무제기」 건안 22년 해당 각주 참조.

160 모두旄頭와 운한雲罕: 모두旄頭는 깃발을 들고 황제의 행차를 맨 앞에서 이끄는 의장대다. 운한雲罕도 황제의 행차를 알리는 깃발이다.

하고, 팔일무八佾舞161를 추게 하고, 궁전에 종거鍾簴162를 시설하게 하라고 명령을 내렸다. 또 왕비를 왕후로, 세자를 태자로 높였으며, 왕자, 왕녀, 왕손의 봉작 호칭도 옛 제도와 같게 했다. 계미일癸未日(30일), 대사면을 시행했다.

가을 8월 신묘일辛卯日(초9일), 상국 진왕 사마소가 세상을 떠났다. 임진일壬辰日(초10일), 진 태자 사마염이 봉작을 잇고 보위를 세습하여 백관을 총괄하고 그때까지 갖춘 문물과 문서는 모두 이전처럼 유지했다. 이달에 양무현襄武縣(甘肅 隴西 동쪽)에 대인大人이 나타났다고 보고했다. 거인의 키는 3장丈이 넘었고, 발자국 크기는 3척 2촌이었고, 백발에 황색 홑옷을 입었고, 황색 두건을 썼고, 지팡이를 짚은 채 왕시王始라는 백성을 부르며 이렇게 말했다고 한다. "이제 태평 시대가 왔다!"

9월 을미일乙未日,163 대사면을 시행했다. 무오일戊午日(초7일), 사도 하증을 진 승상으로 삼았다. 계해일癸亥日(12일), 표기장군 사마망을 사도로 삼았고, 정동대장군 석포를 표기장군으로 삼았으며, 정남대장군 진건陳騫을 거기장군으로 삼았다. 을해일乙亥日(24일), 진 문왕을 안장했다.

윤11월 경진일庚辰日,164 강거康居165와 대완大宛166에서 바친 명마를 상국부

161 팔일무八佾舞: 천자의 공식 행사에서 추던 의례용 춤이다. 가로세로 8명씩 모두 64명이 춘다. 제후는 육일무六佾舞, 대부大夫는 사일四佾舞, 사士는 이일二佾舞를 춰야 하는데 당시 사마문왕에게 팔일무를 추도록 허락한 것은 그가 천자에 버금가는 권위를 갖고 있었음을 말해준다.

162 종거鍾簴: 이 책 권1 「무제기」 건안 19년 해당 각주 참조.

163 무오일戊午日(초7일) 앞에 나오는 을일乙日은 초4일 을묘일乙卯日이 되어야 한다.

164 경진일庚辰日: 이해 윤11월 초하루는 신사일辛巳日이므로 윤11월에는 경진일庚辰日이 있을 수 없다. 가장 가까운 경진일은 11월 본달 30일이고, 윤11월 첫 번째 경일庚日은 초10일 경인일庚寅日이므로 경인일로 의심된다.

165 강거康居: 강거康居는 키르키스Kirghiz의 한자 음역으로, 지금의 카자흐스탄 시르다리야강 중류 지

로 보내 만국을 회유하기 위해 먼 곳까지 마음을 쓴 진왕의 공훈을 밝게 드러냈다.

12월 임술일壬戌日(13일), 위나라의 천명이 영원히 끝나고 왕조 교체의 운수가 진나라에 있게 되었다. 공경과 사대부에게 조서를 내려 남쪽 교외에 단상을 설치하게 하고, 사자로 하여금 황제의 옥새, 인끈, 간책簡冊을 받들게 하고, 진나라를 계승한 왕에게 황제 보위를 선양하게 하면서, 한나라가 위나라에 선양한 고사처럼 하게 했다. 갑자일甲子日(15일), 사자로 하여금 선양한 왕에게 내리는 책봉 문서를 받들고 가게 했다. 마침내 선양한 왕의 거처를 금용성金墉城(洛陽 서북쪽 작은 성)으로 바꾸고 마지막에는 업성에서 살게 했다. 당시 나이가 스물이었다.○

○『위세보』: "황제를 진류왕陳留王으로 책봉했다. 향년 58세인 대안大安[167] 원년(302)에 세상을 떠났고, 시호는 원황제元皇帝다."

논평하여 말한다. 옛날에는 천하를 공公으로 여겨 오직 현인에게만 보위를 넘겼다. 후대에는 보위를 세습하며 아들을 적통으로 세웠다. 만약 적통의 후사가 계승하지 못하면 방계의 친족 중에서 밝은 덕을 갖춘 사람을 취해야 했다. 한나라의 문제와 선제와 같은 분이 그러하니 이는 바꿀 수 없는 준칙이다. 위나라 명제는 그렇게 하지 않고 사사로운 사랑에 정이 얽매여 어린아이를 길러서 막중한 보위를 전했지만 후사를 부탁받은 자도 순수하지 못했으며, 반드시

방에 있던 고대 서역 국가의 하나다. 강족羌族의 일파인 대월지국과 같은 민족으로 알려져 있지만 이설異說도 다양하게 존재한다.

166 대완大宛: 지금의 키르기스스탄과 우즈베키스탄의 페르가나 분지에 있던 고대 국가다.

167 대안大安: 보통 태안太安으로 쓴다. 진 혜제惠帝의 첫 번째 연호로 302~303년에 사용되었다.

황실 방계 친척까지 참여하게 한 결과, 조상曹爽은 주살당했고, 제왕 조방曹芳은 교체되었다. 고귀향공은 재주와 지혜가 조숙했고 학문을 좋아하며 문장을 숭상했으니 대체로 문제의 유풍을 지녔다고 할 만하다. 그러나 경박하고 조급하게 울분을 남발하며 스스로 대재앙 속으로 뛰어들었다. 진류왕은 자신의 몸가짐을 공손하게 하고 남면하여 재상에게 정사를 통솔하게 하다가, 우러러 옛 법도를 준수하여 두손을 모아 보위를 선양하고 마침내 대국에 봉해져 진나라의 빈객이 되었다. 산양공이 된 한 헌제에 비교해봐도 그가 받은 봉작과 은총이 더 높다고 할 수 있다.

권5 위지魏志 5

후비전 后妃傳

무선황후武宣皇后 변씨卞氏
문소황후文昭皇后 견씨甄氏
문덕황후文德皇后 곽씨郭氏
명도황후明悼皇后 모씨毛氏
명원황후明元皇后 곽씨郭氏

『주역』에 일컫기를 "남자는 밖에서 자리를 바르게 하고, 여자는 안에서 자리를 바르게 한다. 남자와 여자의 올바름이 천지의 대의다"[1]라고 했다. 고대의 현명한 임금은 후비后妃의 제도를 분명하게 설치하여 천지의 덕에 순응하지 않은 사람이 없다. 이 때문에 두 왕비가 규씨嬀氏에게 시집가자 순 임금의 도道가 융성할 수 있었고,[2] 태임太任과 태사太姒[3]가 희씨姬氏(주나라 王姓)의 짝이 되자 주나라 왕실이 빛나게 되었다. 국가의 흥쇠興衰와 존망이 늘 여기에서 말미

1 남자는…대의다: 『주역』「가인괘家人卦·단전彖傳」: "男正位乎外, 女正位乎內. 男女正, 天地之大義也."

2 두 왕비가…있었고: 『상서』「요전」: "요 임금이 말했다. '내가 그(순 임금)를 시험해보리라.' 그에게 딸을 출가시키고 두 딸을 통해 그의 모습을 살피려 했다. 이에 두 딸을 규수嬀水의 물굽이로 내려보내 우순虞舜에게 시집보냈다帝曰, '我其試哉.' 女于時, 觀厥刑于二女, 釐降二女于嬀汭, 嬪于虞." 요 임금이 자신의 딸 아황娥皇과 여영女英을 순 임금에게 시집보낸 일을 가리킨다. 요 임금의 성은 복성인 이기伊祁이며 이름은 방훈放勳으로 알려져 있다. 당唐 땅을 근거지로 활동했기에 흔히 당요唐堯라 부른다. 여러 가지 시험을 거쳐 순 임금에게 정권을 선양했다. 순 임금은 요성姚姓 규씨嬀氏이며 이름이 중화重華, 자가 도군都君으로 알려져 있다. 우虞 땅을 근거지로 활동했기에 흔히 우순虞舜이라 부른다.

3 태임太任과 태사太姒: 태임太任은 주나라 계력季歷의 처로 문왕文王을 낳았으므로 흔히 문모文母라 부른다. 현숙한 부덕婦德으로 계력을 보좌했고 임신한 이후부터 태교를 통해 아들 문왕을 성군으로 교육한 것으로 알려져 있다. 태사太姒는 주 문왕의 왕비로 아들 무왕과 주공 등 아들 열 명을 낳아 현명하게 키워서 은 주왕을 정벌하고 천하의 대권을 잡게 했다.(『사기』 권4 「주본기」)

암는다. 『춘추설春秋說』[4]에서 말하기를 "천자는 12녀女를 두고, 제후는 9녀를 둔다天子十二女, 諸侯九女"라고 했다. 정리를 따져보면 변할 수 없는 법전이다. 그러나 왕조의 말기에는 사치하고 방종하면서 함부로 욕망에 탐닉하느라 올바른 남녀가 오랜 이별을 원망하게 되어 천지의 온화한 기운까지 저촉하게 되었다. 이에 오직 겉으로 드러난 미색만 숭상하고 맑고 아름다운 자질에는 바탕을 두지 않아 풍속 교화가 무너지고 나라의 큰 강령이 훼손되었으니 어찌 애석하지 않은가? 아아! 나라와 가문을 가진 자는 영원히 귀감으로 삼아야 할 것이다!

한나라의 제도에 따르면 황제의 조모는 태황태후라 하고, 황제의 모친은 황태후라 하고 황제의 비妃는 황후라 하고 그 나머지 내명부 관등은 모두 14등급이 있다. 위나라는 한나라 법도에 따라 모후의 호칭을 모두 옛 제도와 같이 했고, [후궁 제도의] 부인夫人 이하는 대대로 늘이거나 줄였다. 태조太祖는 위나라를 건국한 후 처음 왕후를 책봉하고 나서 그 아래에 부인, 소의昭儀, 첩여婕妤, 용화容華, 미인美人 다섯 등급을 두었다. 문제는 귀빈貴嬪, 숙원淑媛, 수용脩容, 순성順成, 양인良人을 보탰다. 명제는 숙비淑妃, 소화昭華, 수의脩儀를 보태고 순성을 폐지했다. 태화 연간에 다시 또 부인 자리를 만들어 그 지위를 숙비 위로 올렸다. 부인 이하의 작위가 모두 12등급이다. 귀빈과 부인은 황후의 다음이지만 조정의 작위로는 이와 비슷한 것이 없다. 숙비의 지위는 상국으로 간주할 수 있으니 그 작위는 제후왕에 비견된다. 숙원의 지위는 어사대부로 간주할 수 있으니 그 작위는 현공縣公에 비견된다. 소의는 현후縣侯에, 소화는 향후鄕侯에, 수용은 정후亭侯에, 수의는 관내후에 비견할 수 있다. 첩여는 품계가 중

4 『춘추설春秋說』: 전한 말기의 학자 진흠陳欽이 『춘추』를 해설한 책으로 알려져 있으나 지금은 전해오지 않는다.

2000석中二千石, 용화는 진2000석眞二天石, 미인은 비2000석比二千石, 양인은 1000석에 비견할 수 있다.[5]

무선황후武宣皇后 변씨卞氏

무선武宣 변황후卞皇后는 낭야琅邪 개양開陽(山東 臨沂 북쪽) 사람으로 위 문제의 어머니다. 본래 창가倡家[6] 출신으로 나이가 스물일 때, 태조가 초譙 땅에서 [변씨를] 맞아들여 첩으로 삼았다. 뒤에 태조를 따라 낙양으로 갔다.[01] 동탁이 난리를 일으켰을 때 태조는 미복을 하고 동쪽으로 나가 난을 피했다. 원술이 태조가 흉한 일을 당했다는 소문을 퍼뜨리자 당시 낙양에 함께 갔던 태조의 좌우 사람들이 모두 귀향하려 했다. 변씨[7]가 말리며 말했다. "주군의 길흉은 아직 알 수 없습니다. 오늘 귀향했다가 내일 만약 생존해 있으면 무슨 면목으로 다시 뵐 수 있겠습니까? 설령 정말 재앙을 당했다 해도 함께 죽으면 그만인데 무엇을 괴로워하십니까?" 마침내 변씨의 말을 따랐다. 태조가 그 소문을 듣고 훌륭하게 처신했다고 했다. 건안 초년에 정부인丁夫人을 폐위하고 마침내 견씨를 계실繼室로 삼았다. 여러 아들 중에서 어머니를 잃은 아들은 태조

---

5 중국 한대漢代 이후 관직 품계를 연봉에 따라 등급을 매기는 제도다. 여기서 '석石'은 곡식을 재는 도량형 단위로 당대唐代 이전까지 1석石=1곡斛=10두斗였다. 한대 관직의 가장 높은 품계는 만석萬石으로 삼공三公을 가리켰으며, 월봉이 350석, 연봉이 4200석이었다. 품계 명칭은 만석을 붙였지만 꼭 만석을 받는 것이 아니고 가장 많이 받는다는 상징적인 의미를 갖고 있음을 알 수 있다. 아래의 품계 명칭도 명실상부하게 맞아떨어지는 것이 아니라 대략적인 숫자를 붙였다. 그다음이 중2000석中二千石인데 '중中'은 중앙 관직이란 의미이며, 중앙의 구경九卿 등 요직과 도성 부근인 삼보三輔의 장이 여기에 해당한다. 월봉 180석, 연봉 2160석을 받았다. 그다음이 진2000석眞二天石으로 월봉 150석, 연봉 1800석, 그다음이 2000석二千石으로 월봉 120석, 연봉 1440석, 그다음이 비2000석比二千石으로 월봉 100석, 연봉 1200석을 받았다. 이 밖에도 1000석千石, 600석六百石, 400석四百石, 비400석比四百石, 300석三百石, 비300석比三百石, 200석二百石, 100석百石, 두식斗食, 좌사佐史 등의 품계가 있었다.

6 창가倡家: 후세에 흔히 말하는 창기나 기녀가 아니라, 가무歌舞나 악기 연주를 전문으로 하는 악인樂人(藝人)이다.

7 변씨: 원본에는 후세 사가史家의 입장에 따라 '후后'라는 호칭을 쓰고 있으나 여기에서는 당시 상황을 고려하여 '변씨'로 번역한다.

가 변씨를 시켜 기르게 했다.○2) 문제가 태자로 책봉되자 좌우의 장어長御가 변씨에게 축하의 말을 했다. "장군께서 태자로 책봉되시어 천하에 기뻐하지 않는 사람이 없으니 창고의 보물을 풀어 상을 내리셔야 합니다." 변씨가 말했다. "전하께서 조비의 나이가 제일 많다고 후사로 삼은 것이다. 나는 다만 가르침의 과오를 면한 것만으로도 다행일 뿐이다. 어찌 과중한 상을 내릴 수 있겠느냐?" 장어가 돌아가 모든 사실을 태조에게 말했다. 태조가 기뻐하며 말했다. "화가 나도 얼굴색을 바꾸지 않고, 기뻐도 절도를 잃지 않았으니, 이것이 가장 어려운 일이다."

○1) 『위서』: "변씨가 한나라 연희延熹[8] 3년(161) 12월 기사일己巳日, 제군齊郡 백정白亭에서 태어날 때 황색 기운이 방 안에 가득하다가 하루가 지나서 흩어졌다. 부친 경후敬侯가 이상하게 생각하고 점치는 사람 왕단王旦에게 묻자 왕단이 말했다. '이것은 길조입니다.'"

○2) 『위략』: "태조는 처음에 정부인을 맞았고 또 유부인劉夫人이 자수子脩(曹昂)와 청하장공주淸河長公主를 낳았다. 유부인이 일찍 죽자 정부인이 자수를 길렀다. 자수가 양穰 땅에서 죽자 정부인은 늘 이렇게 말했다. '내 아들을 죽여놓고 도무지 다시 생각하지도 않는구려!' 끝내 울음을 그치지 않았다. 태조가 분노하여 정부인을 친정으로 돌려보내고 〔아들을 그리워하는〕 부인의 생각을 끊으려 했다. 뒤에 태조가 만나러 갔을 때 부인은 바야흐로 베를 짜고 있었다. 밖에 있던 사람이 '공께서 오셨습니다'라고 말을 전했다. 부인은 그대로 베틀에 걸터앉아 있었다. 태조가 도착하여 부인의 등을 어루만지며 말했다. '나를 좀 보시고, 함께 돌아갑시다!' 부인은 돌아보지도 않고 대답도 하지 않았다. 태조는 떠나가려다가 문밖에 서서 다시 말했다.

8 연희延熹: 후한 환제의 여섯 번째 연호로 158년~167년에 사용되었다.

'아직도 나를 용서할 수 없소?' 끝까지 대답하지 않았다. 태조가 말했다. '그럼 정말 결별하겠소.' 마침내 부인과 인연을 끊고 그 집에 일러 다시 시집보내려 했지만 그 집에서는 감히 그렇게 하지 못했다. 당초에 정부인은 정실正室이 된 데다 또 자수까지 얻었으므로 변씨 모자를 하찮게 간주했지만, 변씨는 계실이 된 후 옛 원한을 생각하지 않고 태조가 출행하면 늘 사시사철 사람을 시켜 정부인에게 음식을 보내거나 또 몰래 맞아와서 정좌正坐에 모시고 자신은 늘 아랫자리에 앉는 등 맞아오고 배웅하는 절차를 옛날과 같이 했다. 정부인이 감사의 말을 했다. '폐위되어 쫓겨난 사람을 부인은 어떻게 평상시처럼 대할 수 있소?' 그 후 정부인이 죽자 변씨는 태조에게 빈소를 차려 장례를 치르겠다고 청했고 태조가 허락했다. 이에 허성許城(河南 許昌 동쪽) 남쪽에 안장했다. 뒤에 태조가 병이 위중하게 되었을 때 다시 일어나지 못하겠다 생각하고는 이렇게 탄식했다. '나의 앞뒤 행동을 돌아보면 일찍이 마음에 짐이 될 일은 하지 않았다. 그러나 만약 죽은 후 혼령이 있어서 자수가 '우리 어머니께서는 어디 계십니까'라고 물으면 내가 장차 무슨 말로 대답할 수 있겠나?'" 『위서』: "황후 변씨는 성품이 검약하여 화려함을 숭상하지 않았다. 화려한 자수나 옥구슬로 장식하지 않았고 그릇도 모두 검은색만 썼다. 태조가 늘 유명한 귀걸이 몇 가지를 얻어서 변씨에게 한 가지를 고르라고 하면 변씨는 그중 중등품을 골랐다. 태조가 까닭을 묻자 이렇게 대답했다. '상등품을 취하면 탐욕이 되고, 하등품을 취하면 거짓이 되기에 중등품을 취합니다.'"

건안 24년(219) 변씨를 왕후로 책봉하며 책문을 지어 일렀다. "부인 변씨는 여러 아들을 기르면서 모후로서의 덕성을 갖췄다. 지금 왕후로 올리니 태자와 제후왕이 된 아들들이 배석하고 공경대부들도 축수하라. 국내 사형수를 한 등급 감형하라."

25년, 태조가 세상을 떠났다. 문제가 즉위하여 모후를 왕태후로 높였다. 선양을 받은 후에는 모후를 황태후로 높였고 거처를 영수궁永壽宮이라 칭했다.○ 명제가 즉위한 후에는 황태후를 태황태후로 높였다.

○『위서』: "변씨는 나라의 비용이 부족하자 음식을 철저하게 줄이고 금은으로 장식한 물건을 모두 쓰지 않았다. 동아왕東亞王 조식曹植은 태후 변씨의 어린 아들로 태후가 가장 아꼈다. 뒤에 조식이 법을 어겨서 담당 관리에 의해 고발되었다. 그때 문제는 태후 남동생의 아들 봉거도위 변란卞蘭으로 하여금 공경대부의 의견을 갖고 가서 태후에게 아뢰게 했다. 태후가 말했다. '뜻밖에도 그 아이가 그런 일을 저질렀군요. 돌아가서 황제에게 나 때문에 국법을 어겨서는 안 된다고 전해주시오.' 직접 황제를 만날 때도 이 일에 관한 말을 하지 않았다."

신 송지가 살펴본 바는 이렇습니다. 문제가 한번은 엽전을 가는 꿈을 꾸었습니다. 엽전의 글자를 갈아 없애려 했지만 갈면 갈수록 글자가 더욱 선명해져서 주선周宣에게 물었습니다. 주선이 대답했습니다. "이것은 폐하의 집안 일입니다. 비록 그렇게 하시려 해도 태후께서 듣지 않으실 것입니다." 그러므로 태후는 속마음을 위의 책에서 말한 것처럼 말할 수 없었을 것입니다. 『위서』에 또 다음 기록이 있다. "태후는 군대를 따라 행군할 때마다 백발 고령자를 만나면 바로 수레를 멈추고 불러서 안부를 묻고는 비단을 하사하고 눈물을 흘리며 말했다. '우리 부모님께서 지금껏 살아계시지 못하시니 한스럽소.' 태후는 친정 식구들을 만날 때마다 살가운 표정을 짓지 않고 늘 말했다. '평소 생활할 때 절약하고 검소하기에 힘써야지 포상을 바라서는 안 되며 스스로 편안하게 살아가기를 생각해야 한다. 친정 식구들은 나의 대우가 너무 야박하다고 탓하겠지만 이는 나 자신에게 일정한 법도가 있기 때문이다. 나는 무제를 40~50년 섬기면서 검소하게 생활한 지 오래되었기에 스스로 사치한 생활로 바꿀 수 없다. 법에서 금하는 일을 한다면 내가 또 죄를 한 등급 더할 수 있을 뿐이다. 돈이나 쌀과 같은 은혜로운 하사품을 바라지 말라.' 문제가 태후의 남동생 변병卞秉을 위해 저택을 지어주었다. 저택이 낙성되자 태후는 그 저택으로 행차하여 친정 가문 여러 사람들을 초청해서 음식을 마련했는데 특별한 요리가 없었다. 태후의 좌우에도 나물 반찬에 조밥을 차렸고 어물이나 육류가 없었다. 검소함이 이와 같았다."

황초 연간에 문제가 태후의 부모를 추증하려 하자 상서 진군陳群이 아뢰었다. "폐하께서는 성덕聖德으로 시운에 부합하여 천명을 받으셨으므로 나라의 사업을 창도하시고 제도를 바꿔서 영원히 후세 사람들의 법도가 되게 해야 합니다. 옛 전적을 살펴보건대 부인에게 땅을 나눠주고 작위를 수여하는 제도는 없습니다. 예법을 기록한 책에 부인은 남편의 작위에 따라야 한다고 합니다. 진秦나라가 옛 법도를 어겼고 한나라가 그것을 따랐지만 이는 선왕께서 정하신 좋은 법전이 아닙니다." 문제가 말했다. "이 의견이 옳소. 시행하지 마시오. 또 이 일을 기록하여 조서를 내리고, 대각臺閣(공문서 보관처)에 소장하게 하여 영원히 후세의 법도가 되도록 하시오." 태화 4년(230) 봄에 명제는 태후의 조부 변광卞廣을 추증하여 개양공후開陽恭侯라는 시호를 내렸고, 태후의 부친 변원卞遠에게는 경후敬侯라는 시호를 내렸으며, 조모 주씨는 양도군陽都君으로, 모친은 경후부인敬侯夫人9으로 봉하고 모두 인수를 수여했다. 그해 5월 태후 변씨가 세상을 떠났고 7월에 고릉에 합장했다.

당초에 태후의 남동생 변병이 공을 세워 도향후都鄉侯에 봉해졌다. 그는 황초 7년(226)에 개양후開陽侯로 승진했으며 식읍 1천200호를 받고 소열장군昭烈將軍이 되었다.○1) 변병이 세상을 떠나자 아들 변란이 봉작을 세습했다. 변란은 어려서부터 재주가 있었고○2) 학문에 뛰어나서 봉거도위, 유격장군이 되었으며 여기에 산기상시 직이 더해졌다. 변란이 세상을 떠나자 아들 변휘卞暉가 봉작

9 경후부인敬侯夫人: 원문은 '공후恭侯'이나 경후敬侯가 되어야 옳다.

을 세습했다.○3) 또 변병의 봉작을 나눠서 변란의 아우 변림卞琳을 열후에 봉했고 그의 관직은 보병교위에 이르렀다. 변란의 아들인 변륭卞隆의 딸은 고귀향공의 황후가 되었다. 변륭은 황후의 부친 자격으로 광록대부가 되어 지위가 특진에 이르렀고 수양향후睢陽鄕侯에 봉해졌으며 그의 처 왕씨王氏는 현양향군顯陽鄕君이 되었다. 변륭의 전처 유씨劉氏는 순양향군順陽鄕君이 되었는데 이는 황후의 친어머니이기 때문이다. 변림의 딸은 또 진류왕의 황후가 되었지만 당시에 변림은 이미 세상을 떠났기 때문에 변림의 처 유씨劉氏를 광양향군廣陽鄕君으로 봉했다.

○1) 『위략』: "당초 변 황후의 남동생 변병은 건안 시절에 별부사마別部司馬에 불과해서 변씨가 늘 태조를 원망했다. 태조가 대답했다. '나와 처남 매부가 된 것만 해도 받은 게 많은 것이 아니오?' 변씨가 또 태조에게 돈과 비단을 하사해달라고 요구하자 태조가 말했다. '당신이 몰래 주는 것만으로 부족하단 말이오?' 이 때문에 태조가 생존해 있을 때 변병은 관직을 옮기지 못했고 재산도 늘리지 못했다."

○2) 『위략』: "변란이 부賦를 지어 바치고 태자(曹睿)의 덕이 아름답다고 찬양하자 태자가 보답하며 말했다. '부賦란 비슷한 사물을 계속 이어서 서술하는 것이고, 송頌이란 성덕盛德의 모습을 찬미하는 것이오. 이 때문에 짓는 사람은 그 말을 헛되게 해서는 안 되고, 받는 사람은 반드시 그 사실에 맞아야 하오. 변란이 지은 이 부의 내용이 어찌 나의 진실이겠소? 옛날에 오구수왕吾丘壽王[10]은 보정寶鼎에 대해 진술했고, 하무何武[11] 등은 겨우 몇 마디

10 오구수왕吾丘壽王: 한 무제 때 관리로 학문을 좋아하고 문장에 뛰어났다. 동군東郡 도위, 광록대부 등을 역임했다. 당시에 한 무제가 분음汾陰에서 보정寶鼎을 얻자, 신료들이 무제의 장수를 축하하며 이 보정이 주나라 때부터 전해온 것이라 했다. 하지만 오구수왕은 이것은 한나라에 덕이 있어 하늘이 하사한 보정이므로 주나라 보정이 아니라 한나라 보정이라 해야 한다고 설파하여 한 무제의 인정을 받았다.(『한서』 64, 「오구수왕전吾丘壽王傳」)

찬송하는 노래를 지었는데도 오히려 황금과 비단을 하사품으로 받았소. 변란이 지금 한 일은 용서할 수 없지만 그의 뜻은 가상히 여길 만하오. 지금 소 한 마리를 하사하시오.' 이를 통해서도 태자가 그를 친하게 여기고 공경했음을 알 수 있다."[11]

○3) 『위략』: "명제 때 변란은 밖으로 촉과 오가 야기하는 난리가 있는데도 명제가 궁실 건축에 마음을 쓰는 것을 보고 항상 명제를 시종할 때마다 자주 절실하게 간언을 올렸다. 명제는 비록 그의 말에 따르지 않았지만 그의 정성스러운 마음은 받아들였다. 뒤에 변란이 독한 술로 소갈병을 해소하려 하자 당시에 명제는 물을 마셔야 한다는 무녀巫女의 처방을 듣고 사람을 시켜 물을 변란에게 가져다줬지만 변란은 마시려 하지 않았다. 명제가 조서를 내려 그 뜻을 물었다. 변란은 '병을 고칠 때는 약을 처방해야지 어찌 무녀의 말을 믿습니까'라고 했다. 명제는 얼굴색을 바꾸며 화를 냈지만 변란은 끝내 물을 마시지 않았다. 나중에 소갈병이 심해져서 사망에 이르렀다. 이 때문에 당시 사람들은 변란이 직언을 좋아한 사실을 알고, 명제가 면전에서 변란을 질책하여 그가 자살했다고 말했지만 기실 그렇지는 않다."

---

11 하무何武: 한 선제 때 관리로 효렴孝廉에 추천되어 정위廷尉, 어사대부御史大夫, 대사공大司空 등을 역임하고 범향현후氾鄕縣侯에 봉해졌다. 한 선제 때 천하가 태평하자 익주 자사 왕양王襄이 왕포王褒로 하여금 한나라의 덕을 칭송하는 시를 짓게 했다. 왕포가 지은 시가 「중화中和」「낙직乐职」「선포宣布」인데, 당시 성도成都에 거주하던 하무 등이 이 시에 곡을 붙여 노래로 불렀다. 한 선제가 이를 기특하게 여기고 조정으로 불러 왕포에게는 대조待詔 벼슬을 내리고 하무 등에게는 비단을 하사했다.(『한서』 권86 「하무전何武傳」)

문소황후文昭皇后 견씨甄氏

문소文昭 견황후甄皇后는 중산 무극無極(河北 無極) 사람으로 명제의 어머니다. 한나라 태보 견함甄邯의 후손으로 집안이 대대로 품계 2000석二千石의 관리를 지냈다. 부친 견일甄逸은 상채上蔡(河南 上蔡 서남) 현령이었다. 황후는 3세 때 부친을 잃었다.○1) 뒤에 천하에 병란이 일어나고 기근이 더해져서 백성이 모두 집안의 금, 은, 구슬 등 보물을 내다 팔았다. 당시 견씨의 집에는 저장해놓은 곡식이 많아서 보물을 많이 사들였다. 그때 견씨는 10여 세였는데 어머니에게 말했다. "지금 세상이 혼란한데 보물을 많이 사들이는 것은 죄가 없는 사람이라 해도 보물을 갖는 것만으로 죄가 될 수 있습니다. 또 좌우 사람들이 모두 굶주릴 때는 곡식을 풀어 친척과 이웃을 구제하면서 널리 은혜를 베푸는 것이 더 좋습니다." 이에 온 집안사람들이 견씨의 선한 마음을 칭찬했고 바로 견씨의 말에 따랐다.○2)

○1) 『위서』: "견일은 상산장씨常山張氏를 아내로 맞아 3남 5녀를 낳았다. 장남은 견예甄豫로 일찍 죽었다. 그다음은 견엄甄儼으로 효렴에 천거되었고 대장군연大將軍掾과 곡량曲梁 현장 역임했다. 그다음은 견요甄堯로 효렴에 천거되었다. 장녀는 변강卞姜, 그다음은 변탈卞脫, 그다음은 변도卞道, 그다음은 변영卞榮, 그다음이 바로 견황후다. 황후 견씨는 한나라 광화 5년(183) 12월 정유일丁酉日(15일)에 태어났다. 견씨가 잠자리에 들 때마다 집안사람들은 누군가 옥의玉衣로 황후의 몸을 덮어주는 것처럼 느끼고 모두 기이하게 생각했다. 부친 견일이 세상을 떠난 후 [어린 나이에도] 울면서 그리워하자 내외 사람들이 더욱 기이하게 여겼다. 뒤에 관상을 보는 사람 유량劉良이 견씨 및 그 집 아들들의 관상을 보았다. 유량이 견씨를 가리키며 말했다. '이 딸의 고귀함을 말로 표현할 수 없습니다.' 견씨는 어려서부터 성년에 이르기까지 놀이를 좋아하지 않았다. 나이 8세 때 집밖에 말 위에 서서 묘

기를 부리는 사람이 있었다. 집안사람들과 황후의 언니들이 모두 누각으로 올라가 구경했지만 견씨만 혼자 가지 않았다. 언니들이 이상하게 생각하며 묻자 견씨가 대답했다. '그게 어찌 여자의 구경거리겠어?' 9세 때 독서를 좋아해서 글자를 한번 보기만 하면 바로 기억하고 자주 오빠들의 필묵으로 써보곤 했다. 오빠가 여동생에게 말했다. '너는 여자가 할 일을 배워야지 글씨 쓰기를 배워서 여박사女博士가 될 테냐?' 견씨가 대답했다. '듣건대 옛날 현명한 여인들은 전대의 성패를 배워 자신의 경계로 삼지 않은 사람이 없었다고 합니다. 책을 모르면 어디서 그런 사적을 볼 수 있겠어요?'"

○2) 『위략』: "견씨의 나이 14세에 가운데 오빠 견엄의 상을 당해 슬퍼함이 예제禮制를 뛰어넘었다. 과부가 된 올케를 섬김이 겸손하고 공경스러웠으며 일을 할 때는 힘든 일을 도맡아 했고, 오빠 견엄의 자식을 어루만져 기를 때도 자애로운 마음이 매우 돈독했다. 견씨의 어머니는 성격이 엄격하여 며느리를 대할 때 일정한 법도가 있었다. 견씨가 자주 어머니에게 간언을 올렸다. '오빠가 불행하게 일찍 돌아가셔서 올케가 젊은 나이로 수절을 하면서 남은 아들 하나만 돌보고 있습니다. 대의로 말하면 며느리로 대해야 하지만 이제 딸처럼 사랑해야 합니다.' 어머니는 견씨의 말에 느낀 바가 있어 눈물을 흘리며 곧 견씨와 며느리를 함께 거주하게 했다. 이에 잠자고 쉬고 앉고 일어설 때 항상 함께 따르자 은정과 사랑이 더욱 친밀해졌다."

건안 연간에 원소가 둘째 아들 원희를 위해 견씨를 아내로 맞아들이게 했다. 원희가 유주로 나가자 견씨는 남아서 시어머니를 봉양했다. 기주가 평정될 때 문제가 업鄴 땅으로 견씨를 맞아들여 총애했고 이에 명제 및 동향공주東鄉公主를 낳았다.○

○ 『위략』: "원희가 유주로 나가 있을 때 견씨는 집에 남아서 시어머니를 모셨

다. 업성이 함락될 때 원소의 처 및 견씨는 함께 황당皇堂(대청)에 앉아 있었다. 문제가 원소의 거처로 들어가 원소의 처와 견씨를 보았다. 견씨가 두려워하며 머리를 시어머니 무릎에 묻었다. 원소의 처는 두 손을 스스로 묶었다. 문제가 말했다. '유 부인께서 어찌 이와 같이 하십니까? 신부의 머리를 들게 하십시오.' 시어머니가 견씨의 머리를 받들어 쳐다보게 했다. 문제가 바라보니 안색이 비범해서 칭찬하며 감탄했다. 태조가 그의 마음을 알고 마침내 맞아들이게 했다." 『세어』: "태조가 업성을 함락하자 문제는 먼저 원상袁尙(원희의 아우)의 집으로 들어갔는데 어떤 부인이 머리를 풀어헤치고 얼굴에 오물을 바른 채 눈물을 흘리며 원소의 처 유씨 뒤에 서 있었다. 문제가 묻자 유씨가 대답하기를 '원희의 처'라고 했다. 그리고 돌아보며 머리를 묶어 올리고 수건으로 얼굴을 닦자 자색이 빼어났다. 이윽고 문제가 나가자 유씨가 견씨에게 말하기를 '죽을 걱정은 없겠다'라고 했다. 마침내 문제가 받아들여 총애했다." 『위서』: "황후 견씨는 문제의 총애가 깊어질수록 더욱더 겸손했다. 후궁 중에서 총애를 받은 사람이 있으면 더 힘쓰라고 권했고, 총애를 잃은 사람이 있으면 가서 위로했다. 한가롭게 연회를 열 때마다 문제에게 권했다. '옛날에 황제黃帝의 자손이 번성했던 것은 대체로 잉첩이 많았기 때문에 그런 복을 받았습니다. 현숙한 여인을 널리 구하여 후사를 많이 늘리시길 바라옵니다.' 문제는 마음속으로 매우 가상하게 생각했다. 그 뒤에 문제가 임씨任氏를 내치려 하자 견씨가 문제에게 청했다. '임씨는 고을의 명문가인 데다 덕망도 있고 자색도 고와서 신첩들이 미칠 수 없습니다. 어째서 내치려 하십니까?' 문제가 말했다. '임씨는 성격이 급하고 온순하지 못해서 전후로 나의 화를 돋운 것이 한두 번이 아니오. 이 때문에 내치려 하는 것이오.' 견씨가 눈물을 흘리며 간청했다. '신첩이 특별한 은총을 받은 것은 사람들이 다 압니다. 임씨를 내치면 사람들은 틀림없이 그것이 신첩 때문이라고 말할 것입니다. 위로는 사사로운 비방을 당할까 두려운데, 아래로는 또 총애를 독차지했다는 죄를 받을 것입니다. 바라옵건대 거듭 마음을 써주십시오.' 문제는 그 말을 듣지 않고 마침내 임씨를 내쳤다. 건안 16년(211) 7월, 태조가 관중을 정벌할 때 무선황후가 수행하여 맹진에 머물렀고, 문제는 남아서 업성을 지켰다. 당시에 무선황후의 몸이 좀 불편했는데 견씨가 아침저녁으로 문안을 하지 못하자 매우 걱정하며 밤낮으로 눈물을 흘렸다. 좌우에서 쾌속마로 달려갔다가 돌아와 차도가 있다고 보고했지만 견씨는 오히려 믿지 못하고 말했다. '부인께서 집에서는 옛날의 병을 다시 앓을 때마다 시간을 오래 끌었는데, 지금 병이 바로 차도가 있다니 어떻게 그렇게 빨리 나았을까? 이것은 나를 위로하려는 의도에 불과하다.' 그러면서 더욱 심하게 걱정했다. 뒤에 무선황후가 보낸 답장에서 병이 이미 회복되었다는 말을 보고서야 견씨가 기뻐했다. 건안 17년(212) 정월에 대군이 업성으로 돌아오자 견씨는 무선황후를 배알하러 가서 멀리서 휘장을 친 자리만 바라보고도 기쁨과 슬픔의 감정을 드러내며 좌우를 감동시켰다. 무선황후도 견씨의 이와 같은 모습을 보고 눈물을 흘리며 말했다. '며늘아기는 나의 옛날 병이 이전처럼 위중할 것이라고 말했느냐? 나는 그때 소소하게 앓았을 뿐이고 10여 일이 지나서 바로 나았다. 그렇지 않다면 내 안색을 살펴보아라.' 그리고 감탄하며 말했다. '이 아이는 정말 효부다.' 건안 21년(216), 태조가 동쪽으로 정벌에 나설 때 무선황후, 문제, 명제, 동향공주가 모두 수행했으나 당시에 견씨는 병이 나서 업성에 머물렀다. 건안 22년(217) 9월, 대군이 돌아왔을 때 무선황후 좌우의 시종이 견씨의 안색을 보니 살이 올라 있어서 이상하게 생각하고 물었다. '부인께서는 두 아드님과 오래 헤어져 있었는데, 자식을 그리워하는 마음에 걱정도 되지 않으셨습니까? 부인의 안색이 더욱 좋아지신 것은 무엇 때문입니까?' 견씨가 웃으면서 대답했다. '아들 예叡[12] 등이 할머니를 수행했으니 내가

12 예叡: 원문은 '휘諱'로 되어 있다. 명제의 이름인 예叡가 들어가야 할 자리다. 피휘의 사례다.

무엇을 걱정하겠느냐?' 견씨가 현명하게 예禮로써 스스로를 견지함이 이와 같았다."

연강 원년(220) 정월, 문제가 위나라 왕위에 올랐다.

6월, 남쪽으로 정벌을 나갈 때 견씨는 업성에 머물렀다.

황초 원년(220) 10월, 문제가 황제 보위에 올랐다. 황제 보위에 오른 후 산양공(한 헌제)은 두 딸을 받들어 위나라에 빈嬪으로 보냈다. 이때 곽후郭后, 이귀인李貴人, 음귀인陰貴人이 모두 총애를 받자 견씨는 더욱 실의에 빠져 원망하는 말을 했다. 문제가 대로하여 2년(221) 6월에 사자를 보내 견씨를 사사하고 업성에 안장했다.○

○『위서』: "담당 관리가 장추궁長秋宮(황후)13을 세우자고 아뢰자 문제가 옥새를 찍은 조서를 써서 견씨를 맞아오려고 사자를 행재소로 보냈다. 견씨가 표문을 올렸다. '신첩은 듣건대 앞 시대의 왕조가 일어나 나라를 오래 유지하며 보위를 후대에까지 드리운 까닭은 후비에서 말미암지 않은 경우가 없었다고 합니다. 이 때문에 반드시 사람을 꼼꼼하게 선택하여 내교內敎를 일으켜야 합니다. 황제의 천명을 받은 초기에 성의를 다해 현숙한 사람을 등용하여 육궁을 통솔하게 하시옵소서. 신첩은 스스로 돌아보아도 어리석고 비루하므로 종묘의 제사를 맡을 수 없을 뿐 아니라 병으로 누워 있는지라 감히 저의 미미한 뜻을 고수하고자 할 뿐입니다.' 옥새를 찍은 조서가 세 번 당도했으나

13 장추궁長秋宮: 한나라 때 궁궐로 본래 한 고조가 거주했으나 나중에 황후가 거주했으므로 흔히 황후의 대용어로 쓰인다.

견씨는 세 번 사양했는데 언어가 매우 간절했다. 당시는 한여름이어서 문제는 시원한 가을에 견씨를 황후로 맞아오려고 했다. 마침 견씨는 결국 병이 위독해져서 여름 6월 정묘일丁卯日(28일)에 업성에서 세상을 떠났다. 문제는 애통해하며 탄식했고 책문을 써서 황후의 옥새와 인수를 하사했다."

신 송지는 이렇게 생각합니다. 『춘추』의 대의에 따르면 안으로 큰 악행은 언급하지 않고, 작은 악행은 기록으로 남기지 않습니다. 문제가 견씨를 황후로 세우지 않고 살해까지 한 것은 분명한 사실입니다. 위나라 사관이 만약 이 일을 큰 악행으로 여겼다면 의당 숨겨두고 말하지 않아야 하고, 작은 악행으로 여겼다면 이 일에 기대 말을 만들지 말아야 합니다. 그러나 거짓 문장을 숭상하여 분식함이 이런 지경에 이르렀습니다. 이는 옛 역사에서 듣고 본 것과 다릅니다. 이로써 추측해서 말해보면 변씨와 견씨 등 여러 황후의 언행을 칭찬한 기록은 모두 사실이라 말하기 어렵습니다. 그런 기록을 진수陳壽가 제거한 것은 진실로 까닭이 있는 것입니다.

명제가 즉위하자 담당 관리가 [견씨에게] 시호를 추증하자고 아뢰었다. 이에 사공 왕랑으로 하여금 지절持節의 권한을 갖고 책문을 받들어 태뢰의 제수로 고릉에 고유제를 올리고 따로 사당을 세우게 했다.○

○『위서』에 삼공의 상주문이 실려 있다. "대체로 효도와 공경의 도道로 혈친을 돈독하게 모시면 사해의 백성은 이로써 가르침을 받아들여 교화될 것이요, 천지의 신령은 이로써 다스림을 밝게 살필 것입니다. 이것을 일러 살아계시면 지극하게 봉양하고, 돌아가시면 그 영령을 영광스럽게 하며, 낭송하고 서술하여 그 아름다움을 모두 드러나게 하는 동시에, 펼치고 선양하여 그 이름을 혁혁하게 드러낸다는 것입니다. 지금 폐하께서는 성스럽고 아름다운 덕으로 대업을 계승하시어 지극한 효성으로 후덕하게 신명과 통하고, 곤경에 처해 깊이 근심할 때는 늘 겸양하려고 애쓰셨습니다. 선제의 신령을 산릉에 모시는 일은 이미 큰 의례를 다 갖췄지만, 돌아가신 황후에 대해 말씀드

리자면 시호조차 추증하지 못했습니다. 엎드려 생각하옵건대 돌아가신 황후께서는 공손과 겸양이 사소한 부분에까지 드러났고, 지극한 행적은 말하지 않을 때도 분명했습니다. 그분이 끼친 교화의 물결은 온 나라에까지 흘러넘쳤고, 그분이 행하신 덕행은 이남二南[14]과 짝합니다. 이 때문에 신령의 길상을 몸으로 받아 위대한 위나라의 왕후가 될 수 있었습니다. 비록 젊은 나이에 승하하셨지만 〔그 행적이〕 만세 이후에까지 영원히 찬란하게 퍼져나갈 것이니 후비의 공은 그 누구도 비견하여 숭상하지 못할 것입니다. 시법謚法을 살펴보면 '성스럽게 듣고 사리에 두루 통달하는 것을 소昭라 하고聖聞周達曰昭, 덕행과 현명함으로 공을 세운 것을 소昭라 한다德明有功曰昭'라고 했습니다. 소昭란 광명의 지극함으로 빛의 극성함이 오래되어도 어두워지지 않는다는 뜻이니, 추존하는 시호를 문소황후文昭皇后로 불러야 마땅합니다. 이달에 또 삼공이 아뢰었다. '옛날부터 주나라 사람들은 시조 후직에 대해서 또 특별히 사당을 세워 그의 모친인 강원姜嫄[15]까지 제사 지냈습니다. 지금 문소황후께서는 만대의 후손에게까지 성덕聖德으로 교화를 이루실 테니 그 공덕을 어찌 헤아릴 수 있겠습니까? 대저 황실 세비世妃[16]의 존귀함으로써 능히 겸양하고 진실하고 공손한 태도로 황후의 자리를 굳게 사양했지만 신령으로 옮겨가신 이후에는 받들어 제향을 올릴 사당[17]도 없으니 이는 훌륭한 덕에 보답하고 효성과 공경심을 밝히는 방법이 아닙니다. 옛날 제도를 고찰해보면 주나라 예법에 의지하여 황제의 돌아가신 모후에게 별도로 사당을

14 이남二南: 『시경』의 「주남周南」과 「소남召南」이다. 주나라 왕실의 교화가 미친 지역의 노래로 흔히 정성正聲이라 부른다. 특히 「모시서」에서는 「주남」 앞에 실려 있는 「관저關雎」나 「갈담葛覃」 등의 시와 「소남」 앞에 실려 있는 「작소鵲巢」「채미采薇」 등의 시를 주나라 후비后妃나 부인의 덕을 노래한 것으로 해석한다.

15 강원姜嫄: '직稷' 각주 참조.

16 세비世妃: 원문은 '세사世祀'이지만 『삼국지집해』의 고증에 따르면 세비世妃가 더 타당하다.

17 제향을 올릴 사당: 원문은 '향례享禮'이지만 『삼국지집해』의 고증에 따르면 향사享祀가 더 타당하다.

건립해 드려야 마땅합니다.' 이에 모든 상주上奏를 허가했다."

태화 원년(227) 3월, 중산 위창魏昌(河北 無極 동쪽) 안성향安城鄕의 1천 호를 견일에게 추증하고 시호를 경후敬侯라 했으며 적손 견상甄像에게 봉작을 세습하게 했다.

4월, 처음으로 종묘를 짓기 위해 땅을 파다가 옥새를 얻었다. 네모꼴로 크기는 1촌寸 9푼分이었고 "天子羨思慈親(천자께서 자친을 그리워하신다)"라는 글자가 씌어 있었다. 명제는 이 때문에 얼굴 표정이 바뀌어 태뢰의 제수로 종묘에 고유제를 지냈다. 또 일찍이 모후를 꿈에 보고 나서, 외숙外叔의 친소관계와 지위의 고하에 따라 각각 차별을 두어 관직에 임용하고 상을 내렸는데 누적 통계가 수만금에 달했으며 또 견상을 호분중랑장으로 삼았다. 이달에 황후 견씨의 모친이 세상을 떠났다. 명제가 시마복緦麻服[18]을 입고 장례에 임하자 백관들이 모두 배석했다.

4년(230) 11월, 견황후의 능침이 낮고 작아서 견상에게 태위를 겸하게 하고 지절持節의 권한을 갖고 업성으로 가서 토지신에게 고유제를 올린 후 12월에 조양릉朝陽陵으로 개장했다. 견상이 돌아오자 산기상시로 승진시켰다.

청룡 2년(234) 봄, 견황후의 오빠 견엄에게 시호를 추증하여 안성향목후安城鄕穆侯라고 했다.

여름에 오나라 적병이 양주를 노략질해서 견상을 복파장군伏波將軍으로 삼

18 시마복緦麻服: 오복五服 중에서 가장 가벼운 상복으로 3개월 동안 입는다.

고 지절持節의 권한을 갖고 장수들을 감독하게 하여 동쪽 정벌에 나서게 했다. 그가 귀환하자 다시 사성교위射聲校尉로 삼았다.

청룡 3년(235), 견상이 세상을 떠나자 위장군 직을 추증하고 봉토를 위창현으로 바꿨으며 시호를 정후貞侯라 하고 아들 견창甄昌에게 봉작을 세습하게 했다. 또 견창의 아우 견온甄溫, 견위甄韡, 견염甄艶을 열후에 봉했다.

4년(236), 견일, 견엄의 본래 봉작을 바꿔 모두 위창후라고 하고 시호는 이전대로 쓰게 했다. 견엄의 아내 유씨劉氏를 동향군東鄕君에 봉하고 또 견일의 아내 장씨張氏를 안희군安喜君으로 추증했다.

경초 원년(237) 여름, 담당 관리가 칠묘七廟를 정하자고 의견을 냈다.

겨울에 또 상주문을 올렸다. "대체로 제왕이 일어날 때는 천명을 받을 뿐 아니라 성스러운 왕비가 그 신령함을 돕습니다. 그런 후에야 세상을 창성하게 하여 왕업을 이룰 수 있습니다. 옛날 고신씨高辛氏는 네 왕비의 아들이 모두 천하를 얻는다는 점괘를 얻었는데 제지帝摯, 도당陶唐(堯), 상商, 주周가 대대로 흥성했습니다.[19] 주나라 사람들은 후직을 추대하여 하늘에 배향했고, 왕실의 근원을 거슬러 올라가 서술하여 강원에서 근본을 찾았으며 이에 특별히 강원을 위한

---

19 옛날…흥성했습니다: 고신씨高辛氏는 중국 신화에서 나오는 오제五帝의 한 사람으로 『사기』 권1 「오제본기」에 따르면 황제黃帝의 증손이다. 보통 제곡帝嚳으로 불린다. 『사기』 권1 「오제본기」, 『세본』 『제왕세기帝王世紀』 등 관련 기록에 따르면 제곡의 원비元妃 강원은 주나라 시조 후직을 낳았고, 그다음 왕비 간적簡狄은 은나라 시조 설契을 낳았고, 그다음 왕비 경도慶都는 요 임금을 낳았고, 그다음 왕비 상의常儀는 제지帝摯를 낳았는데, 제지는 요 임금보다 앞서 보위에 올랐고, 요 임금이 그 뒤를 계승했다고 한다.

사당[閟宮]을 세워 대대로 제향을 받게 했습니다. 『주례』에서 말한 '이칙夷則[20]으로 연주를 시작하고, 중려中呂[21]로 노래하고, 「대호大濩」[22]로 춤을 추며 선비先妣[23]에게 제향을 올렸다'[24]라는 구절 그것입니다. 시인은 찬송하기를 '처음으로 백성을 낳으신 분은 저 강원이란 분이시네'[25]라고 했습니다. 이는 임금이 교화를 펼치는 첫 바탕과 백성이 유래한 근원을 말한 것입니다. 또 '비궁閟宮은 고요한데 튼튼하고도 빈틈없네. 혁혁한 강원이시여 그 덕에 어긋남이 없네'[26]라고 노래했습니다. 『시경』과 『주례』에서 칭송한 희종姬宗[27]의 성대함은 그 아름다움이 이와 같습니다. 우리 위대한 위나라는 하늘의 운수에 부응하여 순 임금을 계승했지만 제왕의 도를 높이고 넓힌 일은 3세 황제[28]에 이르러 더욱 융성했으니 종묘 제도의 숫자가 진실로 주나라와 같습니다. 지금 무선황후와 문덕황후는 각각 무궁한 복록을 누리십니다. 문소황후께서도 하늘의 신령한 조짐을 받아 밝으신 성상을 낳아 기르시면서 백성을 구제한 공을 세우셨고, 우주에 가득한 덕을 펼치셨습니다. 황실의 후사를 넓게 열어주셨으니 이로써 왕도의 교화가 일어나게 되었습니다. 사당을 세우고 특별히 제사를 올리는 것 또한 강원의 비궁과 같습니다. 그러나 영원히 폐지하지 말아야 할 제도라고 분명히 밝히지 않았으므로, 공을 논하고 덕에 보답하는 뜻이 만대의 세월 동안 혹시라도 훼손될까 두렵습니다. 이는 효孝를 밝혀 후대를 가르치는 방

20 이칙夷則: 고대 12율 즉 황종黃鍾, 대려大呂, 태주太簇, 협종夾鍾, 고선姑洗, 중려中呂, 유빈蕤賓, 임종林鍾, 이칙夷則, 남려南呂, 무역無射, 응종應鍾의 아홉 번째 음율에 속하는 악곡이다.

21 중려中呂: 중려仲呂로도 쓴다. 12율 중 여섯 번째 음율에 속하는 악곡이다.

22 「대호大濩」: 은나라 탕 임금 때 지었다는 무용곡이다.

23 선비先妣: 본래 돌아가신 어머니를 가리키는 말이나 여기에서는 주나라 시조 후직을 낳은 강원을 가리킨다.

24 이칙夷則으로…올렸다: 『주례』「춘관·대사악大司樂」에 나온다. "奏夷則, 歌中吕, 舞大濩, 以享先妣."

25 처음으로…분이시네: 『시경』「대아·생민生民」: "厥初生民, 时维姜嫄."

26 비궁閟宮은…없네: 『시경』「노송·비궁」: "閟宫有侐, 实实枚枚. 赫赫姜嫄, 其德不回."

27 희종姬宗: 주 왕실은 희성姬姓이고 모든 제후국의 종주국이었으므로 희종이라 한다.

28 3세 황제: 무제 조조, 문제 조비, 명제 조예를 가리킨다.

법이 아닙니다. 문소황후의 사당에 대대로 제사를 올리며 음악을 연주하는 일을 열성조의 종묘와 같게 해야 합니다. 이렇게 하여 폐지하지 말아야 할 법도를 영원히 밝히고 성스럽고 선한 풍속을 널리 펼쳐야 합니다." 이에 이 상주문과 칠묘에 관한 논의를 모두 금책金策에 새겨 금궤에 보관하게 했다.

명제는 외숙外叔을 끝없이 그리워했다. 견창은 아직 어려서 경초 말년에 사성교위로 삼고 산기상시 직을 더해줬다. 또 특별히 큰 저택을 지어주고 어가를 타고 친히 왕림했다. 또 그 후원에 견상의 모친[29]을 위해 사당을 지어주고 그 동네 이름을 위양리渭陽里[30]라 했는데 이는 모친 견씨를 그리워했기 때문이다. 가평 3년(251) 정월, 견창이 세상을 떠났다. 거기장군을 추증하고 시호를 공후恭侯라 했으며 아들 견소甄紹에게 봉작을 계승하게 했다. 태화 6년(232), 명제가 사랑하는 딸 조숙曹淑이 세상을 떠나자[31] 조숙에게 평원의공주平原懿公主라는 시호를 추증하고 사당을 세워줬다. 또 모후 견씨의 요절한 종손從孫 견황甄黃을 공주와 합장하게 하고, 견황에게 제후 봉작을 추증했다. 부인 곽씨郭氏(뒤의 곽황후)의 사촌 동생 곽덕郭德을 후사로 삼아 견씨 성을 잇게 했으며 이에 견덕을 평원후平原侯로 삼고 공주의 봉작을 세습하게 했다.° 청룡 연간에 또 모후 견씨의 사촌 오빠의 아들 견의甄毅 및 견상의 아우 세 사람을 모두 열후로 봉했다. 견의는 자주 상소문을 올려 시정을 진술했으며 관직이 월교교위에 이르렀다. 가평 연간에 또 견창의 아들 두 사람을 열후로 봉했다. 모후의 오빠 견엄의 손녀를 제왕齊王 조방曹芳의 왕후로 삼았고 왕후의 부친이 이미 세상을

29 견상의 모친: 위 명제의 외숙모다.

30 위양리渭陽里: 『시경』「진풍秦風·위양渭陽」에 진秦 강공康公이 외숙인 중이重耳(晉 文公)를 전송하는 노래가 실려 있다. "나는 외숙을 전송하러 위양渭陽까지 왔네. 무엇을 선물로 드릴까? 수레와 황마黃馬 일세我送舅氏, 曰至渭陽. 何以贈之, 路車乘黃." 따라서 '위양'이란 말은 외숙이나 외가 식구를 그리워하는 전고典故로 많이 쓰인다.

31 『송서宋書』 권17 「예지禮志」 4에 따르면, 태어난지 석 달 만에 요절했다고 한다.

떠났기 때문에 왕후의 모친을 광락향군廣樂鄕君으로 봉했다.

○ 손성이 말했다. "예禮에 따르면 여성은 봉작을 받는 법전이 없다. 하물며 요절한 갓난아이에게 큰 고을을 봉토로 줄 수 있겠는가? 곽덕 자신은 타성으로 다른 씨족을 이었는데, 공로도 없고 친척관계도 아니면서 양모의 봉작을 세습했으니 인정에 위배되고 법전에 위배됨이 여기에 이르러 매우 심해졌다. 진군이 비록 항의하고 양부楊阜가 옛일을 인용하여 비유했지만 모두 선왕의 의례를 지극하게 펼칠 수 없었고, 봉토를 주어 후사를 잇는 뜻을 분명히 밝힐 수 없었으니 충성을 다하는 말이 오히려 빠져 있음에랴! 『시경』에서는 '혁혁하다 태사 윤尹이여, 사람들이 모두 그대를 바라보네'[32]라 했다. 여기에서도 재상의 중요한 직무를 대략 알 수 있다." 『진제공찬』: "견덕甄德(즉 郭德)은 자가 언손彦孫이다. 사마경왕이 보정대신輔政大臣이었을 때 자신의 딸을 견덕의 아내로 삼게 했다. 견덕의 아내가 일찍 죽자 사마문왕이 또 자신의 딸을 견덕의 계실繼室로 삼게 했는데 바로 경조장공주京兆長公主다. 경왕과 문왕은 곽후郭后와 끈을 잇고 싶어 했기에 빈번하게 혼인을 맺은 것이다. 견덕은 비록 재주와 학문은 없었지만 공손하고, 근면하고, 겸손하고, 온순했다. 견온은 자가 중서仲舒로 곽건郭建 및 견덕 등과 모두 외척이었는데 일을 타당하게 잘 처리하여 총애를 받았다. 함희 초년에 곽건을 임위현공으로, 견덕을 광안현공廣安縣公(陝西 延長 남쪽)으로 삼았으며 호구가 모두 1800호였다. 견온은 본래 나라의 후작으로 보국대장군에 승진했고 시중侍中에 사성교위領射聲校尉를 겸직하게 했다. 견덕은 진군대장군이 되었다. 태시 원년(265), 진나라가 황제 보위를 선양을 받자 곽건, 견덕, 견온 세 사람에게 특진 지위를 더해줬다. 견덕은 사람됨이 곧고 소박한 데다 진 세조 사마염의 자형

32 혁혁하다…바라보네: 『시경』「소아·절남산節南山」: "赫赫師尹, 民具爾瞻."

姊兄이었기에 마침내 당대의 귀족이 되었다. 견덕은 말년에 다시 종정宗正으로 옮겼으며 시중으로 승진했다. 태강太康[33] 연간에 대사마 제왕 사마유司馬攸[34]가 번국藩國으로 가야 할 때 견덕과 좌장군 왕제王濟는 사마유가 보정대신으로 남도록 간청하여 당시 사람들이 그를 가상하게 여겼다. 세조 사마염은 이 때문에 견덕을 원망했고, 이런 연유로 견덕을 대홍려로 내쫓았지만 시중과 광록대부 직을 더해줬다. 얼마 후 그가 병으로 세상을 떠나자 중군대장군 직을 추증하고 개부시중開府侍中 직은 옛날처럼 유지하게 했으며 공공恭公이란 시호를 내리고 그의 아들 견희甄喜에게 봉작을 계승하게 했다. 견희는 품행이 깨끗하고 순수한 데다 모습이 아름다웠다. 중서랑, 위장군, 시중을 역임하고 지위가 보국대장군에 이르렀으며 산기상시 직이 더해졌다. 견희는 황실과 인척관계로 조왕趙王 사마륜司馬倫[35], 제왕 사마경司馬冏[36]의 변고를 거치면서 그 기회에 참여하지 않은 것은 진실로 그의 재주가 부족했기 때문이지만 또한 물러나 조용히 지냄으로써 그 변고에서 벗어날 수 있었다."

---

33 태강太康: 진晉 무제 사마염의 연호로 280년~289년에 사용되었다.

34 사마유司馬攸: 진晉 문제 사마소司馬昭의 차자이며, 진 무제 사마염의 친동생이다. 나중에 백부인 경제景帝 사마사司馬師의 양자로 들어갔다. 성격이 온화하고 총명했으며 서예에도 뛰어났다. 진나라 건국 후 제왕齊王에 봉해졌고, 조정의 여러 조직을 역임했다. 진 무제 말년에 조정 내외에서 사마유에게 보위를 선양해야 한다는 여론이 높아지자, 순욱荀勖과 풍담馮紞이 사마유를 조정 직무에서 배제해야 한다고 참소했고, 이 때문에 사마유는 울화병이 들어 36세에 피를 토하고 죽었다.(『진서晉書』 권38 「사마유전司馬攸傳」)

35 사마륜司馬倫: 진晉 선제宣帝 사마의의 아홉째 아들이고, 경제 사마사와 문제 사마소의 아우다. 서진 건국 후 조왕趙王에 봉해졌다. 여러 관직을 거쳐 태자태부에 이르렀다. 혜제의 황후 가남풍賈南風이 전횡을 일삼자, 팔왕의 난을 일으켜 가남풍을 폐출하고 조정을 장악했다. 이후 혜제를 폐위하고 황제가 되었으나 제왕 사마경司馬冏, 하간왕河間王 사마옹司馬顒, 성도왕成都王 사마영司馬穎에게 토벌되고 물러났다가 사사賜死되었다.(『진서晉書』 권59 「사마륜전司馬倫傳」)

36 사마경司馬冏: 진晉 문제 사마소의 손자이며, 제왕 사마유의 차자이고, 무제 사마염의 조카다. 조왕 사마륜을 따라 팔왕의 난에 참여했다. 그러나 사마륜이 황위를 찬탈하자 하간왕 사마옹, 성도왕 사마영과 함께 군사를 일으켜 혜제를 복위하고, 조정의 권력을 장악했다. 사치를 부리고 음행을 일삼다가 장사왕長沙王 사마예司馬乂에게 피살되었다.(『진서晉書』 권59 「사마경전司馬冏傳」)

문덕황후文德皇后 곽씨郭氏

문덕文德 곽황후郭皇后는 안평安平 광종廣宗(河北 威縣 동쪽) 사람인데 조상 대대로 장리長吏(지방의 장관)를 지냈다.[01] 곽후가 어린 시절에도 부친 곽영은 딸을 기이하게 여기며 말했다. "이 아이는 내 딸 중에서 왕이다." 마침내 딸에게 여왕女王이란 자字를 지어줬다. 일찍 양친을 여의고 난리 통에 뿔뿔이 흩어져 동제후銅鞮侯의 집에 노비 신세로 몰락했다. 태조가 위공이 되었을 때 동궁으로 들어갔다. 곽씨는 지모와 계교가 있어서 때때로 그것이 [조비에게] 받아들여졌다. 조비가 후사로 정해질 때도 곽씨가 계책을 발휘했다. 태자 조비가 위왕이 되었을 때 곽씨를 부인으로 삼았고, 황제 보위를 선양받았을 때는 귀빈으로 삼았다. 견씨가 죽은 것도 곽씨가 받은 총애 때문이었다. 황초 3년(222) 황후의 지위에 오르게 되었을 때, 문제는 곽씨를 황후로 세우려 했으나 중랑中郎 잔잠棧潛이 상소했다. "옛날에 제왕들이 천하를 다스릴 때는 밖으로 보좌 대신이 있었을 뿐 아니라 안으로도 내조자가 있었습니다. 이에 치란治亂이 여기에서 말미암고, 성쇠盛衰가 이를 뒤따릅니다. 이 때문에 서릉씨西陵氏는 딸을 황제의 짝으로 줬고,[37] 아황과 여영은 순 임금에게 내려갔습니다. 모두 어질고 밝은 자질로 상고시대에 향기를 가득 뿌렸습니다. 하나라 걸왕이 남소南巢로 도망간 것은 그 참화가 말희末喜(妹喜)에게서 기인했고,[38] 은나라 주왕이 포락炮烙 형벌을 쓴 것은 달기妲己를 기쁘게 하기 위함이었습니다.[39] 이러한 까닭에

---

37 황제의 짝으로 줬고: 『사기』 권1 「오제본기」: "황제黃帝는 서릉씨의 딸을 아내로 맞았는데 이 사람이 누조嫘祖다. 누조는 황제의 정비正妃가 되어 두 아들을 낳았다黃帝娶于西陵之女, 是爲嫘祖. 嫘祖爲黃帝正妃, 生二子."

38 걸왕이…기인했고: 『상서』 「중훼지고仲虺之告」: "은나라 탕 임금이 하나라 걸을 남소로 추방했다成湯放桀于南巢. 하나라 마지막 임금 걸왕桀王은 말희妹喜에게 빠져 무도한 정치를 자행하다가 탕 임금에 의해 남소로 추방된 사실을 가리킨다.

39 주왕이…위함이었습니다: 『사기』 권3 「은본기」: "주왕紂王은 술을 좋아하고 쾌락에 빠져 여자를 좋아했다. 특히 달기를 사랑하며 달기의 말이면 모두 따랐다. (…) 이에 주왕은 중형인 사형을 시행하며 포락炮烙 법을 시행했다帝紂好酒淫樂, 嬖于婦人, 愛妲己, 妲己之言是從. (…) 于是纣乃重刑辟, 有炮格之法." 포

성스럽고 지혜로운 군주는 원비元妃를 세울 때 반드시 전대에 명문세가를 이룬 집안에서 취했는데, 선하고 맑은 여인을 선택하여 육궁을 통솔하게 하면서 경건하게 종묘를 받들고 선조의 덕을 은근하게 가르치게 했습니다. 『주역』에 이런 구절이 있습니다. '가문의 도가 바르게 되어야 천하가 안정을 이룬다.'[40] 안으로부터 바깥으로 미침은 선왕의 훌륭한 법전입니다. 『춘추』에는 종인宗人(禮官) 흔하釁夏가 첩을 정실부인으로 삼는 예법은 없다고 말하는 내용이 기록되어 있고,[41] 제 환공은 규구葵丘(河南 民權 동북) 회맹에서 맹세하며 '첩을 처로 삼지 말라'라고 말했습니다.[42] 지금 후궁 중에서 총애를 받는 사람은 늘 그 지위가 황상에 버금갑니다. 만약 총애 덕분에 황후의 지위에 오른다면 천민이 갑자기 귀인이 되는 격이니 신은 후세에 낮은 곳이 높은 구릉이 되고 윗사람이 아래로 떨어지는 등 무도한 일이 펼쳐져 난리가 위로부터 일어날까 두렵습니다." 문제는 그의 말에 따르지 않고 마침내 [곽씨를] 황후로 책봉했다.○2)

○1) 『위서』: "〔곽후의〕 부친 곽영郭永는 벼슬이 남군 태수에 이르렀고 시호는 경후敬侯다. 모친의 성은 동씨董氏이며 바로 당양군堂陽君으로 3남 2녀를 낳았다. 장남은 곽부郭浮로 고당高唐 현령이고, 그다음 딸은 곽욱郭昱, 그다음이 곽황후이고, 황후의 남동생은 곽도郭都와 곽성郭成이다. 황후는 한나

락炮烙은 타오르는 불 위에 기름을 칠한 쇠기둥을 걸쳐놓고 사형수로 하여금 그 위를 지나가게 하는 잔혹한 형벌이다.

40 가문의…이룬다: 『주역』 「가인괘·단전」: "家道正而天下定." 『주역』 원본에는 "家道正, 正家而天下定矣"로 되어 있다.

41 흔하釁夏가…있고: 『좌전』 애공 24년: "노나라 공자 형荊의 모친이 [노 애공의] 총애를 받았는데, [노 애공이 그녀를] 장차 부인으로 삼으려 했다. 이에 종인 흔하로 하여금 예물을 올리라고 했다. 흔하가 대답했다. '그런 예법은 없습니다.'公子荊之母嬖, 將以爲夫人. 使宗人釁夏獻其禮, 對曰, '無之.'"

42 제 환공은…말라: 『맹자』 「고자」 하: "규구에서 제후들과 회맹할 때는 희생을 묶어놓고 그 위에 맹약문을 올려놓고 삽혈은 하지 않았다. 첫째 조항에서 '불효한 자를 죽이고, 세자를 바꾸지 말고, 첩을 처로 삼지 말라'라고 했다葵丘之會諸侯, 束牲載書而不歃血. 初命曰, '誅不孝, 無易樹子, 無以妾爲妻.'"

라 중평 원년(184) 3월 을묘일乙卯日(초10일)에 태어났고, 태어나면서 기이한 조짐이 있었다."

○2) 『위서』: "곽씨가 표문을 올려 사양했다. '신첩에게는 아황과 여영처럼 규수의 물굽이로 내려가는 절개도 없고, 또 태강太姜과 태임太任[43]와 같은 거룩한 윤리도 없으므로 진실로 여군女君(황후)의 성대한 지위를 채울 수 없고, 주방의 막중한 임무를 담당할 수 없습니다.' 곽씨는 동궁에 있을 때부터 존귀한 황후의 자리에 오를 때까지 비록 특별한 총애를 받았지만 마음을 더욱 공손하고 엄숙하게 가지고 영수궁永壽宮(황태후)을 봉양하여 효도로써 이름이 났다. 당시에 시귀인柴貴人도 총애를 받자 황후 곽씨는 가르침을 베풀며 장려하고 이끌어주었다. 후궁 귀인들이 때때로 잘못을 저지르면 늘 덮어주려 했고, 질책을 당하면 바로 황제에게 사건의 본말을 이야기했다. 황제가 더러 분노하면 후궁들을 위해 머리를 조아리며 죄를 청했다. 이러한 까닭에 육궁에 원망이 없었다. 성품이 검약하고 음악을 좋아하지 않았으며 항상 한나라 명덕황후明德皇后 마씨馬氏의 사람됨을 흠모했다."[44]

곽 황후는 어려서 형제를 잃어 사촌 오빠 곽표郭表를 부친 곽영郭永의 후사로 삼았고, 그를 봉거도위에 임명했다. 황후의 외가 친척 유비劉斐가 다른 제후국 여자와 혼인을 하려 하자 황후는 이 소식을 듣고 이렇게 명령했다. "친척들이 딸을 시집보내고 아내를 맞을 때는 같은 고을의 가문이 비슷한 사람과 해

---

43 태강太姜과 태임太任: 태강은 주나라 태왕太王 고공단보古公亶父의 부인이며, 태임은 고공단보의 아들 왕계王季의 부인이다. 이 두 사람과 문왕의 부인 태사太姒를 합쳐서 주나라 삼모三母라고 하며 현모양처로 유명하다.(『사기』 권4 「주본기」)

44 명덕황후明德皇后…흠모했다: 『후한서』 권10 「황후기皇后紀」: "명덕 마황후는 이름이 전해오지 않는다. 복파장군 마원馬援의 막내딸이다. (…) 이로부터 태자궁으로 뽑혀 들어갔는데 나이가 열셋이었다. 음황후陰皇后를 시봉하며 같은 품계의 후궁과 곁에서 마주칠 때도 예의를 잘 갖추어 상하가 편안했다. 마침내 특별한 총애를 입어 항상 후당에 거주했다明德馬皇后諱某, 伏波將軍援之小女也. (…) 由是選后入太子宮. 時年十三. 奉承陰后, 傍接同列, 禮則修備, 上下安之. 遂見寵異, 常居后堂."

야지 강한 세력을 빌미로 다른 지방 사람과 혼인을 해서는 안 된다." 황후의 언니 아들 맹무孟武가 향리로 돌아와 어린 첩을 구하려 하자 황후가 제지했다. 마침내 친척들에게 명령을 내렸다. "지금 세상은 여성의 숫자가 적기 때문에 장졸들에게 짝을 지어줘야지 인연이 된다고 첩을 들여서는 안 된다. 각자 신중하게 행동하여 죄수가 되지 말아야 한다."○

○『위서』: "곽 황후는 늘 곽표와 맹무 등을 경계하며 말했다. '한나라 외척들은 스스로 온전하게 가문을 보전한 자가 드물다. 이는 모두 교만하고 사치했기 때문이다. 삼가지 않을 수 있겠느냐?'"

황초 5년(224), 문제가 동쪽으로 정벌을 나가자 황후 곽씨는 허창의 영시대永始臺[45]에 머물렀다. 당시에 장맛비가 100여 일이나 내려서 성루가 많이 무너졌고 이에 담당 관리가 거처를 옮기라고 주청했다. 황후가 말했다. "옛날 초나라 소왕昭王이 순행을 나가고 나서 정강貞姜[46]이 점대漸臺에 남아 있었는데, 불어난 강물이 밀려왔소. 소왕의 사자가 맞아오려고 했으나 부절이 없었소.[47] 이에 떠나지 않고 있다가 마침내 물에 빠져 죽었소. 지금 황제께서 원정을 나가셨는데 나는 다행히 아직 이런 우환은 없소. 그러니 즉시 거처를 옮기는 일이 어찌 가능하겠소?" 신료들이 감히 대답할 수 없었다.

6년(225), 문제가 동쪽으로 오나라를 정벌하기 위해 광릉廣陵(江蘇 揚州)으로 갔고 황후는 초궁譙宮에 머물러 있었다. 이때 곽표가 그곳에 남아 황후를 호위

45 영시대永始臺: 문제 조비가 곽 황후를 위해 허창에 건립한 궁전이다.

46 정강貞姜: 『열녀전列女傳』에 따르면 정강은 본래 제나라 군주의 딸로 초 소왕에게 출가했다.

47 부절이 없었소: 본래 군주의 명령을 집행하기 위해서는 부절符節을 지참해야 하는데 당시에 사자가 급하게 정강을 구출하러 가느라 부절을 잊어버리고 그냥 갔다. 이 때문에 정강이 사자의 구조 요청을 거절하고 거처에서 움직이지 않다가 익사한 것이다.

하다가 물을 막고 고기를 잡으려 했다. 황후가 말했다. "강물은 조운漕運을 위해 흐름을 잘 통하게 해야 하오. 또 목재도 부족하고 노예들도 눈에 띄지 않는데 사사롭게 관청의 목재를 가져다 제방을 쌓아 물을 막다니, 지금 봉거도위에게 부족한 것이 어떻게 물고기란 말이오?"

명제가 즉위하고 곽 황후를 높여 황태후라 하고 거처를 영안궁永安宮이라 불렀다. 태화 4년(230), 조서를 내려 곽표를 안양정후에 봉했다가 다시 향후鄉侯로 높였으며 식읍을 앞서 받은 것과 합쳐서 500호로 늘렸고 중루장군으로 승진시켰다. 또 곽표의 아들 곽상郭詳을 기도위로 삼았다. 그해에 명제는 태후의 부친 곽영에게 안양향경후安陽鄉敬侯라는 시호를 추증했고 모친 동씨董氏는 도향군都鄉君으로 봉했다. 또 곽표를 소덕장군昭德將軍으로 높이고 금자광록대부金紫光祿大夫를 더해주었으며 지위는 특진에 이르게 했고, 곽표의 둘째아들 곽훈郭訓을 기도위로 삼았다. 맹무의 모친이 죽자 후하게 장사 지내고 사당을 세워주려 했다. 태후가 만류하며 말했다. "난리가 일어난 이래 분묘가 도굴되지 않은 것이 없는데 이는 모두 후장厚葬 때문이오. [간소한] 수양릉首陽陵(문제의 황릉)을 법도로 삼을 만하오."

청룡 3년(235) 봄, 곽 황후가 허창에서 세상을 떠나 문제가 정한 장례 절차에 따라 능침을 조성했다. 3년 경인일庚寅日(11일), 수양릉 서쪽에 안장했다.○ 명제가 곽표의 봉작을 관진후觀津侯(河北 武邑 觀津村)로 높이고 식읍 500호를 늘려서 앞의 식읍과 함께 모두 1000호가 되었다. 곽상을 부마도위로 높였다.

○ 『위략』: "명제는 보위를 계승한 후 모후 견씨의 죽음을 추모하며 애통해했기에 곽 태후가 근심으로 갑자기 세상을 떠났다. 견씨가 세상을 떠날 때 문제

는 이李 부인에게 수습을 부탁했다. 곽 태후가 세상을 떠나자 이 부인이 견씨가 참소를 당해서 화를 당했고 염습殮襲도 잘하지 못해 흐트러진 머리카락이 얼굴을 덮었다고 말했다. 명제는 한이 맺혀 눈물을 흘리며 흐느꼈다. 그리고 어명을 내려 곽 태후를 장사 지낼 때 모든 절차를 모후 견씨의 사례와 같이 하라고 했다." 『한진춘추』: "당초에 견씨가 주살당한 것은 곽후가 받은 총애 때문이었다. 염을 할 때 머리를 풀어 얼굴을 덮게 했으며 쌀겨로 입을 채우게 했다. 마침내 곽후를 황후로 세워 명제를 기르게 했다. 명제는 그 사실을 알고 마음속으로 늘 울분을 품고 자주 울면서 모후 견씨가 죽을 때의 상황을 물었다. 곽후가 말했다. '선제께서 직접 사사하셨는데 어찌하여 나를 책망하는 것이오? 또 사람의 아들이 되어 죽은 부친에게 복수하고, 앞의 어미를 위해 뒤의 어미를 억울하게 죽이려는 것이오?' 명제는 분노하여 마침내 곽후를 핍박하여 죽였다. 또 염을 하는 사람에게 어명을 내려 모후 견씨의 사례와 같이 하라고 했다." 『위서』에 「애책哀策」이 실려 있다. "청룡 3년(235) 3월 임신일壬申日, 황태후의 재궁梓宮[48]을 빈전에서 옮겨 수양릉 서쪽에 안장하려 합니다. 아들인 황제 예叡는 애책을 받들고 선조들께 제사를 올리며 마침내 직접 장례를 주관합니다. 가슴을 치며 발을 구르고 울부짖으며 하늘에 호소합니다. 영혼이 떠나가심을 애통해하고, 영구 수레가 향하는 길을 슬퍼합니다. 삼광三光[49]을 등져 어둠 속에 잠기시고, 황천으로 나아가 안장을 기다립니다. 아아 슬픕니다! 옛날 아황과 여영이 순 임금의 왕비가 되자 제왕의 도가 밝게 드러났고, 태강, 태임, 태사가 주나라에 시집가자 성스럽고 선한 다스림이 더욱더 빛났습니다. 많은 복을 받으시어 국운을 누림이 길고 길었습니다. 슬프고 슬프도다, 자애로운 어머니시여, 규방에서 교화

48 재궁梓宮: 황제, 황후, 왕, 왕후 또는 중신重臣의 시신을 안치한 관棺이다. 이들의 관을 흔히 재목梓木(가래나무)으로 만들었기에 '재궁梓宮'이라고 한다.

49 삼광三光: 해, 달, 별의 빛이다. 이승의 밝음을 비유한다.

를 일으키시고 용처럼 황궁으로 날아오시어 성스러운 황상의 짝이 되셨습니다. 불행하게도 중년에 이르러 갑자기 재앙을 만났습니다. 슬프게도 이 못난 자식은 외롭게 쓸쓸히 애통해합니다. 영혼이 이렇게 길이 떠나시니 아침저녁 문안 인사를 어떻게 바랄 수 있겠습니까? 아아 슬픕니다!"

청룡 4년(236), 곽영의 봉작을 바꿔 관진경후觀津敬侯로 추존하고 그의 처 동씨를 당양군堂陽君으로 봉했다. 곽후의 오빠 곽부郭浮에게 양리정대후梁里亭戴侯라는 시호를, 곽도에게 무성정효후武城亭孝侯라는 시호를, 곽성에게 신락정정후新樂亭定侯라는 시호를 추증하고, 모두 사자를 시켜 책문을 받들고 가서 태뢰로 제사를 올리게 했다. 곽표가 세상을 떠나자 아들 곽상이 봉작을 세습했고, 또 곽표의 봉작을 나눠서 곽상의 아우 곽술郭述을 열후로 봉했다. 곽상이 세상을 떠나자 아들 곽쇠郭釗가 봉작을 세습했다.

명도황후明悼皇后 모씨毛氏

명도明悼 모황후毛皇后는 하내河內(河南 武陟 서쪽) 사람이다. 황초 연간에 동궁으로 뽑혀 들어갔다. 명제는 당시에 평원왕平原王이었는데 모씨가 시봉하며 총애를 받아 출입할 때 함께 수레를 탔다. 명제가 황제로 즉위하고 나서 모씨를 귀빈으로 삼았다. 태화 원년(227) 황후로 책봉되었다. 모 황후의 부친 모가毛嘉를 기도위로 임명했고, 황후의 동생 모증毛曾은 낭중으로 삼았다.

당초에 명제가 평원왕이었을 때 처음으로 하내우씨河內虞氏를 맞아들여 왕비로 삼았다. 명제가 즉위했지만 우씨가 황후로 책봉되지 못하자 태황태후 변씨가 위로하며 권면했다. 우씨가 말했다. "조씨는 비천한 사람을 황후로 세우기 좋아하니 대의에 맞게 황후를 천거할 수 없을 것입니다. 그러나 황후는 황실 내부의 일을 맡고 황제는 바깥 정사를 담당하는데 그 도道는 서로 의지하며 이루어집니다. 만약 선善으로 시작하지 않으면, 좋은 결말을 맺을 수 없습니다. 아마도 틀림없이 이 때문에 나라가 망하고 제사가 끊길 것입니다." 우씨는 마침내 폐출되어 업궁鄴宮으로 돌아갔다. 명제는 모가를 봉거도위로, 모증을 기도위로 높이고 은총을 융숭하게 베풀었다. 얼마 지나지 않아 모가를 박평향후博平鄉侯(山東 茌平 서북)에 봉하고 광록대부로 높였으며 모증을 부마도위로 높였다. 모가는 본래 전우도위典虞都尉에 소속된 수레 수리공이었는데 갑자기 부귀를 누리게 되었다. 명제는 조정 신료들로 하여금 모가의 집에 모여 주연을 베풀게 했는데 모가의 행동거지가 매우 멍청했고 말을 할 때마다 스스로 '후신侯臣'[50]이라고 하여 당시 사람들이 웃음거리로 삼았다.° 뒤에 또 모가에게 특진의 지위를 더해줬고 모증을 산기시랑으로 높였다. 청룡 3년(235) 모가가 세상을 떠나자 광록대부로 추증하고 안국후安國侯에 봉했으며 식읍 500호를 더해서 앞서 식읍과 함께 1000호가 되게 하고 시호를 절후節侯라 했다. 청룡 4년(236) 황후 모씨의 모친 하씨夏氏를 추증하여 야왕군野王君(河南 沁陽)으로 봉했다.

° 손성이 말했다. "옛날의 제왕은 반드시 선하고 깨끗한 행실을 가진 여인을 구하여 지극한 덕을 선양했다. 「관저關雎」[51] 편에서는 왕의 교화를 넓혔고, 「인지麟趾」[52] 편에서는 순수한 풍속을 펼쳤다. 삼대의 말세[53]에 이르러 모두

---

50 후신侯臣: 자신이 제후로서 신하라는 것을 내세우는 뜻이거나 자신이 제후의 신하라는 뜻이므로 둘다 적절하지 못한 표현이다.

51 「관저關雎」: 『시경』 「주남」의 첫 번째 시다. 「모시서」에서 "후비의 덕이며 풍風의 시작이다. 천하를 교화하고 부부를 바로잡는 방법이다后妃之德也, 風之始也, 所以風天下而正夫婦也"라고 했다. 여기에서 후비后妃는 주 문왕의 왕비 태사를 가리킨다.

52 「인지麟趾」: 『시경』 「주남」의 마지막 시 「인지지麟之趾」를 가리킨다. 주희朱熹는 『시집전詩集传』에서 "「관저」에 호응하여 이 시를 지었다. (…) 문왕과 후비가 자신의 몸에 덕을 닦으니, 자손과 종족이 모두 선으로 교화되었다序以矣雎之应得之, (…) 文王后妃德修于身, 而子孙宗族皆化于善"라고 해설했다.

53 삼대의 말세: 원문은 삼계三季다. 하나라 걸왕, 은나라 주왕, 주나라 유왕幽王 때를 가리킨다.

> 혼란이 단서를 열어 대의가 정情 때문에 침몰했으며, 지위가 총애 때문에 혼란해졌다. 이에 귀천이 불분명해졌고, 상하의 질서가 뒤죽박죽이 됐으니 나라의 흥망성쇠가 모두 여기에서 말미암는 것이다. 위나라는 무왕武王(曹操) 때부터 열조烈祖(명제)에 이르기까지 세 황후를 책봉함이 비천한 데서 비롯되었다. 본래 낮은 신분이니 어찌 오래갈 수 있겠는가? 『시경』에서 '가는 갈포 굵은 갈포 입고 있으니 바람에 몸이 차갑네'54라고 한 것은 이런 일을 말하는 것일 터이다."

명제가 이후 곽후郭后를 총애하면서부터 모毛 황후에 대한 총애는 나날이 줄어들었다. 경초 원년(237), 명제는 후원으로 놀러 나가서 재인才人 이상의 후궁들을 불러 궁중 잔치를 벌이고 지극히 즐겁게 놀았다. 곽후가 말했다. "황후를 맞아오셔야 합니다." 명제가 허락하지 않았다. 그리고 좌우 사람들에게 이 일을 발설하지 말라고 했다. 모 황후가 이 일을 알고 나서 다음 날 명제가 모 황후를 만나자 모 황후가 말했다. "어제 북원北園에서 잔치를 여셨다던데 즐거우셨습니까?" 문제는 좌우 사람들이 발설했다고 10여 명을 죽였다. 이후 모 황후를 사사했지만 오히려 시호를 더해주고 민릉愍陵에 안장했다. 모증을 산기상시로 높였다가 나중에 우림호분중랑장羽林虎賁中郎將과 원무전농原武典農으로 옮겼다.

54 가는 갈포…차갑네: 『시경』「패풍邶風·녹의綠衣」: "絺兮綌兮, 淒其以風." '치絺'는 고운 갈포이고, '격綌'은 굵은 갈포다. 모두 여름에 입는 옷이므로 털옷을 입어야 할 겨울에 갈포 옷을 입으면 찬 바람을 막지 못한다는 뜻이다. 서로 신분이 맞지 않는 혼인을 비유한다.

명원황후明元皇后 곽씨郭氏

명원明元 곽황후郭皇后는 서평西平(青海 西寧) 사람으로 대대로 하서河西의 명문대가였다. 황초 연간에 서평군이 반란을 일으켰을 때 마침내 적몰되어 입궁했다. 명제가 즉위한 후 깊은 총애를 받아 부인夫人으로 봉해졌다. 숙부 곽립郭立은 기도위가 되었고, 숙부 곽지郭芝는 호분중랑장이 되었다. 명제의 병이 위중해지자 마침내 황후로 책봉되었다. 제왕 조방이 즉위한 후 곽후를 황태후로 높이고 거처를 영녕궁永寧宮이라 칭했다. 황태후의 부친 곽만郭滿에게 시호를 추증하여 서도정후西都定侯라 하고 곽립의 아들 곽건郭建에게 그 봉작을 잇게 했다. 또 태후의 모친 두씨杜氏를 합양군郃陽君으로 봉했다. 곽지를 산기상시와 장수교위로 올리고,○1) 곽립을 선덕장군宣德將軍으로 삼아 모두 열후로 봉했다. 곽건의 형 곽덕은 가문에서 나가 견씨의 양자가 되었다. 견덕 및 곽건은 모두 진호장군이 되어 열후에 봉해졌으며 궁궐 숙위宿衛를 관장했다. 세 황제가 유약하여 보정대신이 정사를 총괄했는데, 황제를 폐위하고 세우는 국가 대사는 모두 먼저 황태후에게 자문을 구한 후에 시행했다. 관구검과 종회 등이 반란을 일으켰을 때도 모두 황태후의 명령을 빌리는 것을 구실로 삼았다. 경원 4년(263) 12월에 세상을 떠났고 5년(264) 2월에 명제의 능인 고평릉高平陵 서쪽에 안장했다.○2)

○1) 『위략』: "여러 곽씨 중에서 곽지가 가장 강직했는데 앞서 다른 공을 세워 제후에 봉해졌다."

○2 『진제공찬』: "곽건은 자가 숙시叔始로 도량이 크고 문기를 좋아했다. 태시 연간에 병으로 세상을 떠나서 아들 곽하郭嘏가 봉작을 세습했고 급사중이 되었다."

논평하여 말한다. 위나라 후비의 가문은 비록 부귀했지만 쇠미한 시대의 한나라 외척들이 기회에 편승·할거하고 조정을 재단한 것 같은 일은 아직 일어나지 않았다. 옛일을 거울삼아 잘못된 전철을 바꾼 일이 여기에서 아름답게 되었다. 진군의 의견과 잔잠의 논의를 회고해보면 백세 제왕의 규범으로 삼아 후세에까지 법도를 드리워줄 만하다.

원문

上『三國志注』表

臣松之言, 臣聞智周則萬理自賓, 鑑遠則物無遺照. 雖盡性窮微, 深不可識, 至於緖餘所寄, 則必接乎粗跡. 是以體備之量, 猶曰好察邇言. 畜德之厚, 在於多識往行. 伏惟陛下道該淵極, 神超妙物, 暉光日新, 郁哉彌盛. 雖一貫墳典, 怡心玄賾, 猶復降懷近代, 博觀興廢. 將以總括前蹤, 貽誨來世.

臣前被詔, 使采三國異同以注陳壽國志. 壽書銓叙可觀, 事多審正. 誠游覽之苑囿, 近世之嘉史. 然失在於略, 時有所脫漏. 臣奉旨尋詳, 務在周悉. 上搜舊聞, 傍摭遺逸. 按三國雖歷年不遠, 而事關漢·晉. 首尾所涉, 出入百載. 註記紛錯, 每多舛互. 其壽所不載, 事宜存錄者, 則罔不畢取以補其闕. 或同說一事而辭有乖雜, 或出事本異, 疑不能判, 幷皆抄內以備異聞. 若乃紕繆顯然, 言不附理, 則隨違矯正以懲其妄. 其時事當否及壽之小失, 頗以愚意有所論辯. 自就撰集, 已垂期月. 寫校始訖, 謹封上呈.

竊惟繢事以衆色成文, 蜜蜂以兼採爲味, 故能使絢素有章, 甘逾本質. 臣寔頑乏, 顧慚二物. 雖自罄勵, 分絕藻繢, 旣謝淮南食時之敏, 又微狂簡斐然之作. 淹留無成, 祇穢翰墨, 不足以上酬聖旨, 少塞愆責. 愧懼之深, 若墜淵谷. 謹拜表以聞, 隨用流汗. 臣松之誠惶誠恐頓首頓首死罪謹言.

元嘉六年七月二十四日

中書侍郎, 西鄉侯, 臣裴松之上.

卷一
魏志一

武帝紀

太祖 武皇帝 曹操

太祖武皇帝, 沛國譙人也, 姓曹, 諱操, 字孟德, 漢相國參之後.○

○『曹瞞傳』曰, "太祖一名吉利, 小字阿瞞." 王沈『魏書』曰, "其先出於黃帝. 當高陽世, 陸終之子曰安, 是爲曹姓. 周武王克殷, 存先世之後, 封曹俠於邾. 春秋之世, 與於盟會, 逮至戰國, 爲楚所滅. 子孫分流, 或家於沛. 漢高祖之起, 曹參以功封平陽侯, 世襲爵土, 絕而復紹, 至今適嗣國於容城."

桓帝世, 曹騰爲中常侍大長秋, 封費亭侯.○

○ 司馬彪『續漢書』曰, "騰父節, 字元偉, 素以仁厚稱. 鄰人有亡豕者, 與節豕相類, 詣門認之, 節不與爭. 後所亡豕自還其家, 豕主人大慚, 送所認豕, 並辭謝節, 節笑而受之. 由是鄉黨貴歎焉. 長子伯興, 次子仲興, 次子叔興. 騰字季興, 少除黃門從官. 永寧元年, 鄧太后詔黃門令選中黃門從官年少溫謹者配皇太子書, 騰應其選. 太子特親愛騰, 飮食賞賜與衆有異. 順帝卽位, 爲小黃門, 遷至中常侍大長秋. 在省闥三十餘年, 歷事四帝, 未嘗有過. 好進達賢能, 終無所毀傷. 其所稱薦, 若陳留虞放·邊韶·南陽延固·張溫·弘農張奐·潁川堂谿典等, 皆致位公卿, 而不伐其善. 蜀郡太守因計吏修敬於騰, 益州刺史种暠於函谷關搜得其箋, 上太守, 並奏騰內臣外交, 所不當爲, 請免官治罪. 帝曰, '箋自外來, 騰書不出, 非其罪也.' 乃寢嵩奏. 騰不以介意, 常稱歎嵩, 以爲嵩得事上之節. 嵩後爲司徒, 語人曰, '今日爲公, 乃曹常侍恩也.' 騰之行事, 皆此類也. 桓帝卽位, 以騰先帝舊臣, 忠孝彰著, 封費亭侯, 加位特進. 太和三年, 追尊騰曰高皇帝."

養子嵩嗣, 官至太尉, 莫能審其生出本末.○ 嵩生太祖.

○『續漢書』曰, "嵩字巨高. 質性敦慎, 所在忠孝. 爲司隸校尉, 靈帝擢拜大司農·大鴻臚, 代崔烈爲太尉. 黃初元年, 追尊嵩曰太皇帝. 吳人作『曹瞞傳』及郭頒『世語』並云, 嵩, 夏侯氏之子, 夏侯惇之叔父. 太祖於惇爲從父兄弟."

太祖少機警, 有權數, 而任俠放蕩, 不治行業, 故世人未之奇也.○

○『曹瞞傳』云, "太祖少好飛鷹走狗, 游蕩無度, 其叔父數言之於嵩. 太祖患之, 後逢叔父於路, 乃陽敗面喎口, 叔父怪而問其故. 太祖曰, '卒中惡風.' 叔父以告嵩. 嵩驚愕, 呼太祖, 太祖口貌如故. 嵩問曰, '叔父言汝中風, 已差乎?' 太祖曰, '初不中風, 但失愛於叔父, 故見罔耳.' 嵩乃疑焉. 自後叔父有所告, 嵩終不復信, 太祖於是益得肆意矣."

惟梁國橋玄·南陽何顒異焉. 玄謂太祖曰, '天下將亂, 非命世之才不能濟也, 能安之者, 其在君乎!'○

○『魏書』曰, "太尉橋玄, 世名知人, 睹太祖而異之, 曰, '吾見天下名士多矣, 未有若君者也. 君善自持. 吾老矣, 願以妻子爲託.' 由是聲名益重." 『續漢書』曰, "玄字公祖, 嚴明有才略, 長於人物." 張璠『漢紀』曰, "玄歷位中外, 以剛斷稱, 謙儉下士, 不以王爵私親. 光和中爲太尉, 以久病策罷, 拜太中大夫, 卒, 家貧乏産業, 柩無所殯. 當世以此稱爲名臣." 『世語』曰, "玄謂太祖曰, '君未有名, 可交許子將.' 太祖乃造子將, 子將納焉, 由是知名." 孫盛『異同雜語』云, "太祖嘗私入中常侍張讓室, 讓覺之. 乃舞手戟於庭, 踰垣而出. 才武絶人, 莫之能害. 博覽群書, 特好兵法, 抄集諸家兵法, 名曰接要, 又注『孫武』十三篇, 皆傳於世. 嘗問許子將, '我何如人?' 子將不答. 固問之, 子將曰, '子治世之能臣, 亂世之奸雄.' 太祖大笑."

年二十, 擧孝廉爲郞, 除洛陽北部尉, 遷頓丘令,○1) 徵拜議郞.○2)

○1)『曹瞞傳』曰, "太祖初入尉廨, 繕治四門. 造五色棒, 縣門左右各十餘枚, 有犯禁者, 不避豪強, 皆棒殺之. 後數月, 靈帝愛幸小黃門蹇碩叔父夜行, 卽殺之. 京師斂跡, 莫敢犯者. 近習寵臣咸疾之, 然不能傷, 於是共稱薦之, 故遷爲頓丘令."

○2)『魏書』曰, "太祖從妹夫濦彊侯宋奇被誅, 從坐免官. 後以能明古學, 復徵拜議郞. 先是大將軍竇武·太傅陳蕃謀誅閹官, 反爲所害. 太祖上書陳武等正直而見陷害, 姦邪盈朝, 善人壅塞, 其言甚切, 靈帝不能用. 是後詔書敕三府, 擧奏州縣政理無效, 民爲作謠言者免罷之. 三公傾邪, 皆希世見用, 貨賂並行, 強者爲怨, 不見擧奏, 弱者守道, 多被陷毀. 太祖疾之. 是歲以災異博問得失, 因此復上書切諫, 說三公所擧奏專回避貴戚之意. 奏上, 天子感悟, 以示三府責讓之, 諸以謠言徵者皆拜議郞. 是後政教日亂, 豪猾益熾, 多所摧毀. 太祖知不可匡正, 遂不復獻言."

光和末, 黃巾起. 拜騎都尉, 討潁川賊. 遷爲濟南相, 國有十餘縣, 長吏多阿附貴戚, 贓汙狼藉, 於是奏免其八, 禁斷淫祀, 姦宄逃竄, 郡界肅然.○1) 久之, 徵還爲東郡太守, 不就, 稱疾歸鄕里.○2)

○1)『魏書』曰, "長吏受取貪饕, 依倚貴勢, 歷前相不見擧. 聞太祖至, 咸皆擧免, 小大震怖, 姦宄遁逃, 竄入他郡. 政教大行, 一郡清平. 初, 城陽景王劉章以有功於漢, 故其國爲立祠, 青州諸郡轉相仿效, 濟南尤盛, 至六百餘祠. 賈人或假二千石輿服導從作倡樂, 奢侈日甚, 民坐貧窮, 歷世長吏無敢禁絕者. 太祖到, 皆毀壞祠屋, 止絕官吏民不得祠祀. 及至秉政, 遂除姦邪鬼神之事, 世之淫祀由此遂絕."

○2)『魏書』曰, "於是權臣專朝, 貴戚橫恣. 太祖不能違道取容. 數數干忤, 恐爲家禍, 遂乞留宿衛. 拜議郞, 常託疾病, 輒告歸鄕里. 築室城外, 春夏習讀書傳, 秋冬弋獵, 以自娛樂."

頃之, 冀州刺史王芬·南陽許攸·沛國周旌等連結豪傑, 謀廢靈帝, 立合肥侯, 以告太祖, 太祖拒之. 芬等遂敗.○

○ 司馬彪『九州春秋』曰, "於是陳蕃子逸與術士平原襄楷會于芬坐, 楷曰, '天文不利宦者,黃門·常侍眞族滅矣.' 逸喜. 芬曰, '若然者, 芬願驅除.' 於是與攸等結謀. 靈帝欲北巡河間舊宅, 芬等謀因此作難, 上書言黑山賊攻劫郡縣, 求得起兵. 會北方有赤氣, 東西竟天, 太史上言'當有陰謀, 不宜北行.' 帝乃止. 敕芬罷兵, 俄而徵之. 芬懼, 自殺." 『魏書』載太祖拒芬辭曰, "夫廢立之事, 天下之至不祥也. 古人有權成敗·計輕重而行之者, 伊尹·霍光是也. 伊尹懷至忠之誠, 據宰臣之勢, 處官司之上, 故進退廢置, 計從事立. 及至霍光受託國之任, 藉宗臣之位, 內因太后秉政之重, 外有群卿同欲之勢, 昌邑卽位日淺, 未有貴寵, 朝乏讜臣, 議出密近, 故計行如轉圜, 事成如摧朽. 今諸君徒見曩者之易, 未睹當今之難. 諸君自度, 結衆連黨, 何若七國? 合肥之貴, 孰若吳·楚? 而造作非常, 欲望必克, 不亦危乎?"

金城邊章·韓遂殺刺史郡守以叛, 衆十餘萬, 天下騷動. 徵太祖爲典軍校尉. 會靈帝崩, 太子卽位, 太后臨朝. 大將軍何進與袁紹謀誅宦官, 太后不聽. 進乃召董卓, 欲以脅太后.[○1] 卓未至而進見殺. 卓到, 廢帝爲弘農王而立獻帝, 京都大亂. 卓表太祖爲驍騎校尉, 欲與計事. 太祖乃變易姓名, 間行東歸.[○2]

○1) 『魏書』曰, "太祖聞而笑之曰, '閹豎之官, 古今宜有, 但世主不當假之權寵, 使至于此. 旣治其罪, 當誅元惡, 一獄吏足矣, 何必紛紛召外將乎? 欲盡誅之, 事必宣露, 吾見其敗也.'"

○2) 『魏書』曰, "太祖以卓終必覆敗, 遂不就拜, 逃歸鄕里. 從數騎過故人成皋呂伯奢. 伯奢不在, 其子與賓客共劫太祖, 取馬及物, 太祖手刃擊殺數人." 『世語』曰, "太祖過伯奢. 伯奢出行, 五子皆在, 備賓主禮. 太祖自以背卓命, 疑其圖己, 手劒夜殺八人而去." 孫盛『雜記』曰, "太祖聞其食器聲, 以爲圖己, 遂夜殺之. 旣而悽愴曰, '寧我負人, 毋人負我!' 遂行."

出關, 過中牟, 爲亭長所疑, 執詣縣, 邑中或竊識之, 爲請得解.[○1] 卓遂殺太后及弘農王. 太祖至陳留, 散家財, 合義兵, 將以誅卓. 冬十二月, 始起兵於己吾.[○2] 是歲中平六年也.

○1) 『世語』曰, "中牟疑是亡人, 見拘于縣. 時掾亦已被卓書, 唯功曹心知是太祖. 以世方亂, 不宜拘天下雄俊, 因白令釋之."

○2) 『世語』曰, "陳留孝廉衛玆以家財資太祖, 使起兵, 衆有五千人."

初平元年春正月, 後將軍袁術·冀州牧韓馥·[○1] 豫州刺史孔伷·[○2] 兗州刺史劉岱·[○3] 河內太守王匡·[○4] 勃海太守袁紹·陳留太守張邈·東郡太守橋瑁·[○5] 山陽太守袁遺·[○6] 濟北相鮑信[○7]同時俱起兵, 衆各數萬, 推紹爲盟主. 太祖行奮武將軍.

○1) 『英雄記』曰, "馥字文節, 潁川人. 爲御史中丞. 董卓擧为冀州牧. 于時冀州民人殷盛, 兵糧優足. 袁紹之在勃海, 馥恐其興兵, 遣數部從事守之, 不得動搖. 東郡太守橋瑁詐作京師三公移書與州郡, 陳卓罪惡, 云, '見逼迫, 無以自救, 企望義兵, 解國患難.' 馥得移, 請諸從事問曰, '今當助袁氏邪, 助董卓邪?' 治中從事劉子惠曰, '今興兵爲國, 何謂袁·董?' 馥自知言短而有慚色. 子惠復言, '兵者凶事, 不可爲首. 今宜往視他州, 有發動者, 然後和之. 冀州於他州不爲弱也, 他人功未有在冀州之右者也.' 馥然之. 馥乃作書與紹, 道卓之惡, 聽其擧兵."

○2) 『英雄記』曰, "伷字公緖, 陳留人." 張璠『漢紀』載鄭泰說卓云, "孔公緖能淸談高論, 噓枯吹生."

○3) 岱, 劉繇之兄, 事見「吳志」.

○4) 『英雄記』曰, "匡字公節, 泰山人. 輕財好施, 以任俠聞. 辟大將軍何進府進符使, 匡於徐州發強弩五百西詣京師. 會進敗, 匡還州里. 起家, 拜河內太守." 謝承『後漢書』曰, "匡少與蔡邕善. 其年爲卓軍所敗, 走還泰山, 收集勁勇得數千人, 欲與張邈合. 匡先殺執金吾胡母班. 班親屬不勝憤怒, 與太祖並勢, 共殺匡."

○5) 『英雄記』曰, "瑁字元偉, 玄族子. 先爲兗州刺史, 甚有威惠."

○6) "遺字伯業, 紹從兄. 爲長安令. 河間張超嘗薦遺于太尉朱俊, 稱遺"有冠世之懿, 干時之量. 其忠允亮直, 固天所縱. 若乃包羅載籍, 管綜百氏, 登高能賦, 睹物知名, 求之今日, 邈焉靡儔." 事在超集. 『英雄記』曰, "紹後用遺爲揚州刺史, 爲袁術所敗. 太祖稱'長大而能勤學者, 惟吾與袁伯業耳.' 語在文帝『典論』."

○7) 信事見子「勳傳」.

二月, 卓聞兵起, 乃徙天子都長安. 卓留屯洛陽, 遂焚宮室. 是時紹屯河內, 邈·岱·瑁·遺屯酸棗, 術屯南陽, 伷屯潁川, 馥在鄴. 卓兵強, 紹等莫敢先進. 太祖曰, "擧義兵以誅暴亂, 大衆已合, 諸君何疑? 向使董卓聞山東兵起, 倚王室之重, 據二周之險, 東向以臨天下, 雖以無道行之, 猶足爲患. 今焚燒宮室, 劫遷天子, 海內震動, 不知所歸, 此天亡之時也. 一戰而天下定矣, 不可失也." 遂引兵西, 將據成皐.

邈遣將衛玆分兵隨太祖. 到滎陽汴水, 遇卓將徐榮, 與戰不利, 士卒死傷甚多. 太祖爲流矢所中, 所乘馬被創, 從弟洪以馬與太祖, 得夜遁去. 榮見太祖所將兵少, 力戰盡日, 謂酸棗未易攻也, 亦引兵還.

太祖到酸棗, 諸軍兵十餘萬, 日置酒高會, 不圖進取. 太祖責讓之, 因爲謀曰, "諸君聽吾計, 使勃海引河內之衆臨孟津, 酸棗諸將守成皐, 據敖倉, 塞轘轅·太谷, 全制其險. 使袁將軍率南陽之軍軍丹·析, 入武關, 以震三輔, 皆高壘深壁, 勿與戰, 益爲疑兵, 示天下形勢, 以順誅逆, 可立定也. 今兵以義動, 持疑而不進, 失天下之望, 竊爲諸君恥之." 邈等不能用.

太祖兵少, 乃與夏侯惇等詣揚州募兵, 刺史陳溫·丹楊太守周昕與兵四千餘人. 還到龍亢, 士卒多叛.○ 至銍·建平, 復收兵得千餘人, 進屯河內.

○『魏書』曰, "兵謀叛, 夜燒太祖帳, 太祖手劒殺數十人, 餘皆披靡, 乃得出營. 其不叛者五百餘人."

劉岱與橋瑁相惡, 岱殺瑁, 以王肱領東郡太守.

袁绍與韩馥谋立幽州牧劉虞为帝, 太祖拒之.○1) 紹又嘗得一玉印, 於太祖坐中擧向其肘, 太祖由是笑而惡焉.○2)

○1)『魏書』載太祖答紹曰, "董卓之罪, 暴於四海, 吾等合大衆·興義兵而遠近莫不響應, 此以義動故也. 今幼主微弱, 制於奸臣, 未有昌邑亡國之釁, 而一旦改易, 天下其孰安之? 諸君北面, 我自西向."

○2)『魏書』曰, "太祖大笑曰, '吾不聽汝也.' 紹復使人說太祖曰, '今袁公勢盛兵強, 二子已長, 天下群英, 孰逾於此?' 太祖不應. 由是益不直紹, 圖誅滅之."

二年春, 紹·馥遂立虞爲帝, 虞終不敢當.

夏四月, 卓還長安.

秋七月, 袁紹脅韓馥, 取冀州.

黑山賊于毒·白繞·眭固等○十餘萬衆略魏郡·東郡, 王肱不能禦, 太祖引兵入東郡, 擊白繞于濮阳, 破之. 袁紹因表太祖爲東郡太守, 治東武陽.

○ 眭, 申隨反.

三年春, 太祖軍頓丘, 毒等攻東武陽. 太祖乃引兵西入山, 攻毒等本屯.○1) 毒聞之, 棄武陽還. 太祖要擊眭固, 又擊匈奴於夫羅於內黃, 皆大破之.○2)

○1) 『魏書』曰, "諸將皆以爲當還自救. 太祖曰, '孫臏救趙而攻魏, 耿弇欲走西安攻臨菑. 使賊聞我西而還, 武陽自解也. 不還, 我能敗其本屯, 虜不能拔武陽必矣.' 遂乃行."

○2) 『魏書』曰, "於夫羅者, 南單于子也. 中平中, 發匈奴兵, 於夫羅率以助漢. 會本國反, 殺南單于, 於夫羅遂將其衆留中國. 因天下撓亂, 與西河白波賊合, 破太原·河內, 抄略諸郡爲寇."

夏四月, 司徒王允與呂布共殺卓. 卓將李傕·郭汜等殺允攻布, 布敗, 東出武關. 傕等擅朝政.

青州黃巾衆百萬入兗州, 殺任城相鄭遂, 轉入東平. 劉岱欲擊之, 鮑信諫曰, "今賊衆百萬, 百姓皆震恐, 士卒無鬪志, 不可敵也. 觀賊衆群輩相隨, 軍無輜重, 唯以鈔略爲資, 今不若畜士衆之力, 先爲固守. 彼欲戰不得, 攻又不能, 其勢必離散, 後選精銳, 據其要害, 擊之可破也." 岱不從, 遂與戰, 果爲所殺.○1) 信乃與州吏萬潛等至東郡迎太祖領兗州牧. 遂進兵擊黃巾于壽張東. 信力戰鬪死, 僅而破之.○2) 購求信喪不得, 衆乃刻木如信形狀, 祭而哭焉. 追黃巾至濟北. 乞降. 冬, 受降卒三十餘萬, 男女百餘萬口, 收其精銳者, 號爲青州兵.

○1)『世語』曰, "岱旣死, 陳宮謂太祖曰, '州今無主, 而王命斷絕, 宮請說州中, 明府尋往牧之, 資之以收天下, 此霸王之業也.' 宮說別駕·治中曰, '今天下分裂而州無主. 曹東郡, 命世之才也, 若迎以牧州, 必寧生民.' 鮑信等亦謂之然."

○2)『魏書』曰, "太祖將步騎千餘人, 行視戰地, 卒抵賊營, 戰不利, 死者數百人, 引還. 賊尋前進. 黃巾爲賊久, 數乘勝, 兵皆精悍. 太祖舊兵少, 新兵不習練, 擧軍皆懼. 太祖被甲嬰胄, 親巡將士, 明勸賞罰, 衆乃復奮, 承間討擊, 賊稍折退. 賊乃移書太祖曰, '昔在濟南, 毁壞神壇, 其道乃與中黃太乙同, 似若知道, 今更迷惑. 漢行已盡, 黃家當立. 天之大運, 非君才力所能存也.' 太祖見檄書, 呵罵之, 數開示降路. 遂設奇伏, 晝夜會戰, 戰輒禽獲, 賊乃退走."

袁術與紹有隙, 術求援於公孫瓚, 瓚使劉備屯高唐, 單經屯平原, 陶謙屯發干, 以逼紹. 太祖與紹會擊, 皆破之.

四年春, 軍鄄城. 荊州牧劉表斷術糧道, 術引軍入陳留, 屯封丘, 黑山餘賊及於夫羅等佐之. 術使將劉詳屯匡亭. 太祖擊詳, 術救之, 與戰, 大破之. 術退保封丘, 遂圍之, 未合, 術走襄邑, 追到太壽, 決渠水灌城. 走寧陵, 又追之, 走九江. 夏, 太祖還軍定陶.

下邳闕宣聚衆數千人, 自稱天子. 徐州牧陶謙與共擧兵, 取泰山華·費, 略任城. 秋, 太祖征陶謙, 下十餘城, 謙守城不敢出.

是歲, 孫策受袁術使渡江, 數年間遂有江東.

興平元年春, 太祖自徐州還. 初, 太祖父嵩, 去官後還譙, 董卓之亂, 避難琅邪, 爲陶謙所害, 故太祖志在復讎東伐.○

○『世語』曰, "嵩在泰山華縣. 太祖令泰山太守應劭送家詣兗州, 劭兵未至, 陶謙密遣數千騎掩捕. 嵩家以爲劭迎, 不設備. 謙兵至, 殺太祖弟德于門中. 嵩懼, 穿後垣, 先出其妾, 妾肥, 不時得出. 嵩逃于廁, 與妾俱被害, 闔門皆死. 劭懼, 棄官赴袁紹. 後太祖定冀州, 劭時已死." 韋曜『吳書』曰, "太祖迎嵩, 輜重百餘兩. 陶謙遣都尉張闓將騎二百衛送, 闓於泰山華·費間殺嵩, 取財物, 因奔淮南. 太祖歸咎於陶謙, 故伐之."

夏, 使荀彧·程昱守鄄城, 復征陶謙, 拔五城, 遂略地至東海. 還過郯, 謙將曹豹與劉備屯郯東, 要太祖. 太祖擊破之, 遂攻拔襄賁, 所過多所殘戮.○

○ 孫盛曰, "夫伐罪吊民, 古之令軌, 罪謙之由, 而殘其屬部, 過矣."

會張邈與陳宮叛迎呂布, 郡縣皆應. 荀彧·程昱保鄄城, 范·東阿二縣固守, 太祖乃引軍還. 布到, 攻鄄城不能下, 西屯濮陽. 太祖曰, "布一旦得一州, 不能據東平, 斷亢父·泰山之道乘險要我, 而乃屯濮陽, 吾知其無能爲也." 遂進軍攻之. 布出兵戰, 先以騎犯青州兵. 青州兵奔, 太祖陳亂, 馳突火出, 墜馬, 燒左手掌. 司馬樓異扶太祖上馬, 遂引去.○

○ 袁暐『獻帝春秋』曰, "太祖圍濮陽, 濮陽大姓田氏爲反間, 太祖得入城. 燒其東門, 示無反意. 及戰, 軍敗. 布騎得太祖而不知是, 問曰, '曹操何在?' 太祖曰, '乘黃馬走者是也.' 布騎乃釋太祖而追黃馬者. 門火猶盛, 太祖突火而出."

未至營止, 諸將未與太祖相見, 皆怖. 太祖乃自力勞軍, 令軍中促爲攻具, 進復攻之, 與布相守百餘日. 蝗蟲起, 百姓大餓, 布糧食亦盡, 各引去.

秋九月, 太祖還鄄城. 布到乘氏, 爲其縣人李進所破, 東屯山陽. 於是紹使人說太祖, 欲連和. 太祖新失兗州, 軍食盡, 將許之. 程昱止太祖, 太祖從之. 冬十月, 太祖至東阿.

是歲穀一斛五十餘萬錢, 人相食, 乃罷吏兵新募者. 陶謙死, 劉備代之.

二年春, 襲定陶. 濟陰太守吳資保南城, 未拔. 會呂布至, 又擊破之. 夏, 布將薛蘭·李封屯鉅野, 太祖攻之. 布救蘭, 蘭敗, 布走, 遂斬蘭等. 布復從東緡與陳宮將萬餘人來戰, 時太祖兵少, 設伏, 縱奇兵擊, 大破之.○ 布夜走, 太祖復攻, 拔定陶, 分兵平諸縣. 布東奔劉備, 張邈從布, 使其弟超將家屬保雍丘.

○『魏書』曰, "於是兵皆出取麥, 在者不能千人, 屯營不固. 太祖乃令婦人守陴, 悉兵拒之. 屯西有大堤, 其南樹木幽深. 布疑有伏, 乃相謂曰, '曹操多譎, 勿入伏中.' 引軍屯南十餘里. 明日復來, 太祖隱兵堤裏, 出半兵堤外. 布益進, 乃令輕兵挑戰, 既合, 伏兵乃悉乘堤, 步騎並進, 大破之, 獲其鼓車, 追至其營而還."

秋八月, 圍雍丘.

冬十月, 天子拜太祖兗州牧. 十二月, 雍丘潰, 超自殺. 夷邈三族. 邈詣袁術請救, 爲其衆所殺, 兗州平, 遂東略陳地.

是歲, 長安亂, 天子東遷, 敗於曹陽, 渡河幸安邑.

建安元年春正月, 太祖軍臨武平, 袁術所置陳相袁嗣降.

太祖將迎天子, 諸將或疑, 荀彧·程昱勸之, 乃遣曹洪將兵西迎, 衛將軍董承與袁術將萇奴拒險, 洪不得進.

汝南·潁川黃巾何儀·劉辟·黃邵·何曼等, 衆各數萬, 初應袁術, 又附孫堅.

二月, 太祖進軍討破之, 斬辟·邵等, 儀及其衆皆降. 天子拜太祖建德將軍,

夏六月, 遷鎭東將軍, 封費亭侯.

秋七月, 楊奉·韓暹以天子還洛陽,○ 奉別屯梁.

○『獻帝春秋』曰, "天子初至洛陽, 幸城西故中常侍趙忠宅. 使張楊繕治宮室, 名殿曰楊安

殿, 八月, 帝乃遷居."

太祖遂至洛陽, 衛京都, 暹遁走. 天子假太祖節鉞, 錄尙書事.○ 洛陽殘破, 董昭等勸太祖都許.

○ 獻帝紀曰, "又領司隸校尉."

九月, 車駕出轘轅而東, 以太祖爲大將軍, 封武平侯. 自天子西遷, 朝廷日亂, 至是宗廟社稷制度始立.○ 天子之東也, 奉自梁欲要之, 不及.

○ 張璠『漢紀』曰, "初, 天子敗於曹陽, 欲浮河東下. 侍中太史令王立曰, '自去春太白犯鎭星於牛斗, 過天津, 熒惑又逆行守北河, 不可犯也.' 由是天子遂不北渡河, 將自軹關東出. 立又謂宗正劉艾曰, '前太白守天關, 與熒惑會. 金火交會, 革命之象也. 漢祚終矣, 晉·魏必有興者.' 立後數言于帝曰, '天命有去就, 五行不常盛, 代火者土也, 承漢者魏也, 能安天下者, 曹姓也, 唯委任曹氏而已.' 公聞之, 使人語立曰, '知公忠于朝廷, 然天道深遠, 幸勿多言.'"

冬十月, 公征奉, 奉南奔袁術, 遂攻其梁屯, 拔之. 於是以袁紹爲太尉, 紹恥班在公下, 不肯受. 公乃固辭, 以大將軍讓紹. 天子拜公司空, 行車騎將軍. 是歲用棗祗·韓浩等議, 始興屯田.○

○『魏書』曰, "自遭荒亂, 率乏糧穀. 諸軍並起, 無終歲之計, 饑則寇略, 飽則棄餘, 瓦解流離, 無敵自破者不可勝數. 袁紹之在河北, 軍人仰食桑椹. 袁術在江·淮, 取給蒲蠃. 民人相食, 州里蕭條. 公曰, '夫定國之術, 在于強兵足食, 秦人以急農兼天下, 孝武以屯田定西域, 此先代之良式也.' 是歲乃募民屯田許下, 得穀百萬斛. 於是州郡例置田官, 所在積穀. 征伐四方, 無運糧之勞, 遂兼滅群賊, 克平天下."

呂布襲劉備, 取下邳. 備來奔. 程昱說公曰, "觀劉備有雄才而甚得衆心, 終不爲人下, 不如早圖之." 公曰, "方今收英雄時也, 殺一人而失天下之心, 不可."

張濟自關中走南陽. 濟死, 從子繡領其衆. 二年春正月, 公到宛. 張繡降, 旣而悔之, 復反. 公與戰, 軍敗, 爲流矢所中, 長子昂·弟子安民遇害.○1) 公乃引兵還舞陰, 繡將騎來鈔, 公擊破之. 繡奔穰, 與劉表合. 公謂諸將曰, "吾降張繡等, 失不便取其質, 以至於此. 吾知所以敗. 諸卿觀之, 自今已後不復敗矣." 遂還許.○2) 袁術欲稱帝於淮南, 使人告呂布. 布收其使, 上其書. 術怒, 攻布, 爲布所破.

○1) 『魏書』曰, "公所乘馬名絕影, 爲流矢所中, 傷頰及足, 並中公右臂." 『世語』曰, "昂不能騎, 進馬於公, 公故免, 而昂遇害."

○2) 『世語』曰, "舊制, 三公領兵入見, 皆交戟叉頸而前. 初, 公將討張繡, 入覲天子, 時始復此制. 公自此不復朝見."

秋九月, 術侵陳, 公東征之. 術聞公自來, 棄軍走, 留其將橋蕤·李豐·梁綱·樂就. 公到, 擊破蕤等, 皆斬之. 術走渡淮. 公還許.

公之自舞陰還也, 南陽·章陵諸縣復叛爲繡, 公遣曹洪擊之, 不利, 還屯葉, 數爲繡·表所侵.

冬十一月, 公自南征, 至宛.○ 表將鄧濟據湖陽. 攻拔之, 生擒濟, 湖陽降. 攻舞陰, 下之.

○ 『魏書』曰, "臨淯水, 祠亡將士, 歔欷流涕, 衆皆感慟."

三年春正月, 公還許, 初置軍師祭酒.

三月, 公圍張繡於穰.

夏五月, 劉表遣兵救繡, 以絕軍後.○ 公將引還, 繡兵來追, 公軍不得進, 連營稍前. 公與荀彧書曰, "賊來追吾, 雖日行數里, 吾策之, 到安衆, 破繡必矣." 到安衆, 繡與表兵合守險, 公軍前後受敵. 公乃夜鑿險爲地道, 悉過輜重, 設奇兵. 會明, 賊謂公爲遁也, 悉軍來追. 乃縱奇兵步騎夾攻, 大破之.

○『獻帝春秋』曰, "袁紹叛卒詣公云, '田豐使紹早襲許, 若挾天子以令諸侯, 四海可指麾而定.' 公乃解繡圍."

秋七月, 公還許. 荀彧問公, "前以策賊必破, 何也?" 公曰, "虜遏吾歸師, 而與吾死地戰, 吾是以知勝矣."

呂布復爲袁術使高順攻劉備, 公遣夏侯惇救之, 不利. 備爲順所敗.

九月, 公東征布.

冬十月, 屠彭城, 獲其相侯諧. 進至下邳, 布自將騎逆擊, 大破之, 獲其驍將成廉. 追至城下, 布恐, 欲降. 陳宮等沮其計, 求救于術, 勸布出戰, 戰又敗, 乃還固守, 攻之不下. 時公連戰, 士卒罷, 欲還, 用荀攸·郭嘉計, 遂決泗·沂水以灌城. 月餘, 布將宋憲·魏續等執陳宮, 擧城降, 生禽布·宮, 皆殺之. 太山臧霸·孫觀·吳敦·尹禮·昌豨各聚衆. 布之破劉備也, 霸等悉從布. 布敗, 獲霸等, 公厚納待, 遂割靑·徐二州附於海以委焉, 分琅邪·東海·北海爲城陽·利城·昌慮郡.

初, 公爲兗州, 以東平畢諶爲別駕. 張邈之叛也, 邈劫諶母弟妻子. 公謝遣之, 曰, "卿老母在彼, 可去." 諶頓首無二心, 公嘉之, 爲之流涕. 旣出, 遂亡歸. 及布破, 諶生得, 衆爲諶懼, 公曰, "夫人孝於其親者, 豈不亦忠於君乎? 吾所求也." 以爲魯相.○

○『魏書』曰, "袁紹宿與故太尉楊彪·大長秋梁紹·少府孔融有隙, 欲使公以他過誅之. 公曰, '當今天下土崩瓦解, 雄豪並起, 輔相君長, 人懷怏怏, 各有自爲之心, 此上下相疑之秋也, 雖以無嫌待之, 猶懼未信. 如有所除, 則誰不自危?且夫起布衣, 在塵垢之間, 爲庸人之所陵陷, 可勝怨乎? 高祖赦雍齒之讎而群情以安, 如何忘之?' 紹以爲公外託公義, 內實離異, 深懷怨望."

臣松之以爲楊彪亦曾爲魏武所困, 幾至于死, 孔融竟不免于誅滅, 豈所謂先行其言而後從之哉! 非知之難, 其在行之, 信矣."

四年春二月, 公還至昌邑. 張楊將楊醜殺楊, 眭固又殺醜, 以其衆屬袁紹, 屯射犬.

夏四月, 進軍臨河, 使史渙·曹仁渡河擊之. 固使楊故長史薛洪·河內太守繆尙留守, 自將兵北迎紹求救, 與渙·仁相遇犬城. 交戰, 大破之, 斬固. 公遂濟河, 圍射犬. 洪·尙率衆降, 封爲列侯, 還軍敖倉. 以魏種爲河內太守, 屬以河北事.

初, 公擧種孝廉. 兗州叛, 公曰, "唯魏種且不棄孤也." 及聞種走, 公怒曰, "種不南走越·北走胡, 不置汝也." 旣下射犬, 生禽種, 公曰, "唯其才也." 釋其縛而用之.

是時袁紹旣並公孫瓚, 兼四州之地, 衆十餘萬, 將進軍攻許, 諸將以爲不可敵, 公曰, "吾知紹之爲人, 志大而智小, 色厲而膽薄, 忌克而少威, 兵多而分畫不明, 將驕而政令不一, 土地雖廣, 糧食雖豐, 適足以爲吾奉也."

秋八月, 公進軍黎陽, 使臧霸等入靑州破齊·北海·東安, 留于禁屯河上. 九月, 公還許, 分兵守官渡. 冬十一月, 張繡率衆降, 封列侯. 十二月, 公軍官渡.

袁術自敗於陳, 稍困, 袁譚自靑州遣迎之. 術欲從下邳北過, 公遣劉備·朱靈要之. 會術病死. 程昱·郭嘉聞公遣備, 言於公曰, "劉備不可縱." 公悔, 追之不及. 備之未東也, 陰與董承等謀反, 至下邳, 遂殺徐州刺史車冑, 擧兵屯沛. 遣劉岱·王忠擊之, 不克.○ 廬江太守劉勳率衆降, 封爲列侯.

○『獻帝春秋』曰, "備謂岱等曰, '使汝百人來, 其無如我何. 曹公自來, 未可知耳.'"『魏武故事』曰, "岱字公山, 沛國人. 以司空長史從征伐有功, 封列侯."『魏略』曰, "王忠, 扶風人, 少爲亭長. 三輔亂, 忠饑乏啖人, 隨輩南向武關. 値婁子伯爲荊州遣迎北方客人. 忠不欲去, 因率等仵逆擊之, 奪其兵, 聚衆千餘人以歸公. 拜忠中郞將, 從征討. 五官將知忠嘗啖人, 因從駕出行, 令俳取塚間髑髏繫著忠馬鞍, 以爲歡笑."

五年春正月, 董承等謀泄, 皆伏誅. 公將自東征備, 諸將皆曰, "與公爭天下者, 袁紹也. 今紹方來而棄之東, 紹乘人後, 若何?" 公曰, "夫劉備, 人傑也, 今不擊, 必爲後患.○ 袁紹雖有大志, 而見事遲, 必不動也." 郭嘉亦勸公, 遂東擊備, 破之, 生禽其將夏侯博. 備走奔紹, 獲其妻子. 備將關羽屯下邳, 復進攻之, 羽降. 昌豨叛爲備, 又攻破之. 公還官渡, 紹卒不出.

○ 孫盛『魏氏春秋』云, "答諸將曰, '劉備, 人傑也, 將生憂寡人.'"

臣松之以爲史之記言, 旣多潤色, 故前載所述有非實者矣, 後之作者又生意改之, 于失實也, 不亦彌遠乎? 凡孫盛制書, 多用『左氏』以易舊文, 如此者非一. 嗟乎, 後之學者將何取信哉? 且魏武方以天下勵志, 而用夫差分死之言, 尤非其類.

二月, 紹遣郭圖·淳于瓊·顏良攻東郡太守劉延于白馬, 紹引兵至黎陽, 將渡河.

夏四月, 公北救延. 荀攸說公曰, "今兵少不敵, 分其勢乃可. 公到延津, 若將渡兵向其後者, 紹必西應之, 然後輕兵襲白馬, 掩其不備, 顏良可禽也." 公從之. 紹聞兵渡, 卽分兵西應之. 公乃引軍兼行趣白馬, 未至十餘里, 良大驚, 來逆戰. 使張遼·關羽前登, 擊破, 斬良. 遂解白馬圍, 徙其民, 循河而西. 紹於是渡河追公軍, 至延津南. 公勒兵駐營南阪下, 使登壘望之, 曰, "可五六百騎." 有頃, 復白, "騎稍多, 步兵不可勝數." 公曰, "勿復白." 乃令騎解鞍放馬. 是時, 白馬輜重就道. 諸將以爲敵騎多, 不如還保營. 荀攸曰, "此所以餌敵, 如何去之?" 紹騎將文醜與劉備將五六千騎前後至. 諸將復白, "可上馬." 公曰, "未也." 有頃, 騎至稍多, 或分趣輜重. 公曰, "可矣." 乃皆上馬. 時騎不滿六百, 遂縱兵擊, 大破之, 斬醜. 良·醜皆紹名將也, 再戰, 悉禽, 紹軍大震. 公還軍官渡. 紹進保陽武. 關羽亡歸劉備.

八月, 紹連營稍前, 依沙塠爲屯, 東西數十里. 公亦分營與相當, 合戰不利.○1) 時公兵不滿萬, 傷者十二三.○2)

○1) 習鑿齒『漢晉春秋』曰, "許攸說紹曰, '公無與操相攻也. 急分諸軍持之, 而徑從他道迎天子, 則事立濟矣.' 紹不從, 曰, '吾要當先圍取之.' 攸怒."

○2) 臣松之以爲魏武初起兵, 已有衆五千, 自後百戰百勝, 敗者十二三而已矣. 但一破黃巾, 受降卒三十餘萬, 餘所呑並, 不可悉紀. 雖征戰損傷, 未應如此之少也. 夫結營相守, 異於摧鋒決戰. 「本紀」云, '紹衆十餘萬, 屯營東西數十里.' 魏太祖雖機變無方, 略不世出, 安有以數千之兵, 而得逾時相抗者哉? 以理而言, 竊謂不然. 紹爲屯數十里, 公能分營與相當, 此兵不得甚少, 一也. 紹若有十倍之衆, 理應當悉力圍守, 使出入斷絶, 而公使徐晃等擊其運車, 公又自出擊淳于瓊等, 揚旌往還, 曾無抵閡, 明紹力不能制, 是不得甚少, 二也. 諸書皆云公坑紹衆八萬, 或云七萬. 夫八萬人奔散, 非八千人所能縛, 而紹之大衆皆拱手就戮, 何緣力能制之? 是不得甚少, 三也. 將記述者欲以少見奇, 非其實錄也. 按「鍾繇傳」云, '公與紹相持, 繇爲司隸, 送馬二千餘匹以給軍.' 「本紀」及『世語』並云公時有騎六百餘匹, 繇馬爲安在哉?

紹復進臨官渡, 起土山地道. 公亦於內作之, 以相應. 紹射營中, 矢如雨下, 行者皆蒙楯, 衆大懼. 時公糧少, 與荀彧書, 議欲還許. 彧以爲'紹悉衆聚官渡, 欲與公決勝敗. 公以至弱當至強, 若不能制, 必爲所乘, 是天下之大機也. 且紹, 布衣之雄耳, 能聚人而不能用. 夫以公之神武明哲而輔以大順, 何向而不濟?' 公從之.

孫策聞公與紹相持, 乃謀襲許, 未發, 爲刺客所殺.

汝南降賊劉辟等叛應紹, 略許下. 紹使劉備助辟, 公使曹仁擊破之. 備走, 遂破辟屯.

袁紹運穀車數千乘至, 公用荀攸計, 遣徐晃·史渙邀擊, 大破之, 盡燒其車. 公與紹相拒連月, 雖比戰斬將, 然衆少糧盡, 士卒疲乏. 公謂運者曰, "却十五日爲汝破紹, 不復勞汝矣."

冬十月, 紹遣車運穀, 使淳于瓊等五人將兵萬餘人送之, 宿紹營北四十里. 紹謀臣許攸貪財, 紹不能足, 來奔, 因說公擊瓊等. 左右疑之, 荀攸·賈詡勸公. 公乃留曹洪守, 自將步騎五千人夜往, 會明至. 瓊等望見公兵少, 出陳門外. 公急擊之, 瓊退保營, 遂攻之. 紹遣騎救瓊. 左右或言, "賊騎稍近, 請分兵拒之." 公怒曰, "賊在背後, 乃白!" 士卒皆殊死戰, 大破瓊等, 皆斬之.○

○『曹瞞傳』曰, "公聞攸來, 跣出迎之, 撫掌笑曰, '子卿遠來, 吾事濟矣!' 旣入坐, 謂公曰, '袁氏軍盛, 何以待之? 今有幾糧乎?' 公曰, '尙可支一歲.' 攸曰, '無是, 更言之!' 又曰, '可支半歲.' 攸曰, '足下不欲破袁氏邪, 何言之不實也!' 公曰, '向言戲之耳. 其實可一月, 爲之柰何?' 攸曰, '公孤軍獨守, 外無救援而糧穀已盡, 此危急之日也. 今袁氏輜重有萬餘乘, 在故市·烏巢, 屯軍無嚴備. 今以輕兵襲之, 不意而至, 燔其積聚, 不過三日, 袁氏自敗也.' 公大喜, 乃擧精銳步騎, 皆用袁軍旗幟, 銜枚縛馬口, 夜從間道出, 人抱束薪, 所歷道有問者, 語之曰, '袁公恐曹操鈔略後軍, 遣兵以益備.' 聞者信以爲然, 皆自若. 旣至, 圍屯, 大放火, 營中驚亂. 大破之, 盡燔其糧穀寶貨, 斬督將眭元進·騎督韓莒子·呂威璜·趙叡等首, 割得將軍淳于仲簡鼻, 未死, 殺士卒千餘人, 皆取鼻, 牛馬割唇舌, 以示紹軍. 將士皆怛懼. 時有夜得仲簡, 將以詣麾下, 公謂曰, '何爲如是?' 仲簡曰, '勝負自天, 何用爲問乎?' 公意欲不殺. 許攸曰, '明旦鑑于鏡, 此益不忘人.' 乃殺之."

紹初聞公之擊瓊, 謂長子譚曰, "就彼攻瓊等, 吾攻拔其營, 彼固無所歸矣." 乃使張郃·高覽攻曹洪. 郃等聞瓊破, 遂來降. 紹衆大潰, 紹及譚棄軍走, 渡河. 追之不及, 盡收其輜重圖書珍寶, 虜其衆.○[1] 公收紹書中, 得許下及軍中人書, 皆焚之.○[2] 冀州諸郡多擧城邑降者.

○[1]『獻帝起居注』曰, "公上言'大將軍鄴侯袁紹前與冀州牧韓馥立故大司馬劉虞, 刻作金璽, 遣故任長畢瑜詣虞, 爲說命錄之數.' 又紹與臣書云, '可都鄄城, 当有所立.' 擅鑄金銀印, 孝廉計吏, 皆往詣紹. 從弟濟陰太守叙與紹書云, '今海內喪敗, 天意實在我家, 神應有徵, 當在尊兄. 南兄臣下欲使卽位, 南兄言, 以年則北兄長, 以位則北兄重. 便欲送璽, 會曹操斷道.' 紹宗族累世受國重恩, 而凶逆無道, 乃至于此. 輒勒兵馬, 與戰官渡, 乘聖朝之威, 得斬紹大將淳于瓊等八人首, 遂大破潰. 紹與子譚輕身迸走. 凡斬首七萬餘級, 輜重財物巨億."

○[2]『魏氏春秋』曰, "公云, '當紹之強, 孤猶不能自保, 而況衆人乎!'"

初, 桓帝時有黃星見于楚·宋之分, 遼东殷馗○善天文, 言, "後五十歲當有眞人起于梁·沛之間, 其鋒不可當." 至是凡五十年, 而公破紹, 天下莫敵矣.

○ 㕑, 古逵字, 見三蒼.

六年夏四月, 揚兵河上, 擊紹倉亭軍, 破之. 紹歸, 復收散卒, 攻定諸叛郡縣.

九月, 公還許. 紹之未破也, 使劉備略汝南, 汝南賊共都等應之. 遣蔡揚擊都, 不利, 爲都所破. 公南征備. 備聞公自行, 走奔劉表, 都等皆散.

七年春正月, 公軍譙, 令曰, "吾起義兵, 爲天下除暴亂. 舊土人民, 死喪略盡, 國中終日行, 不見所識, 使吾淒愴傷懷. 其擧義兵已來, 將士絕無後者, 求其親戚以後之, 授土田, 官給耕牛, 置學師以教之. 爲存者立廟, 使祀其先人, 魂而有靈, 吾百年之後何恨哉?" 遂至浚儀, 治睢陽渠, 遣使以太牢祀橋玄.○ 進軍官渡.

○「褒賞令」載公祀文曰, "故太尉橋公, 誕敷明德, 汎愛博容. 國念明訓, 士思令謨. 靈幽體翳, 邈哉晞矣. 吾以幼年, 逮升堂室, 特以頑鄙之姿, 爲大君子所納. 增榮益觀, 皆由獎助, 猶仲尼稱不如顏淵, 李生之厚歎賈復. 士死知己, 懷此無忘. 又承從容約誓之言, '殂逝之後, 路有經由, 不以斗酒只雞過相沃酹, 車過三步, 腹痛勿怪.' 雖臨時戲笑之言, 非至親之篤好, 胡肯爲此辭乎? 匪謂靈忿, 能詒己疾, 懷舊惟顧, 念之淒愴. 奉命東征, 屯次鄉里, 北望貴土, 乃心陵墓. 裁致薄奠, 公其尚饗!"

紹自軍破後, 發病歐血, 夏五月死. 小子尚代, 譚自號車騎將軍, 屯黎陽.

秋九月, 公征之, 連戰. 譚·尚數敗退, 固守.

八年春三月, 攻其郭, 乃出戰, 擊, 大破之, 譚·尚夜遁.

夏四月, 進軍鄴. 五月還許, 留賈信屯黎陽.

己酉, 令曰, "『司馬法』'將軍死綏',○1) 故趙括之母, 乞不坐括. 是古之將者, 軍破于外, 而家受罪于內也. 自命將征行, 但賞功而不罰罪, 非國典也. 其令諸將出征, 敗軍者抵罪, 失利者免官爵."○2)

○1) 『魏書』曰, "綏, 却也. 有前一尺, 無却一寸."

○2) 『魏書』載「庚申令」曰, "議者或以軍吏雖有功能, 德行不足堪任郡國之選, 所謂'可與適道, 未可與權.' 管仲曰, '使賢者食於能則上尊, 鬪士食於功則卒輕于死, 二者設於國則天下治.' 未聞無能之人, 不鬪之士, 並受祿賞, 而可以立功興國者也. 故明君不官無功之臣, 不賞不戰之士. 治平尙德行, 有事賞功能. 論者之言, 一似管窺虎歟."

秋七月, 令曰, "喪亂已來, 十有五年, 後生者不見仁義禮讓之風, 吾甚傷之. 其令郡國各脩文學, 縣滿五百戶置校官, 選其鄕之俊造而敎學之, 庶幾先生之道不廢, 而有以益於天下."

八月, 公征劉表, 軍西平. 公之去鄴而南也, 譚·尙爭冀州, 譚爲尙所敗, 走保平原. 尙攻之急, 譚遣辛毗乞降請救. 諸將皆疑, 荀攸勸公許之,○ 公乃引軍還.

○ 『魏書』曰, "公云, '我攻呂布, 表不爲寇, 官渡之役, 不救袁紹, 此自守之賊也, 宜爲後圖. 譚·尙狡猾, 當乘其亂. 縱譚挾詐, 不終束手, 使我破尙, 偏收其地, 利自多矣.' 乃許之."

冬十月, 到黎陽, 爲子整與譚結婚.○1) 尙聞公北, 乃釋平原還鄴. 東平呂曠·呂翔叛尙, 屯陽平, 率其衆降, 封爲列侯.○2)

○1) 臣松之案, 紹死至此, 過周五月耳. 譚雖出後其伯, 不爲紹服三年, 而於再期之內以行吉禮, 悖矣. 魏武或以權宜與之約言, 今云結婚, 未必便以此年成禮.

○2) 『魏書』曰, "譚之圍解, 陰以將軍印綬假曠. 曠受印送之, 公曰, '我固知譚之有小計也. 欲使我攻尙, 得以其間略民聚衆, 尙之破, 可得自強以乘我弊也. 尙破我盛, 何弊之乘乎?'"

九年春正月, 濟河, 遏淇水入白溝以通糧道.

二月, 尙復攻譚, 留蘇由·審配守鄴. 公進軍到洹水, 由降. 旣至, 攻鄴, 爲土山·地道. 武安長尹楷屯毛城, 通上黨糧道.

夏四月, 留曹洪攻鄴, 公自將擊楷, 破之而還. 尙將沮鵠守邯鄲,○ 又擊拔之.

○ 沮音菹, 河朔間今猶有此姓. 鵠, 沮授子也.

易陽令韓范·涉長梁岐擧縣降, 賜爵關內侯.

五月, 毁土山·地道, 作圍塹, 決漳水灌城. 城中餓死者過半.

秋七月, 尙還救鄴, 諸將皆以爲"此歸師, 人自爲戰, 不如避之." 公曰, "尙從大道來, 當避之, 若循西山來者, 此成禽耳." 尙果循西山來, 臨滏水爲營.○

○『曹瞞傳』曰, "遣候者數部前後參之, 皆曰'定從西道, 已在邯鄲.' 公大喜, 會諸將曰, '孤已得冀州, 諸君知之乎?' 皆曰, '不知.' 公曰, '諸君方見不久也.'"

夜遣兵犯圍, 公逆擊破走之, 遂圍其營. 未合, 尙懼, 遣故豫州刺史陰夔及陳琳乞降, 公不許, 爲圍益急. 尙夜遁, 保祁山, 追擊之. 其將馬延·張顗等臨陳降, 衆大潰, 尙走中山. 盡獲其輜重, 得尙印綬節鉞, 使尙降人示其家, 城中崩沮.

八月, 審配兄子榮夜開所守城東門內兵. 配逆戰, 敗, 生禽配, 斬之, 鄴定. 公臨祀紹墓, 哭之流涕. 慰勞紹妻, 還其家人寶物, 賜雜繒絮, 廩食之.○

○ 孫盛云, "昔者先王之爲誅賞也, 將以懲惡勸善, 永彰鑑戒. 紹因世艱危, 遂懷逆謀, 上議神器, 下干國紀. 薦社汙宅, 古之制也, 而乃盡哀于逆臣之冢, 加恩于饕餮之室, 爲政之道, 於斯躓矣. 夫匿怨友人, 前哲所恥, 稅驂舊館, 義無虛涕, 苟道乖好絕, 何哭之有? 昔漢高失之於項氏, 魏武遵謬於此擧, 豈非百慮之一失也."

初, 紹與公共起兵, 紹問公曰, “若事不輯, 則方面何所可據?” 公曰, “足下意以爲何如?” 紹曰, “吾南據河, 北阻燕·代, 兼戎狄之衆, 南向以爭天下, 庶可以濟乎?” 公曰, “吾任天下之智力, 以道御之, 無所不可.”○

○『傅子』曰, “太祖又云, ‘湯·武之王, 豈同土哉? 若以險固爲資, 則不能應機而變化也.’”

九月, 令曰, “河北罹袁氏之難, 其令無出今年租賦.” 重豪強兼並之法, 百姓喜悅.○ 天子以公領冀州牧, 公讓還兗州.

○『魏書』載公令曰, “有國有家者, 不患寡而患不均, 不患貧而患不安. 袁氏之治也, 使豪強擅恣, 親戚兼並. 下民貧弱, 代出租賦, 衒鬻家財, 不足應命. 審配宗族, 至乃藏匿罪人, 爲逋逃主. 欲望百姓親附, 甲兵強盛, 豈可得邪? 其收田租畝四升, 戶出絹二匹·綿二斤而已, 他不得擅興發. 郡國守相明檢察之, 無令強民有所隱藏, 而弱民兼賦也.”

公之圍鄴也, 譚略取甘陵·安平·勃海·河間. 尙敗, 還中山. 譚攻之, 尙奔故安, 遂並其衆. 公遺譚書, 責以負約, 與之絕婚, 女還, 然後進軍. 譚懼, 拔平原, 走保南皮.

十二月, 公入平原, 略定諸縣.

十年春正月, 攻譚, 破之, 斬譚, 誅其妻子, 冀州平.○1) 下令曰, “其與袁氏同惡者, 與之更始.” 令民不得復私讎, 禁厚葬, 皆一之於法. 是月, 袁熙大將焦觸·張南等叛攻熙·尙, 熙·尙奔三郡烏丸. 觸等舉其縣降, 封爲列侯. 初討譚時, 民亡椎氷,○2) 令不得降. 頃之, 亡民有詣門首者, 公謂曰, “聽汝則違令, 殺汝則誅首, 歸深自藏, 無爲吏所獲.” 民垂泣而去, 後竟捕得.

○1)『魏書』曰, “公攻譚, 旦及日中不決. 公乃自執桴鼓, 士卒咸奮, 應時破陷.”

○2) 臣松之以爲討譚時, 川渠水凍, 使民椎氷以通船, 民憚役而亡.

夏四月, 黑山賊張燕率其衆十餘萬降, 封爲列侯. 故安趙犢·霍奴等殺幽州刺史·涿郡太守. 三郡烏丸攻鮮于輔於獷平.○

○『續漢書』「郡國志」曰, "獷平, 縣名, 屬漁陽郡."

秋八月, 公征之, 斬犢等, 乃渡潞河救獷平, 烏丸奔走出塞.

九月, 令曰, "阿黨比周, 先聖所疾也. 聞冀州俗, 父子異部, 更相毁譽. 昔直不疑無兄, 世人謂之盜嫂, 第五伯魚三娶孤女, 謂之撾婦翁. 王鳳擅權, 谷永比之申伯, 王商忠議, 張匡謂之左道, 此皆以白爲黑, 欺天罔君者也. 吾欲整齊風俗, 四者不除, 吾以爲羞."

冬十月, 公還鄴.

初, 袁紹以甥高幹領並州牧, 公之拔鄴, 幹降, 遂以爲刺史. 幹聞公討烏丸, 乃以州叛, 執上黨太守, 擧兵守壺關口. 遣樂進·李典擊之, 幹還守壺關城.

十一年春正月, 公征幹. 幹聞之, 乃留其別將守城, 走入匈奴, 求救於單于, 單于不受. 公圍壺關三月, 拔之. 幹遂走荊州, 上洛都尉王琰捕斬之.

秋八月, 公東征海賊管承, 至淳于, 遣樂進·李典擊破之, 承走入海島. 割東海之襄賁·郯·戚以益琅邪, 省昌慮郡.○

○『魏書』載十月乙亥令曰, "夫治世御衆, 建立輔弼, 誡在面從, 詩稱'聽用我謀, 庶無大悔.' 斯實君臣懇懇之求也. 吾充重任, 每懼失中, 頻年已來, 不聞嘉謀, 豈吾開延不勤之咎邪? 自今以後, 諸掾·屬·治中·別駕, 常以月旦各言其失, 吾將覽焉."

三郡烏丸承天下亂, 破幽州, 略有漢民合十餘萬戶. 袁紹皆立其酋豪爲單于, 以家人子爲己女, 妻焉. 遼西單于蹋頓尤強, 爲紹所厚, 故尙兄弟歸之, 數入塞爲害.

公將征之, 鑿渠, 自呼沱入泒水,○1) 名平虜渠. 又從泃河口○2)鑿入潞河, 名泉州渠, 以通海.

○1) 泒音孤.

○2) 泃音句.

十二年春二月, 公自淳于還鄴. 丁酉, 令曰, "吾起義兵誅暴亂, 於今十九年, 所征必克, 豈吾功哉? 乃賢士大夫之力也. 天下雖未悉定, 吾當要與賢士大夫共定之. 而專饗其勞, 吾何以安焉? 其促定功行封." 於是大封功臣二十餘人, 皆爲列侯, 其餘各以次受封, 及復死事之孤, 輕重各有差.○

○『魏書』載公令曰, "昔趙奢·竇嬰之爲將也, 受賜千金, 一朝散之, 故能濟成大功, 永世流聲. 吾讀其文, 未嘗不慕其爲人也. 與諸將士大夫共從戎事, 幸賴賢人不愛其謀, 群士不遺其力, 是以夷險平亂, 而吾得竊大賞, 戶邑三萬. 追思竇嬰散金之義, 今分所受租與諸將掾屬及故戍于陳·蔡者, 庶以疇答衆勞, 不擅大惠也. 宜差死事之孤, 以租穀及之. 若年殷用足, 租奉畢入, 將大與衆人悉共饗之."

將北征三郡烏丸, 諸將皆曰, "袁尙, 亡虜耳, 夷狄貪而無親, 豈能爲尙用? 今深入征之, 劉備必說劉表以襲許. 萬一爲變, 事不可悔." 惟郭嘉策表必不能任備, 勸公行.

夏五月, 至無終.

秋七月, 大水, 傍海道不通, 田疇請爲鄕導, 公從之. 引軍出盧龍塞, 塞外道絕不通, 乃塹山堙谷五百餘里, 經白檀, 歷平岡, 涉鮮卑庭, 東指柳城. 未至二百里, 虜乃知之. 尙·熙與蹋頓·遼西單于樓班·右北平單于能臣抵之等將數萬騎逆軍.

八月, 登白狼山, 卒與虜遇, 衆甚盛. 公車重在後, 被甲者少, 左右皆懼. 公登高, 望虜陳不整, 乃縱兵擊之, 使張遼爲先鋒, 虜衆大崩, 斬蹋頓及名王已下, 胡·漢降者二十餘萬口. 遼東單于速僕丸及遼西·北平諸豪, 棄其種人, 與尙·熙奔遼東, 衆尙有數千騎. 初, 遼東太守公孫康恃遠不服. 及公破烏丸, 或說公遂征之, 尙兄弟可禽也. 公曰, "吾方使康斬送尙·熙首, 不煩兵矣."

九月, 公引兵自柳城還,○ 康卽斬尙·熙及速僕丸等, 傳其首. 諸將或問, "公還而康斬送尙·熙, 何也?" 公曰, "彼素畏尙等, 吾急之則並力, 緩之則自相圖, 其勢然也."

○『曹瞞傳』曰, "时寒且旱, 二百里無復水, 軍又乏食, 殺馬數千匹以爲糧, 鑿地入三十餘丈乃得水. 旣還, 科問前諫者, 衆莫知其故, 人人皆懼. 公皆厚赏之, 曰, '孤前行, 乘危以徼幸, 雖得之, 天所佐也, 故不可以爲常. 諸君之諫, 萬安之計, 是以相賞, 後勿難言之.'"

十一月至易水, 代郡烏丸行單于普富盧·上郡烏丸行單于那樓將其名王來賀.

十三年春正月, 公還鄴, 作玄武池以肄舟師.○ 漢罷三公官, 置丞相·御史大夫.

○ 肄, 以四反. 『三蒼』曰, "肄, 習也."

夏六月, 以公爲丞相.○

○『獻帝起居注』曰, "使太常徐璆卽授印綬. 御史大夫不領中丞, 置長史一人." 『先賢行狀』曰, "璆字孟玉, 廣陵人. 少履清爽, 立朝正色. 歷任城·汝南·東海三郡, 所在化行. 被徵當還, 爲袁術所劫. 術僭號, 欲授以上公之位, 璆終不爲屈. 術死後, 璆得術璽, 致之漢朝, 拜衛尉太常. 公爲丞相, 以位讓璆焉."

秋七月, 公南征劉表.

八月, 表卒, 其子琮代, 屯襄陽, 劉備屯樊.

九月, 公到新野, 琮遂降, 備走夏口. 公進軍江陵, 下令荊州吏民, 與之更始. 乃

論荊州服從之功, 侯者十五人, 以劉表大將文聘爲江夏太守, 使統本兵, 引用荊州名士韓嵩·鄧義等.○

○ 衛恒「四體書勢序」曰, "上谷王次仲善隸書, 始爲楷法. 至靈帝好書, 世多能者. 而師宜官爲最, 甚矜其能, 每書, 輒削焚其劄. 梁鵠乃益爲版而飮之酒, 候其醉而竊其劄, 鵠卒以攻書至選部尙書. 於是公欲爲洛陽令, 鵠以爲北部尉. 鵠後依劉表. 及荊州平, 公募求鵠, 鵠懼, 自縛詣門, 署軍假司馬, 使在秘書, 以勤書自效. 公嘗懸著帳中, 及以釘壁玩之, 謂勝宜官." 鵠字孟黃, 安定人. 魏宮殿題署, 皆鵠書也. 皇甫謐『逸士傳』曰, "汝南王儁, 字子文, 少爲范滂·許章所識, 與南陽岑晊善. 公之爲布衣, 特愛儁, 儁亦稱公有治世之具. 及袁紹與弟術喪母, 歸葬汝南, 儁與公會之, 會者三萬人. 公於外密語儁曰, '天下將亂, 爲亂魁者必此二人也. 欲濟天下, 爲百姓請命, 不先誅此二子, 亂今作矣.' 儁曰, '如卿之言, 濟天下者, 舍卿復誰?' 相對而笑. 儁爲人外靜而內明, 不應州郡三府之命. 公車徵, 不到, 避地居武陵, 歸儁者一百餘家. 帝之都許, 復徵爲尙書, 又不就. 劉表見紹強, 陰與紹通, 儁謂表曰, '曹公, 天下之雄也, 必能興霸道, 繼桓·文之功者也. 今乃釋近而就遠, 如有一朝之急, 遙望漠北之救, 不亦難乎?' 表不從. 儁年六十四, 以壽終于武陵, 公聞而哀傷. 及平荊州, 自臨江迎喪, 改葬於江陵, 表爲先賢也."

益州牧劉璋始受徵役, 遣兵給軍.

十二月, 孫權爲備攻合肥. 公自江陵征備, 至巴丘, 遣張憙救合肥. 權聞憙至, 乃走. 公至赤壁, 與備戰, 不利. 於是大疫, 吏士多死者, 乃引軍還. 備遂有荊州·江南諸郡.○

○『山陽公載記』曰, "公船艦爲備所燒, 引軍從華容道步歸, 遇泥濘, 道不通, 天又大風, 悉使羸兵負草塡之, 騎乃得過. 羸兵爲人馬所蹈藉, 陷泥中, 死者甚衆. 軍旣得出, 公大喜, 諸將問之, 公曰, '劉備, 吾儔也. 但得計少晚. 向使早放火, 吾徒無類矣.' 備尋亦放火而無所及." 孫盛異同評曰, 按「吳志」, "劉備先破公軍, 然後權攻合肥, 而此記云權先攻合肥, 後有赤壁之事. 二者不同, 吳志爲是."

十四年春三月, 軍至譙, 作輕舟, 治水軍.

秋七月, 自渦入淮, 出肥水, 軍合肥.

辛未, 令曰, "自頃已來, 軍數征行, 或遇疫氣, 吏士死亡不歸, 家室怨曠, 百姓流離, 而仁者豈樂之哉? 不得已也. 其令死者家無基業不能自存者, 縣官勿絕廩, 長吏存恤撫循, 以稱吾意." 置揚州郡縣長吏, 開芍陂屯田.

十二月, 軍還譙.

十五年春, 下令曰, "自古受命及中興之君, 曷嘗不得賢人君子與之共治天下者乎? 及其得賢也, 曾不出閭巷, 豈幸相遇哉? 上之人不求之耳. 今天下尙未定, 此特求賢之急時也. 孟公綽爲趙·魏老則優, 不可以爲滕·薛大夫. 若必廉士而後可用, 則齊桓其何以霸世? 今天下得無有被褐懷玉而釣于渭濱者乎? 又得無盜嫂受金而未遇無知者乎? 二三子其佐我明揚仄陋, 唯才是擧, 吾得而用之."

冬, 作銅雀臺.○

○『魏武故事』載公十二月己亥令曰, "孤始擧孝廉, 年少, 自以本非巖穴知名之士, 恐爲海內人之所見凡愚, 欲爲一郡守, 好作政教, 以建立名譽, 使世士明知之. 故在濟南, 始除殘去穢, 平心選擧, 違迕諸常侍. 以爲強豪所忿, 恐致家禍, 故以病還. 去官之後, 年紀尙少, 顧視同歲中, 年有五十, 未名爲老, 內自圖之, 從此却去二十年, 待天下淸, 乃與同歲中始擧者等耳. 故以四時歸鄕里, 於譙東五十里築精舍, 欲秋夏讀書, 冬春射獵, 求底下之地, 欲以泥水自蔽, 絕賓客往來之望, 然不能得如意. 後徵爲都尉, 遷典軍校尉, 意遂更欲爲國家討賊立功, 欲望封侯作征西將軍, 然後題墓道言'漢故征西將軍曹侯之墓', 此其志也. 而遭値董卓之難, 興擧義兵. 是時合兵能多得耳, 然常自損, 不欲多之. 所以然者, 多兵意盛, 與強敵爭, 倘更爲禍始. 故汴水之戰數千, 後還到揚州更募, 亦復不過三千人, 此其本志有限也. 後領兗州, 破降黃巾三十萬衆. 又袁術僭號於九江, 下皆稱臣, 名門曰建號門, 衣被皆爲天子之制, 兩婦預爭爲皇后. 志計已定, 人有勸術使遂卽帝位, 露布天下, 答言'曹公尙在, 未可也.' 後孤討禽其四將, 獲其人衆, 遂使術窮亡解沮, 發病而死. 及至袁紹據河北, 兵勢強盛, 孤自度勢, 實不敵之, 但計投死爲國, 以義滅身, 足垂於後. 幸而破紹, 梟其二子. 又劉表自以爲宗室, 包藏奸心, 乍前乍却, 以觀世事, 據有當州, 孤復定之, 遂平天下. 身爲宰相, 人臣之貴已極, 意望已過矣. 今孤言此, 若爲自大, 欲人言盡, 故無諱耳. 設使國家無有孤, 不知當幾人稱帝, 幾人稱王. 或者人見孤強盛, 又性不信天命之事, 恐私心相評, 言有不遜之志, 妄相忖度, 每用耿耿. 齊桓·晉文所以垂稱至今日者, 以其兵勢廣大, 猶能奉事周室也. 『論語』云'三分天下有其二, 以服事殷, 周之德可謂至德矣,' 夫能以大事小也. 昔樂毅走趙, 趙王欲與之圖燕, 樂毅伏而垂泣, 對曰, '臣事昭王, 猶事大王. 臣若獲戾, 放在他國, 沒世然後已, 不忍謀趙之徒隸, 況燕後嗣乎?' 胡亥之殺蒙恬也, 恬曰, '自吾先人及至子孫, 積信於秦三世矣. 今臣將兵三十餘萬, 其勢足以背叛, 然自知必死而守義者, 不敢辱先人之敎以忘先王也.' 孤每讀此二人書, 未嘗不愴然流涕也. 孤祖父以至孤身, 皆當親重之任, 可謂見信者矣, 以及子桓兄弟, 過于三世矣. 孤非徒對諸君說此也, 常以語妻妾, 皆令深知此意. 孤謂之言, '顧我萬年之後, 汝曹皆當出嫁, 欲令傳道我心, 使他人皆知之.' 孤此言皆肝鬲之要也. 所以勤勤懇懇敍心腹者, 見周公有金縢之書以自明, 恐人不信之故. 然欲孤便爾委捐所典兵衆以還執事, 歸就武平侯國, 實不可也. 何者? 誠恐已離兵爲人所禍也. 旣爲子孫計, 又己敗則國家傾危, 是以不得慕虛名而處實禍, 此所不得爲也. 前朝恩封三子爲侯, 固辭不受, 今更欲受之, 非欲復以爲榮, 欲以爲外援, 爲萬安計. 孤聞介推之避晉封, 申胥之逃楚賞, 未嘗不舍書而歎, 有以自省也. 奉國威靈, 仗鉞征伐, 推弱以克強, 處小而禽大, 意之所圖, 動無違事, 心之所慮, 何向不濟, 遂蕩平天下, 不辱主命, 可謂天助漢室, 非人力也. 然封兼四縣, 食戶三萬, 何德堪之? 江湖未靜, 不可讓位, 至於邑土, 可得而辭. 今上還陽夏·柘·苦三縣戶二萬, 但食武平萬戶, 且以分損謗議, 少減孤之責也."

十六年春正月,○ 天子命公世子丕爲五官中郎將, 置官屬, 爲丞相副. 太原商曜等以大陵叛, 遣夏侯淵·徐晃圍破之. 張魯據漢中, 三月, 遣鍾繇討之. 公使淵等出河東與繇會.

○『魏書』曰, "庚辰, 天子報, '減戶五千, 分所讓三縣萬五千封三子, 植爲平原侯, 據爲范陽侯, 豹爲饒陽侯, 食邑各五千戶.'"

是時關中諸將疑繇欲自襲, 馬超遂與韓遂·楊秋·李堪·成宜等叛. 遣曹仁討之, 超等屯潼關. 公敕諸將. "關西兵精悍, 堅壁勿與戰."

秋七月, 公西征,○1) 與超等夾關而軍. 公急持之, 而潛遣徐晃·朱靈等夜渡蒲阪津, 據河西爲營. 公自潼關北渡, 未濟, 超赴船急戰. 校尉丁斐因放牛馬以餌賊, 賊亂取牛馬, 公乃得渡,○2) 循河爲甬道而南.

○1) 『魏書』曰, "議者多言, '關西兵強, 習長矛, 非精選前鋒, 則不可以當也.' 公謂諸將曰, '戰在我, 非在賊也. 賊雖習長矛, 將使不得以刺, 諸君但觀之耳.'"

○2) 『曹瞞傳』曰, "公將過河, 前隊適渡, 超等奄至, 公猶坐胡床不起. 張郃等見事急, 共引公入船. 河水急, 比渡, 流四五里, 超等騎追射之, 矢下如雨. 諸將見軍敗, 不知公所在, 皆惶懼, 至見, 乃悲喜, 或流涕. 公大笑曰, '今日幾爲小賊所困乎!'"

賊退, 拒渭口, 公乃多設疑兵, 潛以舟載兵入渭, 爲浮橋, 夜, 分兵結營於渭南. 賊夜攻營, 伏兵擊破之. 超等屯渭南, 遣信求割河以西請和, 公不許.

九月, 進軍渡渭.○ 超等數挑戰, 又不許.

○『曹瞞傳』曰, "時公軍每渡渭, 輒爲超騎所沖突, 營不得立, 地又多沙, 不可築壘. 婁子伯說公曰, '今天寒, 可起沙爲城, 以水灌之, 可一夜而成.' 公從之, 乃多作縑囊以運水, 夜渡兵作城, 比明, 城立, 由是公軍盡得渡渭. 或疑于時九月, 水未應凍."

臣松之按『魏書』, "公軍八月至潼關, 閏月北渡河," 則其年閏八月也, 至此容可大寒邪?

固請割地, 求送任子, 公用賈詡計, 僞許之. 韓遂請與公相見, 公與遂父同歲孝廉, 又與遂同時儕輩, 於是交馬語移時, 不及軍事, 但說京都舊故, 拊手歡笑. 既罷, 超等問遂, '公何言?' 遂曰, '無所言也.' 超等疑之.○

○『魏書』曰, "公後日復與遂等會語, 諸將曰, '公與虜交語, 不宜輕脫, 可爲木行馬以爲防遏.'

公然之. 賊將見公, 悉于馬上拜, 秦·胡觀者, 前後重沓, 公笑謂賊曰, '汝欲觀曹公邪? 亦猶人也, 非有四目兩口, 但多智耳.' 胡前後大觀. 又列鐵騎五千爲十重陳, 精光耀日, 賊益震懼."

他日, 公又與遂書, 多所點竄, 如遂改定者, 超等愈疑遂. 公乃與克日會戰, 先以輕兵挑之, 戰良久, 乃縱虎騎夾擊, 大破之, 斬成宜·李堪等. 遂·超等走涼州, 楊秋奔安定, 關中平. 諸將或問公曰, "初, 賊守潼關, 渭北道缺, 不從河東擊馮翊而反守潼關, 引日而後北渡, 何也?" 公曰, "賊守潼關, 若吾入河東, 賊必引守諸津, 則西河未可渡, 吾故盛兵向潼關. 賊悉衆南守, 西河之備虛, 故二將得擅取西河. 然後引軍北渡, 賊不能與吾爭西河者, 以有二將之軍也. 連車樹柵, 爲甬道而南,○ 旣爲不可勝, 且以示弱. 渡渭爲堅壘, 虜至不出, 所以驕之也. 故賊不爲營壘而求割地. 吾順言許之, 所以從其意, 使自安而不爲備, 因畜士卒之力, 一旦擊之, 所謂疾雷不及掩耳, 兵之變化, 固非一道也." 始, 賊每一部到, 公輒有喜色. 賊破之後, 諸將問其故. 公答曰, "關中長遠, 若賊各依險阻, 征之, 不一二年不可定也. 今皆來集, 其衆雖多, 莫相歸服, 軍無適主, 一擧可滅, 爲功差易, 吾是以喜."

○ 臣松之案, 漢高祖二年, 與楚戰滎陽京·索之間, 築甬道屬河以取敖倉粟. 應劭曰, "恐敵鈔輜重, 故築垣牆如街巷也." 今魏武不築垣牆, 但連車樹柵以扞兩面.

冬十月, 軍自長安北征楊秋, 圍安定. 秋降, 復其爵位, 使留撫其民人.○

○『魏略』曰, "楊秋, 黃初中遷討寇將軍, 位特進, 封臨涇侯, 以壽終."

十二月, 自安定還, 留夏侯淵屯長安.

十七年春正月, 公还鄴. 天子命公"贊拜不名, 入朝不趨, 劍履上殿," 如蕭何故事. 馬超餘衆梁興等屯藍田, 使夏侯淵擊平之. 割河內之蕩陰·朝歌·林慮, 東郡之衛國·頓丘·東武陽·發干, 鉅鹿之癭陶·曲周·南和, 廣平之任城, 趙之襄國·邯鄲·易陽以益魏郡.

冬十月, 公征孫權.

十八年春正月, 進軍濡須口, 攻破權江西營, 獲權都督公孫陽, 乃引軍還. 詔書並十四州, 復爲九州. 夏四月, 至鄴.

五月丙申, 天子使御史大夫郗慮持節策命公爲魏公○

○『續漢書』曰, "慮字鴻豫, 山陽高平人. 少受業於鄭玄, 建安初爲侍中." 虞溥『江表傳』曰, "獻帝嘗特見慮及少府孔融, 問融曰, '鴻豫何所優長?' 融曰, '可與適道, 未可與權.' 慮擧笏曰, '融昔宰北海, 政散民流, 其權安在也?' 遂與融互相長短, 以至不睦. 公以書和解之. 慮從光祿勳遷爲大夫."

曰, "朕以不德, 少遭愍凶, 越在西土, 遷於唐·衛. 當此之時, 若綴旒然,○1) 宗廟乏祀, 社稷無位. 群凶覬覦, 分裂諸夏, 率土之民, 朕無獲焉, 卽我高祖之命將墜於地. 朕用夙興假寐, 震悼於厥心, 曰, '惟祖惟父, 股肱先正,○2) 其孰能恤朕躬?' 乃誘天衷, 誕育丞相, 保乂我皇家, 弘濟於艱難, 朕實賴之. 今將授君典禮, 其敬聽朕命."

○1)『公羊傳』曰, "君若贅旒然." 何休云, "贅猶綴也. 旒, 旂旒也. 以旒譬者, 言爲下所執持東西也."

○2)「文侯之命」曰, "亦惟先正." 鄭玄云, "先正, 先臣. 謂公卿大夫也."

昔者董卓初興國難, 群后釋位以謀王室,○ 君則攝進, 首啓戎行, 此君之忠於本朝也.

○『左氏傳』曰, "諸侯釋位以間王政." 服虔曰, "言諸侯釋其私政而佐王室."

後及黃巾反易天常, 侵我三州, 延及平民, 君又翦之以寧東夏, 此又君之功也.

韓暹·楊奉專用威命, 君則致討, 克黜其難, 遂遷許都, 造我京畿, 設官兆祀, 不失舊物, 天地鬼神於是獲乂, 此又君之功也.

袁術僭逆, 肆於淮南, 懾憚君靈, 用丕顯謀, 蘄陽之役, 橋蕤授首, 棱威南邁, 術以隕潰, 此又君之功也.

回戈東征, 呂布就戮, 乘轅將返, 張楊殂斃, 眭固伏罪, 張繡稽服, 此又君之功也.

袁紹逆亂天常, 謀危社稷, 憑恃其衆, 稱兵內侮, 當此之時, 王師寡弱, 天下寒心, 莫有固志, 君執大節, 精貫白日, 奮其武怒, 運其神策, 致屆官渡, 大殲醜類,○ 俾我国家拯于危坠, 此又君之功也.

○『詩』曰, "致天之屆, 于牧之野." 鄭玄云, "屆, 極也."「鴻範」曰, "鯀則殛死."

濟師洪河, 拓定四州, 袁譚·高幹, 咸梟其首, 海盜奔迸, 黑山順軌, 此又君之功也.

烏丸三種, 崇亂二世, 袁尚因之, 逼據塞北, 束馬縣車, 一征而滅, 此又君之功也.

劉表背誕, 不供貢職, 王師首路, 威風先逝, 百城八郡, 交臂屈膝, 此又君之功也.

馬超·成宜, 同惡相濟, 濱據河·潼, 求逞所欲, 殄之渭南, 獻馘萬計, 遂定邊境, 撫和戎狄, 此又君之功也.

鮮卑·丁零, 重譯而至, 單于箄于·白屋, 請吏率職, 此又君之功也.

君有定天下之功, 重之以明德, 班叙海內, 宣美風俗, 旁施勤教, 恤慎刑獄, 吏無苛政, 民無懷慝. 敦崇帝族, 表繼絕世, 舊德前功, 罔不咸秩. 雖伊尹格于皇天, 周公光于四海, 方之蔑如也.

朕聞先王並建明德, 胙之以土, 分之以民, 崇其寵章, 備其禮物, 所以藩衛王室,左右厥世也.

其在周成, 管·蔡不靜, 懲難念功, 乃使邵康公賜齊太公履, 東至於海, 西至於河, 南至於穆陵, 北至於無棣, 五侯九伯, 實得征之, 世祚太師, 以表東海.

爰及襄王, 亦有楚人不供王職, 又命晉文登爲侯伯, 錫以二輅·虎賁·鈇鉞·秬鬯·弓矢, 大啓南陽, 世作盟主. 故周室之不壞, 繄二國是賴.

今君稱丕顯德, 明保朕躬, 奉答天命, 導揚弘烈, 綏爰九域, 莫不率俾,○ 功高於伊·周, 而賞卑於齊·晉, 朕甚恧焉. 朕以眇眇之身, 託於兆民之上, 永思厥艱, 若涉淵氷, 非君攸濟, 朕無任焉.

○「盘庚」曰, "綏爰有衆." 鄭玄曰, "爰, 於也, 安隱於其衆也."「君奭」曰, "海隅出日, 罔不率俾." 率, 循也. 俾, 使也. 四海之隅, 日出所照, 無不循度而可使也.

今以冀州之河東·河內·魏郡·趙國·中山·常山·钜鹿·安平·甘陵·平原凡十郡, 封君爲魏公. 錫君玄土, 苴以白茅, 爰契爾龜, 用建冢社.

昔在周室, 畢公·毛公入爲卿佐, 周·邵師保出爲二伯, 外內之任, 君實宜之, 其以丞相領冀州牧如故.

又加君九錫, 其敬聽朕命. 以君經緯禮律, 爲民軌儀, 使安職業, 無或遷志, 是用錫君大輅·戎輅各一, 玄牡二駟.

君勸分務本, 穡人昏作,○ 粟帛滯積, 大業惟興, 是用錫君袞冕之服, 赤舄副焉.

○「盤庚」曰, "墮農自安, 不昏作勞." 鄭玄云, "昏, 勉也."

君敦尚謙讓, 俾民興行, 少長有禮, 上下咸和, 是用錫君軒縣之樂, 六佾之舞.

君翼宣風化, 爰發四方, 遠人革面, 華夏充實, 是用錫君朱戶以居.

君研其明哲, 思帝所難, 官才任賢, 群善必擧, 是用錫君納陛以登.

君秉國之鈞, 正色處中, 纖毫之惡, 靡不抑退, 是用錫君虎賁之士三百人.

君糾虔天刑, 章厥有罪,○ 犯關干紀, 莫不誅殛, 是用錫君鈇鉞各一.

○ "糾虔天刑"語出『國語』, 韋昭注曰, "糾, 察也. 虔, 敬也. 刑, 法也."

君龍驤虎視, 旁眺八維, 掩討逆節, 折衝四海, 是用錫君彤弓一, 彤矢百, 玈弓十, 玈矢千.

君以溫恭爲基, 孝友爲德, 明允篤誠, 感于朕思, 是用錫君秬鬯一卣, 珪瓚副焉.

魏國置丞相已下群卿百寮, 皆如漢初諸侯王之制. 往欽哉, 敬服朕命. 簡恤爾衆, 時亮庶功, 用終爾顯德, 對揚我高祖之休命.○

○ 後漢尙書左丞潘勖之辭也. 勖字元茂, 陳留中牟人. 『魏書』載公令曰, "夫受九錫, 廣開土宇, 周公其人也. 漢之異姓八王者, 與高祖俱起布衣, 創定王業, 其功至大, 吾何可比之? 前後三讓. 於是中軍師王陵·樹亭侯荀攸·前軍師東武亭侯鍾繇·左軍師涼茂·右軍師毛玠·平虜將軍華鄕侯劉勳·建武將軍淸苑亭侯劉若·伏波將軍高安侯夏侯惇·揚武將軍都亭侯王忠·奮威將軍樂鄕侯劉展·建忠將軍昌鄕亭侯鮮于輔·奮武將軍安國亭侯程昱·太中大夫都鄕侯賈詡·軍師祭酒千秋亭侯董昭·都亭侯薛洪·南鄕亭侯董蒙·關內侯王粲·傅巽·祭酒王選·袁渙·王朗·張承·任藩·杜襲·中護軍國明亭侯曹洪·中領軍萬歲亭侯韓浩·行驍騎將軍安平亭侯曹仁·領護軍將軍王圖·長史萬潛·謝奐·袁霸等勸進曰, '自古三代, 胙臣以土, 受命中興, 封秩輔佐, 皆所以褒功賞德, 爲國藩衛也. 往者天下崩亂, 群凶豪起, 顚越跋扈之險, 不可忍言. 明公奮身出命以徇其難, 誅二袁篡盜之逆, 滅黃巾賊亂之類, 殄夷首逆, 芟撥荒穢, 沐浴霜露二十餘年, 書契已來, 未有若此功者. 昔周公承文·武之跡, 受已成之業, 高枕墨筆, 拱揖群后, 商·奄之勤, 不過二年, 呂望因三分有二之形, 據八百諸侯之勢, 暫把旄鉞, 一時指麾, 然皆大啓土宇, 跨州兼國. 周公八子, 並爲侯伯, 白牡騂剛, 郊祀天地, 典策備物, 擬則王室, 榮章寵盛如此之弘也. 逮至漢興, 佐命之臣, 張耳·吳芮, 其功至薄, 亦連城開地, 南面稱孤. 此皆明君達主行之於上, 賢臣聖宰受之於下, 三代令典, 漢帝明制. 今比勞則周·呂逸, 計功則張·吳微, 論制則齊·魯重, 言地則長沙多. 然則魏國之封, 九錫之榮, 況於舊賞, 猶懷玉而被褐也. 且列侯諸將, 幸攀龍驥, 得竊微勞, 佩紫懷黃, 蓋以百數, 亦將因此傳之萬世, 而明公獨辭賞於上, 將使其下懷不自安, 上違聖朝歡心, 下失冠帶至望, 忘輔弼之大業, 信匹夫之細行, 攸等所大懼也." 於是公敕外爲章, 但受魏郡. 攸等復曰, "伏見魏國初封, 聖朝發慮, 稽謀群寮, 然後策命. 而明公久違上指, 不卽大禮. 今旣虔奉詔命, 副順衆望, 又欲辭多當少, 讓九受一, 是猶漢朝之賞不行, 而攸等之請未許也. 昔齊·魯之封, 奄有東海, 疆域井賦, 四百萬家, 基隆業廣, 易以立功, 故能成翼戴之勳, 立一匡之績. 今魏國雖有十郡之名, 猶減于曲阜, 計其戶數, 不能參半, 以藩衛王室, 立垣樹屛, 猶未足也. 且聖上覽亡秦無輔之禍, 懲曩日震蕩之艱, 託建忠賢, 廢墜是爲, 願明公恭承帝命, 無或拒違." 公乃受命. 『魏略』載公上書謝曰, "臣蒙先帝厚恩, 致位郎署, 受性疲怠, 意望畢足, 非敢希望高位, 庶幾顯達. 會董卓作亂, 義當死難, 故敢奮身出命, 摧鋒率衆, 遂値千載之運, 奉役目下. 當二袁炎沸侵侮之際, 陛下與臣寒心同憂, 顧瞻京師, 進受猛敵, 常恐君臣俱陷虎口, 誠不自意能全首領. 賴祖宗靈祐, 醜類夷滅, 得使微臣竊名其間. 陛下加恩, 授以上相, 封爵寵祿, 豐大弘厚, 生平之願, 實不望也. 口與心計, 幸且待罪, 保持列侯, 遺付子孫, 自託聖世, 永無憂責. 不意陛下乃發盛意, 開國備錫, 以貺愚臣, 地比齊·魯, 禮同藩王, 非臣無功所宜膺據. 歸情上聞, 不蒙聽許, 嚴詔切至, 誠使臣心俯仰逼迫. 伏自惟省, 列在大臣, 命制王室, 身非己有, 豈敢自私, 遂其愚意, 亦將黜退, 令就初服. 今奉疆土, 備數藩翰, 非敢遠期, 慮有後世. 至於父子相誓終身, 灰軀盡命, 報塞厚恩. 天威在顔, 悚懼受詔."

秋七月, 始建魏社稷宗廟. 天子聘公三女爲貴人, 少者待年于國.○

○『獻帝起居注』曰, "使使持節行太常大司農安陽亭侯王邑, 齎璧·帛·玄纁·絹五萬匹之鄴納聘, 介者五人, 皆以議郎行大夫事, 副介一人."

九月, 作金虎臺. 鑿渠, 引漳水, 入白溝, 以通河.

冬十月, 分魏郡爲東西部, 置都尉.

十一月, 初置尙書·侍中·六卿.○

○『魏氏春秋』曰, "以荀攸爲尙書令, 涼茂爲僕射, 毛玠·崔琰·常林·徐奕·何夔爲尙書, 王粲·杜襲·衛覬·和洽爲侍中."

馬超在漢陽, 復因羌·胡爲害, 氐王千萬叛應超, 屯興國. 使夏侯淵討之.

十九年春正月, 始耕籍田. 南安趙衢·漢陽尹奉等討超, 梟其妻子, 超奔漢中. 韓遂徙金城, 入氐王千萬部, 率羌·胡萬餘騎與夏侯淵戰, 擊, 大破之, 遂走西平. 淵與諸將攻興國, 屠之. 省安東·永陽郡.

安定太守毌丘興將之官, 公戒之曰, "羌·胡欲與中國通, 自當遣人來, 愼勿遣人往. 善人難得, 必將敎羌·胡妄有所請求, 因欲以自利. 不從便爲失異俗意, 從之則無益事." 興至, 遣校尉范陵至羌中, 陵果敎羌, 使自請爲屬國都尉. 公曰, "吾預知當爾, 非聖也, 但更事多耳."○

○『獻帝起居注』曰, "使行太常事大司農安陽亭侯王邑與宗正劉艾, 皆持節, 介者五人, 齎束帛駟馬, 及給事黃門侍郎·掖庭丞·中常侍二人, 迎二貴人于魏公國. 二月癸亥, 又於魏公宗廟授二貴人印綬. 甲子, 詣魏公宮延秋門, 迎貴人升車. 魏遣郎中令·少府·博士·御府乘黃廏令·丞相掾屬侍送貴人. 癸酉, 二貴人至洧倉中, 遣侍中丹將冗從虎賁前後駱驛往迎之. 乙亥, 二貴人入宮, 御史大夫·中二千石將大夫·議郎會殿中, 魏國二卿及侍中·中郎二人, 與漢公卿並升殿宴."

三月, 天子使魏公位在諸侯王上, 改授金璽, 赤紱·遠游冠.○

○『獻帝起居注』曰, "使左中郎將楊宣·亭侯裴茂持節·印授之."

秋七月, 公征孫權.○

○『九州春秋』曰,"參軍傅幹諫曰, '治天下之大具有二, 文與武也. 用武則先威, 用文則先德, 威德足以相濟, 而後王道備矣. 往者天下大亂, 上下失序, 明公用武攘之, 十平其九. 今未承王命者, 吳與蜀也, 吳有長江之險, 蜀有崇山之阻, 難以威服, 易以德懷. 愚以爲可且按甲寢兵, 息軍養士, 分土定封, 論功行賞, 若此則內外之心固, 有功者勸, 而天下知制矣. 然後漸興學校, 以導其善性而長其義節. 公神武震於四海, 若脩文以濟之, 則普天之下, 無思不服矣. 今擧十萬之衆, 頓之長江之濱, 若賊負固深藏, 則士馬不能逞其能, 奇變無所用其權, 則大威有屈而敵心未能服矣. 唯明公思虞舜舞干戚之義, 全威養德, 以道制勝.' 公不從, 軍遂無功. 幹字彥材, 北地人, 終於丞相倉曹屬. 有子曰玄."

初, 隴西宋建自稱河首平漢王, 聚衆枹罕, 改元, 置百官, 三十餘年. 遣夏侯淵自興國討之.

冬十月, 屠枹罕, 斬建, 凉州平. 公自合肥還.

十一月, 汉皇后伏氏坐昔與父故屯騎校尉完書, 云, "帝以董承被誅怨恨公," 辭甚醜惡, 發聞, 后廢黜死, 兄弟皆伏法.○

○『曹瞞傳』曰, "公遣華歆勒兵入宮收后, 后閉戶匿壁中. 歆壞戶發壁, 牽后出. 帝時與御史大夫郗慮坐, 后被髮徒跣過, 執帝手曰, '不能復相活邪?' 帝曰, '我亦不自知命在何時也.' 帝謂慮曰, '郗公, 天下寧有是邪?' 遂將后殺之, 完及宗族死者數百人."

十二月, 公至孟津. 天子命公置旄頭, 宮殿設鍾虡. 乙未, 令曰, "夫有行之士未必能進取, 進取之士未必能有行也. 陳平豈篤行, 蘇秦豈守信邪? 而陳平定漢業, 蘇秦濟弱燕. 由此言之, 士有偏短, 庸可廢乎? 有司明思此義, 則士無遺滯, 官無廢業矣." 又曰, "夫刑, 百姓之命也, 而軍中典獄者或非其人, 而任以三軍死生之事, 吾甚懼之. 其選明達法理者, 使持典刑.” 於是置理曹掾屬.

二十年春正月, 天子立公中女爲皇后. 省雲中·定襄·五原·朔方郡, 郡置一縣領其民, 合以爲新興郡.

三月, 公西征張魯, 至陳倉, 將自武都入氐. 氐人塞道, 先遣張郃·朱靈等攻破之.

夏四月, 公自陳倉以出散關, 至河池. 氐王竇茂衆萬餘人, 恃險不服.

五月, 公攻屠之. 西平·金城諸將麴演·蔣石等共斬送韓遂首.○

○『典略』曰, “遂字文約, 始與同郡邊章俱著名西州. 章爲督軍從事. 遂奉計詣京師, 何進宿聞其名, 特與相見, 遂說進使誅諸閹人, 進不從, 乃求歸. 會凉州宋揚·北宮玉等反, 擧章·遂爲主, 章尋病卒, 遂爲揚等所劫, 不得已, 遂阻兵爲亂, 積三十二年, 至是乃死, 年七十餘矣.” 劉艾『靈帝紀』曰, “章, 一名允.”

秋七月, 公至陽平. 張魯使弟衛與將楊昂等據陽平關, 横山築城十餘里, 攻之不能拔, 乃引軍還. 賊見大軍退, 其守備解散. 公乃密遣解?·高祚等乘險夜襲, 大破之, 斬其將楊任, 進攻衛, 衛等夜遁, 魯潰奔巴中. 公軍入南鄭, 盡得魯府庫珍寶.○ 巴·漢皆降. 復漢寧郡爲漢中. 分漢中之安陽·西城爲西城郡, 置太守. 分錫·上庸郡, 置都尉.

○『魏書』曰, “軍自武都山行千里, 升降險阻, 軍人勞苦. 公於是大饗, 莫不忘其勞.”

八月, 孫權圍合肥, 張遼·李典擊破之.

九月, 巴七姓夷王朴胡·賨邑侯杜濩擧巴夷·賨民來附.○1) 於是分巴郡, 以胡爲巴東太守, 濩爲巴西太守, 皆封列侯. 天子命公承制封拜諸侯守相.○2)

○1) 孫盛曰, "朴音浮. 濩音户."

○2) 孔衍『漢魏春秋』曰, "天子以公典任於外, 臨事之賞, 或宜速疾, 乃命公得承制封拜諸侯守相, 詔曰, '夫軍之大事, 在兹賞罰, 勸善懲惡, 宜不旋時, 故司馬法曰'賞不逾日'者, 欲民速睹爲善之利也. 昔在中興, 鄧禹入關, 承制拜軍祭酒李文爲河東太守, 來歙又承制拜高峻爲通路將軍, 察其本傳, 皆非先請, 明臨事刻印也, 斯則世祖神明, 權達損益, 蓋所用速示威懷而著鴻勳也. 其『春秋』之義, 大夫出疆, 有專命之事, 苟所以利社稷安國家而已. 况君秉任二伯, 師尹九有, 實征夷夏, 軍行藩甸之外, 失得在於斯須之間, 停賞俟詔以滯世務, 固非朕之所圖也. 自今已後, 臨事所甄, 當加寵號者, 其便刻印章假授, 咸使忠義得相奬勵, 勿有疑焉.'"

冬十月, 始置名號侯至五大夫, 與舊列侯·關内侯凡六等, 以賞軍功.○

○『魏書』曰, "置名號侯爵十八級, 關中侯爵十七級, 皆金印紫綬. 又置關外侯十六級, 銅印龜紐墨綬. 五大夫十五級, 銅印環紐, 亦墨綬, 皆不食租, 與舊列侯關内侯凡六等."

臣松之以爲今之虚封蓋自此始.

十一月, 魯自巴中將其餘衆降. 封魯及五子皆爲列侯. 劉備襲劉璋, 取益州, 遂據巴中. 遣張郃擊之.

十二月, 公自南鄭還, 留夏侯淵屯漢中.○

○是行也, 侍中王粲作五言诗以美其事曰,

從軍有苦樂,
但問所從誰.
所從神且武,
安得久勞師?
相公征關右,
赫怒振天威.

一擧滅獯虜,

再擧服羌夷.

西收邊地賊,

忽若俛拾遺.

陳賞越山嶽,

酒肉踰川坻.

軍中多饒飫,

人馬皆溢肥,

徒行兼乘還,

空出有餘資.

拓土三千里,

往反速如飛.

歌舞入鄴城,

所願獲無違.

二十一年春二月, 公還鄴.○

○『魏書』曰, "辛未, 有司以太牢告至, 策勳於廟, 甲午始春祠, 令曰, '議者以爲祠廟上殿當解履. 吾受錫命, 帶劒不解履上殿. 今有事於廟而解履, 是尊先公而替王命, 敬父祖而簡君主, 故吾不敢解履上殿也. 又臨祭就洗, 以手擬水而不盥. 夫盥以潔爲敬, 未聞擬而不盥之禮, 且'祭神如神在', 故吾親受水而盥也. 又降神禮訖, 下階就幕而立, 須奏樂畢竟, 似若不衎烈祖, 遲祭速訖也, 故吾坐俟樂闋送神乃起也. 受胙納袖以授侍中, 此爲敬恭不終實也, 古者親執祭事, 故吾親納於袖, 終抱而歸也. 仲尼曰'雖違衆, 吾從下', 誠哉斯言也.'"

三月壬寅, 公亲耕籍田.○

○『魏書』曰, "有司奏, '四時講武於農隙. 漢承秦制, 三時不講, 唯十月都試車馬, 幸長水南門, 會五營士爲八陳進退, 名曰乘之. 今金革未偃, 士民素習, 自今已後, 可無四時講武, 但以立秋擇吉日大朝車騎, 號曰治兵, 上合禮名, 下承漢制.' 奏可."

夏五月, 天子進公爵爲魏王.○ 代郡烏丸行單于普富盧與其侯王來朝. 天子命王女爲公主, 食湯沐邑.

○『獻帝傳』載詔曰, “自古帝王, 雖號稱相變, 爵等不同, 至乎褒崇元勳, 建立功德, 光啓氏姓, 延於子孫, 庶姓之與親, 豈有殊焉. 昔我聖祖受命, 創業肇基, 造我區夏, 鑑古今之制, 通爵等之差, 盡封山川以立藩屛, 使異姓親戚, 並列土地, 據國而王, 所以保乂天命, 安固萬嗣. 歷世承平, 臣主無事. 世祖中興而時有難易, 是以曠年數百, 無異姓諸侯王之位. 朕以不德, 繼序弘業, 遭率土分崩, 群凶縱毒, 自西徂東, 辛苦卑約. 當此之際, 唯恐溺入于難, 以羞先帝之聖德. 賴皇天之靈, 俾君秉義奮身, 震迅神武, 捍朕于艱難, 獲保宗廟, 華夏遺民, 含氣之倫, 莫不蒙焉. 君勤過稷·禹, 忠侔伊·周, 而掩之以謙讓, 守之以彌恭, 是以往者初開魏國, 錫君土宇, 懼君之違命, 慮君之固辭, 故且懷志屈意, 封君爲上公, 欲以欽順高義, 須侯勳績. 韓遂·宋建, 南結巴·蜀, 群逆合從, 圖危社稷, 君復命將, 龍驤虎奮, 梟其元首, 屠其窟棲. 曁至西征, 陽平之役, 親擐甲胄, 深入險阻, 芟夷蝥賊, 殄其凶醜, 蕩定西陲, 懸旌萬里, 聲教遠振, 寧我區夏. 蓋唐·虞之盛, 三后樹功, 文·武之興, 旦·奭作輔, 二祖成業, 英豪佐命. 夫以聖哲之君, 事爲己任, 猶錫土班瑞以報功臣, 豈有如朕寡德, 仗君以濟, 而賞典不豐, 將何以答神祇慰萬方哉? 今進君爵爲魏王, 使使持節行御史大夫·宗正劉艾奉策璽玄土之社, 苴以白茅, 金虎符第一至第五, 竹使符第一至十. 君其正王位, 以丞相領冀州牧如故. 其上魏公璽綬符冊. 敬服朕命, 簡恤爾衆, 克綏庶績, 以揚我祖宗之休命.” 魏王上書三辭, 詔三報不許. 又手詔曰, “大聖以功德爲高美, 以忠和爲典訓, 故創業垂名, 使百世可希, 行道制義, 使力行可效, 是以勳烈無窮, 休光茂著. 稷·契載元首之聰明, 周·邵因文·武之智用, 雖經營庶官, 仰歎俯思, 其對豈有若君者哉?朕惟古人之功, 美之如彼, 思君忠勤之績, 茂之如此, 是以每將鏤符析瑞, 陳禮命冊, 寤寐慨然, 自忘守文之不德焉. 今君重違朕命, 固辭懇切, 非所以稱朕心而訓後世也. 其抑志撙節, 勿復固辭.”「四體書勢序曰」, “梁鵠以公爲北部尉.”『曹瞞傳』曰, “爲尙書右丞司馬建公所擧.” 及公爲王, 召建公到鄴, 與歡飮, 謂建公曰, “孤今日可復作尉否?” 建公曰, “昔擧大王時, 適可作尉耳.” 王大笑. 建公名防, 司馬宣王之父.

臣松之案『司馬彪序傳』, 建公不爲右丞, 疑此不然, 而王隱『晉書』云, “趙王簒位, 欲尊祖爲帝, 博士馬平議稱京兆府君昔擧魏武帝爲北部尉, 賊不犯界.” 如此則爲有徵.

秋七月, 匈奴南單于呼厨泉將其名王來朝, 待以客禮, 遂留魏, 使右賢王去卑監其國.

八月, 以大理鍾繇爲相國.○

○『魏書』曰, "始置奉常宗正官."

冬十月, 治兵,○ 遂征孫權,

○『魏書』曰, "王親執金鼓以令進退."

十一月至譙.

二十二年春正月, 王軍居巢.

二月, 進軍屯江西郝谿. 權在濡須口築城拒守, 遂逼攻之, 權退走.

三月, 王引軍還, 留夏侯惇·曹仁·張遼等屯居巢.

夏四月, 天子命王設天子旌旗, 出入稱警蹕.

五月, 作泮宮.

六月, 以軍師華歆爲御史大夫.○

○『魏書』曰, "初置衛尉官. 秋八月, 令曰, '昔伊摯·傅說出於賤人, 管仲, 桓公賊也, 皆用之以興. 蕭何·曹參, 縣吏也, 韓信·陳平負汙辱之名, 有見笑之恥, 卒能成就王業, 聲著千載. 吳起貪將, 殺妻自信, 散金求官, 母死不歸, 然在魏, 秦人不敢東向, 在楚則三晉不敢南謀. 今天下得無有至德之人放在民間, 及果勇不顧, 臨敵力戰. 若文俗之吏, 高才異質, 或堪爲將守,負汙辱之名, 見笑之行, 或不仁不孝而有治國用兵之術, 其各擧所知, 勿有所遺.'"

冬十月, 天子命王冕十有二旒, 乘金根車, 駕六馬, 設五時副車, 以五官中郎將丕爲魏太子.

劉備遣張飛·馬超·吳蘭等屯下辯, 遣曹洪拒之.

二十三年春正月, 漢太醫令吉本與少府耿紀·司直韋晃等反, 攻許, 燒丞相長史王必營,○1) 必與潁川典農中郎將嚴匡討斬之.○2)

○1)『魏武故事』載令曰, "領長史王必, 是吾披荊棘時吏也. 忠能勤事, 心如鐵石, 國之良吏也. 蹉跌久未辟之, 舍騏驥而弗乘, 焉遑遑而更求哉? 故敎辟之, 已署所宜, 便以領長史統事如故."

○2)『三輔決錄』注曰, "時有京兆金禕字德禕, 自以世爲漢臣, 自日磾討莽何羅, 忠誠顯著, 名節累葉. 睹漢祚將移, 謂可季興, 乃喟然發憤, 遂與耿紀·韋晃·吉本·本子邈·邈弟穆等結謀. 紀字季行, 少有美名, 爲丞相掾, 王甚敬異之, 遷侍中, 守少府. 邈字文然, 穆字思然, 以禕慷慨有日磾之風, 又與王必善, 因以間之, 若殺必, 欲挾天子以攻魏, 南援劉備. 時關羽強盛, 而王在鄴, 留必典兵督許中事. 文然等率雜人及家僮千餘人夜燒門攻必, 禕遣人爲內應, 射必中肩. 必不知攻者爲誰, 以素與禕善, 走投禕, 夜喚'德禕', 禕家不知是必, 謂爲文然等, 錯應曰, '王長史已死乎? 卿曹事立矣?' 必乃更他路奔. 一曰, 必欲投禕, 其帳下督謂必曰, '今日事竟知誰門而投入乎?' 扶必奔南城. 會天明, 必猶在, 文然等衆散, 故敗. 後十餘日, 必竟以創死."『獻帝春秋』曰, "收紀·晃等, 將斬之, 紀呼魏王名曰, '恨吾不自生意, 竟爲群兒所誤耳!' 晃頓首搏頰, 以至於死."『山陽公載記』曰, "王聞王必死, 盛怒, 召漢百官詣鄴, 令救火者左, 不救火者右. 衆人以爲救火者必無罪, 皆附左. 王以爲'不救火者非助亂, 救火乃實賊也.' 皆殺之."

曹洪破吳蘭, 斬其將任夔等. 三月, 張飛·馬超走漢中, 陰平氐強端斬吳蘭, 傳其首.

夏四月, 代郡·上谷烏丸無臣氐等叛, 遣鄢陵侯彰討破之.○

○『魏書』載王令曰, "去冬天降疫癘, 民有凋傷, 軍興於外, 墾田損少, 吾甚憂之. 其令吏民男女, '女年七十已上無夫子, 若年十二已下無父母兄弟, 及目無所見, 手不能作, 足不能行, 而無妻子父兄産業者, 廩食終身. 幼者至十二止, 貧窮不能自贍者, 隨口給貸. 老耄須待養者, 年九十已上, 復不事, 家一人.'"

六月, 令曰, "古之葬者, 必居瘠薄之地. 其規西門豹祠西原上爲壽陵, 因高爲基, 不封不樹. 周禮冢人掌公墓之地, 凡諸侯居左右以前, 卿大夫居後, 漢制亦謂之陪陵. 其公卿大臣列將有功者, 宜陪壽陵, 其廣爲兆域, 使足相容."

秋七月, 治兵, 遂西征劉備.

九月, 至長安.

冬十月, 宛守將侯音等反, 執南陽太守, 劫略吏民, 保宛. 初, 曹仁討關羽, 屯樊城, 是月使仁圍宛.

二十四年春正月, 仁屠宛, 斬音.○ 夏侯淵與劉備戰於陽平, 爲備所殺.

○『曹瞞傳』曰, "是時南陽間苦繇役, 音於是執太守東里袞, 與吏民共反, 與關羽連和. 南陽功曹宗子卿往說音曰, '足下順民心, 擧大事, 遠近莫不望風. 然執郡將, 逆而無益, 何不遣之. 吾與子共戮力, 比曹公軍來, 關羽兵亦至矣.' 音從之, 卽釋遣太守. 子卿因夜逾城亡出, 遂與太守收餘民圍音, 會曹仁軍至, 共滅之."

三月, 王自長安出斜谷, 軍遮要以臨漢中, 遂至陽平. 備因險拒守.○

○『九州春秋』曰, "時王欲還, 出令曰'雞肋', 官屬不知所謂. 主簿楊脩便自嚴裝, 人驚問脩, '何以知之?' 脩曰, '夫雞肋, 棄之如可惜, 食之無所得, 以比漢中, 知王欲還也.'"

夏五月, 引軍還長安.

秋七月, 以夫人卞氏爲王后. 遣于禁助曹仁擊關羽. 八月, 漢水溢, 灌禁軍, 軍沒, 羽獲禁, 遂圍仁. 使徐晃救之.

九月, 相國鍾繇坐西曹掾魏諷反免.○

○『世語』曰, "諷字子京, 沛人, 有惑衆才, 傾動鄴都, 鍾繇由是辟焉. 大軍未反, 諷潛結徒黨, 又與長樂衛尉陳褘謀襲鄴. 未及期, 褘懼, 告之太子, 誅諷, 坐死者數十人." 王昶「家誡」曰, '濟陰魏諷', 而此云沛人, 未詳.

冬十月, 軍還洛陽.○1) 孫權遣使上書, 以討關羽自效. 王自洛陽南征羽, 未至, 晃攻羽, 破之, 羽走, 仁圍解. 王軍摩陂.○2)

○1)『曹瞞傳』曰, "王更脩治北部尉廨, 令過于舊."

○2)『魏略』曰, "孫權上書稱臣, 稱說天命. 王以權書示外曰, '是兒欲踞吾著爐火上邪!' 侍中陳群·尙書桓階奏曰, '漢自安帝已來, 政去公室, 國統數絕, 至於今者, 唯有名號, 尺土一民, 皆非漢有, 期運久已盡, 歷數久已終, 非適今日也. 是以桓·靈之間, 諸明圖緯者, 皆言'漢行氣盡, 黃家當興'. 殿下應期, 十分天下而有其九, 以服事漢, 群生注望, 遐邇怨歎, 是故孫權在遠稱臣, 此天人之應, 異氣齊聲. 臣愚以爲虞·夏不以謙辭, 殷·周不吝誅放, 畏天知命, 無所與讓也.'" 『魏氏春秋』曰, "夏侯惇謂王曰, '天下咸知漢祚已盡, 異代方起. 自古已來, 能除民害爲百姓所歸者, 卽民主也. 今殿下卽戎三十餘年, 功德著於黎庶, 爲天下所依歸, 應天順民, 復何疑哉?' 王曰, "施于有政, 是亦爲政'. 若天命在吾, 吾为周文王矣.'" 『曹瞞傳』及『世語』並云桓階勸王正位, 夏侯惇以爲宜先滅蜀, 蜀亡則吳服, 二方既定, 然後遵舜·禹之軌, 王從之. 及至王薨, 惇追恨前言, 發病卒. 孫盛評曰, "夏侯惇恥爲漢官, 求受魏印, 桓階方惇, 有義直之節. 考其傳記, 『世語』爲妄矣."

二十五年春正月, 至洛陽. 權擊斬羽, 傳其首.

庚子, 王崩于洛陽, 年六十六.○1) 遺令曰, "天下尙未安定, 未得遵古也. 葬畢, 皆除服. 其將兵屯戍者, 皆不得離屯部. 有司各率乃職. 斂以時服, 無藏金玉珍寶." 謚曰武王. 二月丁卯, 葬高陵.○2)

○1) 『世語』曰, "太祖自漢中至洛陽, 起建始殿, 伐濯龍祠而樹血出." 『曹瞞傳』曰, "王使工蘇越徙美梨, 掘之, 根傷盡出血. 越白狀, 王躬自視而惡之, 以爲不祥, 還遂寢疾."

○2) 『魏書』曰, "太祖自統御海内, 芟夷群醜, 其行軍用師, 大較依孫·吳之法, 而因事設奇, 譎敵制勝, 變化如神. 自作『兵書』十萬餘言, 諸將征伐, 皆以新書從事. 臨事又手爲節度, 從令者克捷, 違教者負敗. 與虜對陳, 意思安閒, 如不欲戰, 然及至决機乘勝, 氣勢盈溢, 故每戰必克, 軍無幸勝. 知人善察, 難眩以僞, 拔于禁·樂進於行陳之間, 取張遼·徐晃於亡虜之內, 皆佐命立功, 列爲名將. 其餘拔出細微, 登爲牧守者, 不可勝數. 是以創造大業, 文武並施, 御軍三十餘年, 手不舍書, 晝則講武策, 夜則思經傳, 登高必賦, 及造新詩, 被之管弦, 皆成樂章. 才力絕人, 手射飛鳥, 躬禽猛獸, 嘗于南皮一日射雉獲六十三頭. 及造作宮室, 繕治器械, 無不爲之法則, 皆盡其意. 雅性節儉, 不好華麗, 後宮衣不錦繡, 侍御履不二采, 帷帳屛風, 壞則補納, 茵蓐取溫, 無有緣飾. 攻城拔邑, 得美麗之物, 則悉以賜有功, 勳勞宜賞, 不吝千金, 無功望施, 分毫不與, 四方獻御, 與群下共之. 常以送終之制, 襲稱之數, 繁而無益, 俗又過之, 故預自制終亡衣服, 四篋而已." 『傅子』曰, "太祖愍嫁取之奢僭, 公女適人, 皆以皂帳, 從婢不過十人." 張華『博物志』曰, "漢世, 安平崔瑗·瑗子寔·弘農張芝·芝弟昶並善草書, 而太祖亞之. 桓譚·蔡邕善音樂, 馮翊山子道·王九眞·郭凱等善圍棋, 太祖皆與埒能. 又好養性法, 亦解方藥, 招引方術之士, 廬江左慈·譙郡華佗·甘陵甘始·陽城郤儉無不畢至, 又習啖野葛至一尺, 亦得少多飮鴆酒." 『傅子』曰, "漢末王公, 多委王服, 以幅巾爲雅, 是以袁紹·崔鈞之徒, 雖爲將帥, 皆著縑巾. 魏太祖以天下凶荒, 資財乏匱, 擬古皮弁, 裁縑帛以爲帢, 合于簡易隨時之義, 以色別其貴賤, 于今施行, 可謂軍容, 非國容也." 『曹瞞傳』曰, "太祖爲人佻易無威重, 好音樂, 倡優在側, 常以日達夕. 被服輕綃, 身自佩小鞶囊, 以盛手巾細物, 時或冠帢帽以見賓客. 每與人談論, 戲弄言誦, 盡無所隱, 及歡悅大笑, 至以頭沒杯案中, 肴膳皆沾汙巾幘, 其輕易如此. 然持法峻刻, 諸將有計畫勝出己者, 隨以法誅之, 及故人舊怨, 亦皆無餘. 其所刑殺, 輒對之垂涕嗟痛之, 終無所活. 初, 袁忠爲沛相, 嘗欲以法治太祖, 沛國桓邵亦輕之, 及在兗州, 陳留邊讓言議頗侵太祖, 太祖殺讓, 族其家, 忠·邵俱避難交州, 太祖遣使就太守士燮盡族之. 桓邵得出首, 拜謝於庭中, 太祖謂曰, '跪可解死邪?' 遂殺之.

常出軍, 行經麥中, 令'士卒無敗麥, 犯者死.' 騎士皆下馬, 付麥以相持, 於是太祖馬騰入麥中, 敕主簿議罪. 主簿對以『春秋』之義, 罰不加於尊. 太祖曰, '制法而自犯之, 何以帥下? 然孤爲軍帥, 不可自殺, 請自刑.' 因援劒割發以置地. 又有幸姬常從晝寢, 枕之臥, 告之曰, '須臾覺我.' 姬見太祖臥安, 未卽寤, 及自覺, 棒殺之. 常討賊, 廩穀不足, 私謂主者曰, '如何?' 主者曰, '可以小斛以足之.' 太祖曰, '善.' 後軍中言太祖欺衆, 太祖謂主者曰, '特當借君死以厭衆, 不然事不解.' 乃斬之, 取首題徇曰, '行小斛, 盜官穀, 斬之軍門.' 其酷虐變詐, 皆此類也."

評曰, 漢末, 天下大亂, 雄豪並起, 而袁紹虎視四州, 強盛莫敵. 太祖運籌演謀, 鞭撻宇內, 攬申·商之法術, 該韓·白之奇策, 官方授材, 各因其器, 矯情任算, 不念舊惡, 終能總御皇機, 克成洪業者, 惟其明略最優也. 抑可謂非常之人, 超世之傑矣.

卷二
魏志二

文帝紀

高祖 文皇帝 曹丕

文皇帝諱丕, 字子桓, 武帝太子也. 中平四年冬, 生于譙.○

○『魏書』曰, "帝生時, 有雲氣青色而圜如車蓋當其上, 終日, 望氣者以爲至貴之證, 非人臣之氣. 年八歲, 能屬文. 有逸才, 遂博貫古今經傳諸子百家之書. 善騎射, 好擊劒. 擧茂才, 不行."『獻帝起居注』曰, "建安十三年, 爲司徒趙溫所辟. 太祖表'溫辟臣子弟, 選擧故不以實.' 使侍中守光祿勳郗慮持節奉策免溫官."

建安十六年, 爲五官中郎將·副丞相.

二十二年, 立爲魏太子.○1) 太祖崩, 嗣位爲丞相·魏王.○2) 尊王后曰王太后. 改建安二十五年爲延康元年.

○1)『魏略』曰, "太祖不時立太子, 太子自疑. 是時有高元呂者, 善相人, 乃呼問之, 對曰, '其貴乃不可言.' 問, '壽幾何?' 元呂曰, '其壽, 至四十當有小苦, 過是無憂也.' 後無幾而立爲王太子, 至年四十而薨."

○2) 袁宏『漢紀』載漢帝詔曰, "魏太子丕, 昔皇天授乃顯考以翼我皇家, 遂攘除群凶, 拓定九州, 弘功茂績, 光於宇宙, 朕用垂拱負扆二十有餘載. 天不憖遺一老, 永保余一人, 早世潛神,哀悼傷切. 丕奕世宣明, 宜秉文武, 紹熙前緒. 今使使持節御史大夫華歆奉策詔授丕丞相印綬·魏王璽紱, 領冀州牧. 方今外有遺虜, 遐夷未賓, 旗鼓猶在邊境, 干戈不得韜刃, 斯乃播揚洪烈, 立功垂名之秋也. 豈得脩諒闇之禮, 究曾·閔之志哉? 其敬服朕命, 抑弭憂懷, 旁祗厥緒, 時亮庶功, 以稱朕意. 於戲, 可不勉與?"

元年二月○壬戌, 以大中大夫賈詡爲太尉, 御史大夫華歆爲相國, 大理王朗爲御史大夫. 置散騎常侍·侍郎各四人, 其宦人爲官者不得過諸署令. 爲金策著令, 藏之石室.

○『魏書』載「庚戌令」曰, "關津所以通商旅, 池苑所以禦災荒, 設禁重稅, 非所以便民. 其除池籞之禁, 輕關津之稅, 皆復什一." 辛亥, 賜諸侯王將相已下大將粟萬斛, 帛千匹, 金銀各有差等. 遣使者循行郡國, 有違理掊克暴虐者, 擧其罪.

初, 漢熹平五年, 黃龍見譙, 光祿大夫橋玄問太史令單颺, "此何祥也?" 颺曰, "其國後當有王者興, 不及五十年, 亦當復見. 天事恒象, 此其應也." 內黃殷登默而記之. 至四十五年, 登尙在. 三月, 黃龍見譙, 登聞之曰, "單颺之言, 其驗茲乎!"

○『魏書』曰, "王召見登, 謂之曰, '昔成風聞楚丘之繇而敬事季友, 鄧晨信少公之言而自納光武. 登以篤老, 服膺占術, 記識天道, 豈有是乎?' 賜登穀三百斛, 遣歸家."

已卯, 以前將軍夏侯惇爲大將軍. 濊貊·扶餘單于·焉耆·于闐王皆各遣使奉獻.○

○『魏書』曰, "丙戌, 令史官奏修重·黎·羲·和之職, 欽若昊天, 歷象日月星辰以奉天时."
臣松之案, 『魏書』有是言而不聞其職也. 「丁亥令」曰, "故尙書僕射毛玠·奉常王脩·涼茂·郎中令袁渙·少府謝奐·萬潛·中尉徐奕·國淵等, 皆忠直在朝, 履蹈仁義, 並早卽世, 而子孫陵遲, 惻然湣之, 其皆拜子男爲郎中."

夏四月丁巳, 饒安縣言白雉見.○1) 庚午, 大將軍夏侯惇薨.○2)

○1) 『魏書』曰, "賜饒安田租, 勃海郡百戶牛酒, 大酺三日. 太常以太牢祠宗廟."

○2) 『魏書』曰, "王素服幸鄴東城門發哀." 孫盛曰, "在禮, 天子哭同姓於宗廟門之外. 哭於城門, 失其所也."

五月戊寅, 天子命王追尊皇祖太尉曰太王, 夫人丁氏曰太王后, 封王子叡为武德侯.○1) 是月, 馮翊山賊鄭甘·王照率衆降, 皆封列侯.○2)

○1) 『魏略』曰, "以侍中鄭稱爲武德侯傅, 令曰, '龍淵·太阿出昆吾之金, 和氏之璧由井里之田. 礱之以砥礪, 錯之以他山, 故能致連城之價, 爲命世之寶. 學亦人之砥礪也. 稱篤學大儒, 勉以經學輔侯, 宜旦夕入侍, 曜明其志.'"

○2) 『魏書』曰, "初, 鄭甘·王照及盧水胡率其屬來降, 王得降書以示朝曰, '前欲有令吾討鮮卑者, 吾不從而降. 又有欲使吾及今秋討盧水胡者, 吾不聽, 今又降. 昔魏武侯一謀而當, 有自得之色, 見譏李悝. 吾今說此, 非自是也, 徒以爲坐而降之, 其功大於動兵革也.'"

酒泉黃華·張掖張進等各執太守以叛. 金城太守蘇則討進, 斬之. 華降.○

○ 華後爲兗州刺史, 見「王淩傳」.

六月辛亥, 治兵于東郊,○1) 庚午, 遂南征.○2)

○1) 『魏書』曰, "公卿相儀, 王御華蓋, 視金鼓之節."

○2) 『魏略』曰, "王將出征, 度支中郎將新平霍性上疏諫曰, '臣聞文王與紂之事, 是時天下括囊無咎, 凡百君子, 莫肯用訊. 今大王體則乾坤, 廣開四聰, 使賢愚各建所規. 伏惟先王功無與比, 而今能言之類, 不稱爲德. 故聖人曰'得百姓之歡心'. 兵書曰'戰, 危事也'. 是以六國力戰, 強秦承弊, 豳王不爭, 周道用興. 愚謂大王且當委重本朝而守其雌, 抗威虎臥, 功業可成. 而今創基, 便復起兵, 兵者凶器, 必有凶擾, 擾則思亂, 亂出不意. 臣謂此危, 危于累卵. 昔夏啓隱神三年, 易有'不遠而復', 論有'不憚改'. 誠願大王揆古察今, 深謀遠慮, 與三事大夫算其長短. 臣沐浴先王之遇, 又初改政, 復受重任, 雖知言觸龍鱗, 阿諛近福, 竊感所誦, 危而不持.' 奏通, 帝怒, 遣刺奸就考, 竟殺之. 既而悔之, 追原不及."

秋七月庚辰, 令曰, "軒轅有明臺之議, 放勳有衢室之問, 皆所以廣詢於下也.○ 百官有司, 其務以職盡規諫, 將率陳軍法, 朝士明制度, 牧守申政事, 縉紳考『六藝』, 吾將兼覽焉."

○『管子』曰, "黃帝立明臺之議者, 上觀於兵也, 堯有衢室之問者, 下聽於民也, 舜有告善之旌, 而主不蔽也, 禹立建鼓於朝, 而備訴訟也, 湯有總街之廷, 以觀民非也, 武王有靈臺之囿, 而賢者進也. 此古聖帝明王所以有而勿失, 得而勿忘也."

孫權遣使奉獻. 蜀將孟達率衆降. 武都氐王楊僕率種人內附, 居漢陽郡.○

○『魏略』載王自手筆令曰, "吾前遣使宣國威靈, 而達即來. 吾惟春秋褒儀父, 即封拜達, 使還領新城太守. 近復有扶老攜幼首向王化者. 吾聞夙沙之民自縛其君以歸神農, 豳國之衆繈負其子而入豐·鎬, 斯豈驅略迫脅之所致哉? 乃風化動其情而仁義感其衷, 歡心內發使之然也. 以此而推, 西南將萬里無外, 權·備將與誰守死乎?"

甲午, 軍次於譙, 大饗六軍及譙父老百姓於邑東.○

○『魏書』曰, "設伎樂百戲, 令曰, '先王皆樂其所生, 禮不忘其本. 譙, 霸王之邦, 眞人本出, 其復譙租稅二年.' 三老吏民上壽, 日夕而罷. 丙申, 親祠譙陵." 孫盛曰, "昔者先王之以孝治天下也, 內節天性, 外施四海, 存盡其敬, 亡極其哀, 思慕諒闇, 寄政冢宰, 故曰, '三年之喪, 自天子達於庶人.' 夫然, 故在三之義惇, 臣子之恩篤, 雍熙之化隆, 經國之道固, 聖人之所以通天地, 厚人倫, 顯至教, 敦風俗, 斯萬世不易之典, 百王服膺之制也. 是故喪禮素冠, 鄶人著庶見之譏, 宰予降期, 仲尼發不仁之歎, 子頹忘戚, 君子以爲樂禍, 魯侯易服, 春秋知其不終, 豈不以墜至痛之誠心, 喪哀樂之大節者哉? 故雖三季之末, 七雄之弊, 猶未有廢縗斬於旬朔之間, 釋麻杖於反哭之日者也. 逮於漢文, 變易古制, 人道之紀, 一旦而廢, 縗素奪於至尊, 四海散其遏密, 義感闕於群后, 大化墜於君親. 雖心存貶約, 慮在經綸, 至於樹德垂聲, 崇化變俗, 固以道薄於當年, 風頹於百代矣. 且武王載主而牧野不陳, 晉襄墨縗而三帥爲俘, 應務濟功, 服其焉害? 魏王既追漢制, 替其大禮, 處莫重之哀而設饗宴之樂, 居貽厥之始而墜王化之基, 及至受禪, 顯納二女, 忘其至恤以誣先聖之典, 天心喪矣, 將何以終?

是以知王齡之不遐, 卜世之期促也."

八月, 石邑縣言鳳皇集.

冬十一月癸卯, 令曰, "諸將征伐, 士卒死亡者或未收斂, 吾甚哀之. 其告郡國給槥櫝殯斂,○1) 送致其家, 官爲設祭."○2) 丙午, 行至曲蠡.

○1) 槥音衛.

○2) 『漢書』「高祖」「八月令」曰, "士卒從軍死, 爲槥." 應劭曰, "槥, 小棺也, 今謂之櫝." 應璩「百一詩」曰, "槥車在道路, 征夫不得休." 陸機「大墓賦」曰, "觀細木而悶遲, 睹洪櫝而念槥."

漢帝以衆望在魏, 乃召群公卿士,○1) 告祠高廟. 使兼御史大夫張音持節奉璽綬禪位, 冊曰, "咨爾魏王, 昔者帝堯禪位於虞舜, 舜亦以命禹, 天命不于常, 惟归有德. 汉道陵迟, 世失其序, 降及朕躬, 大乱兹昏, 群凶肆逆, 宇内顚覆. 賴武王神武, 拯兹難於四方, 惟淸區夏, 以保綏我宗廟, 豈予一人獲乂, 俾九服實受其賜. 今王欽承前緒, 光于乃德, 恢文武之大業, 昭爾考之弘烈. 皇靈降瑞, 人神告徵, 誕惟亮采, 師錫朕命, 僉曰爾度克協於虞舜, 用率我唐典, 敬遜爾位. 於戲! 天之歷数在爾躬, 允執其中, 天祿永終. 君其祗順大禮, 饗兹萬國, 以肅承天命."○2)

○1) 袁宏『漢紀』載漢帝詔曰, "朕在位三十有二載, 遭天下蕩覆, 幸賴祖宗之靈, 危而復存. 然仰瞻天文, 俯察民心, 炎精之數既終, 行運在乎曹氏. 是以前王既樹神武之績, 今王又光曜明德以應其期, 是歷數昭明, 信可知矣. 夫大道之行, 天下爲公, 選賢與能, 故唐堯不私於厥子, 而名播於無窮. 朕羨而慕焉, 今其追踵堯典, 禪位于魏王."

○2) 『獻帝傳』載禪代衆事曰, 左中郎將李伏表魏王曰, "昔先王初建魏國, 在境外者聞之未審, 皆以爲拜王. 武都李庶·姜合羇旅漢中, 謂臣曰, '必爲魏公, 未便王也. 定天下者, 魏公子桓, 神之所命, 當合符讖, 以應天人之位.' 臣以合辭語鎭南將軍張魯, 魯亦問合知書所出? 合曰, '孔子玉版也. 天子歷數, 雖百世可知.' 是後月餘, 有亡人來, 寫得冊文, 卒如合辭. 合長于內學, 關右知名. 魯雖有懷國之心, 沈溺異道變化, 不果寤合之言. 後密與臣議策質, 國人不協, 或欲西通, 魯卽怒曰, '寧爲魏公奴, 不爲劉備上客也.' 言發惻痛, 誠有由然. 合先迎王師, 往歲病亡於鄴. 自臣在朝, 每爲所親宣說此意, 時未有宜, 弗敢顯言. 殿下卽位初年, 禎祥衆瑞, 日月而至, 有命自天, 昭然著見. 然聖德洞達, 符表豫明, 實乾坤挺慶, 萬國作孚. 臣每慶賀, 欲言合驗. 事君盡禮, 人以爲諂. 况臣名行穢賤, 入朝日淺, 言爲罪尤, 自抑而已. 今洪澤被四表, 靈恩格天地, 海內翕習, 殊方歸服, 兆應並集, 以揚休命, 始終允臧. 臣不勝喜舞, 謹具表通." 王令曰, "以示外. 薄德之人, 何能致此, 未敢當也. 斯誠先王至德通於神明, 固非人力也."

魏王侍中劉廙·辛毗·劉曄·尚書令桓階·尚書陳矯·陳群·給事黃門侍郎王毖·董遇等言, "臣伏讀左中郎將李伏上事, 考圖緯之言, 以效神明之應, 稽之古代, 未有不然者也. 故堯稱歷數在躬, 璿璣以明天道. 周武未戰而赤烏銜書, 漢祖未兆而神母告符. 孝宣仄微, 字成木葉, 光武布衣, 名已勒讖. 是天之所命以著聖哲, 非有言語之聲, 芬芳之臭, 可得而知也, 徒縣象以示人, 微物以效意耳. 自漢德之衰, 漸染數世, 桓·靈之末, 皇極不建, 曁於大亂, 二十餘年. 天之不泯, 誕生明聖, 以濟其難, 是以符讖先著, 以彰至德. 殿下踐阼未期, 而靈象變於上, 群瑞應於下, 四方不羈之民, 歸心向義, 唯懼在後, 雖典籍所傳, 未若今之盛也. 臣妾遠近, 莫不鳧藻." 王令曰, "犁牛之駮似虎, 莠之幼似禾, 事有似是而非者, 今日是已. 睹斯言事, 良重吾不德." 於是尚書僕射宣告官寮, 咸使聞知.

辛亥, 太史丞許芝條魏代漢見讖緯于魏王曰, "『易傳』曰, '聖人受命而王, 黃龍以戊己日見.' 七月四日戊寅, 黃龍見, 此帝王受命之符瑞最著明者也. 又曰, '初六, 履霜, 陰始凝也.' 又有積蟲大穴天子之宮, 厥咎然, 今蝗蟲見, 應之也. 又曰, '聖人以德親比天下, 仁恩洽普, 厥應麒麟以戊己日至, 厥應聖人受命.' 又曰, '聖人淸淨行中正, 賢人福至民從命, 厥應麒麟來.' 『春秋漢含孳』曰, '漢以魏, 魏以徵.' 『春秋玉版讖』曰, '代赤者魏公子.' 『春秋佐助期』曰, '漢以許昌失天下.' 故白馬令李雲上事曰, '許昌氣見于當塗高, 當塗高者當昌於許.' 當塗高者, 魏也. 象魏者, 兩觀闕是也. 當道而高大者魏. 魏當代漢. 今魏基昌于許, 漢徵絕于許, 乃今效見, 如李雲之言, 許昌相應也. 『佐助期』又曰, '漢以蒙孫亡.' 說者以蒙孫漢二十四帝, 童蒙愚昏, 以弱亡. 或以雜文爲蒙其孫當失天下, 以爲漢帝非正嗣, 少時爲董侯, 名不正, 蒙亂之荒惑, 其子孫以弱亡. 『孝經中黃讖』曰, '日載東, 絕火光. 不橫一, 聖聰明. 四百之外, 易姓而王. 天下歸功, 致太平, 居八甲. 共禮樂, 正萬民, 嘉樂家和雜.' 此魏王之姓諱, 著見圖讖. 『易运期谶』曰, '言居東, 西有午, 兩日並光日居下. 其爲主, 反爲輔. 五八四十, 黃氣受, 眞人出.' 言午, 許字. 兩日, 昌字. 漢當以許亡, 魏當以許昌. 今際會之期在許, 是其大效也. 『易運期』又曰, '鬼在山, 禾女連, 王天下.' 臣聞帝王者, 五行之精. 易姓之符, 代興之會, 以七百二十年爲一軌. 有德者過之, 至于八百, 無德者不及, 至四百載. 是以周家八百六十七年, 夏家四百數十年, 漢行夏正, 迄今四百二十六歲. 又高祖受命, 數雖起乙未, 然其兆徵始于獲麟. 獲麟以來七百餘年, 天之歷數將以盡終. 帝王之興, 不常一姓. 太微中, 黃帝坐常明, 而赤帝坐常不見, 以爲黃家興而赤家衰, 凶亡之漸. 自是以來四十餘年, 又熒惑失色不明十有餘年. 建安十年, 彗星先除紫微, 二十三年, 復掃太微. 新天子氣見東南以來, 二十三年, 白虹貫日, 月蝕熒惑, 比年己亥·壬子·丙午日蝕, 皆水滅火之象也. 殿下卽位, 初踐阼, 德配天地, 行合神明, 恩澤盈溢, 廣被四表, 格于上下. 是以黃龍數見, 鳳皇仍翔, 麒麟皆臻, 白虎效仁, 前後獻見于郊甸. 甘露醴泉, 奇獸神物, 衆瑞並出. 斯皆帝王受命易姓之符也. 昔黃帝受命, 風后受河圖, 舜·禹有天下, 鳳皇翔, 洛出書. 湯之王, 白鳥爲符, 文王爲西伯, 赤鳥銜丹書. 武王伐殷, 白魚升舟, 高祖始起, 白蛇爲徵. 巨跡瑞應, 皆爲聖人興. 觀漢前後之大災, 今玆之符瑞, 察圖讖之期運, 揆河洛之所甄, 未若今大魏之最美也. 夫得歲星者, 道始興. 昔武王伐殷, 歲在鶉火, 有周之分野也. 高祖入秦, 五星聚東井, 有漢之分野也. 今玆歲星在大梁, 有魏之分野也. 而天之瑞應, 並集來臻, 四方歸附, 繈負而至, 兆民欣戴, 咸樂嘉慶. 『春秋大傳』曰, '周公何以不之魯? 蓋以爲雖有繼體守文之君, 不害聖人受命而王.' 周公反政, 尸子以爲孔子非之, 以爲周公不聖, 不爲兆民也. 京房作『易傳』曰, '凡爲王者, 惡者去之, 弱者奪之. 易姓改代, 天命應常, 人謀鬼謀, 百姓與能.' 伏惟殿下體堯舜之盛明, 膺七百之禪代, 當湯武之期運, 値天命之移受, 河洛所表, 圖讖所載, 昭然明白, 天下學士所共見也. 臣職在史官, 考符察徵, 圖讖效見, 際會之期, 謹以上聞." 王令曰, "昔周文三分天下有其二, 以服事殷, 仲尼歎其至德. 公旦履天子之籍, 聽天下之斷, 終然復子明辟, 書美其人. 吾雖德不及二聖, 敢忘高山景行之義哉? 若夫唐堯·舜·禹之迹, 皆以聖質茂德處之, 故能上和靈祇, 下寧萬姓, 流稱今日. 今吾德至薄也, 人至鄙也, 遭遇際會, 幸承先王餘業, 恩未被四海, 澤未及天下, 雖傾倉竭府以振魏國百姓, 猶寒者未盡暖, 饑者未盡飽. 夙夜憂懼, 弗敢遑寧, 庶欲保全發齒, 長守今日, 以沒於地, 以全魏國, 下見先王, 以塞負荷之責. 望狹志局, 守此而已. 雖屢蒙祥瑞, 當之戰惶, 五色無主. 若芝之言, 豈所聞乎? 心栗手悼, 書不成字, 辭不宣心. 吾間作詩曰, '喪亂悠悠過紀, 白骨縱橫萬里, 哀哀下民靡恃, 吾將佐时整理, 復子明辟致仕.' 庶欲守此辭以自終, 卒不虛言也. 宜宣示遠近, 使昭赤心." 於是侍中辛毗·劉曄·散騎常侍傅巽·衛臻·尙書令桓階·尙書陳矯·陳群·給事中博士騎都尉蘇林·董巴等奏曰, "伏見太史丞許芝上魏國受命之符. 令書懇切, 允執謙讓, 雖舜·禹·湯·文, 義無以過. 然古先哲王所以受天命而不辭者, 誠急遵皇天之意, 副兆民之望, 弗得已也. 且『易』曰, '觀乎天文以察時變, 觀乎人文以化成天下.' 又曰, '天垂象, 見吉凶, 聖人則之. 河出圖, 洛出書, 聖人效之.' 以爲天文因人而變,至于河洛之書, 著於『洪範』, 則殷·周效而用之矣. 斯言, 誠帝王之明符, 天道之大要也. 是以由德應錄者代興於前, 失道數盡者迭廢于後, 傳識萇弘欲支天之所壞, 而說蔡墨'雷乘乾'之說, 明神器之存亡, 非人力所能建也. 今漢室衰替, 帝綱墮墜, 天子之詔, 歇滅無聞, 皇天將舍舊而命新, 百姓旣去漢而爲魏, 昭然著明, 是可知也. 先王撥亂平世, 將建洪基. 至於殿下, 以至德當歷數之運, 卽位以來, 天應人事, 粲然大備, 神靈圖籍, 兼仍往古, 休徵嘉兆, 跨越前代. 是芝所取中黃·運期姓緯之讖, 斯文乃著於前世, 與漢並見. 由是言之, 天命久矣, 非殿下所得而拒之也. 神明之意, 候望禋享, 兆民顒顒, 咸注嘉願, 惟殿下覽圖籍之明文, 急天下之公義, 輒宣令外內, 布告州郡, 使知符命著明, 而殿下謙虛之意." 令曰, "下四方以明孤款心, 是也. 至于覽餘辭, 豈余所謂哉? 寧所堪哉? 諸卿指論, 未若孤自料之審也. 夫虛談謬稱, 鄙薄所弗當也. 且聞比來東征, 經郡縣, 歷屯田, 百姓面有饑色, 衣或短褐不完, 罪皆在孤. 是以上慚衆瑞, 下愧士民. 由斯言之, 德尙未堪偏王, 何言帝者也? 宜止息此議, 無重吾不德, 使逝之後, 不愧後之君子."

癸丑, 宣告群寮. 督軍御史中丞司馬懿·侍御史鄭渾·羊秘·鮑勳·武周等言, "令如左. 伏讀太史丞許芝上符命事, 臣等聞有唐世衰, 天命在虞, 虞氏世衰, 天命在夏. 然則天地之靈, 歷數之運, 去就之符, 惟德所在. 故孔子曰, '鳳鳥不至, 河不出圖, 吾已矣夫!' 今漢室衰, 自安·和·冲·質以來, 國統屢絕, 桓·靈荒淫, 祿去公室, 此乃天命去就, 非一朝一夕, 其所由來久矣. 殿下踐阼, 至德廣被, 格於上下, 天人感應, 符瑞並臻, 考之舊史, 未有若今日之盛. 夫大人者, 先天而天弗違, 後天而奉天時, 天時已至而猶謙讓者, 舜·禹所不爲也, 故生民蒙救濟之惠, 群類受育長之施. 今八方顒顒, 大小注望, 皇天乃眷, 神人同謀, 十分而九以委質, 義過周文, 所謂過恭也. 臣妾上下, 伏所不安." 令曰, "世之所不足者道義也, 所有餘者苟妄也. 常人之性, 賤所不足, 貴所有餘, 故曰'不患無位, 患所以立.' 孤雖寡德, 庶自免於常人之貴. 夫'石可破而不可奪堅, 丹可磨而不可奪赤.' 丹石微物, 尙保斯質, 況吾託士人之末列, 曾受敎於君子哉? 且於陵仲子以仁爲富, 柏成子高以義爲貴, 鮑焦感子貢之言, 棄其蔬而槁死, 薪者譏季劄失辭, 皆委重而弗視. 吾獨何人? 昔周武, 大聖也, 使叔旦盟膠鬲于四內, 使召公約微子於共頭, 故伯夷·叔齊相與笑之曰, '昔神農氏之有天下, 不以人之壞自成, 不以人之卑自高.' 以爲周之伐殷以暴也. 吾德非周武而義慚夷·齊, 庶欲遠苟妄之失道, 立丹石之不奪, 邁於陵之所富, 蹈柏成之所貴, 執鮑焦之貞至, 遵薪者之淸節. 故曰, '三軍可奪帥, 匹夫不可奪志.' 吾之斯志, 豈可奪哉?"

乙卯, 冊詔魏王禪代天下曰, "惟延康元年十月乙卯, 皇帝曰, 咨爾魏王, 夫命運否泰, 依德升降, 三代卜年, 著于『春秋』, 是以天命不于常, 帝王不一姓, 由來尙矣. 漢道陵遲, 爲日已久, 安·順已降, 世失其序, 冲·質短祚, 三世無嗣, 皇綱肇虧, 帝典頹沮. 暨于朕躬, 天降之災, 遭無妄厄運之會, 值炎精幽昧之期. 變興輦轂, 禍由閹宦. 董卓乘釁, 惡甚澆·豷, 劫遷省御, 太僕宮廟, 遂使九州幅裂, 強敵虎爭, 華夏鼎沸, 蝮蛇塞路. 當斯之時, 尺土非復漢有, 一夫豈復朕民? 幸賴武王德膺符運, 奮揚神武, 芟夷凶暴, 清定區夏, 保乂皇家. 今王纘承前緒, 至德光昭, 御衡不迷, 布德優遠, 聲敎被四海, 仁風扇鬼區, 是以四方效珍, 人神響應, 天之歷數實在爾躬. 昔虞舜有大功二十, 而放勳禪以天下, 大禹有疏導之績, 而重華禪以帝位. 漢承堯運, 有傳聖之義, 加順靈祇, 紹天明命, 釐降二女, 以嬪于魏. 使使持節行御史大夫事太常音, 奉皇帝璽綬, 王其永君萬國, 敬御天威, 允執其中, 天祿永終, 敬之哉?" 於是尙書令桓階等奏曰, "漢氏以天子位禪之陛下, 陛下以聖明之德, 歷數之序, 承漢之禪, 允當天心. 夫天命弗可得辭, 兆民之望弗可得違, 臣請會列侯諸將·群臣陪隸, 發璽書, 順天命, 具禮儀列奏." 令曰, "當議孤終不當承之意而已. 猶獵, 還方有令." 尙書令等又奏曰, "昔堯·舜禪於文祖, 至漢氏, 以師征受命, 畏天之威, 不敢怠遑, 便卽位行在所之地. 今當受禪代之命, 宜會百寮群司, 六軍之士, 皆在行位, 使咸睹天命. 營中促狹, 可於平敞之處設壇場, 奉答休命. 臣輒與侍中常侍會議禮儀, 太史官擇吉日訖, 復奏." 令曰, "吾殊不敢當之, 外亦何豫事也?" 侍中劉廙·常侍衛臻等奏議曰, "漢氏遵唐堯公天下之議, 陛下以聖德膺歷數之運, 天人同歡, 靡不得所, 宜順靈符, 速踐皇阼. 問太史丞許芝, 今月十七日己未直成, 可受禪命, 輒治壇場之處, 所當施行別奏." 令曰, "屬出見外, 便設壇場, 斯何謂乎? 今當辭讓不受詔也. 但於帳前發璽書, 威儀如常, 且天寒, 罷作壇士使歸." 旣發璽書, 王令曰, "當奉還璽綬爲讓章. 吾豈奉此詔承此貺邪? 昔堯讓天下於許由·子州支甫, 舜亦讓于善卷·石戶之農·北人無擇, 或退而耕潁之陽, 或辭以幽憂之疾, 或遠入山林, 莫知其處, 或攜子入海, 終身不反, 或以爲辱, 自投深淵. 且顏燭懼太樸之不完, 守知足之明分, 王子搜樂丹穴之潛處, 被熏而不出, 柳下惠不以三公之貴易其介, 曾參不以晉·楚之富易其仁, 斯九士者, 咸高節而尙義, 輕富而賤貴, 故書名千載, 于今稱焉. 求仁得仁, 仁豈在遠? 孤獨何爲不如哉? 義有蹈東海而逝, 不奉漢朝之詔也. 亟爲上章還璽綬, 宣之天下, 使咸聞焉." 己未, 宣告群僚, 下魏, 又下天下.

輔國將軍淸苑侯劉若等百二十人上書曰, "伏讀令書, 深執克讓, 聖意懇惻, 至誠外昭, 臣等有所不安. 何者? 石戶·北人, 匹夫狂狷, 行不合義, 事不經見者, 是以史遷謂之不然, 誠非聖明所當希慕. 且有虞不逆放勳之禪, 夏禹亦無辭位之語, 故傳曰, '舜陟帝位, 若固有之.' 斯誠聖人知天命不可逆, 歷數弗可辭也. 伏惟陛下應乾符運, 至德發聞, 升昭于天, 是三靈降瑞, 人神以和, 休徵雜沓, 萬國響應, 雖欲勿用, 將焉避之? 而固執謙虛, 違天逆衆, 慕匹夫之微分, 背上聖之所蹈, 違經讖之明文, 信百氏之穿鑿, 非所以奉答天命, 光慰衆望也. 臣等昧死以請, 輒整頓壇場, 至吉日受命, 如前奏, 分別寫令宣下." 王令曰, "昔柏成子高辭夏禹而匿野, 顏闔辭魯幣而遠跡, 夫以王者之重, 諸侯之貴, 而二子忽之, 何則? 其節高也. 故烈士徇榮名, 義夫高貞介, 雖蔬食瓢飲, 樂在其中. 是以仲尼師王駘, 而子產嘉申徒. 今諸卿皆孤股肱腹心, 足以明孤, 而今咸若斯, 則諸卿游于形骸之內, 而孤求爲形骸之外, 其不相知, 未足多怪. 亟爲上章還璽綬, 勿復紛紛也."

輔國將軍等一百二十人又奏曰, "臣聞符命不虛見, 衆心不可違, 故孔子曰, '周公其爲不聖乎?以天下讓. 是天地日月輕去萬物也.' 是以舜向天下, 不拜而受命. 今火德氣盡, 炎上數終, 帝遷明德, 祚隆大魏. 符瑞昭晳, 受命既固, 光天之下, 神人同應, 雖有虞儀鳳, 成周躍魚, 方今之事, 未足以喩. 而陛下違天命以飾小行, 逆人心以守私志, 上忤皇穹眷命之旨, 中忘聖人達節之數, 下孤人臣翹首之望, 非所以揚聖道之高衢, 乘無窮之懿勳也. 臣等聞事君有獻可替否之道, 奉上有逆鱗固爭之義, 臣等敢以死請." 令曰, "夫古聖王之治也, 至德合乾坤, 惠澤均造化, 禮教優乎昆蟲, 仁恩洽乎草木, 日月所照, 戴天履地含氣有生之類, 靡不被服清風, 沐浴玄德. 是以金革不起, 苛慝不作, 風雨應節, 禎祥觸類而見. 今百姓寒者未暖, 饑者未飽, 鰥者未室, 寡者未嫁. 權·備尙存, 未可舞以干戚, 方將整以齊斧. 戎役未息於外, 士民未安於內, 耳未聞康哉之歌, 目未睹擊壤之戲, 嬰兒未可託於高巢, 餘糧未可以宿於田畝, 人事未備, 至於此也. 夜未曜景星, 治未通眞人, 河未出龍馬, 山未出象車, 蓂莢未植階庭, 萐莆未生庖廚, 王母未獻白環, 渠搜未見珍裘, 靈瑞未效, 又如彼也. 昔東戶季子·容成·大庭·軒轅·赫胥之君, 咸得以此就功勒名. 今諸卿獨不可少假孤精心竭慮, 以和天人, 以格至理, 使彼衆事備, 群瑞效, 然後安乃議此乎, 何遽相愧相迫之如是也? 速爲讓章, 上還璽綬, 無重吾不德也."

侍中劉廙等奏曰, "伏惟陛下以大聖之純懿, 當天命之歷數, 觀天象則符瑞著明, 考圖緯則文義煥炳, 察人事則四海齊心, 稽前代則異世同歸. 而固拒禪命, 未踐尊位, 聖意懇惻, 臣等敢不奉詔? 輒具章遣使者." 奉令曰, "泰伯三以天下讓, 人無得而稱焉, 仲尼歎其至德, 孤獨何人?"

庚申, 魏王上書曰, "皇帝陛下, 奉被今月乙卯璽書, 伏聽冊命, 五內驚震, 精爽散越, 不知所處. 臣前上還相位, 退守藩國, 聖恩聽許. 臣雖無古人量德度身自定之志, 保己存性, 實其私願. 不寤陛下猥損過謬之命, 發不世之詔, 以加無德之臣. 且聞堯禪重華, 擧其克諧之德,舜授文命, 采其齊聖之美, 猶下咨四嶽, 上觀璿璣. 今臣德非虞·夏, 行非二君, 而承歷數之諮, 應選授之命, 內自揆撫, 無德以稱. 且許由匹夫, 猶拒帝位, 善卷布衣, 而逆虞詔. 臣雖鄙蔽, 敢忘守節以當大命, 不勝至願. 謹拜章陳情, 使行相國永壽少府糞土臣毛宗奏, 並上璽綬."

辛酉, 給事中博士蘇林·董巴上表曰, "天有十二次以爲分野, 王公之國, 各有所屬, 周在鶉火, 魏在大梁. 歲星行歷十二次國, 天子受命, 諸侯以封. 周文王始受命, 歲在鶉火, 至武王伐紂十三年, 歲星復在鶉火, 故『春秋傳』曰, '武王伐紂, 歲在鶉火, 歲之所在, 卽我有周之分野也.' 昔光和七年, 歲在大梁, 武王始受命, 爲時將討黃巾. 是歲改年爲中平元年. 建安元年, 歲復在大梁, 始拜大將軍. 十三年復在大梁, 始拜丞相. 今二十五年, 歲復在大梁, 陛下受命. 此魏得歲與周文王受命相應. 今年青龍在庚子, 『詩推度災』曰, '庚者更也, 子者滋也, 聖命天下治.' 又曰, '王者布德於子, 治成於丑.' 此言今年天更命聖人制治天下, 布德於民也. 魏以改制天下, 與詩協矣. 顓頊受命, 歲在豕韋, 衛居其地, 亦在豕韋, 故『春秋傳』曰, '衛, 顓頊之墟也.' 今十月斗之建, 則顓頊受命之分也, 始魏以十月受禪, 此同符始祖受命之驗也. 魏之氏族, 出自顓頊, 與舜同祖, 見于『春秋世家』. 舜以土德承堯之火, 今魏亦以土德承漢之火, 於行運, 會于堯舜授受之次. 臣聞天之去就, 固有常分, 聖人當之, 昭然不疑, 故堯捐骨肉而禪有虞, 終無吝色, 舜發隴畝而君天下, 若固有之, 其相受授, 間不替漏. 天下已傳矣, 所以急天命, 天下不可一日無君也. 今漢期運已終, 妖異絕之已審, 陛下受天之命, 符瑞告徵, 丁寧詳悉, 反覆備至, 雖言語相喻, 無以代此. 今旣發詔書, 璽綬未御, 固執謙讓, 上逆天命, 下違民望. 臣謹案古之典籍, 參以圖緯, 魏之行運及天道所在, 卽尊之驗, 在于今年此月, 昭晰分明. 唯陛下遷思易慮, 以時卽位, 顯告天帝而告天下, 然後改正朔, 易服色, 正大號, 天下幸甚." 令曰, "凡斯皆宜聖德, 故曰, '苟非其人, 道不虛行.' 天瑞雖彰, 須德而光. 吾德薄之人, 胡足以當之? 今讓, 冀見聽許, 外內咸使聞知."

壬戌, 册詔曰, "皇帝问魏王言, 遣宗奉庚申书到, 所称引, 聞之. 朕惟汉家世逾二十, 年过四百, 运周数终, 行祚已讫, 天心已移, 兆民望絕, 天之所廢, 有自來矣. 今大命有所底止, 神器當歸聖德, 違衆不順, 逆天不祥. 王其體有虞之盛德, 應歷數之嘉會, 是以禎祥告符, 圖讖表錄, 神人同應, 受命咸宜. 朕畏上帝, 致位于王. 天不可違, 衆不可拂. 且重華不逆堯命, 大禹不辭舜位, 若夫由·卷匹夫, 不載聖籍, 固非皇材帝器所當稱慕. 今使音奉皇帝璽綬, 王其陟帝位, 無逆朕命, 以祇奉天心焉."

於是尙书令桓阶等奏曰, "今漢使音奉璽書到, 臣等以爲天命不可稽, 神器不可瀆. 周武中流有白魚之應, 不待師期而大號已建, 舜受大麓, 桑蔭未移而已陟帝位, 皆所以祗承天命, 若此之速也. 故無固讓之義, 不以守節爲貴, 必道信於神靈, 符合於天地而已. 『易』曰, '其受命如響, 無有遠近幽深, 遂知來物, 非天下之至賾, 其孰能與於此?' 今陛下應期運之數, 爲皇天所子, 而復稽滯於辭讓, 低回於大號, 非所以則天地之道, 副萬國之望. 臣等敢以死請, 輒敕有司修治壇場, 擇吉日, 受禪命, 發璽綬." 令曰, "冀三讓而不見聽, 何汲汲于斯乎?"

甲子, 魏王上书曰, "奉今月壬戌璽書, 重被聖命, 伏聽冊告, 肝膽戰悸, 不知所措. 天下神器, 禪代重事, 故堯將禪舜, 納于大麓, 舜之命禹, 玄圭告功. 烈風不迷, 九州攸平, 詢事考言, 然後乃命, 而猶執謙讓于德不嗣. 况臣頑固, 質非二聖, 乃應天統, 受終明詔. 敢守微節, 歸志箕山, 不勝大願. 謹拜表陳情, 使並奉上璽綬."

侍中劉廙等奏曰, "臣等聞聖帝不違時, 明主不逆人, 故易稱通天下之志, 斷天下之疑. 伏惟陛下體有虞之上聖, 承土德之行運, 當亢陽明夷之會, 應漢氏祚終之數, 合契皇極, 同符兩儀. 是以聖瑞表徵, 天下同應, 歷運去就, 深切著明. 論之天命, 無所與議, 比之時宜, 無所與爭. 故受命之期, 時清日晏, 曜靈施光, 休氣雲蒸. 是乃天道悅懌, 民心欣戴, 而仍見閉拒, 于禮何居? 且群生不可一日無主, 神器不可以斯須無統, 故臣有違君以成業, 下有矯上以立事, 臣等敢不重以死請." 王令曰, "天下重器, 王者正統, 以聖德當之, 猶有懼心, 吾何人哉? 且公卿未至乏主, 斯豈小事, 且宜以待固讓之後, 乃當更議其可耳."

丁卯, 冊詔魏王曰, "天訖漢祚, 辰象著明, 朕祗天命, 致位於王, 仍陳歷數於詔冊, 喻符運於翰墨. 神器不可以辭拒, 皇位不可以謙讓, 稽於天命, 至於再三. 且四海不可以一日曠主, 萬機不可以斯須無統, 故建大業者不拘小節, 知天命者不繫細物, 是以舜受大業之命而無遜讓之辭, 聖人達節, 不亦遠乎? 今使音奉皇帝璽綬, 王其欽承, 以答天下向應之望焉."

相國華歆·太尉賈詡·御史大夫王朗及九卿上言曰, "臣等被召到, 伏見太史丞許芝·左中郎將李伏所上圖讖·符命, 侍中劉廙等宣叙衆心, 人靈同謀. 又漢朝知陛下聖化通于神明, 聖德參于虞·夏, 因瑞應之備至, 聽歷數之所在, 遂獻璽綬, 固讓尊號. 能言之倫, 莫不抃舞, 河圖·洛書, 天命瑞應, 人事協於天時, 民言協于天叙. 而陛下性秉勞謙, 體尙克讓, 明詔懇切, 未肯聽許, 臣妾小人, 莫不伊邑. 臣等聞自古及今, 有天下者不常在乎一姓. 考以德勢, 則盛衰在乎強弱, 論以終始, 則廢興在乎期運. 唐·虞歷數, 不在厥子而在舜·禹. 舜·禹雖懷克讓之意迫, 群后執玉帛而朝之, 兆民懷欣戴而歸之, 率土揚歌謠而詠之, 故其守節之拘, 不可得而常處, 達節之權, 不可得而久避. 是以或遜位而不吝, 或受禪而不辭, 不吝者未必厭皇寵, 不辭者未必渴帝祚, 各迫天命而不得以已. 旣禪之後, 則唐氏之子爲賓于有虞, 虞氏之胄爲客于夏代, 然則禪代之義, 非獨受之者實應天福, 授之者亦與有餘慶焉. 漢自章·和之後, 世多變故, 稍以陵遲, 洎乎孝靈, 不恒其心, 虐賢害仁, 聚斂無度, 政在嬖豎, 視民如讎, 遂令上天震怒, 百姓從風如歸. 當時則四海鼎沸, 旣沒則禍發宮庭, 寵勢並竭, 帝室遂卑, 若在帝舜之末節, 猶擇聖代而授之, 荊人抱玉璞, 猶思良工而刊之, 況漢國旣往, 莫之能匡, 推器移君, 委之聖哲, 固其宜也. 漢朝委質, 旣願禮禪之速定也, 天祚率土, 必將有主. 主率土者, 非陛下其孰能任之? 所謂論德無與爲比, 考功無推讓矣. 天命不可久稽, 民望不可久違, 臣等慺慺, 不勝大願. 伏請陛下割撝謙之志, 脩受禪之禮, 副人神之意, 慰外內之願." 令曰, "以德則孤不足, 以時則戎虜未滅. 若以群賢之靈, 得保首領, 終君魏國, 於孤足矣. 若孤者, 胡足以辱四海? 至乎天瑞人事, 皆先王聖德遺慶, 孤何有焉? 是以未敢聞命."

己巳, 魏王上書曰, "臣聞舜有賓於四門之勳, 乃受禪於陶唐, 禹有存國七百之功, 乃承祿於有虞. 臣以蒙蔽, 德非二聖, 猥當天統, 不敢聞命. 敢屢抗疏, 略陳私願, 庶章通紫庭, 得全微節, 情達宸極, 永守本志. 而音重復銜命, 申制詔臣, 臣實戰惕, 不發璽書, 而音迫于嚴詔, 不敢復命. 願陛下馳傳騁驛, 召音還臺. 不勝至誠, 謹使宗奉書."

相國歆·太尉詡·御史大夫朗及九卿奏曰, "臣等伏讀詔書, 於邑益甚. 臣等聞『易』稱聖人奉天時, 『論語』云君子畏天命, 天命有去就, 然後帝者有禪代. 是以唐之禪虞, 命在爾躬, 虞之順唐, 謂之受終. 堯知天命去己, 故不得不禪舜, 舜知歷數在躬, 故不敢不受. 不得不禪, 奉天時也, 不敢不受, 畏天命也. 漢朝雖承季末陵遲之餘, 猶務奉天命以則堯之道, 是以願禪帝位而歸二女. 而陛下正於大魏受命之初, 抑虞·夏之達節, 尙延陵之讓退, 而所枉者大, 所直者小, 所詳者輕, 所略者重, 中人凡士猶爲陛下陋之. 沒者有靈, 則重華必忿憤于蒼梧之神墓, 大禹必鬱悒于會稽之山陰, 武王必不悅于高陵之玄宮矣. 是以臣等敢以死請. 且漢政在閹宦, 祿去帝室七世矣, 遂集矢石於其宮殿, 而二京爲之丘墟. 當是之時, 四海蕩覆, 天下分崩, 武王親衣甲而冠冑, 沐雨而櫛風, 爲民請命, 則活萬國, 爲世撥亂, 則致升平, 鳩民而立長, 築宮而置吏, 元元無過, 罔于前業, 而始有造于華夏. 陛下卽位, 光昭文德, 以翊武功, 勤恤民隱, 視之如傷, 懼者寧之, 勞者息之, 寒者以暖, 饑者以充, 遠人以恩復, 寇敵以恩降, 邁恩種德, 光被四表. 稽古篤睦, 茂於放勳, 網漏吞舟, 弘乎周文. 是以布政未期, 人神並和, 皇天則降甘露而臻四靈, 后土則挺芝草而吐醴泉, 虎豹鹿兎, 皆素其色, 雉鳩燕雀, 亦白其羽, 連理之木, 同心之瓜, 五采之魚, 珍祥瑞物, 雜沓於其間者, 無不畢備. 古人有言, '微禹, 吾其魚乎.' 微大魏, 則臣等之白骨交橫于曠野矣. 伏省群臣外內前後章奏, 所以陳叙陛下之符命者, 莫不條河洛之圖書, 據天地之瑞應, 因漢朝之款誠, 宣萬方之景附, 可謂信矣省矣.

三王無以及, 五帝無以加. 民命之懸於魏邦, 民心之繫於魏政, 三十有餘年矣, 此乃千世時至之會, 萬載一遇之秋. 達節廣度, 宜昭於斯際, 拘牽小節, 不施於此時. 久稽天命, 罪在臣等. 輒營壇場, 具禮儀, 擇吉日, 昭告昊天上帝, 秩群神之禮, 須禋祭畢, 會群寮於朝堂, 議年號·正朔·服色當施行, 上." 復令曰, "昔者大舜飯糗茹草, 將終身焉, 斯則孤之前志也. 及至承堯禪, 被珍裘, 妻二女, 若固有之, 斯則順天命也. 群公卿士誠以天命不可拒, 民望不可違, 孤亦曷以辭焉?"

庚午, 冊詔魏王曰, "昔堯以配天之德, 秉六合之重, 猶睹歷運之數, 移於有虞, 委讓帝位, 忽如遺跡. 今天既訖我漢命, 乃眷北顧, 帝皇之業, 實在大魏. 朕守空名以竊古義, 顧視前事, 猶有慚德, 而王遜讓至于三四, 朕用懼焉. 夫不辭萬乘之位者, 知命達節之數也, 虞·夏之君, 處之不疑, 故勳烈垂于萬載, 美名傳于無窮. 今遣守尚書令侍中覬喩, 王其速陟帝位, 以順天人之心, 副朕之大願."

於是尚書令桓階等奏曰, "今漢氏之命已四至, 而陛下前後固辭, 臣等伏以爲上帝之臨聖德, 期運之隆大魏, 斯豈數載? 傳稱周之有天下, 非甲子之朝, 殷之去帝位, 非牧野之日也, 故『詩』序商湯, 追本玄王之至, 述姬周, 上錄后稷之生, 是以受命既固, 厥德不回. 漢氏衰廢, 行次已絕, 三辰垂其徵, 史官著其驗, 耆老記先古之占, 百姓協歌謠之聲. 陛下應天受禪, 當速即壇場, 柴燎上帝, 誠不宜久停神器, 拒億兆之願. 臣輒下太史令擇元辰, 今月二十九日, 可登壇受命, 請詔三公群卿, 具條禮儀別奏." 令曰, "可."

乃爲壇於繁陽. 庚午, 王升壇即阼, 百官陪位. 事訖, 降壇, 視燎成禮而反. 改延康爲黃初, 大赦.○

○『獻帝傳』曰, "辛未, 魏王登壇受禪, 公卿·列侯·諸將·匈奴单于·四夷朝者數萬人陪位, 燎祭天地·五嶽·四瀆, 曰, '皇帝臣丕敢用玄牡昭告于皇皇后帝, 漢歷世二十有四, 踐年四百二十有六, 四海困窮, 三綱不立, 五緯錯行, 靈祥並見, 推術數者, 慮之古道, 咸以爲天之歷數, 運終玆世, 凡諸嘉祥民神之意, 比昭有漢數終之極, 魏家受命之符. 漢主以神器宜授於臣, 憲章有虞, 致位于丕. 丕震畏天命, 雖休勿休. 群公庶尹六事之人, 外及將士, 洎于蠻夷君長, 僉曰, 天命不可以辭拒, 神器不可以久曠, 群臣不可以無主, 萬幾不可以無統. 丕祇承皇象, 敢不欽承. 卜之守龜, 兆有大橫, 筮之三易, 兆有革兆, 謹擇元日, 與群寮登壇受帝璽綬, 告類于爾大神. 唯爾有神, 尚饗永吉, 兆民之望, 祚於有魏世享.' 遂制詔三公, '上古之始有君也, 必崇恩化以美風俗, 然百姓順教而刑辟厝焉. 今朕承帝王之緒, 其以延康元年爲黃初元年, 議改正朔, 易服色, 殊徽號, 同律度量, 承土行, 大赦天下. 自殊死以下, 諸不當得赦, 皆赦除之.”『魏氏春秋』曰, “帝升壇禮畢, 顧謂群臣曰, ‘舜·禹之事, 吾知之矣.’” 干寶『搜神记』曰, “宋大夫邢史子臣明於天道, 周敬王之三十七年, 景公問曰, ‘天道其何祥?’ 對曰, ‘後五十年五月丁亥, 臣將死. 死後五年五月丁卯, 吳將亡. 亡後五年, 君將終. 終後四百年, 邾王天下.’ 俄而皆如其言. 所云邾王天下者, 謂魏之興也. 邾, 曹姓, 魏亦曹姓, 皆邾之後. 其年數則錯, 未知邢史失其數邪, 將年代久遠, 注記者傳而有謬也?”

黃初元年十一月癸酉, 以河內之山陽邑萬戶奉漢帝爲山陽公, 行漢正朔, 以天子之禮郊祭, 上書不稱臣, 京都有事于太廟, 致胙, 封公之四子爲列侯. 追尊皇祖太王曰太皇帝, 考武王曰武皇帝, 尊王太后曰皇太后. 賜男子爵人一級, 爲父後及孝悌力田人二級. 以漢諸侯王爲崇德侯, 列侯爲關中侯. 以潁陰之繁陽亭爲繁昌縣. 封爵增位各有差. 改相國爲司徒, 御史大夫爲司空, 奉常爲太常, 郎中令爲光祿勳, 大理爲廷尉, 大農爲大司農. 郡國縣邑, 多所改易. 更授匈奴南單于呼厨泉魏璽綬, 賜青蓋車·乘輿·寶劒·玉玦.

十二月, 初營洛陽宮, 戊午幸洛陽.○

○ 臣松之案, 諸書記是時帝居北宮, 以建始殿朝群臣, 門曰承明, 陳思王植詩曰, “謁帝承明廬” 是也. 至明帝時, 始於漢南宮崇德殿處起太極·昭陽諸殿. 『魏書』曰, “以夏數爲得天, 故即用夏正, 而服色尙黃.”『魏略』曰, “詔以漢火行也, 火忌水, 故‘洛’去‘水’而加‘隹’. 魏於行次爲土, 土, 水之牡也, 水得土而乃流, 土得水而柔, 故除‘隹’加‘水’, 變‘雒’爲‘洛’.”

是歲, 長水校尉戴陵諫不宜數行弋獵, 帝大怒. 陵減死罪一等.

二年春正月, 郊祀天地·明堂. 甲戌, 校獵至原陵, 遣使者以太牢祠漢世祖. 乙亥, 朝日于東郊.○1) 初令郡國口滿十萬者, 歲察孝廉一人, 其有秀異, 無拘戶口. 辛巳, 分三公戶邑, 封子弟各一人爲列侯. 壬午, 復潁川郡一年田租.○2) 改許縣爲許昌縣. 以魏郡東部爲陽平郡, 西部爲廣平郡.○3)

○1) 臣松之以爲禮天子以春分朝日, 秋分夕月. 尋此年正月郊祀, 有月無日, 乙亥朝日, 則有日無月, 蓋文之脫也. 案明帝朝日夕月, 皆如禮文, 故知此紀爲誤者也.

○2) 『魏書』載詔曰, "潁川, 先帝所由起兵征伐也. 官渡之役, 四方瓦解, 遠近顧望, 而此郡守義, 丁壯荷戈, 老弱負糧. 昔漢祖以秦中爲國本, 光武恃河內爲王基, 今朕復於此登壇受禪, 天以此郡翼成大魏."

○3) 『魏略』曰, "改長安·譙·許昌·鄴·洛陽爲五都. 立石表, 西界宜陽, 北循太行, 東北界陽平, 南循魯陽, 東界郯, 爲中都之地. 令天下聽內徙, 復五年, 後又增其復."

詔曰, "昔仲尼資大聖之才, 懷帝王之器, 當衰周之末, 無受命之運, 在魯·衛之朝, 教化乎洙·泗之上, 悽悽焉, 遑遑焉, 欲屈己以存道, 貶身以救世. 于時王公終莫能用之, 乃退考五代之禮, 脩素王之事, 因魯史而制『春秋』, 就太師而正雅頌, 俾千載之後, 莫不宗其文以述作, 仰其聖以成謀, 咨! 可謂命世之大聖, 億載之師表者也. 遭天下大亂, 百祀墮壞, 舊居之廟, 毀而不脩, 褒成之後, 絕而莫繼, 闕里不聞講頌之聲, 四時不睹蒸嘗之位, 斯豈所謂崇禮報功, 盛德百世必祀者哉? 其以議郎孔羨爲宗聖侯, 邑百戶, 奉孔子祀." 令魯郡脩起舊廟, 置百戶吏卒以守衛之, 又於其外廣爲室屋以居學者.

春三月, 加遼東太守公孫恭爲車騎將軍. 初復五銖錢.

夏四月, 以車騎將軍曹仁爲大將軍.

五月, 鄭甘復叛, 遣曹仁討斬之.

六月庚子, 初祀五嶽四瀆, 咸秩群祀.○ 丁卯, 夫人甄氏卒. 戊辰晦, 日有食之, 有司奏免太尉, 詔曰, "災異之作, 以譴元首, 而歸過股肱, 豈禹·湯罪己之義乎? 其令百官各虔厥職, 後有天地之眚, 勿復劾三公."

○『魏書』, "甲辰, 以京師宗廟未成, 帝親祠武皇帝于建始殿, 躬執饋奠, 如家人之禮."

秋八月, 孫權遣使奉章, 並遣于禁等還. 丁巳, 使太常邢貞持節拜權爲大將軍, 封吳王, 加九錫. 冬十月, 授楊彪光祿大夫.○1) 以穀貴, 罷五銖錢.○2) 己卯, 以大將軍曹仁爲大司馬.

○1) 『魏書』曰, "己亥, 公卿朝朔旦, 並引故漢太尉楊彪, 待以客禮, 詔曰, '夫先王制几杖之賜, 所以賓禮黃耇褒崇元老也. 昔孔光·卓茂皆以淑德高年, 受玆嘉錫. 公故漢宰臣, 乃祖已來, 世著名節, 年過七十, 行不逾矩, 可謂老成人矣, 所宜寵異以章舊德. 其賜公延年杖及馮几. 謁請之日, 便使杖入, 又可使著鹿皮冠.' 彪辭讓不聽, 竟著布單衣·皮弁以見." 『續漢書』曰, "彪見漢祚將終, 自以累世爲三公, 恥爲魏臣, 遂稱足攣, 不復行. 積十餘年, 帝卽王位, 欲以爲太尉, 令近臣宣旨. 彪辭曰, '嘗以漢朝爲三公, 値世衰亂, 不能立尺寸之益, 若復爲魏臣, 於國之選, 亦不爲榮也.' 帝不奪其意. 黃初四年, 詔拜光祿大夫, 秩中二千石, 朝見位次三公, 如孔光故事. 彪上章固讓, 帝不聽, 又爲門施行馬, 致吏卒, 以優崇之. 年八十四, 以六年薨. 子脩, 事見「陳思王傳」."

○2) 『魏書』曰, "十一月辛未, 鎭西將軍曹眞命衆將及州郡兵討破叛胡治元多·盧水·封賞等, 斬首五萬餘級, 獲生口十萬, 羊一百一十一萬口, 牛八萬, 河西遂平. 帝初聞胡決水灌顯美, 謂左右諸將曰, '昔隗囂灌略陽, 而光武因其疲弊, 進兵滅之. 今胡決水灌顯美, 其事正相似, 破胡事今至不久.' 旬日, 破胡告檄到, 上大笑曰, '吾策之於帷幕之內, 諸將奮擊於萬里之外, 其相應若合符節. 前後戰克獲虜, 未有如此也.'"

十二月, 行東巡. 是歲築陵雲臺.

三年春正月丙寅朔, 日有蝕之. 庚午, 行幸許昌宮. 詔曰, "今之計·考, 古之貢士也. 十室之邑, 必有忠信, 若限年然後取士, 是呂尙·周晉不顯於前世也. 其令郡國所選, 勿拘老幼. 儒通經術, 吏達文法, 到皆試用. 有司糾故不以實者."○

○ 『魏書』曰, "癸亥, 孫權上書, 說, '劉備支黨四萬人, 馬二三千匹, 出秭歸, 請往掃撲, 以克捷爲效.' 帝報曰, '昔隗囂之弊, 禍發栒邑, 子陽之禽, 變起扞關, 將軍其亢厲威武, 勉蹈奇功, 以稱吾意.'"

二月, 鄯善·龜茲·于闐王各遣使奉獻, 詔曰, "西戎卽叙, 氐·羌來王, 『詩』·『書』美之. 頃者西域外夷並款塞內附,○ 其遣使者撫勞之." 是後西域遂通, 置戊己校尉.

○ 應劭『漢書注』曰, "款, 叩也. 皆叩塞門來服從."

三月乙丑, 立齊公叡爲平原王, 帝弟鄢陵公彰等十一人皆爲王. 初制封王之庶子爲鄉公, 嗣王之庶子爲亭侯, 公之庶子爲亭伯. 甲戌, 立皇子霖爲河東王. 甲午, 行幸襄邑.

夏四月戊申, 立鄄城侯植爲鄄城王. 癸亥, 行還許昌宮.

五月, 以荊·揚·江表八郡爲荊州, 孫權領牧故也. 荊州江北諸郡爲郢州.

閏月, 孫權破劉備于夷陵. 初, 帝聞備兵東下, 與權交戰, 樹柵連營七百餘里, 謂群臣曰, "備不曉兵, 豈有七百里營可以拒敵者乎? '苞原隰險阻而爲軍者爲敵所禽', 此兵忌也. 孫權上事今至矣." 後七日, 破備書到.

秋七月, 冀州大蝗, 民饑, 使尙書杜畿持節開倉廩以振之.

八月, 蜀大將黃權率衆降.○

○『魏書』曰, "權及領南郡太守史郃等三百一十八人, 詣荊州刺史奉上所假印綬·棨戟·幢麾·牙門·鼓車. 權等詣行在所, 帝置酒設樂, 引見于承光殿. 權·郃等人人前自陳, 帝爲論說軍旅成敗去就之分, 諸將無不喜悅. 賜權金帛·車馬·衣裘·帷帳·妻妾, 下及偏裨皆有差. 拜權爲侍中鎭南將軍, 封列侯, 卽日召使驂乘. 及封史郃等四十二人皆爲列侯, 爲將軍郎將百餘人."

九月甲午, 詔曰, "夫婦人與政, 亂之本也. 自今以後, 群臣不得奏事太后, 后族之家不得當輔政之任, 又不得橫受茅土之爵. 以此詔傳後世, 若有背違, 天下共誅之."

○ 庚子, 立皇后郭氏. 賜天下男子爵人二級, 鰥寡篤癃及貧不能自存者賜穀.

○ 孫盛曰, "夫經國營治, 必憑俊喆之輔, 賢達令德, 必居參亂之任, 故雖周室之盛, 有婦人與焉. 然則坤道承天, 南面罔二, 三從之禮, 謂之至順, 至於號令自天子出, 奏事專行, 非古義也. 昔在申·呂, 實匡有周. 苟以天下爲心, 惟德是杖, 則親疏之授, 至公一也, 何至后族而必斥遠之哉? 二漢之季世, 王道陵遲, 故令外戚憑寵, 職爲亂階. 於此自時昏道喪, 運祚將移, 縱無王·呂之難, 豈乏田·趙之禍乎? 而後世觀其若此, 深懷鴆毒之戒也. 至于魏文, 遂發一概之詔, 可謂有識之爽言, 非帝者之宏議."

冬十月甲子, 表首陽山東爲壽陵, 作終制曰, "禮, 國君卽位爲椑,○1) 存不忘亡也.○2) 昔堯葬穀林, 通樹之, 禹葬會稽, 農不易畝,○3) 故葬於山林, 則合乎山林. 封樹之制, 非上古也, 吾無取焉. 壽陵因山爲體, 無爲封樹, 無立寢殿, 造園邑, 通神道. 夫葬也者, 藏也, 欲人之不得見也. 骨無痛癢之知, 塚非棲神之宅, 禮不墓祭, 欲存亡之不黷也, 爲棺槨足以朽骨, 衣衾足以朽肉而已. 故吾營此丘墟不食之地, 欲使易代之後不知其處. 無施葦炭, 無藏金銀銅鐵, 一以瓦器, 合古塗車·芻靈之義. 棺但漆際會三過, 飯含無以珠玉, 無施珠襦玉匣, 諸愚俗所爲也. 季孫以璵璠斂, 孔子歷級而救之, 譬之暴骸中原. 宋公厚葬, 君子謂華元·樂莒不臣, 以爲棄君於惡. 漢文帝之不發, 霸陵無求也. 光武之掘, 原陵封樹也. 霸陵之完, 功在釋之, 原陵之掘, 罪在明帝. 是釋之忠以利君, 明帝愛以害親也. 忠臣孝子, 宜思仲尼·丘明·釋之之言, 鑑華元·樂莒·明帝之戒, 存於所以安君定親, 使魂靈萬載無危, 斯則賢聖之忠孝矣. 自古及今, 未有不亡之國, 亦無不掘之墓也. 喪亂以來, 漢氏諸陵無不發掘, 至乃燒取玉匣金縷, 骸骨並盡, 是焚如之刑, 豈不重痛哉? 禍由乎厚葬封樹. '桑·霍爲我戒', 不亦明乎? 其皇后及貴人以下, 不隨王之國者, 有終沒皆葬澗西, 前又以表其處矣. 蓋舜葬蒼梧, 二妃不從, 延陵葬子, 遠在嬴·博, 魂而有靈, 無不之也, 一澗之間, 不足爲遠. 若違今詔, 妄有所變改造施, 吾爲戮屍地下, 戮而重戮, 死而重死. 臣子爲蔑死君父, 不忠不孝, 使死者有知, 將不福汝. 其以此詔藏之宗廟, 副在尚書·秘書·三府."

○1) 椑音扶歷反.

○2) 臣松之按, 禮, 天子諸侯之棺, 各有重數, 棺之親身者曰椑.

○3)『呂氏春秋』, "堯葬于穀林, 通樹之. 舜葬于紀, 市廛不變其肆. 禹葬會稽, 不變人徒."

是月, 孫權復叛. 復郢州爲荊州. 帝自許昌南征, 諸軍兵並進, 權臨江拒守.

十一月辛丑, 行幸宛. 庚申晦, 日有食之. 是歲, 穿靈芝池.

四年春正月, 詔曰, "喪亂以來, 兵革未戢, 天下之人, 互相殘殺. 今海內初定, 敢有私復讎者皆族之." 築南巡臺于宛.

三月丙申, 行自宛還洛陽宮. 癸卯, 月犯心中央大星.○ 丁未, 大司馬曹仁薨. 是月大疫.

○『魏書』載丙午詔曰, "孫權殘害民物, 朕以寇不可長, 故分命猛將三道並征. 今征東諸軍與權黨呂範等水戰, 則斬首四萬, 獲船萬艘. 大司馬據守濡須, 其所禽獲亦以萬數. 中軍·征南, 攻圍江陵, 左將軍張郃等舳艫直渡, 擊其南渚, 賊赴水溺死者數千人, 又爲地道攻城, 城中外雀鼠不得出入, 此几上肉耳. 而賊中癘氣疾病, 夾江塗地, 恐相染汙. 昔周武伐殷, 旋師孟津, 漢祖征隗囂, 還軍高平, 皆知天時而度賊情也. 且成湯解三面之網, 天下歸仁. 今開江陵之圍, 以緩成死之禽. 且休力役, 罷省繇戍, 畜養士民, 咸使安息."

夏五月, 有鵜鶘鳥集靈芝池, 詔曰, "此詩人所謂汙澤也. 曹詩'刺恭公遠君子而近小人', 今豈有賢智之士處於下位乎? 否則斯鳥何爲而至? 其博擧天下俊德茂才·獨行君子, 以答曹人之刺."○

○『魏書』曰, "辛酉, 有司奏造二廟, 立太皇帝廟, 大長秋特進侯與高祖合祭, 親盡以次毁, 特立武皇帝廟, 四時享祀, 爲魏太祖, 萬載不毁也."

六月甲戌, 任城王彰薨於京都. 甲申, 太尉賈詡薨. 太白晝見. 是月大雨, 伊·洛溢流, 殺人民, 壞廬宅.○

○『魏書』曰, "七月乙未, 大軍當出, 使太常以特牛一告祠于郊."

臣松之按, 魏郊祀奏中, 尚書盧毓議祀厲殃事云, "具犧牲祭器, 如前後師出告郊之禮." 如此, 則魏氏出師, 皆告郊也.

秋八月丁卯, 以廷尉鍾繇爲太尉.○ 辛未, 校獵于滎陽, 遂東巡. 論征孫權功, 諸將已下進爵增戶各有差.

○『魏書』曰, "有司奏, '改漢氏宗廟安世樂曰正世樂, 嘉至樂曰迎靈樂, 武德樂曰武頌樂, 昭容樂曰昭業樂, 雲翻舞曰鳳翔舞, 育命舞曰靈應舞, 武德舞曰武頌舞, 文昭舞曰大昭舞, 五行舞曰大武舞.'"

九月甲辰, 行幸許昌宮.○

○『魏書』曰, "十二月丙寅, 賜山陽公夫人湯沐邑, 公女曼爲長樂郡公主, 食邑各五百戶. 是冬, 甘露降芳林園."

臣松之按, 芳林園卽今華林園, 齊王芳卽位, 改爲華林.

五年春正月, 初令謀反大逆乃得相告, 其餘皆勿聽治, 敢妄相告, 以其罪罪之.

三月, 行自許昌還洛陽宮.

夏四月, 立太學, 制五經課試之法, 置『春秋穀梁』博士.

五月, 有司以公卿朝朔望日, 因奏疑事, 聽斷大政, 論辨得失.

秋七月, 行東巡, 幸許昌宮.

八月, 爲水軍, 親御龍舟, 循蔡·潁, 浮淮, 幸壽春. 揚州界將吏士民, 犯五歲刑已下, 皆原除之.

九月, 遂至廣陵, 赦靑·徐二州, 改易諸將守.

冬十月乙卯, 太白晝見. 行還許昌宮.○

○『魏書』載「癸酉詔」曰, “近之不綏, 何遠之懷? 今事多而民少, 上下相弊以文法, 百姓無所措其手足. 昔太山之哭者, 以爲苛政甚于猛虎, 吾備儒者之風, 服聖人之遺敎, 豈可以目玩其辭, 行違其誡者哉? 廣議輕刑, 以惠百姓.”

十一月庚寅, 以冀州饑, 遣使者開倉廩振之. 戊申晦, 日有食之.

十二月, 詔曰, “先王制禮, 所以昭孝事祖, 大則郊社, 其次宗廟, 三辰五行, 名山大川, 非此族也, 不在祀典. 叔世衰亂, 崇信巫史, 至乃宮殿之內, 戶牖之間, 無不沃酹, 甚矣其惑也. 自今, 其敢設非祀之祭, 巫祝之言, 皆以執左道論, 著于令典.” 是歲穿天淵池.

六年春二月, 遣使者循行許昌以東盡沛郡, 問民所疾苦, 貧者振貸之.○

○『魏略』載詔曰, “昔軒轅建四面之號, 周武稱‘予有亂臣十人’, 斯蓋先聖所以體國君民, 亮成天工, 多賢爲貴也. 今內有公卿以鎭京師, 外設牧伯以監四方, 至於元戎出征, 則軍中宜有柱石之賢帥, 輜重所在, 又宜有鎭守之重臣, 然後車駕可以周行天下, 無內外之慮. 吾今當征賊, 欲守之積年. 其以尙書令潁鄕侯陳群爲鎭軍大將軍, 尙書僕射西鄕侯司馬懿爲撫軍大將軍. 若吾臨江授諸將方略, 則撫軍當留許昌, 督後諸軍, 錄後臺文書事. 鎭軍隨車駕, 當董督衆軍, 錄行尙書事. 皆假節鼓吹, 給中軍兵騎六百人. 吾欲去江數里, 築宮室, 往來其中, 見賊可擊之形, 便出奇兵擊之. 若或未可, 則當舒六軍以游獵, 饗賜軍士.”

三月, 行幸召陵, 通討虜渠. 乙巳, 還許昌宮. 並州刺史梁習討鮮卑軻比能, 大破之. 辛未, 帝爲舟師東征.

五月戊申, 幸譙. 壬戌, 熒惑入太微.

六月, 利成郡兵蔡方等以郡反, 殺太守徐質. 遣屯騎校尉任福·步兵校尉段昭與青州刺史討平之. 其見脅略及亡命者, 皆赦其罪.

秋七月, 立皇子鑒爲東武陽王.

八月, 帝遂以舟師自譙循渦入淮, 從陸道幸徐.

九月, 築東巡臺.

冬十月, 行幸廣陵故城, 臨江觀兵, 戎卒十餘萬, 旌旗數百里.○ 是歲大寒, 水道氷, 舟不得入江, 乃引還.

○『魏書』載帝於馬上爲詩曰,

觀兵臨江水,
水流何湯湯.
戈矛成山林,
玄甲耀日光.
猛將懷暴怒,
膽氣正從橫.
誰云江水廣,
一葦可以航.
不戰屈敵虜,
戢兵稱賢良.
古公宅岐邑,
實始翦殷商.

孟獻營虎牢,

鄭人懼稽顙.

充國務耕植,

先零自破亡.

興農淮泗間,

築室都徐方.

量宜運權略,

六軍咸悅康.

豈如東山詩,

悠悠多憂傷.

十一月, 東武陽王鑑薨.

十二月, 行自譙過梁, 遣使以太牢祀故漢太尉橋玄.

七年春正月, 將幸許昌, 許昌城南門無故自崩, 帝心惡之, 遂不入. 壬子, 行還洛陽宮.

三月, 築九華臺.

夏五月丙辰, 帝疾篤, 召中軍大將軍曹眞·鎭軍大將軍陳群·征東大將軍曹休·撫軍大將軍司馬宣王, 並受遺詔輔嗣主. 遣后宮淑媛·昭儀已下歸其家. 丁巳, 帝崩于嘉福殿, 時年四十.○

○『魏書』曰, "殯於崇華前殿."

六月戊寅, 葬首陽陵. 自殯及葬, 皆以終制从事.○

○『魏氏春秋』曰, "明帝將送葬, 曹眞·陳群·王朗等以暑熱固諫, 乃止." 孫盛曰, "夫窀穸之事,孝子之極痛也, 人倫之道, 於斯莫重. 故天子七月而葬, 同軌畢至. 夫以義感之情, 猶盡臨隧之哀, 況乎天性發中, 敦禮者重之哉? 魏氏之德, 仍世不基矣. 昔華元厚葬, 君子以爲棄君於惡, 群等之諫, 棄孰甚焉?" 鄄城侯植爲誄曰, "惟黃初十七年五月七日, 大行皇帝崩, 嗚呼哀哉! 于時天震地駭, 崩山隕霜, 陽精薄景, 五緯錯行, 百姓呼嗟, 萬國悲傷, 若喪考妣, 恩過慕唐, 擗踊郊野, 仰想穹蒼, 僉曰何辜, 早世殞喪, 嗚呼哀哉! 悲夫大行, 忽焉光滅, 永棄萬國, 雲往雨絕. 承問荒忽, 惽懵哽咽, 袖鋒抽刃, 歎自僵斃, 追慕三良, 甘心同穴. 感惟南風, 惟以鬱滯, 終於偕沒, 指景自誓. 考諸先記, 尋之哲言, 生若浮寄, 唯德可論, 朝聞夕逝, 孔志所存. 皇雖一沒, 天祿永延, 何以述德? 表之素旃. 何以詠功? 宣之管弦. 乃作誄曰, 皓皓太素, 兩儀始分, 中和產物, 肇有人倫, 爰暨三皇, 實秉道眞, 降逮五帝, 繼以懿純, 三代制作, 踵武立勳. 季嗣不維, 網漏於秦, 崩樂滅學, 儒坑禮焚, 二世而殲, 漢氏乃因, 弗求古訓, 嬴政是遵, 王綱帝典, 闃爾無聞. 末光幽昧, 道究運遷, 乾坤回曆, 簡聖授賢, 乃眷大行, 屬以黎元. 龍飛啓祚, 合契上玄, 五行定紀, 改號革年, 明明赫赫, 受命于天. 仁風偃物, 德以禮宣. 祥惟聖質, 嶷在幼妍. 庶幾六典, 學不過庭, 潛心無罔, 抗志青冥. 才秀藻朗, 如玉之瑩, 聽察無向, 瞻睹未形. 其剛如金, 其貞如瓊, 如冰之潔, 如砥之平. 爵公無私, 戮違無輕, 心鏡萬機, 攬照下情. 思良股肱, 嘉昔伊·呂, 搜揚側陋, 舉湯代禹. 拔才巖穴, 取士蓬戶, 唯德是縈, 弗拘禰祖. 宅土之表, 道義是圖, 弗營厥險, 六合是虞. 齊契共遵, 下以純民, 恢拓規矩, 克紹前人. 科條品制, 褒貶以因. 乘殷之輅, 行夏之辰. 金根黃屋, 翠葆龍鱗, 紼冕崇麗, 衡紞維新, 尊肅禮容, 矚之若神. 方牧妙舉, 欽於恤民, 虎將荷節, 鎭彼四鄰. 朱旗所剿, 九壤被震, 疇克不若? 孰敢不臣? 縣旌海表, 萬里無塵. 虜備凶徹, 鳥殪江岷, 權若涸魚, 乾腊矯鱗, 肅愼納貢, 越裳效珍, 條支絕域, 侍子內賓. 德儕先皇, 功侔太古. 上靈降瑞, 黃初叔祜, 河龍洛龜, 淩波游下. 平鈞應繩, 神鸞翔舞. 數莢階除, 系風扇暑. 皓獸素禽, 飛走郊野. 神鍾寶鼎, 形自舊土. 雲英甘露, 瀸塗被宇. 靈芝冒沼, 朱華蔭渚. 回回凱風, 祁祁甘雨, 稼穡豐登, 我稷我黍. 家佩惠君, 戶蒙慈父. 圖致太和, 洽德全義. 將登介山, 先皇作儷. 鐫石紀勳, 兼錄衆瑞, 方隆封禪, 歸功天地, 賓禮百靈, 勳命視規, 望祭四嶽, 燎封奉柴, 肅于南郊, 宗祀上帝. 三牲既供, 夏禘秋嘗, 元侯佐祭, 獻璧奉璋. 鸞輿幽藹, 龍旂太常, 爰迄太廟, 鍾鼓鍠鍠, 頌德詠功, 八佾鏘鏘. 皇祖既饗, 烈考來享, 神具醉止, 降玆福祥. 天地震蕩, 大行康之. 三辰暗昧, 大行光之. 皇紘絕維, 大行綱之. 神器莫統, 大行當之. 禮樂廢弛, 大行張之. 仁義陸沈, 大行揚之. 潛龍隱鳳, 大行翔之. 疏狄遐康, 大行匡之. 在位七載, 元功仍舉, 將永太和, 絕跡三五, 宜作物師, 長爲神主, 壽終金石, 等算東父, 如何奄忽, 摧身后土, 俾我煢煢, 靡瞻靡顧. 嗟嗟皇穹, 胡寧忍務? 嗚呼哀哉! 明監吉凶, 體遠存亡, 深垂典制, 申之嗣皇. 聖上虔奉, 是順是將, 乃創玄宇, 基爲首陽, 擬跡穀林, 追堯慕唐, 合山同陵, 不樹不疆, 塗車芻靈, 珠玉靡藏. 百神警侍, 來賓幽堂, 耕禽田獸, 望魂之翔. 於是, 俟大隧之致功兮, 練元辰之淑禎, 潛華體於梓宮兮, 馮正殿以居靈. 顧望嗣之號咷兮, 存臨者之悲聲, 悼晏駕之旣脩兮, 感容車之速征. 浮飛魂於輕霄兮, 就黃壚以滅形, 背三光之昭晰兮, 歸玄宅之冥冥. 嗟一往之不反兮, 痛閟闥之長扃. 咨遠臣之眇眇兮, 感凶諱以怛驚, 心孤絶而靡告兮, 紛流涕而交頸. 思恩榮以橫奔兮, 閡闕塞之嶢崢, 顧衰絰以輕擧兮, 迫關防之我嬰. 欲高飛而遙憩兮, 憚天網之遠經, 遙投骨於山足兮, 報恩養於下庭. 慨拊心而自悼兮, 懼施重而命輕, 嗟微軀之是效兮, 甘九死而忘生, 幾司命之役籍兮, 先黃發而隕零, 天蓋高而察卑兮, 冀神明之我聽. 獨鬱伊而莫愬兮, 追顧景而憐形, 奏斯文以寫思兮, 結翰墨以敷誠. 嗚呼哀哉!"

初, 帝好文學, 以著述爲務, 自所勒成垂百篇. 又使諸儒撰集經傳, 隨類相從, 凡千餘篇, 號曰『皇覽』.○

○『魏書』曰, "帝初在東宮, 疫癘大起, 時人彫傷, 帝深感歎, 與素所敬者大理王朗書曰, '生有七尺之形, 死唯一棺之土, 唯立德揚名, 可以不朽, 其次莫如著篇籍. 疫癘數起, 士人彫落, 余獨何人, 能全其壽?' 故論撰所著『典論』·詩賦, 蓋百餘篇, 集諸儒於肅城門內, 講論大義, 侃侃無倦. 常嘉漢文帝之爲君, 寬仁玄默, 務欲以德化民, 有賢聖之風. 時文學諸儒, 或以爲孝文雖賢, 其於聰明, 通達國體, 不如賈誼. 帝由是著「太宗論」曰, '昔有苗不賓, 重華舞以干戚, 尉佗稱帝, 孝文撫以恩德, 吳王不朝, 錫之几杖以撫其意, 而天下賴安. 乃弘三章之教, 愷悌之化, 欲使曩時累息之民, 得闊步高談, 無危懼之心. 若賈誼之才敏, 籌畫國政, 特賢臣之器, 管·晏之姿, 豈若孝文大人之量哉?' 三年之中, 以孫權不服, 復頒太宗論於天下, 明示不願征伐也. 他日又從容言曰, '顧我亦有所不取于漢文帝者三, 殺薄昭, 幸鄧通, 愼夫人衣不曳地, 集上書囊爲帳帷. 以爲漢文儉而無法, 舅后之家, 但當養育以恩而不當假借以權, 旣觸罪法, 又不得不害矣.' 其欲秉持中道, 以爲帝王儀表者如此. 胡沖『吳歷』曰, 帝以素書所著『典論』及詩賦餉孫權, 又以紙寫一通與張昭."

評曰, 文帝天資文藻, 下筆成章, 博聞強識, 才藝兼該.○ 若加之曠大之度, 勵以公平之誠, 邁志存道, 克廣德心, 則古之賢主, 何遠之有哉?

○『典論』帝自叙曰, “初平之元, 董卓殺主鴆后, 蕩覆王室. 是時四海既困中平之政, 兼惡卓之凶逆, 家家思亂, 人人自危. 山東牧守, 咸以『春秋』之義, ‘衛人討州吁於濮’, 言人人皆得討賊. 於是大興義兵, 名豪大俠, 富室強族, 飄揚雲會, 萬里相赴. 兗·豫之師戰于滎陽, 河內之甲軍于孟津. 卓遂遷大駕, 西都長安. 而山東大者連郡國, 中者嬰城邑, 小者聚阡陌, 以還相吞滅. 會黃巾盛於海岱, 山寇暴於並·冀, 乘勝轉攻, 席卷而南, 鄉邑望煙而奔, 城郭睹塵而潰, 百姓死亡, 暴骨如莽. 余時年五歲, 上以世方擾亂, 教余學射, 六歲而知射, 又教余騎馬, 八歲而能騎射矣. 以時之多故, 每征, 余常從. 建安初, 上南征荊州, 至宛, 張繡降. 旬日而反, 亡兄孝廉子修·從兄安民遇害. 時余年十歲, 乘馬得脫. 夫文武之道, 各隨時而用, 生於中平之季, 長於戎旅之間, 是以少好弓馬, 于今不衰. 逐禽輒十里, 馳射常百步, 日多體健, 心每不厭. 建安十年, 始定冀州, 濊·貊貢良弓, 燕·代獻名馬. 時歲之暮春, 勾芒司節, 和風扇物, 弓燥手柔, 草淺獸肥, 與族兄子丹獵于鄴西, 終日手獲獐鹿九, 雉兔三十. 後軍南征次曲蠡, 尙書令荀彧奉使犒軍, 見余談論之末, 彧言, ‘聞君善左右射, 此實難能.’ 余言, ‘執事未睹夫項發口縱, 俯馬蹄而仰月支也.’ 彧喜笑曰, ‘乃爾!’ 余曰, ‘埒有常徑, 的有常所, 雖每發輒中, 非至妙也. 若馳平原, 赴豐草, 要狡獸, 截輕禽, 使弓不虛彎, 所中必洞, 斯則妙矣.’ 時軍祭酒張京在坐, 顧彧拊手曰, ‘善.’ 余又學擊劍, 閱師多矣, 四方之法各異, 唯京師爲善. 桓·靈之間, 有虎賁王越善斯術, 稱於京師. 河南史阿言昔與越游, 具得其法, 余從阿學之精熟. 嘗與平虜將軍劉勳·奮威將軍鄧展等共飮, 宿聞展善有手臂, 曉五兵, 又稱其能空手入白刃. 余與論劍良久, 謂言將軍法非也, 余顧嘗好之, 又得善術, 因求與余對. 時酒酣耳熱, 方食芊蔗, 便以爲杖, 下殿數交, 三中其臂, 左右大笑. 展意不平, 求更爲之. 余言吾法急屬, 難相中面, 故齊臂耳. 展言願復一交, 余知其欲突以取交中也, 因僞深進, 展果尋前, 余却脚鄛, 正截其顙, 坐中驚視. 余還坐, 笑曰, ‘昔陽慶使淳于意去其故方, 更授以秘術, 今余亦願鄧將軍捐棄故伎, 更受要道也.’ 一坐盡歡. 夫事不可自謂己長, 余少曉持復, 自謂無對, 俗名雙戟爲坐鐵室, 鑲楯爲蔽木戶. 後從陳國袁敏學, 以單攻復, 每爲若神, 對家不知所出, 先日若逢敏於狹路, 直決耳! 余於他戲弄之事少所喜, 唯彈棋略盡其巧, 少爲之賦. 昔京師先工有馬合鄉侯·東方安世·張公子, 常恨不得與彼數子者對. 上雅好詩書文籍, 雖在軍旅, 手不釋卷, 每每定省從容, 常言人少好學則思專, 長則善忘, 長大而能勤學者, 唯吾與袁伯業耳. 余是以少誦詩·論, 及長而備歷五經·四部, 『史』·『漢』·諸子百家之言, 靡不畢覽.” 『博物志』曰, “帝善彈棋, 能用手巾角. 時有一書生, 又能低頭以所冠著葛巾角撇棋.”

卷三
魏志三

明帝紀

烈祖 明皇帝 曹叡

明皇帝諱叡, 字元仲, 文帝太子也. 生而太祖愛之, 常令在左右.○1) 年十五, 封武德侯, 黃初二年爲齊公, 三年爲平原王. 以其母誅, 故未建爲嗣.○2)

○1) 『魏書』曰, "帝生數歲而有岐嶷之姿, 武皇帝異之, 曰, '我基於爾三世矣.' 每朝宴會同, 與侍中近臣並列帷幄. 好學多識, 特留意於法理."

○2) 『魏略』曰, "文帝以郭后無子, 詔使子養帝. 帝以母不以道終, 意甚不平. 後不獲已, 乃敬事郭后, 旦夕因長御問起居, 郭后亦自以無子, 遂加慈愛. 文帝始以帝不悅, 有意欲以他姬子京兆王爲嗣, 故久不拜太子." 『魏末傳』曰, "帝常從文帝獵, 見子母鹿. 文帝射殺鹿母, 使帝射鹿子, 帝不從, 曰, '陛下已殺其母, 臣不忍復殺其子.' 因涕泣. 文帝卽放弓箭, 以此深奇之, 而樹立之意定."

七年夏五月, 帝病篤, 乃立爲皇太子. 丁巳, 卽皇帝位, 大赦. 尊皇太后曰太皇太后, 皇后曰皇太后. 諸臣封爵各有差.○ 癸未, 追諡母甄夫人曰文昭皇后. 壬辰, 立皇弟蕤爲陽平王.

○ 『世語』曰, "帝與朝士素不接, 卽位之後, 群下想聞風采. 居數日, 獨見侍中劉曄, 語盡日. 衆人側聽, 曄旣出, 問, '何如?' 曄曰, '秦始皇·漢孝武之儔, 才具微不及耳.'"

八月, 孫權攻江夏郡, 太守文聘堅守. 朝議欲發兵救之, 帝曰, "權習水戰, 所以敢下船陸攻者, 幾掩不備也. 今已與聘相持, 夫攻守勢倍, 終不敢久也." 先時遣治書侍御史荀禹慰勞邊方, 禹到, 於江夏發所經縣兵及所從步騎千人乘山擧火, 權退走. 辛巳, 立皇子冏爲淸河王. 吳將諸葛瑾·張霸等寇襄陽, 撫軍大將軍司馬宣王討破之, 斬霸, 征東大將軍曹休又破其別將於尋陽. 論功行賞各有差.

冬十月, 淸河王冏薨.

十二月, 以太尉鍾繇爲太傅, 征東大將軍曹休爲大司馬, 中軍大將軍曹眞爲大將軍, 司徒華歆爲太尉, 司空王朗爲司徒, 鎭軍大將軍陳群爲司空, 撫軍大將軍司馬宣王爲驃騎大將軍.

太和元年春正月, 郊祀武皇帝以配天, 宗祀文皇帝於明堂以配上帝. 分江夏南部, 置江夏南部都尉. 西平麴英反, 殺臨羌令·西都長, 遣將軍郝昭·鹿磐討斬之.

二月辛未, 帝耕於籍田. 辛巳, 立文昭皇后寢廟於鄴. 丁亥, 朝日于東郊.

夏四月乙亥, 行五銖錢. 甲申, 初營宗廟.

秋八月, 夕月于西郊.

冬十月丙寅, 治兵于東郊. 焉耆王遣子入侍.

十一月, 立皇后毛氏. 賜天下男子爵人二級, 鰥寡孤獨不能自存者賜穀.
十二月, 封后父毛嘉爲列侯. 新城太守孟達反, 詔驃騎將軍司馬宣王討之.○

○『三輔決錄』曰, "伯郎, 凉州人, 名不令休. 其注曰, '伯郎姓孟, 名他, 扶風人. 靈帝時. 中常侍張讓專朝政, 讓監奴典護家事. 他仕不遂, 乃盡以家財賂監奴, 與共結親, 積年家業爲之破盡. 衆奴皆慚, 問他所欲, 他曰, "欲得卿曹拜耳." 奴被恩久, 皆許諾. 時賓客求見讓者, 門下車常數百乘, 或累日不得通. 他最後到, 衆奴伺其至, 皆迎車而拜, 徑將他車獨入. 衆人悉驚, 謂他與讓善, 爭以珍物遺他. 他得之, 盡以賂讓, 讓大喜. 他又以蒲桃酒一斛遺讓, 卽拜凉州刺史. 他生達, 少入蜀. 其處蜀事跡在「劉封傳」.'" 『魏略』曰, "達以延康元年率部曲四千餘家歸魏. 文帝時初卽王位, 旣宿知有達, 聞其來, 甚悅, 令貴臣有識察者往觀之, 還曰'將帥之才也,' 或曰'卿相之器也,' 王益欽達. 逆與達書曰, '近日有命, 未足達旨, 何者? 昔伊摯背商而歸周, 百里去虞而入秦, 樂毅感鴟夷以蟬蛻, 王遵識逆順以去就, 皆審興廢之符效, 知成敗之必然, 故丹靑畫其形容, 良史載其功勳. 聞卿姿度純茂, 器量優絕, 當騁能明時, 收名傳記. 今者翻然濯鱗淸流, 甚相嘉樂, 虛心西望, 依依若舊, 下筆屬辭, 歡心從之. 昔虞卿入趙, 再見取相, 陳平就漢, 一覲參乘, 孤今於卿, 情過於往, 故致所御馬物以昭忠愛.' 又曰, '今者海內淸定, 萬里一統, 三垂無邊塵之警, 中夏無狗吠之虞, 以是弛罔闊禁, 與世無疑, 保官空虛, 初無資任. 卿來相就, 當明孤意, 愼勿令家人繽紛道路, 以親駭疏也. 若卿欲來相見, 且當先安部曲, 有所保固, 然後徐徐輕騎來東.' 達旣至譙, 進見閑雅, 才辯過人, 衆莫不屬目. 又王近出, 乘小輦, 執達手, 撫其背戲之曰, '卿得無爲劉備刺客邪?' 遂與同載. 又加拜散騎常侍, 領新城太守, 委以西南之任. 時衆臣或以爲待之太猥, 又不宜委以方任. 王聞之曰, '吾保其無他, 亦譬以蒿箭射蒿中耳.' 達旣爲文帝所寵, 又與桓階·夏侯尙親善, 及文帝崩, 時桓·尙皆卒, 達自以羈旅久在疆埸, 心不自安. 諸葛亮聞之, 陰欲誘達, 數書招之, 達與相報答. 魏興太守申儀與達有隙, 密表達與蜀潛通, 帝未之信也. 司馬宣王遣參軍梁幾察之; 又勸其入朝. 達驚懼, 遂反." 干寶『晉紀』曰, "達初入新城, 登白馬塞, 歎曰, '劉封·申耽, 據金城千里而失之乎!'"

二年春正月, 宣王攻破新城, 斬達, 傳其首.○ 分新城之上庸·武陵·巫縣爲上庸郡, 錫縣爲錫郡.

○『魏略』曰, "宣王誘達將李輔及達甥鄧賢, 賢等開門納軍. 達被圍旬有六日而敗, 焚其首于洛陽四達之衢."

蜀大將諸葛亮寇邊, 天水·南安·安定三郡吏民叛應亮.○

○『魏書』曰, "是時朝臣未知計所出, 帝曰, '亮阻山爲固, 今者自來, 旣合兵書致人之術. 且亮貪三郡, 知進而不知退, 今因此時, 破亮必也.' 乃部勒兵馬步騎五萬拒亮."

遣大將軍曹眞都督關右, 並進兵. 右將軍張郃擊亮於街亭, 大破之. 亮敗走, 三郡平. 丁未, 行幸長安.○

○『魏略』載帝露布天下並班告益州曰, "劉備背恩, 自竄巴蜀. 諸葛亮棄父母之國, 阿殘賊之黨, 神人被毒, 惡積身滅. 亮外慕立孤之名, 而內貪專擅之實. 劉升之兄弟守空城而已. 亮又侮易益土, 虐用其民, 是以利狼·宕渠·高定·青羌莫不瓦解, 爲亮仇敵. 而亮反裘負薪, 裏盡毛殫, 刖趾適屨, 刻肌傷骨, 反更稱說, 自以爲能. 行兵於井底, 游步於牛蹏. 自朕卽位, 三邊無事, 猶哀憐天下數遭兵革, 且欲養四海之耆老, 長後生之孤幼, 先移風於禮樂, 次講武於農隙, 置亮畫外, 未以爲虞. 而亮懷李熊愚勇之智, 不思荊邯度德之戒, 驅略吏民, 盜利祁山. 王師方振, 膽破氣奪, 馬謖·高祥, 望旗奔敗. 虎臣逐北, 蹈屍涉血, 亮也小子, 震驚朕師. 猛銳踊躍, 咸思長驅. 朕惟率土莫非王臣, 師之所處, 荊棘生焉, 不欲使千室之邑忠信貞良, 與夫淫昏之黨, 共受塗炭. 故先開示, 以昭國誠, 勉思變化, 無滯亂邦. 巴蜀將吏士民諸爲亮所劫迫, 公卿已下皆聽束手."

夏四月丁酉, 還洛陽宮.○ 赦繫系囚非殊死以下. 乙巳, 論討亮功, 封爵增邑各有差.

○『魏略』曰, "是時訛言云, 帝已崩, 從駕群臣迎立雍丘王植. 京師自卞太后群公盡懼. 及帝還, 皆私察顏色. 卞太后悲喜, 欲推始言者, 帝曰, '天下皆言, 將何所推?'"

五月, 大旱.

六月, 詔曰, "尊儒貴學, 王敎之本也. 自頃儒官或非其人, 將何以宣明聖道? 其高選博士, 才任侍中·常侍者. 申敕郡國, 貢士以經學爲先."

秋九月, 曹休率諸軍至皖, 與吳將陸議戰於石亭, 敗績. 乙酉, 立皇子穆爲繁陽王. 庚子, 大司馬曹休薨.

冬十月, 詔公卿近臣擧良將各一人.

十一月, 司徒王朗薨.

十二月, 諸葛亮圍陳倉, 曹眞遣將軍費曜等拒之.○ 遼東太守公孫恭兄子淵, 劫奪恭位, 遂以淵領遼東太守.

○『魏略』曰, "先是, 使將軍郝昭築陳倉城. 會亮至, 圍昭, 不能拔. 昭字伯道, 太原人, 爲人雄壯, 少入軍爲部曲督, 數有戰功, 爲雜號將軍, 遂鎭守河西十餘年, 民夷畏服. 亮圍陳倉, 使昭鄕人靳詳於城外遙說之, 昭於樓上應詳曰, '魏家科法, 卿所練也, 我之爲人, 卿所知也. 我受國恩多而門戶重, 卿無可言者, 但有必死耳. 卿還謝諸葛, 便可攻也.' 詳以昭語告亮, 亮又使詳重說昭, 言人兵不敵, 無爲空自破滅. 昭謂詳曰, '前言已定矣. 我識卿耳, 箭不識也.' 詳乃去. 亮自以有衆數萬, 而昭兵才千餘人, 又度東救未能便到, 乃進兵攻昭, 起雲梯衝車以臨城. 昭於是以火箭逆射其雲梯, 梯然, 梯上人皆燒死. 昭又以繩連石磨壓其衝車, 衝車折. 亮乃更爲井闌百尺以射城中, 以土丸塡塹, 欲直攀城, 昭又於內築重牆. 亮又爲地突, 欲踊出於城裏, 昭又於城內穿地橫截之. 晝夜相攻拒二十餘日, 亮無計, 救至, 引退. 詔嘉昭善守, 賜爵列侯. 及還, 帝引見慰勞之, 顧謂中書令孫資曰, '卿鄕里乃有爾曹快人, 爲將灼如此, 朕復何憂乎?' 仍欲大用之. 會病亡, 遺令戒其子凱曰, '吾爲將, 知將不可爲也. 吾數發塚, 取其木以爲攻戰具, 又知厚葬無益於死者也. 汝必斂以時服. 且人, 生有處所耳, 死復何在耶? 今去本墓遠, 東西南北, 在汝而已.'"

三年夏四月, 元城王禮薨.

六月癸卯, 繁陽王穆薨. 戊申, 追尊高祖大長秋曰高皇帝, 夫人吳氏曰高皇后.

秋七月, 詔曰, "禮, 王后無嗣, 擇建支子以繼大宗, 則當纂正統而奉公義, 何得復顧私親哉? 漢宣繼昭帝後, 加悼考以皇號. 哀帝以外藩援立, 而董宏等稱引亡秦,惑誤時朝, 旣尊恭皇, 立廟京都, 又寵藩妾, 使比長信, 叙昭穆於前殿, 並四位於東宮, 僭差無度, 人神弗祐, 而非罪師丹忠正之諫, 用致丁·傅焚如之禍. 自是之後, 相踵行之. 昔魯文逆祀, 罪由夏父, 宋國非度, 譏在華元. 其令公卿有司, 深以前世行事爲戒. 後嗣萬一有由諸侯入奉大統, 則當明爲人後之義. 敢爲佞邪導諛時君, 妄建非正之號以干正統, 謂考爲皇, 稱妣爲后, 則股肱大臣, 誅之無赦. 其書之金策, 藏之宗廟, 著於令典."

冬十月, 改平望觀曰聽訟觀. 帝常言"獄者, 天下之性命也," 每斷大獄, 常幸觀臨聽之.

初, 洛陽宗廟未成, 神主在鄴廟. 十一月, 廟始成, 使太常韓暨持節迎高皇帝·太皇帝·武帝·文帝神主于鄴, 十二月己丑至, 奉安神主于廟.○ 癸卯, 大月氏王波調遣使奉獻, 以調爲親魏大月氏王.

○ 臣松之按, 黃初四年, 有司奏立二廟, 太皇帝大長秋與文帝之高祖共一廟, 特立武帝廟, 百世不毁. 今此無高祖神主, 蓋以親盡毁也. 此則魏初唯立親廟, 祀四室而已. 至景初元年, 始定七廟之制. 孫盛曰, "事亡猶存, 祭如神在, 迎遷神主, 正斯宜矣."

四年春二月壬午, 詔曰, "世之質文, 隨敎而變. 兵亂以來, 經學廢絶, 後生進趣, 不由典謨. 豈訓導未洽, 將進用者不以德顯乎? 其郎吏學通一經, 才任牧民, 博士課試, 擢其高第者, 亟用. 其浮華不務道本者, 皆罷退之." 戊子, 詔太傅三公, 以文帝『典論』刻石, 立于廟門之外. 癸巳, 以大將軍曹眞爲大司馬, 驃騎將軍司馬宣王爲大將軍, 遼東太守公孫淵爲車騎將軍.

夏四月, 太傅鍾繇薨.

六月戊子, 太皇太后崩. 丙申, 省上庸郡.

秋七月, 武宣卞后祔葬于高陵. 詔大司馬曹眞·大將軍司馬宣王伐蜀.

八月辛巳, 行東巡, 遣使者以特牛祠中嶽.○ 乙未, 幸許昌宮.

○『魏書』曰, "行過繁昌, 使執金吾臧霸行太尉事, 以特牛祠受禪壇."
臣松之按, 『漢紀』章帝元和三年, 詔高邑縣祠卽位壇, 五成陌, 比臘祠門戶. 此雖前代已行故事, 然爲壇以祀天, 而壇非神也, 今無事於上帝, 而致祀於虛壇, 求之義典, 未詳所據.

九月, 大雨, 伊·洛·河·漢水溢, 詔眞等班師.

冬十月乙卯, 行還洛陽宮. 庚申, 令, "罪非殊死聽贖各有差."

十一月, 太白犯歲星.

十二月辛未, 改葬文昭甄后于朝陽陵. 丙寅, 詔公卿擧賢良.

五年春正月, 帝耕于籍田.

三月, 大司馬曹眞薨. 諸葛亮寇天水, 詔大將軍司馬宣王拒之. 自去冬十月至此月不雨, 辛巳, 大雩.

夏四月, 鮮卑附義王軻比能率其種人及丁零大人兒禪詣幽州貢名馬. 復置護匈奴中郎將.

秋七月丙子, 以亮退走, 封爵增位各有差.○ 乙酉, 皇子殷生, 大赦.

○『魏書』曰, "初, 亮出, 議者以爲亮軍無輜重, 糧必不繼, 不擊自破, 無爲勞兵. 或欲自芟上邽左右生麥以奪賊食, 帝皆不從. 前後遣兵增宣王軍, 又敕使護麥. 宣王與亮相持, 賴得此麥以爲軍糧."

八月, 詔曰, “古者諸侯朝聘, 所以敦睦親親協和萬國也. 先帝著令, 不欲使諸王在京都者, 謂幼主在位, 母后攝政, 防微以漸, 關諸盛衰也. 朕惟不見諸王十有二載, 悠悠之懷, 能不興思? 其令諸王及宗室公侯各將適子一人朝. 後有少主·母后在宮者, 自如先帝令, 申明著于令.”

冬十一月乙酉, 月犯軒轅大星. 戊戌晦, 日有蝕之.

十二月甲辰, 月犯鎭星. 戊午, 太尉華歆薨.

六年春二月, 詔曰, “古之帝王, 封建諸侯, 所以藩屛王室也. 『詩』 不云乎, ‘懷德維寧, 宗子維城.’ 秦·漢繼周, 或強或弱, 俱失厥中. 大魏創業, 諸王開國, 隨時之宜, 未有定制, 非所以永爲後法也. 其改封諸侯王, 皆以郡爲國.”

三月癸酉, 行東巡, 所過存問高年鰥寡孤獨, 賜穀帛. 乙亥, 月犯軒轅大星.

夏四月壬寅, 行幸許昌宮. 甲子, 初進新果于廟.

五月, 皇子殷薨, 追封謚安平哀王.

秋七月, 以衛尉董昭爲司徒.

九月, 行幸摩陂, 治許昌宮, 起景福·承光殿.

冬十月, 殄夷將軍田豫帥衆, 討吳將周賀於成山, 殺賀.

十一月丙寅, 太白晝見. 有星孛于翼, 近太微上將星. 庚寅, 陳思王植薨.

十二月, 行還許昌宮.

青龍元年春正月甲申, 青龍見郟之摩陂井中.

二月丁酉, 幸摩陂觀龍, 於是改年. 改摩陂爲龍陂, 賜男子爵人二級, 鰥寡孤獨無出今年租賦.

三月甲子, 詔公卿擧賢良篤行之士各一人.

夏五月壬申, 詔祀故大將軍夏侯惇·大司馬曹仁·車騎將軍程昱於太祖廟庭.○ 戊寅, 北海王蕤薨.

○『魏書』載詔曰, "昔先王之禮, 於功臣存則顯其爵祿, 沒則祭於大蒸, 故漢氏功臣, 祀於廟庭. 大魏元功之臣功勳優著, 終始休明者, 其皆依禮祀之." 於是以惇等配饗.

閏月庚寅朔, 日有蝕之. 丁酉, 改封宗室女非諸王女皆爲邑主. 詔諸郡國山川不在祠典者勿祠.

六月, 洛陽宮鞠室災.

保塞鮮卑大人步度根與叛鮮卑大人軻比能私通, 並州刺史畢軌表, 輒出軍以外威比能, 內鎭步度根. 帝省表曰, "步度根以爲比能所誘, 有自疑心. 今軌出軍, 適使二部驚合爲一, 何所威鎭乎?"促敕軌, 以出軍者愼勿越塞過句注也. 比詔書到, 軌以進軍屯陰館, 遣將軍蘇尙·董弼追鮮卑. 比能遣子將千餘騎迎步度根部落, 與尙·弼相遇, 戰於樓煩, 二將敗沒. 步度根部落皆叛出塞, 與比能合寇邊. 遣驍騎將軍秦朗將中軍討之, 虜乃走漠北.

秋九月, 安定保塞匈奴大人胡薄居姿職等叛, 司馬宣王遣將軍胡遵等追討, 破降之.

冬十月, 步度根部落大人戴胡阿狼泥等詣並州降, 朗引軍還.○

○『魏氏春秋』曰, "朗字元明, 新兴人."『獻帝傳』曰, "朗父名宜祿, 爲呂布使詣袁術, 術妻以漢宗室女. 其前妻杜氏留下邳. 布之被圍, 關羽屢請於太祖, 求以杜氏爲妻, 太祖疑其有色, 及城陷, 太祖見之, 乃自納之. 宜祿歸降, 以爲銍長. 及劉備走小沛, 張飛隨之, 過謂宜祿曰, '人取汝妻, 而爲之長, 乃蚩蚩若是邪? 隨我去乎?' 宜祿從之數里, 悔欲還, 飛殺之. 朗隨母氏畜于公宮, 太祖甚愛之, 每坐席, 謂賓客曰, '世有人愛假子如孤者乎?'"『魏略』曰, "朗游遨諸侯間, 歷歷武·文之世而無尤也. 及明帝卽位, 授以內官, 爲驍騎將軍·給事中, 每車駕出入, 朗常隨從. 時明帝喜發擧, 數有以輕微而致大辟者, 朗終不能有所諫止, 又未嘗進一善人, 帝亦以是親愛, 每顧問之, 多呼其小字阿穌, 數加賞賜, 爲起大第於京城中. 四方雖知朗無能爲益, 猶以附近至尊, 多賂遺之, 富均公侯."『世語』曰, "朗子秀, 勁厲能直言, 爲晉武帝博士."『魏略』以朗與孔桂俱在「佞幸篇」. "桂字叔林, 天水人也. 建安初, 數爲將軍楊秋使詣太祖, 太祖表拜騎都尉. 桂性便辟, 曉博奕·蹋鞠, 故太祖愛之, 每在左右, 出入隨從. 桂察太祖意, 喜樂之時, 因言次曲有所陳, 事多見從, 數得賞賜, 人多餽遺, 桂由此侯服玉食. 太祖旣愛桂, 五官將及諸侯亦皆親之. 其後桂見太祖久不立太子, 而有意於臨菑侯, 因更親附臨菑侯而簡於五官將, 將甚銜之. 及太祖薨, 文帝卽王位, 未及致其罪. 黃初元年, 隨例轉拜駙馬都尉. 而桂私受西域貨賂, 許爲人事. 事發, 有詔收問, 遂殺之. 魚豢曰, '爲上者不虛授, 處下者不虛受, 然後外無伐檀之歎, 內無尸素之刺, 雍熙之美著, 太平之律顯矣. 而佞幸之徒, 但姑息人主, 至乃無德而榮, 無功而祿, 如是焉得不使中正日朘, 傾邪滋多乎! 以武皇帝之愼賞, 明皇帝之持法, 而猶有若此等人, 而況下斯者乎?'"

十二月, 公孫淵斬送孫權所遣使張彌·許晏首, 以淵爲大司馬樂浪公.○

○『世語』曰, "並州刺史畢軌送漢故度遼將軍范明友鮮卑奴, 年三百五十歲, 言語飮食如常人. 奴云, '霍顯, 光後小妻. 明友妻, 光前妻女.'"『博物志』曰, "時京邑有一人, 失其姓名, 食啖兼十許人, 遂肥不能動. 其父曾作遠方長吏, 官徙送彼縣, 令故義傳供食之. 一二年中, 一鄉中輒爲之儉."『傅子』曰, "時太原發塚破棺, 棺中有一生婦人, 將出與語, 生人也. 送之京師, 問其本事, 不知也. 視其塚上樹木可三十歲, 不知此婦人三十歲常生於地中邪? 將一朝欻生, 偶與發塚者會也?"

二年春二月乙未, 太白犯熒惑. 癸酉, 詔曰, "鞭作官刑, 所以糾慢怠也, 而頃多以無辜死. 其減鞭杖之制, 著于令."

三月庚寅, 山陽公薨, 帝素服發哀, 遣使持節典護喪事. 己酉, 大赦.

夏四月, 大疫. 崇华殿灾. 丙寅, 詔有司以太牢告祠文帝庙. 追谥山阳公为汉孝献皇帝, 葬以汉礼.○

○『獻帝傳』曰, "帝變服, 率群臣哭之, 使使持節行司徒太常和洽吊祭, 又使持節行大司空大司農崔林監護喪事. 詔曰, '蓋五帝之事尙矣, 仲尼盛稱堯·舜巍巍蕩蕩之功者, 以爲禪代乃大聖之懿事也. 山陽公深識天祿永終之運, 禪位文皇帝以順天命. 先帝命公行漢正朔, 郊天祀祖以天子之禮, 言事不稱臣, 此舜事堯之義也. 昔放勳殂落, 四海如喪考妣, 遏密八音, 明喪葬之禮同於王者也. 今有司奏喪禮比諸侯王, 此豈古之遺制而先帝之至意哉? 今謚公漢孝獻皇帝.' 使太尉具以一太牢告祠文帝廟, 曰, '叡聞夫禮也者, 反本脩古, 不忘厥初, 是以先代之君, 尊尊親親, 咸有尙焉. 今山陽公寢疾棄國, 有司建言喪紀之禮視諸侯王. 叡惟山陽公昔知天命永終於己, 深觀歷數允在聖躬, 傳祚禪位, 尊我民主, 斯乃陶唐懿德之事也. 黃初受終, 命公于國行漢正朔, 郊天祀祖禮樂制度率乃漢舊, 斯亦舜·禹明堂之義也. 上考遂初, 皇極攸建, 允熙克讓, 莫朗于玆. 蓋子以繼志嗣訓爲孝, 臣以配命欽述爲忠, 故詩稱'匪棘其猶, 聿追來孝', 書曰'前人受命, 玆不忘大功'. 叡敢不奉承徽典, 以昭皇考之神靈. 今追謚山陽公曰孝獻皇帝, 冊贈璽紱. 命司徒·司空持節吊祭護喪, 光祿·大鴻臚爲副, 將作大匠·復土將軍營成陵墓, 及置百官群吏, 車旗服章喪葬禮儀, 一如漢氏故事. 喪葬所供群官之費, 皆仰大司農. 立其後嗣爲山陽公, 以通三統, 永爲魏賓.' 於是贈册曰, '嗚呼, 昔皇天降戾於漢, 俾逆臣董卓, 播厥凶虐, 焚滅京都, 劫遷大駕. 于時六合雲擾, 奸雄熛起. 帝自西京, 徂唯求定, 臻玆洛邑. 疇咨聖賢, 聿改乘轅, 又遷許昌, 武皇帝是依. 歲在玄枵, 皇師肇征, 迄于鶉尾, 十有八載, 群寇殲殄, 九域咸乂. 惟帝念功, 祚玆魏國, 大啓土宇. 爰及文皇帝, 齊聖廣淵, 仁聲旁流, 柔遠能邇, 殊俗向義, 乾精承祚, 坤靈吐曜, 稽極玉衡, 允膺歷數, 度于軌儀, 克厭帝心. 乃仰欽七政, 俯察五典, 弗采四嶽之謀, 不俟師錫之擧, 幽贊神明, 承天禪位. 祚建朕躬, 統承洪業. 蓋聞昔帝堯, 元愷旣擧, 凶族未流, 登舜百揆, 然後百揆時序, 內平外成, 授位明堂, 退終天祿, 故能冠德百王, 表功嵩嶽. 自往迄今, 彌歷七代, 歲暨三千, 而大運來復, 庸命底績, 纂我民主, 作建皇極. 念重光, 紹咸池, 繼韶夏, 超群后之遐蹤, 邈商·周之惭德, 可謂高朗令終, 昭明洪烈之懿盛者矣. 非夫漢·魏與天地合德, 與四時合信, 動和民神, 格于上下, 其孰能至於此乎? 朕惟孝獻享年不永, 欽若顧命, 考之典謨, 恭述皇考先靈遺意, 闡崇弘謚, 奉成聖美, 以章希世同符之隆, 以傳億載不朽之榮. 魂而有靈, 嘉玆弘休. 嗚呼哀哉!' 八月壬申, 葬于山陽國, 陵曰禪陵, 置園邑. 葬之日, 帝制錫衰弁絰, 哭之慟. 適孫桂氏鄕侯康, 嗣立爲山陽公."

是月, 諸葛亮出斜穀, 屯渭南, 司馬宣王率諸軍拒之. 詔宣王, "但堅壁拒守以挫其鋒, 彼進不得志, 退無與戰, 久停則糧盡, 虜略無所獲, 則必走矣. 走而追之, 以逸待勞, 全勝之道也."○

○『魏氏春秋』曰, "亮既屢遣使交書, 又致巾幗婦人之飾, 以怒宣王. 宣王將出戰, 辛毗杖節奉詔, 勒宣王及軍吏已下, 乃止. 宣王見亮使, 唯問其寢食及其事之煩簡, 不問戎事. 使對曰, '諸葛公夙興夜寐, 罰二十已上, 皆親覽焉. 所啖食不過數升.' 宣王曰, '亮體斃矣, 其能久乎?'"

五月, 太白晝見. 孫權入居巢湖口, 向合肥新城, 又遣將陸議·孫韶各將萬餘人入淮·沔.

六月, 征東將軍滿寵進軍拒之. 寵欲拔新城守, 致賊壽春, 帝不聽, 曰, "昔漢光武遣兵縣據略陽, 終以破隗囂, 先帝東置合肥, 南守襄陽, 西固祁山, 賊來輒破於三城之下者, 地有所必爭也. 縱權攻新城, 必不能拔. 敕諸將堅守, 吾將自往征之, 比至, 恐權走也."

秋七月壬寅, 帝親御龍舟東征, 權攻新城, 將軍張穎等拒守力戰, 帝軍未至數百里, 權遁走, 議·韶等亦退. 群臣以爲大將軍方與諸葛亮相持未解, 車駕可西幸長安. 帝曰, "權走, 亮膽破, 大將軍以制之, 吾無憂矣." 遂進軍幸壽春, 錄諸將功, 封賞各有差.

八月己未, 大曜兵, 饗六軍, 遣使者持節犒勞合肥·壽春諸軍. 辛巳, 行還許昌宮.

司馬宣王與亮相持, 連圍積日, 亮數挑戰, 宣王堅壘不應. 會亮卒, 其軍退還.

冬十月乙丑, 月犯鎭星及軒轅. 戊寅, 月犯太白.

十一月, 京都地震, 從東南來, 隱隱有聲, 搖動屋瓦.

十二月, 詔有司刪定大辟, 減死罪.

三年春正月戊子, 以大將軍司馬宣王爲太尉. 己亥, 復置朔方郡. 京都大疫.

丁巳, 皇太后崩. 乙亥, 隕石于壽光縣.

三月庚寅, 葬文德郭后, 營陵于首陽陵澗西, 如終制.○

○ 顧愷之『啓蒙注』曰, "魏時人有開周王塚者, 得殉葬女子, 經數日而有氣, 數月而能語, 年可二十. 送詣京師, 郭太后愛養之. 十餘年, 太后崩, 哀思哭泣, 一年餘而死."

是時, 大治洛陽宮, 起昭陽·太極殿, 築總章觀. 百姓失農時, 直臣楊阜·高堂隆等各數切諫, 雖不能聽, 常優容之.○

○『魏略』曰, "是年起太極諸殿, 築總章觀, 高十餘丈, 建翔鳳於其上. 又於芳林園中起陂池, 楫棹越歌. 又於列殿之北, 立八坊, 諸才人以次序處其中, 貴人夫人以上, 轉南附焉, 其秩石擬百官之數. 帝常游宴在內, 乃選女子知書可付信者六人, 以爲女尙書, 使典省外奏事, 處當畫可, 自貴人以下至尙保, 及給掖庭灑掃, 習伎歌者, 各有千數. 通引谷水過九龍殿前, 爲玉井綺欄, 蟾蜍含受, 神龍吐出. 使博士馬均作司南車, 水轉百戲. 歲首建巨獸, 魚龍曼延, 弄馬倒騎, 備如漢西京之制, 築閶闔諸門闕外罘罳. 太子舍人張茂以吳·蜀數動, 諸將出征, 而帝盛興宮室, 留意於玩飾, 賜與無度, 帑藏空竭. 又錄奪士女前已嫁爲吏民妻者, 還以配士, 旣聽以生口自贖, 又簡選其有姿色者內之掖庭, 乃上書諫曰, '臣伏見詔書, 諸士女嫁非士者, 一切錄奪, 以配戰士, 斯誠權時之宜, 然非大化之善者也. 臣請論之. 陛下, 天之子也, 百姓吏民, 亦陛下之子也. 禮, 賜君子小人不同日, 所以殊貴賤也. 吏屬君子, 士爲小人, 今奪彼以與此, 亦無以異於奪兄之妻妻弟也, 於父母之恩偏矣. 又詔書聽得以生口年紀·顏色與妻相當者自代, 故富者則傾家盡産, 貧者擧假貸貰, 貴買生口以贖其妻. 縣官以配士爲名而實內之掖庭, 其醜惡者乃出與士. 得婦者未必有歡心, 而失妻者必有憂色, 或窮或愁, 皆不得志. 夫君有天下而不得萬姓之歡心者, 鮮不危殆. 且軍師在外數千萬人, 一日之費非徒千金, 擧天下之賦以奉此役, 猶將不給, 况復有宮庭非員無錄之女, 椒房母后之家, 賞賜橫興, 內外交引, 其費半軍. 昔漢武帝好神仙, 信方士, 掘地爲海, 封土爲山, 賴是時天下爲一, 莫敢與爭者耳. 自衰亂以來, 四五十載, 馬不舍鞍, 士不釋甲, 每一交戰, 血流丹野, 創痍號痛之聲, 于今未已. 猶强寇在疆, 圖危魏室. 陛下不兢兢業業, 念崇節約, 思所以安天下者, 而乃奢靡是務, 中尙方純作玩弄之物, 炫燿後園, 建承露之盤, 斯誠快耳目之觀, 然亦足以騁寇讎之心矣. 惜乎, 舍堯舜之節儉, 而爲漢武之侈事, 臣竊爲陛下不取也. 願陛下沛然下詔, 萬幾之事有無益而有損者悉除去之, 以所除無益之費, 厚賜將士父母妻子之饑寒者, 問民所疾而除其所惡, 實倉廩, 繕甲兵, 恪恭以臨天下. 如是, 吳賊面縛, 蜀虜輿櫬, 不待誅而自服, 太平之路可計日而待也. 陛下可無勞神思於海表, 軍師高枕, 戰士備員. 今群公皆結舌, 而臣所以不敢不獻瞽言者, 臣昔上要言, 散騎奏臣書, 以「聽諫篇」爲善, 詔曰, 是也. 擢臣爲太子舍人. 且臣作書譏爲人臣不能諫諍, 今有可諫之事而臣不諫, 此爲作書虛妄而不能言也. 臣年五十, 常恐至死無以報國, 是以投軀沒命, 冒昧以聞, 惟陛下裁察.' 書通, 上顧左右曰, '張茂恃鄕里故也.' 以事付散騎而已. 茂字彦林, 沛人."

秋七月, 洛陽崇華殿災,

八月庚午, 立皇子芳爲齊王, 詢爲秦王. 丁巳, 行還洛陽宮. 命有司復崇華, 改名九龍殿.

冬十月己酉, 中山王袞薨. 壬申, 太白晝見.

十一月丁酉, 行幸许昌宮.○

○『魏氏春秋』曰, “是歲張掖郡刪丹縣金山玄川溢湧, 寶石負圖, 狀象靈龜, 廣一丈六尺, 長一丈七尺一寸, 圍五丈八寸, 立于川西. 有石馬七, 其一仙人騎之, 其一羈絆, 其五有形而不善成. 有玉匣關蓋於前, 上有玉字, 玉玦二, 璜一. 麒麟在東, 鳳鳥在南, 白虎在西, 犧牛在北, 馬自中布列四面, 色皆蒼白. 其南有五字, 曰‘上上三天王’, 又曰‘述大金, 大討曹, 金但取之, 金立中, 大金馬一匹在中, 大告開壽, 此馬甲寅述水.’ 凡‘中’字六, ‘金’字十. 又有若八卦及列宿孛彗之象焉.”『世語』曰, “又有一雞象.”『搜神記』曰, “初, 漢元·成之世, 先識之士有言曰, ‘魏年有和, 當有開石於西三千餘里, 繫五馬, 文曰大討曹.’ 及魏之初興也, 張掖之柳穀, 有開石焉, 始見於建安, 形成於黃初, 文備於太和, 周圍七尋, 中高一仞, 蒼質素章, 龍馬·麟鹿·鳳皇·仙人之象, 粲然咸著, 此一事者, 魏·晉代興之符也. 至晉泰始三年, 張掖太守焦勝上言, ‘以留郡本國圖校今石文, 文字多少不同, 謹具圖上.’ 按其文有五馬象, 其一有人平上幘, 執戟而乘之, 其一有若馬形而不成, 其字有‘金’, 有‘中’, 有‘大司馬’, 有‘王’, 有‘大吉’, 有‘正’, 有‘開壽’, 其一成行, 曰‘金當取之’.”『漢晉春秋』曰, “氐池縣大柳穀口夜激波湧溢, 其聲如雷, 曉而有蒼石立水中, 長一丈六尺, 高八尺, 白石畫之, 爲十三馬, 一牛, 一鳥, 八卦玉玦之象, 皆隆起, 其文曰‘大討曹, 適水中, 甲寅.’ 帝惡其‘討’也, 使鑿去爲‘計’, 以蒼石窒之, 宿昔而白石滿焉. 至晉初, 其文愈明, 馬象皆煥徹如玉焉.”

四年春二月, 太白復晝見, 月犯太白, 又犯軒轅一星, 入太微而出.

夏四月, 置崇文觀, 徵善屬文者以充之.

五月乙卯, 司徒董昭薨. 丁巳, 肅愼氏獻楛矢.

六月壬申, 詔曰, “有虞氏畫象而民弗犯, 周人刑錯而不用. 朕從百王之末, 追望上世之風, 邈乎何相去之遠? 法令滋章, 犯者彌多, 刑罰愈衆, 而奸不可止. 往者按大辟之條, 多所蠲除, 思濟生民之命, 此朕之至意也. 而郡國蔽獄, 一歲之中尙過數百, 豈朕訓導不醇, 俾民輕罪, 將苛法猶存, 爲之陷阱乎? 有司其議獄緩死, 務從寬簡, 及乞恩者, 或辭未出而獄以報斷, 非所以究理盡情也. 其令廷尉及天下獄官, 諸有死罪具獄以定, 非謀反及手殺人, 亟語其親治, 有乞恩者, 使與奏當文書俱上, 朕將思所以全之. 其布告天下, 使明朕意."

秋七月, 高句驪王宮斬送孫權使胡衛等首, 詣幽州. 甲寅, 太白犯軒轅大星.

冬十月己卯, 行還洛陽宮. 甲申, 有星孛于大辰, 乙酉, 又孛于東方.

十一月己亥, 彗星見, 犯宦者天紀星.

十二月癸巳, 司空陳群薨. 乙未, 行幸許昌宮.

景初元年春正月壬辰, 山茌縣言黃龍見.○ 於是有司奏, 以爲魏得地統, 宜以建丑之月爲正.

○ 茌音仕狸反.

三月, 定曆改年爲孟夏四月.○1) 服色尙黃, 犧牲用白, 戎事乘黑首白馬, 建大赤之旂, 朝會建大白之旗.○2) 改太和曆曰景初曆. 其春夏秋冬孟仲季月雖與正歲不同, 至於郊祀·迎氣·礿祠·蒸嘗·巡狩·蒐田·分至啓閉·班宣時令·中氣早晚·敬授民事, 皆以正歲斗建爲歷數之序.

○1) 『魏書』曰, "初, 文皇帝卽位, 以受禪于漢, 因循漢正朔弗改. 帝在東宮著論, 以爲五帝三王雖同氣共祖, 禮不相襲, 正朔自宜改變, 以明受命之運. 及卽位, 優游者久之, 史官復著言宜改, 乃詔三公·特進·九卿·中郎將·大夫·博士·議郎·千石·六百石博議, 議者或不同. 帝據古典, 甲子詔曰, '夫太極運三辰五星於上, 元氣轉三統五行於下, 登降周旋, 終則又始. 故仲尼作『春秋』, 於三微之月, 每月稱王, 以明三正迭相爲首. 今推三統之次, 魏得地統, 當以建丑之月爲正月. 考之群藝, 厥義章矣. 其改青龍五年三月爲景初元年四月.'"

○2) 臣松之按, 魏爲土行, 故服色尙黃. 行殷之時, 以建丑爲正, 故犧牲旂旗一用殷禮. 『禮記』云, "夏后氏尙黑, 故戎事乘驪, 牲用玄. 殷人尙白, 戎事乘翰, 牲用白. 周人尙赤, 戎事乘騵, 牲用騂." 鄭玄云, "夏后氏以建寅爲正, 物生色黑, 殷以建丑爲正, 物牙色白, 周以建子爲正, 物萌色赤. 翰, 白色馬也, 『易』曰, '白馬翰如.' 『周禮』「巾車職」'建大赤以朝,' 大白以卽戎, 此則周以正色之旗以朝, 先代之旗卽戎. 今魏用殷禮, 變周之制, 故建大白以朝, 大赤卽戎."

五月己巳, 行還洛陽宮. 己丑, 大赦.

六月戊申, 京都地震. 己亥, 以尙書令陳矯爲司徒, 尙書右僕射衛臻爲司空. 丁未, 分魏興之魏陽·錫郡之安富·上庸爲上庸郡. 省錫郡, 以錫縣屬魏興郡.

有司奏, "武皇帝撥亂反正, 爲魏太祖, 樂用武始之舞. 文皇帝應天受命, 爲魏高祖, 樂用咸熙之舞. 帝制作興治, 爲魏烈祖, 樂用章武之舞. 三祖之廟, 萬世不毁. 其餘四廟, 親盡迭毁, 如周后稷·文·武廟祧之制."○

○ 孫盛曰, "夫謚以表行, 廟以存容, 皆於旣沒然後著焉, 所以原始要終, 以示百世也. 未有當年而逆制祖宗, 未終而豫自尊顯. 昔華樂以厚斂致譏, 周人以豫凶違禮, 魏之群司, 於是乎失正."

秋七月丁卯, 司徒陳矯薨. 孫權遣將朱然等二萬人圍江夏郡, 荊州刺史胡質等擊之, 然退走. 初, 權遣使浮海與高句驪通, 欲襲遼東. 遣幽州刺史毌丘儉率諸軍及鮮卑·烏丸屯遼東南界, 璽書徵公孫淵. 淵發兵反, 儉進軍討之, 會連雨十日, 遼水大漲, 詔儉引軍還. 右北平烏丸單于寇婁敦·遼西烏丸都督王護留等居遼東, 率部衆隨儉內附. 己卯, 詔遼東將吏士民爲淵所脅略不得降者, 一切赦之. 辛卯, 太白晝見. 淵自儉還, 遂自立爲燕王, 置百官, 稱紹漢元年.

詔靑·兗·幽·冀四州大作海船. 九月, 冀·兗·徐·豫四州民遇水, 遣侍御史循行沒溺死亡及失財産者, 在所開倉振救之. 庚辰, 皇后毛氏卒.

冬十月丁未, 月犯熒惑. 癸丑, 葬悼毛后于溍陵. 乙卯, 營洛陽南委粟山爲圜丘.○

○ 『魏書』載詔曰, "蓋帝王受命, 莫不恭承天地以章神明, 尊祀世統以昭功德, 故先代之典既著, 則禘郊祖宗之制備也. 昔漢氏之初, 承秦滅學之後, 采摭殘缺, 以備郊祀, 自甘泉·后土·雍宮·五畤, 神祇兆位, 多不見經, 是以制度無常, 一彼一此, 四百餘年, 廢無禘祀. 古代之所更立者, 遂有闕焉. 曹氏系世, 出自有虞氏, 今祀圜丘, 以始祖帝舜配, 號圜丘曰皇皇帝天. 方丘所祭曰皇皇后地, 以舜妃伊氏配. 天郊所祭曰皇天之神, 以太祖武皇帝配. 地郊所祭曰皇地之祇, 以武宣后配. 宗祀皇考高祖文皇帝於明堂, 以配上帝." 至晉泰始二年, 並圜丘·方丘二至之祀於南北郊.

十二月壬子冬至, 始祀. 丁巳, 分襄陽臨沮·宜城·旍陽·邔[1]四縣, 置襄陽南部都尉. 己未, 有司奏文昭皇后立廟京都. 分襄陽郡之鄀葉縣屬義陽郡.[2]

○1) 邔音其己反.

○2) 『魏略』曰, "是歲, 徙長安諸鍾虡·駱駝·銅人·承露盤. 盤折, 銅人重不可致, 留于霸城. 大發銅鑄作銅人二, 號曰翁仲, 列坐于司馬門外. 又鑄黃龍·鳳皇各一, 龍高四丈, 鳳高三丈餘, 置內殿前. 起土山于芳林園西北陬, 使公卿群僚皆負土成山, 樹松竹雜木善草於其上, 捕山禽雜獸置其中." 『漢晉春秋』曰, "帝徙盤, 盤折, 聲聞數十里, 金狄或泣, 因留霸城." 『魏略』載司徒軍議掾河東董尋上書諫曰, "臣聞古之直士, 盡言于國, 不避死亡. 故周昌比高祖於桀·紂, 劉輔譬趙后於人婢. 天生忠直, 雖白刃沸湯, 往而不顧者, 誠爲時主愛惜天下也. 建安以來, 野戰死亡, 或門殫戶盡, 雖有存者, 遺孤老弱. 若今宮室狹小, 當廣大之, 猶宜隨時, 不妨農務, 況乃作無益之物, 黃龍·鳳皇, 九龍·承露盤, 土山·淵池, 此皆聖明之所不興也, 其功參倍于殿舍. 三公九卿侍中尚書, 天下至德, 皆知非道而不敢言者, 以陛下春秋方剛, 心畏雷霆. 今陛下既尊群臣, 顯以冠冕, 被以文繡, 載以華輿, 所以異于小人. 而使穿方擧土, 面目垢黑, 沾體塗足, 衣冠了鳥, 毁國之光以崇無益, 甚非謂也. 孔子曰, '君使臣以禮, 臣事君以忠.' 無忠無禮, 國何以立? 故有君不君, 臣不臣, 上下不通, 心懷鬱結, 使陰陽不和, 災害屢降, 凶惡之徒, 因間而起, 誰當爲陛下盡言事者乎? 又誰當干萬乘以死爲戲乎? 臣知言出必死, 而臣自比於牛之一毛, 生既無益, 死亦何損? 秉筆流涕, 心與世辭. 臣有八子, 臣死之後, 累陛下矣." 將奏, 沐浴. 既通, 帝曰, "董尋不畏死邪!" 主者奏收尋, 有詔勿問. 後爲貝丘令, 淸省得民心.

二年春正月, 詔太尉司馬宣王帥衆討遼東.[○]

○ 干寶『晉紀』曰, “帝問宣王, ‘度公孫淵將何計以待君?’ 宣王對曰, ‘淵棄城預走, 上計也. 據遼水拒大軍, 其次也. 坐守襄平, 此爲成禽耳.’ 帝曰, ‘然則三者何出?’ 對曰, ‘唯明智審量彼我, 乃預有所割棄, 此旣非淵所及, 又謂今往縣遠, 不能持久, 必先拒遼水, 後守也.’ 帝曰, ‘住還幾日?’ 對曰, ‘往百日, 攻百日, 還百日, 以六十日爲休息, 如此, 一年足矣.’” 『魏名臣奏』載散騎常侍何曾表曰, “臣聞先王制法, 必於全愼, 故建官授任, 則置假輔, 陳師命將, 則立監貳, 宣命遣使, 則設介副, 臨敵交刃, 則參御右, 蓋以盡謀思之功, 防安危之變也. 是以在險當難, 則權足相濟, 隕缺不預, 則才足相代, 其爲固防, 至深至遠. 及至漢氏, 亦循舊章. 韓信伐趙, 張耳爲貳. 馬援討越, 劉隆副軍. 前世之跡, 著在篇志. 今懿奉辭誅罪, 步騎數萬, 道路回阻, 四千餘里, 虽假天威, 有征無戰, 寇或潛遁, 消散日月, 命無常期. 人非金石, 遠慮詳備, 誠宜有副. 今北邊諸將及懿所督, 皆爲僚屬, 名位不殊, 素無定分, 卒有變急, 不相鎭攝. 存不忘亡, 聖達所戒, 宜選大臣名將威重宿著者, 盛其禮秩, 遣詣懿軍, 進同謀略, 退爲副佐. 雖有萬一不虞之災, 軍主有儲, 則無患矣.” 『毌丘儉志記』云, “時以儉爲宣王副也.”

二月癸卯, 以大中大夫韓暨爲司徒. 癸丑, 月犯心距星, 又犯心中央大星.

夏四月庚子, 司徒韓暨薨. 壬寅, 分沛國蕭·相·竹邑·符離·蘄·銍·龍亢·山桑·洨·虹○ 十縣爲汝陰郡. 宋縣·陳郡苦縣皆屬譙郡. 以沛·杼秋·公丘·彭城豐國·廣戚, 並五縣爲沛王國. 庚戌, 大赦.

○ 洨音胡交反. 虹音绛.

五月乙亥, 月犯心距星, 又犯中央大星.○

○ 『魏書』載戊子詔曰, “昔漢高祖創業, 光武中興, 謀除殘暴, 功昭四海, 而墳陵崩頹, 童兒牧豎踐蹈其上, 非大魏尊崇所承代之意也. 其表高祖·光武陵四面百步, 不得使民耕牧樵采.”

六月, 省漁陽郡之狐奴縣, 復置安樂縣.

秋八月, 燒當羌王芒中·注詣等叛, 凉州刺史率諸郡攻討, 斬注詣首. 癸丑, 有彗星見張宿.○

○『漢晉春秋』曰, "史官言於帝曰, '此周之分野也, 洛邑惡之.' 於是大脩禳禱之術以厭焉." 『魏書』曰, "九月, 蜀陰平太守廖惇反, 攻守善羌侯宕蕈營. 雍州刺史郭淮遣廣魏太守王贇·南安太守游奕將兵討惇. 淮上書, '贇·奕等分兵夾山東西, 圍落賊表, 破在旦夕.' 帝曰, '兵勢惡離.' 促詔淮敕奕諸別營非要處者, 還令據便地. 詔敕未到, 奕軍爲惇所破, 贇爲流矢所中死."

丙寅, 司馬宣王圍公孫淵於襄平, 大破之, 傳淵首于京都, 海東諸郡平.

冬十一月, 錄討淵功, 太尉宣王以下增邑封爵各有差. 初, 帝議遣宣王討淵, 發卒四萬人. 議臣皆以爲四萬兵多, 役費難供. 帝曰, "四千里征伐, 雖云用奇, 亦當任力, 不當稍計役費." 遂以四萬人行. 及宣王至遼東, 霖雨不得時攻, 群臣或以爲淵未可卒破, 宜詔宣王還. 帝曰, "司馬懿臨危制變, 擒淵可計日待也." 卒皆如所策. 壬午, 以司空衛臻爲司徒, 司隸校尉崔林爲司空.

閏月, 月犯心中央大星.

十二月乙丑, 帝寢疾不豫. 辛巳, 立皇后. 賜天下男子爵人二級, 鰥寡孤獨穀. 以燕王宇爲大將軍, 甲申免, 以武衛將軍曹爽代之.○

○『漢晉春秋』曰, "帝以燕王宇爲大將軍, 使與領軍將軍夏侯獻·武衛將軍曹爽·屯騎校尉曹肇·驍騎將軍秦朗等對輔政. 中書監劉放·令孫資久專權寵, 爲朗等素所不善, 懼有後害, 陰圖間之, 而宇常在帝側, 故未得有言. 甲申, 帝氣微, 宇下殿呼曹肇有所議, 未還, 而帝少間, 惟曹爽獨在. 放知之, 呼資與謀. 資曰, '不可動也.' 放曰, '俱入鼎鑊, 何不可之有?' 乃突前見帝, 垂泣曰, '陛下氣微, 若有不諱, 將以天下付誰?' 帝曰, '卿不聞用燕王耶?' 放曰, '陛下忘先帝詔敕, 藩王不得輔政. 且陛下方病, 而曹肇·秦朗等便與才人侍疾者言戲. 燕王擁兵南面, 不聽臣等入, 此卽豎刁·趙高也. 今皇太子幼弱, 未能統政, 外有強暴之寇, 內有勞怨之民, 陛下不遠慮存亡, 而近係恩舊. 委祖宗之業, 付二三凡士, 寢疾數日, 外內壅隔, 社稷危殆, 而己不知, 此臣等所以痛心也.' 帝得放言, 大怒曰, '誰可任者?' 放·資乃擧爽代宇, 又白宜詔司馬宣王使相參, 帝從之. 放·資出, 曹肇入, 泣涕固諫, 帝使肇敕停. 肇出戶, 放·資趨而往, 復說止帝, 帝又從其言. 放曰, '宜爲手詔.' 帝曰, '我困篤, 不能.' 放卽上床, 執帝手強作之, 遂齎出, 大言曰, '有詔免燕王宇等官, 不得停省中.' 於是宇·肇·獻·朗相與泣而歸第."

初, 青龍三年中, 壽春農民妻自言爲天神所下, 命爲登女, 當營衛帝室, 蠲邪納福. 飮人以水, 及以洗瘡, 或多愈者. 於是立館後宮, 下詔稱揚, 甚見優寵. 及帝疾, 飮水無驗, 於是殺焉.

三年春正月丁亥, 太尉宣王還至河內, 帝驛馬召到, 引入臥內, 執其手謂曰, "吾疾甚, 以後事屬君, 君其與爽輔少子. 吾得見君, 無所恨." 宣王頓首流涕.○1) 卽日, 帝崩于嘉福殿,○2) 時年三十六.○3) 癸丑, 葬高平陵.○4)

○1) 『魏略』曰, "帝旣從劉放計, 召司馬宣王, 自力爲詔, 旣封, 顧呼宮中常所給使者曰, '辟邪來. 汝持我此詔授太尉也.' 辟邪馳去. 先是, 燕王爲帝畫計, 以爲關中事重, 宜便道遣宣王從河內西還, 事以施行. 宣王得前詔, 斯須復得後手筆, 疑京師有變, 乃馳到, 入見帝. 勞問訖, 乃召齊·秦二王以示宣王, 別指齊王謂宣王曰, '此是也, 君諦視之, 勿誤也.' 又敎齊王令前抱宣王頸." 『魏氏春秋』曰, "時太子芳年八歲, 秦王九歲, 在於御側. 帝執宣王手, 目太子曰, '死乃復可忍, 朕忍死待君, 君其與爽輔此.' 宣王曰, '陛下不見先帝屬臣以陛下乎?'"

○2) 『魏書』曰, "殯于九龍前殿."

○3) 臣松之按, 魏武以建安九年八月定鄴, 文帝始納甄后, 明帝應以十年生, 計至此年正月, 整三十四年耳. 時改正朔, 以故年十二月爲今年正月, 可強名三十五年, 不得三十六也.

○4) 『魏書』曰, "帝容止可觀, 望之儼然. 自在東宮, 不交朝臣, 不問政事, 唯潛思書籍而已. 卽位之後, 褒禮大臣, 料簡功能, 眞僞不得相貿, 務絕浮華譖毀之端, 行師動衆, 論决大事, 謀臣將相, 咸服帝之大略. 性特強識, 雖左右小臣官簿性行, 名跡所履, 及其父兄子弟, 一經耳目, 終不遺忘. 含垢藏疾, 容受直言, 聽受吏民士庶上書, 一月之中至數十百封, 雖文辭鄙陋, 猶覽省究竟, 意無厭倦." 孫盛曰, "聞之長老, 魏明帝天姿秀出, 立髮垂地, 口吃少言, 而沉毅好斷. 初, 諸公受遺輔導, 帝皆以方任處之, 政自己出. 而優禮大臣, 開容善直, 雖犯顏極諫, 無所摧戮, 其君人之量如此之偉也. 然不思建德垂風, 不固維城之基, 至使大權偏據, 社稷無衛, 悲夫!”

評曰, 明帝沉毅斷識, 任心而行, 蓋有君人之至概焉. 于時百姓彫弊, 四海分崩, 不先聿脩顯祖, 闡拓洪基, 而遽追秦皇·漢武, 宮館是營, 格之遠猷, 其殆疾乎!

卷四

魏志四

三少帝紀

齊王 曹芳, 高貴鄕公 曹髦, 陳留王 曹奐

齊王 曹芳

齊王諱芳, 字蘭卿. 明帝無子, 養王及秦王詢. 宮省事秘, 莫有知其所由來者.○ 青龍三年, 立爲齊王.

○『魏氏春秋』曰, "或云任城王楷子."

景初三年正月丁亥朔, 帝甚病, 乃立爲皇太子. 是日, 卽皇帝位, 大赦. 尊皇后曰皇太后. 大將軍曹爽·太尉司馬宣王輔政. 詔曰, "朕以眇身, 繼承鴻業, 煢煢在疚, 靡所控告. 大將軍·太尉奉受末命, 夾輔朕躬, 司徒·司空·冢宰·元輔總率百寮, 以寧社稷, 其與群卿大夫勉勖乃心, 稱朕意焉. 諸所興作宮室之役, 皆以遺詔罷之. 官奴婢六十已上, 免爲良人."

二月, 西域重譯獻火浣布, 詔大將軍·太尉臨試以示百寮.○ 丁丑詔曰, "太尉體道正直, 盡忠三世, 南擒孟達, 西破蜀虜, 東滅公孫淵, 功蓋海內. 昔周成建保傅之官, 近漢顯宗崇寵鄧禹, 所以優隆雋乂, 必有尊也. 其以太尉爲太傅, 持節統兵都督諸軍事如故."

○『異物志』曰, "斯調國有火州, 在南海中. 其上有野火, 春夏自生, 秋冬自死. 有木生于其中而不消也, 枝皮更活, 秋冬火死則皆枯瘁. 其俗常冬采其皮以爲布, 色小青黑. 若塵垢汙之, 便投火中, 則更鮮明也."『傅子』曰, "漢桓帝時, 大將軍梁冀以火浣布爲單衣, 常大會賓客, 冀陽爭酒, 失杯而汙之, 僞怒, 解衣曰, '燒之.' 布得火, 煒曄赫然, 如燒凡布, 垢盡火滅, 粲然絜白, 若用灰水焉."『搜神記』曰, "崑崙之墟, 有炎火之山, 山上有鳥獸草木, 皆生於炎火之中, 故有火浣布, 非此山草木之皮枲, 則其鳥獸之毛也. 漢世西域舊獻此布, 中間久絕, 至魏初, 時人疑其無有. 文帝以爲火性酷烈, 無含生之氣, 著之『典論』, 明其不然之事, 絕智者之聽. 及明帝立, 詔三公曰, '先帝昔著『典論』, 不朽之格言, 其刊石於廟門之外及太學, 與石經並, 以永示來世.' 至是西域使至而獻火浣布焉, 於是刊滅此論, 而天下笑之."

臣松之昔從征西至洛陽, 歷觀舊物, 見『典論』石在太學者尙存, 而廟門外無之, 問諸長老, 云晉初受禪, 卽用魏廟, 移此石於太學, 非兩處立也. 竊謂此言爲不然. 又東方朔『神異經』曰, "南荒之外有火山, 長三十里, 廣五十里, 其中皆生不燼之木, 晝夜火燒, 得暴風不猛, 猛雨不滅. 火中有鼠, 重百斤, 毛長二尺餘, 細如絲, 可以作布. 常居火中, 色洞赤, 時時出外而色白, 以水逐而沃之卽死, 績其毛, 織以爲布."

三月, 以征東將軍滿寵爲太尉.

夏六月, 以遼東東沓縣吏民渡海居齊郡界, 以故縱城爲新沓縣以居徙民.

秋七月, 上始親臨朝, 聽公卿奏事.

八月, 大赦.

冬十月, 以鎭南將軍黃權爲車騎將軍.

十二月, 詔曰, "烈祖明皇帝以正月棄背天下, 臣子永惟忌日之哀, 其復用夏正. 雖違先帝通三統之義, 斯亦禮制所由變改也. 又夏正於數爲得天正, 其以建寅之月爲正始元年正月, 以建丑月爲後十二月."

正始元年春二月乙丑, 加侍中中書監劉放·侍中中書令孫資爲左右光祿大夫. 丙戌, 以遼東汶·北豐縣民流徙渡海, 規齊郡之西安·臨菑·昌國縣界爲新汶·南豐縣, 以居流民.

自去冬十二月至此月不雨. 丙寅, 詔令獄官亟平冤枉, 理出輕微, 群公卿士讜言嘉謀, 各悉乃心.

夏四月, 車騎將軍黃權薨.

秋七月, 詔曰, "『易』稱'損上益下', '節以制度, 不傷財, 不害民.' 方今百姓不足而御府多作金銀雜物, 將奚以爲? 今出黃金銀物百五十種, 千八百餘斤, 銷冶以供軍用."

八月, 車駕巡省洛陽界秋稼, 賜高年力田各有差.

二年春二月, 帝初通『論語』, 使太常以太牢祭孔子於辟雍, 以顔淵配.

夏五月, 吳將朱然等圍襄陽之樊城, 太傅司馬宣王率衆拒之.○

○ 干寶『晉紀』曰, "吳將全琮寇芍陂, 朱然·孫倫五萬人圍樊城, 諸葛瑾·步騭寇柤中. 琮已破走而樊圍急. 宣王曰, '柤中民夷十萬, 隔在水南, 流離無主, 樊城被攻, 歷月不解, 此危事也, 請自討之.' 議者咸言, '賊遠圍樊城不可拔, 挫于堅城之下, 有自破之勢, 宜長策以御之.' 宣王曰, '『軍志』有之, 將能而御之, 此爲縻軍, 不能而任之, 此爲覆軍. 今疆埸騷動, 民心疑惑, 是社稷之大憂也.' 六月, 督諸軍南征, 車駕送津陽城門外. 宣王以南方暑濕, 不宜持久, 使輕騎挑之, 然不敢動. 於是乃令諸軍休息洗沐, 簡精銳, 募先登, 申號令, 示必攻之勢. 然等聞之, 乃夜遁. 追至三州口, 大殺獲."

六月辛丑, 退. 己卯, 以征東將軍王淩爲車騎將軍.

冬十二月, 南安郡地震.

三年春正月, 東平王徽薨.

三月, 太尉滿寵薨.

秋七月甲申, 南安郡地震. 乙酉, 以領軍將軍蔣濟爲太尉. 冬十二月, 魏郡地震.

四年春正月, 帝加元服, 賜群臣各有差.

夏四月乙卯, 立皇后甄氏, 大赦.

五月朔, 日有食之, 旣.

秋七月, 詔祀故大司馬曹眞·曹休·征南大將軍夏侯尙·太常桓階·司空陳群·太傅鍾繇·車騎將軍張郃·左將軍徐晃·前將軍張遼·右將軍樂進·太尉華歆·司徒王朗·驃騎將軍曹洪·征西將軍夏侯淵·後將軍朱靈·文聘·執金吾臧霸·破虜將軍李典·立義將軍龐德·武猛校尉典韋於太祖廟庭.

冬十二月, 倭國女王俾彌呼遣使奉獻.

五年春二月, 詔大將軍曹爽率衆征蜀.

夏四月朔, 日有蝕之.

五月癸巳, 講『尙書經』通, 使太常以太牢祀孔子於辟雍, 以顔淵配. 賜太傅·大將軍及侍講者各有差. 丙午, 大將軍曹爽引軍還.

秋八月, 秦王詢薨.

九月, 鮮卑內附, 置遼東屬國, 立昌黎縣以居之.

冬十一月癸卯, 詔祀故尙書令荀攸于太祖廟庭.○ 己酉, 復秦國爲京兆郡.

○ 臣松之以爲故魏氏配饗不及荀彧, 蓋以其末年異議, 又位非魏臣故也. 至于升程昱而遺郭嘉, 先鍾繇而後荀攸, 則未詳厥趣也. 徐佗謀逆而許褚心動, 忠誠之至遠同于日磾, 且潼關之危, 非褚不濟, 褚之功烈有過典韋, 今祀韋而不及褚, 又所未達也.

十二月, 司空崔林薨.

六年春二月丁卯, 南安郡地震. 丙子, 以驃騎將軍趙儼爲司空.

夏六月, 儼薨.

八月丁卯, 以太常高柔爲司空. 癸巳, 以左光祿大夫劉放爲驃騎將軍, 右光祿大夫孫資爲衛將軍.

冬十一月, 祫祭太祖廟, 始祀前所論佐命臣二十一人.

十二月辛亥, 詔故司徒王朗所作『易傳』, 令學者得以課試. 乙亥, 詔曰, "明日大會群臣, 其令太傅乘輿上殿."

七年春二月, 幽州刺史毌丘儉討高句驪,

夏五月, 討濊貊, 皆破之. 韓那奚等數十國各率種落降.

秋八月戊申, 詔曰, "屬到市觀見所斥賣官奴婢, 年皆七十, 或癃疾殘病, 所謂天民之窮者也. 且官以其力竭而復鬻之, 進退無謂, 其悉遣爲良民. 若有不能自存者, 郡縣振給之."○ 己酉, 詔曰, "吾乃當以十九日親祠, 而昨出已見治道, 得雨當復更治,徒棄功夫. 每念百姓力少役多, 夙夜存心. 道路但當期于通利, 聞乃撾捶老小, 務崇脩飾, 疲困流離, 以至哀歎, 吾豈安乘此而行, 致馨德於宗廟邪? 自今已後, 明申敕之."

○ 臣松之案, 帝初卽位, 有詔"官奴婢六十以上免爲良人." 旣有此詔, 則宜遂爲永制. 七八年間, 而復貨年七十者, 且七十奴婢及癃疾殘病, 並非可售之物, 而鬻之於市, 此皆事之難解.

冬十二月, 講『禮記』通, 使太常以太牢祀孔子於辟雍, 以顏淵配.○

○ 習鑿齒『漢晉春秋』曰, "是年, 吳將朱然入柤中, 斬獲數千, 柤中民吏萬餘家渡沔. 司馬宣王謂曹爽曰, '若便令還, 必復致寇, 宜權留之.' 爽曰, '今不脩守沔南, 留民沔北, 非長策也.' 宣王曰, '不然. 凡物置之安地則安, 危地則危, 故兵書曰, 成敗, 形也, 安危, 勢也, 形勢御衆之要, 不可不審. 設令賊二萬人斷沔水, 三萬人與沔南諸軍相持, 萬人陸鈔柤中, 君將何以救之?' 爽不聽, 卒令還. 然後襲破之. 袁淮言于爽曰, '吳楚之民脆弱寡能, 英才大賢不出其土, 比技量力, 不足與中國相抗, 然自上世以來常爲中國患者, 蓋以江漢爲池, 舟楫爲用, 利則陸鈔, 不利則入水, 攻之道遠, 中國之長技無所用之也. 孫權自十數年以來, 大畋江北, 繕治甲兵, 精其守禦, 數出盜竊, 敢遠其水, 陸次平土, 此中國所願聞也. 夫用兵者, 貴以飽待饑, 以逸擊勞, 師不欲久, 行不欲遠, 守少則固, 力專則強. 當今宜捐淮·漢以南, 退却避之. 若賊能入居中央, 來侵邊境, 則隨其所短, 中國之長技得用矣. 若不敢來, 則邊境得安, 無鈔盜之憂矣. 使我國富兵強, 政脩民一, 陵其國不足爲遠矣. 今襄陽孤在漢南, 賊循漢而上, 則斷而不通, 一戰而勝, 則不攻而自服, 故置之無益于國, 亡之不足爲辱. 自江夏已東, 淮南諸郡, 三后已來, 其所亡幾何以近賊疆界易鈔掠之故哉? 若徙之淮北, 遠絶其間, 則民人安樂, 何鳴吠之驚乎?' 遂不徙."

八年春二月朔, 日有蝕之.

夏五月, 分河東之汾北十縣爲平陽郡.

秋七月, 尙書何晏奏曰, "善爲國者必先治其身, 治其身者愼其所習. 所習正則其身正, 其身正則不令而行. 所習不正則其身不正, 其身不正則雖令不從. 是故爲人君者, 所與游必擇正人, 所觀覽必察正象, 放鄭聲而弗聽, 遠佞人而弗近, 然後邪心不生而正道可弘也. 季末闇主, 不知損益, 斥遠君子, 引近小人, 忠良疏遠, 便辟褻狎, 亂生近昵, 譬之社鼠. 考其昏明, 所積以然, 故聖賢諄諄以爲至慮. 舜戒禹曰'鄰哉鄰哉', 言愼所近也, 周公戒成王曰'其朋其朋', 言愼所與也. 詩云, '一人有慶, 兆民賴之.' 可自今以後, 御幸式乾殿及游豫後園, 皆大臣侍從, 因從容戲宴, 兼省文書, 詢謀政事, 講論經義, 爲萬世法."

冬十二月, 散騎常侍諫議大夫孔乂奏曰, "禮, 天子之宮, 有斲礱之制, 無朱丹之飾, 宜循禮復古. 今天下已平, 君臣之分明, 陛下但當不懈于位, 平公正之心, 審賞罰以使之. 可絕後園習騎乘馬, 出必御輦乘車, 天下之福, 臣子之願也." 晏·乂咸因闕以進規諫.

九年春二月, 衛將軍中書令孫資, 癸巳, 驃騎將軍中書監劉放, 三月甲午, 司徒衛臻, 各遜位, 以侯就第, 位特進.

四月, 以司空高柔爲司徒. 光祿大夫徐邈爲司空, 固辭不受.

秋九月, 以車騎將軍王淩爲司空.

冬十月, 大風發屋折樹.

嘉平元年春正月甲午, 車駕謁高平陵.○1) 太傅司馬宣王奏免大將軍曹爽·爽弟中領軍羲·武衛將軍訓·散騎常侍彦官, 以侯就第. 戊戌, 有司奏收黃門張當付廷尉, 考實其辭, 爽與謀不軌. 又尙書丁謐·鄧颺·何晏·司隸校尉畢軌·荊州刺史李勝·大司農桓範皆與爽通奸謀, 夷三族. 語在爽傳. 丙午, 大赦. 丁未, 以太傅司馬宣王爲丞相, 固讓乃止.○2)

○1) 孫盛『魏世譜』曰, 高平陵在洛水南大石山, 去洛城九十里.

○2) 孔衍『漢魏春秋』曰, "詔使太常王肅冊命太傅爲丞相, 增邑萬戶, 群臣奏事不得稱名, 如漢霍光故事. 太傅上書辭讓曰, '臣親受顧命, 憂深責重, 憑賴天威, 摧弊奸凶, 贖罪爲幸, 功不足論. 又三公之官, 聖王所制, 著之典禮. 至于丞相, 始自秦政. 漢氏因之, 無復變改. 今三公之官皆備, 橫復寵臣, 違越先典, 革聖明之經, 襲秦漢之路, 雖在異人, 臣所宜正, 況當臣身而不固爭, 四方議者將謂臣何?' 書十餘上, 詔乃許之, 復加九錫之禮. 太傅又言, '太祖有大功大德, 漢氏崇重, 故加九錫, 此乃歷代異事, 非後代之君臣所得議也.' 又辭不受."

夏四月乙丑, 改年. 丙子, 太尉蔣濟薨.

冬十二月辛卯, 以司空王凌爲太尉. 庚子, 以司隸校尉孫禮爲司空.

二年夏五月, 以征西將軍郭淮爲車騎將軍.

冬十月, 以特進孫資爲驃騎將軍.

十一月, 司空孫禮薨.

十二月甲辰, 東海王霖薨. 乙未, 征南將軍王昶渡江, 掩攻吳, 破之.

三年春正月, 荊州刺史王基·新城太守陳泰攻吳, 破之, 降者數千口.

二月, 置南郡之夷陵縣以居降附.

三月, 以尙書令司馬孚爲司空.

四月甲申, 以征南將軍王昶爲征南大將軍. 壬辰, 大赦.

丙午, 聞太尉王凌謀廢帝, 立楚王彪, 太傅司馬宣王東征凌. 五月甲寅, 凌自殺.

六月, 彪賜死.

秋七月壬戌, 皇后甄氏崩. 辛未, 以司空司馬孚爲太尉.

戊寅, 太傅司馬宣王薨, 以衛將軍司馬景王爲撫軍大將軍, 錄尙書事. 乙未, 葬懷甄后於太淸陵. 庚子, 驃騎將軍孫資薨.

十一月, 有司奏諸功臣應饗食於太祖廟者, 更以官爲次, 太傅司馬宣王功高爵尊, 最在上.

十二月, 以光祿勳鄭沖爲司空.

四年春正月癸卯, 以撫軍大將軍司馬景王爲大將軍.

二月, 立皇后張氏, 大赦.

夏五月, 魚二見於武庫屋上.○

○『漢晉春秋』曰, "初, 孫權築東興堤以遏巢湖. 後征淮南, 壞不復修. 是歲諸葛恪帥軍更于堤左右結山挾築兩城, 使全端·留略守之, 引軍而還. 諸葛誕言於司馬景王曰, '致人而不致於人者, 此之謂也. 今因其內侵, 使文舒逼江陵, 仲恭向武昌, 以羈吳之上流, 然後簡精卒攻兩城, 比救至, 可大獲也.' 景王從之."

冬十一月, 詔征南大將軍王昶·征東將軍胡遵·鎭南將軍毌丘儉等征吳.

十二月, 吳大將軍諸葛恪拒戰, 大破衆軍於東關. 不利而還.○

○『漢晉春秋』曰, "毌丘儉·王昶聞東軍敗, 各燒屯走. 朝議欲貶黜諸將, 景王曰, '我不聽公休, 以至於此. 此我過也, 諸將何罪?' 悉原之. 時司馬文王爲監軍, 統諸軍, 唯削文王爵而已. 是歲, 雍州刺史陳泰求敕並州並力討胡, 景王從之. 未集, 而雁門·新興二郡以爲將遠役, 遂驚反. 景王又謝朝士曰, '此我過也, 非玄伯之責.' 於是魏人愧悅, 人思其報." 習鑿齒曰, "司馬大將軍引二敗以爲己過, 過消而業隆, 可謂智矣. 夫民忘其敗, 而下思其報, 雖欲不康, 其可得邪? 若乃諱敗推過, 歸咎萬物, 常執其功而隱其喪, 上下離心, 賢愚解體, 是楚再敗而晉再克也, 謬之甚矣. 君人者, 苟統斯理而以禦國, 則朝無秕政, 身靡留愆, 行失而名揚, 兵挫而戰勝, 雖百敗可也, 況於再乎!"

五年夏四月, 大赦.

五月, 吳太傅諸葛恪圍合肥新城, 詔太尉司馬孚拒之.○

○『漢晉春秋』曰, "是時姜維亦出圍狄道. 司馬景王問虞松曰, '今東西有事, 二方皆急, 而諸將意沮, 若之何?' 松曰, '昔周亞夫堅壁昌邑而吳楚自敗, 事有似弱而強, 或似強而弱, 不可不察也. 今恪悉其銳衆, 足以肆暴, 而坐守新城, 欲以致一戰耳. 若攻城不拔, 請戰不得, 師老衆疲, 勢將自走, 諸將之不徑進, 乃公之利也. 姜維有重兵而縣軍應恪, 投食我麥, 非深根之寇也. 且謂我並力于東, 西方必虛, 是以徑進. 今若使關中諸軍倍道急赴, 出其不意, 殆將走矣.' 景王曰, '善.' 乃使郭淮·陳泰悉關中之衆, 解狄道之圍, 敕毌丘儉等案兵自守, 以新城委吳. 姜維聞淮進兵, 軍食少, 乃退屯隴西界."

秋七月, 恪退還.○

○ 是時, 張特守新城.『魏略』曰, "特字子産, 涿郡人. 先時領牙門, 給事鎭東諸葛誕, 誕不以爲能也, 欲遣還護軍. 會毌丘儉代誕, 遂使特屯守合肥新城. 及諸葛恪圍城, 特與將軍樂方等三軍衆合有三千人, 吏兵疾病及戰死者過半, 而恪起土山急攻, 城將陷, 不可護. 特乃謂吳人曰, '今我無心復戰也. 然魏法, 被攻過百日而救不至者, 雖降, 家不坐也. 自受敵以來, 已九十餘日矣. 此城中本有四千餘人, 而戰死者已過半, 城雖陷, 尙有半人不欲降, 我當還爲相語之, 條名別善惡, 明日早送名, 且持我印綬去以爲信.' 乃投其印綬以與之. 吳人聽其辭而不取印綬. 不攻. 頃之, 特還, 乃夜徹諸屋材柵, 補其缺爲二重. 明日, 謂吳人曰, '我但有鬪死耳.' 吳人大怒, 進攻之, 不能拔, 遂引去. 朝廷嘉之, 加雜號將軍, 封列侯, 又遷安豐太守."

八月, 詔曰, "故中郎西平郭脩, 砥節厲行, 秉心不回. 乃者蜀將姜維寇鈔脩郡, 爲所執略. 往歲僞大將軍費禕驅率群衆, 陰圖闚?, 道經漢壽, 請會衆賓, 脩於廣坐之中手刃擊禕, 勇過聶政, 功逾介子, 可謂殺身成仁, 釋生取義者矣. 夫追加褒寵, 所以表揚忠義, 祚及後胤, 所以奬勸將來. 其追封脩爲長樂鄕侯, 食邑千戶, 諡曰威侯. 子襲爵, 加拜奉車都尉. 賜銀千鉼, 絹千匹, 以光寵存亡, 永垂來世焉."○

○『魏氏春秋』曰, "脩字孝先, 素有業行, 著名西州. 姜維劫之, 脩不爲屈. 劉禪以爲左將軍, 脩欲刺禪而不得親近, 每因慶賀, 且拜且前, 爲禪左右所遏, 事輒不克, 故殺禕焉."

臣松之以爲古之舍生取義者, 必有理存焉, 或感恩懷德, 投命無悔, 或利害有機, 奮發以應會, 詔所稱聶政·介子是也. 事非斯類, 則陷乎妄作矣. 魏之與蜀, 雖爲敵國, 非有趙襄滅智之仇, 燕丹危亡之急. 且劉禪凡下之主, 費禕中才之相, 二人存亡, 固無關于興喪. 郭脩在魏, 西州之男子耳, 始獲于蜀, 旣不能抗節不辱, 于魏又無食祿之責, 不爲時主所使, 而無故規規然糜身于非所, 義無所加, 功無所立, 可謂'折柳樊圃', 其狂也且, 此之謂也.

自帝卽位至于是歲, 郡國縣道多所置省, 俄或還復, 不可勝紀.

六年春二月己丑, 鎭東將軍毌丘儉上言, "昔諸葛恪圍合肥新城, 城中遣士劉整出圍傳消息, 爲賊所得, 考問所傳, 語整曰, '諸葛公欲活汝, 汝可具服.' 整罵曰, '死狗, 此何言也? 我當必死爲魏國鬼, 不苟求活, 逐汝去也. 欲殺我者, 便速殺之.' 終無他辭. 又遣士鄭像出城傳消息, 或以語恪, 恪遣馬騎尋圍跡索, 得像還. 四五人的頭面縛, 將繞城表, 敕語像, 使大呼, 言'大軍已還洛, 不如早降.' 像不從其言, 更大呼城中曰, '大軍近在圍外, 壯士努力.' 賊以刀築其口, 使不得言, 像遂大呼, 令城中聞知. 整·像爲兵, 能守義執節, 子弟宜有差異." 詔曰, "夫顯爵所以褒元功, 重賞所以寵烈士. 整·像召募通使, 越蹈重圍, 冒突白刃, 輕身守信, 不幸見獲, 抗節彌厲, 揚六軍之大勢, 安城守之懼心, 臨難不顧, 畢志傳命. 昔解楊執楚, 有隕無貳, 齊路中大夫以死成命, 方之整·像, 所不能加. 今追賜整·像爵關中侯, 各除士名, 使子襲爵, 如部曲將死事科." 庚戌, 中書令李豐與皇后父光祿大夫張緝等謀廢易大臣, 以太常夏侯玄爲大將軍. 事覺, 諸所連及者皆伏誅. 辛亥, 大赦.

三月, 廢皇后張氏.

夏四月, 立皇后王氏, 大赦.

五月, 封后父奉車都尉王夔爲廣明鄕侯·光祿大夫, 位特進, 妻田氏爲宣陽鄕君.

秋九月, 大將軍司馬景王將謀廢帝, 以聞皇太后.○1) 甲戌, 太后令曰, "皇帝芳春秋已長, 不親萬機, 耽淫內寵, 沈漫女德, 日延倡優, 縱其醜謔. 迎六宮家人留止內房, 毀人倫之叙, 亂男女之節. 恭孝日虧, 悖慠滋甚, 不可以承天緖, 奉宗廟. 使兼太尉高柔奉策, 用一元大武告于宗廟, 遣芳歸藩于齊, 以避皇位."○2) 是日遷居別宮, 年二十三. 使者持節送衛, 營齊王宮於河內之重門, 制度皆如藩國之禮.○3) 丁丑, 令曰, "東海王霖, 高祖文皇帝之子. 霖之諸子, 與國至親, 高貴鄕公髦有大成之量, 其以爲明皇帝嗣."○4)

○1) 『世語』及『魏氏春秋』並云, "此秋, 姜維寇隴右. 時安東將軍司馬文王鎭許昌, 徵還擊維, 至京師, 帝於平樂觀以臨軍過. 中領軍許允與左右小臣謀, 因文王辭, 殺之, 勒其衆以退大將軍. 已書詔于前. 文王入, 帝方食栗, 優人雲午等唱曰, '靑頭雞, 靑頭雞.' 靑頭雞者, 鴨也. 帝懼不敢發. 文王引兵入城, 景王因是謀廢帝."

臣松之案「夏侯玄傳」及『魏略』, 許允此年春與李豐事相連. 豐旣誅, 卽出允爲鎭北將軍, 未發, 以放散官物收付廷尉, 徙樂浪, 追殺之. 允此秋不得故爲領軍而建此謀.

○2) 『魏書』曰, "是日, 景王承皇太后令, 詔公卿中朝大臣會議, 群臣失色. 景王流涕曰, '皇太后令如是, 诸君其若王室何?' 咸曰, '昔伊尹放太甲以寧殷, 霍光廢昌邑以安漢, 夫權定社稷以濟四海, 二代行之于古, 明公當之於今, 今日之事, 亦唯公命.' 景王曰, '諸君所以望師者重, 師安所避之?' 於是乃與群臣共爲奏永寧宮曰, '守尙書令太尉長社侯臣孚·大將軍武陽侯臣師·司徒萬歲亭侯臣柔·司空文陽亭侯臣沖·行征西安東將軍新城侯臣昭·光祿大夫關內侯臣邕·太常臣晏·衛尉昌邑侯臣偉·太僕臣嶷·廷尉定陵侯臣繁·大鴻臚臣芝·大司農臣祥·少府臣褒·永寧衛尉臣禎·永寧太僕臣閎·大長秋臣模·司隸校尉潁昌侯臣曾·河南尹蘭陵侯臣肅·城門校尉臣慮·中護軍永安亭侯臣望·武衛將軍安壽亭侯臣演·中堅將軍平原侯臣德·中壘將軍昌武亭侯臣廙·屯騎校尉關內侯臣陔·步兵校尉臨晉侯臣建·射聲校尉安陽鄕侯臣溫·越騎校尉睢陽侯臣初·長水校尉關內侯臣超·侍中臣小同·臣顗·臣酆·博平侯臣表·侍中中書監安陽亭侯臣誕·散騎常侍臣瓌·臣儀·關內侯臣芝·尙書僕射光祿大夫高樂亭侯臣毓·尙書關內侯臣觀·臣嘏·長合鄕侯臣亮·臣贊·臣騫·中書令臣康·御史中丞臣鈐·博士臣範·臣峻等稽首言, 臣等聞天子者, 所以濟育群生, 永安萬國, 三祖勳烈, 光被六合. 皇帝卽位, 纂繼洪業, 春秋已長, 未親萬機, 耽淫內寵, 沈漫女色, 廢捐講學, 棄辱儒士, 日延小優郭懷·袁信等於建始芙蓉殿前裸袒游戲, 使與保林·女尙等爲亂, 親將後宮瞻觀. 又於廣望觀上, 使懷·信等於觀下作遼東妖婦, 嬉褻過度, 道路行人掩目, 帝於觀上以爲宴笑. 於陵雲臺曲中施帷, 見九親婦女, 帝臨宣曲觀, 呼懷·信使入帷共飮酒. 懷·信等更行酒, 婦女皆醉, 戲侮無別. 使保林李華·劉勳等與懷·信等戲, 淸商令令狐景呵華·勳曰, '諸女, 上左右人, 各有官職, 何以得爾?' 華·勳數讒毁景. 帝常喜以彈彈人, 以此恚景, 彈景不避首目. 景語帝曰, '先帝持門戶急, 今陛下日將妃后游戲無度, 至乃共觀倡優, 裸袒爲亂, 不可令皇太后聞. 景不愛死, 爲陛下計耳.' 帝言, '我作天子, 不得自在邪? 太后何與我事?' 使人燒鐵灼景, 身體皆爛. 甄后崩後, 帝欲立王貴人爲皇后. 太后更欲外求, 帝恚語景等, '魏家前後立皇后, 皆從所愛耳, 太后必違我意, 知我當往不也?' 後卒待張皇后疏薄. 太后遭合陽君喪, 帝日在後園, 倡優音樂自若, 不數往定省. 淸商丞龐熙諫帝, '皇太后至孝, 今遭重憂, 水漿不入口, 陛下當數往寬慰, 不可但在此作樂.' 帝言, '我自爾, 誰能奈我何?' 皇太后還北宮, 殺張美人及禺婉, 帝恚望, 語景等, '太后橫殺我所寵愛, 此無復母子恩.' 數往至故處啼哭, 私使暴室厚殯棺, 不令太后知也. 每見九親婦女有美色, 或留以付淸商. 帝至後園竹間戲, 或與從官攜手共行. 熙曰, '從官不宜與至尊相提挈.' 帝怒, 復以彈彈熙. 日游後園, 每有外文書入, 帝不省, 左右曰'出', 帝亦不索視. 太后令帝常在式乾殿上講學, 不欲, 使行來, 帝徑去. 太后來問, 輒詐令黃門答言'在'耳. 景·熙等畏恐, 不敢復止, 更共諂媚. 帝肆行昏淫, 敗人倫之叙, 亂男女之節, 恭孝彌頹, 凶德浸盛. 臣等憂懼傾覆天下, 危墜社稷, 雖殺身斃命不足以塞責. 今帝不可以承天緖, 臣請依漢霍光故事, 收帝璽綬. 帝本以齊王踐祚, 宜歸藩于齊. 使司徒臣柔持節, 與有司以太牢告祀宗廟. 臣謹昧死以聞.' 奏可."

○3) 『魏略』曰, "景王將廢帝, 遣郭芝入白太后, 太后與帝對坐. 芝謂帝曰, '大將軍欲廢陛下, 立彭城王據.' 帝乃起去. 太后不悅. 芝曰, '太后有子不能敎, 今大將軍意已成, 又勒兵于外以備非常, 但當順旨, 將復何言?' 太后曰, '我欲見大將軍, 口有所說.' 芝曰, '何可見邪? 但當速取璽綬.’ 太后意折, 乃遣傍侍御取璽綬著坐側. 芝出報景王, 景王甚歡. 又遣使者授齊王印綬, 當出就西宮. 帝受命, 遂載王車, 與太后別, 垂涕, 始從太極殿南出, 群臣送者數十人, 太尉司馬孚悲不自勝, 餘多流涕. 王出後, 景王又使使者請璽綬. 太后曰, ‘彭城王, 我之季叔也, 今來立, 我當何之? 且明皇帝當絕嗣乎? 吾以爲高貴鄉公者, 文皇帝之長孫, 明皇帝之弟子, 於禮, 小宗有後大宗之義, 其詳議之.’ 景王乃更召群臣, 以皇太后令示之, 乃定迎高貴鄉公. 是時太常已發二日, 待璽綬於溫. 事定, 又請璽綬. 太后令曰, ‘我見高貴鄉公, 小時識之, 明日我自欲以璽綬手授之.’”

○4) 『魏書』曰, “景王復與群臣共奏永寧宮曰, ‘臣等聞人道親親故尊祖, 尊祖故敬宗. 禮, 大宗無嗣, 則擇支子之賢者, 爲人後者, 爲之子也. 東海定王子高貴鄉公, 文皇帝之孫, 宜承正統, 以嗣烈祖明皇帝後. 率土有賴, 萬邦幸甚, 臣請徵公詣洛陽宮.’ 奏可. 使中護軍望·兼太常河南尹肅持節, 與少府褒·尚書亮·侍中表等奉法駕, 迎公于元城.” 『魏世譜』曰, “晉受禪, 封齊王爲邵陵縣公. 年四十三, 泰始十年薨, 諡曰厲公.”

高貴鄉公 曹髦

高貴鄉公諱髦, 字彦士, 文帝孫, 東海定王霖子也. 正始五年, 封郯縣高貴鄉公. 少好學, 夙成. 齊王廢, 公卿議迎立公.

十月己丑, 公至于玄武馆, 群臣奏請舍前殿, 公以先帝舊處, 避止西廂. 群臣又請以法駕迎, 公不聽. 庚寅, 公入于洛陽, 群臣迎拜西掖門南, 公下輿將答拜, 儐者請曰, “仪不拜.” 公曰, “吾人臣也.” 遂答拜. 至止車門下輿. 左右曰, “舊乘輿入.” 公曰, “吾被皇太后徵, 未知所爲.” 遂步至太極東堂, 見于太后. 其日卽皇帝位於太極前殿, 百僚陪位者欣欣焉.○ 詔曰, “昔三祖神武圣德, 应天受祚. 齐王嗣位, 肆行非度, 顚覆厥德. 皇太后深惟社稷之重, 延納宰輔之謀, 用替厥位, 集大命于余一人. 以眇眇之身, 託于王公之上, 夙夜祗畏, 懼不能嗣守祖宗之大訓, 恢中興之弘業, 戰戰兢兢, 如臨于谷. 今群公卿士股肱之輔, 四方征鎭宣力之佐, 皆積德累功, 忠勤帝室. 庶憑先祖先父有德之臣, 左右小子, 用保乂皇家, 俾朕蒙闇, 垂拱而治. 蓋聞人君之道, 德厚侔天地, 潤澤施四海, 先之以慈愛, 示之以好惡, 然後敎化行於上, 兆民聽於下. 朕雖不德, 昧於大道, 思與宇內共臻玆路. 『書』不云乎, ‘安民則惠, 黎民懷之.’” 大赦, 改元. 減乘輿服御, 後宮用度, 及罷尙方御府百工技巧靡麗無益之物.

○『魏氏春秋』曰, “公神明爽俊, 德音宣朗. 罢朝, 景王私曰, ‘上何如主也?’ 鍾會對曰, ‘才同陳思, 武類太祖.’ 景王曰, ‘若如卿言, 社稷之福也.’”

正元元年冬十月壬辰, 遣侍中持節分適四方, 觀風俗, 勞士民, 察冤枉失職者. 癸巳, 假大將軍司馬景王黃鉞, 入朝不趨, 奏事不名, 劍履上殿. 戊戌, 黃龍見于鄴井中. 甲辰, 命有司論廢立定策之功, 封爵·增邑·進位·班賜各有差.

二年春正月乙丑, 鎭東將軍毌丘儉·揚州刺史文欽反. 戊戌, 大將軍司馬景王征之. 癸未, 車騎將軍郭淮薨.

閏月己亥, 破欽于樂嘉. 欽遁走, 遂奔吳. 甲辰, 安風淮津都尉斬儉, 傳首京都.○ 壬子, 復特赦淮南士民諸爲儉·欽所詿誤者. 以鎭南將軍諸葛誕爲鎭東大將軍. 司馬景王薨于許昌.

○『世語』曰, “大將軍奉天子征儉, 至項. 儉既破, 天子先還.”
臣松之檢諸書都無此事, 至諸葛誕反, 司馬文王始挾太后及帝與俱行耳. 故發詔引漢二祖及明帝親征以爲前比, 知明帝已後始有此行也. 案張璠·虞溥·郭頒皆晉之令史, 璠·頒出爲官長, 溥, 鄱陽內史. 璠撰『後漢紀』, 雖似未成, 辭藻可觀. 溥著『江表傳』, 亦粗有條貫. 惟頒撰魏晉『世語』, 蹇乏全無宮商, 最爲鄙劣, 以時有異事, 故頗行於世. 干寶·孫盛等多采其言以为『晉書』, 其中虛錯如此者, 往往而有之.

二月丁巳, 以衛將軍司馬文王爲大將軍, 錄尙書事. 甲子, 吳大將孫峻等衆號十萬至壽春, 諸葛誕拒擊破之, 斬吳左將軍留贊, 獻捷于京都.

三月, 立皇后卞氏, 大赦.

夏四月甲寅, 封后父卞隆爲列侯. 甲戌, 以征南大將軍王昶爲驃騎將軍.

秋七月, 以征東大將軍胡遵爲衛將軍, 鎭東大將軍諸葛誕爲征東大將軍.

八月辛亥, 蜀大將軍姜维寇狄道, 雍州刺史王經與戰洮西, 經大敗, 還保狄道城. 辛未, 以長水校尉鄧艾行安西將軍, 與征西將軍陳泰並力拒維. 戊辰, 復遣太尉司馬孚爲後繼.

九月庚子, 講『尙書』業終, 賜執經親授者司空鄭冲·侍中鄭小同等各有差. 甲辰, 姜維退還.

冬十月, 詔曰, "朕以寡德, 不能式遏寇虐, 乃令蜀賊陸梁邊陲. 洮西之戰, 至取負敗, 將士死亡, 計以千數, 或沒命戰場, 冤魂不反, 或牽掣虜手, 流離異域, 吾深痛湣, 爲之悼心. 其令所在郡典農及安撫夷二護軍各部大吏慰恤其門戶, 無差賦役一年. 其力戰死事者, 皆如舊科, 勿有所漏."

十一月甲午, 以隴右四郡及金城, 連年受敵, 或亡叛投賊, 其親戚留在本土者不安, 皆特赦之.

癸丑, 詔曰, "往者洮西之戰, 將吏士民或臨陳戰亡, 或沈溺洮水, 骸骨不收, 棄於原野, 吾常痛之. 其告征西·安西將軍, 各令部人於戰處及水次鉤求屍喪, 收斂藏埋, 以慰存亡."

甘露元年春正月辛丑, 靑龍見軹縣井中. 乙巳, 沛王林薨.○

○『魏氏春秋』曰, "二月丙辰, 帝宴群臣於太極東堂, 與侍中荀顗·尙書崔贊·袁亮·鍾毓·給事中中書令虞松等並講述禮典, 遂言帝王優劣之差. 帝慕夏少康, 因问顗等曰, '有夏既衰, 后相殆滅, 少康收集夏衆, 復禹之績, 高祖拔起隴畝, 驅帥豪俊, 芟夷秦·項, 包擧宇內, 斯二主可謂殊才異略, 命世大賢者也. 考其功德, 誰宜爲先?' 顗等對曰, '夫天下重器, 王者天授, 聖德應期, 然後能受命創業. 至於階緣前緖, 興復舊績, 造之與因, 難易不同. 少康功德雖美, 猶爲中興之君, 與世祖同流可也. 至如高祖, 臣等以爲優.' 帝曰, '自古帝王, 功德言行, 互有高下, 未必創業者皆優, 紹繼者咸劣也. 湯·武·高祖雖俱受命, 賢聖之分, 所覺縣殊. 少康·

殷宗中興之美, 夏啓·周成守文之盛, 論德較實, 方諸漢祖, 吾見其優, 未聞其劣. 顧所遇之時殊, 故所名之功異耳. 少康生於滅亡之後, 降爲諸侯之隸, 崎嶇逃難, 僅以身免, 能布其德而兆其謀, 卒滅過·戈, 克復禹績, 祀夏配天, 不失舊物, 非至德弘仁, 豈濟斯勳? 漢祖因土崩之勢, 仗一時之權, 專任智力以成功業, 行事動靜, 多違聖檢. 為人子則數危其親, 爲人君則囚繫賢相, 爲人父則不能衛子；身沒之後, 社稷幾傾, 若與少康易時而處, 或未能復大禹之績也. 推此言之, 宜高夏康而下漢祖矣. 諸卿具論詳之.' 翌日丁巳, 講業旣畢, 顗·亮等議曰, '三代建國, 列土而治, 當其衰弊, 無土崩之勢, 可懷以德, 難屈以力. 逮至戰國, 強弱相兼, 去道德而任智力. 故秦之弊可以力爭. 少康布德, 仁者之英也. 高祖任力, 智者之俊也. 仁智不同, 二帝殊矣. 『詩』·『書』述殷中宗·高宗, 皆列大雅, 少康功美過于二宗, 其為大雅明矣. 少康爲優, 宜如詔旨.' 贊·毓·松等議曰, '少康雖積德累仁, 然上承大禹遺澤餘慶, 內有虞·仍之援, 外有靡·艾之助, 寒浞讒慝, 不德于民, 澆·豷無親, 外內棄之, 以此有國, 蓋有所因. 至於漢祖, 起自布衣, 率烏合之士, 以成帝者之業. 論德則少康優, 課功則高祖多, 語資則少康易, 校時則高祖難.' 帝曰, '諸卿論少康因資, 高祖創造, 誠有之矣, 然未知三代之世, 任德濟勳如彼之難, 秦·項之際, 任力成功如此之易. 且太上立德, 其次立功, 漢祖功高, 未若少康盛德之茂也. 且夫仁者必有勇, 誅暴必用武, 少康武烈之威, 豈必降于高祖哉? 但夏書淪亡, 舊文殘缺, 故勳美闕而罔載, 唯有伍員粗述大略, 其言復禹之績, 不失舊物, 祖述聖業, 舊章不愆, 自非大雅兼才, 孰能與於此, 向令墳·典具存, 行事詳備, 亦豈有異同之論哉?' 於是群臣咸悅服. 中書令松進曰, '少康之事, 去世久遠, 其文昧如, 是以自古及今, 議論之士莫有言者, 德美隱而不宣. 陛下旣垂心遠鑑, 考詳古昔, 又發德音, 贊明少康之美, 使顯於千載之上, 宜錄以成篇, 永垂于後.' 帝曰, '吾學不博, 所聞淺狹, 懼於所論, 未獲其宜. 縱有可采, 億則屢中, 又不足貴, 無乃致笑後賢, 彰吾闇昧乎?' 於是侍郎鍾會退論次焉."

夏四月庚戌, 賜大將軍司馬文王袞冕之服, 赤舄副焉.

丙辰, 帝幸太學, 問諸儒曰, "聖人幽贊神明, 仰觀俯察, 始作八卦, 後聖重之爲六十四, 立爻以極數, 凡斯大義, 罔有不備. 而夏有『連山』, 殷有『歸藏』, 周曰『周易』, 易之書, 其故何也?" 『易』博士淳于俊對曰, "包羲因燧皇之圖而制八卦, 神農演之爲六十四, 黃帝·堯·舜通其變, 三代隨時, 質文各繇其事. 故易者, 變易也, 名曰連山, 似山出內雲氣, 連天地也. 歸藏者, 萬事莫不歸藏于其中也." 帝又曰, "若使包羲因燧皇而作易, 孔子何以不云燧人氏沒包羲氏作乎?" 俊不能答. 帝又問曰, "孔子作「彖」·「象」, 鄭玄作注, 雖聖賢不同, 其所釋經義一也. 今「彖」·「象」不與經文相連, 而注連之, 何也?" 俊對曰, "鄭玄合「彖」·「象」于經者, 欲使學者尋省易了也." 帝曰, "若鄭玄合之, 於學誠便, 則孔子曷爲不合以了學者乎?" 俊對曰, "孔子恐其與文王相亂, 是以不合, 此聖人以不合爲謙." 帝曰, "若聖人以不合爲謙, 則鄭玄何獨不謙邪?" 俊對曰, "古義弘深, 聖問奧遠, 非臣所能詳盡." 帝又问曰, "「繫辭」云, '黃帝·堯·舜垂衣裳而天下治,' 此包羲·神農之世爲無衣裳. 但聖人化天下, 何殊異爾邪?" 俊對曰, "三皇之時, 人寡而禽獸衆, 故取其羽皮而天下用足, 及至黃帝, 人衆而禽獸寡, 是以作爲衣裳以濟時變也." 帝又問, "乾爲天, 而復爲金, 爲玉, 爲老馬, 與細物並邪?" 俊對曰, "聖人取象, 或遠或近, 近取諸物, 遠則天地."

講『易』畢, 復命講『尙』書. 帝問曰, "鄭玄曰, '稽古同天,' 言'堯同於天也.' 王肅云, '堯順考古道而行之.' 三義不同, 何者爲是?" 博士庾峻對曰, "先儒所執, 各有乖異, 臣不足以定之. 然「洪範」稱'三人占, 從二人之言.' 賈·馬及肅皆以爲'順考古道.' 以「洪範」言之, 肅義爲長." 帝曰, "仲尼言, '唯天爲大, 唯堯則之.' 堯之大美, 在乎則天, 順考古道, 非其至也. 今發篇開義以明聖德, 而舍其大, 更稱其細, 豈作者之意邪?" 峻對曰, "臣奉遵師說, 未喩大義, 至于折中, 裁之聖思." 次及四岳擧鯀, 帝又問曰, "夫大人者, 與天地合其德, 與日月合其明, 思無不周, 明無不照, 今王肅云, '堯意不能明鯀, 是以試用.' 如此, 聖人之明有所未盡邪?" 峻對曰, "雖聖人之弘, 猶有所未盡, 故禹曰, '知人則哲, 惟帝難之.' 然卒能改授聖賢, 緝熙庶績, 亦所以成聖也." 帝曰, "夫'有始有卒, 其唯聖人.' 若不能始, 何以爲聖? 其言'惟帝難之,' 然卒能改授, 蓋謂知人, 聖人所難, 非不盡之言也. 經云, '知人則哲, 能官人.' 若堯疑鯀, 試之九年, 官人失叙, 何得謂之聖哲?" 峻對曰, "臣竊觀經傳, 聖人行事不能無失, 是以堯失之四凶, 周公失之二叔, 仲尼失之宰予." 帝曰, "堯之任鯀, 九載無成, 汨陳五行, 民用昏墊. 至於仲尼失之宰予, 言行之間, 輕重不同也. 至于周公·管·蔡之事, 亦『尙書』所載, 皆博士所當通也." 峻對曰, "此皆先賢所疑, 非臣寡見所能究論." 次及"有鰥在下曰虞舜." 帝問曰, "當堯之時, 洪水爲害, 四凶在朝, 宜速登賢聖濟斯民之時也. 舜年在旣立, 聖德光明, 而久不進用, 何也?" 峻對曰, "堯咨嗟求賢, 欲遜己位, 岳曰'否德忝帝位.' 堯復使岳揚擧仄陋, 然後薦舜. 薦舜之本, 實由於堯, 此蓋聖人欲盡衆心也.” 帝曰, “堯既聞舜而不登用, 又時忠臣亦不進達, 乃使獄揚仄陋而後薦擧, 非急於用聖恤民之謂也.” 峻對曰, “非臣愚見所能逮及.”

於是復命講『禮記』. 帝問曰, “‘太上立德, 其次務施報.’ 爲治何由而教化各異, 皆脩何政而能致于立德, 施而不報乎?” 博士馬照對曰, “太上立德, 謂三皇五帝之世以德化民, 其次報施, 謂三王之世以禮爲治也.” 帝曰, “二者致化薄厚不同, 將主有優劣邪? 時使之然乎?” 照對曰, “誠由時有樸文, 故化有薄厚也.”○

○『帝集』載帝自叙始生禎祥曰, “昔帝王之生, 或有禎祥, 蓋所以彰顯神異也. 惟予小子, 支胤末流, 謬爲靈祇之所相祐也, 豈敢自比於前喆? 聊記錄以示後世焉. 其辭曰, ‘惟正始三年九月辛未朔, 二十五日乙未直成, 予生. 於時也, 天氣淸明, 日月輝光, 爰有黃氣, 烟溫于堂, 照曜室宅, 其色煌煌.’ 相而論之曰, ‘未者爲土, 魏之行也. 厥日直成, 應嘉名也. 烟溫之氣, 神之精也, 無災無害, 蒙神靈也.’ 齊王不弔, 顚覆厥度, 群公受予, 紹繼祚皇. 以眇眇之身, 質性頑固, 未能涉道, 而遵大路, 臨深履氷, 涕泗憂懼. 古人有云, ‘懼則不亡.’ 伊予小子, 曷敢怠荒? 庶不忝辱, 永奉烝嘗.” 傅暢『晉諸公贊』曰, “帝常與中護軍司馬望·侍中王沈·散騎常侍裴秀·黃門侍郎鍾會等講宴於東堂, 並屬文論. 名秀爲儒林丈人, 沈爲文籍先生, 望·會亦各有名號. 帝性急, 請召欲速. 秀等在內職, 到得及時, 以望在外, 特給追鋒車, 虎賁卒五人, 每有集會, 望輒奔馳而至.”

五月, 鄴及上谷並言甘露降.

夏六月丙午, 改元爲甘露. 乙丑, 靑龍見元城縣界井中.

秋七月己卯, 衛將軍胡遵薨. 癸未, 安西將軍鄧艾大破蜀大將姜維于上邽, 詔曰, “兵未極武, 醜虜摧破, 斬首獲生, 動以萬計, 自頃戰克, 無如此者. 今遣使者犒賜將士, 大會臨饗, 飮宴終日, 稱朕意焉.”

八月庚午, 命大將軍司馬文王加號大都督, 奏事不名, 假黃鉞. 癸酉, 以太尉司馬孚爲太傅.

九月, 以司徒高柔爲太尉.

冬十月, 以司空鄭冲为司徒, 尙書左僕射盧毓爲司空.

二年春二月, 青龍見溫縣井中.

三月, 司空盧毓薨.

夏四月癸卯, 詔曰, “玄菟郡高顯縣吏民反叛, 長鄭熙爲賊所殺. 民王簡負擔熙喪, 晨夜星行, 遠致本州, 忠節可嘉. 其特拜簡爲忠義都尉, 以旌殊行.” 甲子, 以征東大將軍諸葛誕爲司空.

五月辛未, 帝幸辟雍, 会命群臣賦詩. 侍中和逌·尙書陳騫等作诗稽留, 有司奏免官, 詔曰, “吾以暗昧, 愛好文雅, 廣延詩賦, 以知得失, 而乃爾紛紜, 良用反仄. 其原逌等. 主者宜敕自今以後, 群臣皆當玩習古義, 脩明經典, 稱朕意焉.” 乙亥, 諸葛誕不就徵, 發兵反, 殺揚州刺史樂綝. 丙子, 赦淮南將吏士民爲誕所詿誤者. 丁丑, 詔曰, “諸葛誕造爲凶亂, 蕩覆揚州. 昔黥布逆叛, 漢祖親戎, 隗囂違戾, 光武西伐, 及烈祖明皇帝躬征吳·蜀, 皆所以奮揚赫斯, 震耀威武也. 今宜皇太后與朕暫共臨戎, 速定醜虜, 時寧東夏.” 己卯, 詔曰, “諸葛誕造構逆亂, 迫脅忠義, 平寇將軍臨渭亭侯龐會·騎督偏將軍路蕃, 各將左右, 斬門突出, 忠壯勇烈, 所宜嘉異. 其進會爵鄉侯, 蕃封亭侯.”

六月乙巳, 詔, “吳使持節都督夏口諸軍事鎭軍將軍沙羨侯孫壹, 賊之枝屬, 位爲上將, 畏天知命, 深鑑祸福. 翻然擧衆, 遠歸大國, 雖微子去殷, 樂毅遁燕, 無以加之. 其以壹爲侍中車騎將軍·假節·交州牧·吳侯. 開府辟召儀同三司, 依古侯伯八命之禮, 衮冕赤舄, 事從豐厚.”○ 甲子, 詔曰, “今車駕駐項, 大將軍恭行天罰, 前臨淮浦. 昔相國大司馬征討, 皆與尙書俱行, 今宜如舊.” 乃令散騎常侍裴秀·給事黃門侍郎鍾會咸與大將軍俱行.

○ 臣松之以爲壹畏逼歸命, 事無可嘉, 格以古義, 欲蓋而名彰者也. 当時之宜, 未得遠遵式典, 固應量才受賞, 足以酬其來情而已. 至乃光錫八命, 禮同台鼎, 不亦過乎? 於招攜致遠, 又無取焉. 何者? 若使彼之將守, 與時無嫌, 終不悅于殊寵, 坐生叛心, 以叛而愧, 辱孰甚焉? 如其憂危將及, 非奔不免, 則必逃死苟存, 無希榮利矣, 然則高位厚祿何爲者哉? 魏初有孟達·黃權, 在晉有孫秀·孫楷, 達·權爵賞, 比壹爲輕, 秀·楷禮秩, 優異尤甚. 及至吳平, 而降黜數等, 不承權輿, 豈不緣在始失中乎?

秋八月, 詔曰, "昔燕刺王謀反, 韓誼等諫而死, 漢朝顯登其子. 諸葛誕創造凶亂, 主簿宣隆·部曲督秦絜秉節守義, 臨事固爭, 爲誕所殺, 所謂無比干之親而受其戮者. 其以隆·絜子爲騎都尉, 加以贈賜, 光示遠近, 以殊忠義."

九月, 大赦.

冬十二月, 吳大將全端·全懌等率衆降.

三年春二月, 大将军司马文王陷寿春城, 斩诸葛诞.

三月, 詔曰, "古者克敵, 收其尸以爲京觀, 所以懲昏逆而章武功也. 漢孝武元鼎中, 改桐鄉爲聞喜, 新鄉爲獲嘉, 以著南越之亡. 大將軍親總六戎, 營據丘頭, 內夷群凶, 外殄寇虜, 功濟兆民, 聲振四海. 克敵之地, 宜有令名, 其改丘頭爲武丘, 明以武平亂, 後世不忘, 亦京觀二邑之義也."

夏五月, 命大將軍司馬文王爲相國, 封晉公, 食邑八郡, 加之九錫, 文王前後九讓乃止.

六月丙子, 詔曰, "昔南陽郡山賊擾攘, 欲劫質故太守東里衮, 功曹应余獨身捍衮, 遂免於難. 余顚沛殞斃, 殺身濟君. 其下司徒, 署余孫倫吏, 使蒙伏節之報."○ 辛卯,大論淮南之功, 封爵行賞各有差.

○『楚國先賢傳』曰, 余字子正, 天姿方毅, 志尙仁義, 建安二十三年爲郡功曹. 是時吳·蜀不賓, 疆埸多虞. 宛將侯音扇動山民, 保城以叛. 余與太守東里衮當擾攘之際·迸竄得出. 音卽遣騎追逐, 去城十里相及, 賊便射衮, 飛矢交流. 余前以身當箭, 被七創, 因謂追賊曰, '侯音狂狡, 造爲凶逆, 大軍尋至, 誅夷在近. 謂卿曹本是善人, 素無惡心, 當思反善, 何爲受其指揮? 我以身代君, 以被重創, 若身死君全, 隕沒無恨.' 因仰天號哭泣涕, 血淚俱下. 賊見其義烈, 釋衮不害. 賊去之後, 余亦命絕. 征南將軍曹仁討平音, 表余行狀, 並脩祭醊. 太祖聞之, 嗟歎良久, 下荊州復表門閭, 賜穀千斛. 衮後爲于禁司馬, 見『魏略』「游說傳」.

秋八月甲戌, 以驃騎將軍王昶爲司空. 丙寅, 詔曰, "夫養老興教, 三代所以樹風化垂不朽也, 必有三老·五更以崇至敬, 乞言納誨, 著在惇史, 然後六合承流, 下觀而化. 宜妙簡德行, 以充其選. 關內侯王祥, 履仁秉義, 雅志淳固. 關內侯鄭小同, 溫恭孝友, 帥禮不忒. 其以祥爲三老, 小同爲五更." 車駕親率群司, 躬行古禮焉.○

○『漢晉春秋』曰, "帝乞言於祥, 祥對曰, '昔者明王禮樂旣備, 加之以忠誠, 忠誠之發, 形于言行. 夫大人者, 行動乎天地. 天且弗違, 況於人乎?' 祥事別見「呂虔傳」. 小同, 鄭玄孫也. 玄「別傳」曰, '玄有子, 爲孔融吏, 擧孝廉. 融之被圍, 往赴, 爲賊所害. 有遺腹子, 以丁卯日生. 而玄以丁卯歲生, 故名曰小同.'"『魏名臣奏』載太尉華歆表曰, "臣聞勵俗宣化, 莫先於表善, 班祿叙爵, 莫美於顯能, 是以楚人思子文之治, 復命其胤, 漢室嘉江公之德, 用顯其世. 伏見故漢大司農北海鄭玄, 當時之學, 名冠華夏, 爲世儒宗. 文皇帝旌錄先賢, 拜玄適孫小同以爲郎中, 長假在家. 小同年逾三十, 少有令質, 學綜六經, 行著鄉邑. 海·岱之人莫不嘉其自然, 美其氣量. 跡其所履, 有質直不渝之性, 然而恪恭靜默, 色養其親, 不治可見之美, 不競人間之名, 斯誠淸時所宜式叙, 前後明詔所斟酌而求也. 臣老病委頓, 無益視聽, 謹具以聞." 『魏氏春秋』曰, "小同詣司馬文王, 文王有密疏, 未之屛也. 如廁還, 謂之曰, '卿見吾疏乎?' 對曰, '否.' 文王猶疑而鴆之, 卒." 鄭玄注「文王世子」曰, "三老·五更各一人, 皆年老更事致仕者也." 注「樂記」曰, "皆老人更知三德五事者也." 蔡邕「明堂論」云, "'更'應作'叟.' '叟', 長老之稱, 字與'更'相似, 書者遂誤以爲'更.' '嫂'字'女'傍'叟', 今亦以爲"更", 以此驗知應爲'叟'也."

臣松之以爲邕謂'更'爲'叟', 誠爲有似, 而諸儒莫之從, 未知孰是.

是歲, 青龍·黃龍仍見頓丘·冠軍·陽夏縣界井中.

四年春正月, 黃龍二, 見寧陵縣界井中.○

○『漢晉春秋』曰, "是時龍仍見, 咸以爲吉祥. 帝曰, '龍者, 君德也. 上不在天, 下不在田, 而數屈於井, 非嘉兆也.' 仍作潛龍之詩以自諷, 司馬文王見而惡之."

夏六月, 司空王昶薨.

秋七月, 陳留王峻薨.

冬十月丙寅, 分新城郡, 復置上庸郡.

十一月癸卯, 車騎將軍孫壹爲婢所殺.

五年春正月朔, 日有蝕之.

夏四月, 詔有司率遵前命, 復進大將軍司馬文王位爲相國, 封晉公, 加九錫.

五月己丑, 高貴鄕公卒, 年二十.○1) 皇太后令曰, "吾以不德, 遭家不造, 昔援立東海王子髦, 以爲明帝嗣, 見其好書疏文章, 冀可成濟, 而情性暴戾, 日月滋甚. 吾數呵責, 遂更忿恚, 造作醜逆不道之言以誣謗吾, 遂隔絕兩宮. 其所言道, 不可忍聽, 非天地所覆載. 吾卽密有令語大將軍, 不可以奉宗廟, 恐顚覆社稷, 死無面目以見先帝. 大將軍以其尙幼, 謂當改心爲善, 殷勤執據. 而此兒忿戾, 所行益甚, 擧弩遙射吾宮, 祝當令中吾項, 箭親墮吾前. 吾語大將軍, 不可不廢之, 前後數十. 此兒具聞, 自知罪重, 便圖爲弑逆, 賂遺吾左右人, 令因吾服藥, 密因鴆毒, 重相設計. 事已覺露, 直欲因際會擧兵入西宮殺吾, 出取大將軍. 呼侍中王沈·散騎常侍王業·○2)尙書王經, 出懷中黃素詔示之, 言今日便當施行. 吾之危殆, 過于累卵. 吾老寡, 豈復多惜餘命邪? 但傷先帝遺意不遂, 社稷顚覆爲痛耳. 賴宗廟之靈, 沈·業卽馳語大將軍, 得先嚴警. 而此兒便將左右出雲龍門, 雷戰鼓, 躬自拔刃, 與左右雜衛共入兵陳間, 爲前鋒所害. 此兒旣行悖逆不道, 而又自陷大禍, 重令吾悼心不可言. 昔漢昌邑王以罪廢爲庶人, 此兒亦宜以民禮葬之, 當令內外咸知此兒所行. 又尙書王經, 凶逆無狀, 其收經及家屬皆詣廷尉."

○1) 『漢晉春秋』曰, "帝見威權日去, 不勝其忿. 乃召侍中王沈·尙書王經·散騎常侍王業, 謂曰, '司馬昭之心, 路人所知也. 吾不能坐受廢辱, 今日當與卿等自出討之.' 王經曰, '昔魯昭公不忍季氏, 敗走失國, 爲天下笑. 今權在其門, 爲日久矣, 朝廷四方皆爲之致死, 不顧逆順之理, 非一日也. 且宿衛空闕, 兵甲寡弱, 陛下何所資用? 而一旦如此, 無乃欲除疾而更深之邪?禍殆不測, 宜見重詳.' 帝乃出懷中版令投地, 曰, '行之決矣. 正使死, 何所懼? 況不必死邪!' 於是入白太后, 沈·業奔走告文王, 文王爲之備. 帝遂帥僮僕數百, 鼓譟而出. 文王弟屯騎校尉伷入, 遇帝於東止車門, 左右呵之, 伷衆奔走. 中護軍賈充又逆帝戰於南闕下, 帝自用劍. 衆欲退, 太子舍人成濟問充曰, '事急矣. 當云何?' 充曰, '畜養汝等, 正謂今日. 今日之事, 無所問也.' 濟卽前刺帝, 刃出於背. 文王聞, 大驚, 自投于地曰, '天下其謂我何?' 太傅孚奔往, 枕帝股而哭, 哀甚, 曰, '殺陛下者, 臣之罪也.'"

臣松之以爲習鑿齒書, 雖最後出, 然述此事差有次第. 故先載習語, 以其餘所言微異者次其後. 『世語』曰, "王沈·王業馳告文王, 尙書王經以正直不出, 因沈·業申意." 『晉諸公贊』曰, "沈·業將出, 呼王經. 經不從, 曰, '吾子行矣!'" 干寶『晉紀』曰, "成濟問賈充曰, '事急矣. 若之何?' 充曰, '公畜養汝等, 爲今日之事也. 夫何疑?' 濟曰, '然.' 乃抽戈犯蹕." 『魏氏春秋』曰, "戊子夜, 帝自將冗從僕射李昭·黃門從官焦伯等下陵雲臺, 鎧仗授兵, 欲因際會, 自出討文王. 會雨, 有司奏却日, 遂見王經等出黃素詔於懷曰, '是可忍也, 孰不可忍也? 今日便当决行此事.' 入白太后, 遂拔劒升輦, 帥殿中宿衛蒼頭官僮擊戰鼓, 出雲龍門. 賈充自外而入, 帝師潰散, 猶稱天子, 手劒奮擊, 衆莫敢逼. 充帥厲將士, 騎督成倅弟成濟以矛進, 帝崩于師. 時暴雨雷霆, 晦冥." 『魏末傳』曰, "賈充呼帳下督成濟謂曰, '司馬家事若敗, 汝等豈復有種乎? 何不出擊?' 倅兄弟二人乃帥帳下人出, 顧曰, '當殺邪? 執邪?' 充曰, '殺之.' 兵交, 帝曰, '放仗!' 大將軍士皆放仗. 濟兄弟因前刺帝, 帝倒車下."

○2) 『世語』曰, "業, 武陵人, 後爲晉中護軍."

庚寅, 太傅孚·大將軍文王·太尉柔·司徒沖稽首言, "伏見中令, 故高貴鄕公悖逆不道, 自陷大禍, 依漢昌邑王罪廢故事, 以民禮葬. 臣等備位, 不能匡救禍亂, 式遏奸逆, 奉令震悚, 肝心悼栗. 『春秋』之義, 王者無外, 而書'襄王出居于鄭.' 不能事母, 故絕之于位也. 今高貴鄉公肆行不軌, 幾危社稷, 自取傾覆. 人神所絕, 葬以民禮, 誠當舊典. 然臣等伏惟殿下仁慈過隆, 雖存大義, 猶垂哀矜, 臣等之心實有不忍, 以爲可加恩以王禮葬之." 太后從之.○

○『漢晉春秋』曰, "丁卯, 葬高貴鄉公于洛陽西北三十里瀍澗之濱. 下車數乘, 不設旌旐, 百姓相聚而觀之, 曰, '是前日所殺天子也.' 或掩面而泣, 悲不自勝."

臣松之以爲若但下車數乘, 不設旌旐, 何以爲王禮葬乎? 斯蓋惡之過言, 所謂不如是之甚者.

使使持節行中護軍中壘將軍司馬炎, 北迎常道鄉公璜, 嗣明帝後. 辛卯, 群公奏太后曰, "殿下聖德光隆, 寧濟六合, 而猶稱令, 與藩國同. 請自今殿下令書, 皆稱詔制, 如先代故事." 癸卯, 大將軍固讓相國·晉公·九錫之寵. 太后詔曰, "夫有功不隱, 『周易』大義, 成人之美, 古賢所尚, 今聽所執, 出表示外, 以章公之謙光焉."

戊申, 大將軍文王上言, "高貴鄉公率將從駕人兵, 拔刃鳴金鼓向臣所止. 懼兵刃相接, 卽敕將士不得有所傷害, 違令以軍法從事. 騎督成倅弟太子舍人濟, 橫入兵陳傷公, 遂至隕命. 輒收濟行軍法. 臣聞人臣之節, 有死無二, 事上之義, 不敢逃難. 前者變故卒至, 禍同發機, 誠欲委身守死, 唯命所裁. 然惟本謀乃欲上危皇太后, 傾覆宗廟. 臣忝當大任, 義在安國, 懼雖身死, 罪責彌重. 欲遵伊·周之權, 以安社稷之難, 卽駱驛申敕, 不得迫近輦輿, 而濟遽入陳間, 以致大變. 哀怛痛恨, 五內摧裂. 不知何地可以隕墜? 科律大逆無道, 父母妻子同產皆斬. 濟凶戾悖逆, 干國亂紀, 罪不容誅. 輒敕侍御史收濟家屬, 付廷尉, 結正其罪."○1) 太后詔曰, "夫五刑之罪, 莫大於不孝. 夫人有子不孝, 尚告治之, 此兒豈復成人主邪? 吾婦人不達大義, 以謂濟不得便爲大逆也. 然大將軍志意懇切, 發言惻愴, 故聽如所奏. 當班下遠近, 使知本末也."○2)

○1)『魏氏春秋』曰, "成濟兄弟不卽伏罪, 袒而升屋, 醜言悖慢, 自下射之, 乃殪."

○2)『世語』曰, "初, 青龍中, 石苞鬻鐵於長安, 得見司馬宣王, 宣王知焉. 後擢爲尚書郞, 歷青州刺史·鎮東將軍. 甘露中入朝, 當還, 辭高貴鄕公, 留中盡日. 文王遣人要令過. 文王問苞, '何淹留也?' 苞曰, '非常人也.' 明日發至滎陽, 數日而難作."

六月癸丑, 詔曰, "古者人君之爲名字, 難犯而易諱. 今常道鄕公諱字甚難避, 其朝臣博議改易, 列奏."

陳留王 曹奐

陳留王諱奐, 字景明, 武帝孫, 燕王宇子也. 甘露三年, 封安次縣常道鄕公. 高貴鄕公卒, 公卿議迎立公. 六月甲寅, 入于洛陽, 見皇太后, 是日卽皇帝位於太極前殿, 大赦, 改年, 賜民爵及穀帛各有差.

景元元年夏六月丙辰, 進大將軍司馬文王位爲相國, 封晉公, 增封二郡, 並前滿十, 加九錫之禮, 一如前奏. 諸群從子弟, 其未有侯者皆封亭侯, 賜錢千萬, 帛萬匹, 文王固讓乃止. 己未, 故漢獻帝夫人節薨, 帝臨於華林園, 使使持節追謚夫人爲獻穆皇后. 及葬, 車服制度皆如漢氏故事. 癸亥, 以尙書右僕射王觀爲司空.

冬十月, 觀薨.

十一月, 燕王上表賀冬至, 稱臣. 詔曰, "古之王者, 或有所不臣, 王將宜依此義. 表不稱臣乎! 又當爲報. 夫後大宗者, 降其私親, 況所繼者重邪! 若便同之臣妾, 亦情所未安. 其皆依禮典處, 當務盡其宜." 有司奏, 以爲"禮莫崇于尊祖, 制莫大于正典. 陛下稽德期運, 撫臨萬國, 紹大宗之重, 隆三祖之基. 伏惟燕王體尊戚屬, 正位藩服, 躬秉虔肅, 率蹈恭德以先萬國. 其于正典, 闡濟大順, 所不得制. 聖朝誠宜崇以非常之制, 奉以不臣之禮. 臣等平議以爲燕王章表, 可聽如舊式. 中詔所施, 或存好問, 準之義類, 則'宴覿之族'也可少順聖敬, 加崇儀稱, 示不敢斥, 宜曰'皇帝敬問大王侍御.' 至于制書, 國之正典, 朝廷所以辨章公制, 宣昭軌儀于天下者也, 宜循法, 故曰'制詔燕王.' 凡詔命·制書·奏事·上書諸稱燕王者, 可皆上平. 其非宗廟助祭之事, 皆不得稱王名, 奏事·上書·文書及吏民皆不得觸王諱, 以彰殊禮, 加于群后. 上遵王典尊祖之制, 俯順聖敬烝烝之心, 二者不愆, 禮實宜之, 可普告施行."

十二月甲申, 黃龍見華陰縣井中. 甲午, 以司隸校尉王祥爲司空.

二年夏五月朔, 日有食之.

秋七月, 樂浪外夷韓·濊貊各率其屬來朝貢.

八月戊寅, 趙王幹薨.

甲寅, 復命大將軍進爵晉公, 加位相國, 備禮崇錫, 一如前詔. 又固辭乃止.

三年春二月, 靑龍見于軹縣井中.

夏四月, 遼東郡言肅愼國遣使重譯入貢, 獻其國弓三十張, 長三尺五寸, 楛矢長一尺八寸, 石砮三百枚, 皮骨鐵雜鎧二十領, 貂皮四百枚.

冬十月, 蜀大將姜維寇洮陽, 鎭西將軍鄧艾拒之, 破維于侯和, 維遁走. 是歲, 詔祀故軍祭酒郭嘉於太祖廟庭.

四年春二月, 復命大将军进位爵赐一如前詔, 又固辞乃止.

夏五月, 詔曰, "蜀, 蕞爾小國, 土狹民寡, 而姜維虐用其衆, 曾無廢志. 往歲破敗之後, 猶復耕種沓中, 刻剝衆羌, 勞役無已, 民不堪命. 夫兼弱攻昧, 武之善經, 致人而不致於人, 兵家之上略. 蜀所恃賴, 唯維而已. 因其遠離巢窟, 用力爲易. 今使征西將軍鄧艾督帥諸軍, 趣甘松·沓中以羅取維, 雍州刺史諸葛緖督諸軍趣武都·高樓, 首尾蹴討. 若擒維, 便當東西並進, 掃滅巴蜀也." 又命鎭西將軍鍾會由駱谷伐蜀.

秋九月, 太尉高柔薨.

冬十月甲寅, 復命大將軍進位爵賜一如前詔. 癸卯, 立皇后卞氏.

十一月, 大赦. 自鄧艾·鍾會率衆伐蜀, 所至輒克. 是月, 蜀主劉禪詣艾降, 巴蜀皆平.

十二月庚戌, 以司徒鄭冲爲太保. 壬子, 分益州爲梁州. 癸丑, 特赦益州士民, 復除租賦之半五年. 乙卯, 以征西將軍鄧艾爲太尉, 鎭西將軍鍾會爲司徒. 皇太后崩.

咸熙元年春正月壬戌, 檻車徵鄧艾. 甲子, 行幸長安. 壬申, 使使者以璧幣祀華山. 是月, 鍾會反于蜀, 爲衆所討, 鄧艾亦見殺.

二月辛卯, 特赦諸在益土者. 庚申, 葬明元郭后.

三月丁丑, 以司空王祥爲太尉, 征北將軍何曾爲司徒, 尙書左僕射荀顗爲司空. 己卯, 進晉公爵爲王, 封十郡, 並前二十.○ 丁亥, 封劉禪爲安樂公.

○『漢晉春秋』曰, "晉公旣進爵爲王, 太尉王祥·司徒何曾·司空荀顗並詣王. 顗曰, '相王尊重, 何侯與一朝之臣皆已盡敬, 今日便當相率而拜, 無所疑也.' 祥曰, '相國位勢, 誠爲尊貴, 然要是魏之宰相, 吾等魏之三公. 公·王相去, 一階而已, 班列大同, 安有天子三公可輒拜人者? 損魏朝之望, 虧晉王之德, 君子愛人以禮, 吾不爲也.' 及入, 顗遂拜, 而祥獨長揖. 王謂祥曰, '今日然後知君見顧之重.'"

夏五月庚申, 相國晉王奏復五等爵. 甲戌, 改年. 癸未, 追命舞陽宣文侯爲晉宣王, 舞陽忠武侯爲晉景王.

六月, 鎭西將軍衛瓘上雍州兵于成都縣獲璧玉印各一, 印文似'成信'字, 依周成王歸禾之義, 宣示百官, 藏于相國府.○

○ 孫盛曰, "昔公孫述自以起成都, 號曰成. 二玉之文, 殆述所作也."

初, 自平蜀之后, 吳寇屯逼永安, 遣荊·豫諸軍掎角赴救.

七月, 賊皆遁退.

八月庚寅, 命中撫軍司馬炎副貳相國事, 以同魯公拜后之義. 癸巳, 詔曰, "前逆臣鍾會構造反亂, 聚集征行將士, 劫以兵威, 始吐奸謀. 發言桀逆, 逼脅衆人, 皆使下議, 倉卒之際, 莫不驚慴. 相國左司馬夏侯和·騎士曹屬朱撫時使在成都, 中領軍司馬賈輔·郎中羊琇各參會軍事. 和·琇·撫皆抗節不撓, 拒會凶言, 臨危不顧, 詞指正烈. 輔語散將王起, 說'會奸逆凶暴, 欲盡殺將士.' 又云'相國已率三十萬衆西行討會.' 欲以稱張形勢, 感激衆心. 起出, 以輔言宣語諸軍, 遂使將士益懷奮勵. 宜加顯寵, 以彰忠義. 其進和·輔爵爲鄉侯, 琇·撫爵關內侯. 起宣傳輔言, 告令將士, 所宜賞異. 其以起爲部曲將." 癸卯, 以衛將軍司馬望爲驃騎將軍.

九月戊午, 以中撫軍司馬炎爲撫軍大將軍. 辛未, 詔曰, "吳賊政刑暴虐, 賦斂無極. 孫休遣使鄧句, 敕交阯太守鎖送其民, 發以爲兵. 吳將呂興因民心憤怒, 又承王師平定巴蜀, 卽糾合豪傑, 誅除句等, 驅逐太守長吏, 撫和吏民, 以待國命. 九眞·日南郡聞興去逆卽順, 亦齊心響應, 與興協同. 興移書日南州郡, 開示大計, 兵臨合浦, 告以禍福. 遣都尉唐譜等詣進乘縣, 因南中都督護軍霍弋上表自陳. 又交阯將吏各上表, 言'興創造事業, 大小承命. 郡有山寇, 入連諸郡, 懼其計異, 各有攜貳. 權時之宜, 以興爲督交阯諸軍事·上大將軍·定安縣侯, 乞賜褒獎, 以慰邊荒.' 乃心款誠, 形于辭旨. 昔儀父朝魯, 『春秋』所美, 竇融歸漢, 待以殊禮. 今國威遠震, 撫懷六合, 方包擧殊裔, 混一四表. 興首向王化, 擧衆稽服, 萬里馳義, 請吏帥職, 宜加寵遇, 崇其爵位. 旣使興等懷忠感悅, 遠人聞之, 必皆競勸. 其以興爲使持節·都督交州諸軍事·南中大將軍, 封定安縣侯, 得以便宜從事, 先行後上." 策命未至, 興爲下人所殺.

冬十月丁亥, 詔曰, "昔聖帝明王, 靜亂濟世, 保大定功, 文武殊塗, 勳烈同歸. 是故或舞干戚以訓不庭, 或陳師旅以威暴慢. 至于愛民全國, 康惠庶類, 必先脩文教, 示之軌儀, 不得已然後用兵, 此盛德之所同也. 往者季漢分崩, 九土顚覆, 劉備·孫權乘間作禍. 三祖綏寧中夏, 日不暇給, 遂使遺寇僭逆歷世. 幸賴宗廟威靈, 宰輔忠武, 爰發四方, 拓定庸·蜀, 役不浹時, 一征而克. 自頃江表衰弊, 政刑荒闇, 巴·漢平定, 孤危無援, 交·荊·揚·越, 靡然向風. 今交阯僞將呂興已帥三郡, 萬里歸命. 武陵邑侯相嚴等糾合五縣, 請爲臣妾. 豫章廬陵山民擧衆叛吳, 以助北將軍爲號. 又孫休病死, 主帥改易, 國內乖違, 人各有心. 僞將施績, 賊之名臣, 懷疑自猜, 深見忌惡. 衆叛親離, 莫有固志, 自古及今, 未有亡徵若此之甚. 若六軍震曜, 南臨江·漢, 吳會之域必扶老攜幼以迎王師, 必然之理也. 然興動大衆, 猶有勞費, 宜告喩威德, 開示仁信, 使知順附和同之利. 相國參軍事徐紹·水曹掾孫彧, 昔在壽春, 並見虜獲. 紹本僞南陵督, 才質開壯. 彧, 孫權支屬, 忠良見事. 其遣紹南還, 以彧爲副, 宣揚國命, 告喩吳人, 諸所示語, 皆以事實, 若其覺悟, 不損征伐之計, 蓋廟勝長算, 自古之道也. 其以紹兼散騎常侍, 加奉車都尉, 封都亭侯. 彧兼給事黃門侍郎, 賜爵關內侯. 紹等所賜妾及男女家人在此者, 悉聽自隨, 以明國恩, 不必使還, 以開廣大信." 丙午, 命撫軍大將軍新昌鄕侯炎爲晉世子. 是歲, 罷屯田官以均政役, 諸典農皆爲太守, 都尉皆爲令長. 勸募蜀人能內移者, 給廩二年, 復除二十歲. 安彌·福祿縣各言嘉禾生.

二年春二月甲辰, 朐䏰縣獲靈龜以獻, 歸之于相國府. 庚戌, 以虎賁張脩昔於成都馳馬至諸營言鍾會反逆, 以至沒身, 賜脩弟倚爵關內侯.

夏四月, 南深澤縣言甘露降. 吳遣使紀陟·弘璆請和.

五月, 詔曰, "相國晉王誕敷神慮, 光被四海. 震耀武功, 則威蓋殊荒, 流風邁化, 則旁洽無外. 湣恤江表, 務存濟育, 戢武崇仁, 示以威德. 文告所加, 承風向慕, 遣使納獻, 以明委順, 方寶纖珍, 歡以效意. 而王謙讓之至, 一皆簿送, 非所以慰副初附, 從其款願也. 孫晧諸所獻致, 其皆還送, 歸之于王, 以協古義." 王固辭乃止. 又命晉王冕十有二旒, 建天子旌旗, 出警入蹕, 乘金根車·六馬, 備五時副車, 置旄頭雲罕, 樂舞八佾, 設鍾虡宮縣. 進王妃爲王后, 世子爲太子, 王子·王女·王孫, 爵命之號如舊儀. 癸未, 大赦.

秋八月辛卯, 相國晉王薨. 壬辰, 晉太子炎紹封襲位, 總攝百揆, 備物典冊, 一皆如前. 是月, 襄武縣言有大人見, 長三丈餘, 跡長三尺二寸, 白髮, 著黃單衣, 黃巾, 柱杖, 呼民王始語云, "今當太平."

九月乙未, 大赦. 戊午, 司徒何曾爲晉丞相. 癸亥, 以驃騎將軍司馬望爲司徒, 征東大將軍石苞爲驃騎將軍, 征南大將軍陳騫爲車騎將軍. 乙亥, 葬晉文王.

閏月庚辰, 康居·大宛獻名馬, 歸于相國府, 以顯懷萬國致遠之勳.

十二月壬戌, 天祿永終, 歷數在晉. 詔群公卿士具儀設壇于南郊, 使使者奉皇帝璽綬冊, 禪位于晉嗣王, 如漢魏故事. 甲子, 使使者奉策. 遂改次于金墉城, 而終馆于邺, 时年二十.○

○『魏世譜』曰, "封帝爲陳留王. 年五十八, 大安元年崩, 謚曰元皇帝."

評曰, 古者以天下爲公, 唯賢是與. 後代世位, 立子以適. 若適嗣不繼, 則宜取旁親明德. 若漢之文·宣者, 斯不易之常準也. 明帝既不能然, 情繫私愛, 撫養嬰孩, 傳以大器, 託付不專, 必參枝族, 終于曹爽誅夷, 齊王替位. 高貴公才慧夙成, 好問尚辭, 蓋亦文帝之風流也. 然輕躁忿肆, 自蹈大禍. 陳留王恭己南面, 宰輔統政, 仰遵前式, 揖讓而禪, 遂饗封大國, 作賓于晉, 比之山陽, 班寵有加焉.

卷五
魏志五

后妃傳

武宣皇后 卞氏, 文昭皇后 甄氏, 文德皇后 郭氏, 明悼皇后 毛氏, 明元皇后 郭氏

『易』稱, "男正位乎外, 女正位乎內. 男女正, 天地之大義也." 古先哲王, 莫不明后妃之制, 順天地之德, 故二妃嬪嬀, 虞道克隆, 任·姒配姬, 周室用熙, 廢興存亡, 恒此之由. 『春秋說』云, "天子十二女, 諸侯九女." 考之情理, 不易之典也. 而末世奢縱, 肆其侈欲, 至使男女怨曠, 感動和氣. 惟色是崇, 不本淑懿, 故風教陵遲而大綱毀泯, 豈不惜哉? 嗚呼, 有國有家者, 其可以永鑑矣!

漢制, 帝祖母曰太皇太后, 帝母曰皇太后, 帝妃曰皇后, 其餘內官十有四等. 魏因漢法, 母后之号, 皆如舊制, 自夫人以下, 世有增損. 太祖建國, 始命王后, 其下五等, 有夫人, 有昭儀, 有婕妤, 有容華, 有美人. 文帝增貴嬪·淑媛·脩容·順成·良人. 明帝增淑妃·昭華·脩儀, 除順成官. 太和中始復命夫人, 登其位於淑妃之上. 自夫人以下爵凡十二等, 貴嬪·夫人, 位次皇后, 爵無所視. 淑妃位視相國, 爵比諸侯王. 淑媛位視御史大夫, 爵比縣公. 昭儀比縣侯, 昭華比鄉侯, 脩容比亭侯, 脩儀比關內侯. 婕妤視中二千石, 容華視眞二千石, 美人視比二千石, 良人視千石.

武宣卞皇后, 琅邪开阳人, 文帝母也. 本倡家,○1) 年二十, 太祖於譙納后爲妾. 後隨太祖至洛. 及董卓爲亂, 太祖微服東出避難. 袁術傳太祖凶問, 時太祖左右至洛者皆欲歸, 後止之曰, "曹君吉凶未可知, 今日還家, 明日若在, 何面目復相見也? 正

使禍至, 共死何苦?" 遂從后言. 太祖聞而善之. 建安初, 丁夫人廢, 遂以后爲繼室. 諸子無母者, 太祖皆令后養之.○2) 文帝爲太子, 左右長御賀后曰, "將軍拜太子, 天下莫不歡喜, 后當傾府藏賞賜." 后曰, "王自以丕年大, 故用爲嗣, 我但當以免無敎導之過爲幸耳, 亦何爲當重賜遺乎?" 長御還, 具以語太祖. 太祖悅曰, "怒不變容, 喜不失節, 故是最爲難."

○1) 『魏書』曰, "後以漢延熹三年十二月己巳生齊郡白亭, 有黃氣滿室移日. 父敬侯怪之, 以問卜者王旦, 旦曰, '此吉祥也.'"

○2) 『魏略』曰, "太祖始有丁夫人, 又劉夫人生子脩及淸河長公主. 劉早終, 丁養子脩. 子脩亡於穰, 丁常言, '將我兒殺之, 都不復念!' 遂哭泣無節. 太祖忿之, 遣歸家, 欲其意折. 後太祖就見之, 夫人方織, 外人傳云'公至', 夫人踞機如故. 太祖到, 撫其背曰, '顧我共載歸乎!' 夫人不顧, 又不應. 太祖却行, 立于戶外, 復云, '得無尙可邪?' 遂不應, 太祖曰, '眞訣矣.' 遂與絶, 欲其家嫁之, 其家不敢. 初, 丁夫人旣爲嫡, 加有子脩, 丁視后母子不足. 后爲繼室, 不念舊惡, 因太祖出行, 常四時使人饋遺, 又私迎之, 延以正坐而己下之, 迎來送去, 有如昔日. 丁謝曰, '廢放之人, 夫人何能常爾邪?' 其後丁亡, 后請太祖殯葬, 許之, 乃葬許城南. 後太祖病困, 自慮不起, 歎曰, '我前後行意, 於心未曾有所負也. 假令死而有靈, 子脩若問我母所在, 我將何辭以答?'" 『魏書』曰, "后性約儉, 不尙華麗, 無文繡珠玉, 器皆黑漆. 太祖常得名璫數具, 命后自選一具, 后取其中者, 太祖問其故, 對曰, '取其上者爲貪, 取其下者爲僞, 故取其中者.'"

二十四年, 拜爲王后, 策曰, "夫人卞氏, 撫養諸子, 有母儀之德. 今進位王后, 太子諸侯陪位, 群卿上壽, 減國內死罪一等."

二十五年, 太祖崩, 文帝卽王位, 尊后曰王太后, 及踐阼, 尊后曰皇太后, 稱永壽宮.○ 明帝卽位, 尊太后曰太皇太后.

○ 『魏書』曰, "后以國用不足, 減損御食, 諸金銀器物皆去之. 東阿王植, 太后少子, 最愛之. 後植犯法, 爲有司所奏, 文帝令太后弟子奉車都尉蘭持公卿議白太后, 太后曰, '不意此兒所作如是, 汝還語帝, 不可以我故壞國法.' 及自見帝, 不以爲言."

臣松之案, 文帝夢磨錢, 欲使文滅而更愈明, 以問周宣. 宣答曰, "此陛下家事, 雖意欲爾, 而太后不聽." 則太后用意, 不得如此書所言也. 『魏書』又曰, "太后每隨軍征行, 見高年白首, 輒住車呼問, 賜與絹帛, 對之涕泣曰, '恨父母不及我時也.' 太后每見外親, 不假以顏色, 常言'居處當務節儉, 不當望賞賜, 念自佚也. 外舍當怪吾遇之太薄, 吾自有常度故也. 吾事武帝四五十年, 行儉日久, 不能自變爲奢, 有犯科禁者, 吾且能加罪一等耳, 莫望錢米恩貸也.' 帝爲太后弟秉起第, 第成, 太后幸第請諸家外親, 設下廚, 無異膳. 太后左右, 菜食粟飯, 無魚肉. 其儉如此."

黃初中, 文帝欲追封太后父母, 尙書陳群奏曰, "陛下以聖德應運受命, 創業革制, 當永爲後式. 案典籍之文, 無婦人分土命爵之制. 在禮典, 婦因夫爵. 秦違古法, 漢氏因之, 非先王之令典也." 帝曰, "此議是也, 其勿施行. 以作著詔下藏之臺閣, 永爲後式." 至太和四年春, 明帝乃追謚太后祖父廣曰開陽恭侯, 父遠曰敬侯, 祖母周封陽都君及恭侯夫人, 皆贈印綬. 其年五月, 后崩. 七月, 合葬高陵.

初, 太后弟秉, 以功封都鄕侯, 黃初七年進封開陽侯, 邑千二百戶, 爲昭烈將軍.○1) 秉薨, 子蘭嗣. 少有才學,○2) 爲奉車都尉·游擊將軍, 加散騎常侍. 蘭薨, 子暉嗣.○3) 又分秉爵, 封蘭弟琳爲列侯, 官至步兵校尉. 蘭子隆女爲高貴鄕公皇后, 隆以后父爲光祿大夫, 位特進, 封睢陽鄕侯, 妻王爲顯陽鄕君. 追封隆前妻劉爲順陽鄕君, 后親母故也. 琳女又爲陳留王皇后, 時琳已沒, 封琳妻劉爲廣陽鄕君.

○1) 『魏略』曰, "初, 卞后弟秉, 當建安時得爲別部司馬, 后常對太祖怨言, 太祖答言, '但得與我作婦弟, 不爲多邪?' 后又欲太祖給其錢帛, 太祖又曰, '但汝盜與, 不爲足邪?' 故訖太祖世, 秉官不移, 財亦不益."

○2) 『魏略』曰, "蘭獻賦贊述太子德美, 太子報曰, '賦者, 言事類之所附也, 頌者, 美盛德之形容也, 故作者不虛其辭, 受者必當其實. 蘭此賦, 豈吾實哉? 昔吾丘壽王一陳寶鼎, 何武等徒以歌頌, 猶受金帛之賜, 蘭事雖不諒, 義足嘉也. 今賜牛一頭.' 由是遂見親敬."

○3) 『魏略』曰, "明帝時, 蘭見外有二難, 而帝留意於宮室, 常因侍從, 數切諫. 帝雖不能從, 猶納其誠款. 後蘭苦酒消渴, 時帝信巫女用水方, 使人持水賜蘭, 蘭不肯飮. 詔問其意? 蘭言治病自當以方藥, 何信於此? 帝爲變色, 而蘭終不服. 後渴稍甚, 以至於亡. 故時人見蘭好直言, 謂帝面折之而蘭自殺, 其實不然."

文昭皇后 甄氏

文昭甄皇后, 中山無極人, 明帝母, 漢太保甄邯後也, 世吏二千石. 父逸, 上蔡令. 后三歲失父.○1) 後天下兵亂, 加以饑饉, 百姓皆賣金銀珠玉寶物, 時后家大有儲穀, 頗以買之. 后年十餘歲, 白母曰, "今世亂而多買寶物, 匹夫無罪, 懷璧爲罪. 又左右皆飢乏, 不如以穀振給親族鄰里, 廣爲恩惠也." 擧家稱善, 卽從后言.○2)

○1) 『魏書』曰, "逸娶常山張氏, 生三男五女, 長男豫, 早終. 次儼, 擧孝廉, 大將軍掾·曲梁長. 次堯, 擧孝廉. 長女姜, 次脫, 次道, 次榮, 次卽后. 后以漢光和五年十二月丁酉生. 每寢寐, 家中髣彿見如有人持玉衣覆其上者, 常共怪之. 逸薨, 加號慕, 內外益奇之. 後相者劉良相后及諸子, 良指后曰, '此女貴乃不可言.' 后自少至長, 不好戲弄. 年八歲, 外有立騎馬戲者, 家人諸姊皆上閣觀之, 后獨不行. 諸姊怪問之, 后答言, '此豈女人之所觀邪?' 年九歲, 喜書, 視字輒識, 數用諸兄筆硯, 兄謂后言, '汝當習女工. 用書爲學, 當作女博士邪?' 后答言, '聞古者賢女, 未有不學前世成敗, 以爲己誡. 不知書, 何由見之?'"

○2) 『魏略』曰, "后年十四, 喪中兄儼, 悲哀過制, 事寡嫂謙敬, 事處其勞, 拊養儼子, 慈愛甚篤. 后母性嚴, 待諸婦有常, 后數諫母, '兄不幸早終, 嫂年少守節, 顧留一子, 以大義言之, 待之當如婦, 愛之宜如女.' 母感后言流涕, 便令后與嫂共止, 寢息坐起常相隨, 恩愛益密."

建安中, 袁紹爲中子熙納之. 熙出爲幽州, 后留養姑. 及冀州平, 文帝納后于鄴, 有寵, 生明帝及東鄉公主.○1)

○1) 『魏略』曰, "熙出在幽州, 后留侍姑. 及鄴城破, 紹妻及后共坐皇堂上. 文帝入紹舍, 見紹妻及后, 后怖, 以頭伏姑膝上, 紹妻兩手自搏. 文帝謂曰, '劉夫人云何如此? 令新婦擧頭.' 姑乃捧后令仰, 文帝就視, 見其顏色非凡, 稱歎之. 太祖聞其意, 遂爲迎取." 『世語』曰, "太祖下鄴, 文帝先入袁尚府, 有婦人被髮垢面, 垂涕立紹妻劉後, 文帝問之, 劉答'是熙妻.' 顧攬髮髻, 以巾拭面, 姿貌絶倫. 旣過, 劉謂后'不憂死矣.' 遂見納, 有寵." 『魏書』曰, "后寵愈隆而彌自挹損, 後宮有寵者勸勉之, 其無寵者慰誨之, 每因閑宴, 常勸帝, 言'昔黃帝子孫蕃育, 蓋由妾媵衆多, 乃獲斯祚耳. 所願廣求淑媛, 以豐繼嗣.' 帝心嘉焉. 其後帝欲遣任氏, 后請於帝曰, '任旣鄉黨名族, 德·色, 妾等不及也, 如何遣之?' 帝曰, '任性狷急不婉順, 前後忿吾非一, 是以遣之耳.' 后流涕固請曰, '妾受敬遇之恩, 衆人所知, 必謂任之出, 是妾之由. 上懼有見私之譏, 下受專寵之罪, 願重留意.' 帝不聽, 遂出之. 十六年七月, 太祖征關中, 武宣皇后從, 留孟津, 帝居守鄴. 時武宣皇后體小不安, 后不得定省, 憂怖, 晝夜泣涕. 左右驟以差問告, 后猶不信, 曰, '夫人在家, 故疾每動, 輒歷時, 今疾便差, 何速也? 此欲慰我意耳.' 憂愈甚. 後得武宣皇后還書, 說疾已平復, 后乃懽悅. 十七年正月, 大軍還鄴, 后朝武宣皇后, 望幄座悲喜, 感動左右. 武宣皇后見后如此, 亦泣, 且謂之曰, '新婦謂吾前病如昔時困邪? 吾時小小耳, 十餘日卽差, 不當視我顔色乎.' 嗟歎曰, '此眞孝婦也.' 二十一年, 太祖東征, 武宣皇后·文帝及明帝·東鄕公主皆從, 時后以病留鄴. 二十二年九月, 大軍還, 武宣皇后左右侍御見后顔色豐盈, 怪問之曰, '后與二子別久, 下流之情, 不可爲念, 而后顔色更盛, 何也?' 后笑答之曰, '諱等自隨夫人, 我當何憂?' 后之賢明以禮自持如此."

延康元年正月, 文帝卽王位.

六月, 南征, 后留鄴.

黃初元年十月, 帝踐阼. 踐阼之後, 山陽公奉二女以嬪于魏, 郭后·李·陰貴人並愛幸, 后愈失意, 有怨言. 帝大怒, 二年六月, 遣使賜死, 葬于鄴.○

○『魏書』曰, "有司奏建長秋宮, 帝璽書迎后, 詣行在所, 后上表曰, '妾聞先代之興, 所以饗國久長, 垂祚後嗣, 無不由后妃焉. 故必審選其人, 以興內敎. 令踐阼之初, 誠宜登進賢淑, 統理六宮. 妾自省愚陋, 不任粢盛之事, 加以寢疾, 敢守微志.' 璽書三至而后三讓, 言甚懇切. 時盛暑, 帝欲須秋涼乃更迎后. 會后疾遂篤, 夏六月丁卯, 崩于鄴. 帝哀痛咨嗟, 策贈皇后璽綬."

臣松之以爲『春秋』之義, 內大惡諱, 小惡不書. 文帝之不立甄氏, 及加殺害, 事有明審. 魏史若以爲大惡邪, 則宜隱而不言, 若謂爲小惡邪, 則不應假爲之辭, 而崇飾虛文乃至於是, 異乎所聞於舊史. 推此而言, 其稱卞·甄諸后言行之善, 皆難以實論. 陳氏刪落, 良有以也.

明帝卽位, 有司奏請追謚, 使司空王朗持節奉策, 以太牢告祠于陵, 又別立寢廟.○

○『魏書』載三公奏曰, “蓋孝敬之道, 篤乎其親, 乃四海所以承化, 天地所以明察, 是謂生則致其養, 歿則光其靈, 誦述以盡其美, 宣揚以顯其名者也. 今陛下以聖懿之德, 紹承洪業, 至孝烝烝, 通於神明, 遭罹殷憂, 每勞謙讓. 先帝遷神山陵, 大禮既備, 至於先后, 未有顯謚. 伏惟先后恭讓著於幽微, 至行顯於不言, 化流邦國, 德侔二南, 故能膺神靈嘉祥, 爲大魏世妃. 雖夙年登遐, 萬載之後, 永播融烈, 后妃之功莫得而尙也. 案謚法, ‘聖聞周達曰昭. 德明有功曰昭.’ 昭者, 光明之至, 盛久而不昧者也. 宜上尊謚曰文昭皇后. 是月, 三公又奏曰, ‘自古周人始祖后稷, 又特立廟以祀姜嫄. 今文昭皇后之於萬嗣, 聖德至化, 豈有量哉? 夫以皇家世祀之尊, 而克讓允恭, 固推盛位, 神靈遷化, 而無寢廟以承享禮, 非所以報顯德, 昭孝敬也. 稽之古制, 宜依周禮, 先妣別立寢廟.’ 並奏可之.”

太和元年三月, 以中山魏昌之安城鄕戶千, 追封逸, 謚曰敬侯, 適孫像襲爵.

四月, 初營宗廟, 掘地得玉璽, 方一寸九分, 其文曰“天子羨思慈親.” 明帝爲之改容, 以太牢告廟. 又嘗夢見后, 於是差次舅氏親疏高下, 叙用各有差, 賞賜累鉅萬, 以像爲虎賁中郎將. 是月, 后母薨, 帝制緦服臨喪, 百僚陪位.

四年十一月, 以后舊陵庳下, 使像兼太尉, 持節詣鄴, 昭告后土, 十二月, 改葬朝陽陵. 像還, 遷散騎常侍.

青龍二年春, 追謚后兄儼曰安城鄕穆侯. 夏, 吳賊寇揚州, 以像爲伏波將軍, 持節監諸將東征, 還, 復爲射聲校尉.

三年薨, 追贈衛將軍, 改封魏昌縣, 謚曰貞侯, 子暢嗣. 又封暢弟溫韡豔皆爲列侯.

四年, 改逸·儼本封皆曰魏昌侯, 謚因故. 封儼世婦劉爲東鄕君, 又追封逸世婦張爲安喜君.

景初元年夏, 有司議定七廟.

冬, 又奏曰, "蓋帝王之興, 旣有受命之君, 又有聖妃協于神靈, 然後克昌厥世, 以成王業焉. 昔高辛氏卜其四妃之子皆有天下, 而帝摯·陶唐·商·周代興. 周人上推后稷, 以配皇天, 追述王初, 本之姜嫄, 特立宮廟, 世世享嘗, 『周禮』所謂'奏夷則, 歌中呂, 舞「大濩」, 以享先妣'者也. 詩人頌之曰, '厥初生民, 時維姜嫄.' 言王化之本, 生民所由. 又曰, '閟宮有侐, 實實枚枚, 赫赫姜嫄, 其德不回.' 『詩』·『禮』所稱姬宗之盛, 其美如此. 大魏期運, 繼于有虞, 然崇弘帝道, 三世彌隆, 廟祧之數, 實與周同. 今武宣皇后·文德皇后各配無窮之祚, 至於文昭皇后膺天靈符, 誕育明聖, 功濟生民, 德盈宇宙, 開諸後嗣, 乃道化之所興也. 寢廟特祀, 亦姜嫄之閟宮也, 而未著不毁之制, 懼論功報德之義, 萬世或闕焉. 非所以昭孝示後世也. 文昭廟宜世世享祀奏樂, 與祖廟同, 永著不毁之典, 以播聖善之風." 於是與七廟議並勒金策, 藏之金匱.

帝思念舅氏不已. 暢尙幼, 景初末, 以暢爲射聲校尉, 加散騎常侍, 又特爲起大第, 車駕親自臨之. 又於其後園爲像母起觀廟, 名其里曰渭陽里, 以追思母氏也. 嘉平三年正月, 暢薨, 追贈車騎將軍, 謚曰恭侯, 子紹嗣. 太和六年, 明帝愛女淑薨, 追封謚淑爲平原懿公主, 爲之立廟. 取后亡從孫黃與合葬, 追封黃列侯, 以夫人郭氏從弟德爲之後, 承甄氏姓, 封德爲平原侯, 襲公主爵.○ 青龍中, 又封后從兄子毅及像弟三人, 皆爲列侯. 毅數上疏陳時政, 官至越騎校尉. 嘉平中, 復封暢子二人爲列侯. 后兄儼孫女爲齊王皇后, 后父已沒, 封后母爲廣樂鄕君.

○ 孫盛曰, "於禮, 婦人旣無封爵之典, 況于孩末, 而可建以大邑乎? 德自異族, 援繼非類, 匪功匪親, 而襲母爵, 違情背典, 於此爲甚. 陳群雖抗言, 楊阜引事比並, 然皆不能極陳先王之禮, 明封建繼嗣之義, 忠至之辭, 猶有闕乎! 『詩』云, '赫赫師尹, 民具爾瞻.' 宰輔之職, 其可略哉." 『晉諸公贊』曰, "德字彦孫. 司馬景王輔政, 以女妻德. 妻早亡, 文王復以女繼室, 卽京兆長公主. 景·文二王欲自結于郭后, 是以頻繁爲婚. 德雖無才學, 而恭謹謙順. 甄溫字仲舒, 與郭建及德等皆后族, 以事宜見寵. 咸熙初, 封郭建爲臨渭縣公, 德廣安縣公, 邑皆千八百戶. 溫本國侯, 進爲輔國大將軍, 加侍中, 領射聲校尉, 德鎭軍大將軍. 泰始元年, 晉受禪,加建·德·溫三人位特進. 德爲人貞素, 加以世祖姊夫, 是以遂貴當世. 德暮年官更轉爲宗正, 遷侍中. 太康中, 大司馬齊王攸當之藩, 德與左衛將軍王濟共諫請, 時人嘉之. 世祖以此望德, 由此出德爲大鴻臚, 加侍中·光祿大夫, 尋疾薨, 贈中軍大將軍, 開府侍中如故, 謚恭公, 子喜嗣. 喜精粹有器美, 歷中書郎·右衛將軍·侍中, 位至輔國大將軍, 加散騎常侍. 喜與國姻親, 而經趙王倫·齊王冏事故, 能不豫際會, 良由其才短, 然亦以退靜免之."

文德郭皇后, 安平廣宗人也. 祖世長吏.○1) 后少而父永奇之曰, "此乃吾女中王也." 遂以女王爲字. 早失二親, 喪亂流離, 沒在銅鞮侯家. 太祖爲魏公時, 得入東宮. 后有智數, 時時有所獻納. 文帝定爲嗣, 后有謀焉. 太子卽王位, 后爲夫人, 及踐阼, 爲貴嬪. 甄后之死, 由后之寵也. 黃初三年, 將登后位, 文帝欲立爲后, 中郎棧潛上疏曰, "在昔帝王之治天下, 不惟外輔, 亦有內助, 治亂所由, 盛衰從之. 故西陵配黃, 英娥降嬀, 並以賢明, 流芳上世. 桀奔南巢, 禍階末喜, 紂以炮烙, 怡悅妲己. 是以聖哲愼立元妃, 必取先代世族之家, 擇其令淑以統六宮, 虔奉宗廟, 陰敎聿修. 『易』曰, '家道正而天下定.' 由內及外, 先王之令典也. 『春秋』書宗人釁夏云, 無以妾爲夫人之禮. 齊桓誓命于葵丘, 亦曰'無以妾爲妻.' 今後宮嬖寵, 常亞乘輿. 若因愛登后, 使賤人暴貴, 臣恐後世下陵上替, 開張非度, 亂自上起也." 文帝不從, 遂立爲皇后.○2)

○1) 『魏書』曰, "父永, 官至南郡太守, 謚敬侯. 母姓董氏, 卽堂陽君, 生三男二女, 長男浮, 高唐令, 次女昱, 次卽后, 后弟都, 弟成. 后以漢中平元年三月乙卯生, 生而有異常."

○2) 『魏書』曰, "后上表謝曰, '妾無皇·英釐降之節, 又非姜·任思齊之倫, 誠不足以假充女君之盛位, 處中饋之重任.' 后自在東宮, 及卽尊位, 雖有異寵, 心愈恭肅, 供養永壽宮, 以孝聞. 是時柴貴人亦有寵, 后敎訓獎導之. 後宮諸貴人時有過失, 常彌覆之, 有譴讓, 輒爲帝言其本末, 帝或大有所怒, 至爲之頓首請罪, 是以六宮無怨. 性儉約, 不好音樂, 常慕漢明德馬后之爲人."

后早喪兄弟, 以從兄表繼永後, 拜奉車都尉. 后外親劉斐與他國爲婚, 后聞之, 敕曰, "諸親戚嫁娶, 自當與鄉里門戶匹敵者, 不得因勢, 彊與他方人婚也." 后姊子孟武還鄉里, 求小妻, 后止之. 遂敕諸家曰, "今世婦女少, 當配將士, 不得因緣取以

爲妾也. 宜各自愼, 無爲罰首."○

○『魏書』曰, "后常敕戒表·武等曰, '漢氏椒房之家, 少能自全者, 皆由驕奢, 可不愼乎?'"

五年, 帝東征, 后留許昌永始臺. 時霖雨百餘日, 城樓多壞, 有司奏請移止. 后曰, "昔楚昭王出游, 貞姜留漸臺, 江水至, 使者迎而無符, 不去, 卒沒. 今帝在遠, 吾幸未有是患, 而便移止, 奈何?" 群臣莫敢復言.

六年, 帝東征吳, 至廣陵, 后留譙宮. 時表留宿衛, 欲遏水取魚. 后曰, "水當通運漕, 又少材木, 奴客不在目前, 當復私取官竹木作梁遏. 今奉車所不足者, 豈魚乎?"

明帝卽位, 尊后爲皇太后, 稱永安宮. 太和四年, 詔封表安陽亭侯, 又進爵鄕侯, 增邑並前五百戶, 遷中壘將軍. 以表子詳爲騎都尉. 其年, 帝追謚太后父永爲安陽鄕敬侯, 母董爲都鄕君. 遷表昭德將軍, 加金紫, 位特進, 表第二子訓爲騎都尉. 及孟武母卒, 欲厚葬, 起祠堂, 太后止之曰, "自喪亂以來, 墳墓無不發掘, 皆由厚葬也. 首陽陵可以爲法."

靑龍三年春, 后崩于許昌, 以終制營陵, 三月庚寅, 葬首陽陵西.○ 帝進表爵爲觀津侯, 增邑五百, 並前千戶. 遷詳爲駙馬都尉.

○『魏略』曰, "明帝旣嗣立, 追痛甄后之薨, 故太后以憂暴崩. 甄后臨沒, 以帝屬李夫人. 及太后崩, 夫人乃說甄后見譖之禍, 不獲大斂, 被髮覆面, 帝哀恨流涕, 命殯葬太后, 皆如甄后故事."『漢晉春秋』曰, "初, 甄后之誅, 由郭后之寵, 及殯, 令被髮覆面, 以糠塞口, 遂立郭后, 使養明帝. 帝知之, 心常懷忿, 數泣問甄后死狀. 郭后曰, '先帝自殺, 何以責問我? 且汝爲人子, 可追讎死父, 爲前母枉殺後母邪?' 明帝怒, 遂逼殺之, 敕殯者使如甄后故事."『魏書』載哀策曰, "維靑龍三年三月壬申, 皇太后梓宮啓殯, 將葬于首陽之西陵. 哀子皇帝叡親奉冊祖載, 遂親遣奠, 叩心擗踊, 號咷仰訴, 痛靈魂之遷幸, 悲容車之向路, 背三光以潛翳, 就黃壚而安厝. 嗚呼哀哉! 昔二女妃虞, 帝道以彰, 三母嬪周, 聖善彌光, 旣多受祉, 享國延長. 哀哀慈妣, 興化閨房, 龍飛紫極, 作合聖皇, 不虞中年, 暴罹災殃. 愍予小子, 煢煢摧傷, 魂雖永逝, 定省曷望? 嗚呼哀哉!"

四年, 追改封永爲觀津敬侯, 世婦董爲堂陽君. 追封謚后兄浮爲梁里亭戴侯, 都爲武城亭孝侯, 成爲新樂亭定侯, 皆使使者奉策, 祠以太牢. 表薨, 子詳嗣, 又分表爵封詳弟述爲列侯. 詳薨, 子釗嗣.

明悼皇后 毛氏

明悼毛皇后, 河內人也. 黃初中, 以選入東宮, 明帝時爲平原王, 進御有寵, 出入與同輿輦. 及卽帝立, 以爲貴嬪. 太和元年, 立爲皇后. 后父嘉, 拜騎都尉, 后弟曾, 郎中.

初, 明帝爲王, 始納河內虞氏爲妃, 帝卽位, 虞氏不得立爲后, 太皇后卞太后慰勉焉. 虞氏曰, "曹氏自好立賤, 未有能以義擧者也. 然后職內事, 君聽外政, 其道相由而成, 苟不能以善始, 未有能令終者也. 殆必由此亡國喪祀矣." 虞氏遂絀還鄴宮. 進嘉爲奉車都尉, 曾騎都尉, 寵賜隆渥. 頃之, 封嘉博平鄕侯, 遷光祿大夫, 曾駙馬都尉. 嘉本典虞車工, 卒暴富貴, 明帝令朝臣會其家飮宴, 其容止擧動甚蚩騃, 語輒自謂'侯身,' 時人以爲笑.○ 後又加嘉位特進, 曾遷散騎侍郎. 青龍三年, 嘉薨, 追贈光祿大夫, 改封安國侯, 增邑五百, 並前千戶, 謚曰節侯. 四年, 追封后母夏爲野王君.

○ 孫盛曰, "古之王者, 必求令淑以對揚至德, 恢王化於「關雎」, 致淳風于「麟趾」. 及臻三季, 並亂玆緖, 義以情溺, 位由寵昏, 貴賤無章, 下陵上替, 興衰隆廢, 皆是物也. 魏自武王, 曁于烈祖, 三后之升, 起自幽賤, 本旣卑矣, 何以長世? 『詩』云, '絺兮綌兮, 凄其以風.' 其此之謂乎."

帝之幸郭元后也, 后愛寵日弛. 景初元年, 帝游後園, 召才人以上曲宴極樂. 元后曰"宜延皇后." 帝弗許. 乃禁左右, 使不得宣. 后知之, 明日, 帝見后, 后曰, "昨日游宴北園, 樂乎?" 帝以左右泄之, 所殺十餘人. 賜后死, 然猶加謚, 葬愍陵. 遷曾散騎常侍, 後徙爲羽林虎賁中郎將·原武典農.

明元皇后 郭氏

明元郭皇后, 西平人也, 世河右大族. 黃初中, 本郡反叛, 遂沒入宮. 明帝卽位, 甚見愛幸, 拜爲夫人. 叔父立爲騎都尉, 從父芝爲虎賁中郞將. 帝疾困, 遂立爲皇后. 齊王卽位, 尊后爲皇太后, 稱永寧宮, 追封諡太后父滿爲西都定侯, 以立子建紹其爵. 封太后母杜爲郃陽君. 芝遷散騎常侍·長水校尉,○1) 立, 宣德將軍, 皆封列侯. 建兄德, 出養甄氏. 德及建俱爲鎭護將軍, 皆封列侯, 並掌宿衛. 値三主幼弱, 宰輔統政, 與奪大事, 皆先咨啓於太后而後施行. 毌丘儉·鍾會等作亂, 咸假其命而以爲辭焉. 景元四年十二日崩, 五年二月, 葬高平陵西.○2)

○1) 『魏略』曰, "諸郭之中, 芝最壯直. 先時自以他功封侯."

○2) 『晉諸公贊』曰, "建字叔始, 有器局而彊問, 泰始中疾薨. 子嘏嗣, 爲給事中."

評曰, 魏后妃之家, 雖云富貴, 未有若衰漢乘非其據, 宰割朝政者也. 鑑往易軌, 於斯爲美. 追觀陳群之議, 棧潛之論, 適足以爲百王之規典, 垂憲範乎後葉矣.

정사 삼국지 위지 1

초판인쇄 2025년 12월 17일
초판발행 2025년 12월 22일

지은이 진수陳壽 찬, 배송지裴松之 주
옮긴이 김영문
펴낸이 강성민 이은혜
편집 태서현
마케팅 정민호 박치우 한민아 이민경 박진희 황승현 김경언
브랜딩 함유지 박민재 이송이 박다솔 조다현 김하연 이준희
제작 강신은 김동욱 이순호

펴낸곳 (주)글항아리 | **출판등록** 2009년 1월 19일 제406-2009-000002호

주소 경기도 파주시 문발로 214-2, 4층
전자우편 bookpot@hanmail.net
전화번호 031-955-2689(마케팅) 031-941-5161(편집부)

ISBN 979-11-6909-461-0 04910
979-11-6909-460-3 (세트)

잘못된 책은 구입하신 서점에서 교환해드립니다.
기타 교환 문의 031-955-2661, 3580

www.geulhangari.com